눈으로 읽기만 해도 문법이 이해되는

Android
Programming
안드로이드 프로그래밍

Android Programming 안드로이드 프로그래밍

초판 인쇄일 2012년 10월 5일
초판 발행일 2012년 10월 12일
초판 2쇄 발행일 2014년 1월 17일

지은이 오정원
발행인 박정모
등록번호 제9–295호
발행처 도서출판 혜지원
주소 (130–844) 서울시 동대문구 장안 1동 420–3호
전화 02)2212–1227   **팩스** 02)2247–1227
홈페이지 www.hyejiwon.co.kr

편집 박세란
본문디자인 김보라
표지디자인 안홍준
영업마케팅 김남권, 황대일, 서지영
ISBN 978–89–8379–762–9
정가 25,000원

눈으로 읽기만 해도 문법이 이해되는

Android
Programming
안드로이드 프로그래밍

오정원 지음

혜지원

안드로이드 플랫폼은 안드로이드가 탄생하기 전에 각 단말기 제조업체들이 자신들의 독자적인 방식으로 개발했던 RIM의 블랙베리, 애플의 아이폰, 마이크로소프트의 윈도우 모바일, 노키아의 심비안 등의 폐쇄적인 플랫폼에 대응해 2011년 영향력 있는 단말기 제조업체와 통신업체들로 이루어진 OHA에 의해서 2007년 11월에 개방형 플랫폼으로 공개되었다.

안드로이드는 발표 이후 공개용 플랫폼이라는 이점 아래 빠른 속도로 점유율을 높여 오고 있다. 전체 시장의 60%에 달하는 점유율을 보이고 있는 것이다.

한국에는 2010년 1월에 모토로라의 모토로이(Motoroi) 폰이 처음 출시된 이후 책이 출판되는 시점의 갤럭시 S3까지 빠른 속도로 수많은 버전의 안드로이드 폰이 출시되고 있다.

안드로이드의 전 세계 시장 점유율은 이 순간에도 빠르게 증가하고 있다. 또한 안드로이드를 이용한 프로그램의 형태도, 과거의 앱 형태만이 아니라 모바일 웹, 하이브리드 앱 등으로 다양해지고 있다.

최근에는 하이브리드 앱에 관심을 갖는 개발자들이 많다. 그렇지만 하이브리드 앱 또한 안드로이드 앱 기법과 웹 기술이 접목된 것이기 때문에, 기본적인 기술은 웹과 안드로이드 프로그래밍 기술이다. 따라서 현재 주목받고 있는 기술을 익히려면 우선 안드로이드 문법을 정확하게 익히는 것이 중요하다.

대부분의 독자들이 안드로이드를 배워야 하는 것은 알지만, 제대로 학습하는 것에는 성공하지 못하는 것 같다.

필자는 많은 안드로이드 강의를 하면서, 처음 안드로이드 공부를 시작하는 학생이나 개발자들이 어떻게 접근하면 안드로이드 문법을 보다 빠르고 쉽게 익힐 수 있을까 연구한 끝에 본 책을 출판하게 되었다.

본 책에 실린 모든 안드로이드 문법에는 관련된 예제를 빠짐 없이 함께 수록해 놓았으며, 예제에 대한 설명을 상세하게 제공하여 컴퓨터 앞이 아니라도, 이동 중 지하철에서도 반복적으로 읽으면 문법을 이해할 수 있을 정도로 이해하기 쉽게 구성하였다.

어차피 안드로이드에 관한 모든 것을 한 권의 책에 담을 수 없기 때문에 필자는 나열식으로 자주 사용되지 않는 내용까지 보여주는 것보다는 주로 사용되는 기능 위주로 명확하게 설명하는 것이 효과적이라고 판단했다. 따라서 본 책에 안드로이드 문법 전체를 수록하지 는 않았으며, 안드로이드로 간단한 앱을 개발할 수 있는, 즉 가장 뼈대가 되는 문법 위주로 구성했다.

따라서 본 책을 정독하면 안드로이드에 대해서 뼈대가 되는 문법을 정확히 익히게 될 것이다. 부디 본 책으로 안드로이드를 공부하는 독자들이 안드로이드를 정복에 성공하기를 기원한다.

끝으로 항상 개발과 강의 등으로 피곤해 하는 저자를 잘 이해해 주고 곁에 있어 주는 아내와 내 사랑하는 아이들에게 감사드리며, 본 책이 무사히 출판될 수 있도록 도와주신 혜지원 편집부에 감사를 드립니다.

저자 오정원

Chapter 06 레이아웃 관련 위젯

Chapter 07 Adapter와 Selection 위젯

Chapter 08 기타 위젯

Chapter 09 메뉴

Chapter 10 스레드

Chapter 11 인텐트

Chapter 12 환경설정 파일 다루기

Chapter 13 파일 입출력과 XML 파서

Chapter 14 데이터베이스

안드로이드의 개요 및 환경설정

본 장에서는 안드로이드의 문법을 학습하기 전에 스마트 폰이 어떻게 탄생하게 되었는지, 구글에서는 어떻게 안드로이드를 개발하게 되었는지를 살펴보고 안드로이드의 구조 및 장점 등을 살펴보겠다. 또한 JDK, APT, Android SDK 등 안드로이드 개발을 위한 환경을 구축하겠다.

1 안드로이드의 탄생

1. 스마트 폰의 탄생

기존의 피처폰은 음성 통화와 메시지 보내기만 가능했지만 스마트 폰이 등장하면서 와이파이를 이용하여 무선 인터넷을 사용하는 것이 가능해졌으며, 쉽고 자유롭게 인터넷 통신에 참여할 수 있게 되었다. 즉 폰 자체에 폰의 머리에 해당하는 운영체제가 탑재되면서 폰이 거의 PC와 같은 기능을 수행하게 되었다. 또한 많은 애플리케이션들이 마켓을 통해 제공되어 사용자가 원하는 애플리케이션을 선택하여 직접 기능을 확장하는 것이 가능해졌다.

사실 스마트 폰이 처음 출시된 것은 1990년 초이다. IBM 등 여러 회사에서 스마트 폰을 출시하였으나 여러 가지 환경의 제약으로 크게 활성화되지 못하다가 2000년 중반쯤 RIM(Research In Motion) 사의 블랙베리(BlackBerry) 폰이 출시되면서 서서히 스마트 폰이 확산되기 시작하였고, 마침내 2007년 애플(Apple) 사의 아이폰이 출시되면서 본격적으로 스마트 폰 시장이 크게 확장되었다.

현재는 전 세계에 심비안 OS, 구글 안드로이드, iOS, 블랙베리 OS, 윈도폰 7, 삼성 바다, 윈도 모바일, 미고 등 많은 수의 스마트 폰 운영체제가 개발되었고 수많은 스마트 폰이 존재한다. 또한 현재는 거의 대부분의 폰이 스마트 폰으로 대체되어 가고 있고, 하루가 다르게 새로운 기능을 추가한 스마트 폰이 출시되고 있다.

2. 안드로이드의 탄생

안드로이드는 구글(Google)이 개발한 플랫폼이다. 구글은 안드로이드 플랫폼 개발을 시작하기 전에 이미 웹상에서 막강한 힘을 가지고 있었고 상당한 수익을 얻고 있었다. 그러나 구글의 입장에서는 웹뿐만 아니라 통신 시장의 고객 확보도 중요하였다. 따라서 통신 시장 고객 확보를 위해 전 세계의 힘있는 제조사와 통신업체들로 이루어진 OHA(Open Handset Alliance)를 구성하면서 안드로이드를 발전시켜 가고 있다. 삼성과 LG도 OHA에 포함되어 있다.

"소비자는 지금의 무선 환경보다 더 많은 경쟁과 혁신을 경험할 가치가 있다. 누가 궁극적으로 이 경매에서 이기든 상관없이, 진정한 승리자는 인터넷을 접속하는 방법에서 이전보다 더 나은 선택을 경험할 미국의 소비자다."
 - 2007. 11. 30. 구글 CEO, 에릭 슈미츠

에릭 슈미츄의 말처럼 구글은 초기에 인터넷 기능을 중점으로 스마트폰의 기능을 발전시켰다고 볼 수 있다. 이미 PC 웹에서의 막강한 기능을 폰에도 적용하려 시도한 것으로 보인다.

3. 안드로이드의 장단점

애플 앱 스토어의 경우 애플리케이션 판매 수익을 개발자와 애플이 7 : 3으로 나누지만 구글 마켓의 경우 개발자와 이동 통신 사업자가 수익을 7 : 3으로 나누어 상당히 좋은 반응을 얻고 있다. 또한 Developer 사이트를 통해 지속적으로 개발 툴과 API를 업데이트시키고 있다.

아이폰과 안드로이드 폰을 비교하면 가장 큰 차이점이 폐쇄적이냐 개방적이냐 하는 것이다. 아이폰은 폐쇄형 운영체제이다. 즉, 애플에서 만든 기기에서만 실행이 가능하다. 따라서 다양한 종류의 기기에서 실행이 불가능하다는 단점이 있다. 반면 하드웨어 제조사와 운영체제 개발사가 동일하기 때문에 최적화된 기기 환경에서 운영체제가 실행된다는 장점이 있다.

안드로이드는 아이폰과 다르게 개방형 운영체제이다. 즉 다양한 기기에서 실행이 가능하다. 이는 개발 시에 아이폰 보다 신경써야 할 부분이 더 많다는 것을 뜻한다. 각각 다른 기기들에서 테스트되어야 하고, 여러 가지 상황이 고려되어야 한다. 버전 업그레이드 시에도 여러 종류의 기기가 고려되어야 하는 등의 단점이 있다.

4. 안드로이드의 파급 효과

안드로이드라는 개방형 오픈 소스 운영체제가 제공되면서 통신사들은 서비스를 제공하기가 훨씬 용이
해졌다는 장점이 존재하지만 운영체제를 안드로이드를 이용하고 자체 운영체제를 이용하지 않음으로 하
여 구글에 종속될 가능성이 있는 것은 단점으로 간주된다.

2 안드로이드의 버전 및 플랫폼 구성

1. 안드로이드의 버전

안드로이드의 버전은 미국인의 간식거리를 그 이름으로 하고 있으며, 알파벳 순으로 계속 증가되고
있다.

1.0 SDK Release 1 (2008.09)
2009.02.09 Android1.1 SDK 배포

Android 1.5 Cupcake (2009년 4월 30일)
안드로이드 최초 정식 버전, 한글 지원

Android 1.6 Donut (2009년 9월 15일)
마켓 리뉴얼 가능, 카메라와 캠코더 등의 인터페이스 탑재
CDMA 지원, 제스처 인식, 통합 검색 기능 추가

Android 2.0 / 2.01 / 2.1 Éclair (2009.10 / 2010.01)
멀티 터치, 블루투스 2.1 지원
인터넷 브라우징 기능, 멀티미디어 재생 기능 향상

Android2.2 Froyo (2010.05)
새로운 컴파일러를 사용, 기존 구글 크롬에 사용했던 V8 엔진 사용
메모리 회수 기능의 개선으로 비약적 성능 발전
외장 메모리에 애플리케이션 설치 가능

Android 2.3 Ginger Bread (2010.12)
인터넷 접속을 통한 운영체제 업데이트
인터넷 전화 사용 가능, 오타가 적은 키보드 배열

Android 3.0/3.1 Honeycomb (2011.02 / 2011.05)
태블릿 전용 운영체제

Android 4.0 Icecream sandwitch (2011.05)
스마트폰 + 태블릿 운영체제 통합
전화가 왔을 때 바로 문자로 응답이 가능
새로운 잠김 상태 화면
멀티 태스킹으로 최근 사용 어플 리스트를 보여주는 화면

Android 4.1 Jelly Bean (2012.06)
프로젝트 버터(Project Butter) : 버터처럼 부드러운 화면 전환을 목표로 한
프로젝트
반응 속도가 빨리짐, 화면 전환 시 60 프레임 사용, 위젯의 크기 조절 가능, 알
림창 기능 확대, 구글 나우 제공, 오프라인 음성 인식

2. 플랫폼 구성

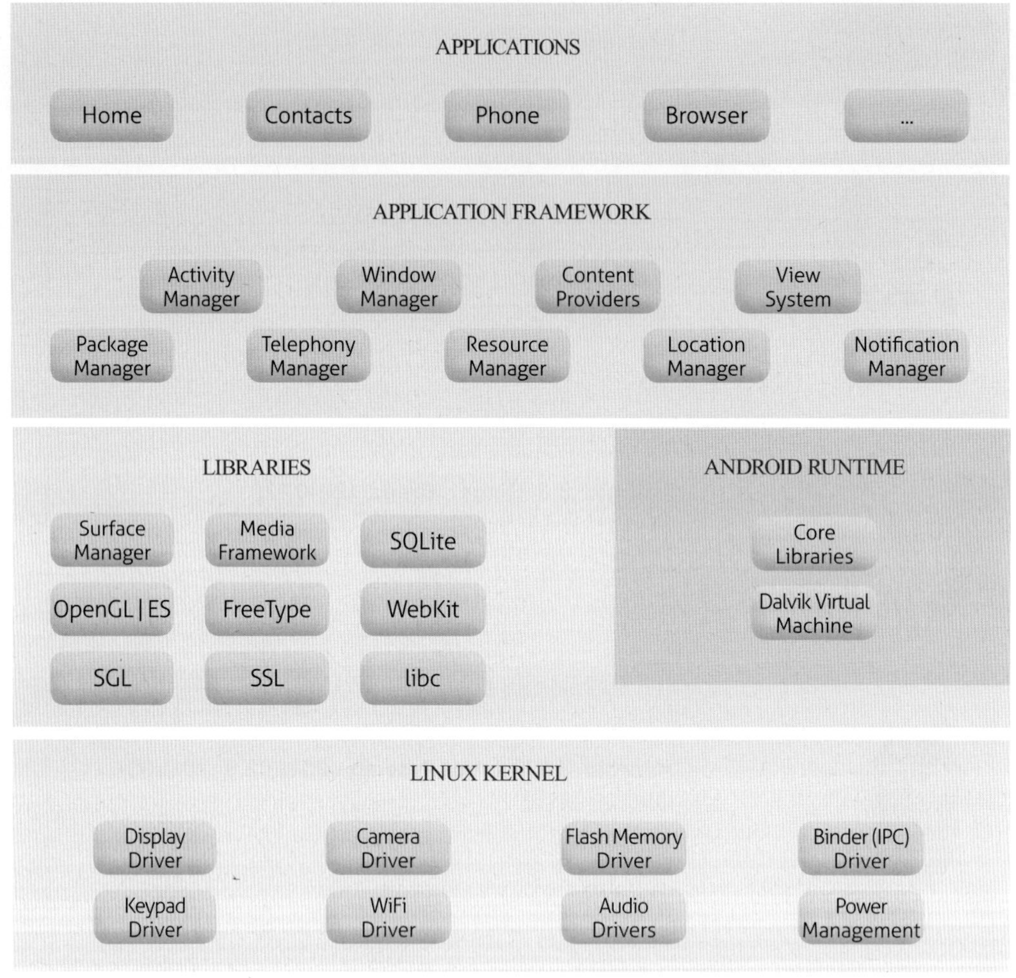

우선 안드로이드는 Linux version 2.6 kernel에 의존하고 보안 , 메모리 관리, 프로세스 관리 , 네트워크 스택 등을 제어한다.

안드로이드 실행 환경(Android Runtime)은 대부분의 자바 코아 라이브러리를 포함하여 실행되며 안드로이드에서 독립적으로 사용되는 Dalvik Virtual Machine이 프로세스마다 독립적으로 실행하면서 프로세스가 실행된다.

Libraries 레이어의 시스템 컴포넌트들은 C와 C++로 작성되어 있으며 Application Framework 레이어를 통해서 Application 레이어에서 사용할 수 있도록 제공된다.

Applications 레이어에서는 유용하게 사용할 수 있는 애플리케이션들이 제공되고 있으며 제공되는 애플리케이션들은 재사용 및 치환이 가능하다.

3 개발 환경 설정

1. JDK 설치

01. www.oracle.com/technetwork/java/index.html에 접속한 후 Top Downloads 카테고리 하단에 있는 Java SE를 클릭한다.

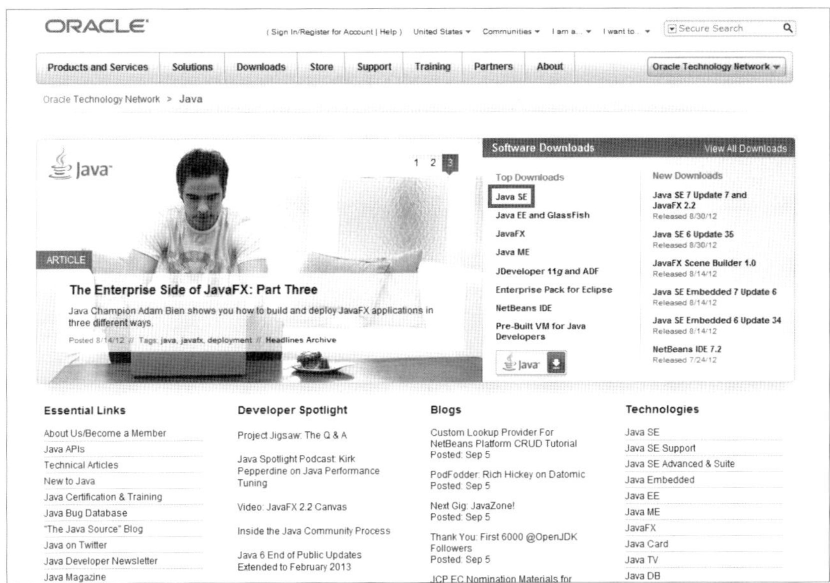

02. JDK 카테고리에서 [Download] 버튼을 클릭한다.

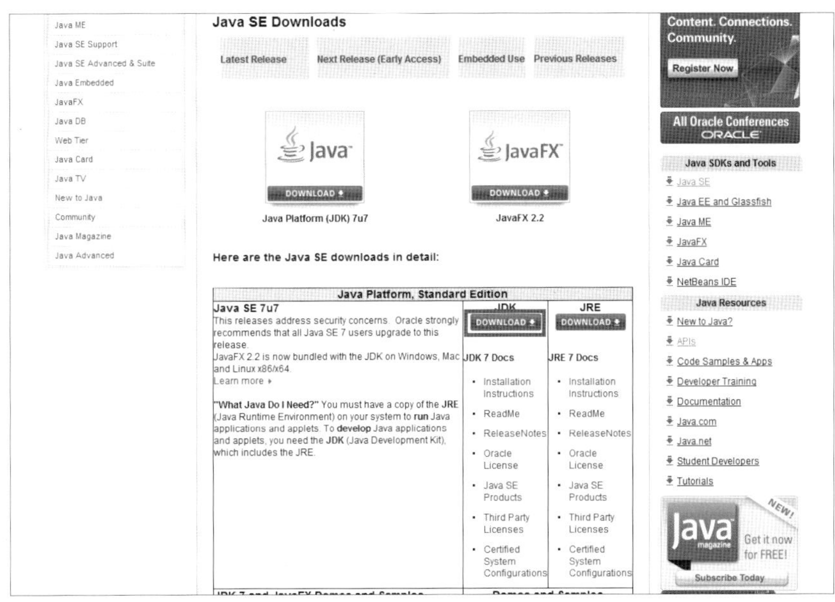

03. 'Accept License Agreement' 라디오 버튼을 클릭한다.

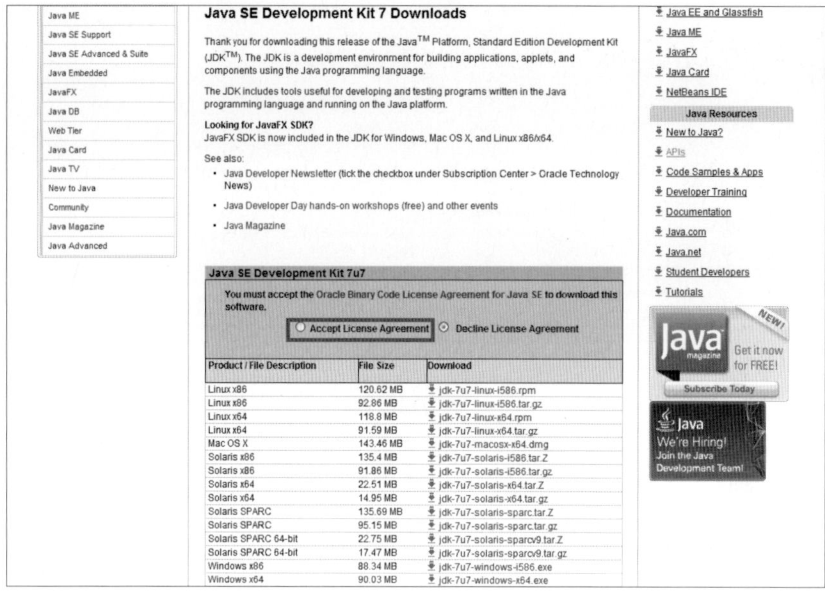

04. 이어지는 화면에서 그림에서 'jdk-7u7-windows-i586.exe'를 클릭한다.

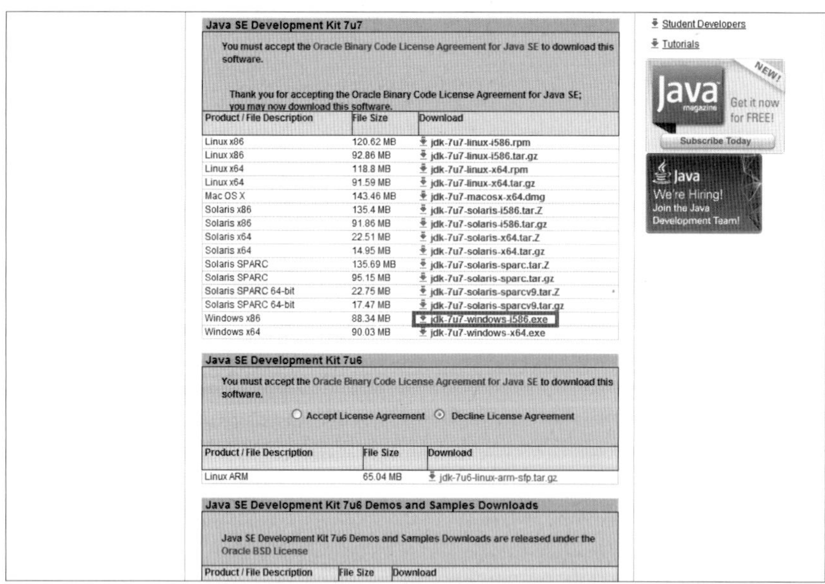

05. C:₩에 androidStudy라는 별도의 폴더를 만들어 파일을 저장하고 더블클릭하여 파일을 실행한다.

06. 설치 시작 화면에서 [Next] 버튼을 클릭한다.

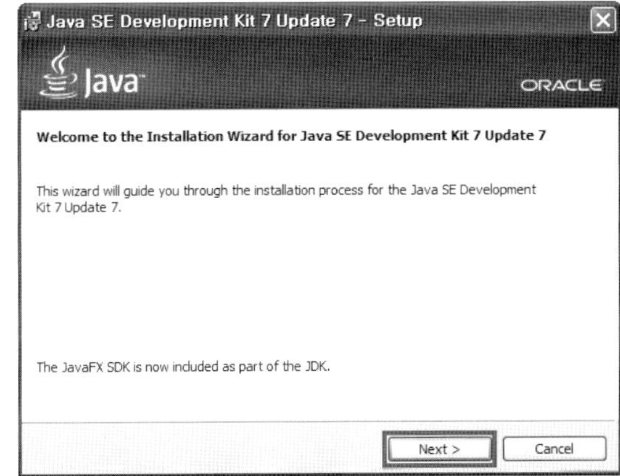

07. [Custom Setup] 화면에서 jdk를 설치할 경로를 변경하기 위해 [Change] 버튼을 클릭한다.

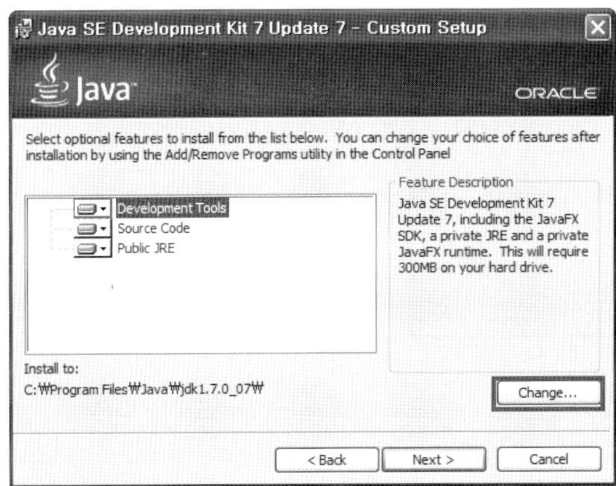

08. 여기서는 C드라이브의 androidStudy 내에 Java 디렉토리로 저장 위치를 정하였다.

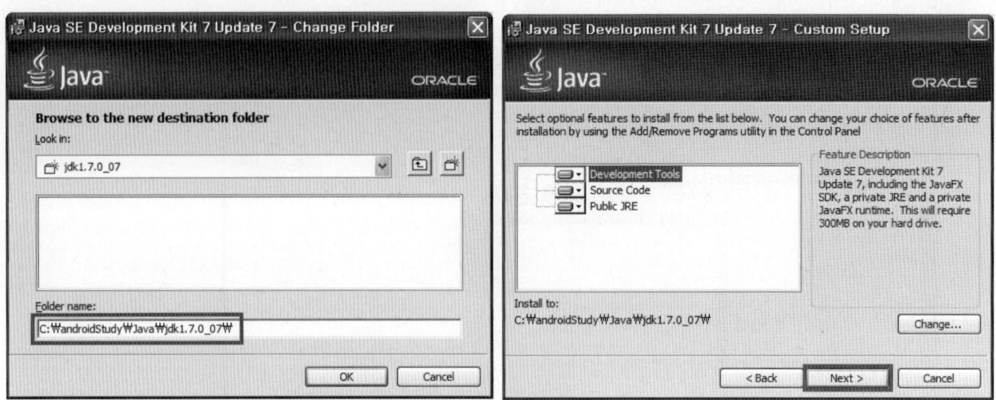

09. Jre 설치 디렉토리도 역시 [Change] 버튼을 클릭하여 경로를 변경해 준다.

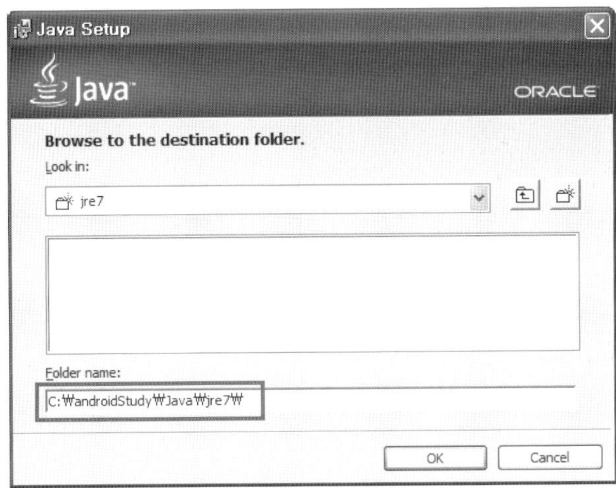

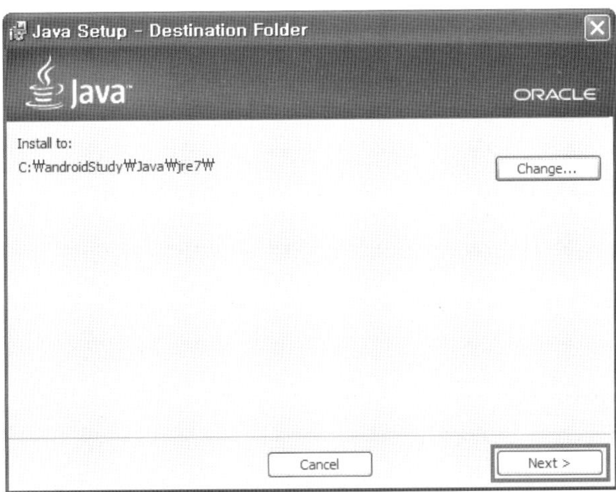

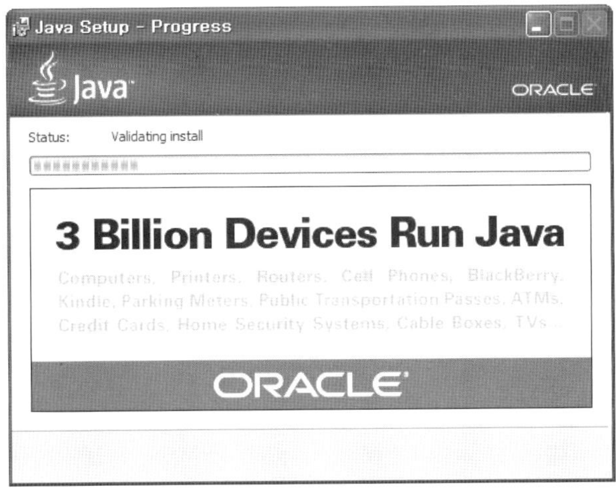
3 Billion Devices Run Java

10. [Complete] 화면이 출력되면 설치가 마무리된 것이니 닫기 버튼을 클릭하여 화면을 닫으면 된다.

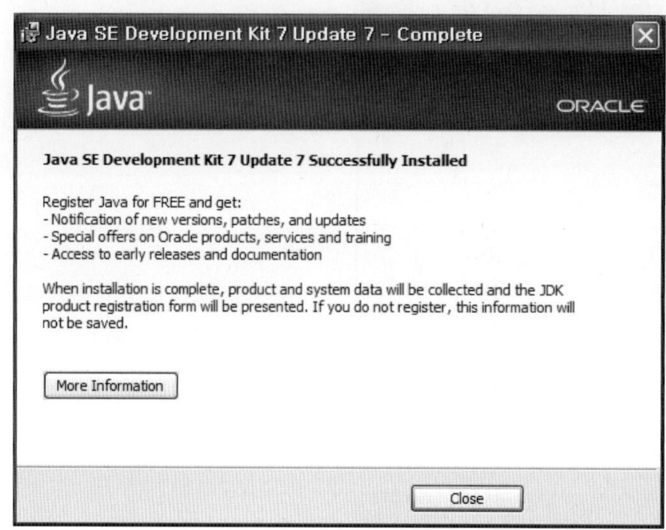

11. 이제 Jdk가 설치된 경로의 bin 디렉토리 경로를 복사(Ctrl+C)한다.

경로를 복사하는 이유

Jdk가 설치된 경로의 bin 디렉토리에는 자바에서 제공하는 각종 실행 파일들이 존재하고 이클립스가 실행될 때도 이 경로에 존재하는 javaw.exe 파일을 찾기 때문에 어떤 경로에서든 자바의 실행 파일들을 실행할 수 있도록 하기 위해서 이 경로를 path로 설정해 주어야 한다.

12. 바탕 화면에 있는 내 컴퓨터 아이콘에서 마우스 오른쪽 버튼을 클릭하고 [속성]을 선택하여 나타나는 [시스템 등록 정보] 대화상자에서 [고급] 탭의 [환경 변수] 버튼을 클릭한다.

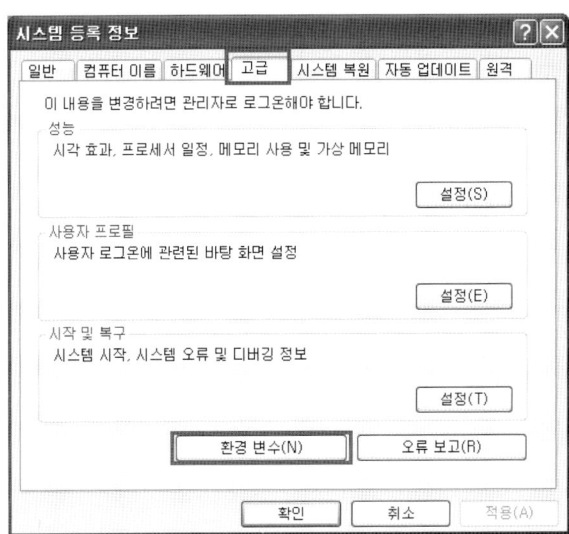

13. 시스템 변수 영역에서 Path 환경 변수를 선택하고 [편집] 버튼을 클릭한다.

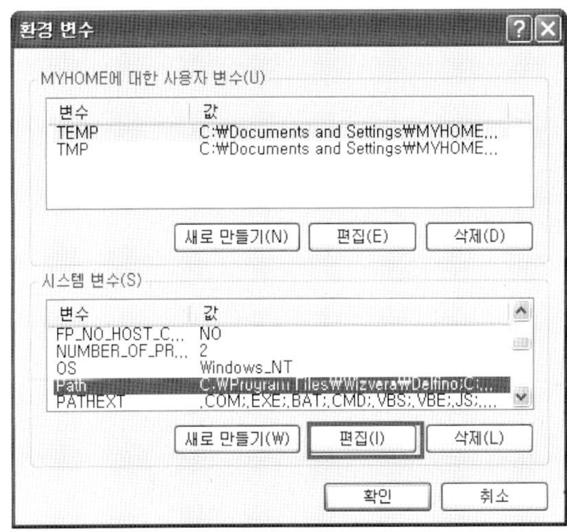

14. 하단 그림처럼 변수 값 맨 앞부분에 이전에 복사한 bin 디렉토리 경로를 붙여넣고(Ctrl+V) ';' 을 입력한 후 [확인] 버튼을 클릭한다.

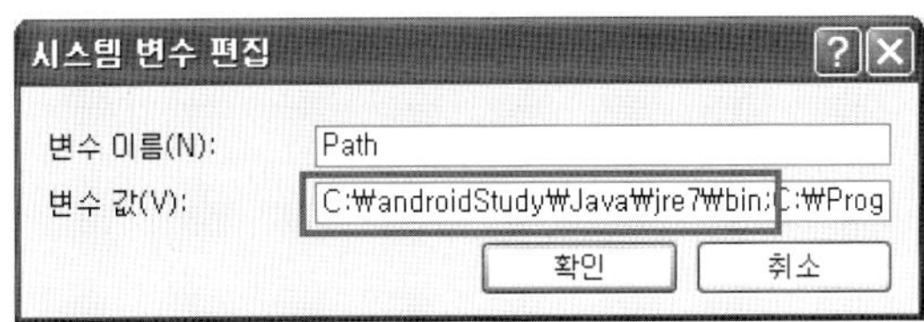

15. [환경 변수] 대화상자에서도 [확인] 버튼을 클릭한다.

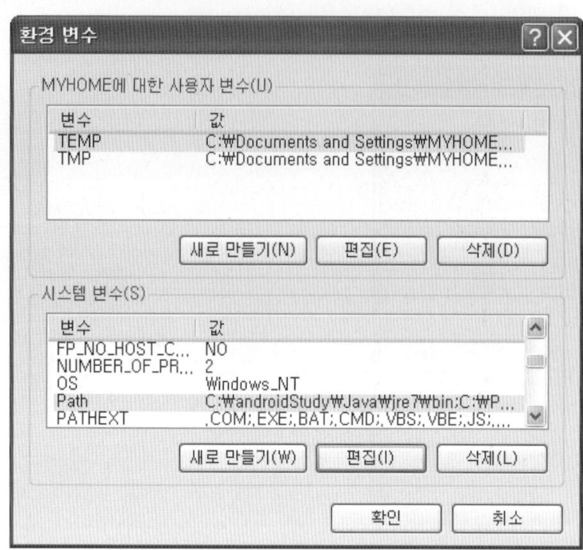

16. 명령 창에서 java –version 명령을 실행했을 때 버전이 해당 JDK 버전으로 인식되면 JDK 설치와 환경 변수 설정이 제대로 이루어진 것이다.

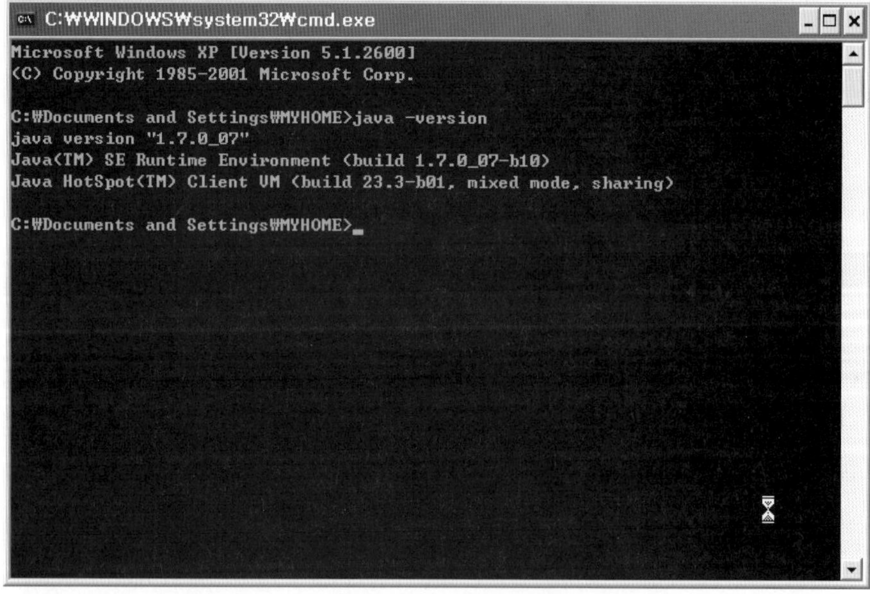

2. 이클립스 설치

01. 주소 표시줄에 http://www.eclipse.org를 입력하여 이클립스 사이트에 접속하고 [Download Eclipse] 버튼을 클릭한다.

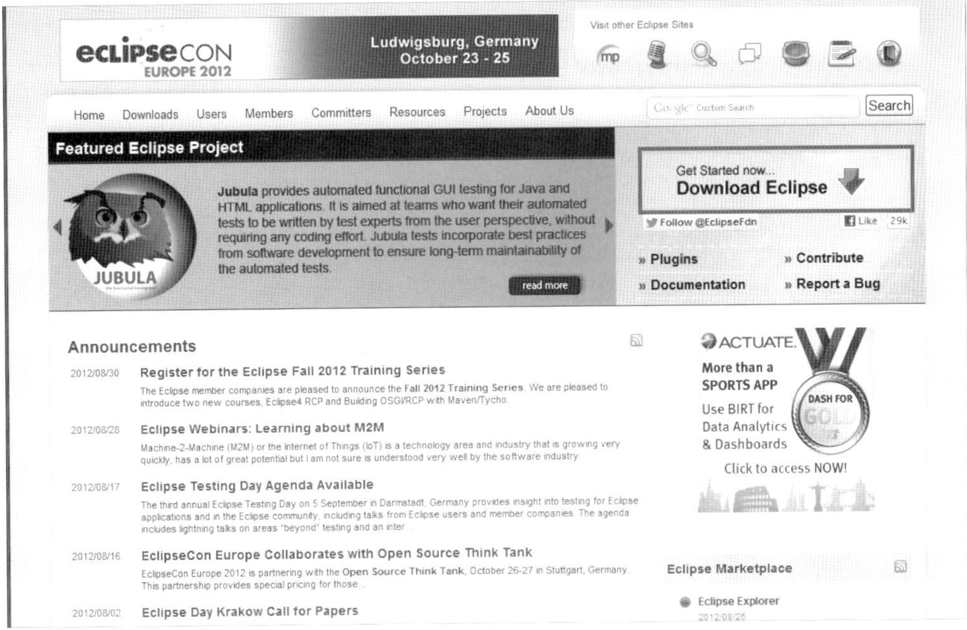

02. 다음과 같은 화면이 출력되면 가장 상단에 있는 Eclipse IDE For JavaEE Develpers 항목에서 자신 컴퓨터의 운영체제에 맞는 메뉴를 클릭한다. (32비트를 사용 중이면 Windows 32 Bit를 클릭)

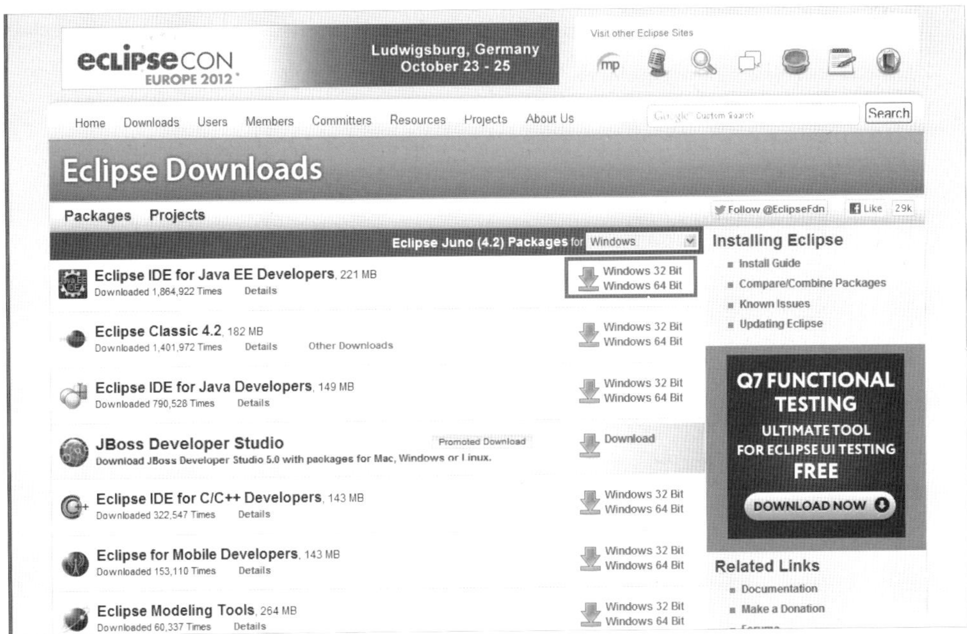

03. 다음과 같은 화면이 출력되면 초록색 화살표를 클릭하여 다운로드한다.

04. 파일은 C:\androidStudy 폴더에 저장한다.

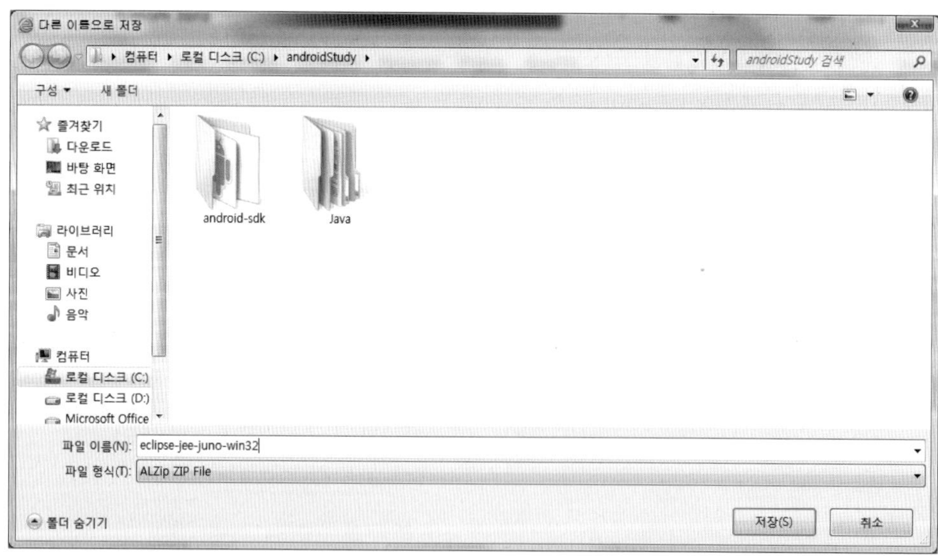

05. 다운로드한 이클립스 파일의 압축을 해제한다.

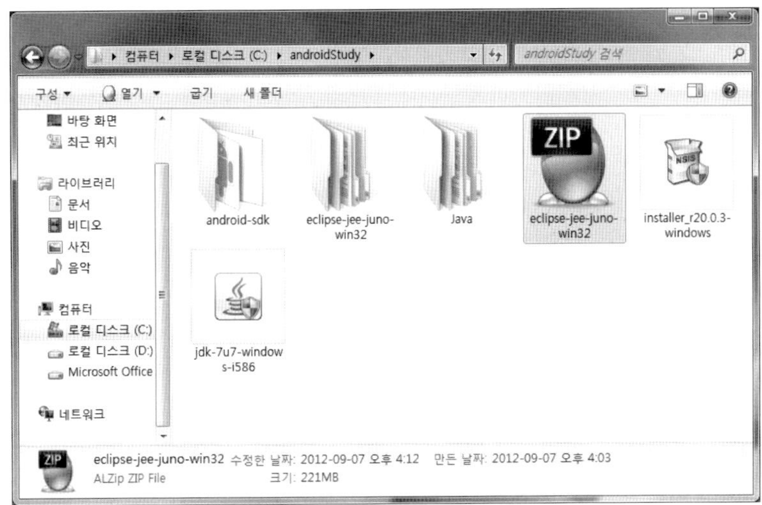

06. Eclipse-jee-juno-win32의 eclipse 폴더 안에 있는 eclipse.exe를 실행하여 workspace를 지정한 후 이클립스를 실행한다.

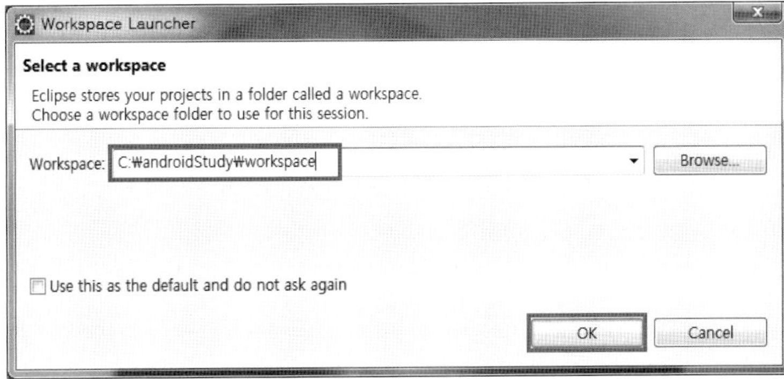

3. ADT(Android Development Tool) 플러그인 설치하기

01. 이클립스를 실행하면 다음과 같은 화면이 나타난다.

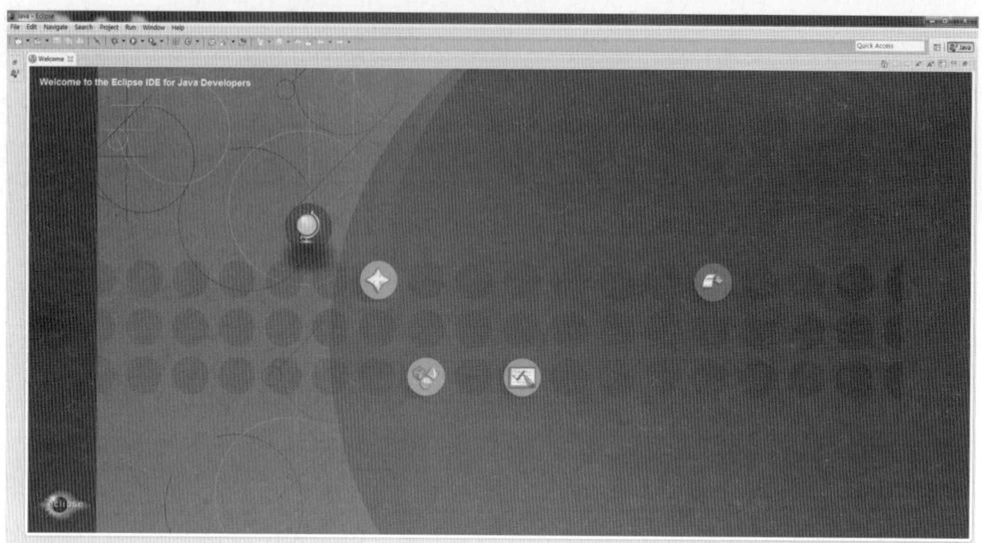

02. 상단 메뉴 바의 Help → Install New Software 메뉴를 클릭한다.

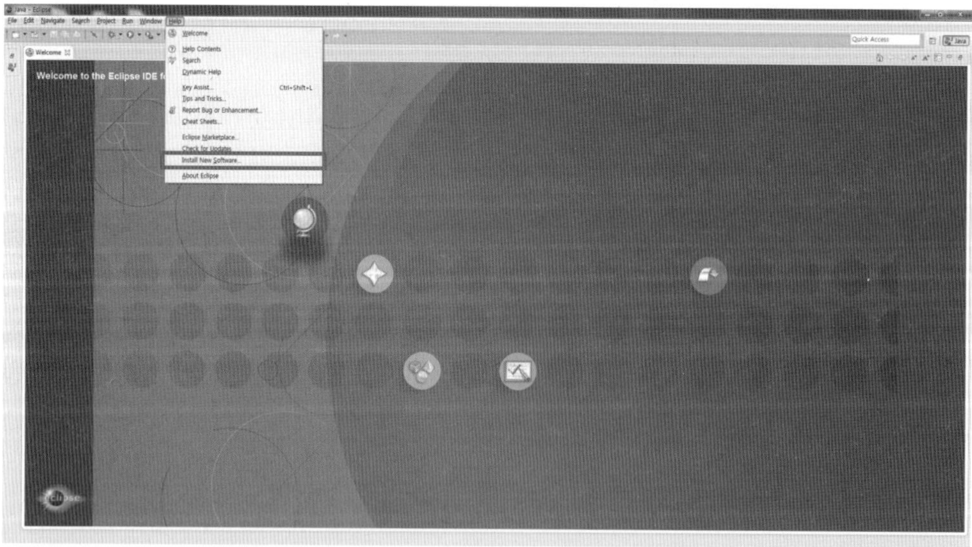

03. [Install] 대화상자에서 [Add] 버튼을 클릭한다. name은 android, Location은 http://dl-ssl.google.com/android/eclipse를 입력하고 [OK] 버튼을 클릭한다.

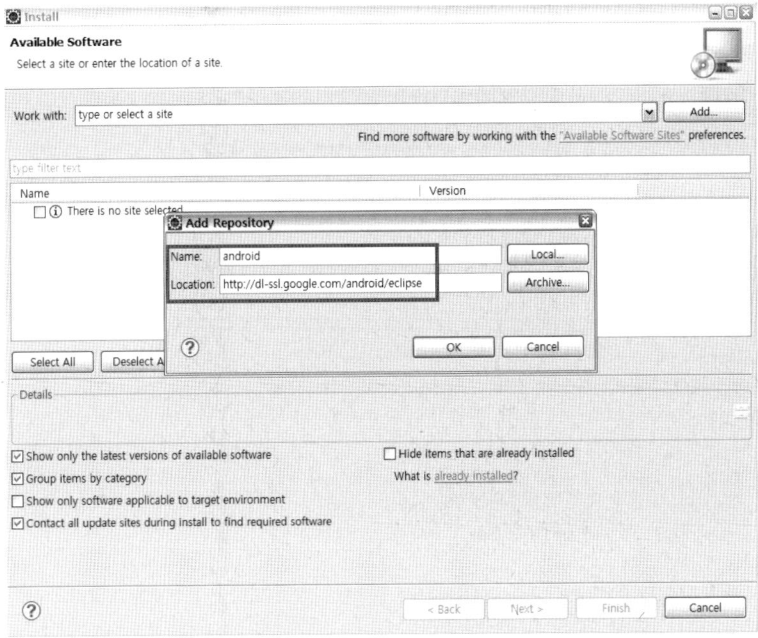

04. 이어 나타나는 대화상자에서 체크 박스를 모두 체크하고 [Next]를 클릭한다.

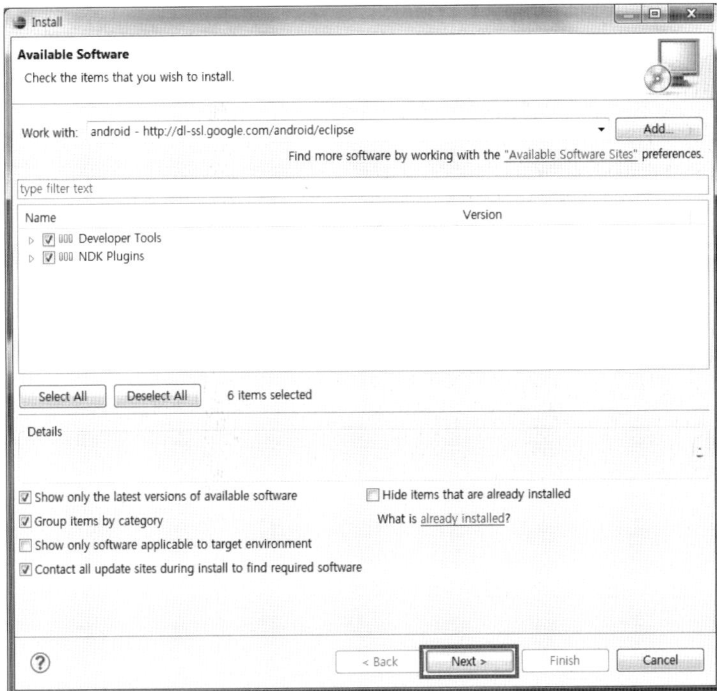

05. 다음 화면에서 [Next] 버튼을 클릭한다.

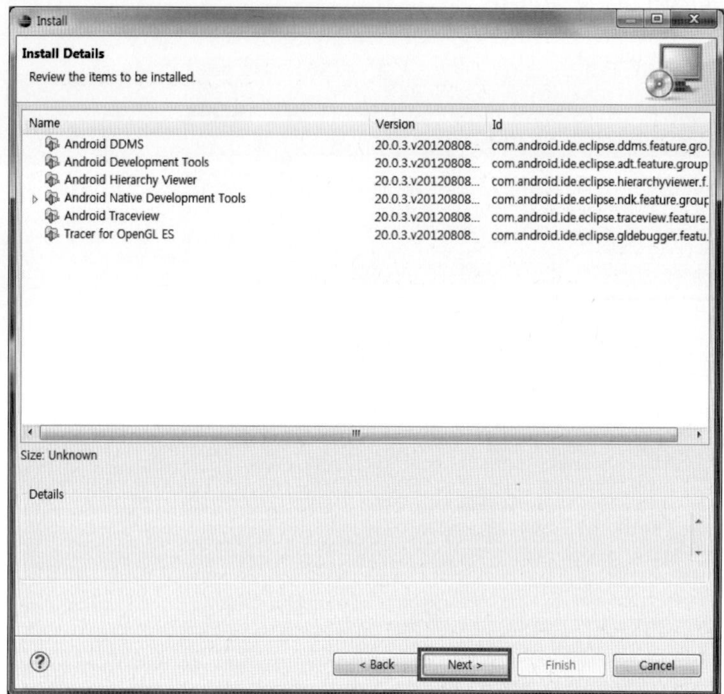

06. 이어서 그림과 같이 옵션 버튼을 선택하고 [Finish] 버튼을 클릭한다.

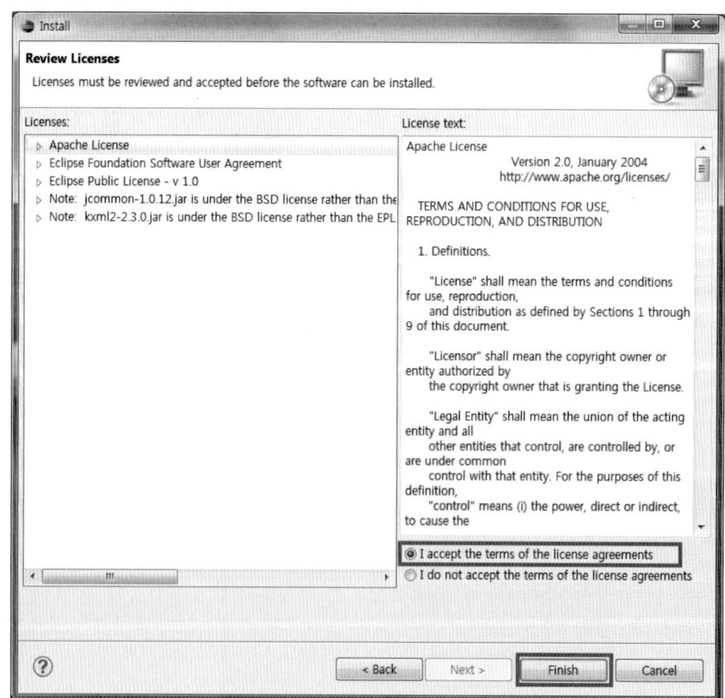

07. 설치가 진행되다가 [Security Warning] 대화상자가 나오면 [OK] 버튼을 클릭한다.

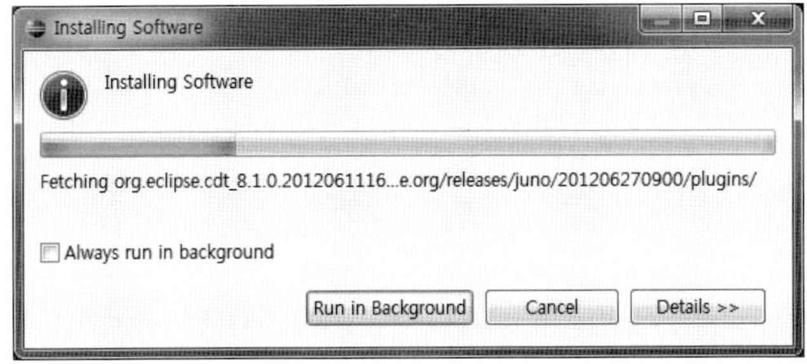

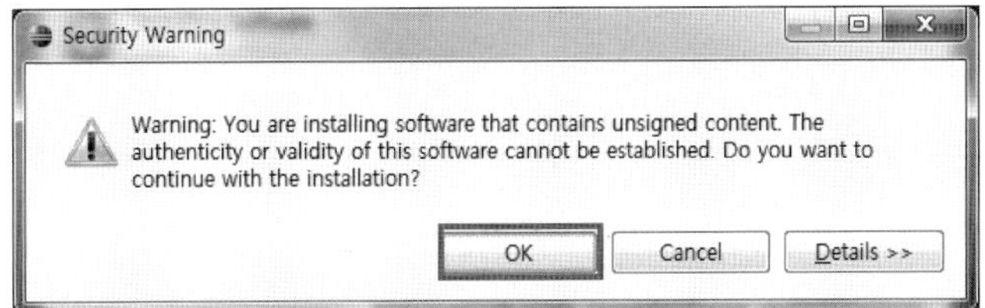

08. 다음과 같은 대화상자가 실행되면 [YES] 버튼을 클릭하여 이클립스를 재실행한다.

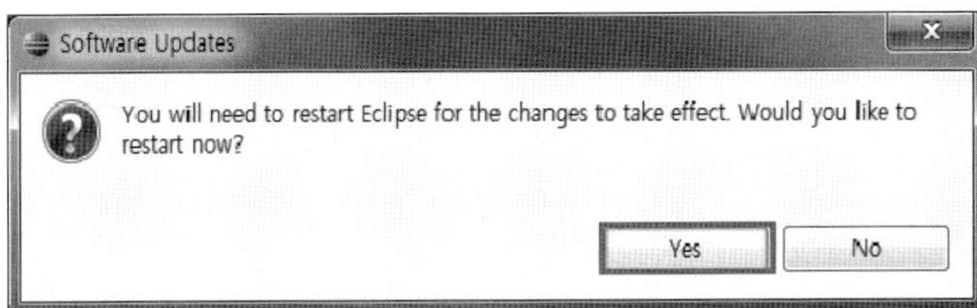

4. Android SDK 설치

❶ 이클립스 재실행 시 SDK Manager를 이용해서 SDK 설치하기

01. 이클립스를 재실행하면 다음과 같은 대화상자가 실행된다. 그림과 같이 체크 박스를 체크하고 [Next] 버튼을 클릭하여 SDK를 다운로드 받는다.

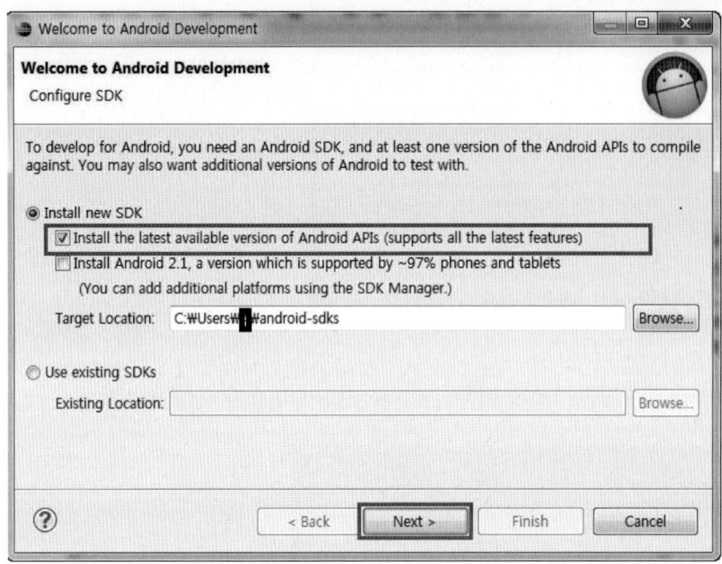

02. 다운로드가 완료된 후 하단과 같이 메뉴에서 SDK Manager 아이콘을 클릭한다. 아래 화면에서 박스 처진 아이콘이 보이지 않으면 Window → Customize Perspective 메뉴를 선택하여 Customize Perspective 다이얼로그 박스를 띄운 후 Android SDK and AVD Manager 체크 박스와 Android Wizards 체크 박스를 체크한 후 OK 버튼을 클릭하면 나타난다.

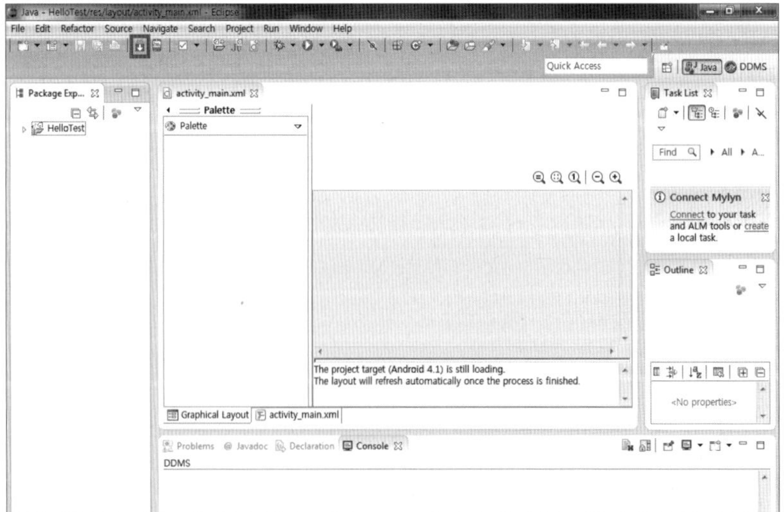

03. Not Installed로 표시되는 패키지 중 필요한 패키지들을 체크하고 [Install …] 버튼을 클릭하여 설치를 진행한다. (이클립스 재시작 시 Install 대화상자가 실행되지 않으면 바로 SDK Manager를 실행하여 설치한다.)

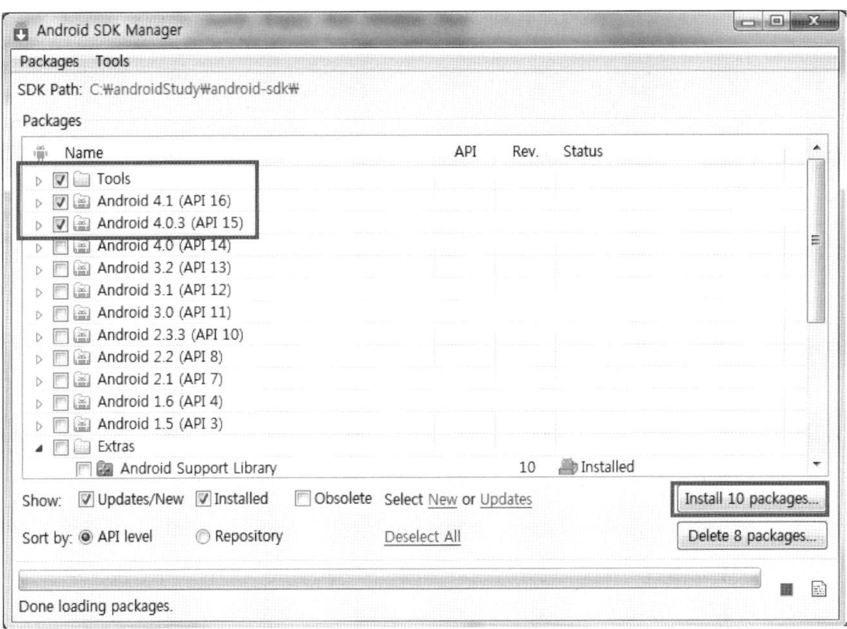

❷ Installer 다운로드 후 SDK 설치하기

01. 웹 브라우저 주소 표시줄에 http://developer.android.com를 입력하여 안드로이드 사이트에 접속하고 [Get the Sdk]를 클릭한다.

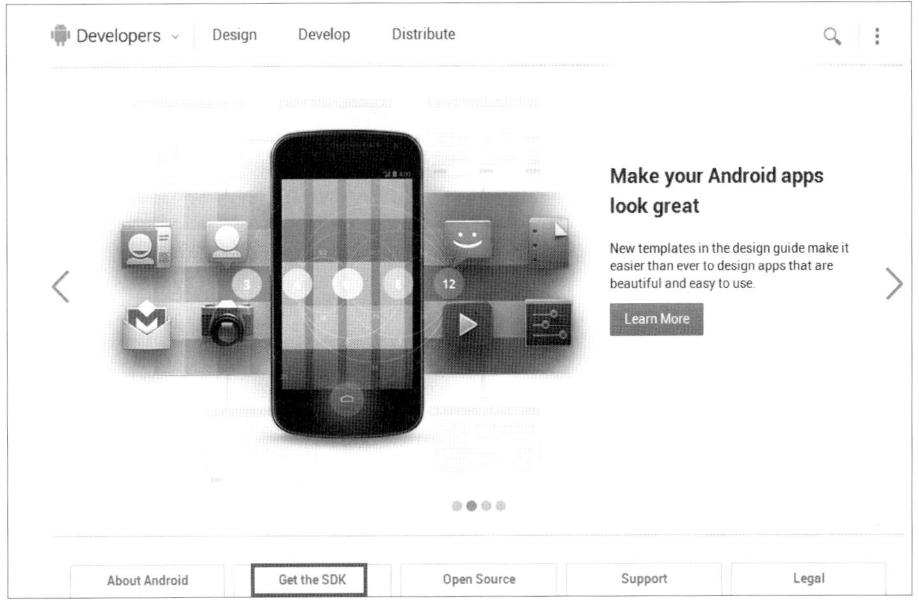

02. 다음과 같은 화면이 출력되면 [Download the SDK For Windows] 버튼을 클릭한다.

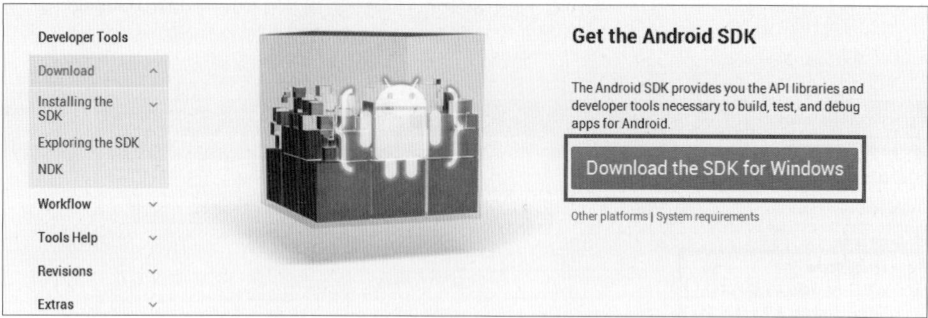

03. Installer 파일을 다운로드한 후 이를 더블클릭하여 실행한다.

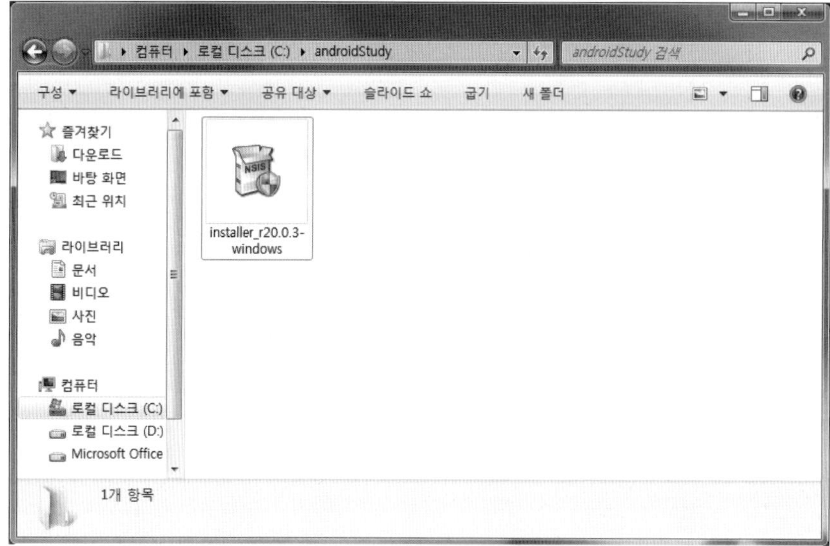

04. 다음 화면에서 [Next] 버튼을 클릭하여 설치를 시작한다.

05. 계속해서 [Next] 버튼을 클릭한다.

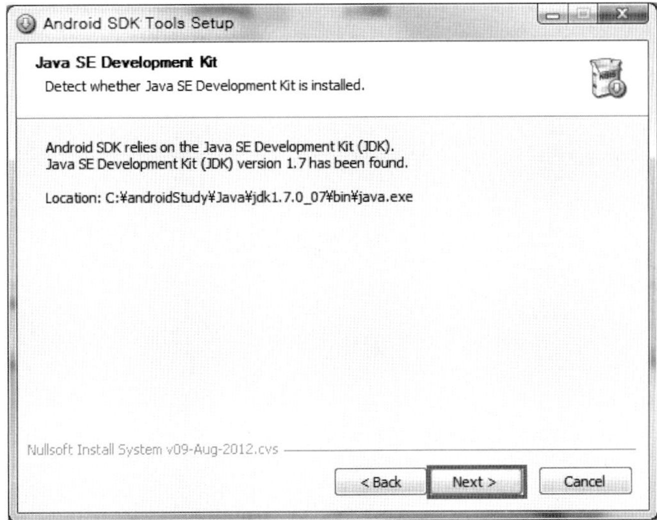

06. 하단과 같이 옵션 버튼을 클릭하고, [Next] 버튼을 클릭한다.

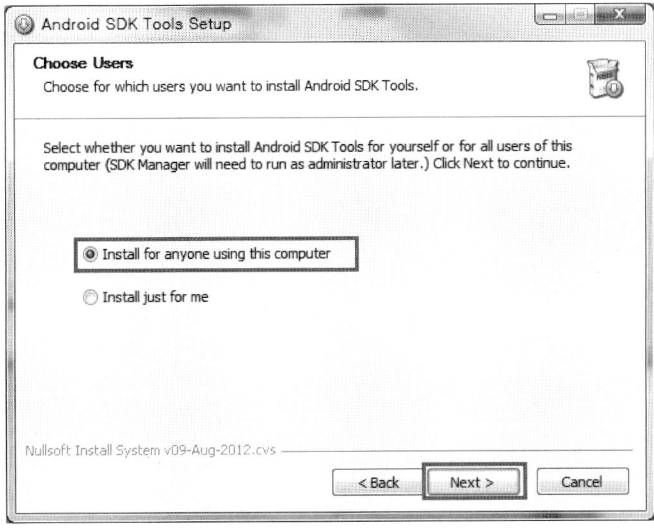

07. 그림과 같이 안드로이드 SDK 설치 경로를 지정하고 [Next] 버튼을 클릭한다.

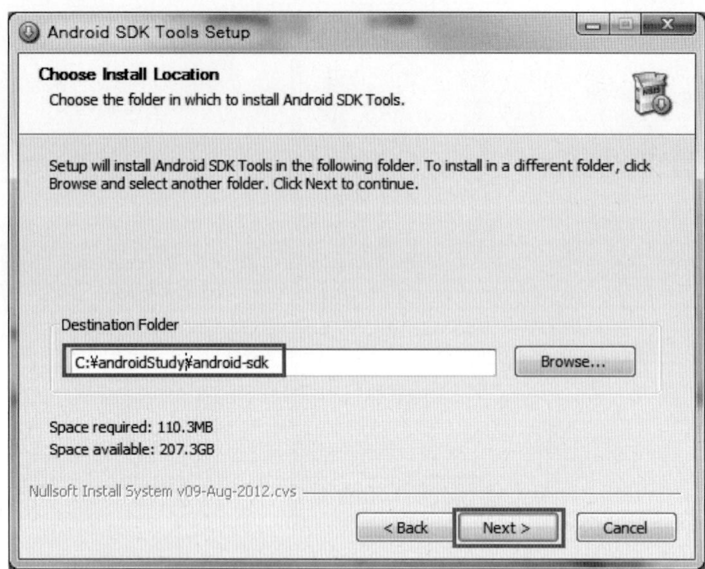

08. Shortcut 메뉴 위치를 지정하는 화면에서는 그냥 [Install] 버튼을 클릭한다.

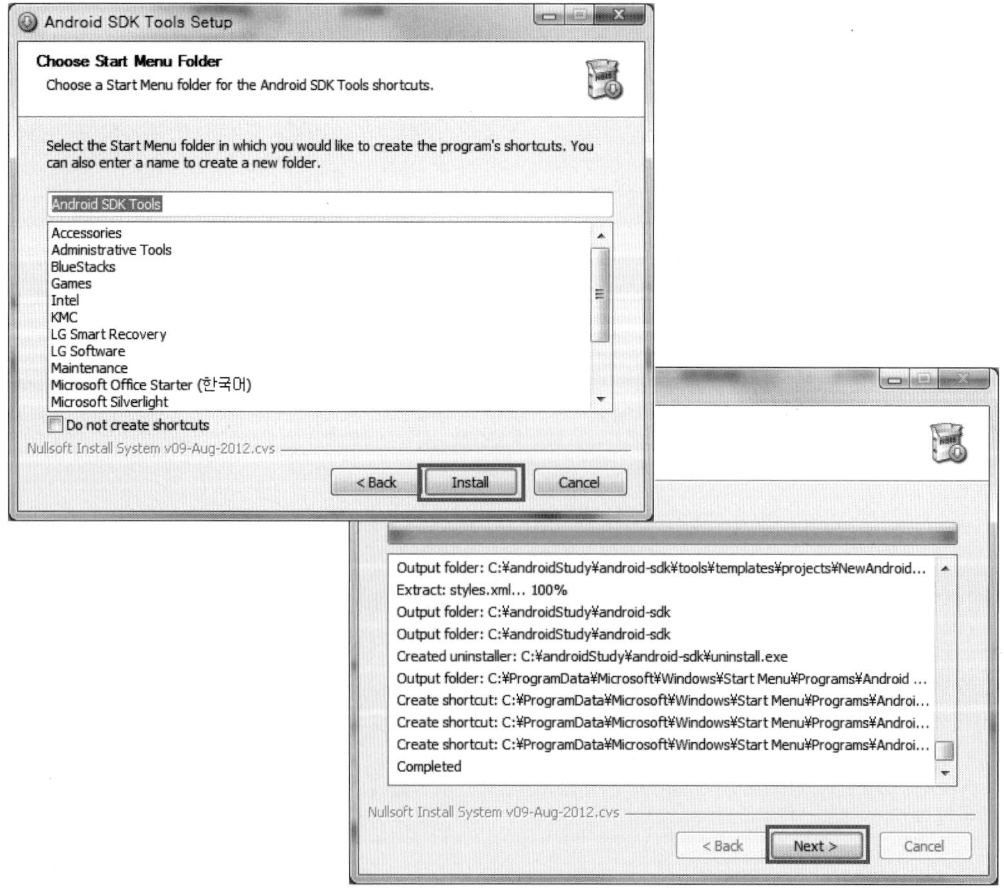

09. [Finish] 버튼을 클릭하여 SDK Tools를 실행한다.

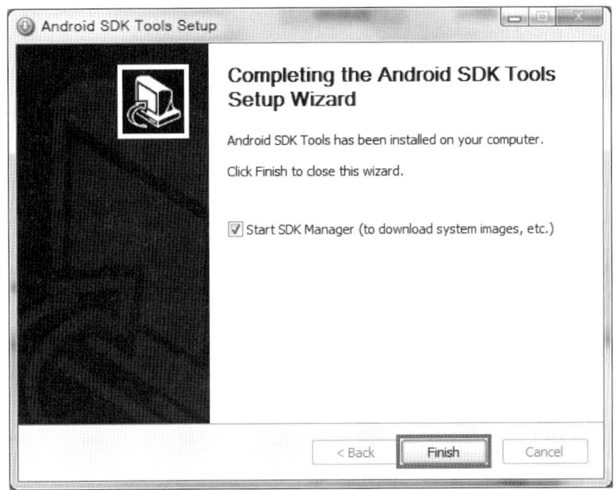

10. 필요한 패키지를 선택한 후 [Install ...] 버튼을 클릭하여 설치를 진행한다.

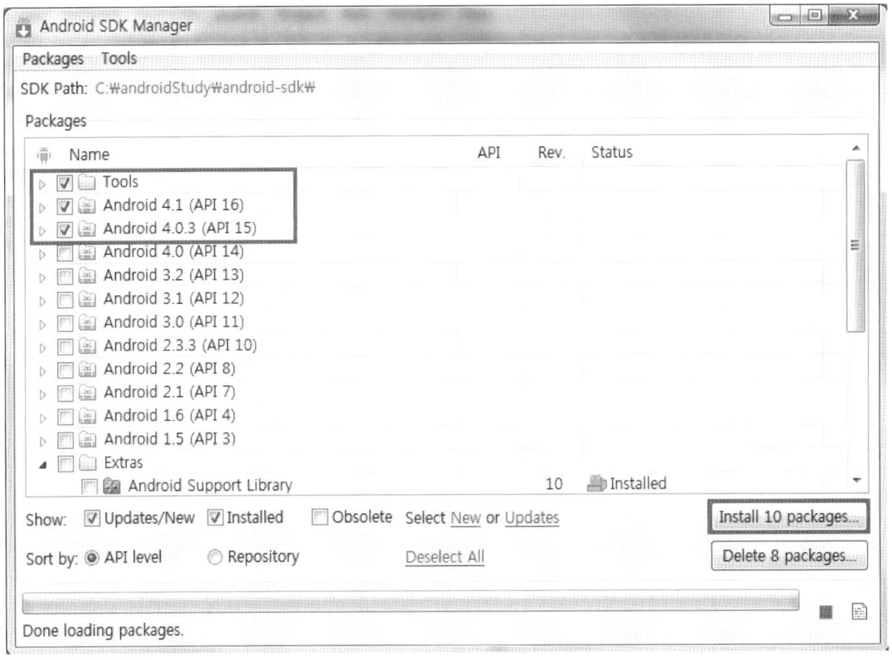

11. 'Accept all' 옵션 버튼을 체크하고 [Install] 버튼을 클릭하여 설치를 진행한다.

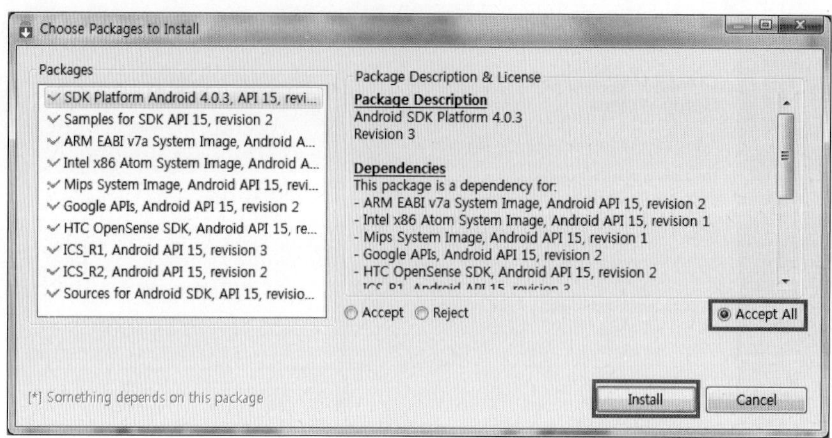

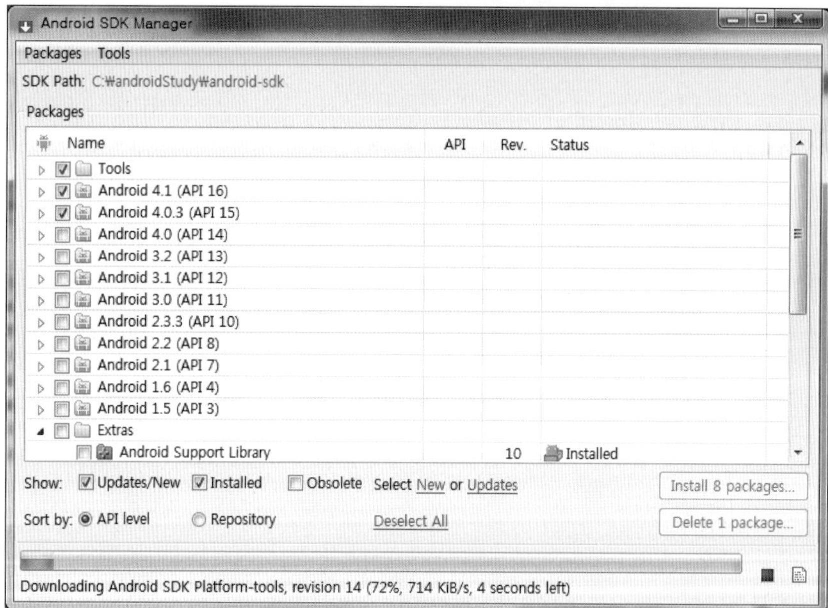

12. 하단과 같이 로그 창이 출력되면 [Close]를 클릭하고 Android SDK Manager 창도 닫는다.

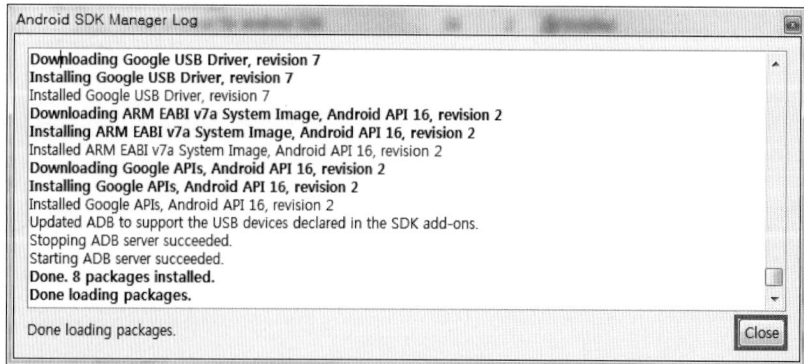

13. 이클립스를 실행하고 상단 메뉴 바의 Windows → Preferences 메뉴를 클릭하고 Android 카테고리를 클릭하면 다음과 같은 대화상자가 출력된다. [Proceed] 버튼을 클릭한다.

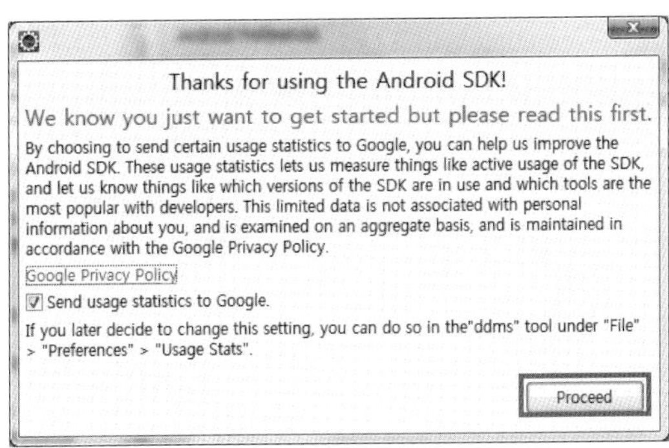

14. [Preferences] 대화상자에서 [Browse] 버튼을 클릭하고 Android SDK가 설치된 경로를 선택한 후 [Apply] 버튼을 클릭한다.

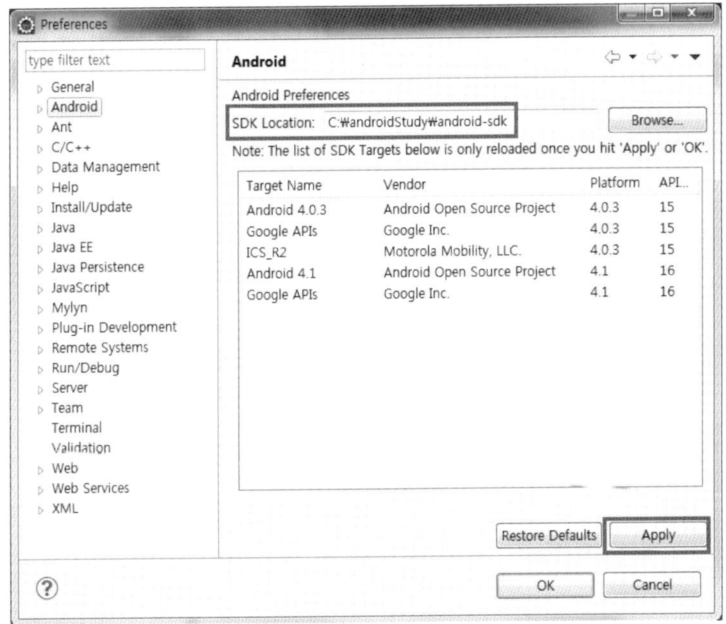

5. Virtual Device 생성하기

01. 이클립스 화면에서 Virtual Device 아이콘을 클릭한다.

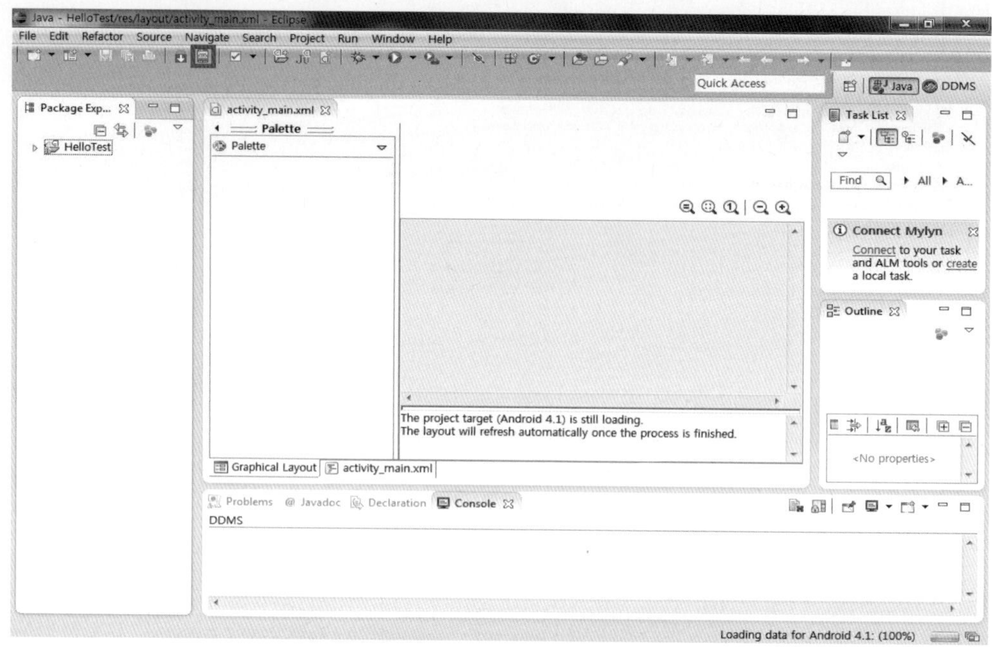

02. [New] 버튼을 클릭하고 아래 그림처럼 새로 생성할 Virtual Device 정보를 입력한 후 [Create AVD] 버튼을 클릭해서 Virtual Device를 생성한다.

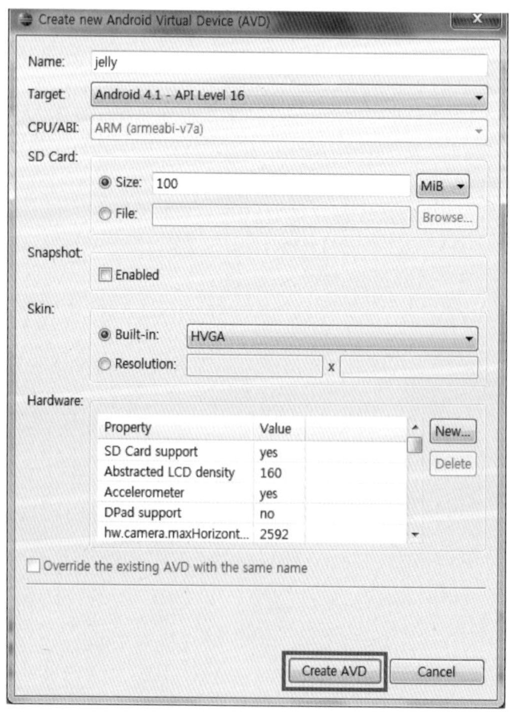

- Name : 이름은 임의의 영문 이름으로 설정하여도 상관없다. 본 책에서는 주로 4.x 대의 버전을 사용할 것이기 때문에 이름을 Jelly로 설정하였다.
- Target : Android 4.1 – API Level 16을 선택한다. (현재 시점 최신 버전)
- Size : SD Card 크기를 100Mbyte로 설정한다.
- Skin : 안드로이드에서는 에뮬레이터에서 사용할 수 있는 스킨을 여러 가지 사이즈로 제공하고 있다. 본 책에서는 320 X 480 사이즈인 HVGA 스킨을 선택하였다.
- *그 외의 스킨 : QVGA (240x320, low density, small screen), WQVGA400 (240x400, low density, normal screen), WQVGA432 (240x432, low density, normal screen), HVGA (320x480, medium density, normal screen), WVGA800 (480x800, high density, normal screen), WVGA854 (480x854 high density, normal screen), WXGA720 (1280x720, extra-high density, normal screen), WSVGA (1024x600, medium density, large screen), WXGA (1280x800, medium density, xlarge screen)

03. 새로운 Virtual Device가 생성된 것을 확인할 수 있다. 추가적으로 생성하려면 [New] 버튼을 클릭하고 다시 상단 화면 단계를 진행하면 된다. 끝내려면 닫기를 클릭한다.

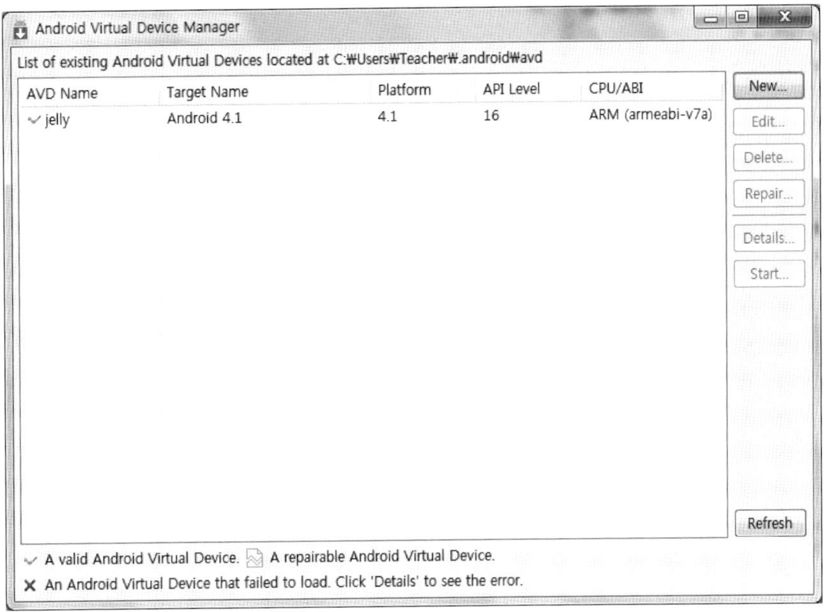

6. 첫 번째 안드로이드 프로젝트 생성하기

01. 이클립스에서 File → New → Other 메뉴를 선택하고 다음 대화상자에서 'Android Application Project'를 선택한다.

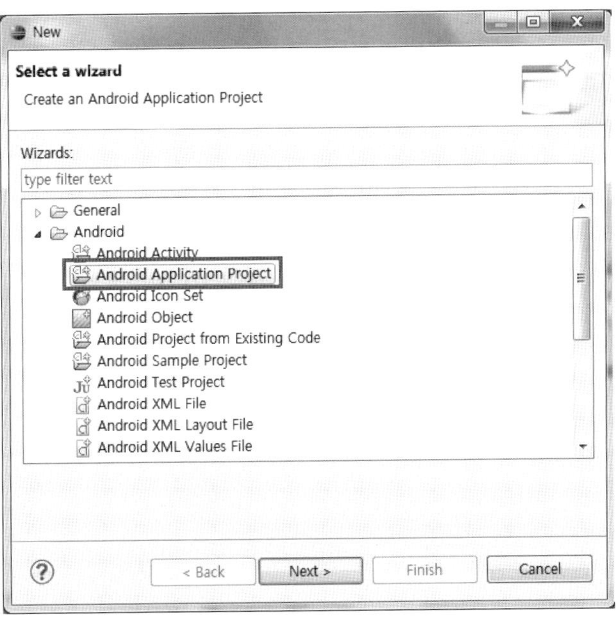

02. 폰에 표시될 이름인 'Application Name'과 Package Explorer에서 표시될 'Project Name '을 입력하고 [Next] 버튼을 클릭한다.

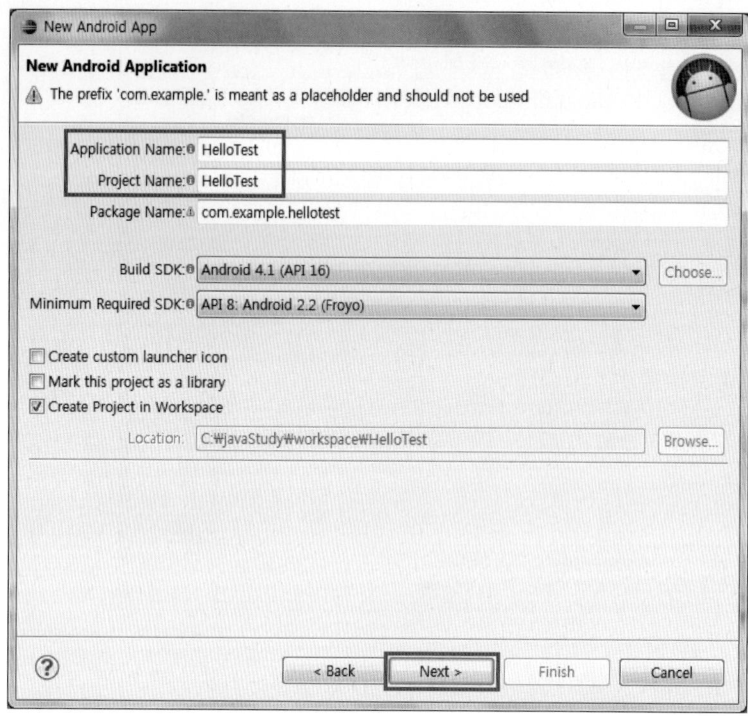

03. [Next]를 눌러 진행하다가 다음과 같이 'BlankActivity'를 선택하고 [Next] 버튼을 클릭한다.

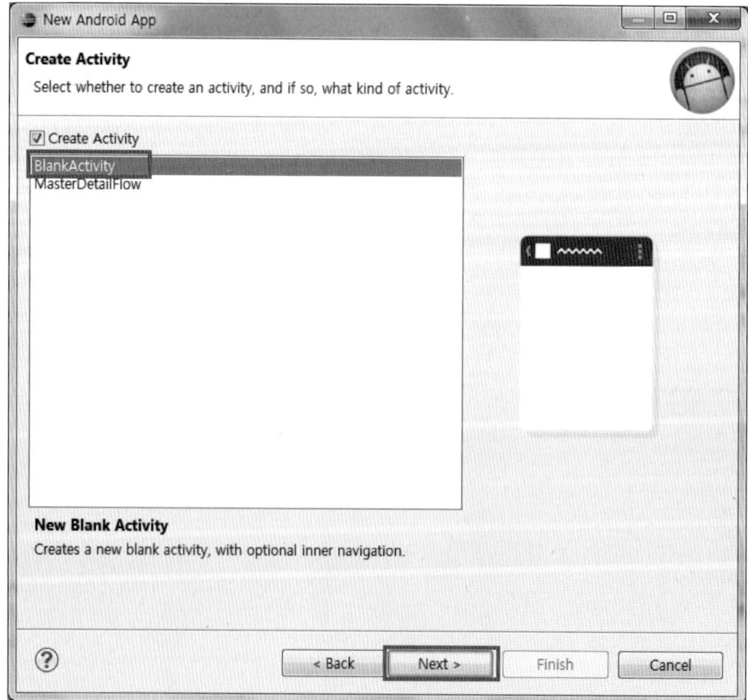

04. 다음 대화상자에서 [Finish] 버튼을 클릭하여 애플리케이션을 생성한다. 아래 그림과 같이 Activity Name과 Layout Name 부분에서 메인 액티비티와 레이아웃 파일명을 지정할 수 있다.

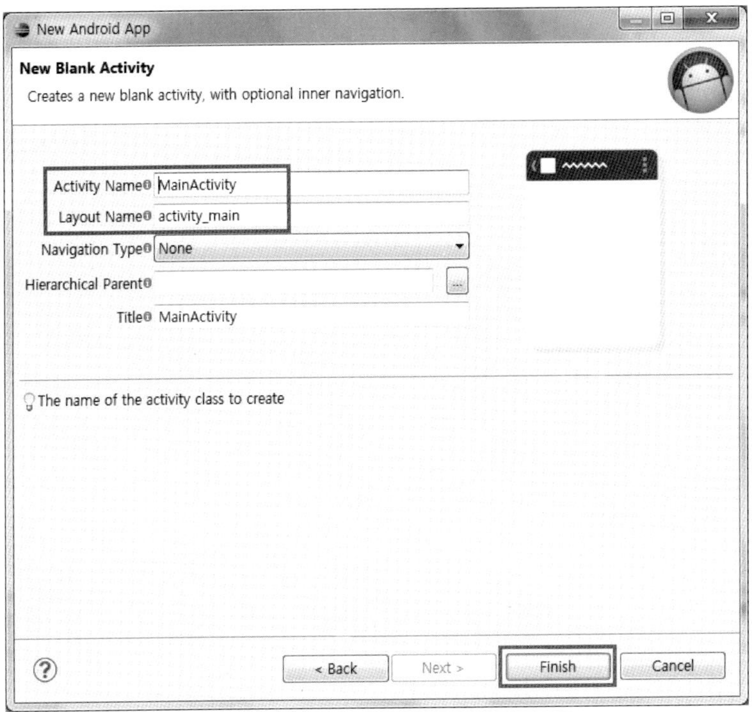

05. HelloTest 프로젝트가 생성된다.

★ Package Explorer는 [Window]-[Show View]-[Other]-[Java]-[Package Explorer]를 선택하여 표시한다.

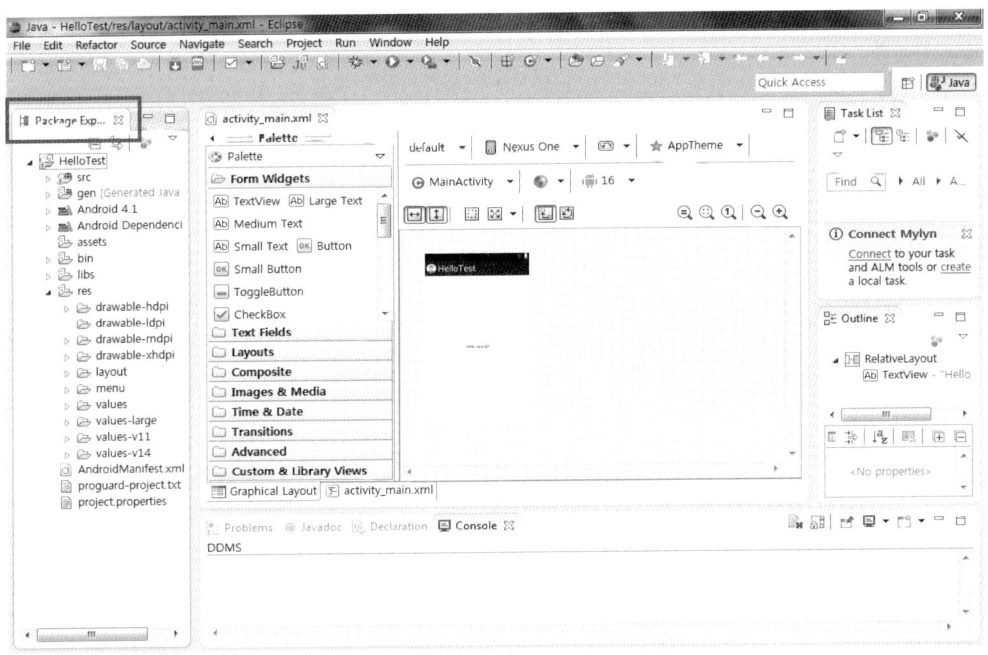

06. HelloTest 프로젝트에서 마우스 오른쪽 버튼을 클릭하고 Run As → Android Application 메뉴를 실행한다.

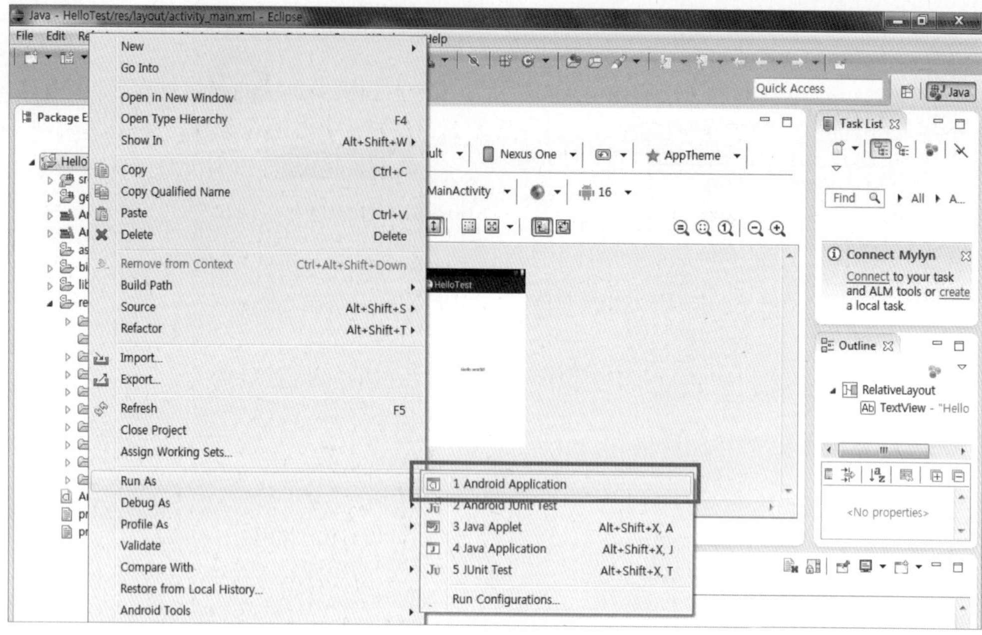

07. 하단 그림과 같이 디바이스에 Hello world 문자열이 출력되면 애플리케이션이 제대로 배포된 것이다.

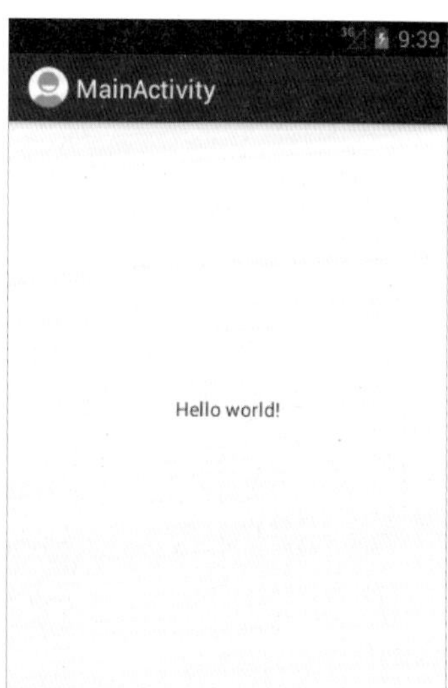

CD에 들어있는 소스를 여러 버전으로 실행하는 방법을 설명하겠다.

먼저 AVD Manager를 실행(아이콘 클릭)해서 4.0 버전을 추가한다.

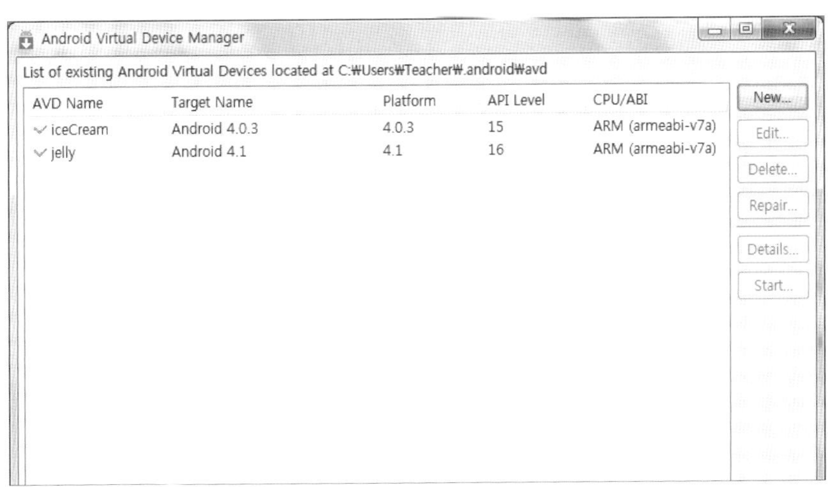

CD 안에 존재하는 디렉토리들은 모두 안드로이드 프로젝트들이다. 따라서 CD 안의 소스를 실행하려면, 실행하기를 원하는 프로젝트를 임포트하면 된다.

프로젝트를 임포트하고 실행해 보겠다.

01. 소스로 제공한 CD에서 Chapter02₩JavaLayout 폴더를 복사한다.

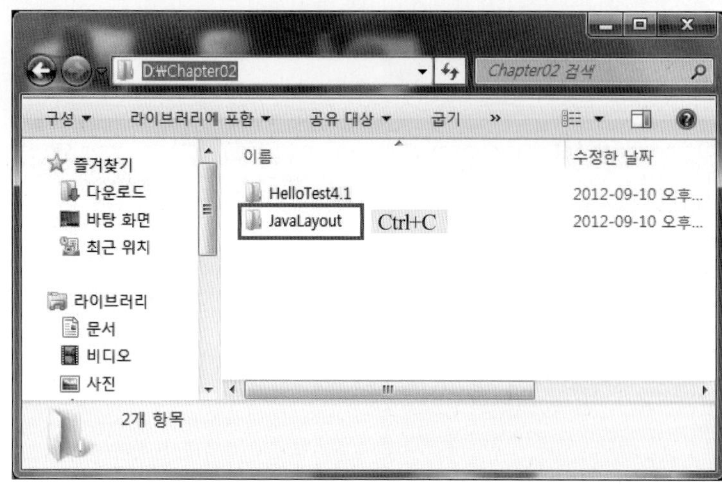

02. 복사한 JavaLayout 폴더를 이클립스의 workspace 폴더에 붙여넣는다.

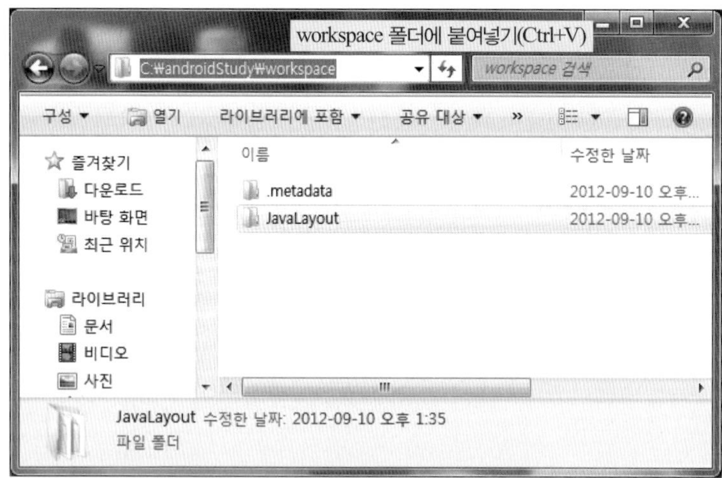

03. 이클립스를 실행하고 Package Explorer에서 마우스 우측 버튼을 클릭하고 Import 메뉴를 선택
한다.

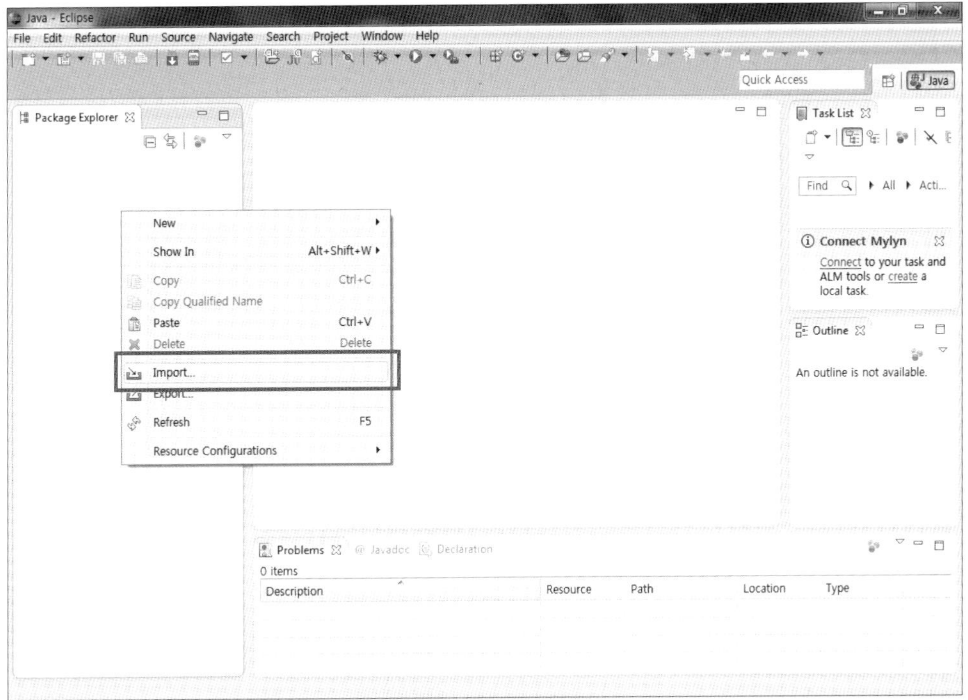

04. [Import] 대화상자에서 'Existing Projects Into Workspace'를 선택한다.

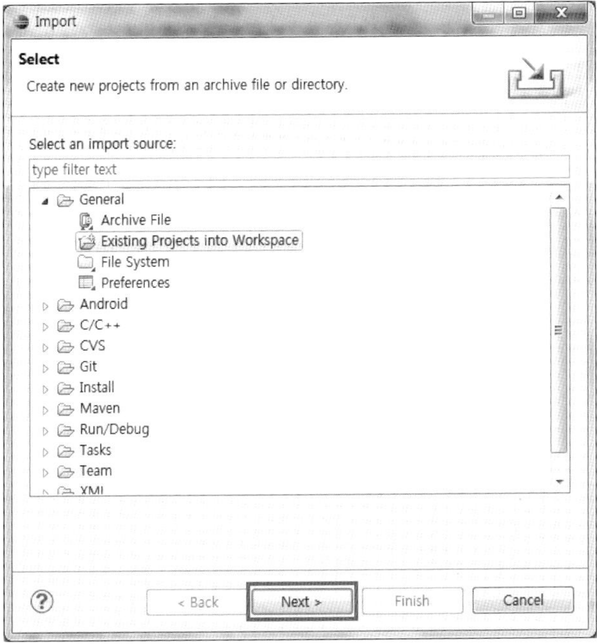

05. 하단 그림과 같이 임포트할 수 있는 JavaLayout 애플리케이션이 체크되면 [Finish] 버튼을 클릭하여
애플리케이션을 임포트한다.

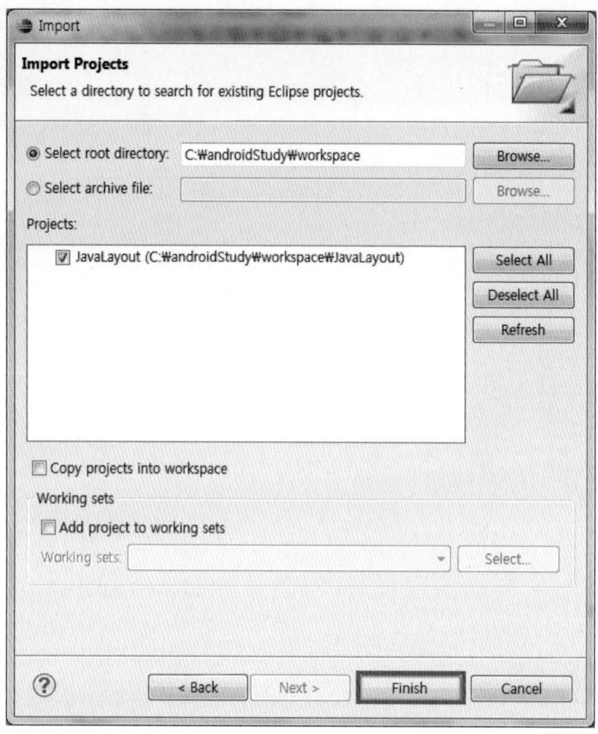

06. 하단 그림과 같이 프로젝트가 임포트된 것을 확인할 수 있다. 소스로 제공되는 프로젝트들은 4.0버전
으로 작성되어 있다.

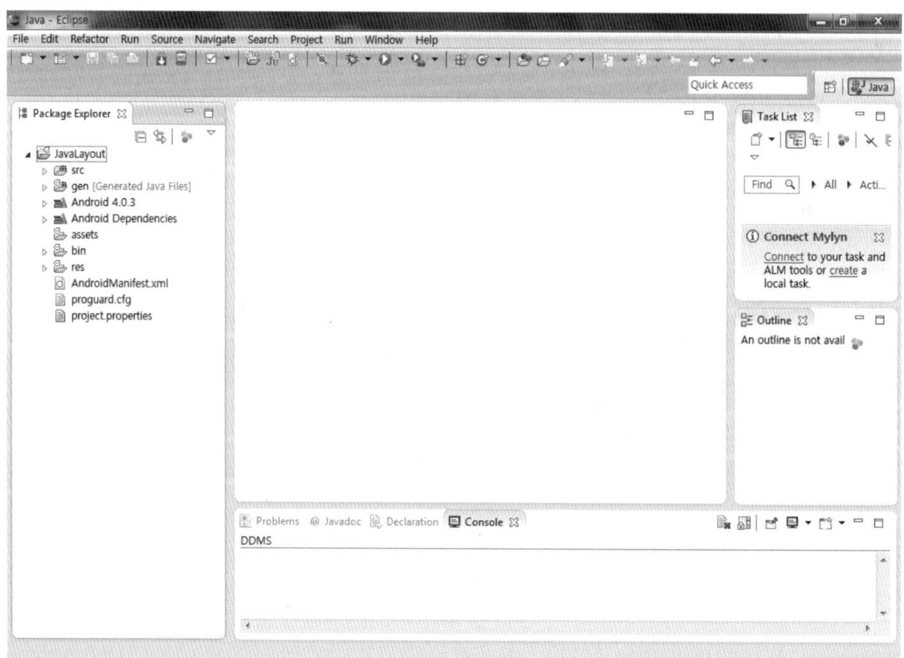

07. 애플리케이션 폴더에서 마우스 오른쪽 버튼을 클릭하고 Run as → Android Application을 클릭한다.

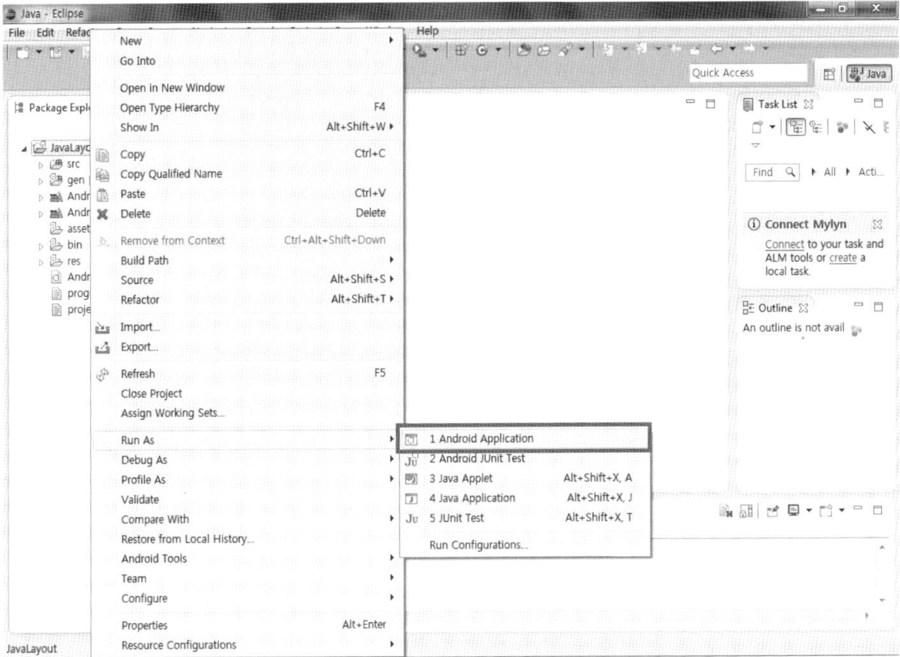

08. 프로젝트가 기본적으로 4.0 기반으로 작성되어 있으므로 아이스크림 샌드위치 버전으로 실행된다.

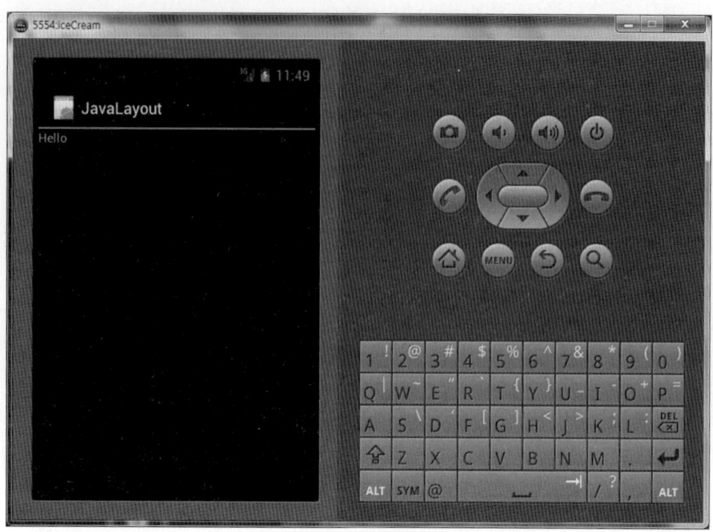

09. 4.1 버전에서 실행하려면 해당 디렉토리에서 마우스 오른쪽 버튼을 클릭하고 [Properties]를 선택한다.

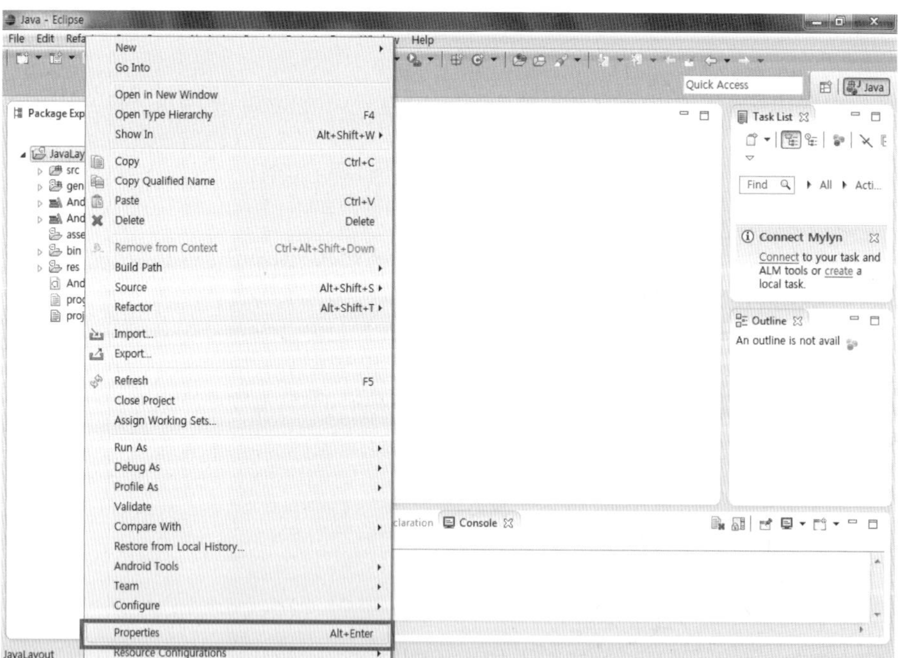

10. 좌측에서 'Android'를 클릭하고 우측 화면의 'Project Build Target'에서 'Android 4.1'을 체크한 후 [OK] 버튼을 클릭한다.

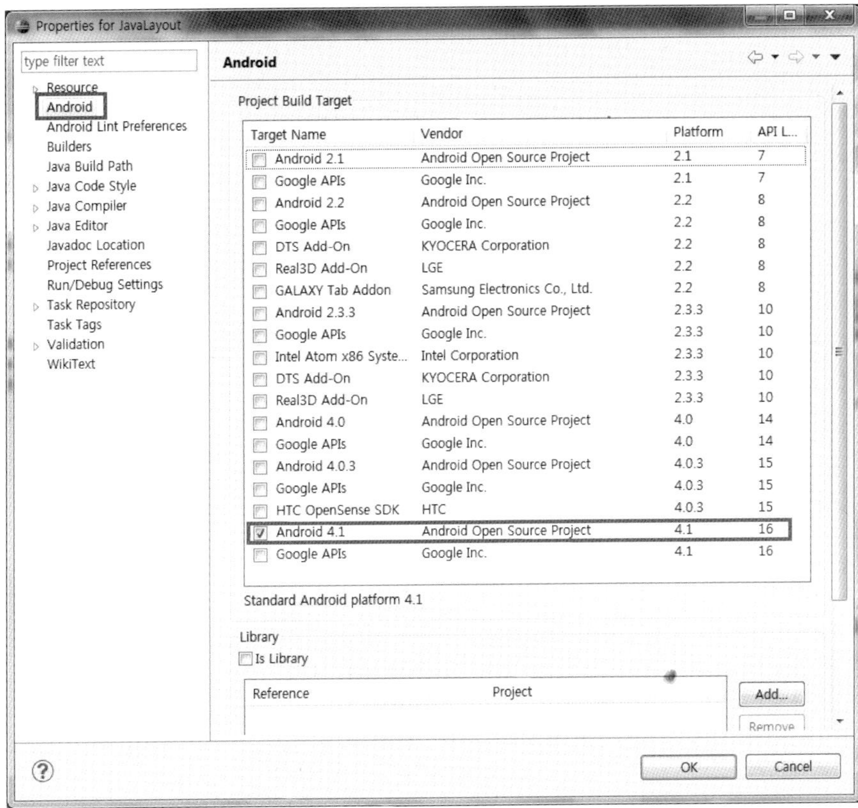

11. AndroidManifest.xml 파일을 열어서 minSdkVersion을 16으로 변경한다.

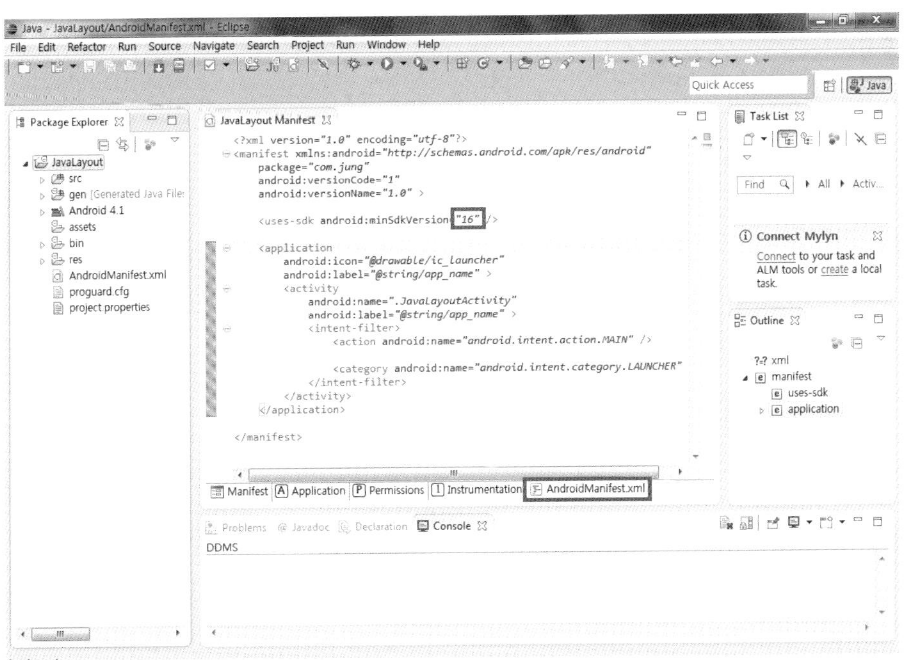

12. 프로젝트 폴더에서 Run As → Android Application을 클릭하면 jelly bean 버전으로 실행되는 것을 확인할 수 있다.

★ 변환이 잘 되지 않으면 에뮬레이터를 종료한 후 다시 실행하면 된다.

KEY-POINT

1. 기존의 피처 폰의 주기능은 음성 통화와 메시를 주소받는 수준이었다. 그러나 스마트 폰이 탄생되면서 이동통신 업체의 통신망뿐 아니라 와이파이를 이용해서 이동 중 인터넷이 가능하게 되었으며, 기존 피처폰에서는 통신 업체에서 제공하는 애플리케이션만을 사용할 수 있었지만 스마트 폰에서는 자유롭게 원하는 애플리케이션을 폰에 설치하여 사용할 수 있게 되었다. 1990년 초기에 IBM 등 여러 회사에서 스마트 폰을 출시하였으나 여러 가지 제반 사항의 부족으로 그리 활성화되지는 못하다가 2007년 초 에플이 아이폰을 출시하면서 스마트 폰이 급속히 시장을 점유하기 시작하였다.

2. 구글은 안드로이드를 개발하기 전에 이미 WEB 2.0 개념을 웹에 적용하면서 절대 강자의 자리를 차지하고 있었다. 구글은 이동 통신 고객 확보를 위해 스마트 폰에도 이런 우수한 기술을 접목시키는 방법을 모색한다. 구글은 페쇄형 소프트웨어인 IOS에 비해 개방형 폰 플랫폼 개념을 강조하며 안드로이드를 개발했고 developer 사이트를 통해서 지속적으로 SDK 버전을 업그레이드시키고 있다. 안드로이드는 미국인의 간식 이름을 버전 이름으로 사용하며 거의 6개월에 한 번씩 버전을 업데이트시키고 있다. 이 책이 출판되는 현 시점에서는 젤리 빈(Android 4.x) 버전이 최신 버전이다.

3. 안드로이드 플랫폼 구성은 다음과 같이 이루어져 있다.

안드로이드 프로젝트의 구성

본 장에서는 안드로이드 프로젝트를 구성하는 레이아웃 xml 파일 , 액티비티 파일, 실질적인 자바 로직이 들어가는 자바 파일 디렉토리, 안드로이드 애플리케이션의 각 속성 값을 설정하는 AndroidManifest.xml 파일, gen 디렉토리, 각종 필요한 값들을 정의할 수 있는 values 디렉토리, 오디오나 동영상 파일들을 저장할 수 있는 assets 디렉토리 등의 구성과 역할에 대해서 살펴본다.

1 화면 레이아웃

1. Xml 파일을 이용한 화면 레이아웃

우선 안드로이드 프로젝트를 실행했을 때 출력되는 화면을 레이아웃하는 역할을 하는 파일을 살펴본다.

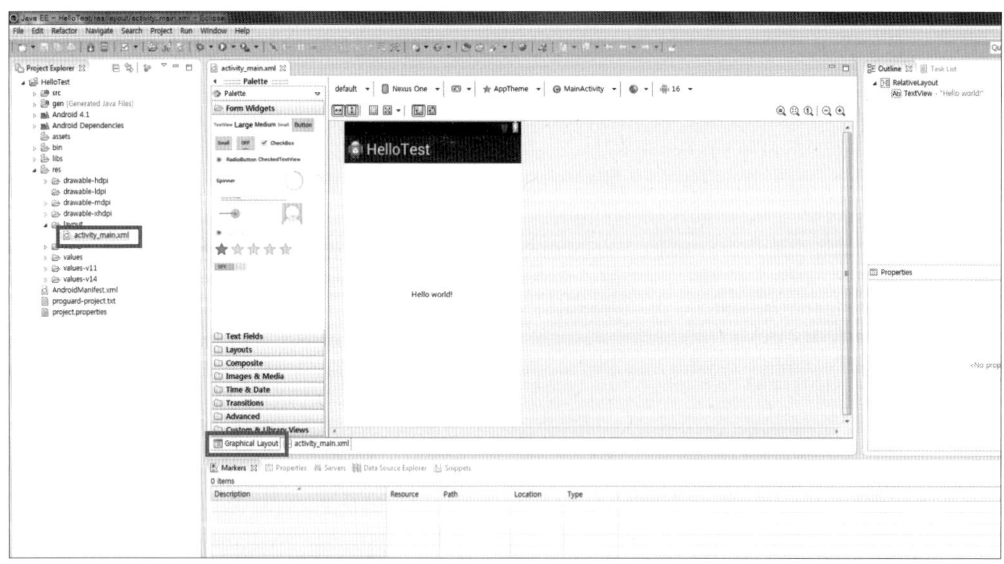

상단의 그림을 보면 프로젝트 디렉토리에 존재하는 디렉토리 중 리소스(res) 디렉토리 안에 해당 프로젝트에서 사용되는 자원들이 저장된다. 그 중 layout 디렉토리 안에 존재하는 xml 파일들이 화면 레이아웃을 정의하는 파일들이다.

안드로이드 프로젝트를 생성하면 기본적으로 actitity_main.xml이라는 하나의 xml 파일이 자동적으로 생성된다. actitity_main.xml 파일의 내용은 상단의 그림처럼 Graphical Layout 탭에서 원하는 위젯을 좌측에서 선택하여 드래그 방식으로 구성할 수도 있고, 아래 그림처럼 하단의 activity_main.xml 탭을 클릭하여 코드상에서 편집할 수도 있다.

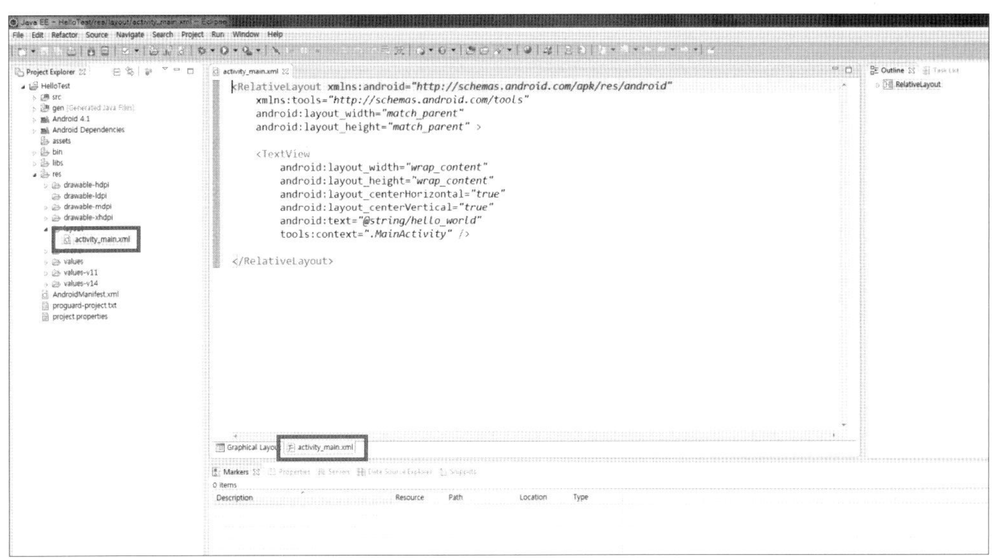

상단의 xml 코드 내용을 간단하게 분석해 보겠다.

● Chapter02\HelloTest4.1\res\layout\activity_main.xml

```
1   <RelativeLayout xmlns:android="http://schemas.android.com/apk/res/android"
2       xmlns:tools="http://schemas.android.com/tools"
3       android:layout_width="match_parent"
4       android:layout_height="match_parent" >
5       <TextView
6           android:layout_width="wrap_content"
7           android:layout_height="wrap_content"
8           android:layout_centerHorizontal="true"
9           android:layout_centerVertical="true"
10          android:text="@string/hello_world"
11          tools:context=".MainActivity" />
12  </RelativeLayout>
```

1	LayoutManager를 지정하는 부분이다. 그리고 각종 안드로이드에서 제공하는 속성들을 이용할 수 있는 android 네임 스페이스를 정의하였다.
2	각종 tools 속성을 이용할 수 있는 tools 네임 스페이스를 정의하였다. 이 부분은 젤리 빈이 출시될 즈음에 추가 된 부분이다.
3	RelativeLayout 영역이 차지하는 폭을 지정하는 부분이다.
4	RelativeLayout 영역이 차지하는 높이를 지정하는 부분이다. *안드로이드 장비의 크기가 다양하기 때문에 해당 디바이스에 일정한 크기 비율로 크기를 지정하고 싶으면 상수 값으로 크기를 지정하기 보다는 비율로 크기를 지정할 것을 권한다. *match_parent : 2.2 버전에서 추가된 속성으로 자기가 포함되어 있는 컨테이너의 크기에 맞춰 크기를 지정, fill_parent와 동일한 효과를 준다. *Wrap_content는 해당 위젯의 내용을 출력할 수 있을 정도의 크기만으로 위젯의 크기를 지정한다.
5~11	값을 입력받을 수는 없고 출력만 가능한 TextView 위젯을 정의한 부분이다.
8	TextView를 수평 가운데로 배치되도록 설정한 부분이다.
9	TextView를 수직 가운데로 배치되도록 설정한 부분이다.
10	TextView 출력될 문자열을 지정하는 부분이다. '@string/hello_world'에서 '@' 문자는 애플리케이션에 정의된 리 소스에 접근하는 의미이다. 즉, string 리소스에 정의되어 있는 hello_world라는 이름의 값을 가져와서 TextView 에 출력될 문자열로 설정하는 부분이다. 하단과 같이 values 디렉토리 하단에 strings.xml 파일이 정의되어 있다. 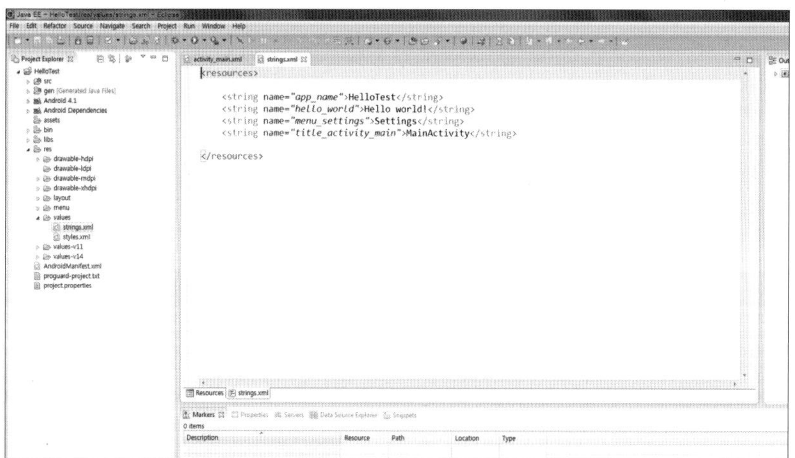 그림을 보면 string 타입의 hello_world라는 이름의 리소스가 정의되어 있는 것을 확인할 수 있다. string 리소스를 정의한 파일이라고 해서 반드시 파일명을 strings.xml이라고 지정할 필요는 없다. 리소스 파일 임을 의미하기 위해 루트 엘리먼트를 <resources>로 지정하면 되고, 하위 엘리먼트를 string으로 지정하면 해당 애플리케이션에서 string 리소스로 인식된다. 그렇지만 리소스 파일명을 의미 없이 지정하는 것보다는 해당 리소스 종류를 판단할 수 있도록 지정하는 것이 해 당 파일에 정의되어 있는 리소스 종류를 판단하기에 편리할 것이다.
11	UI 렌더링에 사용될 액티비티를 지정하는 부분이다. Android4.1에서 새롭게 추가된 부분이다.

상단에서 소개한 것과 같이 프로젝트를 생성하면 activity_main.xml 파일이 자동으로 생성된다. 또 다른 레이아웃 파일이 필요하면 layout 디렉토리에 별도의 xml 레이아웃 파일을 생성해 주면 된다. 또한 처음에 프로젝트를 생성할 때 activity_main.xml이라는 이름으로 레이아웃 파일을 생성하지 않고 원하는 이름으로 생성할 수도 있다.

이렇게 생성된 레이아웃 파일의 내용은 Activity의 onCreate 메소드에서 Activity의 내용으로 전개되게 된다.

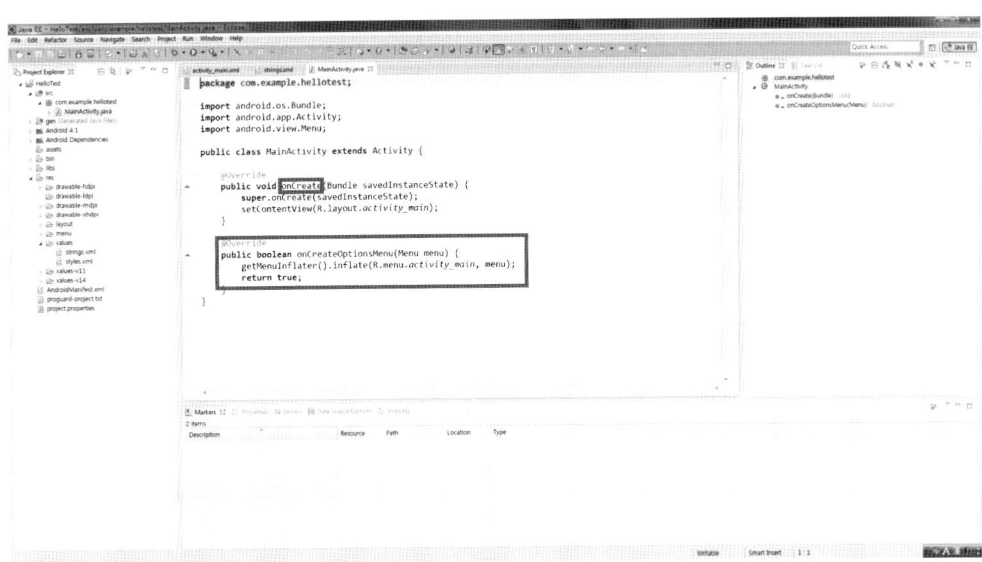

상단 화면에서 onCreate 메소드는 해당 액티비티가 실행되면서 가장 먼저 호출되는 메소드이며 setContentView 메소드를 이용하여 레이아웃 파일로 작성되어 있는 activity_main.xml 파일을 전개하여 액티비티의 내용으로 설정하고 있다.

```java
@Override
public boolean onCreateOptionsMenu(Menu menu) {
    getMenuInflater().inflate(R.menu.activity_main, menu);
    return true;
}
```

이 부분은 메인 액티비티에 옵션 메뉴를 추가해 주는 부분이다. 애플리케이션을 실행하고 Menu 버튼을 클릭하면, 기본적인 옵션 메뉴가 생성되게 하는 부분이며, 애플리케이션 실행에 필수적인 부분은 아니다. 메뉴에 대해서는 메뉴를 설명하는 곳에서 좀 더 자세히 설명하도록 하겠다.

하단은 애플리케이션을 실행하고 menu 버튼을 클릭한 화면 그림이다.

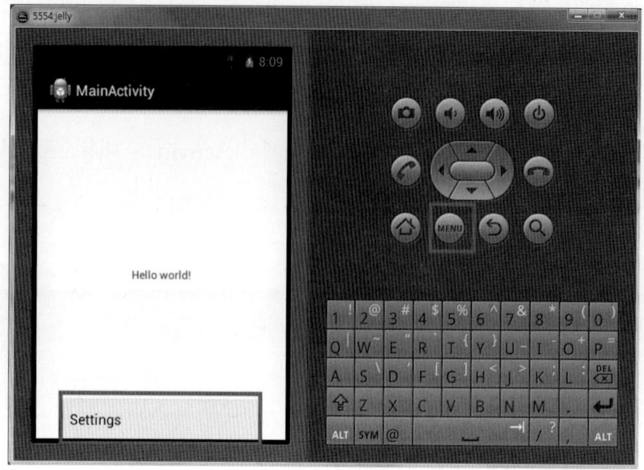

또한 상단 코드 내용을 보면 리소스 디렉토리에 작성되어 있는 activity_main.xml 파일을 자바 코드에서 접근하고 있다. 이 접근이 가능한 이유는 각종 리소스 파일을 생성하면 R.java 파일에 자동으로 해당 리소스에 접근할 수 있는 상수들이 생성되기 때문이다.

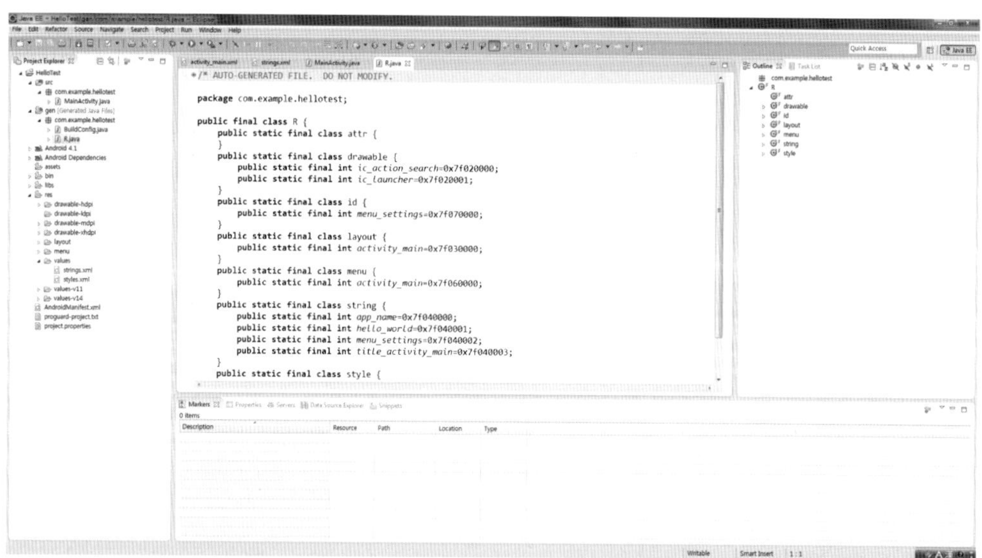

상단 그림을 보면 알 수 있듯이 리소스 파일을 작성하면 해당 애플리케이션에 R.java 파일이 자동으로 생성되며 각 리소스 파일에 정의된 리소스들이 해당 리소스를 참조할 수 있는 값을 갖는 상수로 생성된다.

R 클래스 안에 layout과 같은 리소스 유형이 static 내부 클래스로 정의되어 있으며 정의된 각각의 리소스명들이 상수로 정의되어 있으므로 자바 코드상에서는 <R.리소스유형클래스.리소스명>으로 접근이 가능한 것이다. 즉, 자바 코드상에서 string 유형으로 정의된 hello 리소스에 접근하려면 R.string.hello로 접근하면 된다.

자바 코드가 아닌 애플리케이션 안에 존재하는 다른 설정 파일에서 접근하려면 <@리소스유형/리소스명>으로 접근하면 된다. string 유형의 리소스인 hello 리소스에 접근하려면 <@string/hello>로 접근하면 된다.

2. 자바 코드로 위젯을 생성한 후의 화면 레이아웃

레이아웃이 고정되어 있다면 지금까지 소개한 내용대로 xml 파일로 레이아웃 파일을 작성하고 액티비티에서 setContentView 메소드를 사용해서 해당 xml 파일을 내용으로 전개해도 상관이 없지만, 화면이 특정 이벤트에 의해서 동적으로 변경되어야 한다면 자바 코드상에서도 위젯을 생성하여 해당 위젯을 액티비티에 추가할 수도 있어야 한다.

따라서, 이번에는 자바 코드로 위젯을 생성해서 액티비티의 내용으로 추가하는 내용을 살펴보겠다.

● Chapter02\JavaLayout\src\com\jung\JavaLayoutActivity.java

```
1    package com.jung;
2    import android.app.Activity;
3    import android.os.Bundle;
4    import android.widget.LinearLayout;
5    import android.widget.TextView;
6    public class JavaLayoutActivity extends Activity {
7    /** Called when the activity is first created. */
8        @Override
9        public void onCreate(Bundle savedInstanceState) {
10           super.onCreate(savedInstanceState);
11           LinearLayout layout = new LinearLayout(this);
12           TextView tv = new TextView(this);
13           tv.setText("Hello");
14           layout.setOrientation(LinearLayout.VERTICAL);
15           layout.addView(tv);
16           setContentView(layout);
17       }
18   }
```

앞에서 설명했듯이 본 코드는 위젯을 직접 자바 코드로 생성해서 액티비티의 화면을 구성하는 코드이다.

11	LinearLayout 객체를 생성자를 사용해서 생성하고 있다. 안드로이드에서 사용하는 모든 위젯 객체를 생성할 때는 컨텍스트를 파라미터로 요구한다. 파라미터 값으로는 this를 지정하여 현재 액티비티를 파라미터로 지정하면 된다.
12	TextView 객체를 생성한다.
13	TextView 클래스의 public final void setText (CharSequence text)를 사용하여 TextView에 출력될 text를 지정하였다.
14	public void setOrientation (int orientation) 메소드를 이용하여 배치 방향을 수직 방향으로 지정하였다.
15	public void addView (View child) 메소드를 사용하여 LinearLayout의 자식뷰로 TextView를 지정하였다.
16	자바 코드로 생성한 LinearLayout 객체를 액티비티의 내용으로 설정하기 위해 setContentView의 파라미터 값으로 LinearLayout의 레퍼런스 변수인 layout을 설정해 주었다.

2 이미지 저장 폴더(drawable)

TextView를 자식 뷰로 포함하고 있는 LinearLayout 객체를 액티비티의 내용으로 설정하면 LinearLayout에 자식뷰로 추가되어 있는 TextView는 자동으로 액티비티에 출력되게 된다.

1.5 이하 버전에서는 drawable 폴더 하나만 지원되었지만 1.6 이상 버전부터는 dpi에 따른 이미지의 효율적인 사용을 위하여 여러 가지 해상도별 디렉토리를 제공해 주고 있다. Drawable 디렉토리도 하위 버전과의 호환성을 위해 지금도 사용 가능하다.

이미지 저장 폴더는 안드로이드 프로젝트를 생성하면 기본적으로 세 개의 폴더가 생성된다. 각 해상도별로 drawable-hdpi, drawable-mdpi, drawable-ldpi 폴더가 생성된다. 최신 툴에서는 drawable-xhdpi 폴더도 자동 생성된다. 각 해상도별로 사용될 이미지 크기를 각각 다르게 만들어 각 폴더에 저장하면 해당 해상도의 화면에서 해당하는 디렉토리의 이미지를 사용하게 된다.

각 디렉토리의 이미지 크기를 계산할 때 고려해야할 dpi 값은 다음과 같다.

디렉토리	dpi	이미지 크기 비율
drawable-hdpi	~ 240 dpi	1.5
drawable-mdpi	~ 160 dpi	1.0
drawable-ldpi	~ 120 dpi	0.75

*dpi : dot per inch. 1인치에 찍히는 점의 개수이다. 이 값으로 해상도를 지정한다.

일반적인 폰 작업을 할 경우는 drawable-mdpi에 이미지를 넣고 작업하면 된다. 그 외에도 고밀도 이상 초고밀도일 경우는 drawable-xhdpi(~ 320dpi) 디렉토리를 따로 생성해서 사용할 수 있다.

또한 해상도를 고려하지 않고 사용할 이미지는 drawable-nodpi 디렉토리를 생성해서 사용할 수 있다. 각 해상도별 디렉토리에 찾는 이미지가 없으면 dawable-nodpi 디렉토리에서 해당 이미지를 찾는다. 또한 television의 레이아웃을 위해서 제공되며 대략 213dpi (mdpi 와 hdpi) 사이의 해상도를 지원해 주는 tvdpi도 사용 가능하다.

drawable 디렉토리 이외에도 res 디렉토리에 많은 종류의 디렉토리들이 존재한다. 각 디렉토리에 애플리케이션에서 필요한 자원을 저장하고 사용할 수 있다. assets 디렉토리에는 폰트 파일 같은 단순한 이미지보다 크기가 큰 오디오, 동영상, 웹 문서 등을 저장한다.

3 AndroidManifest.xml

AndroidManifest.xml 파일은 해당 애플리케이션의 신분증과 같은 역할을 한다. 즉 해당 애플리케이션에 관한 설정이 정의되는 파일이다.

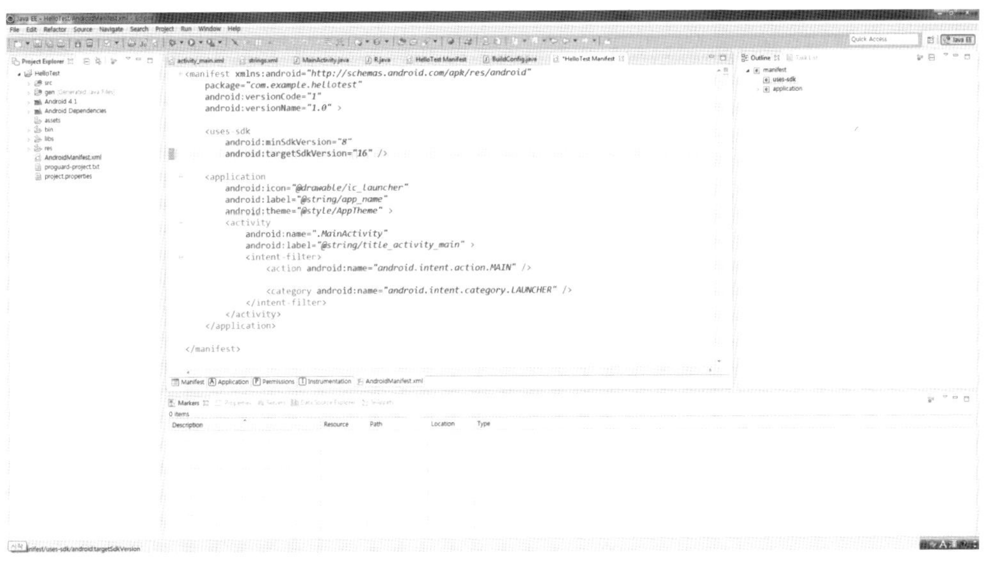

상단의 그림을 보면 알 수 있듯이 해당 애플리케이션의 메인 액티비티가 존재하는 package 경로, 해당 애플리케이션을 배포할 때 지정하는 versionCode와 versionName 값이 설정되어 있다. minSdkVersion 값은 해당 애플리케이션이 인스톨 될 수 있는 최소 버전을 의미한다.

해당 애플리케이션이 실행될 수 있는 최소 SDK 버전 minSdkVersion 값이 8로 설정되어 있으면 해당 애플리케이션을 7 레벨의 SDK에서는 실행할 수 없는 것이다.

targetSdkVersion은 16으로 설정되어 있다. minSdkVersion에 만족하는 디바이스가 여러 개 존재해도 targetSdkVersion의 디바이스가 존재하면 targetSdkVersion인 16버전의 디바이스에서 애플리케이션이 실행된다.

.icon 속성의 값은 해당 애플리케이션이 화면에 출력될 때 사용할 아이콘이다. 디폴트로 제공되는 아이콘이 지정되어 있으나 해당 애플리케이션에 사용할 이미지를 만들어 icon 속성으로 지정하면 해당 아이콘이 해당 애플리케이션의 아이콘으로 설정된다.

label 속성은 해당 애플리케이션이 화면에 출력될 때 해당 애플리케이션의 레이블로 사용된다. 기본적으로 app_name 이라는 이름으로 설정되어 있는 string 유형의 리소스를 애플리케이션의 레이블로 이용한다.

theme 속성은 해당 애플리케이션의 테마를 설정하는 속성이다.

해당 애플리케이션에서 실행될 액티비티들은 AndroidManifest.xml에 정의되어야 해당 애플리케이션에서 인식된다. 액티비티 엘리먼트에는 해당 액티비티의 레이블과 해당 액티비티의 클래스명을 지정하는 속성이 정의되어 있다.

Intent-Filter 엘리먼트에는 해당 액티비티의 action과 category가 자식 엘리먼트로 정의되어 있다. action이 MAIN으로 설정되어 있기 때문에 해당 액티비티는 메인 액티비티로 인식되어 해당 애플리케이션을 실행하면 가장 먼저 실행되는 액티비티가 된다. category가 LAUNCHER로 지정되어 있기 때문에 다른 액티비티에 의해 호출되는 액티비티가 아니라 론처에 의해서 실행되는 액티비티임을 의미한다.

KEY-POINT

1. 안드로이드 프로젝트를 생성하면 안드로이드 애플리케이션을 구성하는 디렉토리들이 자동으로 생성된다. 생성되는 구조는 다음과 같다.

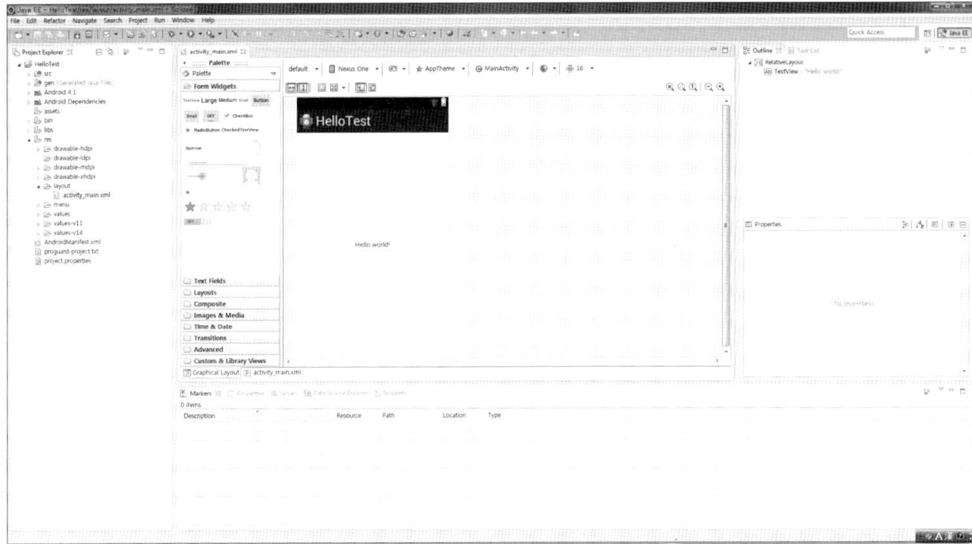

- src : 자동으로 생성되는 액티비티 자바 파일이 생성된다. 이 디렉토리에 필요한 자바 파일을 생성하면 된다.
- gen : 리소스를 xml 파일에 정의하면 해당 리소스를 접근하기 위해서 자동으로 생성되는 클래스 파일인 R.java 파일이 생성되는 디렉토리이다.
- res : 각종 리소스 파일이 정의되는 디렉토리이다. drawable로 시작되는 디렉토리는 해상도별로 이미지를 저장하는 디렉토리이며 layout 디렉토리는 화면 레이아웃을 정의하는 설정 파일들이 저장되는 디렉토리이다. values 디렉토리는 각종 값(크기, 색상, 문자열, 배열 등)을 정의하는 설정 파일들이 저장되는 디렉토리로 사용된다.

  *values-v11 - 허니콤 용 테마가 정의되는 디렉토리, values-v14 - 4.0 이상 버전의 테마가 정의되는 디렉토리
- AndroidManifest.xml : 해당 애플리케이션에 대한 전체 설정 값을 정의하는 파일이다. 액티비티 정의, 퍼미션, 라이브러리 정의 등 애플리케이션에 관한 모든 설정을 한다.
- bin : 배포된 파일이 존재하는 디렉토리이다. 애플리케이션의 최종 파일인 *.apk 파일도 이 경로에 존재한다.
- assets : 단순한 이미지 파일보다 용량이 조금 큰 리소스를 저장하는 디렉토리이다. 오디오, 동영상, 웹 문서 등을 저장한다.
- Android4.1 : 현재 애플리케이션에서 사용하고 있는 라이브러리 버전을 표시한다.

안드로이드 개발 도구

본 장에서는 안드로이드 프로그램을 작성하기 위해 ADT에서 제공하는 에뮬레이터(혹은 안드로이드 단말기)의 상태를 조회하거나 애플리케이션 설치 및 제거 등의 관리에 사용되는 ADB와 실행 중인 디바이스를 모니터하거나 디버깅할 때 사용하는 DDMS 등의 개발 도구에 대해서 살펴본다.

1 ADB(Android Debug Bridge)

ABD는 에뮬레이터 혹은 안드로이드 단말기의 상태를 조회하거나 애플리케이션 설치 및 제거 등의 관리에 사용되는 개발 도구이다. ADT 툴은 SDK에 포함되어 있다.

1. adb.exe 파일을 실행하기 위한 환경 변수 설정

adb.exe 파일은 안드로이드 SDK가 설치된 디렉토리 하위 디렉토리인 platform-tools 디렉토리 안에 저장되어 있다. 이 adb.exe 파일을 현재 작업 경로와 상관 없이 실행이 가능하게 하려면 해당 파일이 존재하는 디렉토리를 path 환경 변수로 설정하여야 한다.

01. platform-tools 디렉토리의 경로를 복사한다.

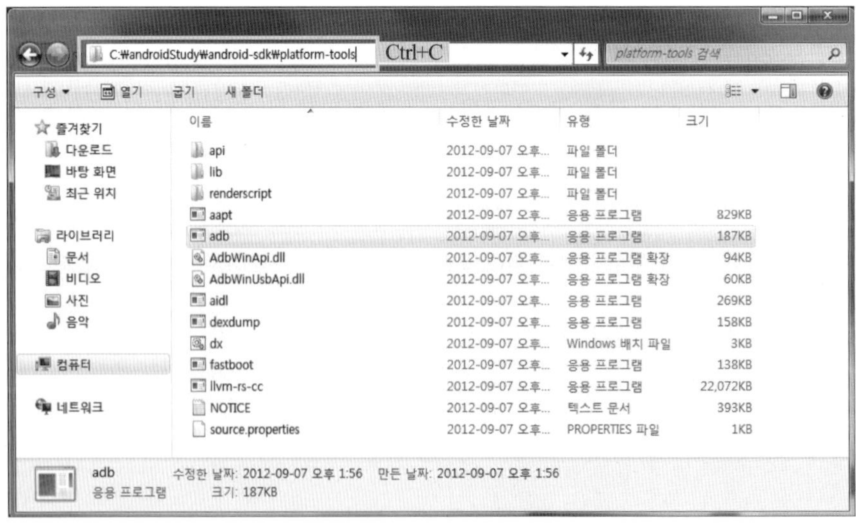

02. 내 컴퓨터의 속성 창([시스템 등록 정보])에서 [고급] 탭의 [환경 변수] 버튼을 클릭한다.

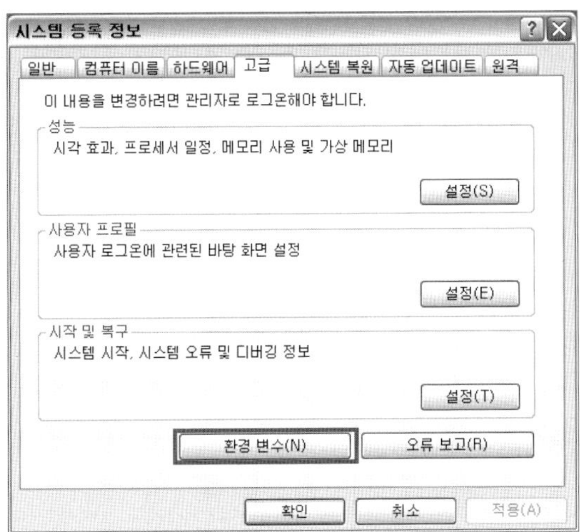

03. 시스템 변수 부분에서 Path 환경 변수를 선택한 후 [편집] 버튼을 클릭한다.

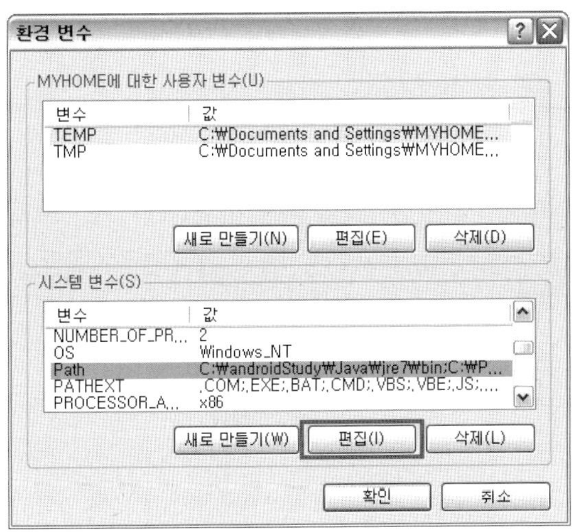

04. 변수값 부분에 platform-tools 디렉토리 영역을 복사해 넣고 ;를 입력한 후 [확인] 버튼을 눌러 빠져나온다. 내 컴퓨터 메인 속성 창에서도 계속 [확인] 버튼을 누르고 빠져나온다.

2. adb에서 자주 사용되는 옵션 실행해보기

adb를 제대로 테스트하려면 에뮬레이터를 먼저 실행해야 한다. JavaLayout 에뮬레이터가 실행(P53 참조)된 상태에서 다음 단계를 따라한다.

01. 우선 adb 명령을 이용해서 현재 실행되고 있는 에뮬레이터나 단말기 정보를 보기 위해 다음과 같이 abd devices를 실행해본다. 현재 실행 상태에 있는 디바이스 목록이 출력된다. 기본 에뮬레이터 하나만 실행되고 있다면 기본 에뮬레이터의 장치 번호인 emulator-5554만 리스트 된다. 만약 안드로이드 폰을 연결하고 동시에 두 대의 디바이스를 실행했다면 두 개의 디바이스 이름이 리스트된다.

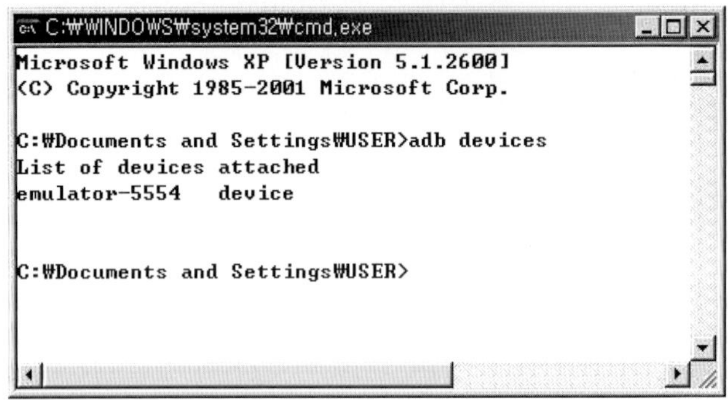

02. adb 명령을 이용해서 특정 디바이스로 접근하여 shell 명령으로 여러 가지 작업이 가능하다. shell 명령을 자유롭게 사용할 수 있는 개발자에게는 편리한 기능이다. -s 옵션은 shell 명령으로 접근할 디바이스 고유 번호를 지정하는 옵션이다.

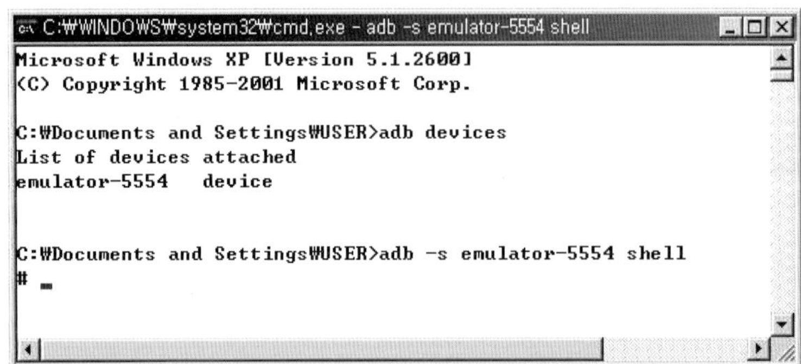

03. shell 옵션으로 adb를 실행한 후 ls 명령으로 해당 장치의 내부 디렉토리 구조를 볼 수 있다.

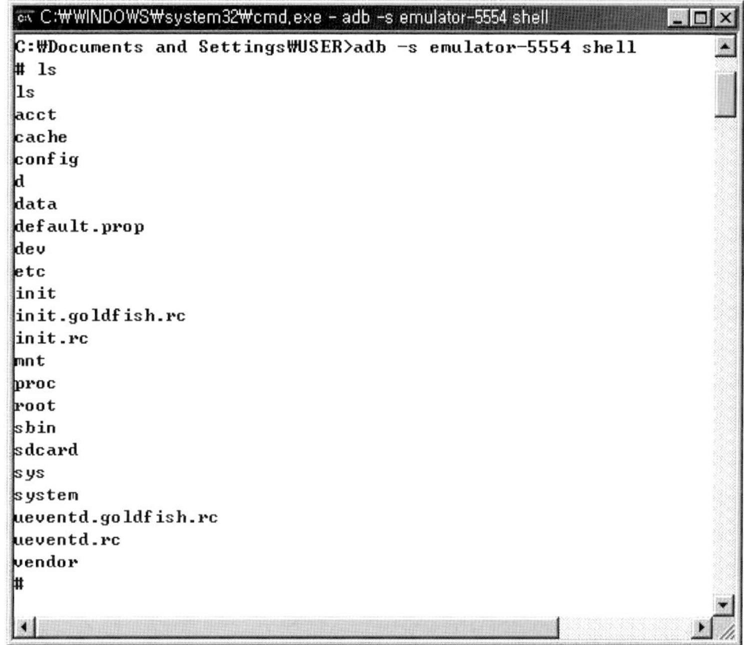

04. 해당 애플리케이션이 사용하는 자원은 모두 data/data 디렉토리의 해당 애플리케이션의 패키지에
존재한다. 해당 경로로 이동하여 ls를 실행하면 현재 접근한 디바이스에서 해당 애플리케이션이 사용하
는 데이터들이 출력되나, 현재는 아무 데이터도 사용하지 않으므로 아무 데이터도 존재하지 않는다. 경로
만 확인하고 exit 명령으로 빠져나온다.

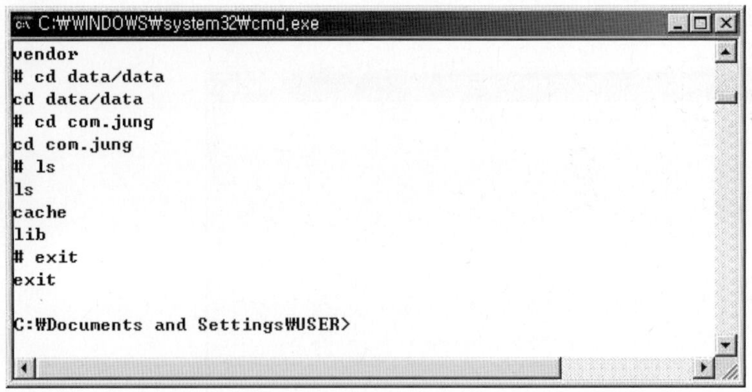

05. 우선 adb 옵션을 실행하기 전에 메인 애플리케이션 리스트 화면으로 들어가는 방법은 다음과 같다. JavaLayout 실행 화면에서 홈 아이콘을 클릭한다. (JavaLayout 실행 방법은 P49 참조)

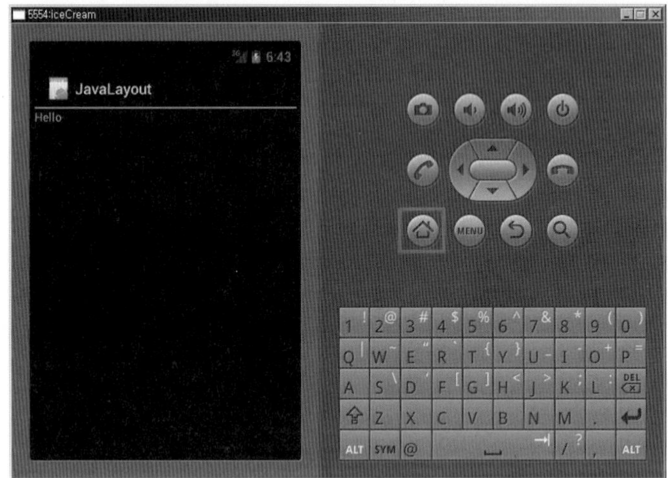

06. 그 다음 하단의 화면이 출력되면 메인 애플리케이션 리스트 아이콘을 클릭하면 된다.

07. 이번에는 옵션을 이용해서 JavaLayout 애플리케이션을 제거해 보겠다. 다음 화면처럼 JavaLayout 애플리케이션이 설치된 상태에서 명령 창에 uninstall 옵션으로 adb를 실행한다. com.jung은 메인 액티비티가 존재하는 패키지명이다.

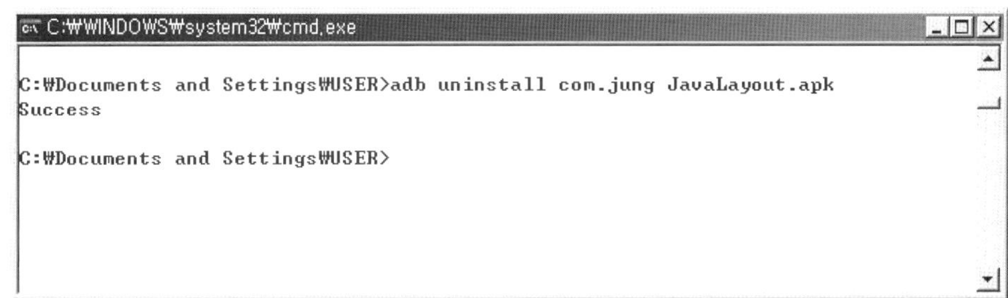

08. 에뮬레이터 화면을 보면 다음 그림과 같이 JavaLayout 애플리케이션이 제거된 것을 확인할 수 있다.

애플리케이션을 개발하다 보면 설치되어 있는 애플리케이션에 문제가 있어서 에뮬레이터가 제대로 기동되지 않는 경우가 종종 있다. 이럴 경우 설치되어 있는 애플리케이션을 adb 툴에서 강제로 제거해 주어야 할 필요성이 있다.

09. 이제 다시 JavaLayout 애플리케이션을 adb 명령을 이용하여 에뮬레이터에 설치해 보겠다. 우선 애플리케이션을 설치하려면 해당 애플리케이션의 apk 파일이 필요하다. 기본적으로 이클립스로 작업하면 해당 프로젝트의 bin 디렉토리에 apk 파일이 자동으로 생성된다.

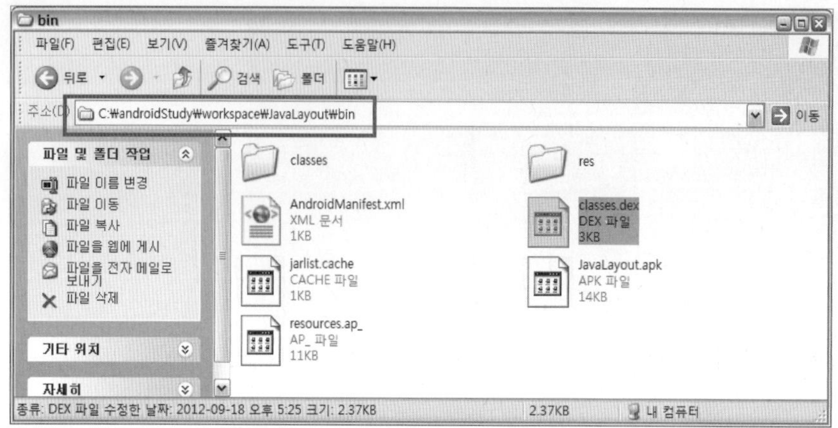

10. apk 파일이 존재하는 경로로 디렉토리를 이동한다.

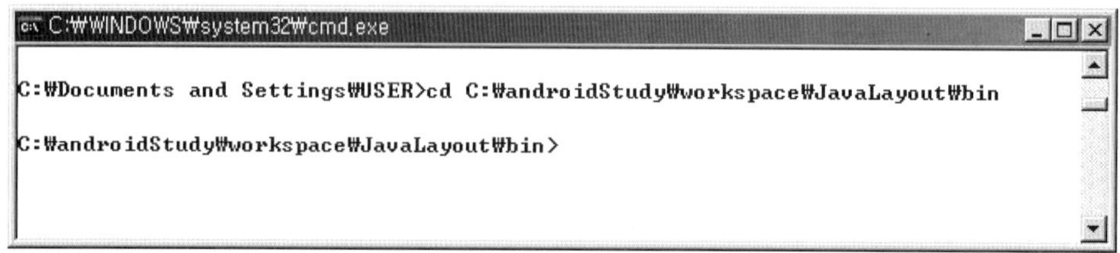

11. install 옵션으로 adb를 실행한다.

12. 다음 화면에서 JavaLayout 애플리케이션이 제대로 설치된 것을 확인할 수 있다.

2 · DDMS(Dalvik Debug Monitor Service)

　DDMS는 실행 중인 디바이스를 모니터하거나 디버깅할 때 사용된다. 디바이스 전체에서 실행되는 프로세스를 관리할 수 있고, 불필요한 프로세스를 중지시킬 수 있다. 또한 로그 관리를 해 주어 애플리케이션 실행 코드를 디버깅하는 데도 사용될 수 있다. DDMS를 이용하면 adb의 일부 기능을 GUI 환경에서 처리할 수 있어 편리하다.

에뮬레이터가 실행된 상태에서 실습해 보도록 한다.

DDMS를 사용하려면 우선 perspective를 DDMS로 변경(상단의 ⊞ 클릭 후 [DDMS] 선택)한다.

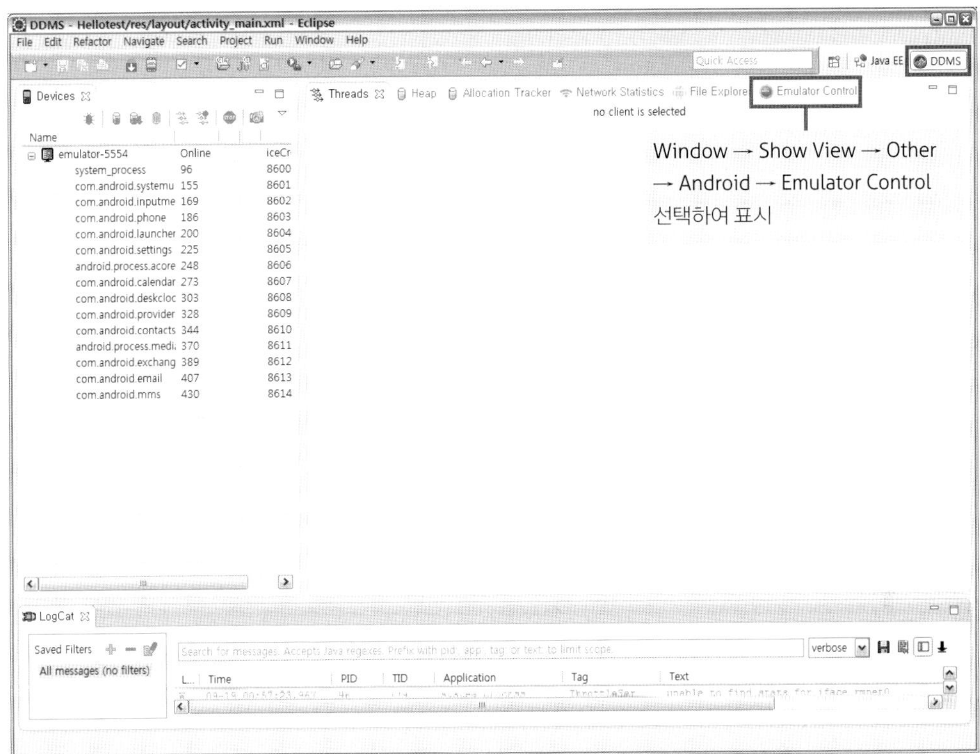

1. 프로세스 관리

좌측 상단 화면에 보면 devices 부분이 보인다. 각 패키지 단위로 프로세스가 실행되고 있는 것을 확인
할 수 있으며, 주로 불필요한 프로세스를 stop 버튼을 클릭해서 중지시키는 용도로 사용된다.

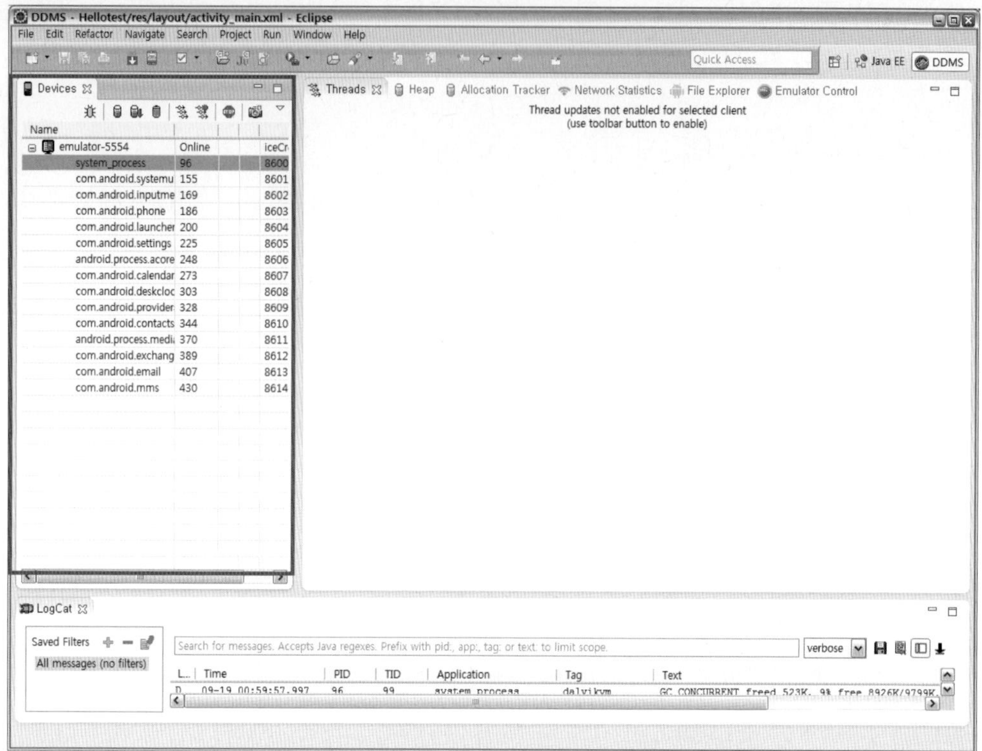

2. Emulator Control

Emulator Control은 그림처럼 가상으로 전화번호를 입력하고 전화를 건다든가 메시지를 전송하는 도구이다. 또한 경도와 위도 값을 입력하고 send 버튼을 클릭하면 에뮬레이터로 해당 좌표값이 전송된다.

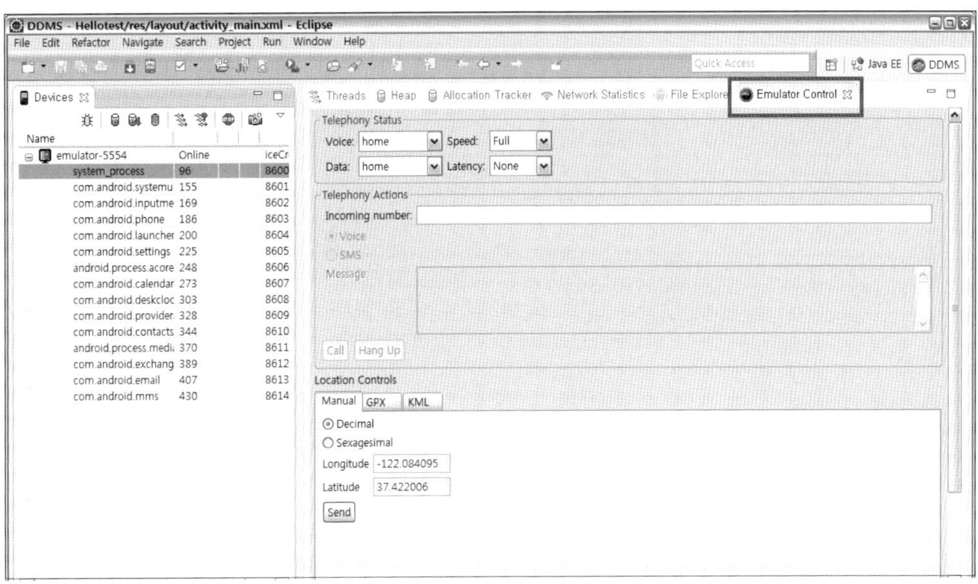

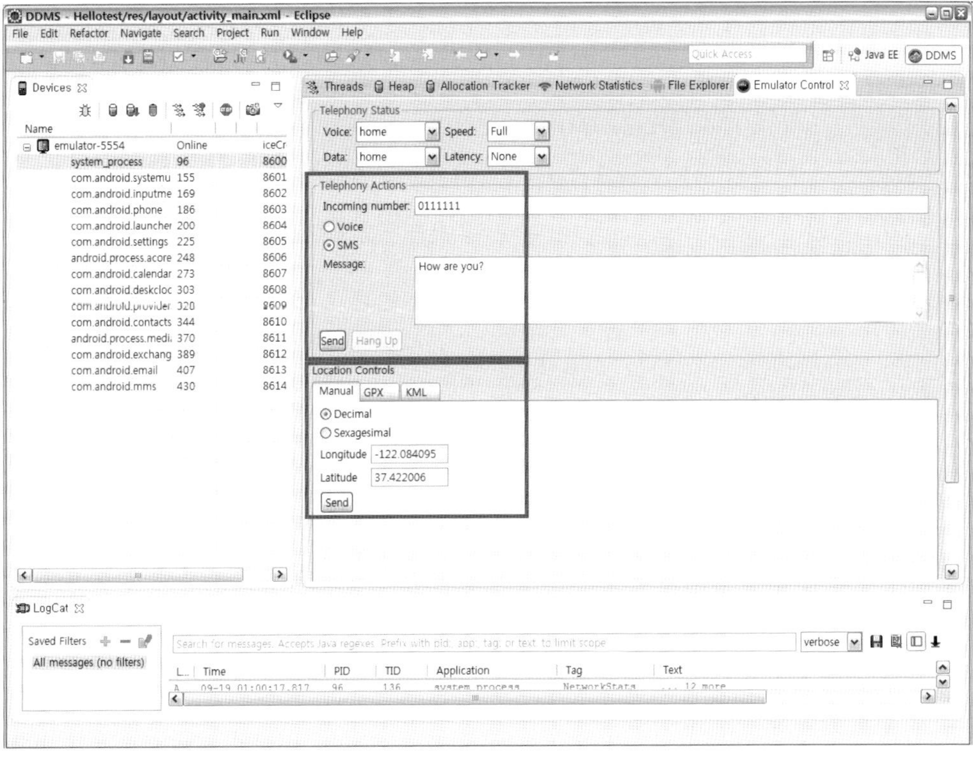

3. FileExplorer

상단의 File Explorer 탭을 누르면 디바이스의 디렉토리 구조를 확인할 수 있다.

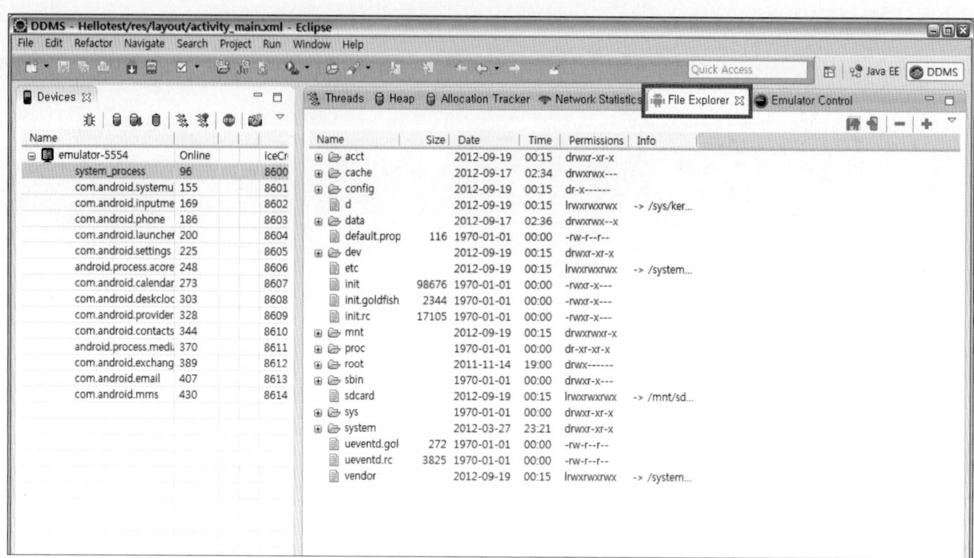

또한 상단의 각 버튼을 통해 디바이스에 존재하는 특정 파일을 로컬 시스템으로 가져오거나(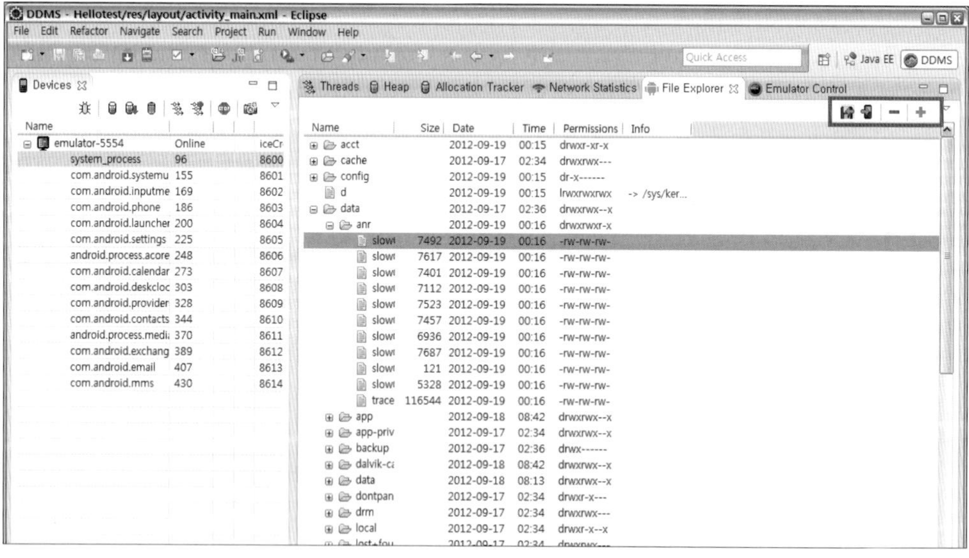) 특정 파일을 에뮬레이터로 업로드() 할 수 있으며, 특정 파일을 삭제(➖)하거나 새로운 디렉토리를 생성(➕)할 수 있다.

4. LogCat

개발할 때 가장 빈번하게 사용되는 DDMS 기능이 LogCat이다. 우측에 있는 셀렉트 박스를 선택하여 로그 레벨로 로그를 볼 수 있다.

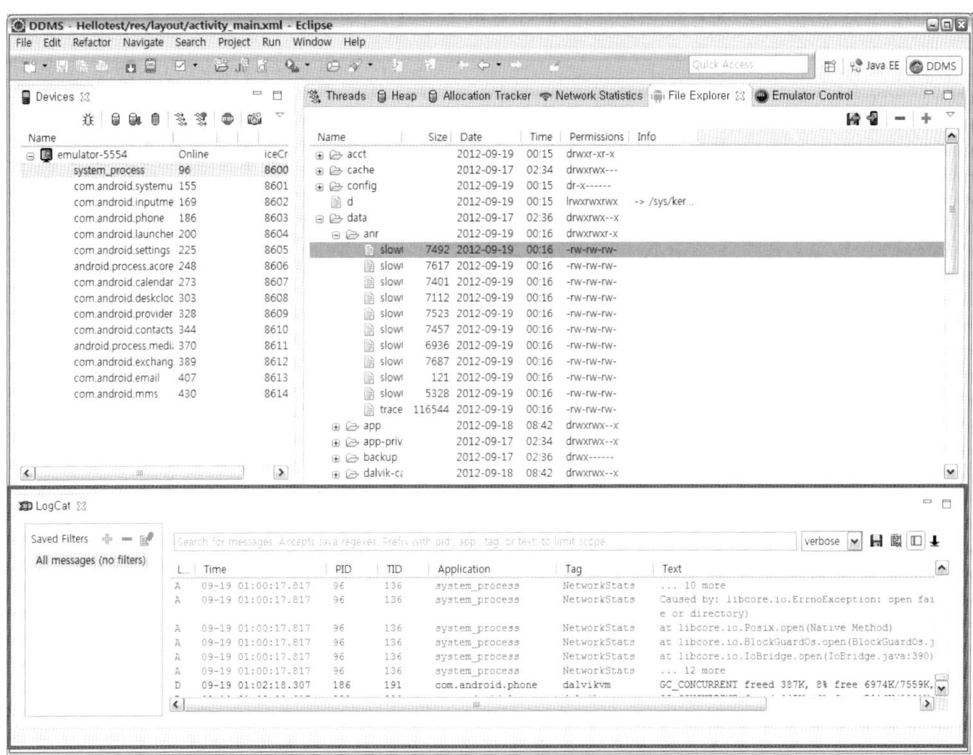

프로세스 아이디나 찾을 텍스트 등을 입력하여 원하는 로그를 찾을 수 있고, Clear Log 버튼을 이용해 전체 로그 내용을 삭제할 수도 있다.

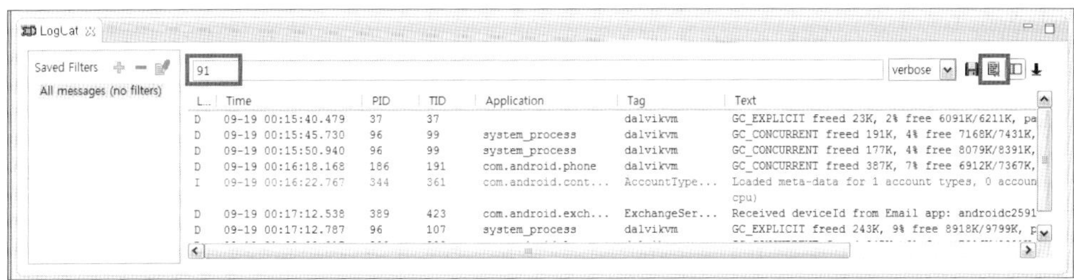

KEY-POINT

1. 안드로이 개발에는 다양한 툴들이 제공된다. 그 중 adb(Android Debug Bridge)는 디바이스를 모니터하거나 애플리케이션을 설치, 제거하는 등의 기능을 제공한다. 대표적인 옵션을 살펴보면 다음과 같다.

   - 실행되고 있는 디바이스 종류 보기 : adb devices
   - 특정 디바이스에 shell 명령으로 작업하기 : adb -s 디바이스명 shell
   - 특정 애플리케이션을 디바이스에서 제거하기 : adb uninstall 패키지명 apk파일명
   - 특정 애플리케이션을 디바이스에 설치하기 : adb install apk파일명

2. adb에서 제공하는 많은 기능은 DDMS(Dalvik Debug Monitor Service)를 이용해서 사용할 수 있다. DDMS에서는 실행되고 있는 디바이스의 실행 프로세스 목록을 확인하고 불필요한 프로세스를 제거할 수 있으며, 디바이스의 전체 디렉토리 구조도 볼 수 있다. 또한 디버깅할 때 사용할 수 있는 LogCat이라는 기능을 제공한다. 이 기능은 개발자들이 코딩 시 가장 많이 사용하는 기능이다.

   LoCat 기능에서는 원하는 로그 레벨별로 로그 메시지를 리스트할 수 있으며, 원하는 로그 메시지만 필터링할 수도 있다. 또한 디바이스로 전화를 걸거나, 메시지를 송신할 수 있는 기능을 제공하며 위도와 경도 값을 입력하고 디바이스로 로케이션 값을 전송하는 기능도 제공한다. 또한, 현재 실행되고 있는 디바이스의 화면을 캡처받는 기능도 제공된다.

Chapter 04 액티비티

본 장에서는 안드로이드 화면 하나 하나를 구성하는 단위인 액티비티에 대해서 살펴보겠다. 액티비티는 애플리케이션을 구성하는 가장 핵심적인 단위라고 할 수 있다. 액티비티의 개념과 상태, 라이프 사이클을 살펴보고 애플리케이션을 실행하면 어떤 단계를 거쳐서 메인 액티비티가 실행되는지를 알아본다. 하나의 액티비티만으로 구성되는 애플리케이션은 거의 존재하지 않으므로 특정 액티비티에서 다른 액티비티를 호출하는 방법을 예제를 통해 살펴볼 것이며, 이벤트를 처리하는 방법도 알아보겠다.

1 액티비티의 개요

액티비티(Activity)는 화면을 구성하는 하나 하나의 단위를 말한다. 아래 화면들이 모두 액티비티에 해당한다.

2 액티비티의 상태

1. 활성 상태(Active)

액티비티가 전면에 실행되어 서비스되고 있는 상태를 의미한다. 사용자와 상호 작용이 가능한 상태이다.

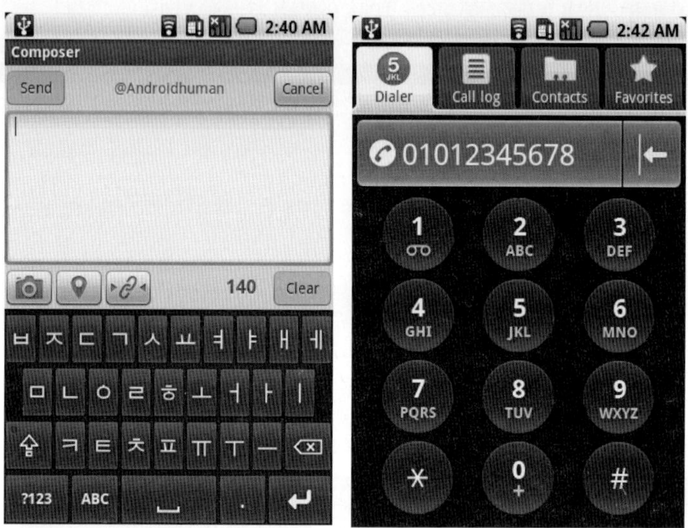

2. 일시 정지 상태(Paused)

화면에서는 보이지만 사용자와 상호작용이 되지 않는 상태이다.

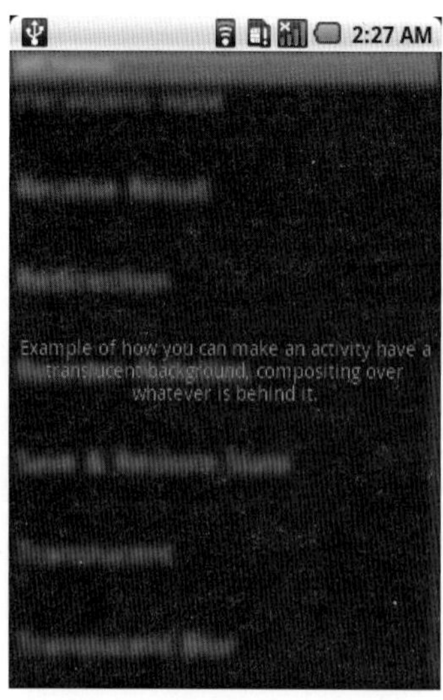

3. 정지 상태(Stopped)

다른 액티비티가 실행되어 해당 액티비티가 백그라운드로 완전히 사라진 상태이다. 아래 그림처럼 JavaLayout의 메인 액티비티 상태에서 홈 화면을 실행하면 JavaLayout의 메인 액티비티가 백그라운드로 깔리게 된다. 이 경우 JavaLayout의 메인 액티비티는 정지 상태가 된다.

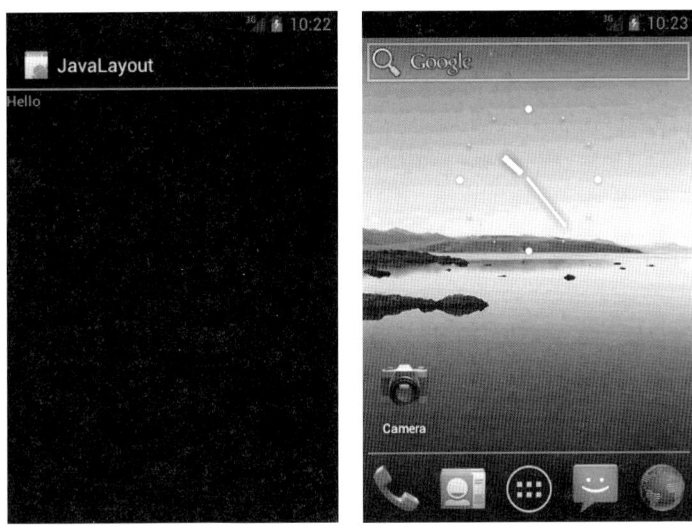

4. 종료 상태(Finish)

액티비티가 실행 전이거나 메모리 부족으로 안드로이드 시스템에서 해당 액티비티를 종료시킨 경우에 해당한다.

3 액티비티의 LifeCycle

1. 메소드 실행 순서

액티비티가 실행될 때는 일정한 단계별로 필요한 메소드들이 자동으로 호출되면서 실행된다. 핵심적인 메소드들의 실행 순서를 그려보면 다음과 같다.

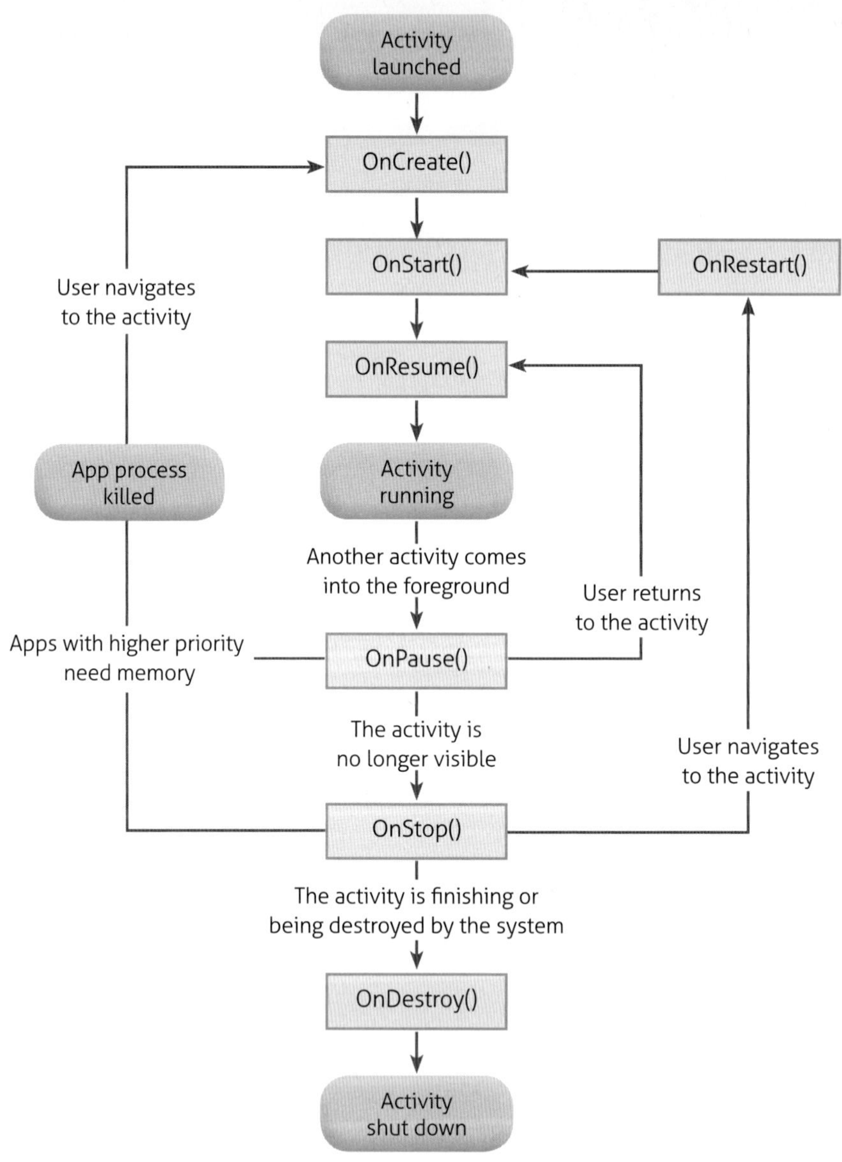

2. 메소드의 역할

액티비티는 생애 주기에 따라 상태가 변하며, 상태별로 작업을 정확히 실행하기 위해서는 해당 상태로 변경될 때 호출되는 메소드를 오버라이딩해야 한다. 생애 주기에 따라 호출되는 메소드의 역할은 다음과 같다.

① onCreate()

이 메소드는 해당 액티비티가 실행될 때 가장 먼저 호출되는 메소드이다. 뷰를 생성하고 리스트에 특정 데이터를 바인딩하는 등의 작업을 처리한다. 메소드에 파라미터로 전송되어 오는 Bundle 객체에는 액티비티의 이전 상태가 저장되어 전송되어 온다. 이전 상태가 저장되어 있지 않으면 Bundle 객체에는 null이 넘어온다.

② onStart()

액티비티가 화면에 나타나기 직전에 호출된다. 액티비티가 화면에 완전히 나타나면 onResume()이 호출되고, 액티비티가 화면에서 감춰지면 onStop() 메소드가 호출된다.

③ onResume()

액티비티 스택에서 해당 액티비티가 top 부분에 위치하면서 사용자와 상호 작용이 이루어지는 순간에 호출된다. 다른 상태로 변경될 때 항상 onPause() 메소드가 다음에 실행된다.

④ onPause()

시스템이 다른 액티비티를 실행할 때 항상 호출된다. 이 부분에서는 주로 해당 액티비티에서 변경된 데이터들을 완성시키는 작업을 하고, 애니메이션이나 CPU를 사용하는 다른 작업을 중지시키는 작업을 주로 처리한다. 될 수 있으면 이 부분은 빨리 처리되어야 한다. 왜냐하면 다른 액티비티를 실행할 때 이 부분의 실행이 완성되지 않으면 다른 액티비티가 onResume 상태로 진행될 수 없기 때문이다.

★ 원래 액티비티가 완전히 사라지면 onStop() 메소드가 호출되고 해당 액티비티가 다시 포그라운드로 출력되면 onResume 메소드가 호출된다. 만약 우선권이 보다 높은 다른 액티비티를 실행하기 위한 메모리가 부족하면 안드로이드 시스템은 해당 액티비티를 종료시킨다. 이 경우 사용자가 다시 해당 액티비티를 실행시키면 onCreate() 메소드가 실행된다.

⑤ onStop()

이 메소드는 더 이상 해당 액티비티가 보여지지 않을 때 실행된다. 즉 해당 액티비티가 소멸되었거나 다른 액티비티를 실행하여 백그라운드 상태가 되었을 때 호출된다. 다시 사용자와 상호작용이 될 수 있도록 액티비티가 화면에 보여지면 onRestart()가 호출되고, 해당 액티비티가 완전히 소멸되면 onDestroy() 메소드가 호출된다.

★ 만약 우선권이 보다 높은 다른 액티비티를 실행하기 위한 메모리가 부족하면 안드로이드 시스템은 해당 액티비티를 종료시킨다. 이 경우 사용자가 다시 해당 액티비티를 실행시키면 onCreate() 메소드가 실행된다.

⑥ onDestroy()

이 메소드는 액티비티 라이프 사이클에서 마지막으로 호출되는 메소드이다. 액티비티의 finish() 메소드가 호출되거나, 안드로이드 시스템이 공간을 확보하기 위해 액티비티를 소멸시킬 경우 호출된다.

⑦ onSaveInstanceState()

액티비티는 액티비티가 소멸되기 전에 주로 액티비티의 UI 상태를 저장하기 위해 onSaveInstanceSate() 메소드를 사용할 수 있다. 다음 그림에 해당 메소드를 사용하는 구조가 설명되고 있다.

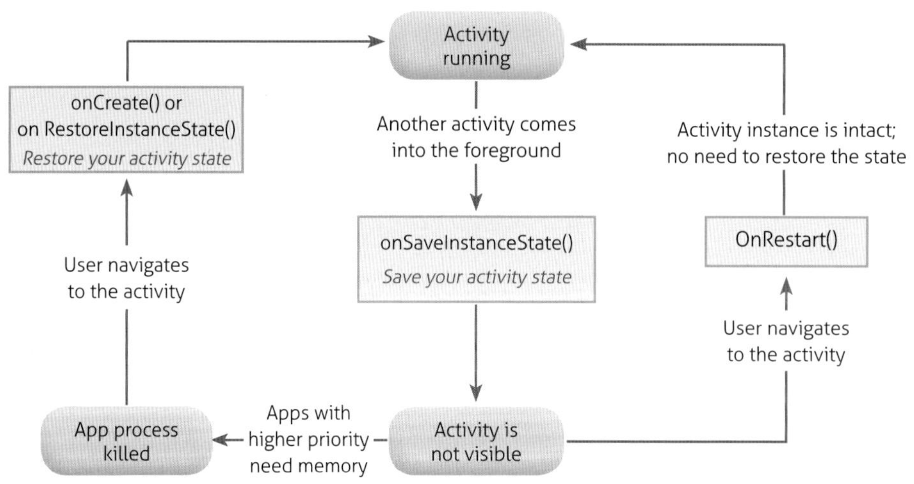

onSaveInstanceState() 메소드와 onRestoreInstanceState() 메소드는 액티비티의 라이프 사이클에 속하는 메소드가 아니므로 반드시 호출된다는 보장이 없다. 따라서 onSaveInstanceState() 메소드에서는 실제 데이터보다는 주로 UI 상태를 저장하는 코드가 처리되어야 한다. 실제 데이터를 저장하는 코드는 onPause() 메소드에서 처리하는 것이 효율적이다.

onRestoreInstanceState() 메소드가 호출된다면 주로 onCreate() 메소드 다음에 호출된다. onSaveInstanceState() 메소드에서 저장된 Bundle 형태 객체의 파라미터 값은 onCreate() 메소드나 onRestoreInstanceState() 메소드의 파라미터로 전송된다.

3. 라이프 사이클 메소드 호출 시마다 로그를 출력하여 메소드 호출 시점 파악하기

❶ 레이아웃 xml 파일 작성

● Chapter04\ActivityMethod\res\layout\main.xml

```xml
1   <?xml version="1.0" encoding="utf-8"?>
2   <LinearLayout xmlns:android="http://schemas.android.com/apk/res/android"
3       android:layout_width="fill_parent"
4       android:layout_height="fill_parent"
5       android:orientation="vertical" >
6       <TextView
7           android:layout_width="fill_parent"
8           android:layout_height="wrap_content"
9           android:text="Activity LifeCycle" />
10          <Button
11          android:id="@+id/btn"
12          android:layout_width="wrap_content"
13          android:layout_height="wrap_content"
14          android:text="finish"/>
15  </LinearLayout>
```

코드 분석

6~9	레이블 역할을 하는 TextView를 정의하였다. 출력될 문자열은 'Activity LifeCycle'로 지정하였다.
10~15	클릭하면 액티비티를 종료할 수 있는 버튼 위젯을 정의하였다. 본 예제에는 액티비티에서 해당 버튼의 레퍼런스를 얻어와서 버튼을 누르는 동작(이벤트)를 처리해야 하므로 버튼을 다른 위젯과 구별해야 한다. 레이아웃 파일에서 위젯들을 고유하게 구별하기 위해서는 id를 지정해야 하며 상단 코드에서는 버튼의 아이디를 btn으로 지정하였다.

❷ 액티비티 파일 작성

● Chapter04\ActivityMethod\src\com\jung\ActivityMethodActivity.java

```java
1   package com.jung;
2   import android.app.Activity;
3   import android.os.Bundle;
4   import android.util.Log;
5   import android.view.View;
6   import android.widget.Button;
7   public class ActivityMethodActivity extends Activity {
8       /** Called when the activity is first created. */
9       @Override
```

```java
10        public void onCreate(Bundle savedInstanceState) {
11            super.onCreate(savedInstanceState);
12            setContentView(R.layout.main);
13            Log.i("ActivityMethodActivity", "Create");
14
15            Button btn = (Button)findViewById(R.id.btn);
16            btn.setOnClickListener(new View.OnClickListener() {
17
18            public void onClick(View v) {
19                // TODO Auto-generated method stub
20                finish();
21                }
22            });
23        }
24        @Override
25        protected void onStart() {
26            // TODO Auto-generated method stub
27            super.onStart();
28            Log.i("ActivityMethodActivity", "Start");
29        }
30        @Override
31        protected void onResume() {
32            // TODO Auto-generated method stub
33            super.onResume();
34            Log.i("ActivityMethodActivity", "Resume");
35        }
36        @Override
37        protected void onStop() {
38            // TODO Auto-generated method stub
39            super.onStop();
40            Log.i("ActivityMethodActivity", "Stop");
41        }
42        @Override
43        protected void onRestart() {
44            // TODO Auto-generated method stub
45            super.onRestart();
46            Log.i("ActivityMethodActivity", "Restart");
47        }
48    @Override
49    protected void onPause() {
50        // TODO Auto-generated method stub
51        super.onPause();
```

52	Log.i("ActivityMethodActivity", "Pause");
53	}
54	@Override
55	protected void onDestroy() {
56	// TODO Auto-generated method stub
57	super.onDestroy();
58	Log.i("ActivityMethodActivity", "Destroy");
59	}
60	}

코드 분석

13	Log.i(String tag,String msg)를 이용해서 Create 메소드가 호출되었음을 LogCat에 출력하는 부분이다.
15	main.xml에 id가 btn으로 정의되어 있는 Button 위젯의 레퍼런스를 얻어오는 부분이다.
15~22	버튼을 누르는 동작을 처리하는 부분이다. 안드로이드에는 각 이벤트를 처리하는 리스너 인터페이스가 정의되어 있다. 버튼을 누르는 동작을 처리하는 리스너 인터페이스는 OnClickListener로 정의되어 있고, OnClickListener 인터페이스에는 onClick 메소드가 정의되어 있다. 버튼을 누르면 onClick 메소드가 자동으로 호출되면서 onClick 메소드 안에 정의되어 있는 코드 부분이 실행된다. 또한, 정의된 리스너 객체를 이벤트를 발생시키는 특정 위젯에 연결하려면 set~ 메소드를 사용해야 한다.
16	OnClickListener 객체를 연결해 주는 메소드는 setOnClickListener이므로 setOnClickListener 메소드를 이용하여 버튼에 리스너 객체를 연결해 주고 있다.
30	버튼을 클릭했을 때 finish() 메소드를 호출하여 액티비티를 종료하는 부분이다.

❸ 액티비티 실행하여 메소드 호출 순서 확인

처음에 액티비티를 실행하면 우측에 출력된 LogCat 화면에 Create → Start → Resume이 출력되는 것을 확인할 수 있다. 액티비티에서 Log.i 메소드로 출력하였기 때문에 로그 레벨은 info로 선택하면 LogCat 화면에 information 레벨의 로그 메시지만 출력되므로 내용을 보기가 편하다.

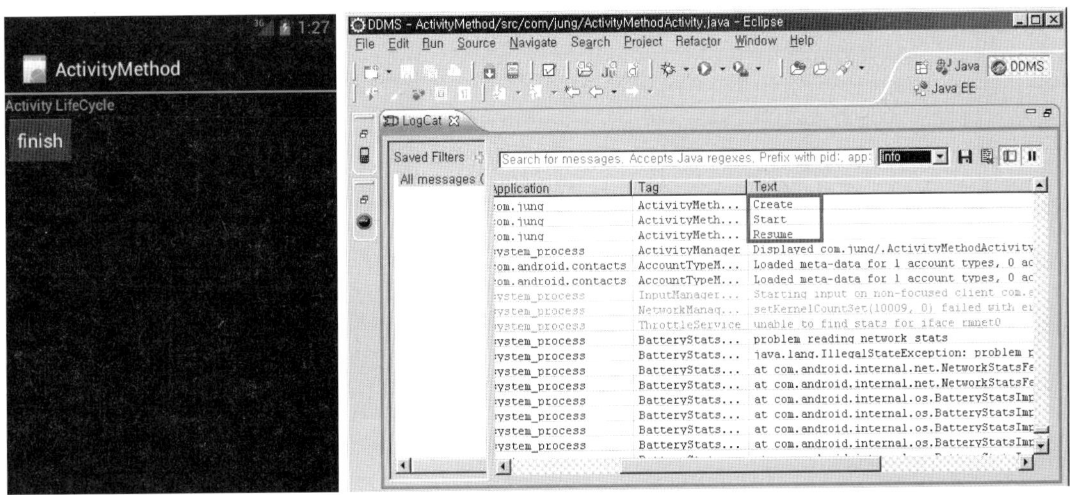

다음은 에뮬레이터 화면에서 아이콘을 클릭하여 홈 액티비티로 액티비티 화면을 변경한다. 홈 화면으로 이동하면 ActivityMethodActivity의 Pause → Stop이 출력되는 것을 확인할 수 있다.

즉, 해당 액티비티 실행 상태에서 다른 액티비티가 실행되면 onPause() 메소드가 실행되고 다른 액티비티 화면에 의해서 액티비티 화면이 완전히 가려지면 onStop() 메소드가 호출된다.

01. 홈 화면에서 아래의 그림처럼 메인 애플리케이션 리스트를 출력해 주는 메뉴를 클릭한다. 그리고 ActivityMethod 애플리케이션을 다시 실행한다.

02. Stop 상태에 있는 액티비티를 사용자가 다시 실행하면 시스템에 의해서 소멸되지 않은 경우 Restart → Start → Resume이 출력된다. [finish] 버튼을 클릭하여 액티비티를 종료한다.

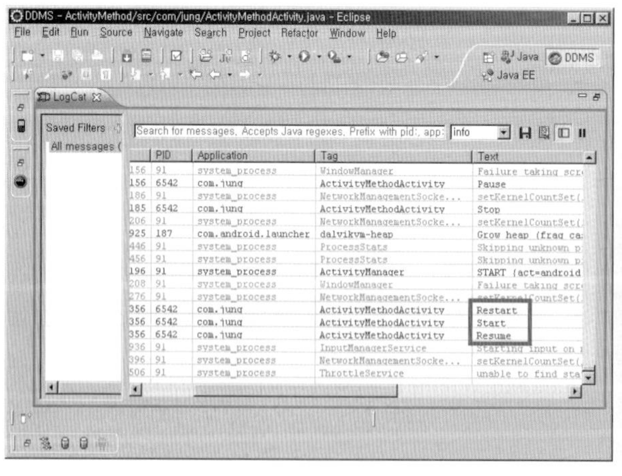

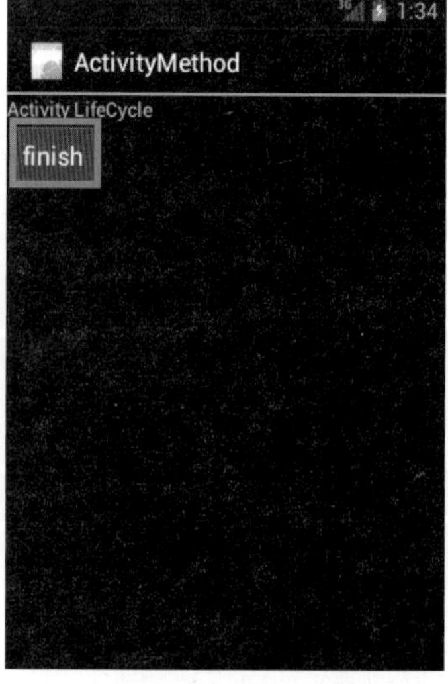

03. Pause → Stop → Destroy가 출력되는 것을 확인할 수 있다.

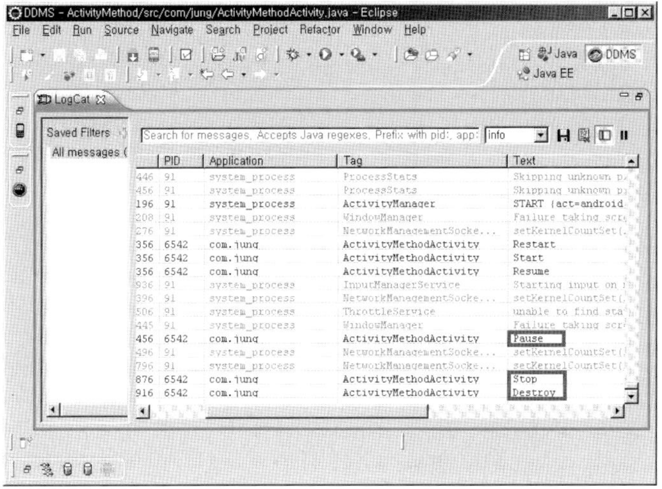

4 안드로이드 애플리케이션 빌드 (Build) 과정

안드로이드 애플리케이션 빌드 과정의 최종 목표는 .apk 파일을 산출해내는 것이다.

apk 파일 안에는 class 파일을 dalvik byte code로 컴파일한 .dex 파일, binary 형태의 AndroidManifest. xml 파일, 컴파일 된 리소스 파일, 컴파일 되지 않은 리소스 파일(이미지 등)이 포함된다. 이 apk 파일은 이 클립스를 이용하여 빌드하면 자동으로 bin 디렉토리에 생성되며, 코딩하면서 코드를 생성하면 이클립스 툴 에서는 해당 내용으로 bin 디렉토리에 .apk 파일을 농석으로 사동 생성해 준다. 이클립스를 이용히지 않고 개발하게 되면 프로젝트 디렉토리에 build.xml을 이용하여 ant 툴에 의해 배포해야 한다.

구글에서 제공하고 있는 안드로이드 애플리케이션의 빌드 과정은 다음과 같다.

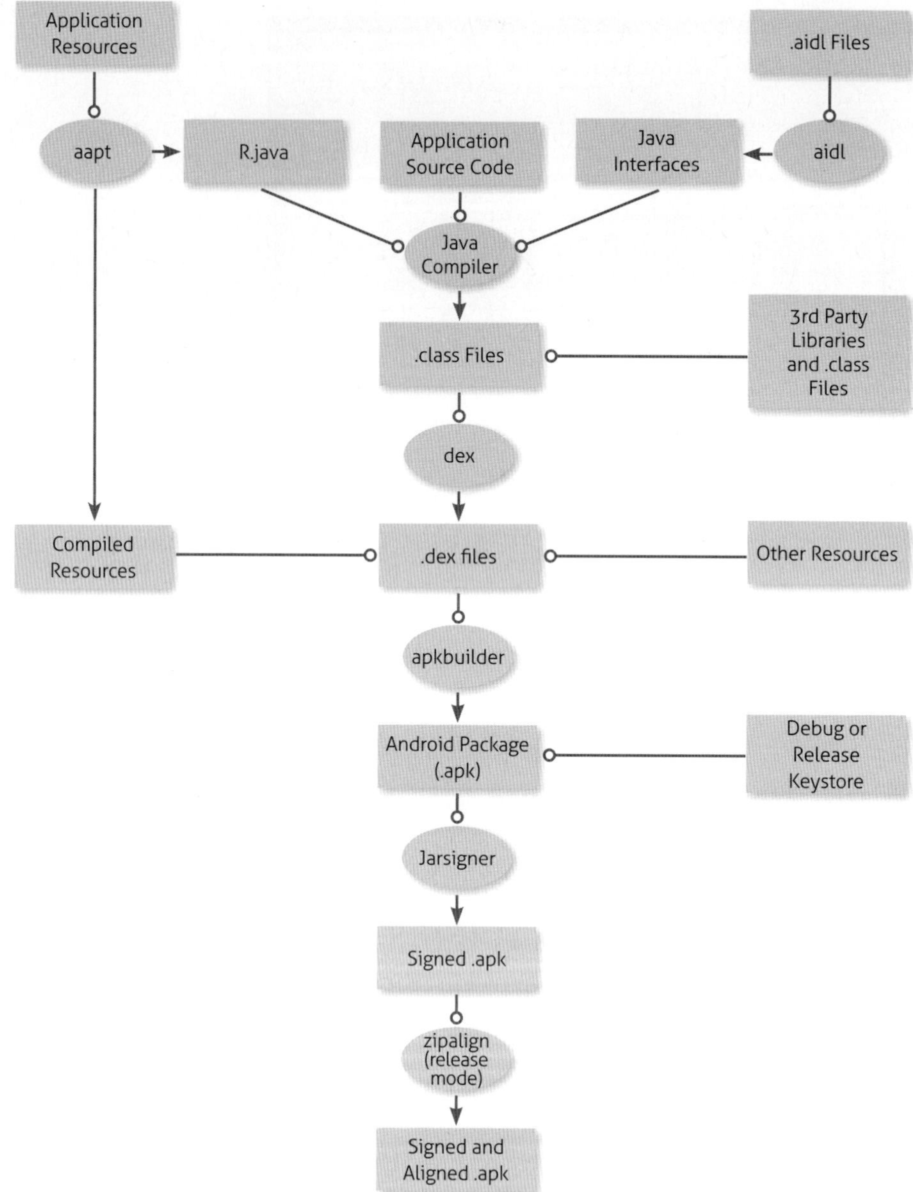

① The Android Asset Packing Tool(aapt) 툴은 애플리케이션 리소스 파일(AndroidManifest.xml, 액티비티에서 사용하는 xml(layout) 파일 등)들을 수집하고 수집된 파일들을 컴파일한다. 또한 이 과정에서 R.java 파일을 생성한다.

② aidl 확장자의 파일이 존재하면 aidl 툴에 의해서 인터페이스로 변경한다.

③ R.java 파일과 aidl 파일을 포함해서 모든 자바 파일이 컴파일 되어 클래스 파일로 생성된다.

④ 모든 클래스 파일과 프로젝트에 포함되어 있는 모든 써드 파티 라이브러리와 클래스 파일들이 dex 툴에 의해서 apk 파일로 묶이기 위해서 .dex 파일로 컴파일 된다.

⑤ 컴파일 된 리소스, 컴파일 되지 않은 리소스, .class.dex 파일들이 apkbuilder로 보내져 apk 파일로 묶인다.

⑥ apk 파일로 묶이면 해당 파일이 릴리즈되기 전 디버그 키나 릴리즈 키로 인증되어야 한다.

⑦ 마지막으로 apk 파일이 인스톨되면서 디바이스에서 애플리케이션이 실행되게 된다.

이번에는 액티비티를 두 개 생성해서 상호 호출해 보겠다. 특정 액티비티에서 또 다른 액티비티를 호출하려면 인텐트를 사용해야 한다. 이 인텐트에 대한 내용은 해당 인텐트를 학습하는 장에서 자세히 살펴볼 것이므로 지금 예제에서는 상호 액티비티를 호출하는 기능 정도만 간단히 사용해 보도록 하겠다.

본 예제에서는 한쪽 액티비티에서 간단하게 다른 액티비티를 호출하고, 호출된 액티비티에서 버튼을 클릭하면 해당 액티비티가 종료되게 처리하겠다. 이 예제를 통해서 안드로이드에서 이벤트 처리하는 방법을 익히게 될 것이다.

1. 본 예제를 테스트하기 위해서 필요한 파일들

• 레이아웃 파일

- main.xml : 메인 액티비티 즉, ActivityTestActivity.java 파일에서 사용할 레이아웃 파일
- sub.xml : 서브 액티비티 즉, SubActivity.java 파일에서 사용할 레이아웃 파일

• 액티비티 파일

- ActivityTestActivity.java : 애플리케이션을 처음 실행했을 때 출력될 액티비티 파일. 이 액티비티에서 버튼을 클릭하면 서브 액티비티가 실행된다.
- SubActivity.java : 메인 액티비티에서 버튼을 클릭했을 때 실행되는 액티비티. 서브 액티비티에서 버튼을 클릭하면 서브 액티비티가 종료되면서 메인 액티비티가 다시 활성화된다.

2. 레이아웃 파일 생성

• main.xml 파일 생성

```
● Chapter04\ActivityTest\res\layout\main.xml
1   <?xml version="1.0" encoding="utf-8"?>
2   <LinearLayout xmlns:android="http://schemas.android.com/apk/res/android"
3       android:layout_width="fill_parent"
4       android:layout_height="fill_parent"
5       android:orientation="vertical" >
6       <TextView
7           android:layout_width="fill_parent"
```

8	android:layout_height="wrap_content"
9	android:text="Main Activity"
10	android:textSize="20sp"/>
11	<Button
12	android:id="@+id/btnRaise"
13	android:layout_width="fill_parent"
14	android:layout_height="wrap_content"
15	android:text="Raise Sub Activity"
16	/>
17	</LinearLayout>

코드 분석

10	TextView에 출력되는 글자를 크게 보여주기 위해 글자의 크기를 지정해 주는 부분이다. SP 단위는 글꼴까지 고려한 상대적인 크기이다. 글자의 크기를 지정할 때 SP 단위를 사용하면 폰의 크기에 상관없이 일정한 비율로 크기를 지정할 수 있기 때문에 안드로이드에서는 글자의 크기를 지정할 때 SP 단위를 사용할 것을 권장한다.
12	Button 위젯을 코드상에서 접근하여 이벤트 처리를 하기 위하여 아이디를 지정하는 부분이다. 해당 위젯을 코드상에서 접근하려면 반드시 아이디를 지정해야 한다.

• sub.xml 파일 생성

SubActivity.java 파일에서 사용하는 레이아웃 파일을 생성하자.

레이아웃 파일을 수동으로 생성할 수도 있지만 ADT 툴에서는 리소스 XML 파일을 자동으로 생성해 주는 툴을 제공해 준다.

아래 그림에서 박스가 표시된 아이콘을 클릭하면 XML 리소스 파일을 생성할 수 있는 대화상자가 출력된다.

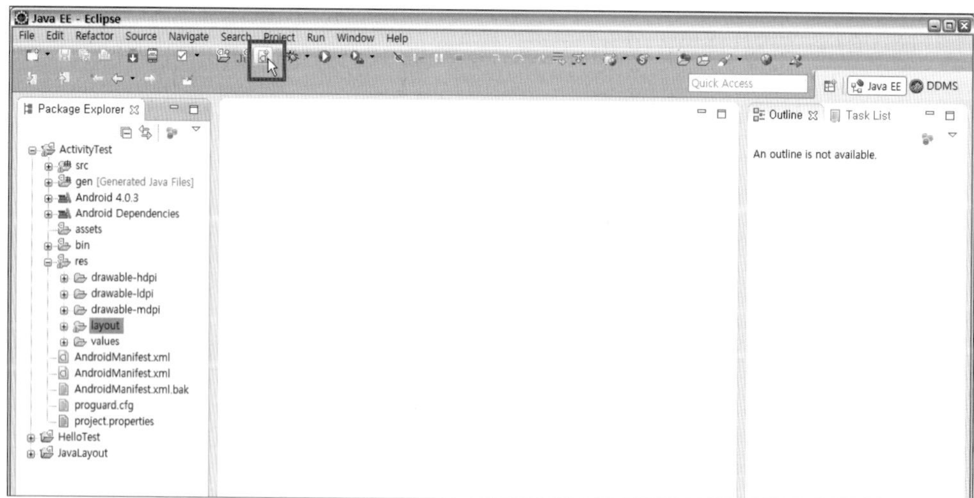

아래 그림에서 File 부분에 sub.xml 이라고 입력하고 [Finish] 버튼을 클릭한다.

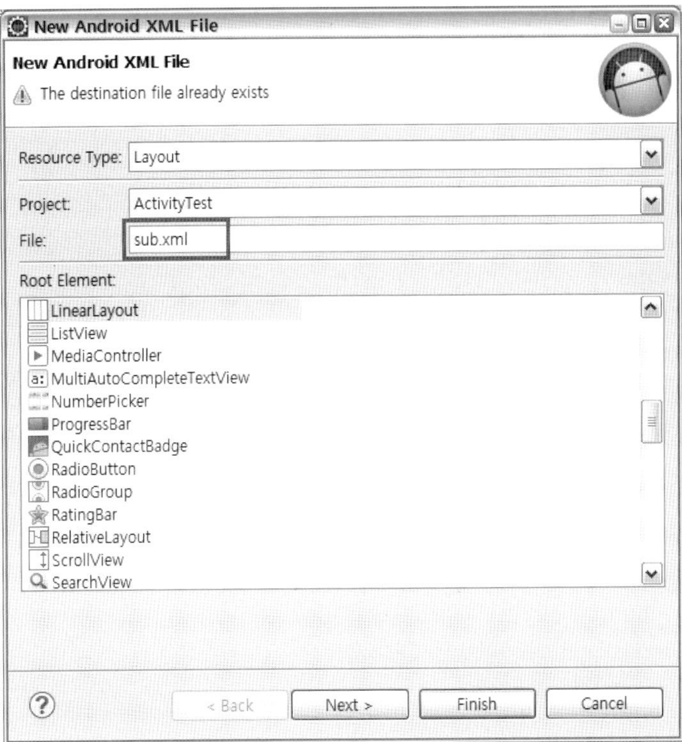

● Chapter04\AcitiviTest\res\layout\sub.xml

```xml
1  <?xml version="1.0" encoding="utf-8"?>
2  <LinearLayout xmlns:android="http://schemas.android.com/apk/res/android"
3       android:layout_width="match_parent"
4       android:layout_height="match_parent"
5       android:orientation="vertical" >
6  <TextView
7          android:layout_width="fill_parent"
8          android:layout_height="wrap_content"
9          android:text="Sub Activity"
10         android:textSize="20sp"/>
11         <Button
12         android:id="@+id/btnClose"
13         android:layout_width="fill_parent"
14         android:layout_height="wrap_content"
15         android:text="GoBack Main Activity"
16         />
17 </LinearLayout
```

sub.xml 파일의 코드 내용은 main.xml의 코드 내용과 유사하므로 코드 설명은 생략한다.

3. 액티비티 파일 생성

• ActivityTestActivity.java 파일 생성

● Chapter04\ActivityTest\src\com\jung\ActivityTestActivity.java

```java
1   package com.jung;
2   import android.app.Activity;
3   import android.content.Intent;
4   import android.os.Bundle;
5   import android.view.View;
6   import android.widget.Button;
7   public class ActivityTestActivity extends Activity {
8       /** Called when the activity is first created. */
9       @Override
10      public void onCreate(Bundle savedInstanceState) {
11          super.onCreate(savedInstanceState);
12          setContentView(R.layout.main);
13          Button btn = (Button)findViewById(R.id.btnRaise);
14          btn.setOnClickListener(new View.OnClickListener() {
15              public void onClick(View v) {
16                  // TODO Auto-generated method stub
17                  startActivity(new Intent(ActivityTestActivity.this,SubActivity.class));
18              }
19          });
20      }
21  }
```

코드 분석

13	main.xml에 정의되어 있는 Button의 id 값을 이용하여 Button 위젯의 레퍼런스를 얻어온다.
14	Button 에 이벤트가 발생할 때 발생한 이벤트에 대해서 동작을 지정하는 부분이다.
14~20	Button을 클릭할 때 발생되는 이벤트가 OnClickListener이므로 Button의 setOnClickListener 메소드를 이용하여 OnClickListener 객체를 리스너 객체로 지정한다. startAcitity 메소드는 안드로이드로 특정한 메시지를 Intent를 이용하여 전송하는 메소드이다. 본 예제에서는 SubActivity를 실행할 컴포넌트로 지정해서 인텐트를 안드로이드로 전송하고 있다.
17	Intent의 생성자의 첫 번째 파라미터는 Context이다. 컨텍스트에 현재 액티비티를 지정하면 되는데, 현재 액티비티를 지정할 때 상단 코드에서는 this를 사용하지 않고, ActivityTestActivity.this를 지정하였다. 그 이유는 리스너 객체가 내부 클래스로 생성되어 있고, onClick 메소드가 내부 클래스 안에 존재하기 때문에 onClick 메소드 안에서의 this는 액티비티를 의미하는 것이 아니라 리스너 객체를 의미하기 때문이다.

• SubActivity.java 파일 생성

액티비티 파일을 수동으로 생성해도 되지만 AndroidManifest.xml 파일의 툴을 이용해서 생성해도 된다.
액티비티 파일을 수동으로 생성하게 되면 액티비티 설정을 AndroidManifest.xml 파일에 수동으로 설정해
야 하지만, 툴에 의해서 액티비티 파일을 자동으로 생성하게 되면 액티비티 설정 내용이 AndroidManifest.
xml 파일에 자동으로 생성되게 된다.

본 예제에서는 SubActivity.java 파일을 툴에 의해서 자동으로 생성하겠다.

01. AndroidManifest.xml 파일에서 Application 탭을 선택한다. 그리고 [Add] 버튼을 클릭한다.

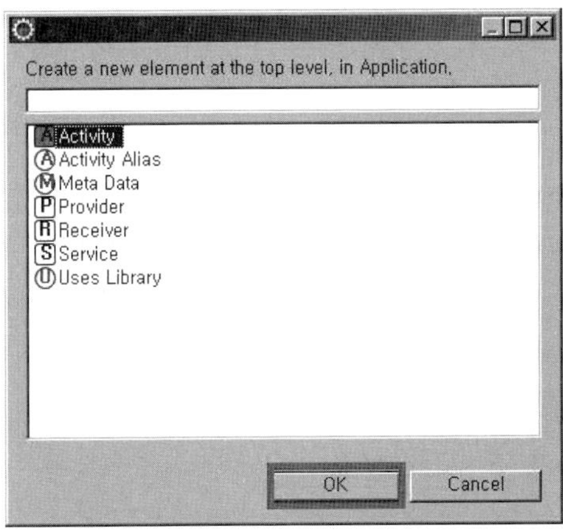

02. 다음과 같은 화면이 열리면 추가할 엘리먼트를 Activity로 선택하고 [OK] 버튼을 클릭한다.

03. 다음 화면에서 Name 링크를 클릭한다. Name 링크를 클릭하면 액티비티 파일을 생성할 수 있는 대화상자가 출력된다.

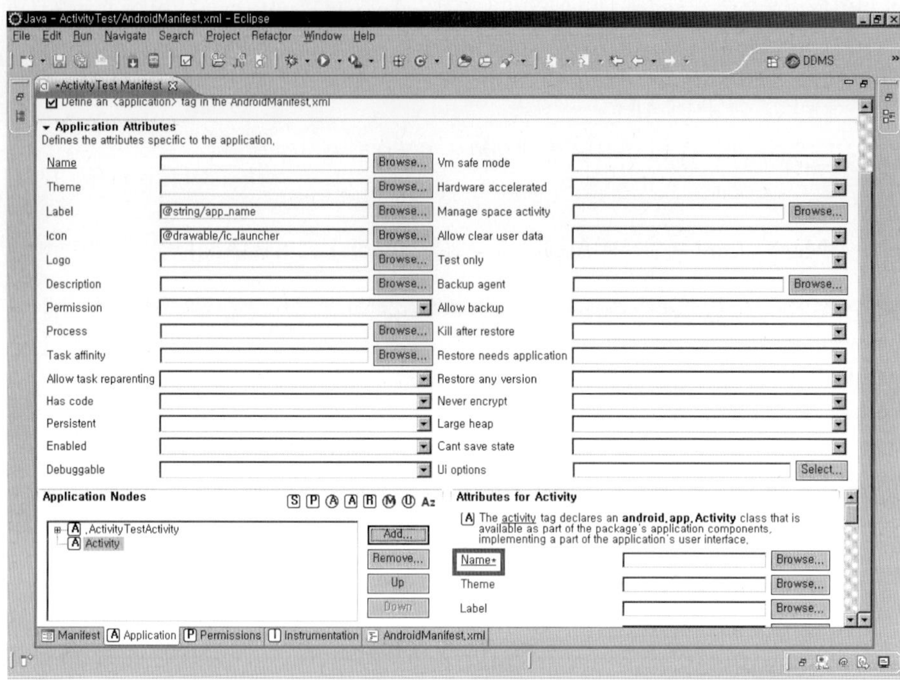

04. 출력된 대화상자에서 Name을 SubActivity로 지정하고 [Finish] 버튼을 클릭한다.

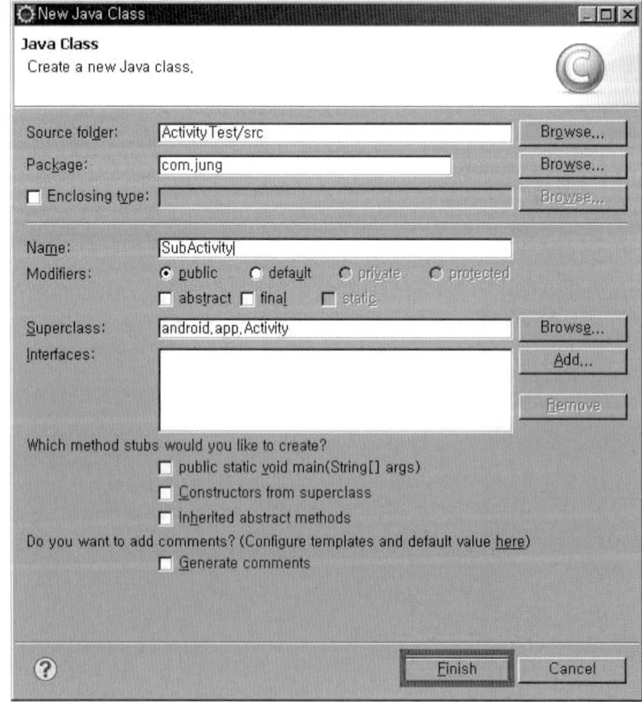

05. SubActivity.java 파일이 제대로 생성되는 것을 확인할 수 있다.

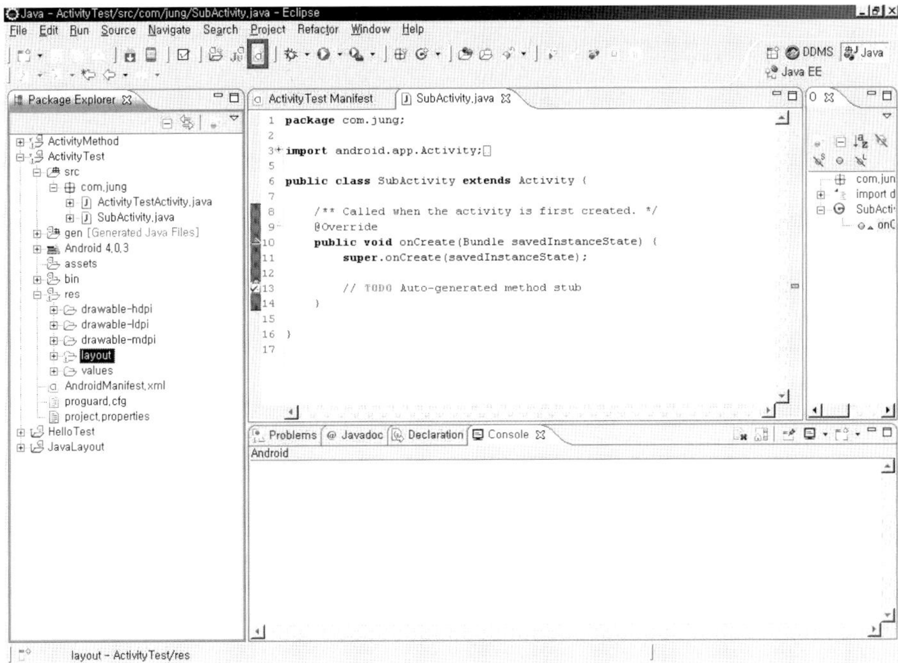

액티비티가 생성되면 하단 코드처럼 자동으로 AndroidManifest.xml 파일에 SubActivity가 등록된다.

● Chapter04\ActivityTest\AndroidManifest.xml

```xml
1   <?xml version="1.0" encoding="utf-8"?>
2   <manifest xmlns:android="http://schemas.android.com/apk/res/android"
3       package="com.jung"
4       android:versionCode="1"
5       android:versionName="1.0" >
6       <uses-sdk android:minSdkVersion="15" />
7       <application
8           android:icon="@drawable/ic_launcher"
9           android:label="@string/app_name" >
10          <activity
11              android:name=".ActivityTestActivity"
12              android:label="@string/app_name" >
13              <intent-filter>
14                  <action android:name="android.intent.action.MAIN" />
15                  <category android:name="android.intent.category.LAUNCHER" />
16              </intent-filter>
17          </activity>
18          <activity android:name="SubActivity"></activity>
19      </application>
20  </manifest>
```

툴에 의해서 액티비티를 생성하지 않고 수동으로 액티비티 파일을 코딩하였다면, 상단 코드처럼 액티비티가 자동으로 AndroidManifest.xml 파일에 등록되지 않으므로 액티비티를 등록하는 코드를 수동으로 AndroidManifest.xml에 추가하여야 한다.

06. SubActivity.java 파일을 다음과 같이 작성한다.

● Chapter04\ActivityTest\src\com\jung\SubActivity.java

```java
package com.jung;
import android.app.Activity;
import android.os.Bundle;
import android.view.View;
import android.widget.Button;
public class SubActivity extends Activity {
    /** Called when the activity is first created. */
    @Override
    public void onCreate(Bundle savedInstanceState) {
        super.onCreate(savedInstanceState);
        setContentView(R.layout.sub);
         // TODO Auto-generated method stub
        Button btn = (Button)findViewById(R.id.btnClose);
        btn.setOnClickListener(new View.OnClickListener() {

            public void onClick(View v) {
            // TODO Auto-generated method stub
            finish();
            }
        });
    }
}
```

코드 분석

11	액티비티의 내용으로 사용할 레이아웃 파일을 sub.xml로 지정. 리소스 이름을 지정할 때는 확장자는 생략한다. 즉, R.layout.sub.xml 로 지정하지 않고, R.layout.sub로 지정한다.
13~20	버튼을 클릭했을 때 해당 액티비티가 종료되게 처리하는 부분이다.

4. 애플리케이션 실행

01. 애플리케이션을 실행하면 다음과 같은 화면이 출력된다. [Raise Sub Activity] 버튼을 클릭한다.

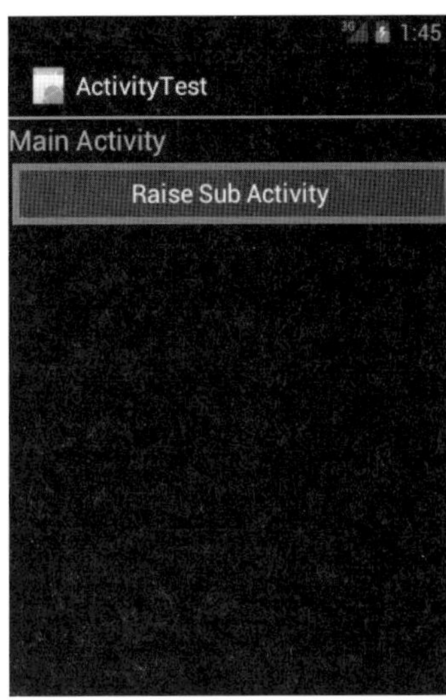

02. 하단과 같이 SubActivity 화면이 출력되면 다시 [GoBack Main Activity]를 클릭한다.

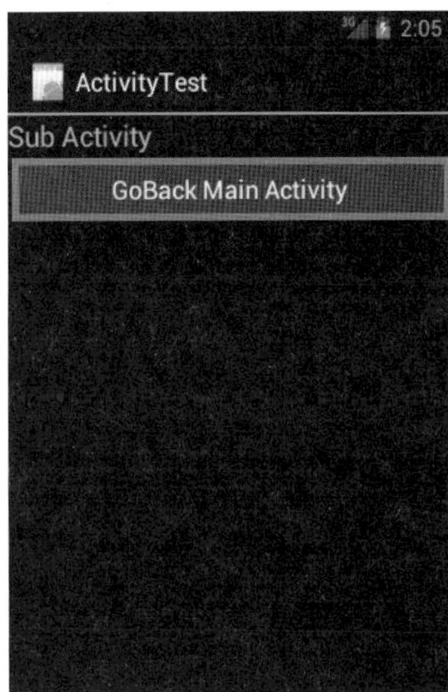

03. SubActivity가 종료되면서 다시 MainActivity 화면이 활성화된다.

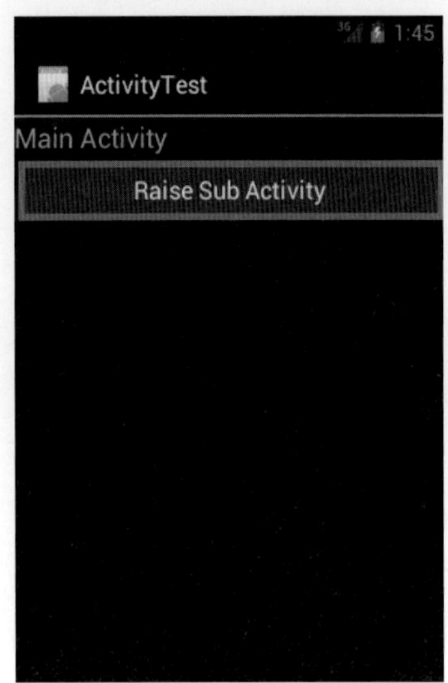

5. 그 밖의 이벤트 처리 방법들과 우선순위

❶ 액티비티 자체가 리스너 객체의 역할을 하는 방식

하나의 액티비티 안에서 같은 종류의 리스너 객체를 사용하는 이벤트가 여러 개 발생한다면, 즉 본 예제를 예로 들자면 OnClickListener 객체를 사용하는 Button 객체가 여러 개 존재할 경우, 각 버튼마다 내부 리스너 객체를 리스너 객체로 연결하는 것은 Button 객체마다 리스너 객체를 각각 정의해야 하므로 중복 코드를 양산하게 된다. 따라서 이런 경우는 액티비티 자체를 리스너 객체로 사용하는 것이 더 효율적일 수 있다.

액티비티 자체를 리스너 객체로 사용하려면 액티비티 클래스가 View.OnClickListener 인터페이스를 구현하고 액티비티 객체를 Button의 setOnClickListener 메소드를 사용하여 Button의 이벤트를 처리하는 리스너 객체로 연결하면 된다.

ActivityTestActivity.java 파일의 코드를 다음과 같이 수정한다.

◉ Chapter04\ActivityTest\src\com\jung\ActivityTestActivity.java

```
1   package com.jung;
2   import android.app.Activity;
3   import android.content.Intent;
4   import android.os.Bundle;
5   import android.view.View;
6   import android.widget.Button;
```

```
7    public class ActivityTestActivity extends Activity implements View.OnClickListener{
8        /** Called when the activity is first created. */
9        @Override
10       public void onCreate(Bundle savedInstanceState) {
11           super.onCreate(savedInstanceState);
12           setContentView(R.layout.main);
13           Button btn = (Button)findViewById(R.id.btnRaise);
14           btn.setOnClickListener(this);
15       }
16       public void onClick(View v) {
17           // TODO Auto-generated method stub
18           startActivity(new Intent(this,SubActivity.class));
19       }
20   }
```

코드 분석

7	액티비티 자체가 OnClickListener 객체 역할을 해야 하므로 클래스 자체에서 View.OnClickListener 인터페이스를 구현하는 부분이다.
14	해당 버튼 이벤트를 처리하는 리스너 객체를 this로 지정하여 버튼의 이벤트가 발생했을 때 액티비티에 구현되어 있는 onClick 메소드에서 이벤트를 처리하게 하였다.
16	액티비티 자체가 리스너 객체 역할을 하도록 처리하고 있으므로 버튼 이벤트가 발생했을 경우 자동으로 호출되는 onClick 메소드를 액티비티 자체 파일에서 구현하였다.

❷ 별도의 리스너 클래스를 생성하는 방식

해당 리스너 객체를 액티비티 내에서만 사용하는 것이 아니라 다른 액티비티에서도 공통적으로 사용한다면 리스너 클래스를 분리하는 방법이 있을 수 있다.

ActivityTestAcitity.java 파일을 다음과 같이 수정한다.

● Chapter04\ActivityTest\src\com\jung\ActivityTestActivity.java

```
1    package com.jung;
2    import android.app.Activity;
3    import android.content.Intent;
4    import android.os.Bundle;
5    import android.view.View;
6    import android.widget.Button;
```

```java
7   public class ActivityTestActivity extends Activity {
8       /** Called when the activity is first created. */
9       @Override
10      public void onCreate(Bundle savedInstanceState) {
11          super.onCreate(savedInstanceState);
12          setContentView(R.layout.main);
13          Button btn = (Button)findViewById(R.id.btnRaise);
14          btn.setOnClickListener(new MyListener(this));
15      }
16  }
17  class MyListener implements View.OnClickListener{ //별도의 리스너 클래스 생성
18      Activity context;
19      public MyListener(Activity context) {
20          // TODO Auto-generated constructor stub
21              this.context = context;
22      }
23      public void onClick(View v) {
24          // TODO Auto-generated method stub
25          context.startActivity(new Intent(context,SubActivity.class));
26      }
27  }
```

코드 분석

14	버튼의 이벤트를 처리하기 위해 별로도 정의되어 있는 MyListener 클래스의 생성자로 MyListener 객체를 생성하여 버튼의 리스너 객체로 연결해 주는 부분이다. 해당 리스너 클래스에서 버튼 이벤트를 처리하기 위해 Activity 클래스에서 제공하는 메소드들이 필요하기 때문에 생성자의 파라미터로 자신 액티비티 객체를 참조하는 this 레퍼런스 변수를 파라미터로 전송해 주고 있다.
17	리스너 객체 역할을 하는 MyListener 클래스를 정의하기 위해서 View.OnClickListener 인터페이스를 구현하는 부분이다.
19	리스너의 생성자에서 Activity 타입의 레퍼런스 변수 값을 파라미터로 받도록 처리하는 부분이다.
25	버튼을 클릭했을 때 SubActivity 액티비티를 실행하는 인텐트를 안드로이드로 전달하는 부분이다. 액티비티 객체가 사용되어야 하는 부분에서 생성자에 파라미터로 전송되어 온 context를 사용하고 있다.

❸ main.xml의 onClick 속성 값으로 이벤트를 처리하는 방식

ActivityTestActivity의 main.xml 의 코드를 다음과 같이 수정한다.

● Chapter04\ActivityTest\res\layout\main.xml

```xml
1   <?xml version="1.0" encoding="utf-8"?>
2   <LinearLayout xmlns:android="http://schemas.android.com/apk/res/android"
3       android:layout_width="fill_parent"
4       android:layout_height="fill_parent"
5       android:orientation="vertical" >
6       <TextView
7           android:layout_width="fill_parent"
8           android:layout_height="wrap_content"
9           android:text="Main Activity"
10          android:textSize="20sp"/>
11          <Button
12          android:id="@+id/btnRaise"
13          android:layout_width="fill_parent"
14          android:layout_height="wrap_content"
15          android:text="Raise Sub Activity"
16          android:onClick="onClick"
17          />
18  </LinearLayout>
```

⠿ 코드 분석

| 16 | 해당 버튼을 클릭했을 때 해당 액티비티에 정의되어 있는 onClick 메소드를 이용해서 클릭 이벤트를 처리하게 설정하는 부분이다. |

ActivityTestActivity.java의 코드 내용을 다음과 같이 수정한다.

● Chapter04\ActivityTest\src\com\jung\ActivityTestActivity.java

```java
1   package com.jung;
2   import android.app.Activity;
3   import android.content.Intent;
4   import android.os.Bundle;
5   import android.view.View;
6   import android.widget.Button;
7   public class ActivityTestActivity extends Activity {
8       /** Called when the activity is first created. */
9       @Override
```

10	public void onCreate(Bundle savedInstanceState) {
11	super.onCreate(savedInstanceState);
12	setContentView(R.layout.main);
13	Button btn = (Button)findViewById(R.id.btnRaise);
14	//onClick 속성 사용
15	public void onClick(View v){
16	startActivity(new Intent(this,SubActivity.class));
17	}
18	}

코드 분석

| 15 | main.xml 파일에서 정의한 onClick 메소드를 정의하게 된다. 13라인에서 생성한 btn 버튼을 클릭하게 되면 15라인에 정의된 onClick 메소드에서 이벤트를 처리하게 된다. |

❹ 콜백 메소드를 이용한 이벤트 처리 방식

액티비티나 뷰 클래스에는 특정 이벤트가 발생했을 때 이벤트를 처리하기 위해 자동으로 호출되는 콜백 메소드들이 정의되어 있다. 한 가지 기억해야 할 점은 뷰 클래스의 콜백 메소드들은 해당 뷰 클래스가 포커스를 가지고 있어야 호출된다는 것이다.

콜백 메소드의 종류 중 빈번하게 사용되는 onKeyDown(int keyCode, KeyEvent event) 메소드를 이용하는 예제를 통해서 콜백 메소드를 사용해 보겠다.

• 레이아웃 파일인 main.xml 파일 작성

● Chapter04\KeyDownTest\res\layout\main.xml

```xml
1  <?xml version="1.0" encoding="utf-8"?>
2  <LinearLayout xmlns:android="http://schemas.android.com/apk/res/android"
3      android:layout_width="fill_parent"
4      android:layout_height="fill_parent"
5      android:orientation="vertical" >
6      <TextView
7          android:id="@+id/keyResult"
8          android:layout_width="fill_parent"
9          android:layout_height="wrap_content"
10         android:text="@string/hello" />
11  </LinearLayout>
```

코드 분석

• KeyDownTestActivity.java 파일 작성

● Chapter04\KeyDownTest\src\com\jung\KeyDownTestActivity.java

```java
package com.jung;
import android.app.Activity;
import android.os.Bundle;
import android.view.KeyEvent;
import android.widget.TextView;
public class KeyDownTestActivity extends Activity {
    /** Called when the activity is first created. */
    TextView keyResult;
    @Override
    public void onCreate(Bundle savedInstanceState) {
        super.onCreate(savedInstanceState);
        setContentView(R.layout.main);
        keyResult = (TextView)findViewById(R.id.keyResult);
    }
    @Override
    public boolean onKeyDown(int keyCode, KeyEvent event) {
        // TODO Auto-generated method stub
        if(keyCode == event.KEYCODE_DPAD_DOWN){
            keyResult.setText("방향 : 아래방향");
        }
        else if(keyCode == event.KEYCODF_DPAD_LEFT){
            keyResult.setText("방향 : 왼쪽방향");
        }
        else if(keyCode == event.KEYCODE_DPAD_RIGHT){
            keyResult.setText("방향 : 오른쪽방향");
        }
        else if(keyCode == event.KEYCODE_DPAD_UP){
            keyResult.setText("방향 : 위쪽방향");
        }
        return true;
    }
}
```

13	선택된 키 종류를 출력할 TextView를 초기화한다.
16	액티비티 화면에서 특정한 키를 눌렀을 때 처리할 코드를 정의하는 콜백 메소드를 정의하는 부분이다. 파라미터로는 입력한 키 값(keyCode)과 KeyEvent가 전송된다. 각 입력한 키 종류에 따라서 입력한 키 종류를 TextView에 출력하는 부분을 처리하고 있다.
18~29	리턴 값을 true로 전송하면서 해당 이벤트가 해당 메소드에서 제대로 처리되었다는 메시지를 던지고 있다.
30	결과 값을 true로 리턴하면 이벤트가 더 이상 전파 되지 않는다. 즉, 이벤트 처리가 해당 메소드에서 마무리된다.

애플리케이션을 실행한 후 키보드에서 방향키를 각각 입력해보면 입력된 방향키의 종류가 액티비티에 추가되어 있는 TextView의 문자로 출력되는 것을 확인할 수 있다.

자 이번에는 View 클래스의 onKeyDown(int keyCode, KeyEvent event) 메소드를 이용하여 키 이벤트를 처리해보자.

다음과 같이 ViewKeyDownTestActivity.java 코드를 작성한다.

● Chapter04\ViewKeyDownTest\src\com\jung\ViewKeyDownTestActivity.java

```java
1   package com.jung;
2   import android.app.Activity;
3   import android.content.Context;
4   import android.graphics.Canvas;
5   import android.graphics.Color;
6   import android.graphics.Paint;
7   import android.os.Bundle;
8   import android.view.KeyEvent;
9   import android.view.View;
```

```java
10  public class ViewKeyDownTestActivity extends Activity {
11      /** Called when the activity is first created. */
12      @Override
13      public void onCreate(Bundle savedInstanceState) {
14          super.onCreate(savedInstanceState);
15          setContentView(new MyView(this));
16      }
17  }
18  class MyView extends View{
19      String message = "";
20      public MyView(Context context) {
21          // TODO Auto-generated constructor stub
22          super(context);
23          setFocusable(true);
24      }
25      @Override
26          public boolean onKeyDown(int keyCode, KeyEvent event) {
27              // TODO Auto-generated method stub
28              if(keyCode == event.KEYCODE_DPAD_DOWN){
29                  message ="방향 : 아래방향";
30              }
31              else if(keyCode == event.KEYCODE_DPAD_LEFT){
32                  message = "방향 : 왼쪽방향";
33              }
34              else if(keyCode == event.KEYCODE_DPAD_RIGHT){
35                  message = "방향 : 오른쪽방향";
36              }
37              else if(keyCode == event.KEYCODE_DPAD_UP){
38                  message = "방향 : 위쪽방향";
39              }
40              invalidate();
41              return true;
42          }
43      @Override
44      protected void onDraw(Canvas canvas) {
45          // TODO Auto-generated method stub
46          canvas.drawColor(Color.WHITE);
47          Paint p = new Paint();
48          p.setTextSize(30);
49          p.setColor(Color.BLUE);
50          canvas.drawText(message, 0, 40, p);
51      }
52  }
```

15	액티비티에 담을 내용으로 main.xml, 레이아웃 xml 파일을 지정하지 않고, 별도의 View 클래스로 정의한 MyView 객체를 지정하는 부분이다.
23	View 클래스는 기본적으로 setFocusable(true)로 지정하여 포커스를 받을 수 있어야만 키 이벤트를 받을 수 있다.
40	invalidate() 메소드를 호출하여야만 해당 뷰 클래스의 onDraw 메소드가 호출되면서 해당 뷰를 다시 그리게 된다.
46	그림이 그려질 캔버스의 배경색을 흰색으로 지정하는 부분이다.
47	그림을 그릴 때 사용할 Paint 객체를 생성하는 부분이다.
48	글자 크기를 30으로 설정하는 부분이다.
49	글자 색상을 파랑색으로 설정하는 부분이다.
50	캔버스에 message 변수에 할당되어 있는 문자열을 출력하는 부분이다. 파라미터는 출력할 문자열, x 좌표, y 좌표, Paint 객체이다.

애플리케이션을 실행하면 다음과 같은 실행 화면이 출력된다. 다른 방향키를 번갈아 입력하며 출력되는 메시지를 확인한다.

❺ 이벤트 처리의 우선 순위

이벤트 처리에서 우선 순위가 가장 높은 방법은 리스너 객체를 사용하는 방법이다. 그 다음 View 클래스의 콜백 메소드, 마지막으로 액티비티의 콜백 메소드가 실행된다.

KEY-POINT

1. 액티비티는 화면 하나를 이루는 단위이다. 즉, 화면 하나하나가 액티비티 단위인 것이다. 다음과 같은 화면 하나 하나를 이루는 단위가 모두 액티비티가 되는 것이다.

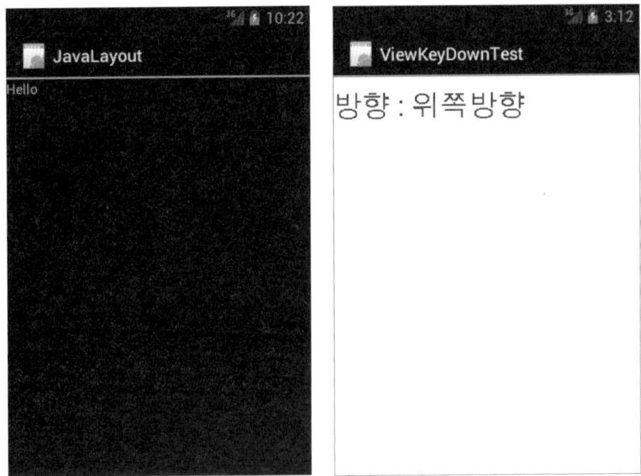

2. 액티비티는 다음과 같은 상태를 갖는다.
   - 활성 상태 : 현재 전면에 출력되어 있고, 사용자와 상호 작용하는 상태
   - 일시 정지 상태 : 액티비티가 보이기는 하지만 사용자와 상호 작용할 수 없는 상태
   - 정지 상태 : 액티비티가 다른 액티비티의 실행에 의해서 완전히 백그라운드로 실행되고 있는 상태. 즉, 완전히 보이지 않는 상태
   - 종료 상태 : 액티비티가 완전히 소멸된 상태

3. 액티비티의 상태가 변경될 때마다 특정한 메소드가 호출된다. 어느 순간에 어떤 메소드가 호출되는시를 정확하게 이해해야 보다 효율적으로 애플리케이션을 개발할 수 있다.
   - onCreate : 액티비티가 실행되면서 가장 먼저 호출되는 메소드이다. 각종 초기화 작업을 하는 코드가 작성된다.
   - onStart : onResume 메소드를 호출하기 직전에 호출되는 메소드이다.
   - onResume : 액티비티가 활성화되어 사용자와 상호 작용을 하게 될 때 호출되는 메소드이다.
   - onPause : 안드로이드에서 다른 액티비티를 실행하면 호출되는 메소드이다. 다른 우선권이 높은 액티비티를 실행하기 위한 공간이 필요한 경우 해당 액티비티를 kill시킬 수 있는 단계이다. 해당 액티비티를 kill시킨 후 사용자가 해당 액티비티를 다시 실행하면 onCreate 메소드가 다시 실행되고 kill되지 않은 상태에서 사용자가 해당 액티비티를 다시 실행하면 onResume 메소드가 실행된다.

- onStop : 안드로이드가 다른 액티비티를 실행하여 해당 액티비티가 완전히 가려질 때 호출되는 메소드이다. 다른 우선권이 높은 액티비티를 실행하기 위한 공간이 필요한 경우 해당 액티비티를 kill시킬 수 있는 단계이다. 해당 액티비티를 kill시킨 후 사용자가 해당 액티비티를 다시 실행하면 onCreate 메소드가 다시 실행된다. kill 되지 않은 상태에서 사용자가 해당 액티비티를 다시 실행하면 onRestart 메소드가 실행된다.
- onDestroy : 액티비티의 finish 메소드가 실행되거나, 시스템에 의해 액티비티가 종료되면 호출되는 메소드이다.
- onRestart : stop 상태의 액티비티가 시스템에 의해 강제 종료되지 않은 상황에서 사용자가 해당 액티비티를 다시 실행했을 때 호출되는 메소드이다.

4. 안드로이드에서 이벤트를 처리하는 방법은 다음과 같다.
- 액티비티의 콜백 메소드 이용
- 뷰의 콜백 메소드 이용
- 리스너 객체 사용

5. 인식되는 우선 순위는 다음과 같다.
리스너 객체 → 뷰의 콜백 메소드 → 액티비티의 콜백 메소드

Chapter 05 기본 위젯

본 장에서는 안드로이드에서 제공되는 기본 위젯들에 대해서 살펴보겠다. 위젯은 액티비티 화면을 구성하는 가장 기본적인 단위라고 할 수 있다. TextView, ImageView, Button, RadioButton, CheckBox 등의 기본 위젯들의 기능과 이벤트 처리 리스너 인터페이스들을 살펴볼 것이다.

1 TextView

TextView는 안드로이드에서 제공되는 가장 기본적인 위젯 중의 하나이다. 일반 GUI 프로그램에서의 레이블에 해당하는 위젯으로서 값을 출력할 수는 있지만 입력받지는 못한다.

1. TextView의 상속 구조

```
public class

TextView
extends View
implements
ViewTreeObserver.OnPreDrawListener

java.lang.Object
  ↳android.view.View
    ↳android.widget.TextView
```

상단 그림에서 볼 수 있듯이 TextView는 View 클래스를 상속받고 있으므로 View 클래스에서 제공하는 모든 속성과 메소드를 상속받는다.

2. TextView에서 자주 사용되는 속성들

- android:text="Hellow Andorid" - 표시할 글자를 지정한다.
- android:typeface="monospace/sans/serif" - 글꼴의 종류를 지정한다.
- android:textStyle="bold/normal/italic" - 글꼴의 굵기를 적용한다. 동시에 여러 개 지정 가능하며, 주의할 점은 '|' 문자 앞 뒤에 Spacebar 가 들어가면 안 된다는 점이다.
  예 bold | italic(X), bold|italic(O)

- android:textColor="#FF0000" - 글꼴의 색상을 16진수로 지정
- android:autoLink="email|web" - email이나 url 주소를 자동으로 발견하여 링크가 걸리는 문자열로 변형해 주는 속성이다.
- android:textSize="15sp" - 안드로이드에서는 글자의 크기를 지정할 때 sp(scaled-pixels) 단위로 지정할 것을 권장한다.

3. TextView 예제 실행에 필요한 파일들

- **strings.xml 파일에 해당 프로젝트에서 사용할 문자열 정의하기**

01. strings.xml 파일의 [Resouces] 탭에서 [Add] 버튼을 클릭한다.

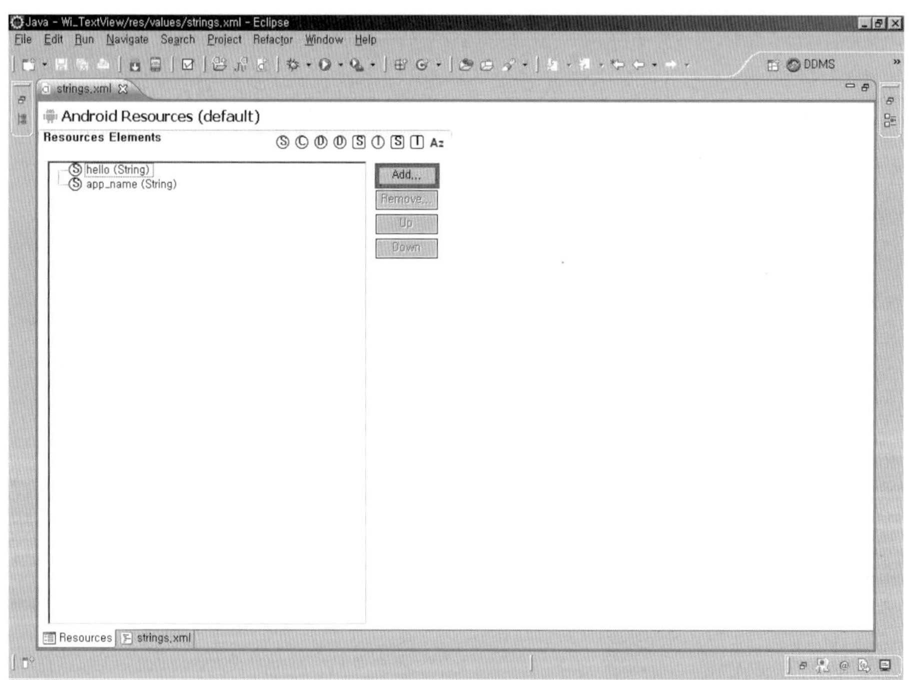

02. 다음 대화상자에서 추가할 타입을 string으로 선택하고 [OK] 버튼을 클릭한다.

★문자열 리소스를 정의하기 위해 반드시 strings.xml이라는 이름으로 파일을 생성해야 하는 것은 아니다. 리소스 타입을 결정하는 것은 하단의 화면에서 유형을 선택하기 나름이다. 리소스 파일명이 특별히 생성되는 리소스 유형에 영향을 주지는 않지만 리소스들의 종류별로 의미 있게 리소스 정의 파일명을 지정하는 것이 리소스 관리에 편리하다.

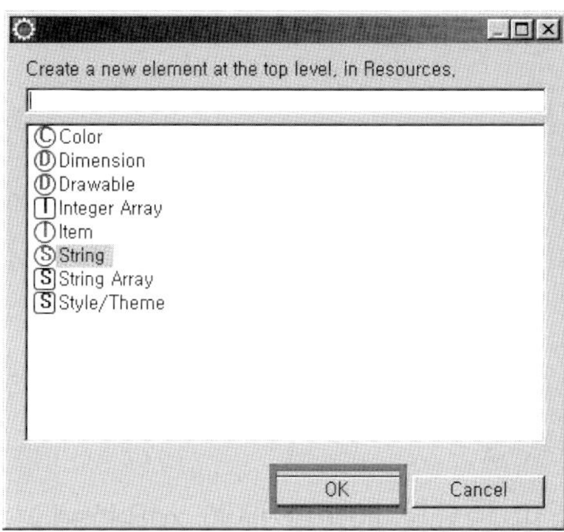

03. 이어서 문자열 리소스의 이름과 문자열 값을 입력하고 저장 버튼을 클릭한다.

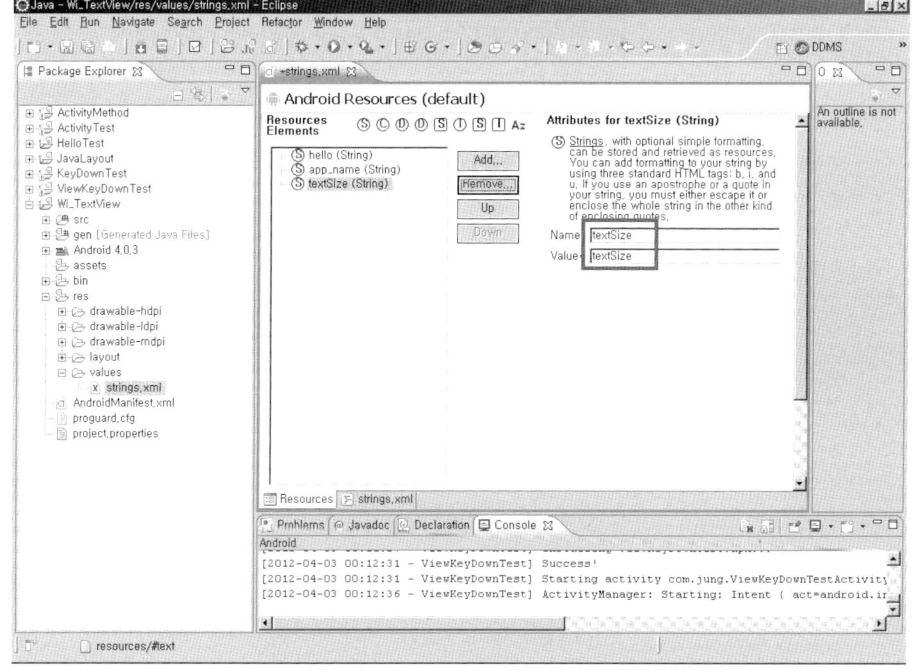

04. 툴을 이용하여 하단 strings.xml 파일 내용대로 문자열 리소스를 생성한다.

	Chapter05\Wi_TextView\res\values\strings.xml
1	`<?xml version="1.0" encoding="utf-8"?>`
2	`<resources>`
3	`    <string name="hello">Hello World, Wi_TextViewActivity!</string>`
4	`    <string name="app_name">Wi_TextView</string>`
5	`    <string name="textSize">textSize</string>`
6	`    <string name="autoLink">autoLink</string>`
7	`    <string name="textStyle">textStyle</string>`
8	`    <string name="textColor">textColor</string>`
9	`    <string name="web">http://www.naver.com</string>`
10	`</resources>`

• main.xml 파일을 작성하여 사용할 각 문자열 리소스를 정의하기

	Chapter05\Wi_TextView\res\layout\main.xml
1	`<?xml version="1.0" encoding="utf-8"?>`
2	`<LinearLayout xmlns:android="http://schemas.android.com/apk/res/android"`
3	`    android:layout_width="fill_parent"`
4	`    android:layout_height="fill_parent"`
5	`    android:orientation="vertical" >`
6	`    <TextView`
7	`        android:textSize = "20sp"`
8	`        android:layout_width="fill_parent"`
9	`        android:layout_height="wrap_content"`
10	`        android:text="@string/textSize" />`
11	`    <TextView`
12	`        android:textColor="#ff0000"`
13	`        android:layout_width="fill_parent"`
14	`        android:layout_height="wrap_content"`
15	`        android:text="@string/textColor" />`
16	`    <TextView`
17	`        android:autoLink="web"`
18	`        android:layout_width="fill_parent"`
19	`        android:layout_height="wrap_content"`
20	`        android:text="@string/web" />`
21	`    <TextView`
22	`        android:id="@+id/textStyle"`
23	`        android:textStyle="italic|bold"`
24	`        android:layout_width="fill_parent"`
25	`        android:layout_height="wrap_content"`
26	`        android:text="@string/textStyle" />`
27	`</LinearLayout>`

코드 분석

7	글자 크기를 안드로이드에서 권장하고 있는 sp 단위로 설정하였다.
10	출력할 문자열을 strings.xml 파일에서 textSize라는 이름으로 설정한 리소스를 이용한다.
12	글자 색상을 16진수 색상 값으로 설정하였다.
17	자동으로 링크 걸리는 속성 값으로 웹 주소 형태를 지정하였다.
20	출력될 문자열을 strings.xml 파일에서 web이라는 이름으로 설정한 리소스 값인 웹 사이트 주소 문자열을 지정하였다.
22	해당 TextView를 액티비티에서 접근해서 문자열 값을 수정할 것이므로 코드상에서 해당 TextView를 인식할 수 있도록 아이디를 지정하였다.
23	해당 문자열의 스타일을 굵게 그리고 기울임으로 지정하였다.

- **Wi_TextViewActivity.java 파일 작성하기**

```
● Chapter05\Wi_TextView\src\com\jung\Wi_TextViewActivity.java
1    package com.jung;
2    import android.app.Activity;
3    import android.os.Bundle;
4    import android.widget.TextView;
5
6    public class Wi_TextViewActivity extends Activity {
7        /** Called when the activity is first created. */
8        TextView textView;
9        @Override
10       public void onCreate(Bundle savedInstanceState) {
11           super.onCreate(savedInstanceState);
12           setContentView(R.layout.main);
13           textView = (TextView)findViewById(R.id.textStyle);
14           textView.setText("textStyle 속성 연습");
15
16       }
17   }
```

코드 분석

13	main.xml 에 정의되어 있는 TextView에 접근하여 텍스트 뷰에 출력될 문자열을 textStyle 속성 연습으로 설정하였다.
14	TextView의 속성 값은 main.xml에서 지정해도 되지만 코드상에서 해당 위젯에 접근하여 속성 값을 지정할 수도 있다.

4. TextView 예제 실행

2 EditText

EditText 위젯은 사용자로부터 값을 입력받을 수 있는 형태의 위젯이다. android:singleLine 속성 값이 false일 때는 여러 줄을 입력받을 수 있고, true로 설정되었을 경우에는 한 라인만 입력받을 수 있다. 이 속성은 TextView에서 상속받은 속성이다. EditText는 EditText 자체에서는 속성을 정의하지 않고 View 클래스나 TextView 클래스에서 속성을 상속받는다.

1. EditText의 상속 구조

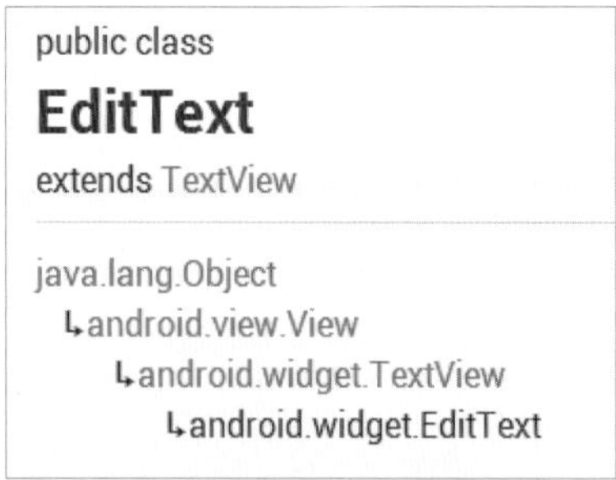

2. EditText에서 자주 사용되는 속성들

- android:autoText - true일 경우 일반적인 스펠링 error를 잡아낸다.
- android:capitalize - none, characters, words, sentences 값을 사용할 수 있으며 각각 사용자 결정, 모든 문자, 모든 단어의 시작 문자, 모든 문장의 시작 문자를 자동으로 대문자로 변경해 준다.

- android:digits - String 형식으로 지정된 토큰만 입력 가능하다.

- android:digits="01" - 0과 1 값만 입력 가능하다.

- android:singleLine - false일 경우 복수 줄을 허용한다.

- android:hint - 입력하는 데이터의 힌트 문자열을 지정할 수 있는 속성이다. android : layout_width 값을 wrap_content로 지정했을 때 hint로 지정한 문자열이 출력될 만큼의 폭이 확보된다.

3. EditText 예제 실행에 필요한 파일들

- **main.xml 파일**

```
⦿ Chapter05\Wi_EditText\res\layout\main.xml
```

```
1   <?xml version="1.0" encoding="utf-8"?>
2   <LinearLayout xmlns:android="http://schemas.android.com/apk/res/android"
3       android:layout_width="fill_parent"
4       android:layout_height="fill_parent"
5       android:orientation="vertical" >
6       <TextView
7           android:layout_width="wrap_content"
8           android:layout_height="wrap_content"
9           android:text="android:hint" />
10      <EditText
11          android:layout_width="wrap_content"
12          android:layout_height="wrap_content"
13          android:hint="아이디를 입력하세요."
14          android:text="" />
15      <TextView
16          android:layout_width="wrap_content"
17          android:layout_height="wrap_content"
18          android:text="android:autoText" />
19      <EditText
20          android:layout_width="fill_parent"
21          android:layout_height="wrap_content"
22          android:autoText="true"
23          android:text="" />
24      <TextView
25          android:layout_width="wrap_content"
26          android:layout_height="wrap_content"
27          android:text="android:digits" />
```

```
28          <EditText
29              android:layout_width="fill_parent"
30              android:layout_height="wrap_content"
31              android:digits="01"
32              android:text="" />
33          <TextView
34              android:layout_width="wrap_content"
35              android:layout_height="wrap_content"
36              android:text="android:singleLine" />
37          <EditText
38              android:hint="여러 라인을 입력한다."
39              android:layout_width="fill_parent"
40              android:layout_height="wrap_content"
41              android:singleLine="false"
42              android:text="" />
43           <TextView
44              android:layout_width="wrap_content"
45              android:layout_height="wrap_content"
46              android:text="android:capitalize" />
47          <EditText
48              android:hint="첫 문자를 대문자로 변경한다."
49              android:layout_width="fill_parent"
50              android:layout_height="wrap_content"
51              android:capitalize="words"
52              android:text="" />
53      </LinearLayout>
```

코드 분석

13	android:hint 속성 값을 문자열로 지정하는 부분이다. EditText 위젯이 출력될 때 힌트 문자열이 출력되고 특정 값을 입력하면 힌트 문자열이 사라진다.
22	android:autoText 속성 값을 true로 지정하여 입력한 단어의 스펠링 오류를 체크하게 처리한 부분이다. 입력한 단어에 스펠링 오류가 있으면 빨강색의 밑줄이 그어진다.
31	android:digits 속성 값으로 '0'과 '1' 문자를 지정하여 해당 EditText에 0과 1 값만 입력할 수 있게 처리하였다.
41	android:singleLine 속성 값을 false로 지정하여 EditText에 값을 여러 라인을 입력할 수 있게 처리하였다.
51	Android:capitalize 속성 값을 words로 지정하여 각 단어마다 제일 앞 문자가 대문자로 변경되게 처리하였다.

- **Wi_EditTextActivity.java 파일**

기본적으로 생성된 파일을 그대로 사용하면 된다.

4. EditText 예제 실행

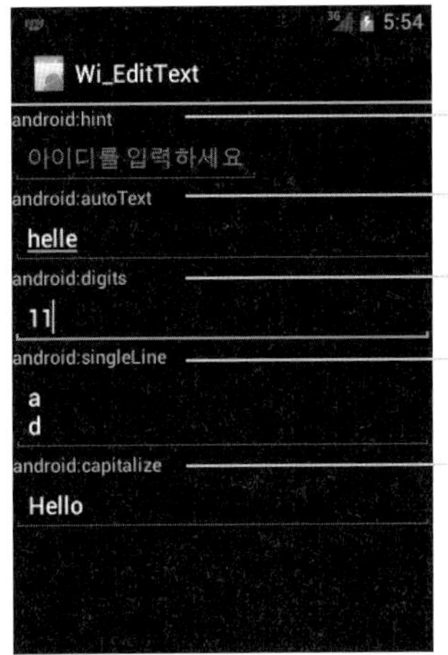

힌트로 설정한 문자열이 출력된다.

helle라고 스펠링을 잘못 입력하면 빨간 밑줄이 쳐진다.

입력할 수 있는 값을 '0'과 '1'로 지정했으므로 '0'과 '1' 이외의 값은 입력되지 않는다.

singleLine 속성 값을 false로 지정하였으므로 여러 줄 입력이 가능한 것을 확인할 수 있다.

속성 값으로 words가 설정되어 있으므로 hello라는 단어를 입력하면 단어의 첫 문자 'h'가 자동으로 대문자로 변경되는 것을 확인할 수 있다.

3 Button

Button은 클릭 이벤트를 받을 수 있고 클릭 이벤트를 처리하는 리스너 인터페이스(OnClickListener)가 구현되어 있다. 이 리스너 객체를 버튼에 연결하려면 setOnClickListener(View.OnClickListenr listener) 메소드를 이용하면 되고, 리스너 인터페이스에는 public void onClick(View v) 메소드가 정의되어 있다.

1. Button의 상속 구조

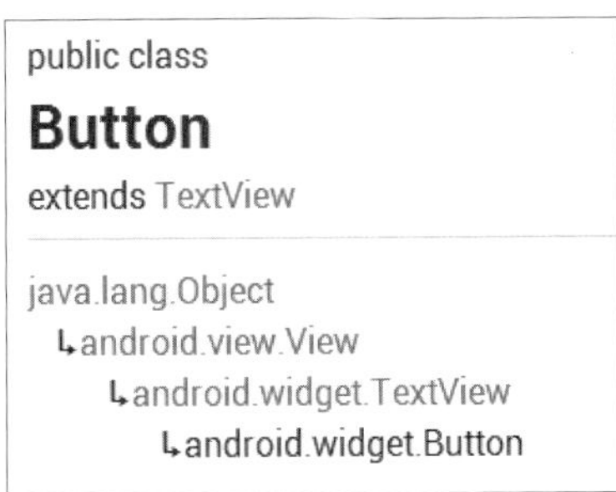

2. Button에서 자주 사용되는 속성들

Button 자체에서 제공되는 속성은 없으며, View 클래스와 TextViw에서 상속받은 속성을 사용한다.

3. Button 예제 실행에 필요한 파일들

- **main.xml 파일**

```
● Chapter05\Wi_Button\res\layout\main.xml
1   <?xml version="1.0" encoding="utf-8"?>
2   <LinearLayout xmlns:android="http://schemas.android.com/apk/res/android"
3       android:layout_width="fill_parent"
4       android:layout_height="fill_parent"
5       android:orientation="vertical" >
6       <TextView
7           android:layout_width="fill_parent"
8           android:layout_height="wrap_content"
9           android:text="당신의 고향을 입력하세요." />
10      <Button
11          android:id="@+id/ka"
12          android:layout_width="fill_parent"
13          android:layout_height="wrap_content"
14          android:text="강원도" />
15      <Button
16          android:id="@+id/ch"
17          android:layout_width="fill_parent"
18          android:layout_height="wrap_content"
19          android:text="충청도" />
20      <Button
21          android:id="@+id/ky"
22          android:layout_width="fill_parent"
23          android:layout_height="wrap_content"
24          android:text="경상도" />
25      <TextView
26          android:id="@+id/result"
27          android:layout_width="fill_parent"
28          android:layout_height="wrap_content"
29          android:text="" />
30  </LinearLayout>
```

 **코드 분석**

6	액티비티 화면 제일 상단에 제목을 출력할 TextView를 정의한 부분이다.
11	강원도라는 문자열이 출력되는 버튼을 생성하였다. 해당 버튼을 클릭했을 때 이벤트를 처리하기 위해 코드상에서 해당 버튼의 레퍼런스 값을 얻어와야 하기 때문에 해당 버튼을 다른 버튼들과 구분하기 위해 아이디를 지정해 주었다. 15, 20라인 버튼도 같은 방식으로 정의해 주었다.
25	특정 버튼을 클릭하였을 때 선택된 버튼을 표시할 TextView를 정의한 부분이다.

• Wi_ButtonActivity.java 파일

● Chapter05\Wi_Button\src\com\jung\Wi_ButtonActivity.java

```java
package com.jung;
import android.app.Activity;
import android.os.Bundle;
import android.view.View;
import android.widget.Button;
import android.widget.TextView;
public class Wi_ButtonActivity extends Activity implements View.OnClickListener{
    /** Called when the activity is first created. */
    TextView result;
    Button ka;
    Button ky;
    Button ch;
    @Override
    public void onCreate(Bundle savedInstanceState) {
        super.onCreate(savedInstanceState);
        setContentView(R.layout.main);
        result = (TextView)findViewById(R.id.result);
        ka = (Button)findViewById(R.id.ka);
        ky = (Button)findViewById(R.id.ky);
        ch = (Button)findViewById(R.id.ch);

        ka.setOnClickListener(this);
        ky.setOnClickListener(this);
        ch.setOnClickListener(this);
    }
    public void onClick(View v) {
        // TODO Auto-generated method stub
        String msg = null;
        if(v.getId() == R.id.ka){
        msg = "당신의 고향은 강원도입니다.";
        }
```

32	else if(v.getId() == R.id.ch){
33	msg = "당신의 고향은 충청도입니다.";
34	}
35	else{
36	msg = "당신의 고향은 경상도입니다.";
37	}
38	result.setText(msg);
39	}
40	}

코드 분석

7	해당 액티비티 클래스가 리스너 클래스 역할도 해야 하므로 View.OnClickListener 인터페이스를 구현하고 있다.
9~12	액티비티에서 다루어야 하는 위젯들의 레퍼런스 변수들을 정의하는 부분이다.
17~20	액티비티에서 사용될 위젯 객체들을 생성하는 부분이다.
22~24	생성된 각각의 버튼에 리스너 객체를 자기 자신 클래스로 연결해 주는 부분이다. 즉, 해당 버튼에 클릭 이벤트가 발생하면 자기 자신 클래스에 정의되어 있는 onClick(View v) 메소드를 호출하겠다는 정의이다.
28	최종적으로 result라는 이름의 TextView의 text 속성 값으로 설정할 값을 저장할 변수를 정의하는 부분이다.
29	View 클래스의 getId() 메소드를 호출하면 해당 뷰의 main.xml에서 정의해준 id 값을 리턴해 준다. 이 id 값을 비교해서 어떤 버튼에서 이벤트가 발생되었는지를 판단할 수 있다.
29~37	클릭 이벤트를 발생시킨 각 버튼에 따라서 result라는 이름의 TextView에 출력될 값을 다르게 msg 변수에 할당한다.
38	msg 변수에 할당되어 있는 문자열을 result라는 이름의 TextView의 text 값으로 설정한다.

4. Button 예제 실행

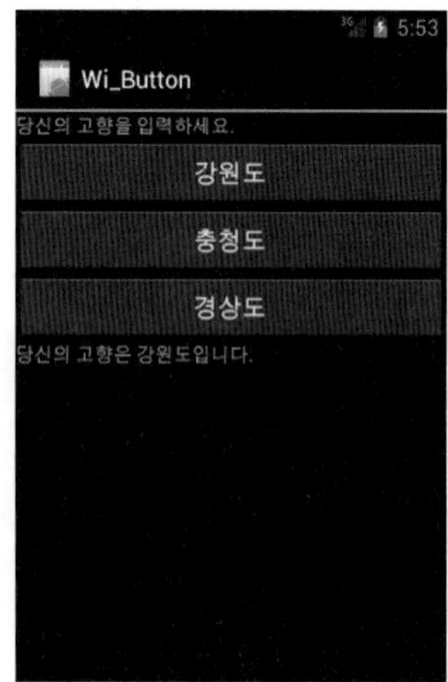

4 ImageView

ImageView 위젯은 이미지를 출력할 수 있는 형태의 위젯이다. ImageView는 이미지를 리소스나 컨텐트 프로바이더 등을 이용해서 읽어들일 수 있다. ImageView는 여러 가지 스케일링 방법도 제공해 준다.

1. ImageView의 상속 구조

```
public class

ImageView
extends View

java.lang.Object
  ↳android.view.View
     ↳android.widget.ImageView
```

2. ImageView에서 자주 사용되는 속성들

❶ 스케일 타입

스케일링 방법	설명
CENTER	이미지를 뷰의 가운데에 배치하고 스케일링하지 않는다.
CENTER_CROP	이미지의 종횡비를 유지하면서 채운다. 이미지 일부가 잘릴수 있다.
CENTER_INSIDE	이미지의 종횡비를 유지하면서 채운다. 이미지 크기가 이미지뷰보다 크면 이미지의 크기를 줄인다.
FIT_CENTER	이미지를 가운데 배치하면서 스케일링 한다.
FIT_END	이미지를 오른쪽 아래에 배치하면서 스케일링 한다.
FIT_START	이미지를 왼쪽 위에 배치하면서 스케일링 한다.
FIT_XY	종횡비를 유지하지 않고 가로, 세로를 다 채운다.
MATRIX	이미지 행렬을 이용하여 스케일링한다. 디폴트 행렬일 경우 좌상 단체 출력하고 스케일링 하지 않는다.

❷ 출력하려는 이미지가 ImageView의 크기보다 클 경우 크기 조절

출력하려는 이미지가 해당 이미지를 출력하는 공간인 ImageView 보다 클 경우 이미지 크기를 조절하려면서 종횡비를 유지하려면 android:adjustViewBounds 속성값을 true로 설정하면 된다.

3. ImaveView 예제 실행에 필요한 파일들

• 스케일 타입 속성 값 테스트를 위한 main.xml 파일

◉ Chapter05/Wi_ImageView01/res/layout/main.xml

```xml
1   <?xml version="1.0" encoding="utf-8"?>
2   <ScrollView xmlns:android="http://schemas.android.com/apk/res/android"
3       android:layout_width="wrap_content"
4       android:layout_height="wrap_content">
5   <LinearLayout
6       android:layout_width="fill_parent"
7       android:layout_height="fill_parent"
8       android:orientation="vertical" >
9       <TextView
10          android:layout_width="fill_parent"
11          android:layout_height="wrap_content"
12          android:text="CENTER" />
13      <ImageView
14          android:layout_width="200px"
15          android:layout_height="200px"
16          android:src="@drawable/ic_launcher"
17          android:scaleType="center"/>
18      <TextView
19          android:layout_width="fill_parent"
20          android:layout_height="wrap_content"
21          android:text="MATRIX" />
22      <ImageView
23          android:layout_width="200px"
24          android:layout_height="200px"
25          android:src="@drawable/ic_launcher"
26          android:scaleType="matrix"/>
27      <TextView
28          android:layout_width="fill_parent"
29          android:layout_height="wrap_content"
30          android:text="FIT_XY" />
31      <ImageView
32          android:layout_width="200px"
33          android:layout_height="200px"
34          android:src="@drawable/ic_launcher"
35          android:scaleType="fitXY"/>
36      <TextView
37          android:layout_width="fill_parent"
38          android:layout_height="wrap_content"
39          android:text="FIT_START" />
```

```xml
40    <ImageView
41          android:layout_width="200px"
42          android:layout_height="200px"
43          android:src="@drawable/ic_launcher"
44          android:scaleType="fitStart"/>
45           <TextView
46          android:layout_width="fill_parent"
47          android:layout_height="wrap_content"
48          android:text="FIT_CENTER" />
49       <ImageView
50          android:layout_width="200px"
51          android:layout_height="200px"
52          android:src="@drawable/ic_launcher"
53          android:scaleType="fitCenter"/>
54        <TextView
55          android:layout_width="fill_parent"
56          android:layout_height="wrap_content"
57          android:text="FIT_END" />
58       <ImageView
59          android:layout_width="200px"
60          android:layout_height="200px"
61          android:src="@drawable/ic_launcher"
62          android:scaleType="fitEnd"/>
63        <TextView
64          android:layout_width="fill_parent"
65          android:layout_height="wrap_content"
66          android:text="CENTER_CROP" />
67       <ImageView
68          android:layout_width="200px"
69          android:layout_height="200px"
70          android:src="@drawable/ic_launcher"
71          android:scaleType="centerCrop"/>
72        <TextView
73          android:layout_width="fill_parent"
74          android:layout_height="wrap_content"
75          android:text="CENTER_INSIDE" />
76       <ImageView
77          android:layout_width="200px"
78          android:layout_height="200px"
79          android:src="@drawable/ic_launcher"
80          android:scaleType="centerInside"/>
81  </LinearLayout>
82  </ScrollView>
```

 **코드 분석**

2	LinearLayout 에 배치한 위젯들이 한 화면에 모두 출력될 수 없으므로 ScrollView로 전체 영역을 싸줌. ScrollView 로 싸주면 출력되는 영역이 한 화면을 넘어가면 스크롤된다.
9~80	ImageView에 각각의 스케일 타입을 지정하며 출력한다.

• android:adjustViewBounds 속성 값 테스트를 위한 main.xml 파일

◉ Chapter05\Wi_ImageView02\res\layout\main.xml

```
1   <?xml version="1.0" encoding="utf-8"?>
2   <LinearLayout xmlns:android="http://schemas.android.com/apk/res/android"
3       android:layout_width="fill_parent"
4       android:layout_height="fill_parent"
5       android:orientation="vertical" >
6       <TextView
7           android:layout_width="wrap_content"
8           android:layout_height="wrap_content"
9           android:text="원본크기" />
10      <ImageView
11          android:layout_width="wrap_content"
12          android:layout_height="wrap_content"
13          android:src="@drawable/original" />
14      <TextView
15          android:layout_width="wrap_content"
16          android:layout_height="wrap_content"
17          android:text="android:adjustViewBounds=true"/>
18      <ImageView
19          android:layout_width="wrap_content"
20          android:layout_height="wrap_content"
21          android:maxWidth="50px"
22          android:maxHeight="100px"
23          android:src="@drawable/original"
24          android:adjustViewBounds="true"/>
25      <TextView
26          android:layout_width="wrap_content"
27          android:layout_height="wrap_content"
28          android:text="android:adjustViewBounds=false"/>
29      <ImageView
30          android:layout_width="wrap_content"
31          android:layout_height="wrap_content"
32          android:maxWidth="50px"
33          android:maxHeight="100px"
34          android:src="@drawable/original"
35          android:adjustViewBounds="false"/>
36  </LinearLayout>
```

10	원본 크기대로 이미지를 출력하는 ImageView를 정의하는 부분이다.
18	android:adjustViewBounds 속성 값을 true로 설정하여 이미지의 크기가 maxWidth 속성값과 maxHeight 속성 값보다 클 때 maxWidth와 maxHeight 크기에 맞게 width, height 값을 조절해서 출력하는 ImageView를 정의하는 부분이다.
29	android:adjustViewBounds 속성 값을 false로 지정하여 출력하려는 이미지의 크기가 maxWidth 속성 값과 maxHeight 속성 값보다 클 때 크기를 조절하지 않고 원본 크기대로 출력하는 ImageView를 정의한 부분이다.

4. ImageView 예제 실행

• 스케일 타입 속성 값 테스트를 위한 예제 실행

Wi_ImageView01 프로젝트를 실행하면 하단 그림과 같은 화면을 출력한다. 출력 화면을 보면 각 스케일 타입을 TextView에 제목으로 출력했다. 스크롤을 하단으로 내리면서 각 스케일 타입별 이미지가 출력되는 형태를 비교한다.

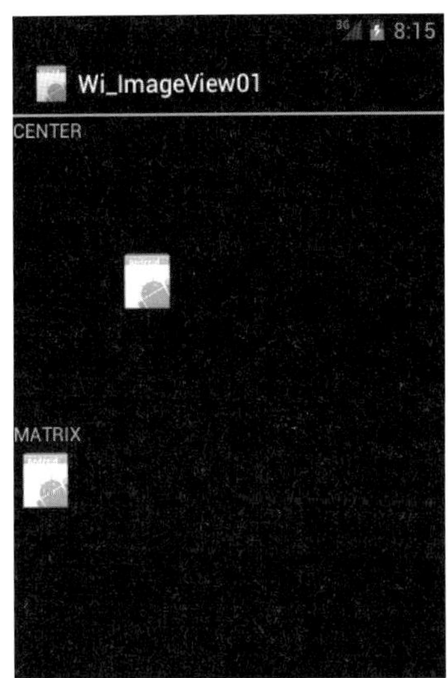

- android:adjustViewBounds 속성 값 테스트를 위한 예제 실행

Wi_ImageView02 프로젝트를 실행하면 하단 그림과 같은 화면이
출력된다.

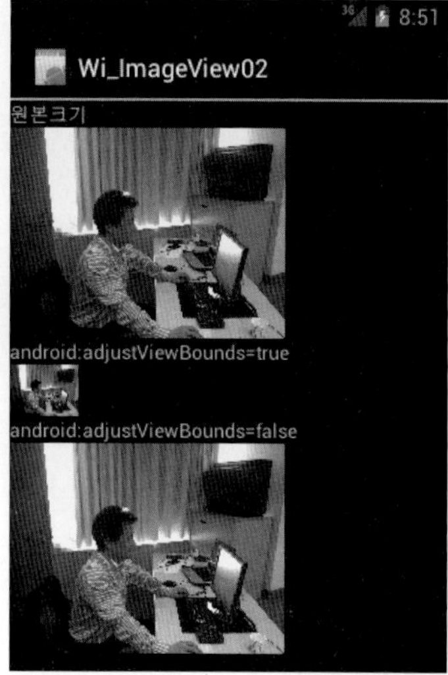

5 CheckBox

CheckBox 위젯은 여러 항목을 선택할 때 사용하는 형태이다. 체크 박스를 체크하는 이벤트를 처리하
는 리스너 인터페이스는 CompoundButton.OnCheckedChangeListener가 정의되어 있고, 해당 리스너
인터페이스에는 onChekedChanged(CompoundButton buttonView, boolean isChecked) 메소드가 정
의되어 있다.

메소드에 전송되어 오는 파라미터 값은 다음과 같다.

- buttonView : 이벤트를 발생시킨 체크 박스 자체이다.

- isChecked : 지금 발생된 이벤트가 체크 박스를 선택하는 이벤트였는지, 체크 박스를 해제하는 이벤
  트였는지를 판단하는 값. 만약, 발생한 이벤트가 체크 박스를 체크하는 동작이었다면 isChecked 값은
  true가 전송되어 온다.

1. CheckBox의 상속 구조

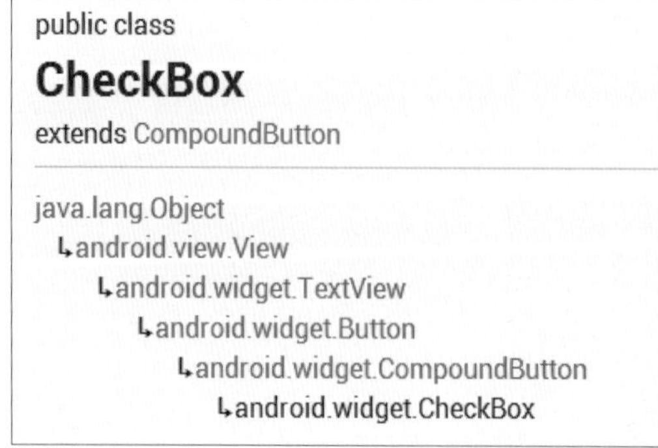

2. CheckBox에서 자주 사용되는 메소드들

Layout XML 속성은 View와 TextView의 속성을 상속받는다. 자주 사용되는 메소드를 살펴보면 다음과 같은 메소드들이 존재한다.

- boolean isChecked() - 해당 체크 박스가 선택되었는지의 상태를 반환해 준다.
- void setChecked(boolean checked) - 해당 체크 박스를 체크하거나 해제하는 메소드이다.
- void toggle() - 체크 박스를 토글시키는 메소드이다.

3. CheckBox 예제 실행에 필요한 파일들

- **main.xml 파일**

```
  Chapter05\Wi_CheckBox\res\layout\main.xml
1   <?xml version="1.0" encoding="utf-8"?>
2   <LinearLayout xmlns:android="http://schemas.android.com/apk/res/android"
3       android:layout_width="fill_parent"
4       android:layout_height="fill_parent"
5       android:orientation="vertical" >
6
7       <TextView
8           android:layout_width="fill_parent"
9           android:layout_height="wrap_content"
10          android:text="당신의 취미를 선택하시오." />
11      <CheckBox
12          android:id="@+id/movie"
13          android:layout_width="wrap_content"
14          android:layout_height="wrap_content"
15          android:text="영화감상" />
16      <CheckBox
17          android:id="@+id/sports"
18          android:layout_width="wrap_content"
19          android:layout_height="wrap_content"
20          android:text="스포츠" />
21      <CheckBox
22          android:id="@+id/study"
23          android:layout_width="wrap_content"
24          android:layout_height="wrap_content"
25          android:text="공부" />
26      <TextView android:id="@+id/result"
27           android:layout_width="fill_parent"
28          android:layout_height="wrap_content"
29           />
30
31  </LinearLayout>
```

11	영화 감상 문자열을 text 속성 값으로 갖는 CheckBox를 정의하는 부분이다. 해당 체크 박스를 코드상에서 접근하기 위해 id 속성 값을 지정하였다.
16	스포츠 문자열을 text 속성 값으로 갖는 CheckBox를 정의하는 부분이다.
22	공부 문자열을 text 속성 값으로 갖는 CheckBox를 정의하는 부분이다.
26	체크 박스를 이용해서 선택한 취미를 출력하는 TextView를 정의하는 부분이다.

• Wi_CheckBoxActivity.java 파일

● Chapter05\Wi_CheckBox\src\com\jung\Wi_CheckBoxActivity.java

```java
1   package com.jung;
2
3   import android.app.Activity;
4   import android.os.Bundle;
5   import android.widget.CheckBox;
6   import android.widget.CompoundButton;
7   import android.widget.TextView;
8
9   public class Wi_CheckBoxActivity extends Activity {
10      /** Called when the activity is first created. */
11      TextView result;
12      CheckBox movie;
13      CheckBox sports;
14      CheckBox study;
15      String msg="당신의 취미는 ";
16      @Override
17      public void onCreate(Bundle savedInstanceState) {
18          super.onCreate(savedInstanceState);
19          setContentView(R.layout.main);
20          result = (TextView)findViewById(R.id.result);
21          movie = (CheckBox)findViewById(R.id.movie);
22          sports = (CheckBox)findViewById(R.id.sports);
23          study = (CheckBox)findViewById(R.id.study);
24
25          movie.setOnCheckedChangeListener(new
26   CompoundButton.OnCheckedChangeListener() {
27
28              public void onCheckedChanged(CompoundButton buttonView, boolean
29   isChecked) {
30                  // TODO Auto-generated method stub
31                  if(isChecked){
32                      msg = msg + buttonView.getText().toString() +" ";
33                  }
```

```
34              else{
35                  msg = msg.replace("영화감상 ","");
36              }
37              result.setText(msg);
38          }
39      });

41      sports.setOnCheckedChangeListener(new
42  CompoundButton.OnCheckedChangeListener() {

44          public void onCheckedChanged(CompoundButton buttonView, boolean
45  isChecked) {
46              // TODO Auto-generated method stub
47              if(isChecked){
48                  msg = msg + buttonView.getText().toString()+" ";
49              }
50              else{
51                  msg=msg.replace("스포츠 ","");
52              }
53              result.setText(msg);;
54          }
55      }};

57      study.setOnCheckedChangeListener(new
58  CompoundButton.OnCheckedChangeListener() {

60          public void onCheckedChanged(CompoundButton buttonView, boolean
61  isChecked) {
62              // TODO Auto-generated method stub
63              if(isChecked){
64                  msg = msg + buttonView.getText().toString()+" ";
65              }
66              else{
67                  msg=msg.replace("공부 ","");
68              }
69              result.setText(msg);
70          }
71      });
72  }
73 }
```

11~14	코드에서 사용하는 TextView와 CheckBox 위젯의 레퍼런스 변수를 정의하는 부분이다.
15	최종적으로 result라는 이름의 TextView에 출력될 문자열을 저장할 msg라는 변수를 정의하는 부분이다.
20~23	코드상에서 사용하는 위젯들을 초기화시키는 부분이다.
25~39	영화 감상 체크 박스를 체크하거나 해제할 경우 실행될 동작을 정의하는 부분이다.
25~26	setOnCheckedChangeListener 메소드를 이용하여 해당 체크 박스에 CompoundButton.CheckedChangeListener 객체를 연결하는 부분이다.
28~29	체크 박스를 체크하거나 해제하면 호출되는 onCheckedChanged 메소드를 정의하였다. 메소드에 파라미터로 전송되어 오는 buttonView는 이벤트를 발생시킨 CheckBox 자체를 의미하고 isChecked 파라미터는 발생한 이벤트에 의해서 해당 체크 박스가 체크되었는지 해제되었는지의 값을 의미한다.
32	이벤트에 의해서 체크 박스가 체크되었으면 msg 문자열 뒤에 영화감상 체크 박스의 text 속성 값 buttonView.getText() : "영화감상"에 " " 문자열을 추가하여 msg 변수에 할당한다. " "을 뒤에 추가한 이유는 다른 체크 박스를 더 체크하면 해당 체크 박스의 text 속성 값을 뒤에 추가해줄 때 취미 값들을 " " 문자열로 구분하기 위해서이다.
35	이벤트가 발생하여 체크 박스를 해제하였으면 msg 문자열 중 이벤트를 발생시킨 체크 박스의 text 속성값을 " "으로 변경하여 해당 취미 값을 제거하는 부분이다.

4. CheckBox 예제 실행

그림과 같이 스포츠와 공부 체크 박스를 선택하면 결과 TextView에 스포츠와 공부가 취미로 출력된다.

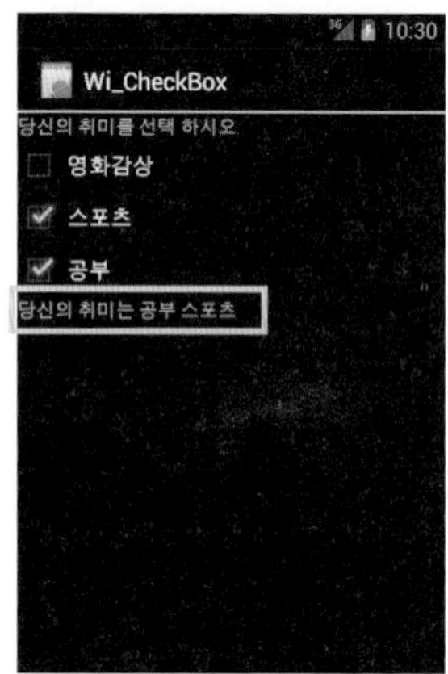

상단 화면에서 스포츠 체크 박스를 해제하면 그림과 같이 결과 TextView에서 스포츠 부분이 제거된다.

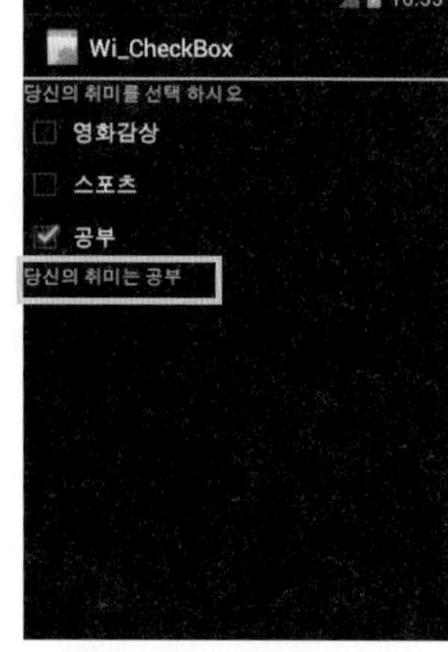

6 RadioGroup & RadioButton

RadioButton은 RadioGroup에 묶어서 관리되며 하나의 RadioGroup에 속해 있는 RadioButton 중에는 하나의 RadioButton만 선택할 수 있다. 또, RadioButton은 체크는 할 수 있지만 해당 버튼을 다시 클릭해서 해제할 수는 없다. 같은 RadioGroup 내에 존재하는 다른 버튼을 클릭할 때 체크했던 RadioButton이 해제된다.

RadioGroup은 RadioGroup 안에 존재하는 RadioButton들의 상태를 감지하기 위해 OnCheckedChangeListener 인터페이스를 제공해 준다.

OnCheckedChangeListener 인터페이스에는 다음 메소드가 정의되어 있다.

```
public abstract void onCheckedChanged (RadioGroup group, int checkedId)
```

* group : 이벤트를 발생시킨 RadioGroup 객체
* checkedId : RadioGroup 안에서 현재 발생된 이벤트에 의해서 선택된 RadioButton의 id

리스너 객체는 RadioGroup 객체에 다음 메소드에 의해서 연결할 수 있다.

```
public void setOnCheckedChangeListener (RadioGroup.OnCheckedChangeListener
listener)
```

1. RadioGroup과 RadioButton의 상속 구조

• RadioGroup

```
public class
RadioGroup
extends LinearLayout

java.lang.Object
  ㄴandroid.view.View
    ㄴandroid.view.ViewGroup
      ㄴandroid.widget.LinearLayout
        ㄴandroid.widget.RadioGroup
```

• RadioButton

```
public class
RadioButton
extends CompoundButton

java.lang.Object
  ㄴandroid.view.View
    ㄴandroid.widget.TextView
      ㄴandroid.widget.Button
        ㄴandroid.widget.CompoundButton
          ㄴandroid.widget.RadioButton
```

2. RadioGroup에서 자주 사용되는 메소드들

• void check(int id) : 해당 아이디의 RadioButton을 체크하는 메소드이다.

• void clearCheck() : 현재 선택되어 있는 모든 RadioButton을 체크 해제한다.

• int getCheckedRadioButtonId() : 현재 선택되어 있는 RadioButton의 id 값을 반환한다.

3. RadioButton 예제 실행에 필요한 파일들

• **main.xml 파일**

```
● Chapter05\Wi_RadioButton\res\layout\main.xml
1   <?xml version="1.0" encoding="utf-8"?>
2   <LinearLayout xmlns:android="http://schemas.android.com/apk/res/android"
3       android:layout_width="fill_parent"
4       android:layout_height="fill_parent"
5       android:orientation="vertical" >
6
7       <TextView
8           android:layout_width="fill_parent"
9           android:layout_height="wrap_content"
10          android:text="당신의 성별을 선택하세요" />
11
12      <RadioGroup
13          android:id="@+id/gender"
14          android:layout_width="fill_parent"
15          android:layout_height="wrap_content" >
16
17          <RadioButton
18              android:id="@+id/m"
19              android:layout_width="wrap_content"
20              android:layout_height="wrap_content"
21              android:text="남자" />
22
23          <RadioButton
24              android:id="@+id/f"
25              android:layout_width="wrap_content"
26              android:layout_height="wrap_content"
27              android:text="여자" />
28      </RadioGroup>
29
30      <TextView
31          android:id="@+id/result"
32          android:layout_width="fill_parent"
33          android:layout_height="wrap_content"
34          android:text="" />
35
36  </LinearLayout>
```

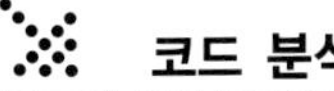 **코드 분석**

12	성별을 선택하는 RadioButton들을 포함하는 RadioGroup을 정의한다. RadioGroup은 LinearLayout을 상속받고 있으므로 RadioButton들을 수직이나 수평으로 배치할 수 있다.
17	남자 RadioButton을 정의한다. 코드상에서 해당 RadioButton에 접근해야 하므로 id 속성 값을 지정하였다.
23	여자 RadioButton을 정의하였다.
30	남자, 여자 선택 결과를 출력할 TextView 위젯을 정의한 부분이다.

• Wi_RadioButtonActivity.java 파일

● Chapter05\Wi_RadioButton\src\com\jung\Wi_RadioButtonActivity.java

```java
1   package com.jung;
2
3   import android.app.Activity;
4   import android.os.Bundle;
5   import android.widget.RadioButton;
6   import android.widget.RadioGroup;
7   import android.widget.TextView;
8
9   public class Wi_RadioButtonActivity extends Activity {
10      /** Called when the activity is first created. */
11      RadioGroup gender;
12      TextView result;
13      @Override
14      public void onCreate(Bundle savedInstanceState) {
15          super.onCreate(savedInstanceState);
16          setContentView(R.layout.main);
17          result = (TextView)findViewById(R.id.result);
18          gender = (RadioGroup)findViewById(R.id.gender);
19          gender.setOnCheckedChangeListener(new
20  RadioGroup.OnCheckedChangeListener() {
21
22              public void onCheckedChanged(RadioGroup group, int checkedId) {
23                  // TODO Auto-generated method stub
24                  if(checkedId == R.id.m){
25                  result.setText("당신은 남자입니다.");
26                  }
27                  else{
28                  result.setText("당신은 여자입니다.");
29                  }
30              }
31          });
32      }
33  }
```

11~12	TextView와 RadioGroup의 레퍼런스 변수를 선언한 부분이다.
17~18	TextView와 RadioGroup의 객체를 생성하는 부분이다.
19	RadioGroup에 RadioButton을 클릭하는 동작을 처리하는 리스너 객체를 생성하여 RadioGroup에 연결하는 부분이다.
24~26	남자 RadioButton을 클릭했으면 결과를 출력하는 TextView에 '당신은 남자입니다.'라고 출력하는 부분이다.
27~29	여자 RadioButton을 클릭했으면 결과를 출력하는 TextView에 '당신은 여자입니다.'라고 출력하는 부분이다.

4. RadioButton 예제 실행

Wi_RadioButton 프로젝트를 실행하면 다음과 같은 화면이 출력된다. '남자' 버튼과 '여자' 버튼을 번갈아 선택하면 하단의 TextView 선택한 버튼에 따라 문자열이 출력되는 것을 확인할 수 있다.

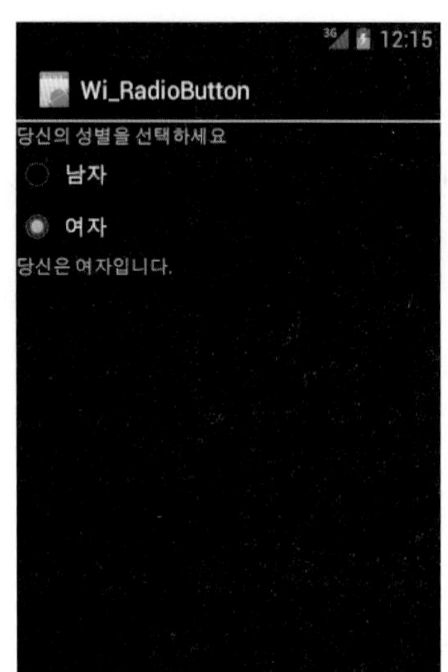

7 ImageButton

이미지 버튼의 사용법은 Button의 사용법과 거의 유사하다. 이미지 버튼을 클릭하면 역시 OnClickListener 인터페이스를 구현하여 클릭 이벤트를 처리할 수 있다.

1. ImageButton의 상속 구조

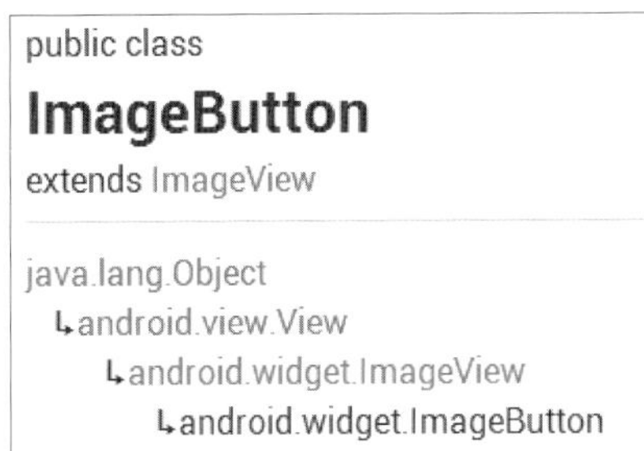

2. ImageButton에서 자주 사용되는 속성들

ImageButton는 View와 ImageView 클래스를 상속받으므로 View 클래스와 ImageView의 모든 속성을 상속받는다. 특히 출력되는 이미지를 지정하는 android:src 속성을 제공한다.

3. ImageButton 예제 실행에 필요한 파일들

- **main.xml 파일**

```
● Chapter05\Wi_ImageButton\res\layout\main.xml
```

```
 1   <?xml version="1.0" encoding="utf-8"?>
 2   <LinearLayout xmlns:android="http://schemas.android.com/apk/res/android"
 3       android:layout_width="fill_parent"
 4       android:layout_height="fill_parent"
 5       android:orientation="vertical" >
 6       <TextView
 7           android:id="@+id/result"
 8           android:layout_width="wrap_content"
 9           android:layout_height="wrap_content"
10           android:text="" />
```

11	<ImageButton
12	android:id="@+id/up"
13	android:layout_width="wrap_content"
14	android:layout_height="wrap_content"
15	android:src="@drawable/up" />
16	
17	<ImageButton
18	android:id="@+id/down"
19	android:layout_width="wrap_content"
20	android:layout_height="wrap_content"
21	android:src="@drawable/down" />
22	</LinearLayout>

코드 분석

6	어떤 이미지 버튼을 클릭했는지 결과를 출력하는 TextView 위젯을 정의하였다.
11	증가시키는 아이콘을 출력할 ImageButton 위젯을 정의하였다. 코드상에서 해당 ImageButton에 접근하기 위해서 id 속성 값을 정의하였다.
17	감소시키는 아이콘을 출력할 ImageButton 위젯을 정의하였다. 코드상에서 해당 ImageButton에 접근하기 위해서 id 속성 값을 정의하였다.

• Wi_ImageButtonActivity.java 파일

● Chapter05\Wi_ImageButton\src\com\jung\Wi_ImageButtonActivity.java

1	package com.jung;
2	import android.app.Activity;
3	import android.os.Bundle;
4	import android.widget.ImageButton;
5	import android.widget.TextView;
6	import android.view.View;
7	public class Wi_ImageButtonActivity extends Activity implements View.OnClickListener{
8	/** Called when the activity is first created. */
9	TextView result;
10	ImageButton up;
11	ImageButton down;
12	@Override
13	public void onCreate(Bundle savedInstanceState) {
14	super.onCreate(savedInstanceState);
15	setContentView(R.layout.main);
16	result = (TextView)findViewById(R.id.result);
17	up = (ImageButton)findViewById(R.id.up);
18	down = (ImageButton)findViewById(R.id.down);

```
19
20          up.setOnClickListener(this);
21          down.setOnClickListener(this);
22
23      }
24    public void onClick(View v) {
25          // TODO Auto-generated method stub
26          if(v.getId() == R.id.up){
27              result.setText("위로");
28      }
29          else{
30              result.setText("아래로");
31          }
32      }
33 }
```

코드 분석

9~11	코드상에서 사용할 각 위젯들의 레퍼런스 변수를 정의하는 부분이다.
16~18	코드상에서 사용할 각 위젯들의 객체를 생성하는 부분이다.
20~21	각 ImageButton 객체에 리스너 객체를 연결하는 부분이다. 리스너 객체로는 자기 자신 클래스를 사용하고 있다.
24	ImageButton을 클릭했을 때 실행될 onClick 메소드를 정의하는 부분이다. 파라미터로 이벤트를 발생시킨 버튼 객체 자체가 View 클래스 타입으로 넘어오기 때문에 getId() 메소드에 의해서 id 값을 얻어오면 이벤트를 발생시킨 버튼의 id 값이 반환된다. 이 반환된 id 값을 이용해서 어떤 버튼이 클릭되었는지 판단할 수 있다.
26~28	증가하는 아이콘의 ImageButton이 눌렸으면 '위로'라는 문자열을 TextView에 출력한다.
29~31	감소시키는 아이콘의 ImageButton이 눌렸으면 '아래로'라는 문자열을 TextView에 출력한다.

4. ImageButton 예제 실행

출력된 화면에서 각각의 ImageButton을 클릭하면 클릭된 ImageButton에 따라서 문자열이 TextView에 출력되는 것을 확인할 수 있다.

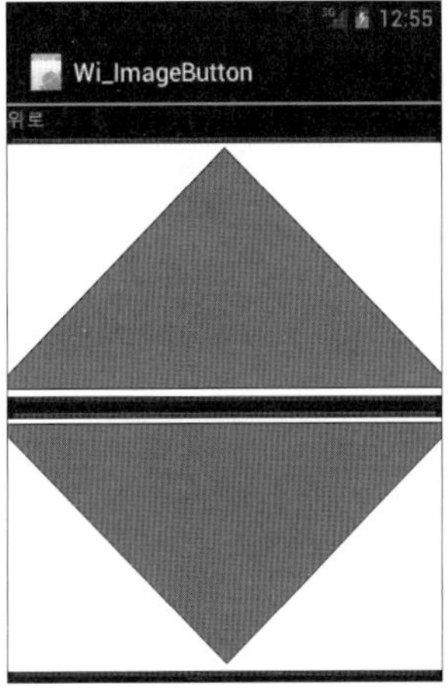

8 DigitalClock & AnalogClock

DigitalClick과 AnalogClock은 특별한 기능을 수행하는 위젯이 아니고 화면에 시계를 표시해 주는 역할만 한다.

1. DigitalClock과 AnalogClock의 상속 구조

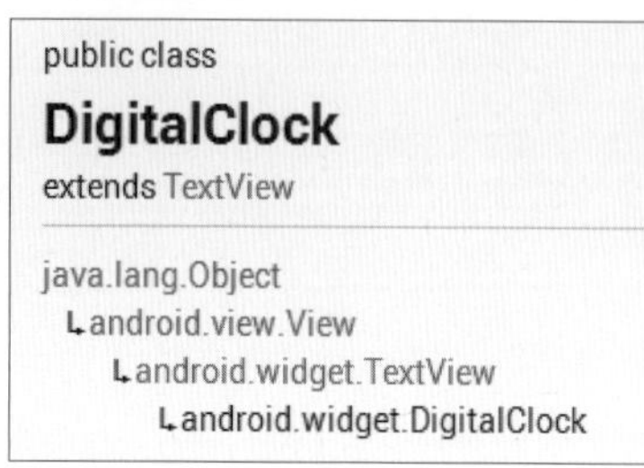
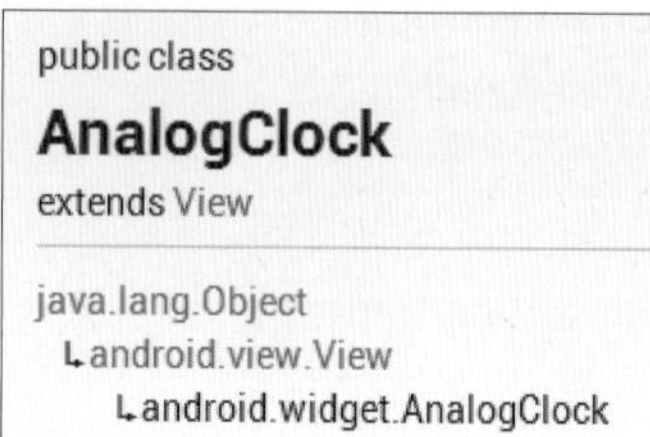

2. DigitalClock과 AnalogClock에서 자주 사용되는 속성과 메소드

View와 TextView에서 기본적인 속성과 메소드를 상속받는다.

- protected void onAttachedToWindow () – 해당 뷰가 윈도우에 부착될 때 메소드이다.
- protected void onDetachedFromWindow () – 해당 뷰가 윈도우에서 분리될 때 호출되는 메소드이다.

3. DigitalClock과 AnalogClock 예제 실행에 필요한 파일들

- **main.xml 파일**

● Chapter05\Wi_Clock\res\layout\main.xml

```
1   <?xml version="1.0" encoding="utf-8"?>
2   <LinearLayout xmlns:android="http://schemas.android.com/apk/res/android"
3        android:layout_width="fill_parent"
4        android:layout_height="fill_parent"
5        android:orientation="vertical"
6        android:gravity="center_horizontal">
7        <AnalogClock
8            android:layout_width="wrap_content"
9            android:layout_height="wrap_content"
10           />
11       <DigitalClock
12           android:layout_width="wrap_content"
13           android:layout_height="wrap_content"
14           />
15   </LinearLayout>
```

6	android:gravity 속성은 해당 레이아웃 위젯에 포함되어 있는 위젯들의 정렬 방식이다. 본 예제에서는 정렬 방식을 center_horizontal로 지정하였으므로 레이아웃 위젯에 출력되는 위젯들은 좌우 가운데에 정렬된다.
7	아날로그 시계 위젯을 정의하는 부분이다.
11	디지털 시계 위젯을 정의하는 부분이다.

4. DigitalClock과 AnlogClock 예제 실행

Wi_Clock 프로젝트를 실행하면 다음과 같은 화면이 출력된다.

9 DatePicker & TimePicker

DatePicker와 TimePicker는 스마트 폰 환경에서 날짜와 시간을 쉽게 다루고 표시해 줄 수 있는 기능을 한다. 두 클래스는 다이얼로그 형태로 사용 가능한 DatePickerDialog 클래스와 TimePickerDialog 클래스를 제공해 준다.

1. DataPicker와 TimePicker의 상속 구조

❶ DataPicker 클래스

사용자가 년, 월, 일 데이터를 입력할 수 있다.

```
public class
DatePicker
extends FrameLayout

java.lang.Object
  ↳android.view.View
    ↳android.view.ViewGroup
      ↳android.widget.FrameLayout
        ↳android.widget.DatePicker
```

- **값을 초기화하는 메소드**

```
public void init (int year, int monthOfYear, int dayOfMonth, DatePicker.OnDateChanged
Listener onDateChangedListener)
```

* year : DatePicker의 초기 연도 값으로 사용할 값
* monthOfYear : DatePicker의 초기 달 값으로 사용할 값
* dayOfMonth : DatePicker의 초기 날짜 값으로 사용할 값
* onDateChangedListener : DatePicker에서 특정 날짜의 값을 선택했을 때 이벤트를 처리할 리스너 객체

- **값이 변경되었을 때 호출되는 메소드**

```
public abstract void onDateChanged (DatePicker view, int year, int monthOfYear, int
dayOfMonth)
```

❷ TimePicker 클래스

사용자가 시간과 분 값을 조절할 수 있다.

```
public class
TimePicker
extends FrameLayout

java.lang.Object
  ↳android.view.View
    ↳android.view.ViewGroup
      ↳android.widget.FrameLayout
        ↳android.widget.TimePicker
```

- **이벤트 처리 메소드**

public void setOnTimeChangedListener (TimePicker.OnTimeChangedListener onTime
ChangedListener)

• **리스너 인터페이스**

TimePicker.OnTimeChangedListener를 사용하여 이벤트를 처리한다.

TimePicker.OnTimeChangedListener 인터페이스에는 public abstract void onTimeChanged (TimePicker view, int hourOfDay, int minute) 메소드가 정의되어 있으며 시간과 분 값을 선택하면 onTimeChanged 메소드가 호출되면서 선택한 시간과 분 값이 파라미터로 전송된다.

2. DatePicker와 TimePicker에서 자주 사용되는 속성 및 메소드

❶ DatePicker

• int getYear() : 연도 값을 얻어 온다.

• int getMonth() : 달 값을 얻어 온다.

• int getDayOfMonth() : 날짜 값을 얻어 온다.

❷ TimePicker

• Integer getCurrentHour() : 시간 값을 얻어 온다.

• Integer getCurrentMinute() : 분 값을 얻어 온다.

• boolean is24HourView() : 다루는 시간이 24시간제 시간인지를 반환한다.

3. DatePicker와 TimePicker의 예제 실행에 필요한 파일들

• **main.xml 파일**

```xml
Chapter05\Wi_DateTime\res\layout\main.xml
1   <?xml version="1.0" encoding="utf-8"?>
2   <LinearLayout xmlns:android="http://schemas.android.com/apk/res/android"
3       android:layout_width="fill_parent"
4       android:layout_height="fill_parent"
5       android:orientation="vertical" >
6   <TextView
7       android:id="@+id/result"
8       android:layout_width="wrap_content"
9       android:layout_height="wrap_content"
10      android:text="날짜와 시간 정보"
11      />
12  <DatePicker
13      android:id="@+id/date"
14      android:layout_width="wrap_content"
15      android:layout_height="wrap_content"
16      />
```

17	<TimePicker
18	android:id="@+id/time"
19	android:layout_width="wrap_content"
20	android:layout_height="wrap_content"
21	/>
22	</LinearLayout>

코드 분석

6	현재 선택한 날짜와 시간 정보를 출력할 TextView 위젯을 정의하였다.
12	DatePicker 위젯을 정의한 곳으로, 코드상에서 해당 위젯의 레퍼런스를 얻어와야 하므로 해당 위젯에 아이디를 지정해 주었다.
17	TimePicker 위젯을 정의한 곳으로, 코드상에서 해당 위젯의 레퍼런스를 얻어와야 하므로 해당 위젯에 아이디를 지정해 주었다.

• Wi_DateTimeActivity.java 파일

Chapter05\Wi_DateTime\src\com\jung\Wi_DateTimeActivity.java

```java
package com.jung;
import java.text.SimpleDateFormat;
import java.util.Date;
import java.util.GregorianCalendar;
import android.app.Activity;
import android.os.Bundle;
import android.widget.DatePicker;
import android.widget.RadioButton;
import android.widget.RadioGroup;
import android.widget.TextView;
import android.widget.TimePicker;

public class Wi_DateTimeActivity extends Activity {
    /** Called when the activity is first created. */
    DatePicker date;
    TimePicker time;
    TextView result;
    SimpleDateFormat sf;
    Date gc;
    @Override
    public void onCreate(Bundle savedInstanceState) {
        super.onCreate(savedInstanceState);
        setContentView(R.layout.main);
```

```java
24              date = (DatePicker)findViewById(R.id.date);
25              time = (TimePicker)findViewById(R.id.time);
26              result = (TextView)findViewById(R.id.result);
27              gc = new Date();
28              sf = new SimpleDateFormat("yyyy-MM-dd HH:mm");
29
30              result.setText(sf.format(gc));
31
32              date.init(date.getYear(), date.getMonth(), date.getDayOfMonth(),
33      new DatePicker.OnDateChangedListener() {
34                  public void onDateChanged(DatePicker view, int year, int monthOfYear,
35      int dayOfMonth) {
36                      // TODO Auto-generated method stub
37                      gc.setYear(year);
38                      gc.setMonth(monthOfYear);
39                      gc.setDate(dayOfMonth);
40                      result.setText(sf.format(gc));
41                  }
42              });
43
44          time.setOnTimeChangedListener(new TimePicker.OnTimeChangedListener() {
45              public void onTimeChanged(TimePicker view, int hourOfDay, int minute) {
46                  // TODO Auto-generated method stub
47                  gc.setHours(hourOfDay);
48                  gc.setMinutes(minute);
49                  result.setText(sf.format(gc));
50              }
51          });
52      }
53  }
```

코드 분석

18	날짜와 시간을 TextView에 출력할 때 포맷을 지정하기 위해서 사용할 SimpleDateFormat 타입의 변수를 선언한 부분이다.
19	날짜와 시간 정보를 다루기 위한 Date 클래스의 변수를 정의한 부분이다.
24~27	코드상에서 사용할 객체들을 생성한 부분이다.
28	SimpleDateFormat의 포맷을 정의하면서 객체를 생성하는 부분이다. 날짜와 시간 정보를 출력할 때 '연도4자리-달2자리-날짜2자리 시간2자리:분2자리' 형태로 출력하게 된다.
30	현재 날짜와 시간 정보를 가지고 있는 Date 객체인 gc 객체의 날짜와 시간 정보를 지정한 포맷 형태로 출력하는 부분이다.
32~42	init 메소드를 이용해서 DatePicker의 값을 초기화시키는 부분이다.

32~33	날짜 값을 설정했을 때 발생하는 이벤트를 처리하기 위한 DatePicker.OnDateChangedListener 객체를 생성하는 부분이다.
34~35	날짜를 구성하는 각 값을 변경했을 때 자동으로 호출되는 onDateChanged 메소드를 구현하는 부분이다.
37~39	날짜를 구성하는 값을 변경했을 때 해당 변경된 값들을 Date 객체의 값으로 설정해 주는 부분이다.
40	DatePicker에서 새로 변경한 날짜 구성 값들로 구성되어 있는 날짜 객체의 값들을 TextView에 출력하는 부분이다.
44	TimePicker에서 시간 값을 변경했을 때 호출될 리스너 객체를 TimePicker에 연결하는 부분이다.
45	TimePicker.OnTimeChangedListener 리스너 인터페이스에 정의되어 있는 onTimeChanged 메소드를 구현하는 부분이다. onTimeChanged 메소드는 TimePicker에서 시간 관련 값(시, 분)을 변경하게 되면 호출되는 메소드이다. 파라미터로 변경된 시간과 분 값이 전송된다.
47~48	TimePicker에서 선택한 시간과 분 값을 날짜 객체인 gc의 각 값으로 초기화시키는 부분이다.
49	TextView에 새로 변경된 값을 가지고 있는 날짜 객체(gc)의 값을 출력하는 부분이다.

4. DatePicker와 TimePicker 예제 실행

Wi_DateTime 프로젝트를 실행하면 다음과 같은 화면이 출력된다.

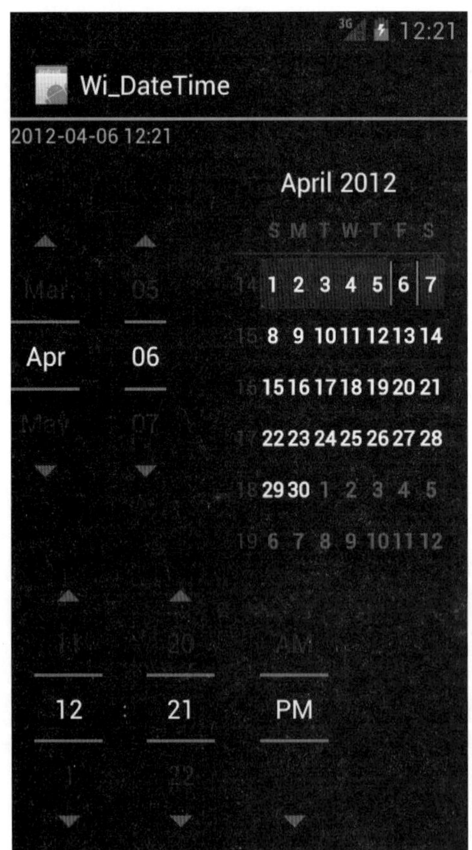

상단 그림에서 원하는 날짜와 시간 값을 설정하면 그림과 같이 변경된 날짜와 시간이 TextView에 출력된다.

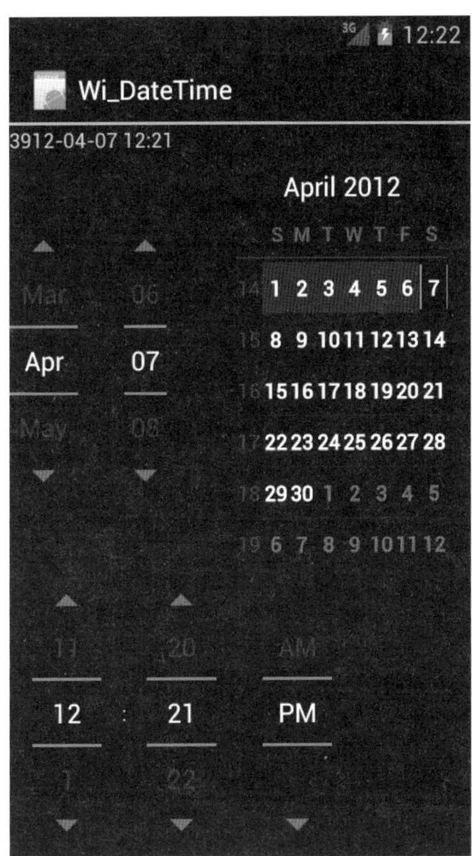

10 DatePickerDialog & TimePickerDialog

DatePickerDialog와 TimePickerDialog는 날짜 구성 값과 시간 구성 값을 다이얼로그 창에서 설정할 수 있는 위젯이다.

DatePickerDialog와 TimePickerDialog는 날짜 구성 요소 값과 시간 구성 요소 값을 선택한 후 SET 버튼을 누를 때 이벤트가 발생한다.

1. DatePickerDialog와 TimePickerDialog의 상속 구조

❶ DatePickerDialog

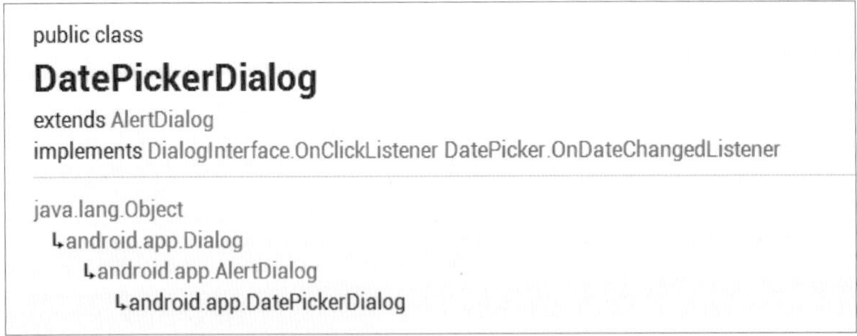

```
public class
DatePickerDialog
extends AlertDialog
implements DialogInterface.OnClickListener DatePicker.OnDateChangedListener

java.lang.Object
   ↳ android.app.Dialog
      ↳ android.app.AlertDialog
         ↳ android.app.DatePickerDialog
```

초기화는 다음과 같은 생성자를 이용해서 처리할 수 있다.

DatePickerDialog(Context context, DatePickerDialog.OnDateSetListener callBack, int year, int monthOfYear, int dayOfMonth)

*생성자를 이용해서 DatePickerDialog를 생성할 때 콜백 메소드를 지정하여 다이얼로그 창에서 날짜 구성 값을 변경할 때 동작을 처리한다.
*DatePickerDialog.OnDateSetListener에는 onDateSet(DatePicker view, int year, int monthOfYear, int dayOfMonth) 메소드가 정의되어 있다. 해당 메소드에는 다이얼로그 창에서 변경한 연도, 월, 날짜 값이 파라미터로 전송된다.

❷ TimePickerDialog

```
public class
TimePickerDialog
extends AlertDialog
implements DialogInterface.OnClickListener TimePicker.OnTimeChangedListener

java.lang.Object
 └android.app.Dialog
    └android.app.AlertDialog
       └android.app.TimePickerDialog
```

초기화는 다음과 같이 생성자를 이용해서 처리할 수 있다.

TimePickerDialog(Context context, TimePickerDialog.OnTimeSetListener callBack, int hourOfDay, int minute, boolean is24HourView)

* is24HourView 파라미터 값은 시간을 24시간 단위로 설정할 것인지에 대한 옵션이다.

2. DatePickerDialog와 TimePickerDialog에서 자주 사용되는 속성 및 메소드

TimePickerDialog 클래스는 다음과 같이 각 구성 값들을 편리하게 수정할 수 있는 메소드들을 제공한다.

- void setCurrentHour(Integer currentHour)
- void setCurrentMinute(Integer currentMinute)
- void setIs24HourView(Boolean is24HourView)

3. DatePickerDialog와 TimePickerDialog 예제 실행에 필요한 파일들

• main.xml 파일

◉ Chapter05\Wi_DateTimeDialog\res\layout\main.xml

```xml
1   <?xml version="1.0" encoding="utf-8"?>
2   <LinearLayout xmlns:android="http://schemas.android.com/apk/res/android"
3       android:layout_width="fill_parent"
4       android:layout_height="fill_parent"
5       android:orientation="vertical" >
6       <TextView
7           android:id="@+id/result"
8           android:layout_width="wrap_content"
9           android:layout_height="wrap_content"
10          android:text="" />
11      <TextView
12          android:layout_width="fill_parent"
13          android:layout_height="wrap_content"
14          android:text="날짜와 시간을 설정하려면 해당 라디오 버튼을 선택하세요" />
15      <RadioGroup
16          android:id="@+id/dateTime"
17          android:layout_width="wrap_content"
18          android:layout_height="wrap_content" >
19          <RadioButton
20              android:id="@+id/date"
21              android:layout_width="wrap_content"
22              android:layout_height="wrap_content"
23              android:text="날짜설정" />
24          <RadioButton
25              android:id="@+id/time"
26              android:layout_width="wrap_content"
27              android:layout_height="wrap_content"
28              android:text="시간설정" />
29      </RadioGroup>
30  </LinearLayout>
```

코드 분석

6	현재 설정되어 있는 날짜와 시간 정보를 출력할 TextView 위젯을 정의한 부분이다.
15	RadioGroup 위젯을 정의한 부분이다. 코드상에서 RadioGroup에 이벤트 리스너 객체를 연결할 것이기 때문에 해당 위젯을 구분할 수 있어야 한다. 따라서, id 속성 값을 지정해 주었다.
19	해당 버튼을 선택하면 DatePickerDialog 창을 띄워주는 RadioButton을 정의한 부분이다.
24	해당 버튼을 선택하면 TimePickerDialog 창을 띄워주는 RadioButton을 정의한 부분이다.

- ## • Wi_DateTimeDialogActivity.java 파일


```java
1    package com.jung;
2    import java.text.SimpleDateFormat;
3    import java.util.Date;
4    import android.app.Activity;
5    import android.app.DatePickerDialog;
6    import android.app.TimePickerDialog;
7    import android.os.Bundle;
8    import android.widget.DatePicker;
9    import android.widget.RadioGroup;
10   import android.widget.TextView;
11   import android.widget.TimePicker;
12   public class Wi_DateTimeDialogActivity extends Activity {
13       /** Called when the activity is first created. */
14       TextView result;
15       Date curDate;
16       DatePickerDialog dp;
17       TimePickerDialog tp;
18       RadioGroup dateTime;
19       SimpleDateFormat sdf;
20       @Override
21       public void onCreate(Bundle savedInstanceState) {
22           super.onCreate(savedInstanceState);
23           setContentView(R.layout.main);
24           curDate = new Date();
25           dateTime = (RadioGroup)findViewById(R.id.dateTime);
26           sdf = new SimpleDateFormat("yyyy-MM-dd HH:mm");
27           result = (TextView)findViewById(R.id.result);
28           result.setText(sdf.format(curDate));
29           dateTime.setOnCheckedChangeListener(new
30   RadioGroup.OnCheckedChangeListener() {
31
32           public void onCheckedChanged(RadioGroup group, int checkedId) {
33           // TODO Auto-generated method stub
34           if(checkedId == R.id.date){
35           new DatePickerDialog(Wi_DateTimeDialogActivity.this,
36               new DatePickerDialog.OnDateSetListener() {
37
```

```java
            public void onDateSet(DatePicker view, int year, int monthOfYear,
    int dayOfMonth) {
                    // TODO Auto-generated method stub
                    curDate.setYear(year-1900);
                    curDate.setMonth(monthOfYear);
                    curDate.setDate(dayOfMonth);
                    result.setText(sdf.format(curDate));
                }
            },
        curDate.getYear()+1900,
        curDate.getMonth(),
        curDate.getDate()).show();
        }

    else{
        new TimePickerDialog(Wi_DateTimeDialogActivity.this,
            new TimePickerDialog.OnTimeSetListener() {

                public void onTimeSet(TimePicker view, int hourOfDay, int minute) {
                    // TODO Auto-generated method stub
                    curDate.setHours(hourOfDay);
                    curDate.setMinutes(minute);
                    result.setText(sdf.format(curDate));
                }
            },
            curDate.getHours(),
            curDate.getMinutes(),
            true).show();
        }
    }
});
    }
}
```

코드 분석

14~19	코드상에서 다룰 객체들의 레퍼런스 변수를 선언하는 부분이다.
24~27	코드상에서 다룰 객체들을 생성하는 부분이다.
28	현재 날짜 객체의 날짜 값을 구성하고 있는 값들을 지정된 SimpleDateFormat 형태로 출력하는 부분이다.
29~30	RadioGroup에 리스너 객체를 연결하는 부분이다.
33~50	날짜 설정 RadioButton을 클릭하면 DatePickerDialog 창을 띄우고 해당 창에서 날짜 구성 요소를 변경하고, 'SET' 버튼을 클릭하면 변경한 날짜 구성 값들을 TextView에 출력하는 부분이다.

4. DatePickerDialog와 TimePickerDialog 예제 실행

01. Wi_DateTimeDialog 프로젝트를 실행하면 다음과 같은 결과가 출력된다. [날짜설정] 버튼을 클릭한다.

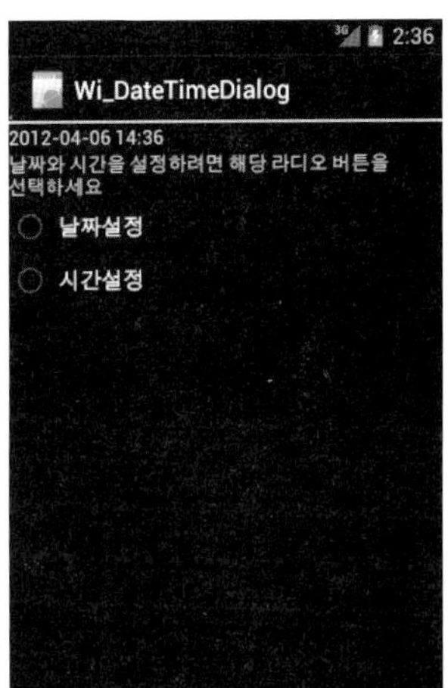

02. 그림과 같이 날짜를 설정하는 DatePickerDialog 창이 출력된다. 다이얼로그 창에서 원하는 날짜 값들을 선택하고 [SET] 버튼을 클릭한다.

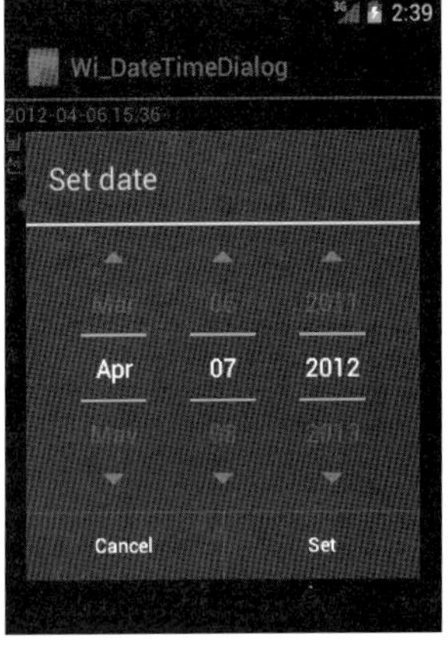

03. 다음과 같이 선택한 날짜가 상단에 출력된다. 이번엔 '시간설정' 라디오 버튼을 클릭한다.

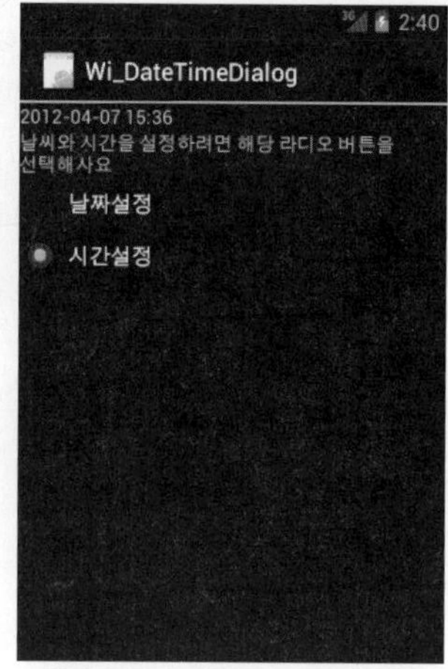

04. 원하는 시간 구성 값을 선택하고 'SET' 버튼을 클릭한다.

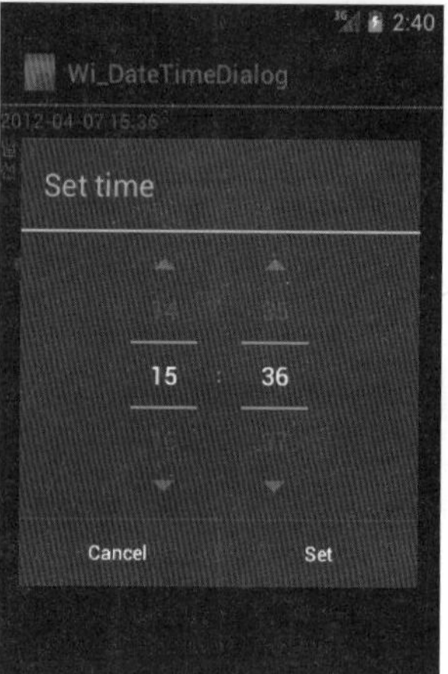

05. 선택한 시간 값이 상단 TextView에 출력되는 것을 확인할 수 있다.

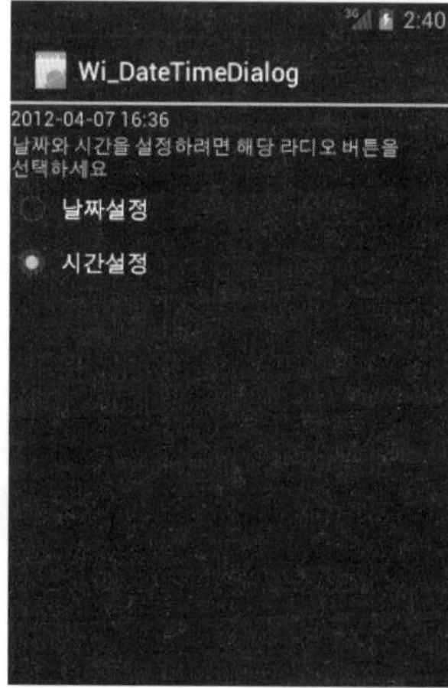

KEY-POINT

1. TextView는 안드로이드에서 사용자로부터 입력을 받을 수 없고 특정 값들을 출력하는 용도로 사용되는 위젯으로 제공된다.

2. EditText는 사용자로부터 특정 값을 입력받을 수 있는 형태의 위젯이다. EditText에서 자주 사용되는 속성은 다음과 같다.
   - android:autoText - true일 경우 일반적인 스펠링 error를 잡아낸다.
   - android:capitalize - none, characters, words, sentences 값을 사용할 수 있다.
     → 모든 문자, 모든 단어의 시작 문자, 모든 문장의 시작 문자를 자동으로 대문자로 변경해 준다.
   - android:digits - String 형식으로 지정된 토큰만 입력 가능하다.
     → android:digits="01"이라고 지정하면 '0'과 '1' 값만 입력 가능하다.
   - android:singleLine - false일 경우 복수 줄을 허용한다.
   - android:hint - 입력하는 데이터의 힌트 문자열을 지정할 수 있는 속성이다.

3. Button은 특정한 명령을 받을 때 자주 사용되는 위젯이다. Button에 클릭 이벤트가 발생하면 View.OnClickListener 객체를 생성하여 이벤트 처리를 할 수 있다. View.OnClickListener 인터페이스에는 onClick 메소드가 정의되어 있으며 onClick 메소드의 원형은 다음과 같다.

```
public void onClick(View v){}
```

파라미터로는 클릭 이벤트가 발생한 Button 객체 자체가 전송되어 온다.

4. ImageView는 화면에 이미지를 출력하는 기능을 한다.
   - 스케일 타입

스케일링 방법	설명
CENTER	이미지를 뷰의 가운데에 배치하고 스케일링하지 않는다.
CENTER_CROP	이미지의 종횡비를 유지하면서 채운다. 이미지 일부가 잘릴수 있다.
CENTER_INSIDE	이미지의 종횡비를 유지하면서 채운다. 이미지 크기가 이미지뷰보다 크면 이미지의 크기를 줄인다.
FIT_CENTER	이미지를 가운데 배치하면서 스케일링 한다.
FIT_END	이미지를 오른쪽 아래에 배치하면서 스케일링 한다.
FIT_START	이미지를 왼쪽 위에 배치하면서 스케일링 한다.
FIT_XY	종횡비를 유지하지 않고 가로, 세로를 다 채운다.
MATRIX	이미지 행렬을 이용하여 스케일링 한다. 디폴트 행렬일 경우 좌상 단체 출력하고 스케일링 하지 않는다.

   - android:adjustViewBounds 속성값 - 출력하려는 이미지가 해당 이미지를 출력하는 공간인 ImageView 보다 클경우 이미지 크기를 조절하려면 android:adjustViewBounds 속성값을 true로 설정하면 된다.

5. CheckBox는 여러 항목 중 원하는 여러 개의 항목을 선택할 때 사용하는 위젯이다. 한 번 누르면 체크 박스가 선택되고 다시 한 번 누르면 해당 선택이 해제된다. 체크 박스를 체크하는 이벤트를 처리하는 리스너 인터페이스는 CompoundButton.OnCheckedChangeListener가 정의되어 있고, 해당 리스너 인터페이스에는 onChekedChanged(CompoundButton buttonView,boolean isChecked) 메소드가 정의되어 있다.

메소드에 전송되어 오는 파라미터 값은 다음과 같다.
- buttonView : 이벤트를 발생시킨 체크 박스 자체이다.
- isChecked : 지금 발생된 이벤트가 체크 박스를 선택하는 이벤트였는지, 체크 박스를 해제하는 이벤트였는지를 판단하는 값. 만약 발생한 이벤트가 체크 박스를 체크하는 동작이었다면 isChecked 값은 true가 전송되어 온다.

6. RadioButton 위젯은 여러 항목 중에 하나의 항목을 선택할 때 사용된다. RadioButton은 RadioGroup에 묶여서 관리되며 하나의 RadioGroup에 속해 있는 RadioButton 중에는 하나의 RadioButton만 선택할 수 있다. 그리고 RadioButton은 체크는 할 수 있지만 해당 버튼을 다시 클릭해서 해제할 수 없다. 같은 RadioGroup 내에 존재하는 다른 버튼을 클릭할 때 체크했던 RadioButton이 해제된다.

RadioGroup은 RadioGroup 안에 존재하는 RadioButton들의 상태를 감지하기 위해 OnCheckedChangeListener 인터페이스를 제공해 준다.
OnCheckedChangeListener 인터페이스에는 다음 메소드가 정의되어 있다.

```
public abstract void onCheckedChanged (RadioGroup group, int checkedId)
```

* group : 이벤트를 발생시킨 RadioGroup 객체
* checkedId : RadioGroup 안에서 현재 발생된 이벤트에 의해서 선택된 RadioButton의 id
* RadioGroup 객체에 리스너 객체는 다음 메소드에 의해서 연결할 수 있다.
  public void setOnCheckedChangeListener (RadioGroup.OnCheckedChangeListener listener)

7. ImageButton은 일반 Button 위젯과 동일한 방식으로 명령을 받아서 이벤트 처리를 할 수 있다. 단 android:src 속성이 제공되어 버튼에 이미지를 출력할 수 있다.

8. 안드로이드에서는 DigitalClock과 AnalogClock 위젯을 제공하여 애플리케이션에서 시계를 사용할 수 있게 하고 있다. DigitalClock과 AnalogClock은 특정한 요청을 처리하기 보다는 단순히 화면에 출력하는 용도로 사용된다.

9. 안드로이드는 DatePicker와 TimePicker 위젯을 이용하여 날짜 구성 요소나 시간 구성 요소를 선택할 수 있는 기능을 제공한다.

DatePicker의 초기화 메소드로 다음 메소드가 제공된다.

```
public void init (int year, int monthOfYear, int dayOfMonth, DatePicker.OnDateChangedListener
onDateChangedListener)
```

DatePicker.OnDateChangedListener 인터페이스에는 다음 메소드가 정의되어 있다.

```
public abstract void onDateChanged (DatePicker view, int year, int monthOfYear, int dayOfMonth)
```

TimePicker는 다음 메소드를 이용하여 이벤트를 처리할 수 있다.

```
public void setOnTimeChangedListener (TimePicker.OnTimeChangedListener onTimeChangedListener)
```

*리스너 인터페이스로는 TimePicker.OnTimeChangedListener를 이용하여 이벤트를 처리한다.
*TimePicker.OnTimeChangedListener 인터페이스에는 public abstract void onTimeChanged (TimePicker view, int hourOfDay, int minute) 메소드가 정의되어 있다.
*시간과 분 값을 선택하면 onTimeChanged 메소드가 호출되면서 선택한 시간과 분 값이 파라미터로 전송된다.

10. 안드로이드는 날짜와 시간 값을 다이얼로그 형태의 창을 띄워서 설정할 수 있는 DatePickerDialog와 TimePickerDialog 위젯도 제공해 준다.

❶ DatePickerDialog

```
DatePickerDialog(Context  context,  DatePickerDialog.OnDateSetListener  callBack,  int  year,  int
monthOfYear, int dayOfMonth)
```

*생성자를 이용해서 DatePickerDialog를 생성할 때 콜백 메소드를 지정하여 다이얼로그 창에서 날짜 구성 값을 변경할 때 동작을 처리한다.
*DatePickerDialog.OnDateSetListener에는 onDateSet(DatePicker view, int year, int monthOfYear, int dayOfMonth) 메소드가 정의되어 있다. 해당 메소드에는 다이얼로그 창에서 변경한 연도, 월, 날짜 값이 파라미터로 전송된다.

❷ TimePickerDialog
초기화는 다음과 같이 생성자를 이용해서 처리할 수 있다.

```
TimePickerDialog(Context context, TimePickerDialog.OnTimeSetListener callBack, int hourOfDay, int
minute, boolean is24HourView)
```

*생성자에서 is24HourView 값은 시간을 24시간 단위로 시간으로 설정할 것인지의 옵션이다.

레이아웃 관련 위젯

본 장에서는 위젯들을 포함하는 컨테이너 역할을 하는 레이아웃 관련 위젯에 대해서 살펴본다. 레이아웃 관련 위젯들은 단순히 Button이나 TextView, CheckBox와 같은 일반 위젯을 담는 기능만 제공하는 것이 아니라 AbsoluteLayout, RelativeLayout, TableLayout 등 레이아웃의 종류에 따라서 위젯을 배치하는 방법을 다양하게 제공한다. 각 레이아웃의 배치 방법을 살펴보고 해당 레이아웃 위젯을 적용해서 각종 위젯들을 배치해 보겠다.

1 AbsoluteLayout

1. AbsoluteLayout의 상속 구조

```
public class

AbsoluteLayout

extends ViewGroup

java.lang.Object
  ↳ android.view.View
      ↳ android.view.ViewGroup
          ↳ android.widget.AbsoluteLayout
```

AbsoluteLayout의 위젯 배치 방법은 화면의 좌상단을 기준으로 X 좌표와 Y 좌표값을 지정하여 배치하는 것이다.

하지만 안드로이드는 실 장비에 따라서 화면 크기가 상이하므로 절대 좌표를 사용해서 위젯을 배치하면 장비의 크기에 따라서 전체 화면상의 위치 비율이 다르게 배치된다. 따라서 AbsoluteLayout의 사용 빈도는 그리 높지 않다.

2. AbsoluteLayout에서 자주 사용되는 속성들

- android:layout_x - 해당 위젯이 표시될 x 좌표 값
- android:layout_y - 해당 위젯이 표시될 y 좌표 값

3. AbsoluteLayout 예제 실행을 위해 필요한 파일들

• **main.xml 파일**

```
Chapter06\La_Absolute\res\Layout\layout\main.xml
```

```xml
1   <?xml version="1.0" encoding="utf-8"?>
2   <AbsoluteLayout xmlns:android="http://schemas.android.com/apk/res/android"
3       android:layout_width="fill_parent"
4       android:layout_height="fill_parent"
5       >
6       <TextView
7           android:textColor="#000000"
8           android:layout_x="0px"
9           android:layout_y="0px"
10          android:background="#0000FF"
11          android:layout_width="100px"
12          android:layout_height="100px"
13          android:text="x=0,y=0" />
14      <TextView
15          android:textColor="#000000"
16          android:layout_x="100px"
17          android:layout_y="100px"
18          android:background="#FF0000"
19          android:layout_width="100px"
20          android:layout_height="100px"
21          android:text="x=100,y=100" />
22
23      <TextView
24          android:textColor="#000000"
25          android:layout_x="200px"
26          android:layout_y="200px"
27          android:background="#00FF00"
28          android:layout_width="100px"
29          android:layout_height="100px"
30          android:text="x=200,y=200" />
31  </AbsoluteLayout>
```

2	레이아웃 종류를 AbsoluteLayout으로 지정하였다.
7	TextView 텍스트 색상을 검정색으로 지정하였다.
8	출력될 위젯(TextView)의 X 좌표를 지정하였다.
9	출력할 위젯(TextView)의 Y 좌표를 지정하였다.
10	출력할 위젯(TextView)의 배경색을 지정하는 부분이다.
14~	첫 번째 TextView에서 좌표값과 배경색을 변경하면서 반복되는 부분이다.

• La_AbsoluteLayoutActivity.java 파일

● Chapter06\La_AbsoluteLayout\src\com\jung\La_AbsoluteLayoutActivity.java

```java
1   package com.jung;
2   import android.app.Activity;
3   import android.os.Bundle;
4   public class La_AbsoluteLayoutActivity extends Activity {
5       /** Called when the activity is first created. */
6       @Override
7       public void onCreate(Bundle savedInstanceState) {
8           super.onCreate(savedInstanceState);
9           setContentView(R.layout.main);
10      }
11  }
```

특별히 추가된 내용이 없으므로 코드 설명은 생략한다.

4. AbsoluteLayout 예제 실행

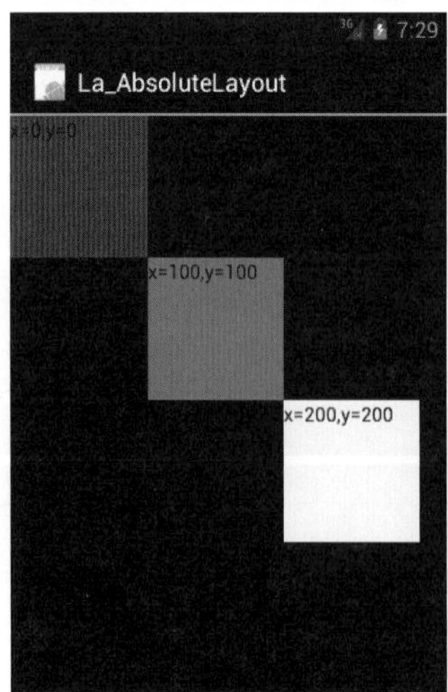

1. LinearLayout의 상속 구조

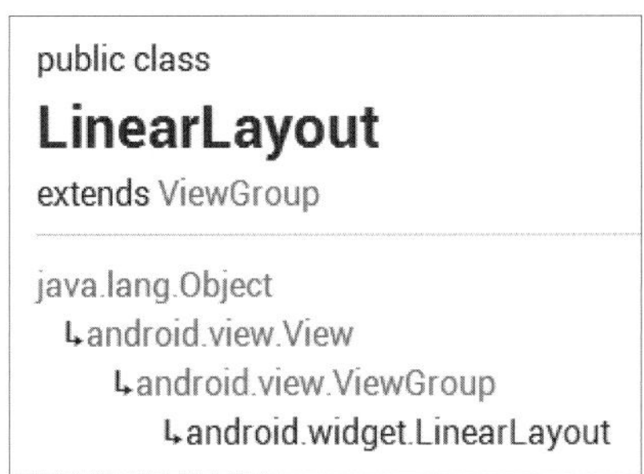

LinearLayout의 구성 예를 보면 다음과 같이 0번 LinearLayout 안에 1번, 2번, 3번 LinearLayout을 중복 배치하여 원하는 형태의 배치를 할 수 있다.

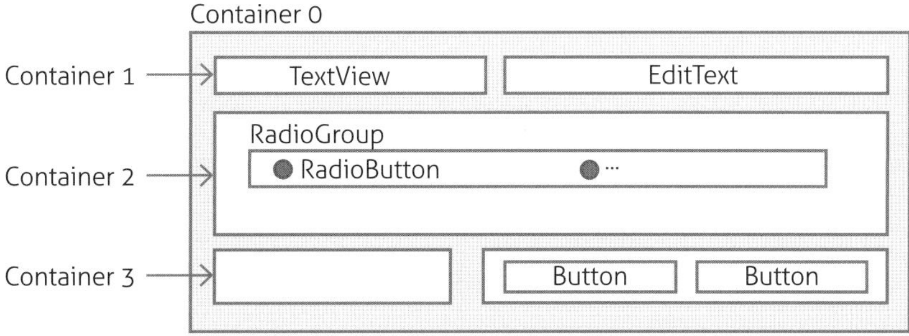

2. LinearLayout에서 자주 사용되는 속성과 메소드들

❶ **LinearLayout 내 Child의 수평/수직 정렬 : orientation**
- android:orientation 속성을 "horizontal" (수평) 또는 "vertical" (수직) 지정
- Java 코드 : LinearLayout 인스턴스.setOrientation(LinearLayout.HORIZONTAL 또는 LinearLayout.VERTICAL)

❷ **컨테이너와 컨테이너 내 Child의 크기를 설정하는 속성들**
크기를 지정하는 하단 속성들은 모든 위젯에서 사용 가능한 속성들이다.
- layout_width, layout_height
- android:layout_width (가로 크기)
- android:layout_height (세로 크기)
- 상수 + 단위 : 위젯의 크기를 직접 지정 또는 wrap_content / fill_parent / match_parent로 설정

❸ 컨테이너 내부에서 child끼리의 크기 비율을 지정하는 layout_weight

Child 중 android:layout_width/height 속성이 "fill_parent"로 지정된 것들만 weight 속성이 정상적으로 적용된다는 점에 주의한다.

그림처럼 A 위젯의 비중 값이 2.0으로 설정되어 있고, B 위젯의 비중값이 1.0으로 설정되어 있으면, 전체 width를 3.0으로 판단하고 A 위젯의 폭을 전체 폭에서 2/3 만큼 설정하고, B 위젯의 폭을 전체 폭 중 1/3 만큼의 비중으로 배치한다.

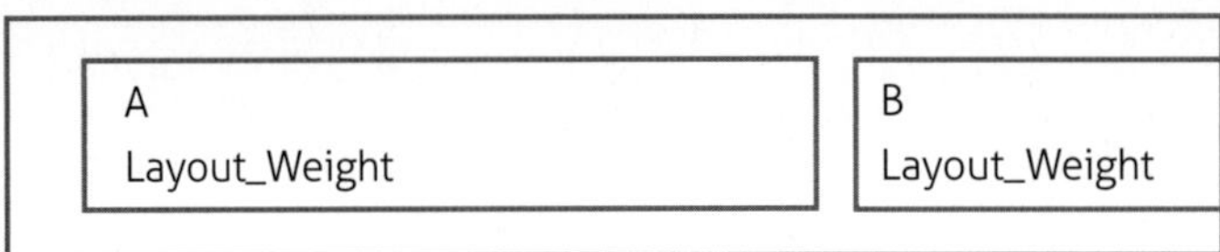

❹ Gravity

• **android:gravity**

해당 레이아웃 위젯에 포함되어 있는 각 위젯들의 정렬 방식이다. A LinearLayout 위젯 엘리먼트의 속성 값으로 android:gravity 값이 center로 지정되어 있으면, 해당 LinearLayout 안에 있는 각 위젯(하단 그림에서 B)들을 가운데에 정렬하여 배치하게 된다.

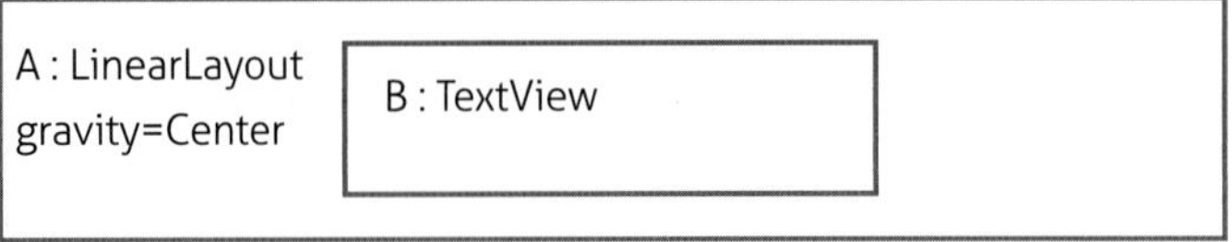

• **android:layout_gravity**

gravity 속성 앞에 layout이 붙어 있으면 해당 위젯이 포함되어 있는 레이아웃 위젯의 정렬 방식을 의미한다. 만약, A LinearLayout 안에 B LinearLayout 이 포함되어 있고 B LinearyLayout 의 layout_gravity 속성 값을 center로 지정하면 A LinearLayout의 정렬 방식이 center가 되는 것이다.

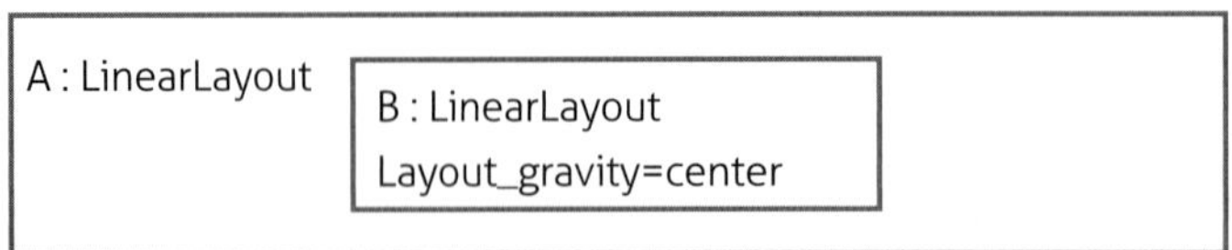

❺ Padding

padding 속성 값은 위젯의 테두리와 내용간의 간격을 의미한다. 모든 뷰에서 제공되는 속성이다.

• android:padding : 상하좌우 여백에 대해 모두 같은 padding값을 설정한다.

• android:paddingTop(Bottom/Left/Right)을 이용해서 각 위치의 패딩 값을 별도로 설정할 수도 있다.

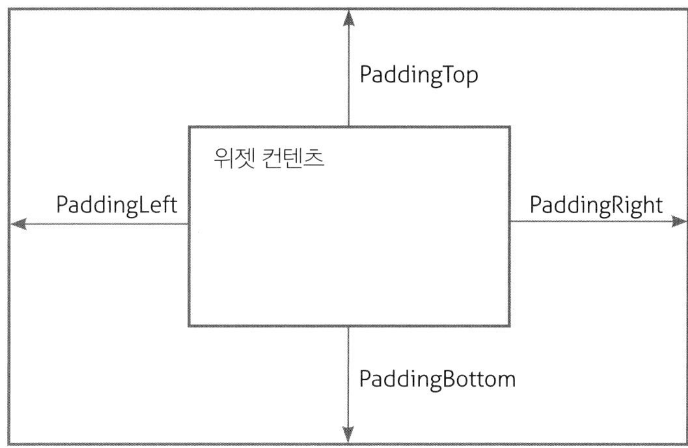

❻ 자바 코드에서의 속성 값 설정

• setOrientation(int) : LinearLayout.HORIZONTAL / LinearLayout.VERTICAL

• setGravity(int) : Gravity.LEFT / Gravity.CENTER / Gravity.RIGHT

• setPadding(int, int, int, int) : left, top, right, bottom 순 (left부터 시계 방향)

3. LinearLayout 예제 실행에 필요한 파일들

• **main.xml 파일**

```
● Chapter06\La_LinearLayout\res\layout\main.xml
1   <?xml version="1.0" encoding="utf-8"?>
2   <LinearLayout xmlns:android="http://schemas.android.com/apk/res/android"
3       android:orientation="vertical"
4       android:layout_width="fill_parent"
5       android:layout_height="fill_parent"
6       android:gravity="center"
7       >
8   <TextView android:text="기능수행결과"
9       android:id="@+id/result"
10      android:layout_width="fill_parent"
11      android:layout_height="wrap_content"
12      />
```

```xml
13  <LinearLayout
14      android:orientation="horizontal"
15      android:layout_width="fill_parent"
16      android:layout_height="wrap_content"
17      >
18      <TextView android:text="계좌명"
19      android:layout_width="wrap_content"
20      android:layout_height="wrap_content"
21      />
22      <EditText
23      android:id="@+id/edName"
24      android:layout_width="wrap_content"
25      android:layout_height="wrap_content"
26      android:hint="계좌명 입력 하세요"/>
27      <Button
28      android:text="계좌생성"
29      android:layout_width="wrap_content"
30      android:layout_height="wrap_content"
31      android:id="@+id/create"/>
32
33  </LinearLayout>
34  <LinearLayout
35      android:orientation="horizontal"
36      android:layout_width="fill_parent"
37      android:layout_height="wrap_content"
38      >
39      <TextView android:text="입금액"
40      android:layout_width="wrap_content"
41      android:layout_height="wrap_content"
42      />
43      <EditText
44      android:id="@+id/edDeposit"
45      android:layout_width="wrap_content"
46      android:layout_height="wrap_content"
47      android:hint="입금액을 입력해 주세요"/>
48      <Button
49      android:text="입금"
50      android:layout_width="wrap_content"
51      android:layout_height="wrap_content"
52      android:id="@+id/deposit"/>
53
54  </LinearLayout>
55  <LinearLayout
56      android:orientation="horizontal"
```

```xml
57          android:layout_width="fill_parent"
58          android:layout_height="wrap_content"
59          >
60          <TextView android:text="출금액"
61          android:layout_width="wrap_content"
62          android:layout_height="wrap_content"
63          android:textColor="#000000"/>
64          <EditText
65          android:id="@+id/edWithdraw"
66          android:layout_width="wrap_content"
67          android:layout_height="wrap_content"
68          android:hint="출금액을 입력해 주세요"/>
69          <Button
70          android:text="출금"
71          android:layout_width="wrap_content"
72          android:layout_height="wrap_content"
73          android:id="@+id/withdraw"/>
74
75  </LinearLayout>
76  <LinearLayout
77          android:orientation="horizontal"
78          android:layout_width="fill_parent"
79          android:layout_height="wrap_content"
80          android:gravity="center"
81          >
82          <TextView android:text="잔액 조회"
83          android:layout_width="wrap_content"
84          android:layout_height="wrap_content"
85          android:padding="20px"
86      />
87          <TextView
88          android:id="@+id/txtConfirm"
89          android:layout_width="wrap_content"
90          android:layout_height="wrap_content"
91          android:text="잔액이 출력됩니다."
92          />
93          <Button
94          android:text="잔액조회"
95          android:layout_width="wrap_content"
96          android:layout_height="wrap_content"
97          android:id="@+id/confirm"/>
98  </LinearLayout>
99  </LinearLayout>
```

6	해당 LinearLayout 안에 포함하고 있는 위젯들을 위, 아래, 좌우로 가운데 정렬하기 위한 속성 설정 부분이다.
8	특정 기능 즉, 계좌 생성이나 입금, 출금 등의 작업을 수행하고 수행 결과 즉, 계좌 생성 성공이나 실패 같은 메시지를 출력할 TextView 위젯을 정의한 부분이다.
13	바깥 LinearLayout 안에 위젯들을 수평으로 배치하기 위해 안쪽 LinearLayout을 하나 더 추가하는 부분이다.
14	안쪽 LinearLayout의 orientation 속성을 horizontal로 지정하여 안쪽 LinearyLayout에 속해 있는 위젯들을 수평으로 배치되게 처리하는 부분이다.
16	해당 LinearLayout 아래에 다시 LinearLayout을 세 개 더 배치해야 하므로 layout_width 속성 값을 wrap_content로 지정하였다. 만약 layout_height 값을 fill_parent 값으로 지정하게 되면 수직 공간의 나머지 전부를 차지하기 때문에 하단에 추가하는 LinearLayout 세 개 영역이 보이지 않게 된다.
18	안쪽 LinearLayout의 가장 좌측 부분에 TextView를 배치하는 부분이다.
22	계좌명을 입력할 수 있는 EditText 위젯을 정의하는 부분이다.
26	EidtText 위젯에 hint 속성 값을 지정하여 입력할 데이터의 힌트 문자열을 지정하는 부분이다. 해당 위젯의 width 속성값을 wrap_conent로 지정하고 hint 문자열을 지정하게 되면 해당 위젯의 width가 해당 힌트 문자열을 표현할 수 있는 크기로 확보된다.
27	계좌 생성 요청을 처리하는 버튼을 정의한 부분이다.
33~	나머지 부분은 27라인까지 설명한 내용과 같은 방법으로 LinearLayout 세 개를 더 추가하는 부분이므로 설명을 생략한다.

• La_LinearLayoutActivity.java 파일

● Chapter06\La_LinearLayout\src\com\jung\La_LinearLayoutActivity.java

```java
package com.jung;
import android.app.Activity;
import android.os.Bundle;
public class La_LinearLayoutActivity extends Activity {
    /** Called when the activity is first created. */
    @Override
    public void onCreate(Bundle savedInstanceState) {
        super.onCreate(savedInstanceState);
        setContentView(R.layout.main);
    }
}
```

특별히 추가된 내용이 없으므로 코드 설명은 생략한다.

4. LinearLayout 예제 실행

본 예제는 간단한 계좌 관리 시스템을 생성해서 계좌 생성, 입금, 출금, 잔고 확인 기능을 수행하는 예제에서 레이아웃 부분만 LinearLayout으로 정의한 것이다. (기능 부분은 계좌 관리 예제 부분에서 소개하도록 하겠다.)

해당 La_LinearLayout 프로젝트를 실행하면 다음 그림과 같은 결과가 출력된다.

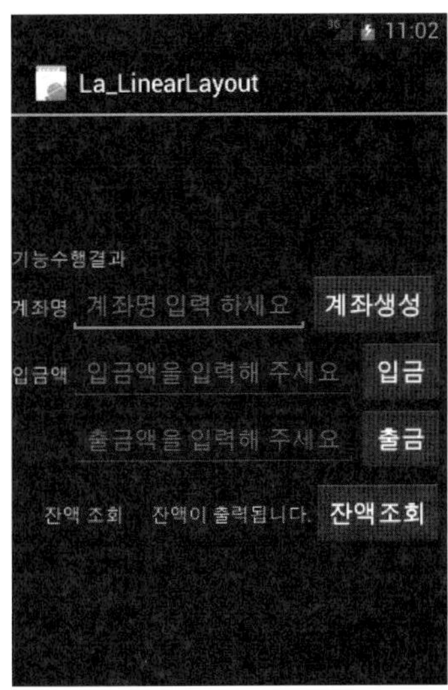

3 RelativeLayout

1. RelativeLayout의 상속 구조

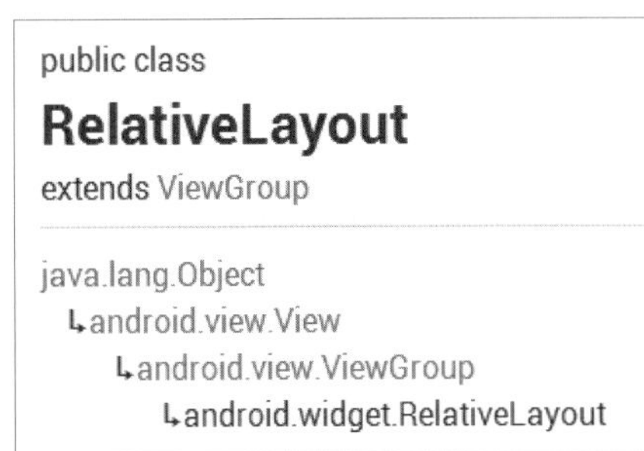

RelativeLayout은 자신을 포함하고 있는 컨테이너나 다른 위젯을 기준으로 위젯을 배치하는 레이아웃 방식을 제공한다. 컨테이너나 다른 위젯을 기준으로 해당 위젯을 배치하기 위해 여러 가지 속성을 제공하고 있다.

2. RelativeLayout에서 자주 사용되는 속성과 메소드들

❶ 자신을 포함한 컨테이너를 기준으로 해당 위젯을 배치하는 속성들

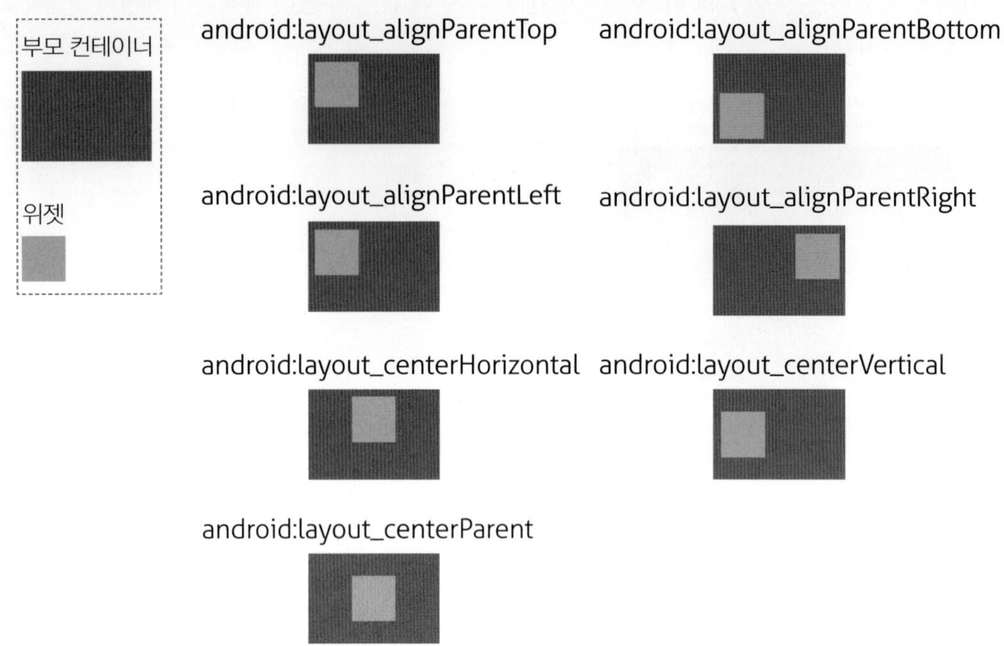

❷ 다른 위젯을 기준으로 해당 위젯을 배치하는 속성들

속성 값을 지정할 때는 기준이 되는 위젯의 **id** 속성 값을 지정하면 된다. 만약 A 위젯을 B 위젯의 좌측에 배치하고 싶다면 다음과 같이 속성 값을 지정한다.

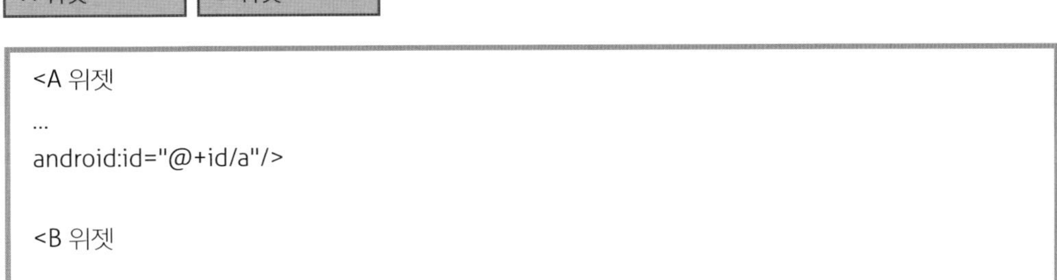


```
<A 위젯
...
android:id="@+id/a"/>


<B 위젯
...
android:layout_toLeftOf="@id/a"/>
```

3. RelativeLayout 예제 실행에 필요한 파일들

- **main.xml 파일**

```
● Chapter06\La_RelativeLayout\res\layout\main.xml
```

```xml
1   <?xml version="1.0" encoding="utf-8"?>
2   <RelativeLayout xmlns:android="http://schemas.android.com/apk/res/android"
3       android:layout_width="fill_parent"
4       android:layout_height="fill_parent"
5       android:orientation="vertical" >
6
7       <ImageView
8           android:id="@+id/image"
9           android:src="@drawable/original"
10          android:layout_width="40px"
11          android:layout_height="40px"
12          />
13      <TextView android:id="@+id/label"
14          android:paddingTop="10dp"
15          android:text="사원이름 및 건의할 사항"
16          android:layout_width="wrap_content"
17          android:layout_height="wrap_content"
18          android:layout_toRightOf="@id/image"
19          android:layout_alignBaseline="@id/image"/>
```

```xml
20        <EditText android:id="@+id/name"
21            android:layout_width="fill_parent"
22            android:layout_height="wrap_content"
23            android:layout_toRightOf="@id/label"
24            android:layout_alignBaseline="@id/label"/>
25        <Button android:id="@+id/btn1"
26            android:layout_width="wrap_content"
27            android:layout_height="wrap_content"
28            android:layout_below="@id/name"
29            android:layout_alignRight="@id/name"
30            android:text="취소"/>
31        <Button android:id="@+id/btn2"
32            android:layout_width="wrap_content"
33            android:layout_height="wrap_content"
34            android:layout_toLeftOf="@id/btn1"
35            android:layout_alignBaseline="@id/btn1"
36            android:text="등록"/>
37
38    </RelativeLayout>
```

코드 분석

2	레이아웃 위젯을 RelativeLayout으로 설정하였다.
7	ImageView를 정의하는 부분. id 속성 값을 image로 지정하여 다른 위젯에서 해당 위젯을 기준으로 배치할 때 해당 위젯을 id 속성 값으로 지정할 수 있도록 하였다.
14	TextView의 높이 값이 ImageView나 EditText보다 작기 때문에 baseline에 위젯을 정렬하면 글씨가 위로 올라간다. 따라서 paddingTop 속성 값을 지정하여 TextView의 문자열이 가운데에 배치되게 설정하였다.
18	TextView를 ImageView의 오른쪽에 배치하는 부분이다. ImageView를 지정하기 위해 id 속성 값을 이용하고 있다.
19	TextView 위젯을 ImageView 위젯의 baseline에 정렬하는 속성 설정 부분이다.
20~24	EditText 위젯을 TextView 위젯의 오른쪽에 배치하고 TextView의 baseline에 정렬하는 부분이다.
25~30	취소 버튼을 EditText의 아래 오른쪽에 정렬하는 부분이다.
31~36	등록 버튼을 취소 버튼의 왼쪽에 배치하고 취소 버튼의 baseline에 정렬하는 부분이다.

- **La_RelativeLayoutActivity.java 파일**


```java
1   package com.jung;
2
3   import android.app.Activity;
4   import android.os.Bundle;
5
6   public class La_RelativeLaoutActivity extends Activity {
7       /** Called when the activity is first created. */
8       @Override
9       public void onCreate(Bundle savedInstanceState) {
10          super.onCreate(savedInstanceState);
11          setContentView(R.layout.main);
12      }
13  }
```

특별히 추가된 내용이 없으므로 코드 설명은 생략한다.

4. RelativeLayout 예제 실행

La_RelativeLayout 프로젝트를 실행하면 다음과 같은 화면이 출력된다. 사원의 건의사항을 수집하
는 화면을 간단히 만들었다.

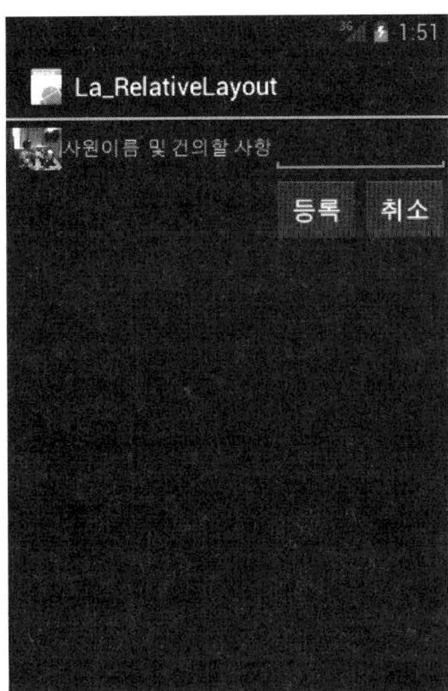

1. TableLayout의 상속 구조

```
public class
TableLayout
extends LinearLayout

java.lang.Object
  ↳android.view.View
    ↳android.view.ViewGroup
      ↳android.widget.LinearLayout
        ↳android.widget.TableLayout
```

TableLayout에 의한 배치 방식은 HTML에서 사용되는 table 태그와 유사한 방식으로 위젯들을 배치한다.

TableLayout은 TableRow와 함께 사용된다. TableLayout 엘리먼트는 전체적인 테이블 구성을 설정하고, TableRow는 테이블 안에 행 하나를 생성하는 데 사용된다.

<레이아웃 리소스>

```
<TableLayout>
<TableRow>
  <A Widget/>
  <B Widget />
</TableRow>
<TableRow>
  <C Widget/>
  <D Widget/>
  <E Widget/>
</TableRow>
</TableLayout>
```

레이아웃 리소스 파일에 상단과 같은 내용이 정의되어 있다면 출력되는 화면은 다음과 같이 구성된다.

0번 컬럼	1번 컬럼	2번 컬럼
0번 컬럼	1번 컬럼	2번 컬럼

생성되는 컬럼의 인덱스 번호는 0번부터 시작된다. 그리고 각 행마다 포함한 컬럼의 개수가 다르면 개수가 가장 많은 행에 의해서 컬럼의 개수가 결정된다. 즉, 첫 번째 행의 컬럼 개수가 2개여도 두 번째 행의 컬럼 개수가 3개이면 모든 행의 컬럼 개수는 3개로 결정된다.

만약 TableRow에 존재하지 않는 View를 사용하게 되면 orientation 방식이 vertical 방식으로 설정되어 있는 LinearLayout 배치 방식으로 배치되면 layout_width 속성 값은 fill_parenet로 인식된다. 따라서 주로 구분선을 그려줄 때 사용된다.

만약 레이아웃 리소스 파일이 다음과 같이 작성되어 있다면

```
<TableLayout>
<TableRow>
   <A Widget/>
   <B Widget />
   <C Widget />
</TableRow>
<View android:layout_height="4px" bgcolor="#FF00000"/>
<TableRow>
   <D Widget/>
   <E Widget/>
   <F Widget/>
</TableRow>
</TableLayout>
```

출력 결과는 다음과 같다.

A	B	C

D	E	F

2. TableLayout에서 자주 사용되는 속성과 메소드들

❶ 셀의 너비 줄이기(android:shrinkColumns)

표현하는 문자 너비가 위젯의 view 너비보다 커서 하나의 라인에 정상적으로 표현할 수 없게 되면 자동으로 줄을 바꾼다.

```
android:shrinkColumns="줄이고자 하는 column 번호(0-based) or *"
```

*복수의 column은 쉼표 (,)로 구분
*전체 column을 줄이려면 아스테리스크(*)를 사용

Java 코드상에서 shrink 옵션을 적용하기 위해 사용하는 메소드는 다음과 같다.

- void setColumnShrinkable(int columnIndex, boolean isShrinkable) : 특정 인덱스에 해당하는 컬럼을 shrink할 것인지 아닐 것인지를 지정하는 메소드

• void   setShrinkAllColumns(boolean shrinkAllColumns) : 모든 컬럼에 대해서 shrink 옵션을 적용
할지 해제할지를 설정하는 메소드

❷ 셀 숨기기

TableLayout의 속성이며 1~n개의 column에 적용 가능하다.

> android:collapseColumns=" 숨기고자 하는 column 번호(0-based) 또는 *"

*복수의 column은 쉼표 (,) 로 구분
*전체 column을 숨기려면 아스테리스크(*)를 사용
*자바 코드에서는 void setColumnCollapsed(int columnIndex, boolean isCollapsed) 메소드를 사용

❸ 셀 합치기

일정한 개수의 셀을 합치려면 다음과 같은 속성을 사용한다.

> android:layout_span="차지하려는 Column 수"

*만약 android:layout_span = "2" 로 지정하면 현재의 셀과 우측에 있는 다음 셀을 합쳐준다.

❹ 셀 늘리기

TableLayout 컨테이너에 배치된 위젯의 넓이는 그 위젯이 속한 컬럼에서 가장 넓은 위젯의 크기를 따
른다. 일정한 위젯의 크기가 자신의 컬럼의 크기보다 작을 때 강제로 해당 위젯의 크기를 늘려서 채우는
속성은 다음과 같다.

> android:stretchColumns="늘리려는 column 번호(0-based) 또는 *"

Java 코드상에서 셀을 늘리는 역할을 하는 메소드는 다음과 같다.

• void   setColumnStretchable(int columnIndex, boolean isStretchable) : 특정 컬럼에 stretch 속성 값
  을 설정할지 해제할지를 지정하는 메소드
• void   setStretchAllColumns(boolean stretchAllColumns) : TableLayout 에 속해 있는 모든 컬럼에
  stretch 속성 값을 설정할지 해제할지를 설정하는 메소드

3. TableLayout 예제 실행에 필요한 파일들

❶ La_TableLayout_shrink 프로젝트

• main.xml 파일

	Chapter06\La_TableLayout_shrink\res\layout\main.xml

```
1   <?xml version="1.0" encoding="utf-8"?>
2   <TableLayout xmlns:android="http://schemas.android.com/apk/res/android"
3       android:layout_width="200px"
4       android:layout_height="fill_parent"
5       android:shrinkColumns="1"
6       >
7       <TableRow>
8           <EditText
9               android:text="" />
10          <EditText
11              android:text="" />
12      </TableRow>
13  </TableLayout>
```

코드 분석

3	shrink되는 기능을 확인하기 위해서 전체 TableLayout의 영역을 200px로 설정하였다.
5	1번 인덱스의 컬럼 즉, 두 번째 TextView가 출력되는 컬럼에 shrink 속성을 설정하였다.
7~12	TableRow 안에 TextView 2개를 배치하였다.

• La_TableLayout_shrinkActivity.java 파일

	Chapter06\La_TableLayout_shrink\src\com\jung\La_TableLayout_shrinkActivity.java

```
1   package com.jung;
2   import android.app.Activity;
3   import android.os.Bundle;
4   public class La_TableLayout_shrinkActivity extends Activity {
5       /** Called when the activity is first created. */
6       @Override
7       public void onCreate(Bundle savedInstanceState) {
8           super.onCreate(savedInstanceState);
9           setContentView(R.layout.main);
10      }
11  }
```

특별히 추가된 내용이 없으므로 코드 설명은 생략한다.

❷ La_TableLayout 프로젝트

• Main.xml 파일

⦿ Chapter06\La_TableLayout\res\layout\main.xml

```xml
1   <?xml version="1.0" encoding="utf-8"?>
2   <TableLayout xmlns:android="http://schemas.android.com/apk/res/android"
3       android:layout_width="fill_parent"
4       android:layout_height="fill_parent"
5       android:stretchColumns="2" >
6   <TableRow>
7       <ImageView
8           android:src="@drawable/original"
9           android:layout_width="40px"
10          android:layout_height="40px"
11          />
12      <TextView
13          android:text="사원이름 및 건의할 사항"
14      />
15      <EditText android:layout_span="2"/>
16   </TableRow>
17   <TableRow>
18      <Button android:layout_column="2"
19          android:text="취소"/>
20      <Button
21          android:text="등록"/>
22   </TableRow>
23   </TableLayout>
```

코드 분석

5	15라인에 정의되어 있는 EditText, 즉 사원 이름이나 건의사항을 작성하는 부분을 확장시키는 부분이다.
7~11	ImageView 위젯을 이용하여 사진을 출력하는 부분이다.
12~14	TextView를 정의하는 부분이다.
15	layout_span 속성 값을 2로 지정하면서 나머지 셀 부분을 모두 합쳐서 EditText가 출력되는 영역이 TableLayout의 나머지 영역을 모두 차지하게 설정하는 부분이다.
18	Layout_column 속성 값을 2로 지정하여 취소 버튼이 세 번째 셀부터 출력되게 하는 부분이다. 컬럼 인덱스 값은 0부터 시작하기 때문에 2번 컬럼 값은 세 번째 컬럼이 된다.
20~21	취소 버튼 뒤에 등록 버튼을 출력하는 부분이다.

• La_TableLayoutActivity.java 파일


```java
1    package com.jung;
2    import android.app.Activity;
3    import android.os.Bundle;
4    public class La_TableLayoutActivity extends Activity {
5        /** Called when the activity is first created. */
6        @Override
7        public void onCreate(Bundle savedInstanceState) {
8            super.onCreate(savedInstanceState);
9            setContentView(R.layout.main);
10       }
11   }
```

특별히 추가된 내용이 없으므로 코드 설명은 생략한다.

4. TableLayout 예제 실행

❶ La_TableLayout_shrink 프로젝트 실행하기

실행 결과를 보면 두 번째 EditText 부분에는 shrink 속성이 적용되어
있으므로 많은 단어를 입력하면 개행되는 것을 확인할 수 있다.

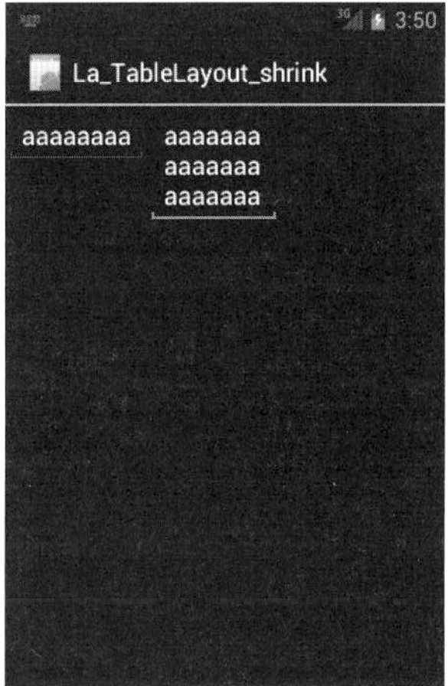

❷ La_TableLayout 프로젝트 실행하기

TableLayout의 출력 결과를 보면 TableLayout에는 ImageView,
TextView, Button 두 개 총 4개 컬럼으로 이루어진 것을 확인할 수 있
다. EditText 부분에 stretch 속성을 지정하였고 layout_span 속성 값도
2로 설정하였기 때문에 TextView 위의 나머지 영역을 모두 EditText의
폭으로 확보하는 것을 확인할 수 있다.

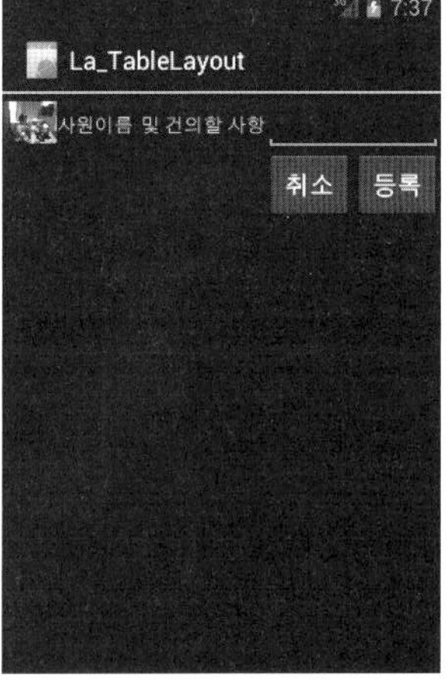

5 FrameLayout

1. FrameLayout의 상속 구조

```
public class
FrameLayout
extends ViewGroup

java.lang.Object
  ↳android.view.View
    ↳android.view.ViewGroup
      ↳android.widget.FrameLayout
```

FrameLayout은 컨테이너 안의 모든 위젯들을 화면의 좌상단에 배치하는 방법을 제공하는 레이아웃
위젯이다.

2. FrameLayout에서 자주 사용하는 속성과 메소드들

FrameLayout의 대부분의 속성과 메소드는 View 클래스와 ViewGroup 클래스에서 상속받는다. 특징
적인 속성과 메소드가 없으니 필요한 속성과 메소드는 안드로이드 개발자 사이트의 레퍼런스를 이용하
도록 하자.

3. FrameLayout 예제 실행에 필요한 파일들

• **main.xml 파일**

● Chapter06\La_FrameLayout\res\layout\main.xml

```
1   <?xml version="1.0" encoding="utf-8"?>
2   <LinearLayout xmlns:android="http://schemas.android.com/apk/res/android"
3       android:layout_width="fill_parent"
4       android:layout_height="fill_parent"
5       android:orientation="vertical" >
6
```

```xml
7      <LinearLayout
8          android:id="@+id/linearLayout1"
9          android:layout_width="match_parent"
10         android:layout_height="wrap_content" >
11
12         <Button
13             android:id="@+id/memReg"
14             android:layout_width="wrap_content"
15             android:layout_height="wrap_content"
16             android:textSize="15sp"
17             android:text="회원가입" >
18         </Button>
19
20         <Button
21             android:id="@+id/memEdit"
22             android:layout_width="wrap_content"
23             android:layout_height="wrap_content"
24             android:textSize="15sp"
25             android:text="회원정보수정" >
26         </Button>
27
28         <Button
29             android:id="@+id/memInfo"
30             android:layout_width="fill_parent"
31             android:layout_height="wrap_content"
32             android:textSize="15sp"
33             android:text="회원정보보기" >
34         </Button>
35     </LinearLayout>
36
37     <FrameLayout
38         android:id="@+id/frameLayout1"
39         android:layout_width="match_parent"
40         android:layout_height="match_parent" >
41
42         <LinearLayout
43             android:id="@+id/main"
44             android:layout_width="match_parent"
45             android:layout_height="match_parent"
46             android:orientation="vertical"
47             android:visibility="visible" >
```

```xml
48
49            <TextView
50                android:id="@+id/textView1"
51                android:layout_width="match_parent"
52                android:layout_height="match_parent"
53                android:background="#ff0000"
54                android:text="Main Page"
55                android:textColor="#000000"
56                android:textSize="25sp" >
57            </TextView>
58        </LinearLayout>
59
60        <LinearLayout
61            android:id="@+id/lMemReg"
62            android:layout_width="match_parent"
63            android:layout_height="match_parent"
64            android:orientation="vertical"
65            android:visibility="invisible" >
66
67            <TextView
68                android:id="@+id/textView1"
69                android:layout_width="match_parent"
70                android:layout_height="match_parent"
71                android:background="#ff0000"
72                android:text="회원가입"
73                android:textColor="#000000"
74                android:textSize="25sp" >
75            </TextView>
76        </LinearLayout>
77
78        <LinearLayout
79            android:id="@+id/lMemEdit"
80            android:layout_width="match_parent"
81            android:layout_height="match_parent"
82            android:orientation="vertical"
83            android:visibility="invisible" >
84
85            <TextView
86                android:id="@+id/textView1"
87                android:layout_width="match_parent"
88                android:layout_height="match_parent"
89                android:background="#00ff00"
```

```xml
90                    android:text="정보수정"
91                    android:textColor="#000000"
92                    android:textSize="25sp" >
93                </TextView>
94            </LinearLayout>
95
96            <LinearLayout
97                android:id="@+id/lMemInfo"
98                android:layout_width="match_parent"
99                android:layout_height="match_parent"
100               android:orientation="vertical"
101               android:visibility="invisible" >
102
103               <TextView
104                   android:id="@+id/textView1"
105                   android:layout_width="match_parent"
106                   android:layout_height="match_parent"
107                   android:background="#0000ff"
108                   android:text="회원정보보기"
109                   android:textColor="#000000"
110                   android:textSize="25sp" >
111               </TextView>
112           </LinearLayout>
113       </FrameLayout>
114
115  </LinearLayout>
```

코드 분석

main.xml에서는 최상단 라인에 명령을 받을 수 있는 버튼 세 개를 만들고 각 버튼을 클릭할 때마다 해당 버튼에서 처리하는 명령 종류에 따라서 FrameLayout에 해당하는 LinearLayout 화면을 화면에 출력하기 위해서 버튼 라인 아래에 배치되는 FrameLayout 영역에 각각의 LinearLayout을 배치한다.

7	상단 명령을 처리하는 버튼을 배치하는 LinearLayout을 정의하는 부분이다. 해당 LinearLayout의 orientation 속성은 지정하지 않았기 때문에 orientation 속성에 기본값으로 적용되는 수평 방식이 적용되게 된다.
12~34	상단 LinearLayout 영역에 수평으로 배치되어 명령을 처리할 회원가입, 회원정보수정, 회원정보보기 버튼을 정의하는 부분이다.
37	버튼이 정의되어 있는 LinearLayout 하단에 FrameLayout을 정의한다.
39~40	FrameLayout 영역을 LinearLayout 하단 공간 전체에 채우기 위해서 width 속성과 height 속성을 match_parent로 지정한 부분이다.
42~58	처음 프로젝트를 실행했을 때 화면에 보일 LinearLayout 영역을 정의하는 부분이다.

47	visibility 속성 값을 true로 설정하여 프로젝트가 처음 실행될 때 해당 LinearLayout 영역이 화면에 보이게 하는 부분이다. sp 단위는 글자의 크기를 지정할 때 사용하도록 안드로이드에서 권장되는 단위이다. sp 단위는 절대적인 크기의 단위가 아니고 글꼴까지 고려한 상대적인 단위이다.
60~76	회원가입 버튼을 클릭했을 때 화면에 보여질 LinearLayout 영역을 정의하는 부분이다. 이 부분은 처음 출력될 때 화면에 보이지 않아야 하므로 visibility 속성값을 invisible로 지정한다.
78~94	회원정보수정 버튼을 클릭했을 때 화면에 보여질 LinearLayout 영역을 정의하는 부분이다. 이 부분은 처음 출력될 때 화면에 보이지 않아야 하므로 visibility 속성값을 invisible로 지정한다.
96~112	회원정보보기 버튼을 클릭했을 때 화면에 보여질 LinearLayout 영역을 정의하는 부분이다. 이 부분은 처음 출력될 때 화면에 보이지 않아야 하므로 visibility 속성값을 invisible로 지정한다.

• La_FrameLayoutActivity.java 파일

● Chapter06\La_FrameLayout\src\com\jung\La_FrameLayoutActivity.java

```java
1   package com.jung;
2   import android.app.Activity;
3   import android.os.Bundle;
4   import android.view.View;
5   import android.widget.Button;
6   import android.widget.LinearLayout;
7   public class La_FrameLayoutActivity extends Activity implements
8       View.OnClickListener{
9       /** Called when the activity is first created. */
10      Button bEdit;
11      Button bReg;
12      Button bInfo;
13      LinearLayout lEdit;
14      LinearLayout lReg;
15      LinearLayout lInfo;
16      LinearLayout main;
17      @Override
18      public void onCreate(Bundle savedInstanceState) {
19          super.onCreate(savedInstanceState);
20          setContentView(R.layout.main);
21          bEdit = (Button)findViewById(R.id.memEdit);
22          bReg = (Button)findViewById(R.id.memReg);
23          bInfo = (Button)findViewById(R.id.memInfo);
24
25          lEdit = (LinearLayout)findViewById(R.id.lMemEdit);
26          lReg = (LinearLayout)findViewById(R.id.lMemReg);
27          lInfo = (LinearLayout)findViewById(R.id.lMemInfo);
28          main = (LinearLayout)findViewById(R.id.main);
29
```

```
30              bEdit.setOnClickListener(this);
31              bReg.setOnClickListener(this);
32              bInfo.setOnClickListener(this);
33        }
34      public void onClick(View v) {
35          // TODO Auto-generated method stub
36          if(v.getId()==R.id.memEdit){
37          lInfo.setVisibility(View.INVISIBLE);
38          lReg.setVisibility(View.INVISIBLE);
39          main.setVisibility(View.INVISIBLE);
40          lEdit.setVisibility(View.VISIBLE);
41          }
42          if(v.getId()==R.id.memReg){
43          lInfo.setVisibility(View.INVISIBLE);
44          lReg.setVisibility(View.VISIBLE);
45          main.setVisibility(View.INVISIBLE);
46          lEdit.setVisibility(View.INVISIBLE);
47          }
48          if(v.getId()==R.id.memInfo){
49          lInfo.setVisibility(View.VISIBLE);
50          lReg.setVisibility(View.INVISIBLE);
51          main.setVisibility(View.INVISIBLE);
52          lEdit.setVisibility(View.INVISIBLE);
53          }
54        }
55  }
```

코드 분석

10·~16 코드에서 사용될 main.xml에 정의된 Button과 LinearLayout을 참조할 레퍼런스 변수를 정의하는 부분이다.

21~28 LinearLayout과 Button 객체를 생성하는 부분이다.

30~32 각 버튼 객체에 setOnClickListener 메소드에 의해서 리스너 객체를 연결하는 부분이다. View.OnClickListener 인터페이스를 해당 액티비티 자체에서 구현하고 있으므로 리스너 객체를 this를 사용하여 자기 자신 객체로 지정하고 있다.

34 버튼을 클릭했을 때 클릭 요청을 처리할 onClick 메소드를 정의하는 부분이다.

36~41 회원정보수정 버튼이 눌려졌을 경우 회원정보수정 리니어 레이아웃 객체(lEdit)의 Visibility 속성 값만 View.VISIBLE로 지정하고 나머지 리니어 레이아웃 객체의 Visibiliy 속성 값은 View.INVISIBLE로 설정하여 회원정보 수정 영역만 보이게 하는 부분이다.

42~47 회원가입 버튼이 눌려졌을 경우 회원가입 리니어 레이아웃 객체(lReg)의 Visibility 속성 값만 View.VISIBLE로 지정하고 나머지 리니어 레이아웃 객체의 Visibiliy 속성 값은 View.INVISIBLE로 설정하여 회원가입 영역만 보여지게 하는 부분이다.

48~53 회원정보보기 버튼이 눌려졌을 경우 회원정보보기 리니어 레이아웃 객체(lInfo)의 Visibility 속성 값만 View.VISIBLE로 지정하고 나머지 리니어 레이아웃 객체의 Visibiliy 속성 값은 View.INVISIBLE로 설정하여 회원정보보기 영역만 보여지게 하는 부분이다.

4. FrameLayout 예제 실행

La_FrameLayout 프로젝트를 실행하면 다음과 같은 화면이 출력된다. [회원가입] 버튼을 클릭해본다.

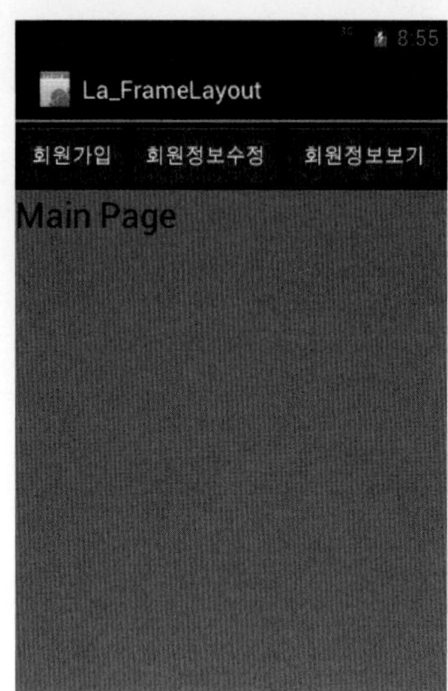

다음과 같은 화면이 출력된다. 이번에는 [회원정보수정] 버튼을 클릭해본다.

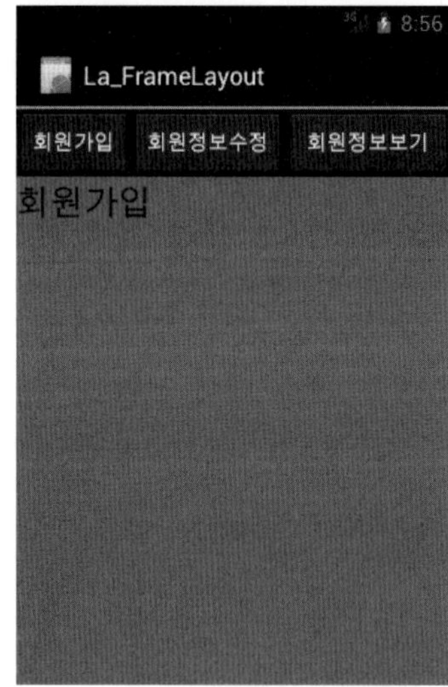

다음과 같은 화면이 출력된다. 다시 [회원정보보기] 버튼을 클릭하면 오른쪽 그림과 같은 화면이 출력된다.

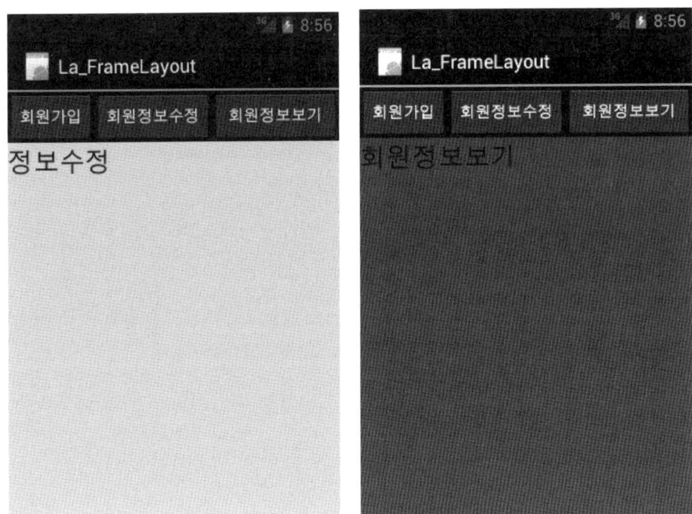

6 SlidingDrawer

1. SlidingDrawer의 상속 구조

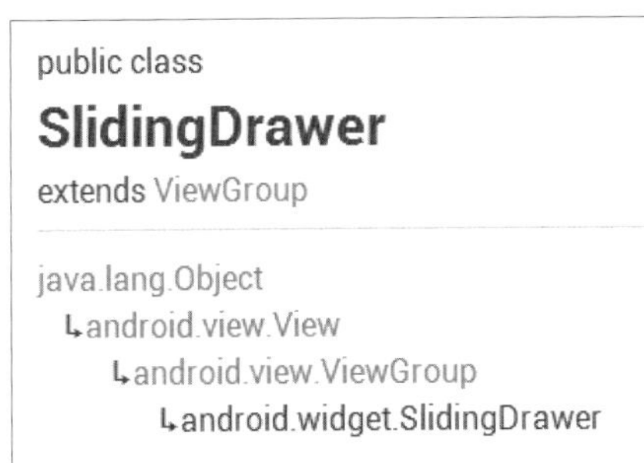

SlidingDrawer는 특정 핸들을 클릭했을 때 실제 내용이 서랍이 열리듯이 펼쳐지는 형태의 레이아웃 위젯이다.

2. SlidingDrawer에서 자주 사용되는 속성과 메소드들

• android:handle : 핸들로 사용되는 하위 위젯을 지정하는 속성
• android:content : 내용으로 사용되는 위젯을 지정하는 속성

3. SlidingDrawer 예제 실행에 필요한 파일들

• main.xml 파일

```
● Chapter06\La_SlidingDrawer\res\layout\main.xml
1   <?xml version="1.0" encoding="utf-8"?>
2   <LinearLayout xmlns:android="http://schemas.android.com/apk/res/android"
3       android:layout_width="fill_parent"
4       android:layout_height="fill_parent"
5       android:orientation="vertical" >
6       <SlidingDrawer
7       android:layout_width="match_parent"
8       android:layout_height="match_parent"
9       android:handle="@+id/handle"
10      android:content="@+id/content">
11
12      <ImageView
13          android:src="@drawable/up"
14          android:id="@id/handle"
15          android:layout_width="88dip"
16          android:layout_height="44dip" />
17
18      <ImageView
19          android:src="@drawable/original"
20          android:id="@id/content"
21          android:layout_width="match_parent"
22          android:layout_height="match_parent" />
23
24      </SlidingDrawer>
25  </LinearLayout>
```

코드 분석

9	핸들로 사용될 위젯을 지정하는 부분이다.
10	컨텐트로 사용될 위젯을 지정하는 부분이다.

- **La_SlidingDrawerActivity.java 파일**


```java
1    package com.jung;
2    import android.app.Activity;
3    import android.os.Bundle;
4    public class La_SlidingDrawerActivity extends Activity {
5        /** Called when the activity is first created. */
6        @Override
7        public void onCreate(Bundle savedInstanceState) {
8            super.onCreate(savedInstanceState);
9            setContentView(R.layout.main);
10       }
11   }
```

추가된 부분이 없으므로 코드 설명은 생략한다.

4. SlidingDrawer 예제 실행

La_SlidingDrawer 프로젝트를 실행하면 다음과 같은 화면이 출력된다. 여기서 핸들 아이콘을 클릭해
본다.

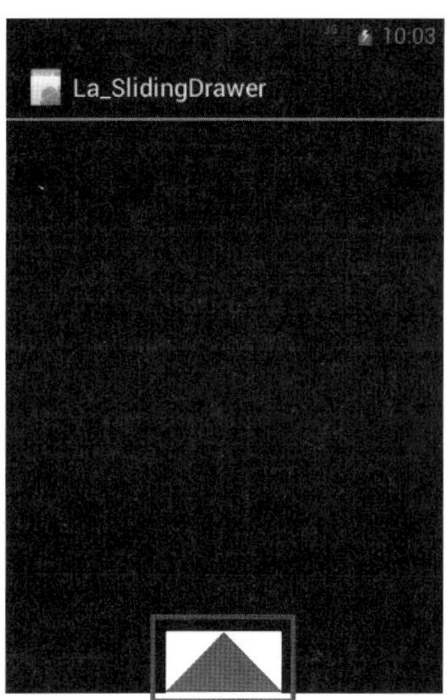

컨텐트 영역이 화면 상단으로 올라온다. 상단으로 올라온 핸들 아이콘을 다시 누르면 컨텐트 부분이 다시 숨는다.

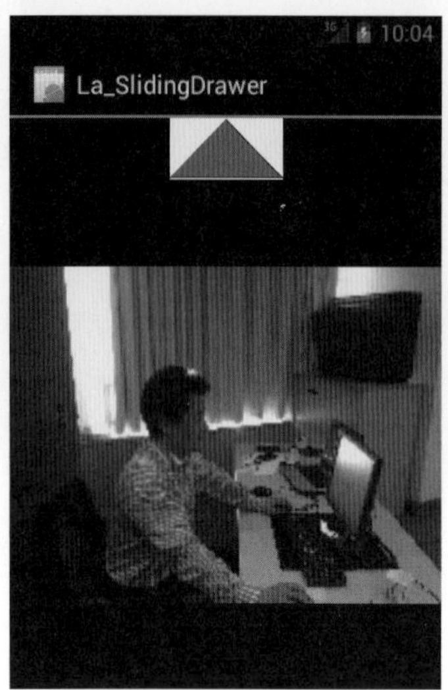

7 ScrollView

1. ScrollView의 상속 구조

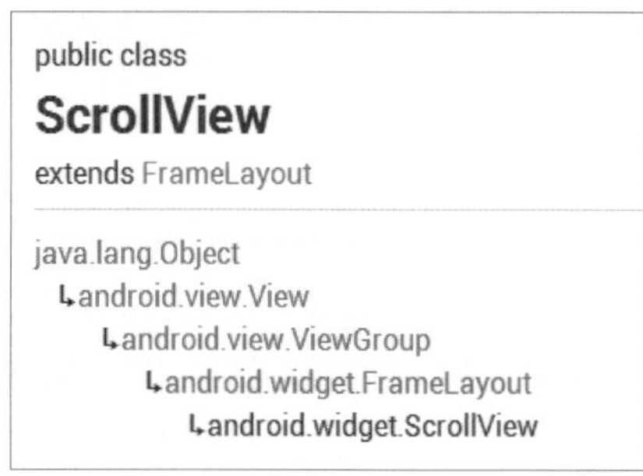

ScrollView는 특정 영역에 출력될 내용이 영역의 크기를 넘어갈 때 스크롤이 가능하게 해 주는 기능을 한다.

2. ScrollView에서 자주 사용되는 속성과 메소드들

ScrollView 자체에서 처리하는 작업은 그리 많지 않다. 단순히 특정 영역의 내용이 그 크기를 벗어날 때 스크롤을 해 주는 기능 정도이다. 다른 특정한 작업이 필요할 경우에는 안드로이드 개발자 사이트의 레퍼런스 부분을 참조한다.

3. ScrollView 예제 실행에 필요한 파일들

• **main.xml 파일**


```xml
1   <?xml version="1.0" encoding="utf-8"?>
2   <ScrollView xmlns:android="http://schemas.android.com/apk/res/android"
3       android:layout_width="fill_parent"
4       android:layout_height="fill_parent" >
5
6       <LinearLayout
7           android:layout_width="fill_parent"
8           android:layout_height="fill_parent"
9           android:orientation="vertical" >
10
11          <Button
12              android:layout_width="fill_parent"
13              android:layout_height="90px"
14              android:text="Button01" />
15
16          <Button
17              android:layout_width="fill_parent"
18              android:layout_height="90px"
19              android:text="Button01" />
20
21          <Button
22              android:layout_width="fill_parent"
23              android:layout_height="90px"
24              android:text="Button02" />
25
26          <Button
27              android:layout_width="fill_parent"
28              android:layout_height="90px"
29              android:text="Button03" />
30
31          <Button
32              android:layout_width="fill_parent"
33              android:layout_height="90px"
34              android:text="Button04" />
35
36          <Button
37              android:layout_width="fill_parent"
38              android:layout_height="90px"
39              android:text="Button05" />
```

40	</LinearLayout>
41	
42	</ScrollView>

• La_ScrollViewActivity.java 파일

```
Chapter06\La_ScrollView\src\com\jung\La_ScrollViewActivity.java
1    package com.jung;
2    import android.app.Activity;
3    import android.os.Bundle;
4    public class La_ScrollViewActivity extends Activity {
5        /** Called when the activity is first created. */
6        @Override
7        public void onCreate(Bundle savedInstanceState) {
8            super.onCreate(savedInstanceState);
9            setContentView(R.layout.main);
10       }
11   }
```

추가된 부분이 없으므로 코드 설명은 생략한다.

4. ScrollView 예제 실행

La_ScrollView 프로젝트를 실행하면 하단 그림의 좌측과 같은 화면이 출력된다. 해당 화면에서 스크롤
을 시키면 우측 그림처럼 스크롤 되는 것을 확인할 수 있다.

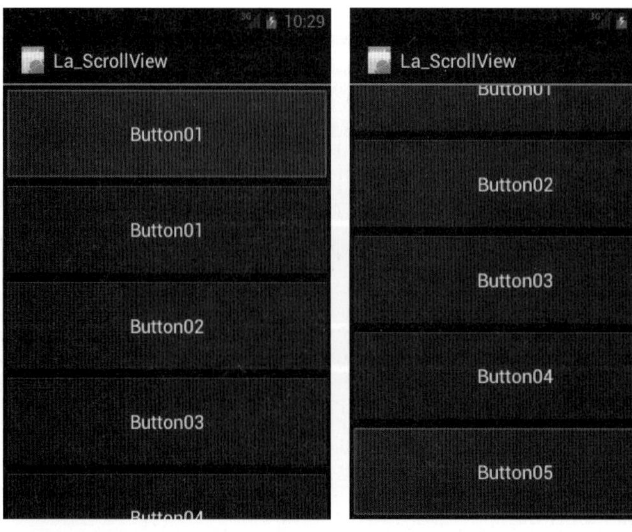

8 계좌 관리 예제

이번에는 간단하게 은행 계좌 관리 프로그램을 만들어보자.

1. 개요

본 프로그램은 DB는 사용하지 않고 ArrayList 객체에 각 계좌주별로 계좌 객체를 생성하여 저장하고, 입금과 출금을 하면 해당 계좌 객체에 입금이나 출금 처리를 하는 프로그램이다. 잔액 조회 또한 구현된다. 이 예제를 통해 안드로이드 프로그램의 요청 처리가 어떻게 이루어지는지 간단하게나마 익힐 수 있을 것이다.

2. 계좌 관리 예제 실행에 필요한 파일들

- **main.xml 파일**

```
Chapter06\BakingProject\res\layout\main.xml
```

```xml
1   <?xml version="1.0" encoding="utf-8"?>
2   <LinearLayout xmlns:android="http://schemas.android.com/apk/res/android"
3       android:orientation="vertical"
4       android:layout_width="fill_parent"
5       android:layout_height="fill_parent"
6       android:gravity="center"
7       >
8       <TextView android:text="기능수행결과"
9       android:id="@+id/result"
10      android:layout_width="fill_parent"
11      android:layout_height="wrap_content"
12      />
13  <LinearLayout
14      android:orientation="horizontal"
15      android:layout_width="fill_parent"
16      android:layout_height="wrap_content"
17      >
18      <TextView android:text="계좌명"
19      android:layout_width="wrap_content"
20      android:layout_height="wrap_content"
21      />
```

```
22      <EditText
23      android:id="@+id/edName"
24      android:layout_width="wrap_content"
25      android:layout_height="wrap_content"
26      android:hint="계좌명 입력 하세요"/>
27      <Button
28      android:text="계좌생성"
29      android:layout_width="wrap_content"
30      android:layout_height="wrap_content"
31      android:id="@+id/create"/>
32
33  </LinearLayout>
34  <LinearLayout
35      android:orientation="horizontal"
36      android:layout_width="fill_parent"
37      android:layout_height="wrap_content"
38      >
39      <TextView android:text="입금액"
40      android:layout_width="wrap_content"
41      android:layout_height="wrap_content"
42      />
43      <EditText
44      android:id="@+id/edDeposit"
45      android:layout_width="wrap_content"
46      android:layout_height="wrap_content"
47      android:hint="입금액을 입력해 주세요"/>
48      <Button
49      android:text="입금"
50      android:layout_width="wrap_content"
51      android:layout_height="wrap_content"
52      android:id="@+id/deposit"/>
53
54  </LinearLayout>
55  <LinearLayout
56      android:orientation="horizontal"
57      android:layout_width="fill_parent"
58      android:layout_height="wrap_content"
59      >
60      <TextView android:text="출금액"
61      android:layout_width="wrap_content"
62      android:layout_height="wrap_content"
63      android:textColor="#000000"/>
```

```xml
64        <EditText
65        android:id="@+id/edWithdraw"
66        android:layout_width="wrap_content"
67        android:layout_height="wrap_content"
68        android:hint="출금액을 입력해 주세요"/>
69        <Button
70        android:text="출금"
71        android:layout_width="wrap_content"
72        android:layout_height="wrap_content"
73        android:id="@+id/withdraw"/>
74
75    </LinearLayout>
76    <LinearLayout
77        android:orientation="horizontal"
78        android:layout_width="fill_parent"
79        android:layout_height="wrap_content"
80        android:gravity="center"
81        >
82        <TextView android:text="잔액 조회"
83        android:layout_width="wrap_content"
84        android:layout_height="wrap_content"
85        android:padding="20px"
86        />
87        <TextView
88        android:id="@+id/txtConfirm"
89        android:layout_width="wrap_content"
90        android:layout_height="wrap_content"
91        android:text="잔액이 출력됩니다."
92        />
93        <Button
94        android:text="잔액조회"
95        android:layout_width="wrap_content"
96        android:layout_height="wrap_content"
97        android:id="@+id/confirm"/>
98    </LinearLayout>
99    </LinearLayout>
```

LinearLayout 예제에서 코드 설명이 이루어졌으므로 코드 설명은 생략한다.

• **Account.java 파일**

● Chapter06\BankingProject\src\com\bank\Account.java

```java
1   package com.bank;
2   public class Account {
3       private int jangum;
4       private String name;
5       public Account(String name) {
6       super();
7       this.name = name;
8       }
9       public int getJangum() {
10          return jangum;
11      }
12      public void setJangum(int jangum) {
13          this.jangum = jangum;
14      }
15      public String getName() {
16          return name;
17      }
18      public void setName(String name) {
19      this.name = name;
20      }
21  }
```

코드 분석

3~4	계좌명과 해당 계좌의 잔액을 저장할 변수를 정의한 부분이다. 캡슐화를 위해서 각 변수의 접근 제어자를 private 으로 지정하였다.
5~8	계좌 객체를 생성할 때 계좌명을 초기화시키는 생성자를 정의한 부분이다.
9~20	각 속성에 대해서 getter와 setter를 정의하였다..

• **AccountUtil.java 파일**

● Chapter06\BankingProject\src\com.bank\AccountUtil.java

```java
1   package com.bank;
2   import java.util.ArrayList;
3   public class AccountUtil {
4       ArrayList<Account> accountArray = null;
5       public AccountUtil(){
6           accountArray = new ArrayList<Account>();
7       }
```

```java
8       public int newAccount(String name){
9           int x = -1;
10          boolean result  = accountArray.add(new Account(name));
11          if(result){
12              x = 1;
13          }
14          return x;
15      }
16      public void deposit(String name,int amount){
17          for(int i=0;i<accountArray.size();i++){
18              if(accountArray.get(i).getName().equals(name)){
19                  accountArray.get(i).setJangum(accountArray.get(i).getJangum() + amount);
20              }
21          }
22      }
23      public int withdraw(String name,int amount){
24          int x = -1;
25          for(int i=0;i<accountArray.size();i++){
26              if(accountArray.get(i).getName().equals(name)){
27                  if(accountArray.get(i).getJangum()>=amount){
28                      accountArray.get(i).setJangum(accountArray.get(i).getJangum()
29              - amount);
30                      x = 1;
31                  }
32              }
33          }
34
35      return x;
36      }
37      public int confirm(String name){
38          int x=0;
39          for(int i=0;i<accountArray.size();i++){
40              if(accountArray.get(i).getName().equals(name)){
41                  x = accountArray.get(i).getJangum();
42              }
43          }
44          return x;
45      }
46  }
```

코드 분석

본 프로젝트에서 실질적으로 비즈니스 요청을 처리하는 메소드들이 정의되는 클래스이다.

4	생성되는 계좌 객체들을 담을 ArrayList 타입의 레퍼런스 변수를 정의하는 부분이다.
5~7	AccountUtil 객체를 생성하면서 바로 Account 객체를 담는 ArrayList 객체를 생성하는 생성자를 정의한 부분이다.
8~15	새로운 계좌 객체를 생성하여 ArrayList 객체에 추가하는 기능을 하는 메소드를 정의한 부분이다. 계좌 객체 추가에 성공하면 1, 실패하면 -1 값을 리턴한다.
10	계좌명을 파라미터로 받는 Account 클래스의 생성자를 호출하여 새로운 Account 객체를 생성한 후 , ArrayList 객체의 add 메소드를 이용하여 ArrayList 객체에 추가하는 부분이다. add 메소드는 파라미터로 주어진 객체가 ArrayList 객체에 제대로 추가되면 true를 반환하고 추가에 실패하면 false를 반환하는 메소드이다.
11~13	ArrayList 객체의 add 메소드에 의해서 파라미터 값으로 지정된 Account 객체가 제대로 추가되었으면 x 값을 1로 변경하는 부분이다.
16~22	입금 처리를 하는 메소드를 정의한 부분이다. ArrayList 객체 안에 존재하는 객체들의 name 값을 하나씩 비교하여 메소드에 파라미터로 전송되어 온 이름과 같은 이름을 가진 Account 객체의 잔금 값에 입금할 금액으로 메소드에 파라미터로 전송된 값(amount)을 더해 주는 기능을 수행한다.
23~33	출금 처리를 하는 메소드를 정의한 부분이다. ArrayList 객체에 담겨 있는 Account 객체의 name 속성 값을 하나씩 비교하여 메소드에 파라미터로 전송되어 온 이름과 같은 이름을 가진 Account 객체의 잔금 값에서 메소드에 파라미터로 전송되어 온 출금할 값(amount) 값을 빼주는 기능을 한다. 단, 출금 시는 잔액이 출금하려는 금액보다 많거나 같은 경우만 출금 처리를 하도록 구현하였다. 출금 처리가 제대로 되었으면 1 값을, 실패 했으면 -1 값을 리턴한다.
37~45	잔액 조회 요청을 처리하는 메소드를 정의한 부분이다. ArrayList 객체 안에 존재하는 객체들의 name 값을 하나씩 비교하여 메소드에 파라미터로 전송되어 온 이름과 같은 이름을 가진 Account 객체의 잔금 값을 리턴해 주는 기능이 구현되어 있다.

• BankingProjectActivity.java 파일

◉ Chapter06\BankingProject\src\com\jung\BankingProjectActivity.java

```java
1   package com.jung;
2   import com.bank.AccountUtil;
3   import android.app.Activity;
4   import android.os.Bundle;
5   import android.widget.Button;
6   import android.widget.EditText;
7   import android.widget.TextView;
8   import android.view.View.OnClickListener;
9   import android.view.View;
10  public class BankingProjectActivity extends Activity
11  implements View.OnClickListener
12  {
13      /** Called when the activity is first created. */
14      AccountUtil au = new AccountUtil();
```

```java
15      EditText edName;
16      EditText edDeposit;
17      EditText edWithdraw;
18      Button deposit;
19      Button create;
20      Button withdraw;
21      TextView txtConfirm;
22      TextView result;
23      @Override
24      public void onCreate(Bundle savedInstanceState) {
25          super.onCreate(savedInstanceState);
26          setContentView(R.layout.main);
27          edName = (EditText)findViewById(R.id.edName);
28          result = (TextView)findViewById(R.id.result);
29          create = (Button)findViewById(R.id.create);
30          create.setOnClickListener(this);
31          edDeposit = (EditText)findViewById(R.id.edDeposit);
32          deposit = (Button)findViewById(R.id.deposit);
33          deposit.setOnClickListener(this);
34          txtConfirm = (TextView)findViewById(R.id.txtConfirm);
35          edWithdraw = (EditText)findViewById(R.id.edWithdraw);
36          withdraw=(Button)findViewById(R.id.withdraw);
37          withdraw.setOnClickListener(this);
38      }
39      public void onClick(View v) {
40          // TODO Auto-generated method stub
41          String name = edName.getText().toString();
42          if(v.getId()==R.id.create){
43              int success = au.newAccount(name);
44              if(success == 1){
45                  result.setText("계좌 생성 성공");
46              }
47              else{
48              result.setText("계좌 생성 실패");
49              }
50          }
51          else if(v.getId() == R.id.deposit){
52              int amount = Integer.parseInt(edDeposit.getText().toString());
53              au.deposit(name, amount);
54              int jangum = au.confirm(name);
55              txtConfirm.setText(jangum + "");
56          }
```

57	else if(v.getId() == R.id.withdraw){
58	int amount = Integer.parseInt(edWithdraw.getText().toString());
59	au.withdraw(name, amount);
60	int jangum = au.confirm(name);
61	txtConfirm.setText(jangum + "");
62	}
63	else{
64	int jangum = au.confirm(name);
65	txtConfirm.setText(jangum + "");
66	}
67	}
68	}

코드 분석

이 코드 부분이 화면에 출력될 메인 액티비티 영역이다.

11	해당 액티비티 파일 자체를 버튼에 발생하는 클릭 이벤트를 처리하는 리스너 객체로 사용할 것이므로 해당 액티비티에서 View.OnClickListener 인터페이스를 구현하고 있다.
14	AccountUtil 객체의 멤버 변수인 ArrayList 객체를 공유하려면 요청을 처리할 때마다 즉, 입금을 할 때나 출금을 할 때나 동일한 AccountUtil 객체를 사용해야 한다. 따라서 AccountUtil의 레퍼런스 변수는 로컬 변수가 아닌, 즉 메소드 안에서 변수를 선언하면 안 되고 클래스 영역에서 선언이 되어야 한다.
15~22	main.xml에 정의되어 있는 각 위젯들의 레퍼런스 변수를 선언한 부분이다.
41	각 버튼을 클릭했을 경우 계좌명 값을 얻어온다.
42~50	요청이 계좌 생성 요청이었으면 계좌를 생성하는 메소드 호출 처리 부분을 작성한 부분이다.
43	얻어온 name 값을 파라미터로 전송하면서 계좌 생성 기능을 하는 newAccount 메소드를 호출하는 부분이다. 계좌 생성에 성공하면 1 값이 리턴되고 실패하면 -1 값이 리턴된다.
44~46	계좌 생성에 성공했으면 작업 수행 결과를 출력하는 상단의 TextView 위젯에 계좌 생성 성공이라는 문자열을 출력하는 부분이다.
47~49	계좌 생성에 실패했으면 계좌 생성 실패라고 출력하는 부분이다.
51~56	입금 처리를 하는 부분이다.
52	입금액을 입력하는 EditText에서 입금액을 얻어오는 부분이다.
53	계좌명과 입금할 금액을 파라미터 값으로 전송하면서 입금하는 기능이 정의되어 있는 deposit 메소드를 호출한다. deposit 메소드는 입금에 성공하면 1, 실패하면 -1 값을 반환하게 된다.
54	계좌명을 파라미터로 전송하면서 잔액 조회 기능을 수행하는 confirm 메소드를 호출하는 부분이다.
55	잔액을 출력하는 TextView에 잔액을 출력하는 부분이다.
57~62	출금 명령이 요청되었을 경우 처리되는 부분이 정의되어 있는 영역이다.
58	EditText에서 출금할 금액을 얻어오는 부분이다.
59	계좌명과 출금할 금액을 파라미터로 전송하면서 출금하는 기능을 하는 메소드인 withdraw 메소드를 호출하는 부분이다. 출금 처리가 제대로 성공하면 1 값이 반환되고 실패하면 -1 값이 반환된다.

60	현재 잔금을 확인하는 confirm 메소드를 호출하는 부분이다.
61	현재 잔금을 TextView에 출력하는 부분이다.
63~66	잔액 조회 요청을 처리하는 부분이다.

3. BankingProject 예제 실행

BankingProject 프로젝트를 실행하여 계좌생성, 입금, 출금, 잔액조회 요청을 각각 실행해보자.

프로젝트를 실행하면 다음과 같은 화면이 출력된다.

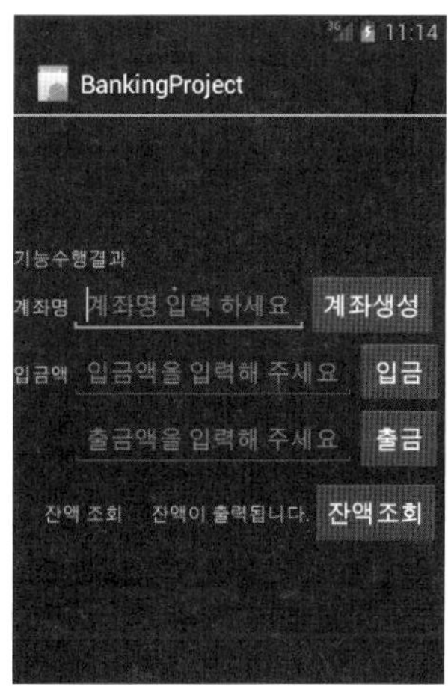

❶ 계좌 생성 요청

계좌명을 입력하고 [계좌생성] 버튼을 클릭하면 오른쪽 화면과 같이 계좌 생성 성공 화면이 출력된다.

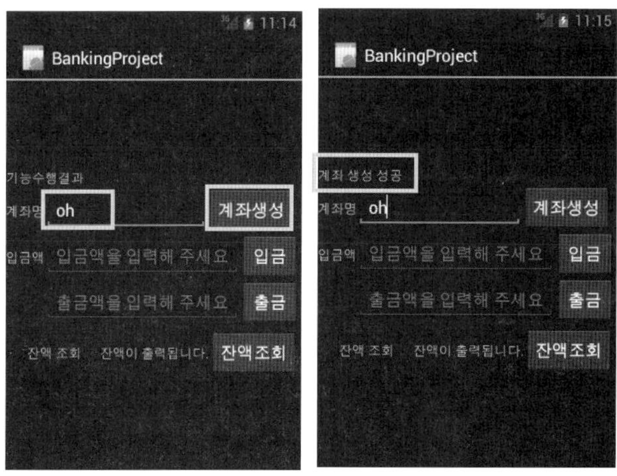

❷ 입금 요청

입금할 금액을 입력하고 입금 요청을 하면 우측 화면처럼 입금 성공 화면이 출력된다. (잔액 조회를 클릭하면 현재 잔액이 출력된다.)

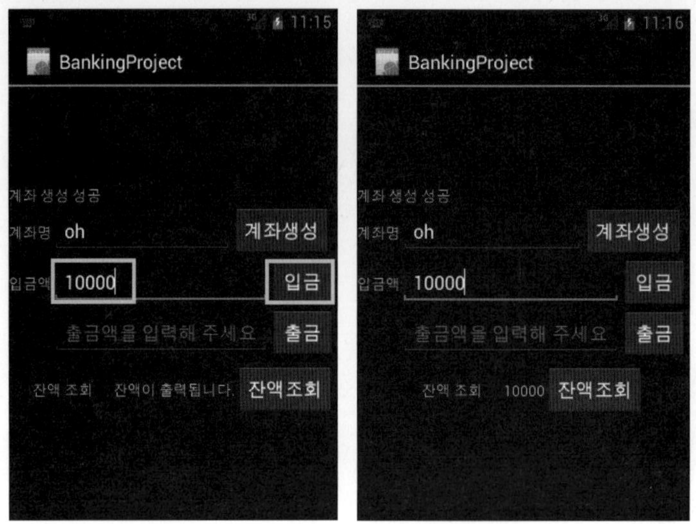

❸ 출금 요청

출금할 금액을 입력하고 [출금] 버튼을 클릭하면 출금 처리가 성공되는 것을 확인할 수 있다. ([잔액 조회]를 클릭하면 현재 잔액이 출력된다.)

계좌를 여러 개 생성하고 이름을 바꾸면서 실행하면 좀 더 정확히 테스트가 된다.

KEY-POINT

1. 안드로이드에서는 화면에서 사용되는 위젯들을 다양한 형태로 배치할 수 있는 레이아웃 관련 위젯들을 제공한다. 이 위젯들은 공통적으로 ViewGroup을 상속받는다.

2. AbsoluteLayout은 화면의 좌상단을 기준으로 위젯이 표시될 X 좌표 값과 Y 좌표 값을 지정해서 배치하는 방법이다. (안드로이드 폰은 화면 크기가 다양하기 때문에 절대 좌표로 위젯을 배치하면 장비에 따라 위젯이 배치되는 좌표의 비율이 달라질 수 있으므로 자주 사용되는 형태의 레이아웃 방식은 아니다.)
   - android:layout_x : 해당 위젯이 표시될 x 좌표 값
   - android:layout_y : 해당 위젯이 표시되 y 좌표 값

3. LinearLayout은 사각형의 영역 안에 위젯을 수직이나 수평으로 배치하는 형태의 레이아웃 방식을 제공한다. android:orientation 속성을 "horizontal" (수평) 또는 "vertical"(수직) 지정

   ❶ Java 코드

   ```
   LinearLayout 인스턴스.setOrientation(LinearLayout.HORIZONTAL 또는 LinearLayout.VERTICAL)
   ```

   ❷ 컨테이너 내부에서 child 끼리의 크기 비율을 지정하는 layout_weight

   Child 중 android:layout_width/height 속성이 "fill_parent"로 지정된 것들만 weight 속성이 정상적으로 적용된다.

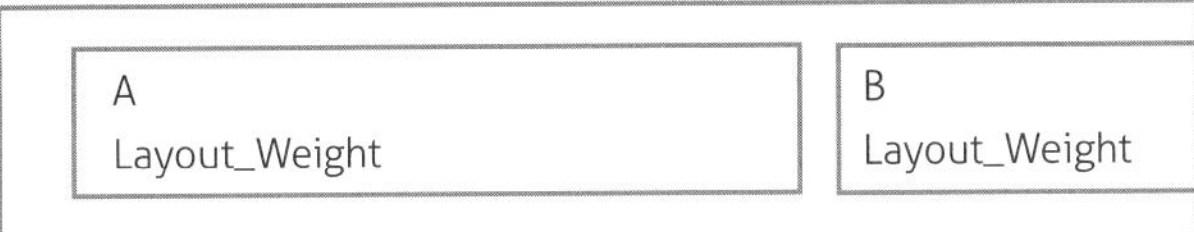

   *A 위젯이 비중 값이 2.0으로 설정되어 있고, B 위젯의 비중 값이 1.0으로 설정되어 있으며, 전체 width를 3.0으로 판단하고 A 위젯의 폭을 전체 폭에서 2/3 만큼 설정하고, B 위젯의 폭을 전체 폭 중 1/3 만큼의 비중으로 배치한다.

   ❸ Gravity
   - android:gravity : 해당 레이아웃 위젯에 포함되어 있는 각 위젯들의 정렬 방식이다. A LinearLayout 위젯 엘리먼트의 속성 값으로 android:gravity 값이 center로 지정되어 있으면, 해당 LinearLayout 안에 있는 각 위젯(하단 그림에서 B)들을 가운데에 정렬하여 배치하게 된다.

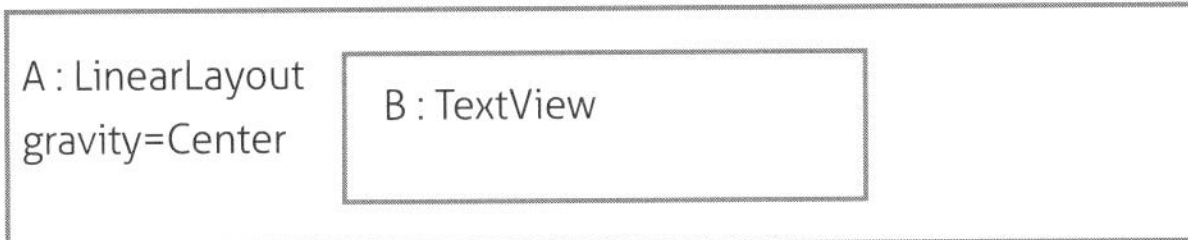

   * A LinearLayout 위젯 엘리먼트의 속성값으로 android:gravity 값이 center로 지정되어 있으면, 해당 LinearLayout 안에 있는 각 위젯(하단 그림에서 B)들을 가운데에 정렬하여 배치하게 된다.

- android:layout_gravity : gravity 속성 앞에 layout 이 붙어 있으면 해당 위젯이 포함되어 있는 레이아웃 위젯의 정렬 방식을 의미한다. 만약, A LinearLayout 안에 B LinearLayout이 포함되어 있고 B LinearyLayout의 layout_gravity 속성 값을 center로 지정하면 A LinearLayout의 정렬 방식이 center가 되는 것이다.

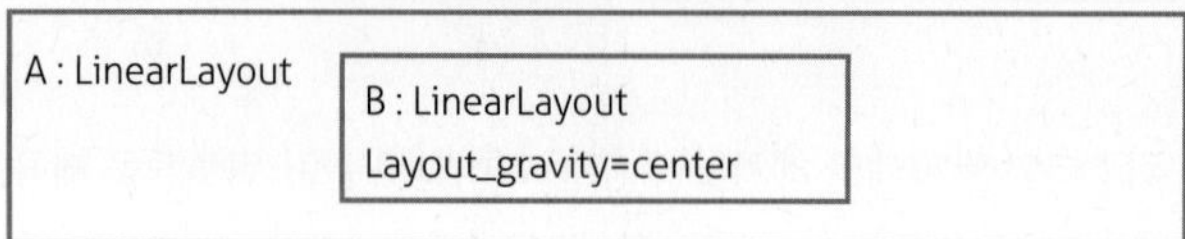

4. RelativeLayout은 자신을 포함하고 있는 컨테이너나 다른 위젯을 기준으로 위젯을 배치하는 방법을 제공한다. 만약 A 위젯을 B 위젯의 좌측에 배치하고 싶다면 다음과 같이 속성값을 지정한다.

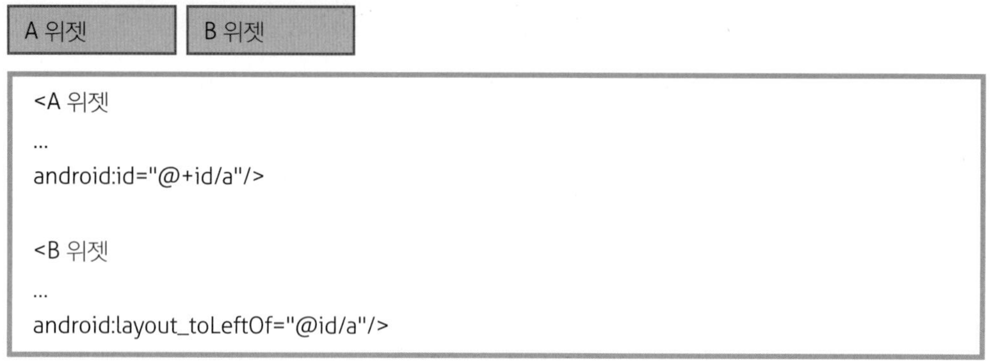


```
<A 위젯
…
android:id="@+id/a"/>

<B 위젯
…
android:layout_toLeftOf="@id/a"/>
```

5. TableLayout은 HTML에서의 Table 태그와 같은 형태로 레이아웃을 할 수 있는 방법을 제공해 준다. TableLayout은 TableRow와 함께 사용된다. TableLayout 엘리먼트는 전체적인 테이블 구성을 설정하고, TableRow는 테이블 안에 행 하나를 생성하는 데 사용된다.

〈레이아웃 리소스〉

```
<TableLayout>
<TableRow>
    <A Widget/>
    <B Widget />
</TableRow>
<TableRow>
    <C Widget/>
    <D Widget/>
    <E Widget/>
</TableRow>
</TableLayout>
```

레이아웃 리소스 파일에 상단과 같은 내용이 정의되어 있다면 출력되는 화면은 다음과 같이 구성된다.

0번 컬럼	1번 컬럼	2번 컬럼
0번 컬럼	1번 컬럼	2번 컬럼

6. FrameLayout은 좌상단을 기준으로 모든 위젯을 배치할 때 사용된다. 모든 위젯을 겹쳐서 배치하고 특정 요청이 들어왔을 경우 특정 위젯만 보여주는 기능으로 주로 사용된다. 세 개의 위젯을 배치하면 하단 그림처럼 모든 위젯이 겹쳐서 배치된다.

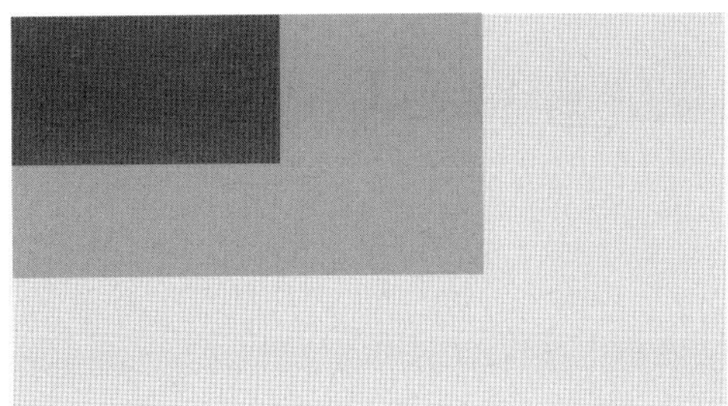

7. SlidingDrawer는 특정 핸들 아이콘을 클릭했을 때 실제 내용이 서랍을 열 듯이 나타나는 형태를 제공해 준다. 하단 첫 번째 그림에서 handle을 클릭하면 두 번째 그림과 같은 화면이 출력되고, 두 번째 그림에서 상단의 handle 아이콘을 누르면 다시 세 번째 그림의 화면이 출력된다.

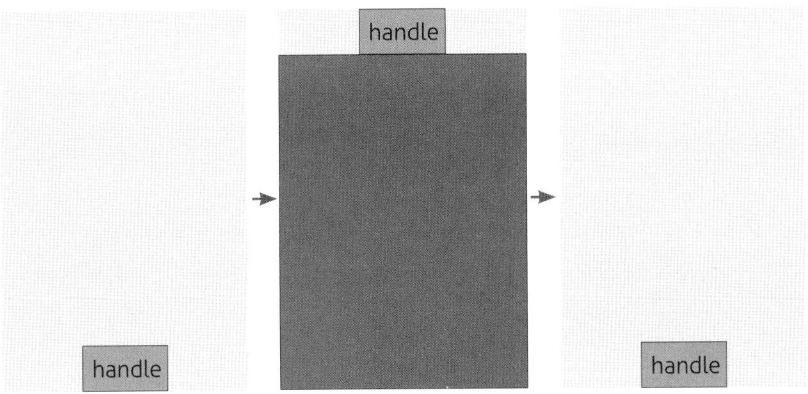

8. ScrollView는 특정 컨테이너 영역에 포함되어야 하는 위젯들의 크기가 컨테이너의 크기를 초과할 경우에 스크롤이 되게 처리하는 기능을 제공하다.

Adapter와 Selection 위젯

안드로이드에서는 ListView, Spinner, GridView, Gallery 등 각종 selction 위젯에 항목을 만들어서 제공할 수 있는 Adapter 클래스를 제공한다. Adapter 클래스를 사용하면 배열, List, 데이터베이스 등의 형태로 존재하는 데이터를 읽어 선택 가능 위젯에 항목을 만들어 제공할 수 있다. 본 장에서는 안드로이드에서 제공하는 각종 선택 가능 위젯과 어댑터에 대해서 살펴본다.

1 Adapter

안드로이드에서 Adapter는 선택 위젯(ListView, GridView, Gallery, Spinner 등)에 일관된 인터페이스를 제공해 준다. 즉 특정 데이터를 읽어들인 후 특정 선택 기능에서 사용될 항목 뷰를 만들어 선택 가능 위젯에 제공하는 역할을 한다. Adapter의 종류로는 ArrayAdapter, CursorAdapter, SimpleAdapter, ActivityAdapter, ActivityIconAdapter 등이 있다.

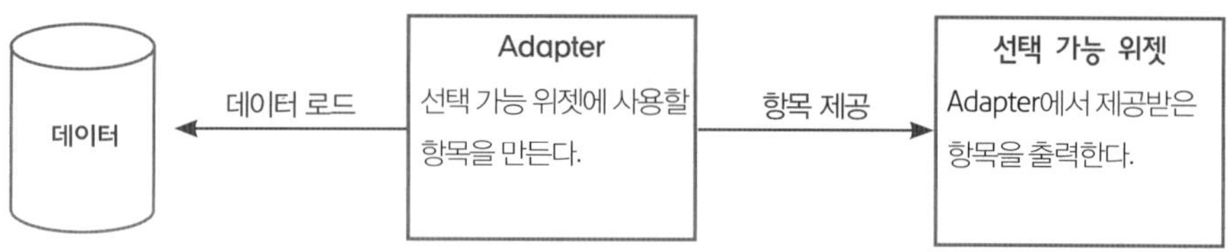

2 ListView

ListView는 선택 가능 위젯 중 대표적인 위젯이다. 안드로이드 폰은 화면 크기에 제한이 있기 때문에 많은 항목을 폰에 표현하기 위해서 많이 사용되는 위젯이다.

1. ListView의 상속 구조

```
public class
ListView
extends AbsListView

java.lang.Object
  ↳android.view.View
    ↳android.view.ViewGroup
      ↳android.widget.AdapterView<T extends android.widget.Adapter>
        ↳android.widget.AbsListView
          ↳android.widget.ListView
```

상속 구조를 보면 ListView가 AdapterView의 종류인 것을 알 수 있다. AdapterView란 해당 선택 가능 위젯에서 사용하는 항목이 Adapter에 의해서 결정되는 뷰를 의미한다.

2. ListView에서 자주 사용되는 속성과 메소드들

- android:divider - 항목간에 그려질 color나 Drawable을 지정하는 속성
- android:dividerHeight - 항목간의 간격의 높이를 지정하는 속성
- android:entries - ListView의 항목 데이터로 사용될 배열 리소스를 지정하는 속성
- ListAdapter getAdapter() - 현재 ListView에서 사용되고 있는 Adapter를 반환하는 메소드
- Drawable getDivider() - 현재 사용되고 있는 Divider 객체를 반환하는 메소드
- void setAdapter(ListAdapter adapter) - ListView에 항목을 공급할 어댑터를 연결하는 메소드
- void addFooterView(View v) - ListView의 최하단에 추가될 View를 지정하는 메소드
- void addHeaderView(View v) - ListView의 최상단에 추가될 뷰를 지정하는 메소드

3. ListView 예제 실행에 필요한 파일들

ListView를 생성하는 방법에는 두 가지가 있다. 일반 Activity에 ListView를 출력하는 방법이 있고, ListActivity를 상속한 Activity에 ListView를 추가하는 방법이 있다.
두 가지 방법으로 나누어서 예제를 작성해 보자.

❶ 일반 Activity에서 ListView를 생성하는 경우

- **main.xml 파일**

◉ Chapter07\Ad_ListViewOnActivity\res\layout\main.xml

```xml
<?xml version="1.0" encoding="utf-8"?>
<LinearLayout xmlns:android="http://schemas.android.com/apk/res/android"
    android:layout_width="fill_parent"
    android:layout_height="fill_parent"
    android:orientation="vertical" >
    <ListView
        android:id="@+id/list"
        android:layout_width="fill_parent"
        android:layout_height="wrap_content"
    />
</LinearLayout>
```

• Ad_ListViewOnActivity.java 파일 작성

Chapter07\Ad_ListViewOnActivity\src\com\jung\Ad_ListViewOnActivity.java

```java
package com.jung;
import android.app.Activity;
import android.os.Bundle;
import android.view.View;
import android.widget.AdapterView;
import android.widget.ArrayAdapter;
import android.widget.ListView;
import android.widget.Toast;
public class Ad_ListViewOnActivity extends Activity implements
AdapterView.OnItemClickListener,AdapterView.OnItemSelectedListener{
    String[]    datas={"토끼","거북이","호랑이","사자","고양이","개","아기곰","어미곰","아빠
곰"};
    ListView list;
    @Override
    public void onCreate(Bundle icicle) {
        super.onCreate(icicle);
        setContentView(R.layout.main);
        list = (ListView)findViewById(R.id.list);
        list.setAdapter(new ArrayAdapter<String>(this,
            android.R.layout.simple_list_item_1,
            datas));
        list.setOnItemSelectedListener(this);
        list.setOnItemClickListener(this);
    }
    public void onItemClick(AdapterView<?> arg0, View arg1, int arg2, long arg3) {
        // TODO Auto-generated method stub
        Toast.makeText(this, datas[arg2]+ "선택", Toast.LENGTH_SHORT).show();
    }
    public void onItemSelected(AdapterView<?> arg0, View arg1, int arg2, long arg3) {
        // TODO Auto-generated method stub
        Toast.makeText(this, datas[arg2]+ "선택", Toast.LENGTH_SHORT).show();
    }
    public void onNothingSelected(AdapterView<?> arg0) {
        // TODO Auto-generated method stub
    }
}
```

9~10	액티비티에 출력되는 ListView의 항목을 선택하거나 해제 또는 항목 하나를 클릭할 경우의 이벤트를 처리하는 역할을 하는 리스너 인터페이스인 AdapterView.OnItemSelectedListener와 AdapterView.OnItemClickListener를 구현하는 부분이다.
11~12	ArrayAdapter 객체를 생성할 때 ArrayAdapter에 읽어들일 데이터로 사용될 String 배열 객체를 datas라는 이름으로 생성하는 부분이다.
13	ListView의 레퍼런스 변수명을 list로 정의한다.
18	ListView 객체의 레퍼런스 값을 얻어온다.
19	ListView 객체의 setAdapter 메소드를 사용하여 해당 ListView에 항목을 제공할 ArrayAdapter를 지정하는 부분이다. ArrayAdapter는 어댑터 중 배열이나 리스트를 데이터로 사용하는 어댑터이다.
20	어댑터가 ListView 항목뷰를 생성할 때 항목뷰의 레이아웃 리소스로 사용될 리소스를 안드로이드에서 제공하는 레이아웃 리소스로 지정하는 부분이다.
21	어댑터에서 항목을 생성할 때 데이터로 사용할 값을 상단에서 생성한 datas 배열 객체로 지정하는 부분이다.
22~23	항목 하나를 선택이나 해제할 때와 항목 하나를 클릭할 경우의 이벤트를 처리해줄 리스너 객체를 지정하는 부분이다. 액티비티 클래스 자체에서 리스너 인터페이스를 구현하였으므로 리스너 객체를 this로 지정하였다.
25~28	항목 하나를 마우스로 클릭하는 동작을 처리하는 부분이다. Toast를 사용하여 선택된 항목을 출력해 준다. arg2 파라미터로는 ListView의 클릭된 항목의 position 값이 넘어온다. position 값은 0부터 넘어오기 때문에 배열의 인덱스 값과 같다.
29~32	ListView에서 특정 항목 하나를 선택했을 경우 선택된 항목 하나를 Toast로 출력해 주는 부분이다.

❷ ListActivity를 상속받은 Activity에서 ListView를 생성하는 경우

• main.xml 파일 작성

◉ Chapter07\Ad_ListViewOnListActivity\res\layout\main.xml

```xml
1  <?xml version="1.0" encoding="utf-8"?>
2  <LinearLayout xmlns:android="http://schemas.android.com/apk/res/android"
3      android:layout_width="fill_parent"
4      android:layout_height="fill_parent"
5      android:orientation="vertical" >
6      <ListView
7          android:id="@android:id/list"
8          android:layout_width="fill_parent"
9          android:layout_height="wrap_content"
10     />
11 </LinearLayout>
```

7	사용하는 액티비티가 ListActivity를 상속받고 해당 액티비티에서 컨텐트로 main.xml 파일을 사용한다면 안드로이드에서는 자동적으로 id 속성 값이 @android:id/list로 지정되어 있는 ListView 엘리먼트를 검색한다. 만약, 정해진 id 값을 가진 ListView 엘리먼트가 존재하지 않으면 액티비티가 제대로 실행되지 못한다.

• Ad_ListViewOnListActivity.java 파일 작성

● Chapter07\Ad_ListViewOnListActivity\src\com\jung\Ad_ListViewOnListActivity.java

```java
1   package com.jung;
2   import java.util.ArrayList;
3   import android.view.*;
4   import android.app.ListActivity;
5   import android.os.Bundle;
6   import android.widget.*;
7   public class Ad_ListViewOnListActivity extends ListActivity{
8       /** Called when the activity is first created. */
9       ArrayList<String> list = new ArrayList<String>();
10
11      @Override
12      public void onCreate(Bundle savedInstanceState) {
13          super.onCreate(savedInstanceState);
14          setContentView(R.layout.main);
15          list.add("사과");
16          list.add("배");
17          list.add("토마토");
18          list.add("바나나");
19          list.add("키위");
20          list.add("복숭아");
21          list.add("포도");
22          list.add("참외");
23          list.add("옥수수");
24          list.add("딸기");
25          list.add("파인애플");
26          list.add("머루");
27          //ArrayList 에 요소를 추가하는 부분.
28          ArrayAdapter<String> aa =
29          new ArrayAdapter<String>
30          (this,android.R.layout.simple_list_item_1,list);
31          setListAdapter(aa);
32
```

```
33                getListView().setOnItemSelectedListener(new
34    AdapterView.OnItemSelectedListener() {
35                    public void onItemSelected(AdapterView<?>
36    arg0, View arg1, int arg2, long arg3) {
37                        // TODO Auto-generated method stub
38                        Toast.makeText(Ad_ListViewOnListActivity.this,  list.get(arg2)+   "선택",
39    Toast.LENGTH_SHORT).show();
40                    }
41                    public void onNothingSelected(AdapterView<?> arg0) {
42                        // TODO Auto-generated method stub
43                    }
44                });
45        }
46
47        protected void onListItemClick
48        (ListView l, View v, int position, long id)  {
49            Toast.makeText(this, list.get(position)+  "선택", Toast.LENGTH_SHORT).show();
50        }
51    }
```

코드 분석

7	액티비티를 구현할 때 ListActivity를 상속받는다.
9	ArrayAdapter에서 데이터로 사용할 값들을 저장한 ArrayList 객체를 생성하는 부분이다.
15~26	ArrayAdapter에서 사용할 데이터들을 ArrayList 객체에 추가하는 부분이다.
28~30	ArrayAdapter 객체를 생성하는 부분이다.
31	ListActivity에서는 setListAdapter라는 메소드가 제공되므로 setListAdapter 메소드를 이용해서 ArrayAdapter 객체를 추가할 수 있다.
33	ListActivity에서 제공되는 getListView 메소드를 호출하면 현재 ListActivity에 포함되어 있는 ListView를 반환받는다. ListView를 얻어와서 ListView에 AdapterView.OnItemSelectedListener 객체를 연결하는 부분이다.
35~40	ListView에서 특정 항목 하나를 선택했을 때 선택된 항목을 Toast로 출력해 주는 부분이다.
47~50	onListItemClick 메소드는 ListActivity에 이미 구현되어 있으므로 따로 리스너 객체를 ListView 연결할 필요 없이 기능만 정의해 주면 된다.

4. ListView 예제 실행

❶ Ad_ListViewOnActivity 프로젝트 실행

프로젝트를 실행하면 다음과 같은 화면이 출력된다. 특정 항목을 클릭해 본다.

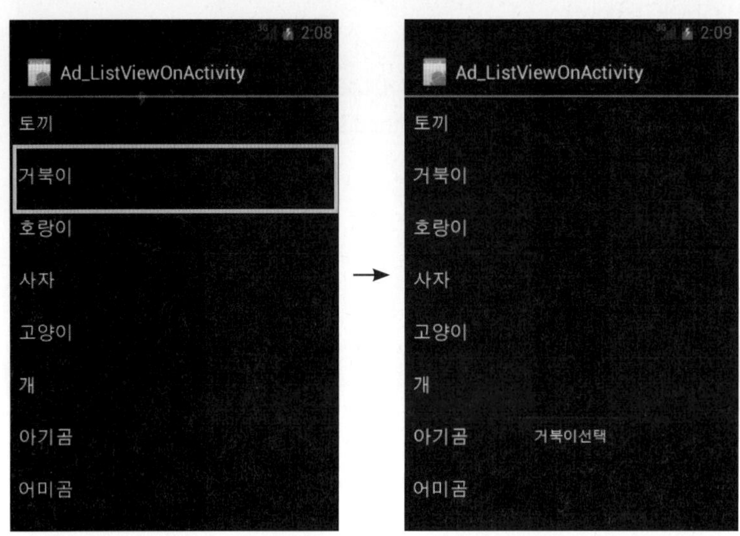

다시 방향키를 위, 아래로 이동시켜본다.

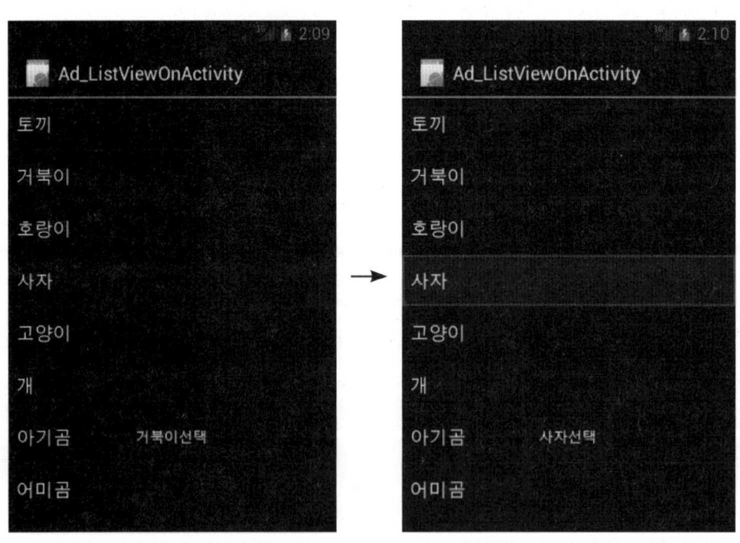

❷ Ad_ListViewOnListActivity 프로젝트 실행

해당 프로젝트를 실행하면 다음과 같은 화면이 출력된다. 특정 항목을 클릭해 본다.

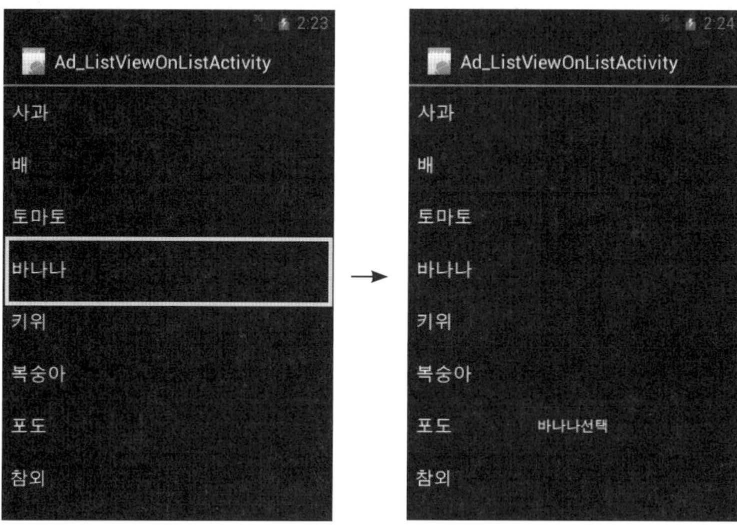

다시 방향키를 위, 아래로 움직여 특정 항목을 선택해 본다.

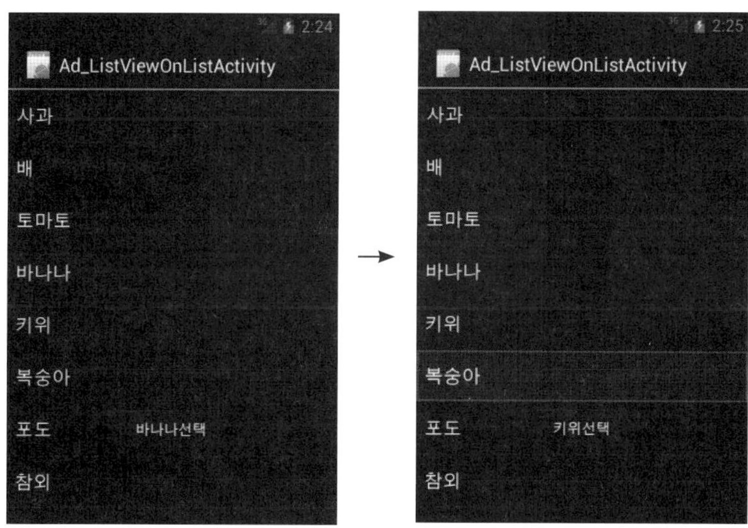

3 GridView

1. GridView의 상속 구조

```
public class
GridView
extends AbsListView

java.lang.Object
  ↳ android.view.View
      ↳ android.view.ViewGroup
          ↳ android.widget.AdapterView<T extends android.widget.Adapter>
              ↳ android.widget.AbsListView
                  ↳ android.widget.GridView
```

GridView는 격자 모양으로 항목을 배치하는 형태의 AdapterView이다.

항목1	항목2	항목3	항목4
항목5	항목6	항목7	항목8

2. GridView에서 자주 사용되는 속성과 메소드들

- android:numColumns - 한 row에 나열될 column의 개수. 속성 값을 auto_fit으로 지정하면 전체 GridView의 넓이와 컬럼의 넓이에 맞게 자동으로 컬럼 개수가 정해짐
- android:verticalSpacing(horizontalSpacing) - Grid의 셀 간 위, 아래, 좌우 간격
- android:columnWidth - Column의 너비
- android:stretchMode - 남은 좌우 공간을 어떻게 분배할지를 결정. spacingWidth로 설정되면 column 간 여백이 남은 공간을 골고루 나눠 할당하고 columnWidth로 설정되면 컬럼 width를 확장하여 다 채움
- int getNumColumns() - GridView의 총 컬럼 개수를 반환하는 메소드
- ListAdapter getAdapter() - 현재 사용되는 Adapter를 반환하는 메소드
- void setSelection(int position) - 특정 position의 항목을 선택되게 하는 메소드
- void setVerticalSpacing(int verticalSpacing) - 항목 간 위, 아래 간격을 설정하는 메소드
- void setHorizontalSpacing(int horizontalSpacing) - 항목 간 좌우 간격을 설정하는 메소드

3. GridView 예제 실행에 필요한 파일들

• main.xml 파일

● Chapter07\Ad_GridView\res\layout\main.xml

```
1   <?xml version="1.0" encoding="utf-8"?>
2   <LinearLayout xmlns:android="http://schemas.android.com/apk/res/android"
3       android:layout_width="fill_parent"
4       android:layout_height="fill_parent"
5       android:orientation="vertical" >
6
7       <GridView
8           android:id="@+id/grid1"
9           android:layout_width="wrap_content"
10          android:layout_height="wrap_content"
11          android:columnWidth="150px"
12          android:horizontalSpacing="20px"
13          android:numColumns="auto_fit"
14          android:stretchMode="columnWidth"
15          android:verticalSpacing="40px" >
16      </GridView>
17
18  </LinearLayout>
```

코드 분석

11	GridView에 출력되는 컬럼의 폭을 150px로 지정하였다.
12	셀 간의 수평 간격을 20px로 지정하였다.
13	한 행에 존재하는 컬럼의 개수를 지정하는 속성 값으로 auto_fit을 설정하여 컬럼 폭을 고려하여 컬럼 개수가 자동으로 계산되게 처리하였다.
14	컬럼이 GridView 영역을 다 채우지 못하고 공간이 남았을 때 컬럼의 폭을 늘려서 GridView 영역을 채우는 설정을 하였다.
15	컬럼 간의 수직 간격을 40px로 정의하였다.

• **Ad_GridViewActivity.java 파일 작성**

◉ Chapter07\Ad_GridView\src\com\jung\Ad_GridViewActivity.java

```
1    package com.jung;
2    import java.util.*;
3    import android.app.*;
4    import android.view.View;
5    import android.widget.*;
6    import android.widget.AdapterView.OnItemSelectedListener;
7    import android.os.Bundle;
8    public class Ad_GridViewActivity extends Activity {
9        GridView grid1;
10       ArrayList<String> list = new ArrayList<String>();
11       @Override
12       public void onCreate(Bundle savedInstanceState){
13           super.onCreate(savedInstanceState);
14           setContentView(R.layout.main);
15           grid1 = (GridView)findViewById(R.id.grid1);
16           list.add("사과");
17           list.add("배");
18           list.add("토마토");
19           list.add("바나나");
20           list.add("키위");
21           list.add("복숭아");
22           list.add("포도");
23           list.add("참외");
24           list.add("옥수수");
25           list.add("딸기");
26           list.add("파인애플");
27           list.add("머루");
28           ArrayAdapter<String> aa = new ArrayAdapter<String>
29           (this,android.R.layout.simple_list_item_1,list);
30           grid1.setAdapter(aa);
31           grid1.setOnItemSelectedListener(new OnItemSelectedListener(){
32               public void onItemSelected(AdapterView<?> parent, View view,
33                   int position,
34                   long id) {
35                   Toast.makeText(Ad_GridViewActivity.this,    list.get(position)+    "선택",
36       Toast. LENGTH_SHORT).show();
37               }
38               public void onNothingSelected(AdapterView<?> args0){
39               }
40           });
41       }
42   }
```

9	GridView 위젯의 레퍼런스 변수를 선언하는 부분이다.
10	ArrayAdapter 객체에서 사용할 데이터를 저장할 ArrayList 객체를 생성하는 부분이다.
15	GridView 객체를 생성하는 부분이다.
16~27	ArrayList 객체에 항목으로 사용할 데이터를 저장하는 부분이다.
28~29	ArrayAdapter 객체를 생성하는 부분이다.
30	GridView에 AdapterView.OnItemSelectedListener 객체를 연결하는 부분이다.
32~37	GridView에서 특정 항목을 선택하면 선택된 항목을 Toast로 출력해 주는 부분이다. 테스트할 때 Toast가 출력되어 다른 행이 선택되면 먼저 출력된 Toast가 사라질 때까지 다른 항목 Toast가 출력되지 않는 제약이 있을 수 있다. 선택된 항목을 Toast가 아닌 TextView와 같은 위젯에 출력되도록 코드를 스스로 수정해 보아도 좋을 것이다.

4. GridView 예제 실행

Ad_GridView 프로젝트를 실행하면 다음과 같은 화면이 출력된다. 출력된 화면에서 특정 항목을 방향 키를 눌러 선택하고 Toast 창에 선택된 항목이 출력되는 것을 확인해 본다.

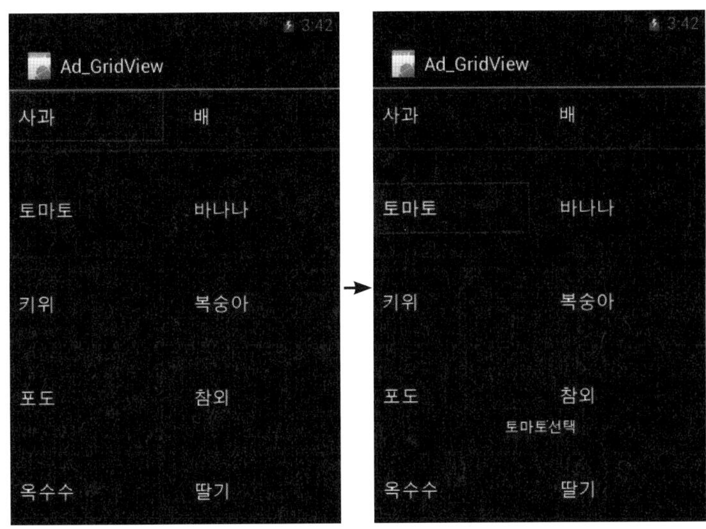

4 Gallery

1. Gallery의 상속 구조

```
public class

Gallery
extends AbsSpinner
implements
GestureDetector.OnGestureListener

java.lang.Object
  ↳android.view.View
    ↳android.view.ViewGroup
      ↳android.widget.AdapterView<T extends android.widget.Adapter>
        ↳android.widget.AbsSpinner
          ↳android.widget.Gallery
```

Gallery 어댑터 뷰는 Gallery 안에 포함되어 있는 항목들이 수평으로 스크롤되는 형태의 뷰이며 가운데 항목이 선택되게 된다.

2. Gallery에서 자주 사용되는 속성과 메소드들

• android:animationDuration - 애니메이션 되는 시간을 밀리 초(mili second)로 설정한다.
자바 코드상에서는 public void setAnimationDuration (int animationDurationMillis) 메소드를 사용하여 설정할 수 있다.

• android:gravity - 자식 뷰의 정렬 방식을 설정하는 속성이다. 자바 코드상에서는 public void setGravity (int gravity) 메소드를 사용하여 설정할 수 있다.

• android:spacing - Gallery의 각 항목 사이의 간격 값을 설정하는 속성이다. 자바 코드상에서는 public void setSpacing (int spacing) 메소드를 사용하여 값을 설정할 수 있다.

• android:unselectedAlpha - Gallery에서 현재 선택되지 않은 항목들의 alpha 값을 지정하는 속성이다. 자바 코드상에서는 public void setUnselectedAlpha (float unselectedAlpha) 메소드를 사용하여 속성 값을 설정할 수 있다.

3. Gallery 예제 실행에 필요한 파일들

• **main.xml 파일**

● Chapter07\Ad_Gallery\res\layout\main.xml

| 1 | `<?xml version="1.0" encoding="utf-8"?>` |
| 2 | `<LinearLayout xmlns:android="http://schemas.android.com/apk/res/android"` |

3	android:layout_width="fill_parent"
4	android:layout_height="fill_parent"
5	android:orientation="vertical"
6	android:gravity="center_horizontal"
7	>
8	
9	<ImageView
10	android:id="@+id/select"
11	android:layout_width="150dp"
12	android:layout_height="150dp"
13	android:src="@drawable/image_01" />
14	
15	<Gallery
16	android:id="@+id/gallery1"
17	android:layout_width="fill_parent"
18	android:layout_height="fill_parent"
19	android:animationDuration="500"
20	android:spacing="10dip" />
21	
22	</LinearLayout>

코드 분석

6	LinearLayout 안에 있는 위젯들을 수평상에서 가운데 배치하기 위한 설정 부분이다.
9~13	화면 상단에 출력될 큰 이미지를 출력할 ImageView 위젯을 정의하는 부분이다.
15~20	하단에 작은 이미지를 출력할 Gallery 위젯을 정의한 부분이다.
19	스크롤 될 시간을 500 밀리 초로 지정한 부분이다.
20	항목 간의 간격을 지정한 부분이다.

• Ad_GalleryActivity.java 파일

● Chapter07\Ad_Gallery\src\com\jung\Ad_GalleryActivity.java	
1	package com.jung;
2	import android.app.*;
3	import android.content.*;
4	import android.os.*;
5	import android.view.*;
6	import android.widget.*;
7	import android.widget.AdapterView.*;
8	

```java
9   public class Ad_GalleryActivity extends Activity {
10      ImageView selectImage;
11      Gallery gallery;
12      int[] images = {
13              R.drawable.image_01,
14              R.drawable.image_02,
15              R.drawable.image_03,
16              R.drawable.image_04,
17      };
18      public void onCreate(Bundle savedInstanceState) {
19          super.onCreate(savedInstanceState);
20          setContentView(R.layout.main);
21
22          gallery = (Gallery) findViewById(R.id.gallery1);
23          selectImage = (ImageView)findViewById(R.id.select);
24          gallery.setAdapter(new ImageTestAdapter(this));
25          gallery.setOnItemSelectedListener(new OnItemSelectedListener() {
26              public void onItemSelected(AdapterView<?> parent, View view,
27              int position, long id) {
28                      selectImage.setImageResource(images[position]);
29                  }
30              public void onNothingSelected(AdapterView<?> parent) {
31                  }
32          });
33      }
34      class ImageTestAdapter extends BaseAdapter {
35          Context context;
36
37      public ImageTestAdapter(Context context) {
38          this.context = context;
39      }
40      public int getCount() {
41          return images.length;
42      }
43
44      public Object getItem(int position) {
45          return images[position];
46      }
47
48      public long getItemId(int position) {
49          return position;
50      }
51
```

52	`public View getView(int position, View convertView, ViewGroup parent) {`
53	`    ImageView image;`
54	
55	`    if (convertView == null) {`
56	`        image = new ImageView(context);`
57	`    } else {`
58	`        image = (ImageView)convertView;`
59	`    }`
60	
61	`    image.setImageResource(images[position]);`
62	`    image.setScaleType(ImageView.ScaleType.CENTER_CROP);`
63	`    //CENTER_CROP : 종횡비를 유지하며 뷰의 크기 이상 채운다. 따라서 이미지 일부`
64	`가 잘릴 수 있다.`
65	`    image.setLayoutParams(new Gallery.LayoutParams(100, 100));`
66	
67	`    return image;`
68	`    }`
69	`  }`
70	`}`

코드 분석

10	하단 Gallery에서 선택된 이미지 항목의 큰 그림을 출력할 ImageView를 선언한 부분이다.
11	Gallery의 변수를 정의하는 부분이다.
12~17	Gallery에서 각 항목의 이미지로 사용할 이미지 리소스의 아이디들을 요소로 배열 객체를 생성하는 부분이다.
22~23	Gallery와 선택된 이미지를 출력할 ImageView 객체를 생성하는 부분이다.
24	34라인에서 정의한 ImageTestAdapter 객체를 생성하여 어댑터로 추가하는 부분이다.
25~32	Gallery에 AdapterView.OnItemSelectedListener 객체를 연결하는 부분이다.
26~29	Galllery에서 특정 항목이 선택되었을 때 선택된 항목의 이미지를 selectImage라는 이름의 ImageView에 출력하는 부분이다. onItemSelected의 position 파라미터 값으로 선택된 항목의 인덱스 번호가 전송되어 온다. 선택된 항목의 인덱스 값은 0부터 시작하므로 이미지 리소스 아이디 값이 저장되어 있는 images 배열 객체의 인덱스 값과 같다.
34	ImageTestAdapter라는 커스텀 어댑터 정의 부분이다. 각 어댑터 클래스들의 최상위 클래스는 BaseAdapter이므로 새로운 기능을 하는 어댑터를 정의하려면 BaseAdapter 클래스를 상속받아 정의하면 된다.
37~39	ImageTestAdapter 클래스의 생성자를 정의한 부분이다.
40~42	어댑터에서 만들어야 하는 항목 수를 리턴하는 메소드이다.
44~46	선택된 항목 인덱스의 항목 하나를 리턴하는 메소드를 재정의한 부분이다.
48~50	해당 인덱스 항목의 id 값을 반환하는 메소드를 재정의한 부분이다.

52	getView 메소드가 해당 position의 항목을 직접 생성해서 리턴해 주는 메소드이다. 선택 가능 위젯에서 해당 position의 항목을 출력할 때마다 반복적으로 호출되는 메소드이다. getView 메소드의 convertView 메소드가 null이면 새로운 ImageView 객체를 생성한다.
55~57	안드로이드 폰은 폰에 따라 다르지만 일반적으로 8~12개 정도의 항목을 먼저 생성한다. 즉, 한 화면에 출력될 정도의 개수만큼의 항목을 먼저 생성한다. 항목이 1000개라도 1000개를 한 번에 다 생성하지 않고 한 화면에 출력될 정도만 먼저 생성하는 것이다. 그 이상의 항목을 출력하려고 스크롤하면 전 화면에서 생성된 항목 뷰를 재사용하기 위해서 convertView로 전 화면에 출력되었던 항목뷰를 파라미터로 전송해 준다. 따라서 상단 예제에서는 성능을 고려하여 getView 메소드에서 ImageView 항목을 계속 생성하는 것이 아니라 convertView가 null일 경우만 새로 생성하고, null이 아닌 경우에는 convertView를 해당 position에 출력할 항목 뷰로 사용하고 있다.
57~59	convertView가 null이 아니면 전송된 convertView를 리턴할 ImageView로 캐스팅하는 부분이다.
61	해당 position에 출력할 항목뷰로 사용될 ImageView의 리소스를 지정하는 부분이다.
65	ImageView의 width와 height 값을 설정하는 부분이다.
67	해당 position에 출력될 ImageView를 리턴하는 부분이다.

4. Gallery 예제 실행

Ad_Gallery 프로젝트를 실행하면 다음과 같은 화면이 출력된다. 화면에서 갤러리를 좌측으로 스크롤 시키면 선택된 그림이 상단의 이미지 뷰에 출력된다.

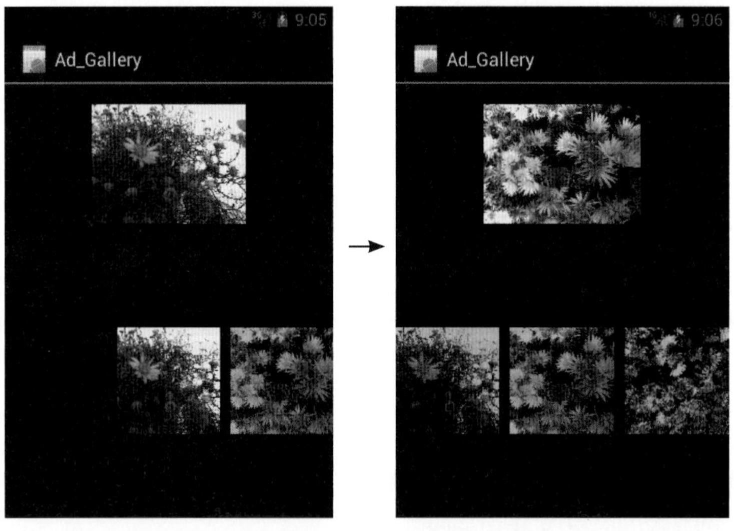

5 Spinner

1. Spinner의 상속 구조

```
public class

Spinner
extends AbsSpinner
implements DialogInterface.OnClickListener

java.lang.Object
   ↳ android.view.View
       ↳ android.view.ViewGroup
           ↳ android.widget.AdapterView<T extends android.widget.Adapter>
               ↳ android.widget.AbsSpinner
                   ↳ android.widget.Spinner
```

Spinner는 다른 GUI 프로그램에서 콤보 박스와 비슷한 기능을 하는 선택 가능 위젯이다. Spinner는 ListView처럼 화면의 전체 영역을 차지하지 않으면서 항목을 선택 가능한 기능을 구현할 때 사용된다.

2. Spinner에서 자주 사용되는 속성과 메소드들

- android:gravity - 선택된 항목을 Spinner 영역의 어느 부분에 위치시킬 것인지를 설정하는 속성. 자바 코드상에서는 public void setGravity (int gravity) 메소드를 사용해서 해당 속성 값을 설정할 수 있다.
- android:prompt - Spinner Dialog 창의 프롬프트를 설정하는 속성이다.

3. Spinner 예제 실행에 필요한 파일들

❶ Spinner1

- **main.xml 파일 작성**

```
● Chapter07\Ad_Spinner1\res\layout\main.xml
1   <?xml version="1.0" encoding="utf-8"?>
2   <LinearLayout xmlns:android="http://schemas.android.com/apk/res/android"
3       android:orientation="vertical"
4       android:layout_width="fill_parent"
5       android:layout_height="fill_parent"
6       >
```

7	<TextView
8	android:id="@+id/textView"
9	android:layout_width="fill_parent"
10	android:layout_height="wrap_content"
11	android:text=""
12	/>
13	<Spinner android:id="@+id/spin"
14	android:layout_width="fill_parent"
15	android:layout_height="wrap_content"
16	/>
17	</LinearLayout>

코드 분석

7~12	Spinner에서 선택된 항목을 표시할 TextView를 정의한 부분이다.
13~16	Spinner 위젯을 정의한 부분이다.

• Ad_Spinner1Activity.java 파일 작성

● Chapter07\Ad_Spinner1\src\com\jung\Ad_Spinner1Activity.java

```java
1   package com.jung;
2   import java.util.ArrayList;
3   import android.app.Activity;
4   import android.os.Bundle;
5   import android.view.View;
6   import android.widget.AdapterView;
7   import android.widget.ArrayAdapter;
8   import android.widget.Spinner;
9   import android.widget.TextView;
10  import android.widget.AdapterView.OnItemSelectedListener;
11  public class Ad_Spinner1Activity extends Activity {
12      /** Called when the activity is first created. */
13      ArrayList<String> list = new ArrayList<String>();
14      TextView textView;
15      Spinner spinner;
16      @Override
17      public void onCreate(Bundle savedInstanceState) {
18          super.onCreate(savedInstanceState);
19          setContentView(R.layout.main);
20          spinner=(Spinner)findViewById(R.id.spin);
21          textView = (TextView)findViewById(R.id.textView);
22          list.add("사과");
23          list.add("배");
```

```java
24          list.add("토마토");
25          list.add("바나나");
26          list.add("키위");
27          list.add("복숭아");
28          list.add("포도");
29          list.add("참외");
30          list.add("옥수수");
31          list.add("딸기");
32          list.add("파인애플");
33          list.add("머루");
34
35          ArrayAdapter<String> aa = new ArrayAdapter<String>
36          (this,android.R.layout.simple_spinner_item,list);
37          spinner.setAdapter(aa);
38          spinner.setOnItemSelectedListener(new OnItemSelectedListener() {
39              public void onItemSelected(AdapterView<?> parent, View view,
40              int position, long id) {
41                  textView.setText(list.get(position));
42              }
43              public void onNothingSelected(AdapterView<?> args0){
44              }
45          });
46      }
47 }
```

코드 분석

14~15	TextView와 Spinner 위젯의 레퍼런스 변수를 정의하는 부분이다.
20~21	TextView와 Spinner 객체를 생성하는 부분이다.
22~33	Spinner 객체에서 항목으로 사용할 데이터들을 ArrayList 객체에 요소로 추가하는 부분이다.
35~36	ArrayAdapter 객체를 생성하는 부분이다. 레이아웃 리소스로 Spinner용 레이아웃 리소스를 사용하고 있다.
37	Spinner 객체에 어댑터를 연결하는 부분이다. 이 부분까지 하면 우선 항목이 출력된다.
38~47	Spinner 객체에 리스너 객체를 연결하는 부분이다. 특정 항목이 선택되면 선택된 항목을 상단에 위치한 TextView에 출력한다.

❷ Spinner2

본 예제는 Spinner 객체에 출력될 항목 내용을 xml 속성인 android:entries를 이용해서 지정하는 예제이다.

<table>
<tr><td colspan="2">● Chapter07\Ad_Spinner2\res\values\arrays.xml</td></tr>
<tr><td>1</td><td><?xml version="1.0" encoding="utf-8"?></td></tr>
<tr><td>2</td><td><resources></td></tr>
<tr><td>3</td><td><string-array name="fruits"></td></tr>
<tr><td>4</td><td><item>사과</item></td></tr>
<tr><td>5</td><td><item>바나나</item></td></tr>
<tr><td>6</td><td><item>복숭아</item></td></tr>
<tr><td>7</td><td><item>배</item></td></tr>
<tr><td>8</td><td><item>참외</item></td></tr>
<tr><td>9</td><td><item>딸기</item></td></tr>
<tr><td>10</td><td><item>키위</item></td></tr>
<tr><td>11</td><td><item>포도</item></td></tr>
<tr><td>12</td><td></string-array></td></tr>
<tr><td>13</td><td></resources></td></tr>
</table>

코드 분석

Spinner 객체의 항목 데이터로 사용될 값들을 string-array 리소스 형태로 정의하였다.

• **strings.xml**

<table>
<tr><td colspan="2">● Chapter07\Ad_Spinner2\res\values\strings.xml</td></tr>
<tr><td>1</td><td><?xml version="1.0" encoding="utf-8"?></td></tr>
<tr><td>2</td><td><resources></td></tr>
<tr><td>3</td><td><string name="hello">Hello World, Ad_Spinner2Activity!</string></td></tr>
<tr><td>4</td><td><string name="app_name">Ad_Spinner2</string></td></tr>
<tr><td>5</td><td><string name="prompt">과일을 선택하세요</string></td></tr>
<tr><td>6</td><td></resources></td></tr>
</table>

코드 분석

| 5 | Spinner 객체 Dialog의 프롬프트에 표시될 문자열을 prompt라는 이름으로 정의한 부분이다. |

- **main.xml**

```
Chapter07\Ad_Spinner2\res\layout\main.xml

1     <?xml version="1.0" encoding="utf-8"?>
2     <LinearLayout xmlns:android="http://schemas.android.com/apk/res/android"
3         android:layout_width="fill_parent"
4         android:layout_height="fill_parent"
5         android:orientation="vertical" >
6         <Spinner
7             android:layout_width="fill_parent"
8             android:layout_height="wrap_content"
9             android:entries="@array/fruits"
10    />
11    </LinearLayout>
```

코드 분석

9	Spinner 객체의 항목 데이터를 string-array 리소스로 정의하는 부분이다.

- **Ad_Spinner2Activity.java**

```
Chapter07\Ad_Spinner2\src\com\jung\Ad_Spinner2Activity.java

1     package com.jung;
2
3     import android.app.Activity;
4     import android.os.Bundle;
5
6     public class Ad_Spinner2Activity extends Activity {
7         /** Called when the activity is first created. */
8         @Override
9         public void onCreate(Bundle savedInstanceState) {
10            super.onCreate(savedInstanceState);
11            setContentView(R.layout.main);
12        }
13    }
```

코드상에 특별히 추가된 내용은 없으므로 코드 설명은 생략한다.

4. Spinner 예제 실행

❶ Ad_Spinner1 프로젝트 실행

프로젝트를 실행하면 다음과 같은 화면이 출력된다. 항목을 클릭해 본다.

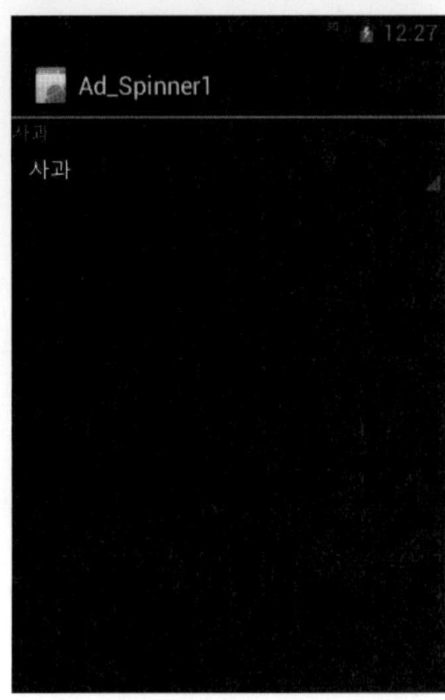

다음과 같은 화면이 출력된다. 이번에는 포도를 선택한다. 그러면 포도 항목이 TextView에 출력된다.

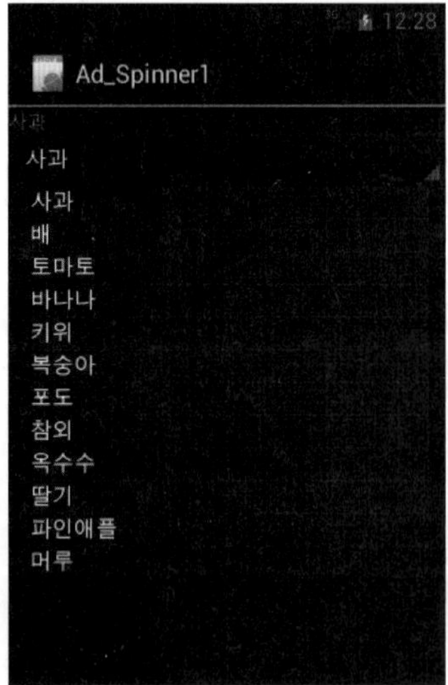 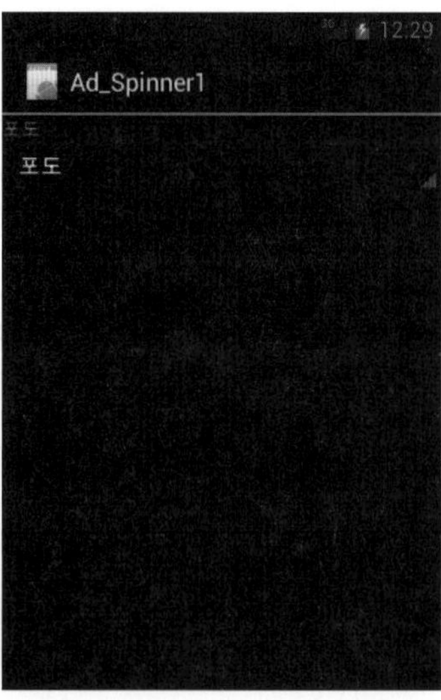

프로젝트를 실행하면 아래 왼쪽 화면과 같이 출력된다. 사과 항목을 클릭하면 오른쪽 화면이 출력된다.

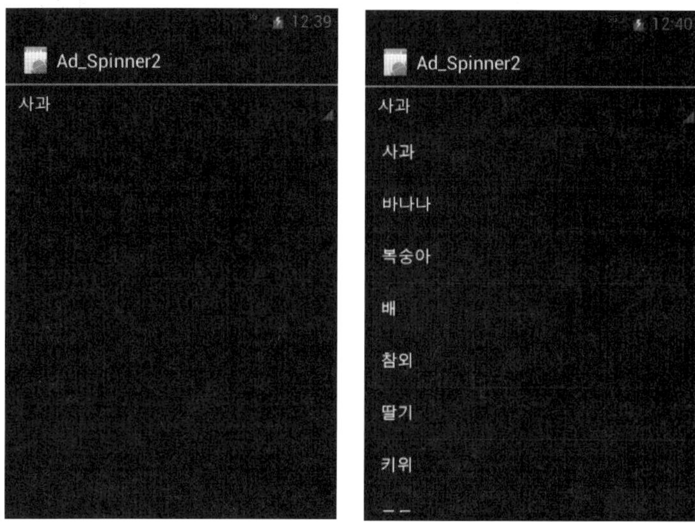

6 ListView 활용하기

ListView는 폰에서 사용 빈도가 높은 선택 가능 위젯이다. 따라서 ListView에 대해서는 좀 더 많은 기능을 살펴보도록 한다.

지금까지 ListView를 사용할 때는 안드로이드에서 기본적으로 제공해 주는 레이아웃 리소스를 사용하여 항목뷰를 선택 가능 위젯에 출력하는 기능만 살펴보았다. 그러나 기본적으로 제공되는 레이아웃 리소스를 이용해서는 원하는 형태의 항목 모양을 표현하지 못할 경우가 있다. 또한 체크 박스나 라디오 버튼을 항목에 출력하는 체크 모드 또한 살펴보지 않았다.

지금부터 선택 가능 위젯에 특정 항목을 선택할 수 있는 방법, 레이아웃 리소스를 커스텀하게 정의해서 사용할 수 있는 방법, 항목 모양을 조건에 따라 다르게 출력할 수 있는 방법, 사용자가 항목에 데이터를 입력할 수 있게 처리하는 방법들을 살펴본다.

1. ListView의 선택 모드

ListView의 선택 모드를 지정하면 ListView의 항목에 라디오 버튼이나 체크 박스 버튼이 생성된다. ListView를 선택 모드로 사용하기 위해서는 두 가지 방법이 있다.

여러 항목 중 하나만 선택되게 하려면 Adapter 객체를 생성할 때 레이아웃 리소스 아이디를 simple_list_item_single_choice로 지정하여야 하고, setChoiceMode 메소드의 파라미터 값으로 ListView.CHOICE_MODE_SINGLE을 지정하여야 한다.

여러 개의 항목을 동시에 선택하는 것이 가능하게 하려면 Adapter 객체 생성 시 레이아웃 리소스 아이디를 simple_list_item_multiple_choice로 지정하여야하고, ListView.setChoiceMode 메소드의 파라미터 값으로 ListView.CHOICE_MODE_MULTIPLE로 지정하여야 한다.

현재 선택된 항목 하나의 position 값을 얻어오려면 다음 메소드를 사용한다.

```
int getChekedItemPosition()
```

현재 선택되어 있는 여러 개 항목의 정보를 얻어오려면 다음 메소드를 사용하면 된다.

```
SparseBooleanArray getCheckedItemPositions()
```

*SparseBooleanArray : 각 항목의 인덱스와 체크 여부 값을 저장하는 배열이다.
get(index i) 메소드에 의해서 해당 인덱스의 선택 상태 값을 얻어올 수 있다.

또한, ListView 가 사용하는 원본 데이터가 변경되었을 때 데이터를 리스트 뷰에 다시 적용하고 싶을 때는 다음 메소드를 이용하면 된다.

```
Adapter.notifyDataSetChanged()
```

2. ListView 예제 작성 및 실행하기

❶ ListView의 항목 하나를 선택하는 예제

본 예제는 리스트뷰의 항목에 라디오 버튼을 출력하여 여러 항목 중 하나의 항목을 선택할 수 있게 처리하고, 선택된 항목을 TextView에 출력해 주는 예제이다.

● Chapter07\Ad_ListSingleChoice\res\layout\main.xml

```xml
1   <?xml version="1.0" encoding="utf-8"?>
2   <LinearLayout xmlns:android="http://schemas.android.com/apk/res/android"
3       android:layout_width="fill_parent"
4       android:layout_height="fill_parent"
5       android:orientation="vertical" >
6
7       <TextView
8           android:id="@+id/fruits"
9           android:layout_width="fill_parent"
10           android:layout_height="wrap_content"
11          android:text="" />
12      <ListView
13          android:id="@+id/list"
14          android:layout_width="fill_parent"
15          android:layout_height="wrap_content"></ListView>
16
17  </LinearLayout>
```

코드 분석

액티비티 화면에 출력될 TextView와 ListView를 정의하였다.

• Ad_ListSingleChoiceActivity.java 파일 작성

● Chapter07\Ad_ListSingleChoice\src\com\jung\Ad_ListSingleChoiceActivity.java

```java
1   package com.jung;
2   import java.util.ArrayList;
3   import android.os.Bundle;
4   import android.app.Activity;
5   import android.view.View;
6   import android.widget.AdapterView;
7   import android.widget.ArrayAdapter;
8   import android.widget.ListView;
9   import android.widget.TextView;
10  public class Ad_ListSingleChoiceActivity extends Activity {
11      TextView fruits;
12      ListView listView;
13      ArrayList<String> list = new ArrayList<String>();
14      @Override
```

```java
15          public void onCreate(Bundle icicle) {
16              super.onCreate(icicle);
17              setContentView(R.layout.main);
18              list.add("사과");
19              list.add("배");
20              list.add("토마토");
21              list.add("바나나");
22              list.add("키위");
23              list.add("복숭아");
24              list.add("포도");
25              list.add("참외");
26              list.add("옥수수");
27              list.add("딸기");
28              list.add("파인애플");
29              list.add("머루");
30              listView = (ListView)findViewById(R.id.list);
31              listView.setAdapter(new ArrayAdapter<String>(this,
32      android.R.layout.simple_list_item_single_choice, list));
33              listView.setChoiceMode(ListView.CHOICE_MODE_SINGLE);
34              fruits=(TextView)findViewById(R.id.fruits);
35
36              listView.setOnItemClickListener(new AdapterView.OnItemClickListener() {
37                  public void onItemClick(AdapterView<?> arg0, View arg1, int arg2, long
38      arg3) {
39                      // TODO Auto-generated method stub
40                      fruits.setText(list.get(arg2));
41                  }
42              });
43          }
44      }
```

코드 분석

13	어댑터에서 사용할 데이터들을 저장할 ArrayList 객체를 생성하는 부분이다.
18~29	ArrayList 객체에 각 데이터들을 추가하는 부분이다.
30	ListView의 레퍼런스를 얻어오는 부분이다.
31	ListView에 어댑터를 추가하는 부분이다.
32	어댑터에서 사용하는 레이아웃 리소스를 라디오 버튼이 생성되는 android.R.layout.simple_list_item_single_choice로 지정한다.
33	ListView의 선택 모드를 하나만 선택할 수 있는 모드로 설정한다.
36~42	ListView에서 특정 항목 하나를 선택했을 때 선택된 항목을 TextView에 출력하는 부분을 처리하였다.

Ad_ListSingleChoice 프로젝트를 실행하면 다음과 같은 화면이 출력된다. 원하는 항목을 선택하면 화면 상단의 TextView에 선택된 항목의 내용이 출력된다.

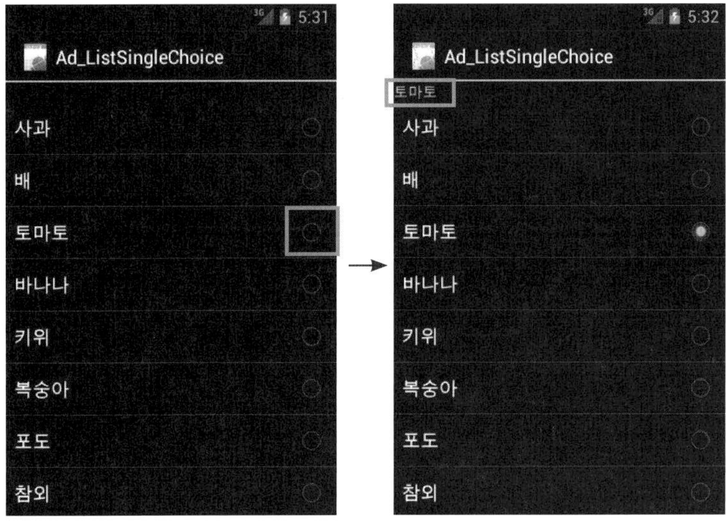

❷ ListView의 항목 여러 개를 선택하는 예제

이 예제는 ListView에서 여러 개의 항목을 동시에 선택할 수 있도록 항목에 체크 박스를 출력해 주는 예제이다. 그리고 여러 개의 체크 박스를 선택하고 [장바구니 담기] 버튼을 클릭하면 선택된 항목의 내용을 보여주는 예제이다.

• main.xml 파일 작성

● Chapter07\Ad_ListMultiChoice\res\layout\main.xml

```xml
1   <?xml version="1.0" encoding="utf-8"?>
2   <LinearLayout xmlns:android="http://schemas.android.com/apk/res/android"
3       android:layout_width="fill_parent"
4       android:layout_height="fill_parent"
5       android:orientation="vertical" >
6
7       <LinearLayout
8           android:layout_width="fill_parent"
9           android:layout_height="wrap_content" >
10
11          <Button
12              android:id="@+id/input"
13              android:layout_width="wrap_content"
14              android:layout_height="wrap_content"
15              android:text="장바구니 담기" />
```

16	
17	<TextView
18	android:id="@+id/textView"
19	android:layout_width="fill_parent"
20	android:layout_height="wrap_content"
21	android:text="장바구니에 담긴 상품" />
22	</LinearLayout>
23	
24	<ListView
25	android:id="@+id/list"
26	android:layout_width="fill_parent"
27	android:layout_height="fill_parent" />
28	
29	</LinearLayout>

코드 분석

<table>
<tr><td>7~22</td><td>ListView에서 선택한 항목을 출력해 주기 위한 영역이다.</td></tr>
<tr><td>7</td><td>ListView의 상단 부분에 제목을 표시하는 TextView와 체크한 항목을 표시하는 명령을 처리하는 Button, 선택된 항목이 출력되는 TextView 위젯들을 수평으로 배치하기 위해서 LinearLayout의 orientation 속성을 지정하지 않았다. orientation 속성이 지정되지 않으면 기본값은 horizontal이다.</td></tr>
</table>

• Ad_ListMultiChoiceActivity.java 파일 작성

● Chapter07\Ad_ListMultiChoice\src\com\jung\Ad_ListMultiChoiceActivity.java

```java
1   package com.jung;
2   import java.util.ArrayList;
3   import android.os.Bundle;
4   import android.app.Activity;
5   import android.util.SparseBooleanArray;
6   import android.view.View;
7   import android.widget.ArrayAdapter;
8   import android.widget.Button;
9   import android.widget.ListView;
10  import android.widget.TextView;
11  public class Ad_ListMultiChoiceActivity extends Activity {
12      Button input;
13      TextView jang;
14      ListView listView;
15      ArrayList<String> list = new ArrayList<String>();
16      @Override
17      public void onCreate(Bundle icicle) {
18          super.onCreate(icicle);
19          setContentView(R.layout.main);
```

```java
20          list.add("사과");
21          list.add("배");
22          list.add("토마토");
23          list.add("바나나");
24          list.add("키위");
25          list.add("복숭아");
26          list.add("포도");
27          list.add("참외");
28          list.add("옥수수");
29          list.add("딸기");
30          list.add("파인애플");
31          list.add("머루");
32          listView = (ListView)findViewById(R.id.list);
33          listView.setAdapter(new ArrayAdapter<String>(this,
34      android.R.layout.simple_list_item_multiple_choice, list));
35          listView.setChoiceMode(ListView.CHOICE_MODE_MULTIPLE);
36          jang=(TextView)findViewById(R.id.textView);
37          input = (Button)findViewById(R.id.input);
38
39          input.setOnClickListener(new View.OnClickListener() {
40
41              public void onClick(View v) {
42                  // TODO Auto-generated method stub
43                  SparseBooleanArray sba = listView.getCheckedItemPositions();
44                  StringBuffer sb = new StringBuffer("장바구니에 담긴 물건 : \n");
45                  if(sba.size() > 0){
46                      for(int i = 0;i<listView.getCount();i++){
47                          if(sba.get(i)){
48                              sb.append(list.get(i)+ " ");
49                          }
50                      }
51                      jang.setText(sb.toString());
52                  }
53              }
54          });
55      }
56  }
```

코드 분석

34	어댑터를 생성할 때 어댑터에서 생성되는 항목뷰에 체크 박스를 출력하기 위해서 레이아웃 리소스 아이디를 android.R.layout.simple_list_item_multiple_choice로 지정한 부분이다.
35	listView에서 여러 항목을 선택할 수 있으려면 해당 ListView의 선택 모드가 ListView.CHOICE_MODE_ MULTIPLE로 지정되어야 한다.

36	선택된 항목을 출력할 TextView의 레퍼런스 값을 얻어온다.
37	장바구니 담기 명령을 받을 버튼의 레퍼런스 값을 얻어온다.
39~54	장바구니 담기 요청을 처리하는 부분이다.
43	ListView의 각 항목의 선택된 상태를 얻어온다. SparseBooleanArray는 각 항목 별로 항목의 인덱스와 선택된 상태 정보를 가지고 있는 배열이다.
44	선택된 항목 문자열을 담을 StringBuffer 객체를 생성하는 부분이다.
45	체크 상태 정보가 하나라도 있는지 체크하는 부분이다.
46	ListView 항목을 처음부터 끝까지 루프를 돌리는 부분이다.
47	해당 인덱스의 항목이 체크되어 있으면 true를 반환한다.
48	선택되어 있는 항목의 문자열을 StringBuffer 객체에 추가한다.
51	선택된 항목의 값을 문자열로 담고 있는 StringBuffer 객체를 String 객체로 변환하여 TextView에 출력하는 부분이다.

Ad_ListMultiChoice 프로젝트를 실행하고 원하는 항목을 여러 개 선택한 후 [장바구니 담기] 버튼을 누르면 선택된 항목 리스트가 상단의 TextView에 출력되는 것을 확인할 수 있다.

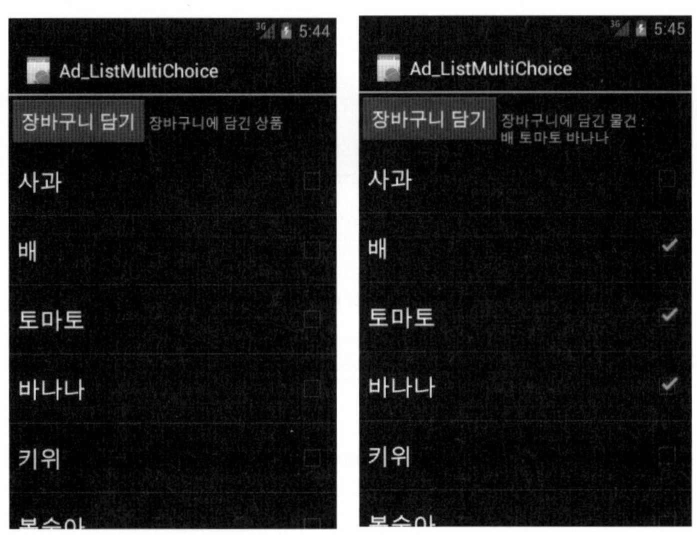

❸ ListView에 새로운 항목을 추가하거나 특정 항목을 제거하는 예제

본 예제에는 출력된 ListView의 기존 항목 리스트에 사용자로부터 특정 값을 입력받아서 입력한 값을 새로운 항목으로 추가하는 기능과 항목 리스트에서 특정 항목을 선택하여 삭제하는 기능이 구현된다.

• main.xml 파일 작성


```xml
1   <?xml version="1.0" encoding="utf-8"?>
2   <LinearLayout xmlns:android="http://schemas.android.com/apk/res/android"
3       android:layout_width="fill_parent"
4       android:layout_height="fill_parent"
5       android:orientation="vertical" >
6   <LinearLayout
7       android:layout_width="fill_parent"
8       android:layout_height="wrap_content">
9       <TextView
10      android:layout_width="wrap_content"
11      android:layout_height="wrap_content"
12      android:text="추가할과일명 "/>
13
14      <EditText
15      android:id="@+id/fruits"
16      android:layout_width="wrap_content"
17      android:layout_height="wrap_content"
18      android:hint="과일명"/>
19
20      <Button
21      android:id="@+id/add"
22      android:layout_width="wrap_content"
23      android:layout_height="wrap_content"
24      android:text="추가"/>
25
26      <Button
27      android:id="@+id/del"
28      android:layout_width="wrap_content"
29      android:layout_height="wrap_content"
30      android:text="삭제"/>
31
32  </LinearLayout>
33  <ListView
34          android:id="@+id/list"
35          android:layout_width="fill_parent"
36          android:layout_height="wrap_content"></ListView>
37
38  </LinearLayout>
```

• Ad_ListAdDelActivity.java 파일

● Chapter07\Ad_ListAdDel\src\com\jung\Ad_ListAdDelActivity.java

```java
1   package com.jung;
2   import java.util.ArrayList;
3   import android.os.Bundle;
4   import android.app.Activity;
5   import android.view.View;
6   import android.widget.Adapter;
7   import android.widget.AdapterView;
8   import android.widget.ArrayAdapter;
9   import android.widget.BaseAdapter;
10  import android.widget.Button;
11  import android.widget.EditText;
12  import android.widget.ListView;
13  import android.widget.TextView;
14  public class Ad_ListAdDelActivity extends Activity implements View.OnClickListener{
15      ArrayAdapter<String> adapter;
16      EditText fruits;
17      ListView listView;
18      ArrayList<String> list = new ArrayList<String>();
19    Button add;
20    Button del;
21      @Override
22      public void onCreate(Bundle icicle) {
23          super.onCreate(icicle);
24          setContentView(R.layout.main);
25          list.add("사과");
26          list.add("배");
27          list.add("토마토");
28          list.add("바나나");
29          list.add("키위");
30          list.add("복숭아");
31          list.add("포도");
32          list.add("참외");
```

```java
33          list.add("옥수수");
34          list.add("딸기");
35          list.add("파인애플");
36          list.add("머루");
37          listView = (ListView)findViewById(R.id.list);
38          adapter = new ArrayAdapter<String>(this,
39              android.R.layout.simple_list_item_single_choice, list);
40          listView.setAdapter(adapter);
41          listView.setChoiceMode(ListView.CHOICE_MODE_SINGLE);
42          fruits=(EditText)findViewById(R.id.fruits);
43          add = (Button)findViewById(R.id.add);
44          del = (Button)findViewById(R.id.del);
45          add.setOnClickListener(this);
46
47          del.setOnClickListener(this);
48      public void onClick(View v) {
49          // TODO Auto-generated method stub
50          if(v.getId() == R.id.add){
51              String addFruits = fruits.getText().toString();
52              list.add(addFruits);
53              fruits.setText("");
54              adapter.notifyDataSetChanged();
55          }
56          else{
57              int position = listView.getCheckedItemPosition();
58              list.remove(position);
59              adapter.notifyDataSetChanged();
60          }
61      }
62  }
```

코드 분석

45~46	항목 추가, 삭제 버튼에 View.OnClickListener 객체를 연결하는 부분이다. 액티비티 자체에서 리스너 인터페이스를 구현하고 있으므로 리스너 객체로 this를 지정하고 있다.
50~55	추가 버튼을 눌렀을 때 새로운 항목을 추가하는 코드가 정의되어 있다.
51	새로운 항목으로 추가할 과일명을 EditText로부터 얻어오는 부분이다.
52	추가할 항목 문자열을 어댑터에서 항목을 생성하는 데이터로 사용하는 ArrayList 객체에 추가하는 부분이다.
53	EditText의 내용을 지워주는 부분이다.
54	notifyDataSetChanged() 메소드를 호출하여 ListView의 항목 내용을 변경된 ArrayList 객체의 내용대로 다시 변경하는 부분이다.
56~60	특정 항목을 선택하고 삭제 버튼을 눌렀을 때 ListView 에서 특정항목 하나늘 제거해 주는 코드를 정의한 부분이다.

Ad_ListAdDel을 실행하면 그림과 같은 화면이 출력된다. ListView 상단에 추가할 과일명을 입력하는 EditText와 해당 과일을 LisView에 새로운 항목으로 추가하는 명령을 받는 [추가] 버튼, 특정 항목을 선택한 후 삭제 명령을 받는 [삭제] 버튼이 정의되어 있다.

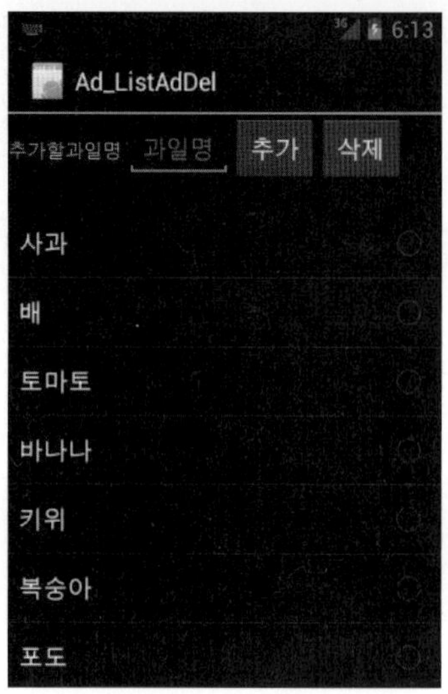

추가와 삭제 작업을 실행해 보자. 먼저, 과일명을 입력하고 [추가] 버튼을 클릭하여 새로운 항목이 추가되는 것을 확인하자.

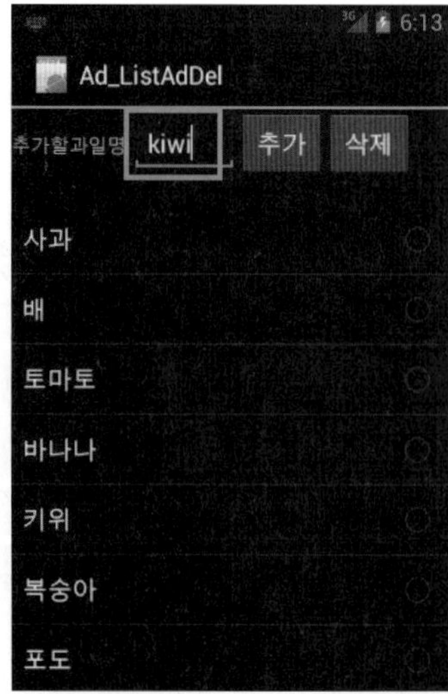

방금 추가된 kiwi 항목을 제거해 보자. kiwi를 선택하고 [삭제] 버튼을 누르면 kiwi 항목이 ListView 에서 제거되는 것을 확인할 수 있다.

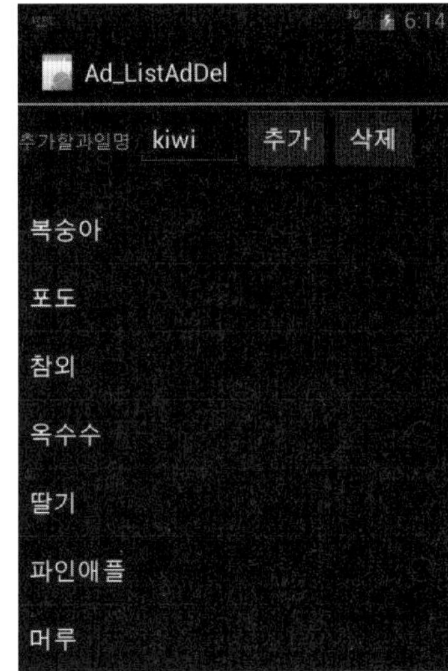

❹ 레이아웃 리소스를 커스텀하게 정의하고 성능을 고려한 어댑터를 사용하는 예제

이전 예제까지는 어댑터에서 항목뷰를 표시할 때 사용하는 레이아웃 리소스를 안드로이드에서 기본적으로 제공되는 것으로 사용하였다. 그러나 안드로이드에서 기본적으로 제공하는 레이아웃 리소스로는 원하는 형태의 항목뷰를 생성하기에 적합하지 않은 경우가 있다. 따라서 본 예제에서는 항목뷰의 모양을 만들 수 있는 레이아웃 리소스를 별도로 생성해서 어댑터를 사용하겠다.

물론 Gallery 예제에서도 Adapter의 getView()에서 항목뷰를 생성할 때 convertView를 이용하여 getView() 메소드를 호출할 때마다 항상 항목뷰 객체를 생성하지 않고 convertView가 null일 때만 항목뷰를 생성하면서 성능을 고려한 코딩을 하였다.

```
if (convertView == null) {
    image = new ImageView(context);
}
```

ImageView 예제의 경우는 항목 자체가 ImageView 객체이므로 항목뷰에서 ImageView 객체 하나만 다루면 되지만 본 예제에서는 항목 하나에 여러 위젯을 배치해서 작업을 하게 된다. 즉, 상위의 뷰 안에 자식 뷰가 여러 개 종속되게 된다. 즉 다음과 같이 이루어진다.

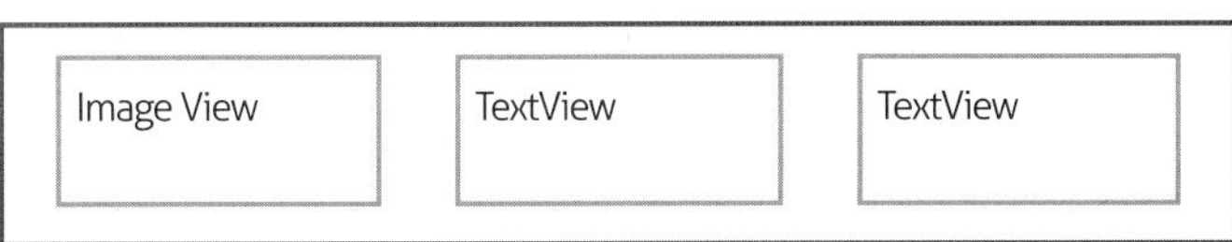

상단 그림에서 바깥 영역은 LinearLayout 객체를 의미한다. getView() 메소드에서 ListView에 출력될 항목을 만들기 위해서 LinearLayout 객체를 얻어온 후 LinearLayout 객체에 속해 있는 각 위젯의 레퍼런스를 얻어와서 각 해당 위젯에 작업을 하게 된다. 이때 LinearLayout 객체의 뷰를 가져올 때 사용하는 메소드가 View에서 제공하는 findViewById(int resId)이다. 이 메소드에 의해서 LinearLayout 객체에 속해 있는 위젯을 얻어오는 작업도 성능에 상당한 영향을 미친다.

따라서 본 예제에서는 이 findViewById(int resId) 메소드가 한 번만 호출될 수 있도록 해당 위젯들의 레퍼런스를 담을 수 있는 Wrapper 클래스를 정의한다. 또한 getView() 메소드에서 항목뷰를 생성할 때 해당 항목뷰의 위젯의 값을 특정 조건에 따라서 동적으로 변경하는 작업도 살펴본다.

예제 코드를 보면서 보다 자세히 살펴보자.

- **ListView의 항목에 대한 레이아웃 리소스 파일인 line.xml 파일 작성**

⊙ Chapter07\Ad_ListWrapper\res\layout\line.xml

```xml
1   <?xml version="1.0" encoding="utf-8"?>
2   <RelativeLayout xmlns:android="http://schemas.android.com/apk/res/android"
3       android:layout_width="match_parent"
4       android:layout_height="match_parent"
5   >
6   <ImageView
7       android:layout_alignParentLeft="true"
8       android:id="@+id/image"
9       android:layout_width="50dp"
10      android:layout_height="50dp"
11      android:src="@drawable/original"
12      />
13    <TextView
14      android:paddingLeft="50dp"
15      android:id="@+id/city"
16      android:layout_toRightOf="@id/image"
17      android:layout_width="wrap_content"
18      android:layout_height="wrap_content"/>
19
20      <TextView
21      android:id="@+id/country"
22      android:layout_alignParentRight="true"
23      android:layout_width="wrap_content"
24      android:layout_height="wrap_content"/>
25  </RelativeLayout>
```

 **코드 분석**

ListView의 항목 하나에 대한 레이아웃 리소스 파일이다. ListView에 출력되는 각 항목의 모양이 line.xml에 정의한 형태로 이루어지게 된다.

• main.xml 파일 작성

● Chapter07\Ad_ListWrapper\res\layout\main.xml

```
1   <?xml version="1.0" encoding="utf-8"?>
2   <LinearLayout xmlns:android="http://schemas.android.com/apk/res/android"
3       android:layout_width="fill_parent"
4       android:layout_height="fill_parent"
5       android:orientation="vertical" >
6
7       <ListView
8           android:id="@+id/list"
9           android:layout_width="fill_parent"
10          android:layout_height="wrap_content"
11      />
12
13  </LinearLayout>
```

코드 분석

액티비티의 내용을 정의한 레이아웃 리소스 파일이다. ListView 하나를 추가하고 있다.

• Ad_ListWrapperActivity.java 파일 작성

● Chapter07\Ad_ListWrapper\src\com\jung\RowWrapper.java

```
1   package com.jung;
2
3   import android.view.View;
4   import android.widget.ImageView;
5   import android.widget.TextView;
6
7   public class RowWrapper {
8       View rowView;
9       TextView city;
10      TextView country;
11      ImageView image;
12      public RowWrapper(View rowView) {
13          // TODO Auto-generated constructor stub
14          this.rowView = rowView;
15      }
```

16	`    public TextView getCity(){`
17	`        if(city == null){`
18	`            city = (TextView)rowView.findViewById(R.id.city);`
19	`        }`
20	`        return city;`
21	`    }`
22	`    public TextView getCountry(){`
23	`        if(country == null){`
24	`            country = (TextView)rowView.findViewById(R.id.country);`
25	`        }`
26	`    return country;`
27	`    }`
28	`    public ImageView getImage(){`
29	`        if(image == null){`
30	`            image = (ImageView)rowView.findViewById(R.id.image);`
31	`        }`
32	`    return image;`
33	`    }`
34	`}`

코드 분석

상단에 정의한 RowWrapper 클래스는 ListView의 한 항목에서 사용되는 위젯의 레퍼런스 값을 반복적으로 사용할 수 있도록 담아 놓는 역할을 한다. 즉 처음 필요할 때만 레퍼런스를 한 번 얻어오고, 두 번째 사용할 때부터는 RowWrapper 객체에 저장되어 있는 레퍼런스를 이용해서 작업을 할 수 있도록 하는 것이다.

8	RowWrapper 객체를 생성할 때 기준뷰(항목뷰)로 사용될 View의 레퍼런스 변수를 정의하였다. RowWrapper 객체는 각 항목뷰마다 하나씩 생성된다.
9~11	항목뷰 하나를 구성하는 위젯들의 레퍼런스 변수를 정의한 부분이다.
21~15	RowWrapper 객체를 생성할 때 기준뷰를 초기화시킨다.
16~21	city라는 이름의 TextView의 레퍼런스 값을 리턴해 주는 작업을 하는 getCity() 메소드를 정의한 부분이다. 어댑터의 getView() 메소드에 해당 위젯에 작업을 할 때 이 getView() 메소드를 호출하여 레퍼런스 값을 얻게 된다.
17~19	city 값이 null일 때만 즉, getView() 메소드가 처음 호출되었을 때만 해당 항목뷰의 findViewById(int resId)를 호출해서 city의 레퍼런스 값을 얻어오는 부분이다. getView() 메소드가 두 번째 호출될 때부터는 이 부분이 실행되지 않고, 첫 번째 호출 시 얻어왔던 레퍼런스 값을 가지고 있게 된다.
20	city 레퍼런스 변수 값을 리턴한다.

이 이후의 코드는 country나 image 변수에 대해서 같은 의미로 반복되는 부분이다.

● Chapter07\Ad_ListWrapper\src\com\jung\Ad_ListWrapperActivity.java

```java
1    package com.jung;
2    import android.app.Activity;
3    import android.os.Bundle;
4    import android.view.LayoutInflater;
5    import android.view.View;
6    import android.view.ViewGroup;
7    import android.widget.ArrayAdapter;
8    import android.widget.ListView;
9    import android.widget.TextView;
10   public class Ad_ListWrapperActivity extends Activity {
11       String[]
12       datas={"서울","북경","동경","뉴델리","베를린","런던","워싱턴","켄버라","테해란"};
13       ListView list;
14       @Override
15       public void onCreate(Bundle icicle) {
16           super.onCreate(icicle);
17           setContentView(R.layout.main);
18           list = (ListView)findViewById(R.id.list);
19           list.setAdapter(new WrapperAdapter(this));
20       }
21
22       class WrapperAdapter extends ArrayAdapter<String> {
23           Activity context;
24
25           WrapperAdapter(Activity context) {
26               super(context, R.layout.line, datas);
27               this.context=context;
28           }
29       public View getView(int position, View convertView, ViewGroup parent) {
30               View rowView=convertView;
31               RowWrapper rowWrapper=null;
32               if (rowView==null) {
33                   LayoutInflater lInflater=context.getLayoutInflater();
34
35                   rowView=lInflater.inflate(R.layout.line, null);
36                   rowWrapper=new RowWrapper(rowView);
37                   rowView.setTag(rowWrapper);
38               }
39               else {
40                   rowWrapper=(RowWrapper)rowView.getTag();
41               }
42               rowWrapper.getCity().setText(datas[position]);
```

```java
43                    TextView country = (TextView)rowWrapper.getCountry();
44                    String city = datas[position];
45                    if(city.equals("서울")){
46                        country.setText("한국");
47                    }
48                    else if(city.equals("북경")){
49                        country.setText("중국");
50                    }
51                    else if(city.equals("동경")){
52                        country.setText("일본");
53                    }
54                    else if(city.equals("뉴델리")){
55                        country.setText("인도");
56                    }
57                    else if(city.equals("베를린")){
58                        country.setText("독일");
59                    }
60                    else if(city.equals("런던")){
61                        country.setText("영국");
62                    }
63                    else if(city.equals("워싱턴")){
64                        country.setText("미국");
65                    }
66                    else if(city.equals("켄버라")){
67                        country.setText("호주");
68                    }
69                    else if(city.equals("테헤란")){
70                        country.setText("앙카라");
71                    }
72                    return(rowView);
73                }
74            }
75    }
```

코드 분석

11~12	어댑터에서 ListView의 항목뷰를 생성할 때 사용할 데이터를 String 배열 객체로 생성하였다.
19	ListView에 항목뷰를 공급할 Adapter로 ListAdapter를 상속받아서 커스텀하게 정의된 WrapperAdapter를 사용하였다.
22	WrapperAdapter는 ArrayAdapter와 거의 비슷한 기능으로 구현할 것이기 때문에 BaseAdapter를 상속받지 않고 ArrayAdapter를 상속받아서 정의하였다.
26	상위 클래스인 ArrayAdapter의 생성자를 호출하여 필요한 값들을 초기화시켰다. 레이아웃 리소스를 안드로이드에서 제공해 주는 레이아웃 리소스가 아닌 커스텀하게 정의한 R.layout.line을 이용하고 있다.

29~75	어댑터의 메소드 중 가장 핵심적인 메소드인 getView() 메소드를 정의한 부분이다. getView() 메소드에서 ListView에 출력될 항목 모양을 생성하게 된다.
32	convertView가 null인지를 비교하는 부분이다.
33	LayoutInflater를 생성하는 부분이다. LayoutInflater는 레이아웃 리소스 파일을 분석하여 최상의 노드를 반환하는 역할을 한다.
35	line 레이아웃 리소스 파일을 인플레이트하여 최상위 노드를 얻어온다. 여기서는 LinearLayout 객체가 반환된다. inflate 메소드의 두 번째 파라미터가 null이 아니면 반환된 노드를 파라미터 노드의 자식 노드로 추가한다.
36	얻어온 항목뷰를 베이스뷰로 생성자의 파라미터로 전송하면서 RowWrapper 객체를 생성한다.
37	View에서 제공하는 setTag 메소드를 이용하여 RowWrapper 객체를 해당 항목뷰에 태그 데이터로 달아준다. setTag 메소드에는 모든 객체 타입의 데이터가 파라미터로 올 수 있다.
39~41	convertView가 null이 아니라는 것은 현재 getView() 메소드에서 사용하는 항목뷰가 파라미터로 전송되어 왔다는 것을 의미한다. 이 경우에는 해당 항목뷰에 이미 RowWrapper 객체가 태그 데이터로 달려 있으므로 이미 달려 있는 태그 데이터를 얻어오는 부분이다.
42	RowWrapper 객체에서 city라는 이름의 TextView 위젯을 얻어서 도시명을 할당하는 부분이다.
43	나라 이름이 출력될 TextView인 country의 레퍼런스 값을 얻어오는 부분이다.
44~71	각 도시 이름에 따라서 동적으로 나라 이름을 할당하는 부분이다.
72	생성된 뷰 항목을 리턴하는 부분이다.

Ad_ListWrapper 프로젝트를 실행하면 다음과 같은 그림의 화면이 출력된다. 이미지와 도시 부분은 고정적으로 출력되는 부분이고, 나라 이름이 출력되는 부분은 도시명에 따라서 동적으로 할당한 것이다. TextView의 내용뿐 아니라 이미지도 동적으로 변경할 수 있으며 레이아웃 자체도 동적으로 변경 가능하다.

AutoCompletTextView는 사용자가 특정 단어의 일부를 입력할 때 해당 단어의 완전한 단어를 제공해 주는 뷰이다.

1. AutoCompleteTextView의 상속 구조

```
AutoCompleteTextView

extends EditText
implements Filter.FilterListener

java.lang.Object
  ┗android.view.View
    ┗android.widget.TextView
      ┗android.widget.EditText
        ┗android.widget.AutoCompleteTextView
```

상단의 상속 구조를 보면 AutoCompleteTextView는 EditText를 상속받고 있기 때문에 데이터를 입력할 수 있는 형태를 EditText 형태로 출력해 준다. 그리고 AutoCompleteTextView에서는 입력되는 텍스트에 대한 이벤트를 처리하는 기능을 자체적으로 제공하지 않기 때문에 TextWatcher 인터페이스 객체를 등록해서 이벤트를 처리해 주어야 한다.

TextWatcher에 정의되어 있는 메소드는 다음과 같다.

- public abstract void afterTextChanged (Editable s) : 텍스트가 변경된 후에 호출된다.
- public abstract void beforeTextChanged (CharSequence s, int start, int count, int after)
  : 문자열이 변경되기 직전에 호출되는 메소드이다.
- public abstract void onTextChanged (CharSequence s, int start, int before, int count)
  : 텍스트 내용이 변경될 때마다 호출된다.

2. AutoCompleteTextView에서 자주 사용되는 속성과 메소드들

- android:completionThreshold - 입력 박스에 몇 자 이상을 입력했을 때 단어가 제시될지를 설정하는 속성이다. 자바 코드상에서는 public void setThreshold (int threshold) 메소드를 사용해서 지정하는 것이 가능하다.
- android:dropDownHeight - dropdown Dialog 의 높이를 지정할 수 있는 속성 값이다. 상대적인 크기로 wrap_content, fill_parent, match_parent 속성 값의 사용이 가능하

다. 자바 코드상에서는 public void setDropDownHeight (int height) 로
지정이 가능하다.

- android:dropDownWidth - ropdown Dialog의 폭을 지정할 수 있는 속성이다. 상대적인 크기로 wrap_
content, fill_parent, match_parent 속성 값의 사용이 가능하다. 자바 코
드상에서는 public void setDropDownWidth (int width)로 지정이 가능
하다.

- android:popupBackground - 팝업 다이얼로그의 백그라운드를 지정하는 속성이다. 자바 코드상에서
는 public void setDropDown BackgroundResource (int id) 메소드를 사
용하여 지정할 수 있다. 파라미터 값으로는 Drawable 리소스 id 값을 지
정하면 된다.

3. AutoCompleteTextView 예제 실행에 필요한 파일들

- **main.xml 파일**

> ● Chapter07\Ad_AutoCompleteTextView\res\layout\main.xml

```
1   <?xml version="1.0" encoding="utf-8"?>
2   <LinearLayout
3       xmlns:android="http://schemas.android.com/apk/res/android"
4       android:orientation="vertical"
5       android:layout_width="fill_parent"
6       android:layout_height="fill_parent"
7       >
8       <TextView
9       android:id="@+id/country"
10      android:layout_width="fill_parent"
11      android:layout_height="wrap_content"
12      />
13      <EditText android:id="@+id/name"
14          android:layout_width="fill_parent"
15          android:layout_height="wrap_content"
16          android:hint="이름을 입력하세요"/>
17      <LinearLayout
18          android:layout_width="fill_parent"
19          android:layout_height="wrap_content" >
```

20	`<TextView`
21	`    android:text="국가명"`
22	`    android:layout_width="wrap_content"`
23	`    android:layout_height="wrap_content"/>`
24	`<AutoCompleteTextView android:id="@+id/auto"`
25	`    android:layout_width="fill_parent"`
26	`    android:layout_height="wrap_content"`
27	`    android:completionThreshold="2"/>`
28	`</LinearLayout>`
29	`</LinearLayout>`

코드 분석

8~12	EditText에 입력한 이름 값과 AutoCompleteTextView에 입력한 국가명을 출력할 TextView를 정의한 부분이다.
13~16	이름을 입력하는 EditText를 정의한 부분이다.
17~28	국가명을 입력하는 부분을 레이블 부분과 값을 입력하는 부분을 좌우로 배치하기 위해서 LinearLayout으로 싸 준 부분이다.
24~27	국가명을 입력할 수 있는 AutoCompleteTextView를 정의한 부분이다.
27	AutoCompleteTextView에 두 문자를 입력하면 문자열을 제시하겠다는 설정을 한 부분이다.

• Ad_AutoCompleteTextViewActivity.java 파일

● Chapter07\Ad_AutoCompleteTextView\src\com\jung\Ad_AutoCompleteTextViewActivity.java

```java
1   package com.jung;
2   import java.util.ArrayList;
3
4   import android.app.Activity;
5   import android.os.Bundle;
6   import android.text.Editable;
7   import android.text.TextWatcher;
8   import android.widget.ArrayAdapter;
9   import android.widget.AutoCompleteTextView;
10  import android.widget.EditText;
11  import android.widget.TextView;
12  public class Ad_AutoCompleteTextViewActivity extends Activity
13      implements TextWatcher {
14      //TextWatcher : 텍스트 값이 변경되는 이벤트를 처리해 주는 리스너.
```

```java
        EditText name;
        TextView country;
        AutoCompleteTextView auto;
        ArrayList<String> datas = new ArrayList<String>();

        @Override
    public void onCreate(Bundle icicle) {
        super.onCreate(icicle);
        setContentView(R.layout.main);
        name = (EditText)findViewById(R.id.name);
        country=(TextView)findViewById(R.id.country);
        auto=(AutoCompleteTextView)findViewById(R.id.auto);
        datas.add("Korea");
        datas.add("Japan");
        datas.add("USA");
        datas.add("China");
        datas.add("Russia");
        datas.add("Austria");
        auto.addTextChangedListener(this);
        auto.setAdapter(new ArrayAdapter<String>
        (this,android.R.layout.simple_dropdown_item_1line, datas));
        auto.setHint("put your country");
    }
    public void afterTextChanged(Editable s) {
        // TODO Auto-generated method stub
    }
    public void beforeTextChanged(CharSequence s, int start, int count, int after) {
        // TODO Auto-generated method stub
    }
    public void onTextChanged(CharSequence s, int start, int before, int count) {
        // TODO Auto-generated method stub
        country.setText(name.getText().toString() + "님의 국가는 " + auto.getText().
toString()+ "입니다.");
    }
}
```

코드 분석

13	AutoCompleteTextView에는 텍스트 변경을 처리하는 이벤트가 없기 때문에 TextWatcher 인터페이스를 구현해서 텍스트 변경에 대한 이벤트를 처리하고 있다.
18	AutoCompleteTextView에 항목을 공급할 어댑터에서 사용할 데이터들을 요소로 저장하는 ArrayList 객체를 생성하는 부분이다.
24~26	코드상에서 사용할 각 위젯 객체들을 생성하는 부분이다.

27~32	ArrayList 객체에 AutoCompleteTextView의 항목 데이터로 사용될 데이터들을 저장하는 부분이다.
33	AutoCompleteTextView에 텍스트 변경 이벤트를 감지할 수 있는 리스너 객체를 연결하는 부분이다.
34	AutoCompleteTextView에 ArrayAdapter를 연결하는 부분이다.
36	AutoCompleteTextView의 다이얼로그 상단에 힌트 문자열을 지정하는 부분이다.
38~47	TextWatcher 인터페이스에 정의되어 있는 메소드들을 구현하는 부분이다.
44~48	TextWatcher에 텍스트가 변경될 때마다 상단에 있는 TextView에 입력한 이름과 국가명을 출력해 주는 부분이다.

4. AutoCompleteTextView 예제 실행

프로젝트를 실행한 후 이름을 입력하고 국가명을 입력할 때 두 글자 이상 입력하면 완전한 단어가 제시되는 것을 확인할 수 있다.

8 MultiAutoCompleteTextView

AutoCompleteTextView 기능을 이용해서 특정 단어의 일부 문자를 입력했을 때 완전한 단어가 하단에 제시되는 기능을 살펴보았다.

그렇다면 여러 단어를 동시에 제시받을 수는 없을까? 안드로이드에서는 여러 단어를 동시에 제공받을 수 있는 방법도 제공한다. 동시에 여러 제시어를 제공해 주는 기능을 하는 뷰가 MultiAutoCompleteTextView이다. MultiAutoCompleteTextView의 사용법은 AutoCompleteTextView와 유사하다. 단, setTokenizer 메소드에 의해서 여러 개의 제시어를 제공받을 단어를 구분하는 구분자를 지정해야 하는 차이점이 있다

메소드의 형태는 다음과 같다.

```
public void setTokenizer (MultiAutoCompleteTextView.Tokenizer t)
```

*MultiAutoCompleteTextView.Tokenizer 인터페이스를 구현한 클래스는
MultiAutoCompleteTextView.CommaTokenizer, Rfc822Tokenizer 두 가지가 제공된다.

1. MultiAutoCompleteTextView의 상속 구조

MultiAutoCompleteTextView

extends AutoCompleteTextView

```
java.lang.Object
 ↳android.view.View
   ↳android.widget.TextView
     ↳android.widget.EditText
       ↳android.widget.AutoCompleteTextView
         ↳android.widget.MultiAutoCompleteTextView
```

상단 구조에서 볼 수 있듯이 MultiAutoCompleteTextView 클래스는 AutoCompleteTextView 클래스를 상속받기 때문에 AutoCompleteTextView 클래스의 속성과 메소드를 상속받는다.

2. MultiAutoCompleteTextView 예제 실행에 필요한 파일들

• **main.xml 파일**


```xml
1    <?xml version="1.0" encoding="utf-8"?>
2    <LinearLayout
3        xmlns:android="http://schemas.android.com/apk/res/android"
4        android:orientation="vertical"
5        android:layout_width="fill_parent"
6        android:layout_height="fill_parent"
7        >
8        <TextView
9            android:id="@+id/country"
10           android:layout_width="fill_parent"
11           android:layout_height="wrap_content"
12       />
13       <EditText android:id="@+id/name"
14           android:layout_width="fill_parent"
15           android:layout_height="wrap_content"
16           android:hint="이름을 입력하세요"/>
17       <MultiAutoCompleteTextView android:id="@+id/auto"
18           android:layout_width="fill_parent"
19           android:layout_height="wrap_content"
20           android:completionThreshold="2"/>
21   </LinearLayout>
```

코드 분석

17	AutoCompleteTextView의 main.xml 파일과 거의 유사하지만 사용하는 위젯을 MultiAutoCompleteTextView로 변경한 부분이다.

• **Ad_MultiAutoActivity.java 파일**

Chapter07\Ad_MultiAuto\src\com\jung\Ad_MultiAutoActivity.java

```java
package com.jung;
import java.util.ArrayList;


import android.app.Activity;
import android.os.Bundle;
import android.text.Editable;
import android.text.TextWatcher;
import android.widget.ArrayAdapter;
import android.widget.EditText;
import android.widget.MultiAutoCompleteTextView;
import android.widget.TextView;
public class Ad_MultiAutoActivity extends Activity
    implements TextWatcher {
    //TextWatcher : 텍스트 값이 변경되는 이벤트를 처리해 주는 리스너.
    EditText name;
    TextView country;
    MultiAutoCompleteTextView auto;
    ArrayList<String> datas = new ArrayList<String>();
    @Override
    public void onCreate(Bundle icicle) {
        super.onCreate(icicle);
        setContentView(R.layout.main);
        name = (EditText)findViewById(R.id.name);
        country=(TextView)findViewById(R.id.country);
        auto=(MultiAutoCompleteTextView)findViewById(R.id.auto);
        datas.add("Korea");
        datas.add("Japan");
        datas.add("USA");
        datas.add("China");
        datas.add("Russia");
        datas.add("Austria");
        auto.addTextChangedListener(this);
        auto.setAdapter(new ArrayAdapter<String>]
        (this,android.R.layout.simple_dropdown_item_1line, datas));
        auto.setTokenizer(new MultiAutoCompleteTextView.CommaTokenizer());
        auto.setHint("put your visited country");
    }
```

```
38          public void afterTextChanged(Editable s) {
39              // TODO Auto-generated method stub
40          }
41          public void beforeTextChanged(CharSequence s, int start, int count, int after) {
42              // TODO Auto-generated method stub
43          }
44          public void onTextChanged(CharSequence s, int start, int before, int count) {
45              // TODO Auto-generated method stub
46              country.setText(name.getText().toString() + "님이 방문한 국가는 " + auto.getText().
47  toString()+ "입니다.");
48          }
49      }
```

코드 분석

17	MultiAutoCompleteTextView의 레퍼런스 변수를 정의하는 부분이다.
25	MultiAutoCompleteTextView의 객체를 얻어오는 부분이다.
35	제시어를 제공받을 단어를 구분하는 구분자를 지정하는 부분이다. MultiAutoCompleteTextView.CommaTokenizer를 지정하면서 ' , '를 구분자로 지정하고 있다.
36	MultiAutoCompleteTextView 다이얼로그 상단 부분에 힌트 문자열을 지정하는 부분이다.

3. AutoCompleteTextView 예제 실행

예제를 실행하고 방문한 국가명을 입력할 때 ' , '를 입력해서 구분해 보자. 각 단어마다 제시어가 제공되는 것을 확인할 수 있다.

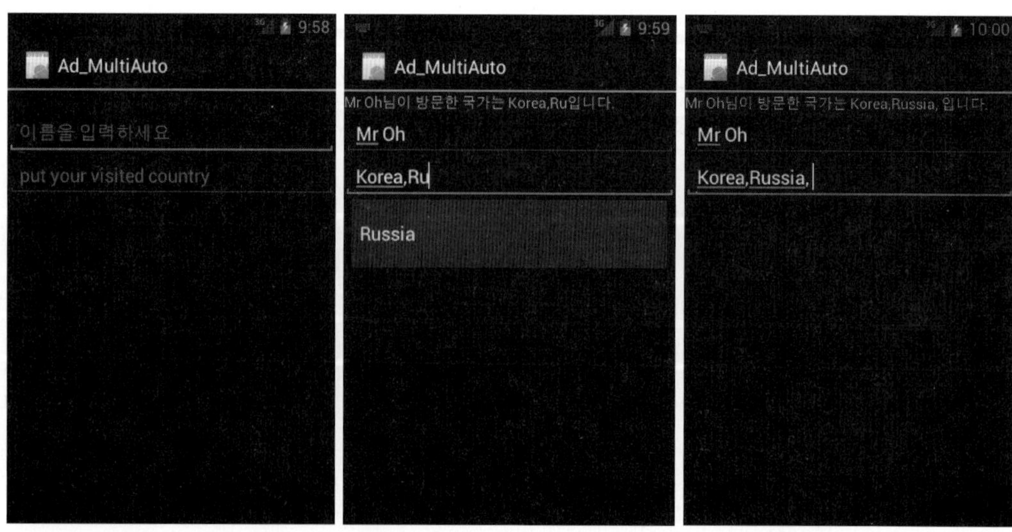

KEY-POINT

1. 안드로이드에서 Adapter는 선택 위젯(ListView, GridView, Gallery, Spinner 등)에 일관된 인터페이스를 제공해 주는 기능을 한다. 즉, 특정 데이터를 읽어들여 특정 선택 기능에서 사용될 항목뷰를 만들어 선택 가능 위젯에 제공하는 역할을 한다. Adapter의 종류로는 ArrayAdapter, CursorAdapter, SimpleAdapter, ActivityAdapter, ActivityIconAdapter가 있다.

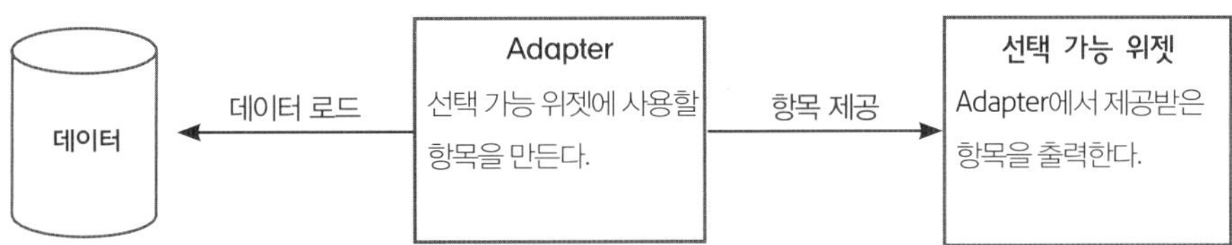

2. ListView 선택 가능 위젯을 제한된 폰 환경에서 많은 양의 항목을 보여주기 위해서 자주 사용되는 선택 가능 위젯이다. ListView를 액티비티에서 사용할 때는 일반 액티비티를 상속받아 구현할 수도 있고, ListActivity를 상속받아서 구현할 수도 있다. ListActivity를 상속받아서 ListView를 구현할 때는 main.xml에서 ListView의 아이디를 반드시 안드로이드에서 이미 정해져 있는 @android:id/list를 사용해야 한다.

   ListView에 어댑터를 추가할 경우 다음과 같은 방법을 이용하면 된다.

```
list.setAdapter(new ArrayAdapter<String>(this,
        android.R.layout.simple_list_item_1,
        datas));
```

   상단 코드에서 list는 ListView이며, android.R.layout.simple_list_item_1은 항목을 표시할 안드로이드에서 제공하는 레이아웃 리소스 아이디, datas는 어댑터에서 항목뷰를 생성할 때 사용하는 배열이나 리스트 데이터를 의미한다.

3. GridView는 격자 모양으로 항목을 출력하는 뷰이다.

항목1	항목2	항목3	항목4
항목5	항목6	항목7	항목8

   GridView 의 자주 사용되는 속성과 메소드는 다음과 같다.
   - android:numColumns - 한 row에 나열될 column 개수. 속성 값을 auto_fit으로 지정하면 컬럼의 넓이에 맞게 자동으로 컬럼 개수가 정해짐
   - android:verticalSpacing(horizontalSpacing) - Grid의 셀 간 위, 아래, 좌우 간격
   - android:columnWidth - Column의 너비
   - android:stretchMode - 남은 좌우 공간을 어떻게 분배할지를 결정
     * spacingWidth로 설정되면 column간 여백이 남은 공간을 골고루 나눠 할당
     * columnWidth로 설정되면 컬럼 width를 확장하여 다 채움
   - int getNumColumns() - GridView의 총 컬럼 개수를 반환하는 메소드

- ListAdapter getAdapter() - 현재 사용되는 Adapter를 반환하는 메소드
- void setSelection(int position) - 특정 position의 항목을 선택되게 하는 메소드
- void setVerticalSpacing(int verticalSpacing) - 항목 간 위, 아래 간격을 설정하는 메소드
- void setHorizontalSpacing(int horizontalSpacing) - 항목 간 좌우 간격을 설정하는 메소드

4. Gallery는 포함되어 있는 항목들을 수평으로 스크롤시키는 데 사용되는 뷰이다. 가운데 있는 항목이 선택된 것으로 인식된다. Gallery에서 자주 사용되는 속성과 메소드들은 다음과 같다.
- android:animationDuration - 애니메이션 되는 시간을 밀리 초로 설정한다. 자바 코드상에서는 public void setAnimationDuration (int animationDurationMillis) 메소드를 사용하여 설정할 수 있다.
- android:gravity - 자식뷰의 정렬 방식을 설정하는 속성이다. 자바 코드상에서는 public void setGravity (int gravity) 메소드를 사용하여 설정할 수 있다.
- android:spacing - Gallery의 각 항목 사이의 간격 값을 설정하는 속성이다. 자바 코드상에서는 public void setSpacing (int spacing) 메소드를 사용하여 값을 설정할 수 있다.
- android:unselectedAlpha - Gallery에서 현재 선택되지 않은 항목들의 alpha 값을 지정하는 속성이다. 자바 코드상에서는 public void setUnselectedAlpha (float unselectedAlpha) 메소드를 사용하여 속성 값을 설정할 수 있다.

5. Spinner는 ListView처럼 화면을 다 차지하지 않으면서 여러 항목을 선택할 수 있게 사용되는 위젯이다. 다른 GUI 프로그래밍 언어에서 콤보 박스와 유사하다. Spinner에서 자주 사용되는 속성과 메소드들은 다음과 같다.
- android:gravity - 선택된 항목을 Spinner 영역의 어느 부분에 위치시킬 것인지를 설정하는 속성. 자바 코드상에서는 public void setGravity (int gravity) 메소드를 사용해서 해당 속성 값을 설정할 수 있다.
- android:prompt - Spinner Dialog 창의 프롬프트를 설정하는 속성
- android:entries - Spinner에서 항목 데이터로 사용될 데이터들을 string-array 형태로 지정할 수 있는 속성

6. LisView의 항목을 출력할 때 안드로이드에서 제공되는 레이아웃 리소스로만은 원하는 형태의 항목을 출력할 수 없을 수 있다. 이런 경우 각 항목 모양을 정의하는 커스텀 레이아웃 리소스를 정의하여 사용할 수 있다.
안드로이드에서는 ListView에 출력되는 모든 항목을 한 번에 다 생성하지 않고 한 화면에 출력되는 정도의 항목만 생성한다. 그리고 생성된 항목을 getView() 메소드에 파라미터로 전송해 재사용할 수 있게 처리하고 있다. 이 파라미터 값은 convertView라는 이름으로 getView() 메소드에 전송된다. 이 convertView가 전송되어 오면 새로운 항목뷰를 생성할 때 재사용할 수 있어서 성능상 도움이 된다.
convertView를 사용하여도 해당 항목에 속해 있는 위젯에 접근할 때는 반복적으로 findViewById() 메소드를 호출하여야 한다. 이 findViewById() 메소드를 호출하는 것도 성능상 많은 영향을 미치므로 Wrapper 클래스를 정의해서 처음에 얻어 온 위젯의 레퍼런스를 Wrapper 객체에 저장해 놓고 반복적으로 사용할 수 있다. Wrapper 객체까지 프로그래밍에 이용하게 되면 성능에 많은 도움이 된다.

7. 특정 단어의 일부 문자를 입력하면 완전한 단어를 제시해 주는 기능을 하는 뷰가 AutoCompleteTextView이다.

- android:completionThreshold - 입력 박스에 몇 자 이상을 입력했을 때 단어가 제시될지를 설정하는 속성이다. 자바 코드상에서는 public void setThreshold (int threshold) 메소드를 사용해서 지정하는 것이 가능하다.
- android:dropDownHeight - dropdown Dialog의 높이를 지정할 수 있는 속성값이다. 상대적인 크기로 wrap_content, fill_parent, match_parent 속성 값의 사용이 가능하다. 자바 코드상에서는 public void setDropDownHeight (int height) 로 지정이 가능하다.
- android:dropDownWidth - dropdown Dialog의 폭을 지정할 수 있는 속성이다. 상대적인 크기로 wrap_content, fill_parent, match_parent 속성 값의 사용이 가능하다. 자바 코드상에서는 public void setDropDownWidth (int width)로 지정이 가능하다.

8. 동시에 여러 개 단어의 제시어를 제공 받으려면 MultiAutoCompleteTextView를 사용하면 된다. MultiAutoCompleteTextView는 AutoCompleteTextView를 상속받기 때문에 사용법이 거의 비슷하나, 단어를 구분해 줄 수 있는 구분자를 지정해 주어야 한다. 구분자를 지정할 때 사용하는 메소드는 다음과 같다.

```
public void setTokenizer (MultiAutoCompleteTextView.Tokenizer t)
```

*MultiAutoCompleteTextView.Tokenizer 인터페이스를 구현한 클래스는 MultiAutoCompleteTextView.CommaTokenizer, Rfc822Tokenizer 두 가지가 제공된다.

지금까지 기본적으로 알아야할 버튼, 텍스트뷰, 에디트 텍스트 등을 살펴보았고, 각 위젯들을 배치할 수 있는 LinearLayout, FrameLayout, AbsoluteLayout, TableLayout 등 레이아웃 관련 위젯들, Adapter로부터 출력할 항목을 공급받을 수 있는 선택 가능 위젯들에 대해서 살펴보았다. 즉 가장 뼈대가 되는 위젯들을 다루어 보았다. 본 장에서는 그 외에 안드로이드 프로그램에서 사용할 가능성이 있는 위젯들에 대해서 살펴보겠다.

1 WebView

1. WebView의 상속 구조

```
public class
WebView
extends AbsoluteLayout
implements ViewGroup.OnHierarchyChangeListener ViewTreeObserve

java.lang.Object
   ↳android.view.View
      ↳android.view.ViewGroup
         ↳android.widget.AbsoluteLayout
            ↳android.webkit.WebView
```

안드로이드에서는 webkit 엔진 기반의 브라우저를 제공해 주며, 안드로이드 프로그래밍을 할 때 WebView는 특정 웹 내용을 보여주는 기능을 한다. 특정 사이트 자체를 로딩할 수도 있고, 특정 웹 데이터 코드를 지정하여 읽어들일 수 있다. WebView를 이용하여 자신만의 웹 브라우저를 구성할 수 있다.

2. WebView에서 자주 사용되는 속성과 메소드들

- public boolean canGoBack () : 웹 브라우저상에서 뒤로 이동할 히스토리를 가지고 있으면 true를 리턴한다.
- public boolean canGoBackOrForward (int steps)
  : 웹 브라우저상에서 해당 스텝의 히스토리로 이동할 수 있으면 true를 반환한다.
- public boolean canGoForward () : 브라우저상에서 앞으로 이동할 히스토리를 가지고 있으면 true를 반환한다.

- public void clearCache (boolean includeDiskFiles)

  : WebView의 캐시 정보를 삭제해 주는 메소드이다. includeDiskfiles를 false로 지정하면 램에서만 삭제된다.

- public String getUrl () : WebView의 현재의 url 정보를 얻어 온다.
- public void goBack () : WebView의 히스토리상 뒤로 이동한다.
- public void goBackOrForward (int steps) : 현재 히스토리상 url에서 지정한 스텝만큼 앞이나 뒤로 이동한다.
- public void goForward () : WebView에서 히스토리상 앞으로 이동한다.
- public void loadUrl (String url) : 지정한 url의 자원을 읽어들인다.
- public void loadData (String data, String mimeType, String encoding)

  : 지정된 data를 WebView로 읽어들인다.

- public void clearHistory () : WebView의 히스토리를 제거한다.
- public WebSettings getSettings () : WebView의 세팅 정보를 설정할 수 있는 레퍼런스를 반환한다.
- WebSettings.setJavaScriptEnabled(true) : WebView에서 자바스크립트를 인식하게 하는 메소드이다.
- public void setWebViewClient (WebViewClient client)

  : 해당 WebView에 들어오는 여러 요청을 처리할 수 있는 WebViewClient를 지정하는 메소드이다.

상단의 메소드 이외에 WebView에서 특정 사이트를 로드할 때는 사용자의 요금과 관계된 부분이기 때문에 반드시 권한이 있어야 한다.

AndroidManifest.xml 파일에는 다음 퍼미션이 설정되어 있어야 한다.

```
<uses-permission ndroid:name="android.permission.INTERNET"/>
```

3. WebView 예제 실행에 필요한 파일들

❶ loadData 메소드를 이용해서 웹 데이터를 읽어들이는 예제

이번 예제에서는 loadData 메소드를 사용해서 HTML 태그를 연습할 수 있는 HtmlTester를 만들어 본다.

- **main.xml 파일**

● Chapter08\HtmlTester\res\layout\main.xml	
1	`<?xml version="1.0" encoding="utf-8"?>`
2	`<LinearLayout xmlns:android="http://schemas.android.com/apk/res/android"`
3	`android:layout_width="fill_parent"`
4	`android:layout_height="fill_parent"`

5	android:orientation="vertical" >
6	<ScrollView
7	android:layout_width="fill_parent"
8	android:layout_height="100dp"
9	>
10	<EditText
11	android:id="@+id/code"
12	android:layout_width="fill_parent"
13	android:layout_height="fill_parent"
14	android:hint="html 코드 입력" />
15	</ScrollView>
16	<Button
17	android:id="@+id/run"
18	android:layout_width="fill_parent"
19	android:layout_height="wrap_content"
20	android:text="실행" />
21	
22	<WebView
23	android:id="@+id/webView"
24	android:layout_width="fill_parent"
25	android:layout_height="fill_parent" />
26	
27	</LinearLayout>

코드 분석

6~15	Html 태그를 입력하는 EditText 영역을 코드가 길어질 수 있으므로 스크롤이 가능하도록 ScrollView로 싸 주었다.
8	ScrollView 영역이 상단의 일정 부분만 차지하도록 height 값을 명시적으로 설정하였다.
10~14	Html 코드를 입력하는 EditText 위젯을 정의한 부분이다.
16~20	입력한 Html 태그를 WebView 영역으로 출력하는 명령을 받는 Button 위젯을 정의한 부분이다.
22~25	EditText에 입력한 Html 태그를 읽어들이는 WebView 위젯을 정의한 영역이다.

• HtmlTesterActivity.java 파일

	Chapter08\HtmlTester\src\com\jung\HtmlTesterActivity.java
1	package com.jung;
2	
3	import android.app.Activity;
4	import android.os.Bundle;
5	import android.view.View;

```
6        import android.webkit.WebView;
7        import android.widget.Button;
8        import android.widget.EditText;
9
10       public class HtmlTesterActivity extends Activity {
11           /** Called when the activity is first created. */
12           WebView webView;
13           Button run;
14           EditText code;
15           @Override
16           public void onCreate(Bundle savedInstanceState) {
17               super.onCreate(savedInstanceState);
18               setContentView(R.layout.main);
19               webView = (WebView)findViewById(R.id.webView);
20               run = (Button)findViewById(R.id.run);
21               code = (EditText)findViewById(R.id.code);
22               run.setOnClickListener(new View.OnClickListener() {
23
24                   public void onClick(View v) {
25                       String data = code.getText().toString();
26                       System.out.println(data);
27                       // TODO Auto-generated method stub
28                       webView.loadData(data, "text/html", "EUC-KR");
29                   }
30               });
31           }
32       }
```

코드 분석

24~29	Html 코드를 입력하고 실행 버튼을 눌렀을 때 실행되는 부분의 코드이다.
25	EditText에 입력한 문자열(Html 코드)을 문자열로 얻어오는 부분이다.
29	loadData 메소드를 이용하여 data 변수에 할당되어 있는 Html 코드를 읽어들이는 부분이다. 두 번째 타입은 읽어들일 데이터의 mime 타입, 세 번째 파라미터는 읽어들이는 데이터의 인코딩 타입이다.

❷ loadUrl 메소드를 사용하여 간단한 웹 브라우저를 생성하는 예제

본 예제에서는 웹 브라우저에서 제공되는 특정 사이트로 이동하기 앞으로 가기, 뒤로 가기, 두 번 앞으로 가기, 두 번 뒤로 가기 기능을 구현하겠다. 또한 앞으로 가기, 뒤로 가기 기능을 실행했을 때 로딩되는 URL에 따라 현재의 주소를 입력하는 EditText의 주소도 자동 변경되게 처리한다.

- **AndroidManifest.xml 파일**


```xml
1  <?xml version="1.0" encoding="utf-8"?>
2  <manifest xmlns:android="http://schemas.android.com/apk/res/android"
3      package="com.jung"
4      android:versionCode="1"
5      android:versionName="1.0" >
6      <uses-permission android:name="android.permission.INTERNET"/>
7      <uses-sdk android:minSdkVersion="15" />
8
9      <application
10         android:icon="@drawable/ic_launcher"
11         android:label="@string/app_name" >
12         <activity
13             android:name=".WebBrowserActivity"
14             android:label="@string/app_name" >
15             <intent-filter>
16                 <action android:name="android.intent.action.MAIN" />
17
18                 <category android:name="android.intent.category.LAUNCHER" />
19             </intent-filter>
20         </activity>
21     </application>
22
23 </manifest>
```

코드 분석

6	본 예제는 특정 사이트를 로드해야 하는 예제이므로 기본 AndroidManifest.xml 파일에 INTERNET에 관한 권한을 추가해야 한다.

- **main.xml 파일**


```xml
1  <?xml version="1.0" encoding="utf-8"?>
2  <LinearLayout xmlns:android="http://schemas.android.com/apk/res/android"
3      android:layout_width="fill_parent"
4      android:layout_height="fill_parent"
5      android:orientation="vertical" >
6  <RelativeLayout
7          android:layout_width="fill_parent"
```

```
8              android:layout_height="wrap_content"  >
9  <EditText
10     android:layout_alignParentLeft="true"
11     android:id="@+id/url"
12     android:layout_width="220dp"
13     android:layout_height="wrap_content"
14     android:hint="사이트 주소 입력"/>
15 <Button android:id="@+id/load"
16     android:layout_width="wrap_content"
17     android:layout_height="wrap_content"
18     android:layout_toRightOf="@id/url"
19     android:layout_alignParentRight="true"
20     android:text="load"
21     />
22 </RelativeLayout>
23     <RadioGroup
24         android:id="@+id/command1"
25         android:layout_width="fill_parent"
26         android:layout_height="wrap_content"
27         android:orientation="horizontal">
28         <RadioButton
29             android:textSize="10dp"
30             android:id="@+id/back2"
31             android:layout_width="wrap_content"
32             android:layout_height="wrap_content"
33             android:text="두번 뒤로" />
34         <RadioButton
35             android:textSize="10dp"
36             android:id="@+id/back"
37             android:layout_width="wrap_content"
38             android:layout_height="wrap_content"
39             android:text="뒤로" />
40         <RadioButton
41             android:textSize="10dp"
42             android:id="@+id/forward"
43             android:layout_width="wrap_content"
44             android:layout_height="wrap_content"
45             android:text="앞으로" />
46          <RadioButton
47             android:textSize="10dp"
48             android:id="@+id/forward2"
49             android:layout_width="wrap_content"
```

50	android:layout_height="wrap_content"
51	android:text="두번 앞으로" />
52	</RadioGroup>
53	<WebView
54	android:id="@+id/webView"
55	android:layout_width="fill_parent"
56	android:layout_height="fill_parent" />
57	
58	</LinearLayout>

코드 분석

6~22	액티비티 화면 제일 상단에 이동할 주소를 입력하는 EditText 영역과 해당 주소를 읽어들이는 명령을 받는 Button 위젯을 정의한 부분이다.
23~52	주소 입력 라인 밑에 앞으로 이동하거나 뒤로 이동할 수 있는 명령을 처리하는 라디오 버튼들을 정의한 부분이다.
53	특정 사이트를 로드할 수 있는 WebView를 정의한 부분이다.

• WebBrowserActivity.java 파일

● Chapter08\WebBrowser\src\com\jung\WebBrowserActivity.java	
1	package com.jung;
2	
3	import android.app.Activity;
4	import android.os.Bundle;
5	import android.view.View;
6	import android.webkit.WebSettings;
7	import android.webkit.WebView;
8	import android.webkit.WebViewClient;
9	import android.widget.Button;
10	import android.widget.EditText;
11	import android.widget.RadioGroup;
12	
13	public class WebBrowserActivity extends Activity implements
14	RadioGroup.OnCheckedChangeListener{
15	/** Called when the activity is first created. */
16	EditText url;
17	RadioGroup command1;
18	Button load;
19	WebView webView;
20	@Override

```java
21    public void onCreate(Bundle savedInstanceState) {
22        super.onCreate(savedInstanceState);
23        setContentView(R.layout.main);
24        url = (EditText)findViewById(R.id.url);
25        command1 = (RadioGroup)findViewById(R.id.command1);
26        load = (Button)findViewById(R.id.load);
27        webView = (WebView)findViewById(R.id.webView);
28
29        WebSettings webSettings = webView.getSettings();
30        webSettings.setJavaScriptEnabled(true);
31
32        webView.setWebViewClient(new CustomWebClient() );
33        command1.setOnCheckedChangeListener(this);
34        load.setOnClickListener(new View.OnClickListener() {
35            public void onClick(View v) {
36                // TODO Auto-generated method stub
37                String address = url.getText().toString();
38                webView.loadUrl(address);
39            }
40        });
41    }
42    public void onCheckedChanged(RadioGroup group, int checkedId) {
43        // TODO Auto-generated method stub
44        switch (checkedId) {
45            case R.id.back2:
46            if (webView.canGoBackOrForward(-2)) {
47                webView.goBackOrForward(-2);
48            }
49            break;
50            case R.id.back:
51            if (webView.canGoBack()) {
52                webView.goBack();
53            }
54            break;
55            case R.id.forward:
56            if(webView.canGoForward()){
57                webView.goForward();
58            }
59            break;
60            case R.id.forward2:
61            if(webView.canGoBackOrForward(2)){
62                webView.goBackOrForward(2);
63            }
```

```
64              break;
65          }
66      }
67      class CustomWebClient extends WebViewClient {
68          public boolean shouldOverrideUrlLoading(WebView view, String url) {
69              view.loadUrl(url);
70              return true;
71          }
72          @Override
73          public void onPageFinished(WebView view, String address) {
74          url.setText(address);
75          }
76      }
77  }
```

코드 분석

13~14	RadioButton을 클릭했을 때의 요청을 처리해 주기 위해서 RadioGroup.OnCheckedChangeListener를 구현하고 있다.
16~19	코드상에서 사용할 위젯들의 변수를 정의하는 부분이다.
24~27	각 위젯의 객체들을 생성하는 부분이다.
29	WebView에 속성들을 설정할 수 있는 WebSettings 객체를 얻어 오는 부분이다.
30	WebView에서 자바스크립트를 인식할 수 있게 설정하는 부분이다.
32	WebView에 들어오는 각 요청을 처리하기 위한 WebViewClient를 지정하는 부분이다. WebViewClient를 별도로 지정하지 않으면 최종적인 요청 처리가 시스템 브라우저로 넘어가게 된다.
33	RadioButton을 클릭했을 때의 요청을 처리하기 위해서 RadioGroup 객체에 리스너 객체를 달아주는 부분이다.
35~39	EditText에 주소 값을 입력하고 load 버튼을 눌렀을 때 해당 주소의 내용을 WebView로 읽어들이는 코드 부분이 정의되어 있다.
37	EditText에서 입력된 주소 문자열을 얻어 오는 부분이다.
38	EditText에서 얻어온 주소의 사이트의 데이터를 WebView로 읽어들이는 부분이다.
42~66	RadioButton을 클릭했을 때의 요청 처리를 하는 코드 영역이다.
45~49	두번 뒤로 RadioButton을 클릭했을 때 webView의 히스토리에 두 번 뒤로 이동할 수 있는 url이 저장되어 있으면 뒤로 두 번 이동하게 처리하는 부분이다.
50~54	뒤로 가기 RadioButton을 클릭했을 때 webView의 히스토리에 뒤로 이동할 수 있는 url이 저장되어 있으면 뒤로 이동하도록 처리하는 부분이다.
55~59	앞으로 가기 RadioButton을 클릭했을 때 webView의 히스토리에 앞으로 이동할 수 있는 url이 저장되어 있으면 앞으로 이동하도록 처리하는 부분이다.

60~64	두번 앞으로 RadioButton을 클릭했을 때 webView의 히스토리에 두 번 앞으로 이동할 수 있는 url이 저장되어 있으면 두 번 앞으로 이동하도록 처리하는 부분이다.
67~76	WebView에서 사용할 WebViewClient 클래스를 정의하는 부분이다.
68~71	WebViewClient 정의 시 반드시 오버라이딩해야 하는 메소드로서 이 메소드에서 true를 리턴함으로써 해당 요청에 대한 처리가 마무리 되었음을 시스템에 알려준다. true를 리턴해야 해당 요청에 대한 처리가 끝났다고 판단하고 시스템으로 제어권이 넘어가지 않는다.
73~75	요청 url을 완전히 읽어들였을 때 호출되는 메소드이다. 파라미터로 읽어들인 주소 값이 전송된다.
74	읽어들인 주소를 상단에 있는 EditText의 text 값으로 설정해줌으로써 이동한 url을 EdtiText에 적용하는 부분이다.

4. WebView 예제 실행

❶ HtmlTester 프로젝트 실행

HtmlTester 프로젝트를 실행하면 다음과 같은 화면이 출력된다. 화면 상단의 EditText에 Html 태그를 입력하고 실행 버튼을 클릭하면 해당 Html 코드를 WebView 화면에 읽어들인다.

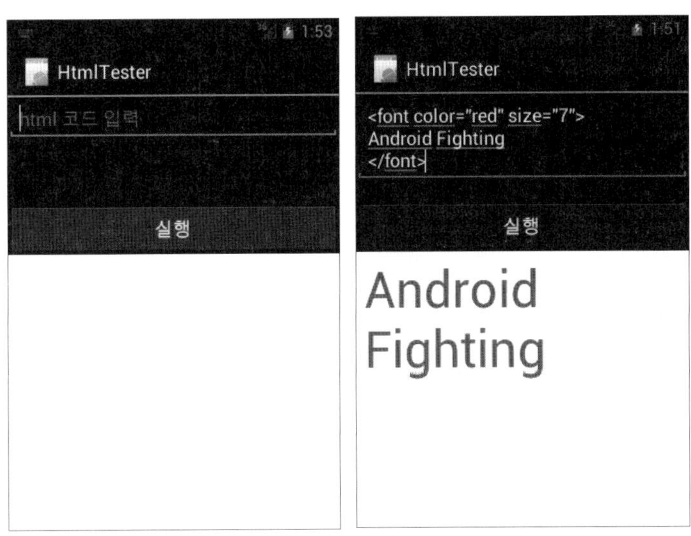

❷ WebBrowser 프로젝트 실행

WebBrowser 프로젝트를 실행하면 다음과 같은 화면이 출력된다. 연속으로 세 개의 사이트를 입력하고 [load] 버튼을 클릭하여 사이트를 로드한다.

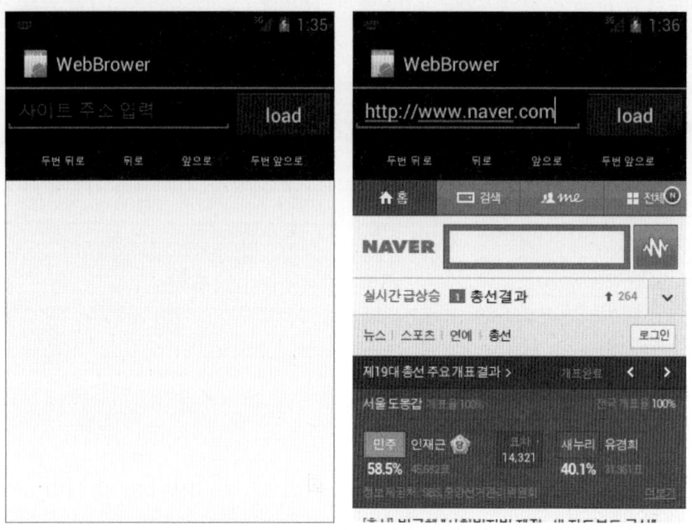

두 번 뒤로, 두 번 앞으로 요청을 처리해 본다.

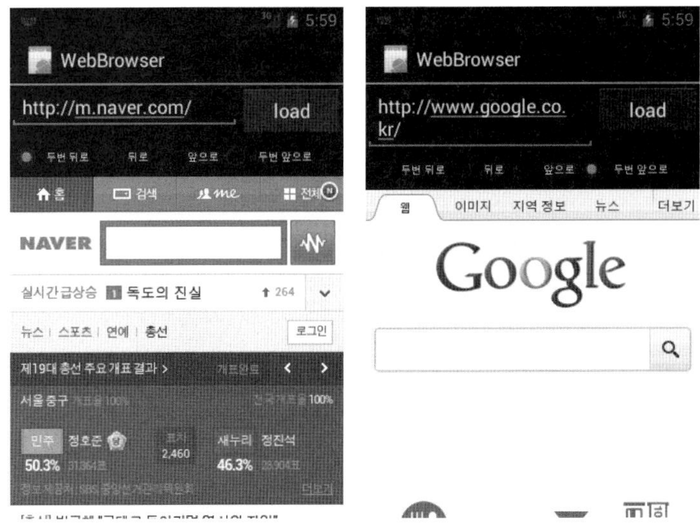

다시 뒤로, 앞으로 요청을 테스트한다.

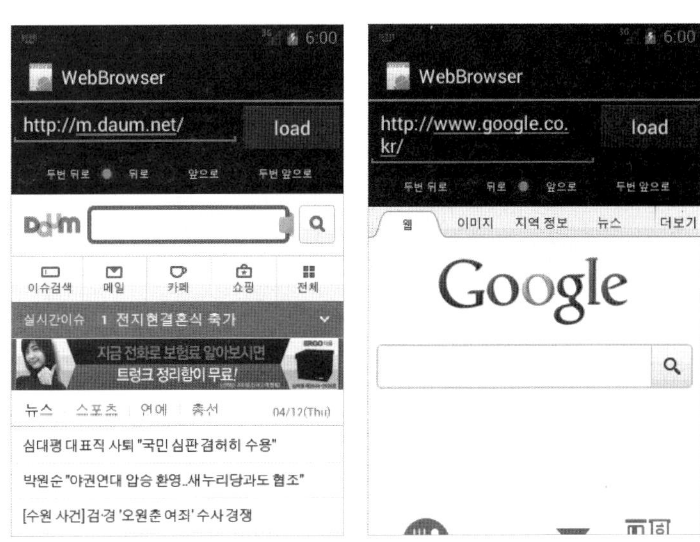

2 TabHost

1. TabHost의 상속 구조

TabHost는 탭 형태의 뷰들을 포함하는 컨테이너이다.

TabHost는 두 부분으로 나뉜다. 하나는 해당 탭뷰의 레이블을 보여줘 사용자 선택을 할 수 있는 기능을 하는 영역이고, 한 부분은 탭의 내용을 포함하는 FrameLayout 객체이다.

2. TabHost에서 자주 사용되는 속성과 메소드들

❶ 탭호스트의 구성

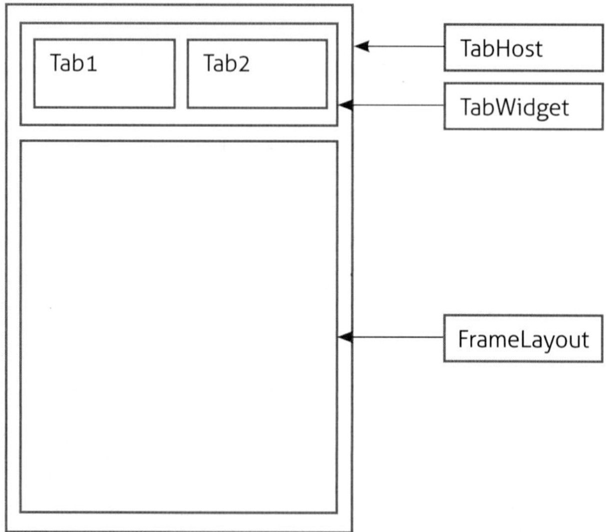

* TabHost : 탭 영역 전체를 의미한다.

* TabWidget : Tab 버튼 모음으로 의미 텍스트나 아이콘으로 구성될 수 있다.

* FrameLayout : 선택된 Tab에 따라 보여줄 내용(Tab Content)을 포함하는 컨테이너이다.

❷ Tab 구성 시 주의사항

하위 버전과의 호환성을 위해서 일정한 규칙을 지키는 것이 좋다.

TabWidget의 id는 @android:id/tabs로 고정하고 FrmameLayout 영역에 의해서 TabWidget 영역이 가려지지 않도록 62dp 정도의 크기를 확보한다. 즉 TabWidget의 영역을 확보하기 위해서 FrameLayout의 paddingTop 속성 값을 62dp로 설정해 준다.

FrameLayout 영역의 id는 @android:id/tabcontent로 지정한다.

TabActivity를 상속받았을 때는 TabHost의 아이디는 @android:id/tabhost로 설정한다.

또한 main.xml에 정의되어 있는 TabHost 객체를 얻어 와서 새로운 Tab을 추가할 때는 반드시 TabHost. setup() 메소드를 먼저 호출해야 한다. 하지만 TabActivity를 사용할 때는 setup()을 호출하지 않아도 된다.

❸ TabHost.TabSpec

특정 Tab은 indicator와 content 등으로 구성된다. TaHost.TebSpec 객체는 다음 코드로 얻어올 수 있다.

```
TabHost.TabSpec spec=tabs.newTabSpec("tagOne");
```

*tabs : findViewBYid 메소드를 이용하여 main.xml에서 얻어온 TabHost의 인스턴스이다.
*TabsSpec을 얻어오면 TabSpec을 이용해서 indicator나 Content를 지정할 수 있다.

• indicator 지정 방법

하단의 메소드처럼 문자열로 지정하는 방법, 특정 뷰객체를 indicator로 지정하는 방법, 문자열과 아이콘을 indicator로 지정하는 방법이 있다.

```
public TabHost.TabSpec setIndicator (CharSequence label)
public TabHost.TabSpec setIndicator (View view)
public TabHost.TabSpec setIndicator (CharSequence label, Drawable icon)
```

• content 지정 방법

하단의 메소드처럼 Tab에 content를 추가하는 방법은 특정 뷰를 내용으로 지정하는 방법, Intent를 호출해서 Intent에서 반환하는 내용을 Content로 지정하는 방법, TabHost.TabContentFactory 인터페이스를 사용해서 동적으로 Content를 생성하는 방법이 있다.

```
public TabHost.TabSpec setContent (int viewId)
public TabHost.TabSpec setContent (Intent intent)
public TabHost.TabSpec setContent (TabHost.TabContentFactory contentFactory)
```

3. TabHost 예제 실행에 필요한 파일들

❶ main.xml에 정의되어 있는 TabHost를 사용해서 탭을 구성하는 예제

• main.xml 파일

◉ Chapter08\Tab1\res\layout\main.xml

```xml
1   <?xml version="1.0" encoding="utf-8"?>
2   <LinearLayout xmlns:android="http://schemas.android.com/apk/res/android"
3       android:orientation="vertical"
4       android:layout_width="fill_parent"
5       android:layout_height="fill_parent"
6       >
7   <TabHost android:id="@+id/tabhost"
8           android:layout_width="fill_parent"
9           android:layout_height="fill_parent">
10  <TabWidget android:id="@android:id/tabs"
11              android:layout_width="fill_parent"
12              android:layout_height="wrap_content" ></TabWidget>
13
14      <FrameLayout android:id="@android:id/tabcontent"
15                  android:layout_width="fill_parent"
16                  android:layout_height="fill_parent"
17                  android:paddingTop="62dp">
18          <ImageView android:id="@+id/tab1"
19                      android:layout_width="fill_parent"
20                      android:layout_height="fill_parent"
21                      android:src="@drawable/image_01" />
22          <ImageView android:id="@+id/tab2"
23                      android:layout_width="fill_parent"
24                      android:layout_height="fill_parent"
25                      android:src="@drawable/image_04" />
26          </FrameLayout>
27
28      </TabHost>
29  </LinearLayout>
```

코드 분석

7	Tab 화면 전체를 나타내는 TabHost 영역을 지정하는 부분이다. main.xml 파일을 Content로 사용하는 액티비티가 TabActivity를 상속받아서 정의되었다면 id 속성 값이 @android:id/tabhost로 지정되어야 한다.
10~12	상단의 indicator 부분을 정의하는 TabWidget 영역을 정의한 부분이다.
14~26	Tab의 내용을 구성할 수 있는 위젯들이 정의된 부분이다.
17	FrameLayout 영역이 TabWidget 영역을 덮어버리지 않도록 상단에 padding 값을 지정한 부분이다.

- ## • Tab1Activity.java 파일 작성


```
1   package com.jung;
2   import android.app.Activity;
3   import android.os.Bundle;
4   import android.widget.TabHost;
5   public class Tab1Activity extends Activity {
6       @Override
7       public void onCreate(Bundle icicle) {
8           super.onCreate(icicle);
9           setContentView(R.layout.main);
10          TabHost tabHost=(TabHost)findViewById(R.id.tabhost);
11          tabHost.setup();
12
13          TabHost.TabSpec tabSpec=tabHost.newTabSpec("tab1");
14          tabSpec.setContent(R.id.tab1);
15          tabSpec.setIndicator("1번그림");
16          tabHost.addTab(tabSpec);
17
18          tabSpec=tabHost.newTabSpec("tab2");
19          tabSpec.setContent(R.id.tab2);
20          tabSpec.setIndicator("2번그림");
21          tabHost.addTab(tabSpec);
22          tabHost.setCurrentTab(0);
23      }
24  }
```

코드 분석

10	main.xml에 정의되어 있는 TabHost를 얻어오는 부분이다.
11	일반 activiity를 상속받은 액티비티에서 새로운 탭을 추가할 때는 TabHost 객체의 setup() 메소드를 반드시 호출하여야 한다. TabActivity를 상속받은 경우에는 setup() 메소드를 호출할 필요가 없다.
13	TabHost.TabSpec 객체를 생성한다. TabHost.TabSpec이 하나의 탭 단위가 된다.
14	main.xml에 정의되어 있는 위젯을 이용하여 생성된 탭의 내용을 지정한다.
15	탭의 레이블을 지정한다.
16	TabHost 객체에 새로 생성한 탭을 추가한다.
18~21	두 번째 탭을 생성해서 TabHost에 추가한다.
22	현재 보여질 탭을 인덱스 0번에 해당하는 탭, 즉 첫 번째 탭으로 설정한다. 탭의 인덱스는 0부터 시작한다.

❷ main.xml에 TabHost를 정의하지 않고 TabActivity를 상속받아 동적으로 탭을 구성하는 예제

본 예제에서는 탭의 내용을 구성할 때 Intent를 호출하여 Intent의 결과로 제공하는 내용을 탭의 내용으로 사용해볼 것이다. 또한 TabHost.TabContentFactory 인터페이스의 public View createTabContent (String tag) 메소드를 오버라이딩하여 동적으로 탭의 내용을 생성해 본다.

• **AndroidManifest.xml 파일 작성**

⊙ Chapter08\Tab2\AndroidManifest.xml

```xml
1   <?xml version="1.0" encoding="utf-8"?>
2   <manifest xmlns:android="http://schemas.android.com/apk/res/android"
3       package="com.jung"
4       android:versionCode="1"
5       android:versionName="1.0" >
6
7       <uses-sdk android:minSdkVersion="15" />
8       <uses-permission android:name="android.permission.INTERNET"/>
9       <application
10          android:icon="@drawable/ic_launcher"
11          android:label="@string/app_name" >
12          <activity
13              android:name=".Tab2Activity"
14              android:label="@string/app_name" >
15              <intent-filter>
16                  <action android:name="android.intent.action.MAIN" />
17
18                  <category android:name="android.intent.category.LAUNCHER" />
19              </intent-filter>
20          </activity>
21          <activity android:name="Browser"></activity>
22      </application>
23
24  </manifest>
```

코드 분석

8	메인 액티비티에서 탭의 내용으로 호출되는 Activity에서 특정 사이트에 접속하기 때문에 INTERNET 권한을 지정하는 부분이다.
21	메인 액티비티에서 호출되는 Browser 액티비티를 등록한 부분이다. 해당 애플리케이션에서 호출되는 즉, 실행되는 모든 액티비티는 AndroidManifest.xml에 등록되어야 한다. 등록되지 않은 액티비티는 애플리케이션에서 인식되지 못한다.

• main.xml 파일 작성

본 예제에서는 main.xml 파일을 액티비티의 내용으로 사용하지 않으므로 특별히 작성하지 않아도 된다.

• Browser.java 파일 작성


```java
1   package com.jung;
2   import android.app.Activity;
3   import android.os.Bundle;
4   import android.webkit.WebView;
5   import android.webkit.WebViewClient;
6   public class Browser extends Activity {
7       /** Called when the activity is first created. */
8       @Override
9       public void onCreate(Bundle savedInstanceState) {
10          super.onCreate(savedInstanceState);
11          WebView web = new WebView(this);
12          web.setWebViewClient(new CustomWebClient());
13          web.loadUrl("http://www.naver.com");
14          setContentView(web);
15          // TODO Auto-generated method stub
16      }
17      private class CustomWebClient extends WebViewClient{
18          @Override
19          public boolean shouldOverrideUrlLoading(WebView view, String url) {
20              // TODO Auto-generated method stub
21              view.loadUrl(url);
22              return true;
23          }
24      }
25  }
```

코드 분석

상단에 제시된 Browser.java 액티비티는 Tab2 프로젝트에서 첫 번째 탭의 내용으로 사용될 액티비티이다. 즉, 액티비티의 첫 번째 탭을 클릭할 때 호출되는 액티비티이다.

11	WebView 객체를 생성한다.
12	WebView에 WebViewClient를 지정한다. WebView에 별도의 WebViewClient를 지정하여야 요청이 시스템 브라우저로 넘어가지 않는다.
13	WebView에서 www.naver.com 사이트를 로드한다.
14	해당 액티비티의 내용으로 WebView 객체를 사용한다.
20~23	WebViewClient를 정의한 부분이다. public boolean shouldOverrideUrlLoading(WebView view, String url) 메소드에서 true를 리턴해야 요청에 대한 처리가 WebViewClient에서 완성되었다는 것을 의미하며 제어가 시스템으로 넘어가지 않는다.

- **Tab2Activity.java 파일 작성**

> **◉** Chapter08\Tab2\src\com\jung\Tab2Activity.java

```java
1   package com.jung;
2   import android.app.TabActivity;
3   import android.content.Intent;
4   import android.os.Bundle;
5   import android.view.View;
6   import android.widget.ImageView;
7   import android.widget.TabHost;
8   public class Tab2Activity extends TabActivity {
9       @Override
10      public void onCreate(Bundle savedInstanceState) {
11          super.onCreate(savedInstanceState);
12
13          TabHost tabHost=getTabHost();
14          tabHost.addTab(tabHost.newTabSpec("tab1")
15                  .setIndicator("browser")
16                  .setContent(new Intent(this, Browser.class)));
17
18          tabHost.addTab(tabHost.newTabSpec("tab2")
19                  .setIndicator("flower")
20                  .setContent(new TabHost.TabContentFactory() {
21                      public View createTabContent(String tag) {
22                          ImageView image = new ImageView(Tab2Activity.this);
23                          image.setImageResource(R.drawable.image_04);
24                          return(image);
25                      }
26                  }));
27          tabHost.setCurrentTab(1);
28      }
29  }
```

코드 분석

8	액티비티 생성 시 TabActivity를 상속받아서 정의하였다.
13	TabActivity를 상속받으면 getTabHost() 메소드를 호출하여 TabHost 객체를 얻어올 수 있다.
14	TabHost에 새로운 TahSpec 객체를 생성하여 새로운 탭으로 추가하는 부분이다.
15	해당 탭의 indicator를 지정하는 부분이다.
16	해당 탭의 내용으로 Intent를 호출하여 인텐트에 의해 호출된 액티비티의 내용으로 탭의 내용을 지정하는 부분이다.
20~26	TabHost.TabContentFactory 인터페이스를 이용하여 해당 탭의 내용을 public View createTabContent(String tag) 메소드에서 생성한 ImageView로 지정하는 부분이다. TabHost.TabContentFactory 인터페이스를 사용하면 동적으로 탭의 내용으로 사용할 뷰를 생성할 수 있다.

4. TabHost 예제 실행

❶ main.xml에 TabHost를 정의한 예제

Tab1 프로젝트를 실행하고 탭을 차례로 누르면 다음과 같은 화면이 출력된다.

❷ TabActivity를 상속받은 예제

Tab2 프로젝트를 실행하고 탭을 번갈아 누르면 다음과 같은 화면이 출력된다.

3 메시지

사용자에게 메시지를 보여줄 수 있는 기능을 살펴본다. 안드로이드에서 사용자에게 메시지를 보여줄 수 있는 방법은 크게 두 가지로 나뉜다. AlertDialog와 Toast를 이용하는 것이다.

1. Message의 상속 구조

❶ AlertDialog

AlertDialog 클래스는 Dialog 클래스의 하위 클래스로 하나 또는 두 개, 또는 세 개의 버튼을 가질 수 있다. AlertDialog에 문자열만 포함하고 싶으면 setMessage() 메소드를 이용하면 되고 복합적인 내용을 포함하고 싶다면 커스텀 뷰를 생성하여 사용할 수도 있다.

다음과 같이 커스텀 뷰를 생성할 수 있다.

```
FrameLayout f2 = (FrameLayout) findViewById(android.R.id.custom);
F2.addView(customView, new LayoutParams(WRAP_CONTENT, WRAP_CONTENT));
```

AlertDialog로 메시지를 출력하면 포커스를 AlertDialog가 뺏어가기 때문에 다이얼로그 창을 닫을 때까지는 다른 작업을 할 수 없다.

❷ Toast

Toast는 사용자에게 짧게 메시지를 출력할 때 사용한다. Toast 메시지는 애플리케이션 위에 떠다니는 형태로 메시지를 출력한다. Toast 메시지는 포커스를 빼앗지 않기 때문에 토스트 메시지가 출력되어 있어도 뒷부분에 존재하는 위젯 등에 작업을 할 수 있다.

2. Message에서 자주 사용되는 속성과 메소드들

❶ AlertDialog

AlertDialog는 title, icon, message, custom view, Button으로 구성된다. AlertDialog는 Alert Dialog 의 내부 클래스인 AlertDialog.Builder 클래스를 이용해서 객체를 생성할 수 있다.

AlertDialog.Builder 클래스가 제공하는 여러 메소드를 이용하여 AlertDialog의 구성 요소 값들을 초기화시킬 수 있다. 구성 요소를 초기화시킨 후에는 AlertDialog.Builder 클래스가 제공하는 다음 두 메소드를 이용해서 AlertDialog 객체를 생성할 수 있다.

- public AlertDialog create () : 구성 요소로 지정된 값들을 사용하여 AlertDialog 객체를 생성한다.
- public AlertDialog show () : 화면에 다이얼로그 창을 띄워주면서 지정된 구성 요소 값들을 이용하여 AlertDialog 객체를 생성한다.

AlertDialog 객체가 생성된 후에는 AlertDialog 클래스가 제공하는 여러 메소드를 이용하여 여러 가지 설정 값들을 변경할 수 있다.

AlertDialog 객체를 생성할 때 사용할 수 있는 중요 메소드들은 다음과 같다.

- public void setIcon (int resId) : 대화상자의 아이콘을 설정한다.
- public void setMessage (CharSequence message) : 대화상자의 메소드에 텍스트 넘겨준다.
- public void setTitle (CharSequence title) : 대화상자의 제목 줄에 들어가는 내용을 지정한다.

다음의 메소드들은 버튼의 종류와 위치, 리스너를 지정한다.

- public AlertDialog.Builder setPositiveButton (CharSequence text, DialogInterface.OnClickListener listener)
- public AlertDialog.Builder setNeutralButton (int textId, DialogInterface.OnClickListener listener)
- public AlertDialog.Builder setNegativeButton (CharSequence text, DialogInterface.OnClickListener listener)

❷ Toast

Toast 객체를 생성하는 방법은 2가지가 있다. 첫 번째 방법은 다음 메소드를 사용하는 방법이다.

```
static Toast makeText(Context context, int resId, int duration)
```

* Context context : 사용할 context를 전달   * int resId : String 리소스 지정

* int duration : 토스트가 화면에 표시될 시간을 지정, Toast클래스에 LENGTH_LONG, LENGTH_SHORT 상수 중 하나를 설정하면 이 시간은 절대적인 시간이 아니라 상대적인 시간을 의미한다.

```
static Toast makeText(Context context, CharSequence text, int duration)
```

*makeText의 세 번째 파라미터로는 상단에 제시된 코드 내용처럼 리소스 id뿐 아니라 CharSequence 즉, 문자열을 직접 입력해도 된다. makeText 메소드를 사용해서 Toast 객체를 생성한 후에는 반드시 show() 메소드를 호출해야만 Toast가 화면에 출력된다.

두 번째 방법은 다음과 같다.

① new 키워드를 사용해 새 Toast 인스턴스 생성

② Toast 인스턴스에서 표현할 view 생성

③ setView(view) 메소드를 이용해 Toast 인스턴스의 view를 설정

④ setDuration() 메소드를 이용해 토스트 지속 시간을 설정

⑤ show() 메소드를 이용해 토스트 표시

3. Message 예제 실행에 필요한 파일들

❶ AlertDialog 예제

• main.xml 파일 작성

● Chapter08\M_AlertDialog\res\layout\main.xml

```xml
1   <?xml version="1.0" encoding="utf-8"?>
2   <LinearLayout xmlns:android="http://schemas.android.com/apk/res/android"
3       android:layout_width="fill_parent"
4       android:layout_height="fill_parent"
5       android:orientation="vertical" >
6
7       <TextView
8           android:layout_width="fill_parent"
9           android:layout_height="wrap_content"
10          android:text="성별을 선택하세요" />
11      <TextView
12          android:id="@+id/gender"
13          android:layout_width="fill_parent"
14          android:layout_height="wrap_content"
15          android:text="당신은 남자 입니까?" />
16      <Button
17          android:id="@+id/dialog"
18          android:layout_width="fill_parent"
19          android:layout_height="wrap_content"
20          android:text="show Dialog"/>
21  </LinearLayout>
```

코드 분석

7~10	제목 레이블을 출력하는 TextView를 정의한 부분이다.
11~15	AlertDialog 창에서 선택한 버튼 종류에 따라서 성별을 출력할 TextView 위젯을 정의한 부분이다.
17~20	클릭했을 때 AlertDialog 창을 띄워주는 기능을 하는 버튼을 정의한 부분이다.

• M_AlertDialogActivity.java 파일 작성

Chapter08\M_AlertDialog\src\com\jung\AletDialogActivity.java

```java
package com.jung;

import android.app.Activity;
import android.app.AlertDialog;
import android.content.DialogInterface;
import android.os.Bundle;
import android.view.View;
import android.view.View.OnClickListener;
import android.widget.Button;
import android.widget.TextView;

public class M_AlertDialogActivity extends Activity {
    /** Called when the activity is first created. */
    TextView gender;
    @Override
    public void onCreate(Bundle savedInstanceState) {
        super.onCreate(savedInstanceState);
        setContentView(R.layout.main);

        gender = (TextView)findViewById(R.id.gender);
        Button btn = (Button)findViewById(R.id.dialog);
        btn.setOnClickListener(new OnClickListener() {

            public void onClick(View v) {
                // TODO Auto-generated method stub

                new AlertDialog.Builder(M_AlertDialogActivity.this)
                .setTitle("성별")
                .setMessage("당신은 남성 이십니까?")
                .setPositiveButton("예", new DialogInterface.OnClickListener() {

                    public void onClick(DialogInterface dialog, int which) {
                        // TODO Auto-generated method stub
                        gender.setText("당신은 남자군요");
```

```
35                         }
36                     })
37                     .setNeutralButton("취소", new DialogInterface.OnClickListener() {
38
39                         public void onClick(DialogInterface dialog, int which) {
40                             // TODO Auto-generated method stub
41                             gender.setText("버튼을 다시 누르세요");
42                         }
43                     })
44                     .setNegativeButton("아니요", new DialogInterface.OnClickListener() {
45
46                         public void onClick(DialogInterface dialog, int which) {
47                             // TODO Auto-generated method stub
48                             gender.setText("당신은 여자군요");
49                         }
50                     }).show();
51                 }
52             });
53         }//end onCreate
54 }//end class
```

코드 분석

<table>
<tr><td>22~52</td><td>버튼을 클릭했을 때 AlertDialog 창을 띄우는 처리를 한 부분이다. Dialog에 버튼 세 개를 추가하고 있는데, 각 버튼은 버튼이 생성되는 위치를 구분할 뿐이지 기능상의 차이는 없다.
버튼이 눌려졌을 때의 기능은 DialogInterface.OnClickListener 리스너 인터페이스의 onClick 메소드를 어떻게 정의하는가에 달려 있다. 상단 코드에서는 각 버튼의 종류가 눌려졌을 때 눌려진 버튼에 따라서 성별을 상단에 있는 TextView에 출력해 주고 있다.
NeutralButton이 눌려졌을 경우에는 '버튼을 다시 누르세요.'라고 출력해 준다.</td></tr>
</table>

❷ Toast 예제

• main.xml 파일 작성

● Chapter08\M_Toast\res\main.xml

```xml
1  <?xml version="1.0" encoding="utf-8"?>
2  <LinearLayout xmlns:android="http://schemas.android.com/apk/res/android"
3      android:layout_width="fill_parent"
4      android:layout_height="fill_parent"
5      android:orientation="vertical" >
6
7      <TextView
8          android:layout_width="fill_parent"
```

9	android:layout_height="wrap_content"
10	android:text="Toast 출력하기" />
11	<Button
12	android:id="@+id/makeText"
13	android:layout_width="fill_parent"
14	android:layout_height="wrap_content"
15	android:text="makeText이용" />
16	<Button
17	android:id="@+id/constructor"
18	android:layout_width="fill_parent"
19	android:layout_height="wrap_content"
20	android:text="Toast 생성자이용" />
21	
22	</LinearLayout>

코드 분석

11~15	버튼을 클릭했을 때 Toast.makeText 메소드를 이용해서 Toast 객체를 생성하는 버튼을 정의한 부분이다.
16~20	버튼이 눌려졌을 때 Toast 생성자를 사용해서 Toast 객체를 생성하는 버튼을 정의하는 부분이다. Toast를 생성하는 방법은 makeText 메소드를 사용하는 방법과 Toast 생성자를 사용하는 방법이 있다. 본 예제에서는 두 가지 방법으로 Toast 객체를 생성하는 방법을 살펴보도록 한다.

• M_ToastActivity.java 파일 작성

● Chapter08\M_Toast\src\com\jung\M_ToastActivity.java	
1	package com.jung;
2	
3	import android.app.Activity;
4	import android.os.Bundle;
5	import android.view.Gravity;
6	import android.view.View;
7	import android.widget.Button;
8	import android.widget.TextView;
9	import android.widget.Toast;
10	
11	public class M_ToastActivity extends Activity {
12	/** Called when the activity is first created. */
13	Button makeText;
14	Button constructor;
15	Toast toast;
16	@Override

```java
17          public void onCreate(Bundle savedInstanceState) {
18              super.onCreate(savedInstanceState);
19              setContentView(R.layout.main);
20              makeText = (Button)findViewById(R.id.makeText);
21              constructor = (Button)findViewById(R.id.constructor);
22
23              makeText.setOnClickListener(new View.OnClickListener() {
24
25                  public void onClick(View v) {
26                      // TODO Auto-generated method stub
27                      Toast.makeText(M_ToastActivity.this,      "makeText      메소드      이용한
28  Toast",Toast.LENGTH_SHORT).show();
29                  }
30              });
31
32              constructor.setOnClickListener(new View.OnClickListener() {
33
34                  public void onClick(View v) {
35                      // TODO Auto-generated method stub
36                      toast = new Toast(M_ToastActivity.this);
37                      TextView textView = new TextView(M_ToastActivity.this);
38                      textView.setText("생성자를 이용한 Toast");
39                      toast.setView(textView);
40                      toast.show();
41                  }
42              });
43          }
44  }
```

코드 분석

13~14	makeText를 이용해 Toast 객체를 생성하는 요청의 버튼과 Toast 생성자를 사용해서 Toast 객체를 생성하는 두 버튼을 정의하는 부분이다.
20~21	각 버튼 객체를 생성하는 부분이다.
23~30	버튼이 클릭되었을 때 makeText 메소드를 이용해서 Toast 객체를 생성하는 리스너 객체를 버튼에 연결해 주는 부분이다.
27~28	makeText 메소드를 이용해서 Toast 객체를 생성하고 show() 메소드를 이용해서 Toast를 화면에 출력해 주는 부분이다. makeText의 파라미터는 context, 출력할 메시지(리소스 아이디나 문자열을 직접 제공), 메시지 출력 기간(Toast.LENGTH_SHORT,Toast.LENGTH_LONG)을 사용한다. makeText 메소드를 사용하면 Toast 객체를 생성할 수 있지만 반드시 show() 메소드를 호출해야만 Toast가 화면에 출력된다.
32~42	요청을 받았을 때 생성자를 이용해서 Toast 객체를 생성하는 리스너 객체를 버튼에 연결해 주는 부분이다.
36	생성자를 이용하여 Toast 객체를 생성하는 부분이다. 생성자에 의해서 Toast 객체가 생성되면 아직 초기화되지 않은 빈 Toast 객체가 만들어지는 것이다. 따라서 아무 작업도 할 수 없다. 생성된 Toast 객체를 초기화시키려면 반드시 setView 메소드에 의해서 View 객체를 Toast 객체에 초기화시켜야 한다.

37	Toast 객체에 뷰로 초기화시킬 TextView 객체를 정의하는 부분이다.
38	TextView 객체에 text 값을 초기화시키는 부분이다.
39	Toast 객체에 TextView를 사용할 View로 지정하는 부분이다.
40	show() 메소드를 사용해서 화면에 Toast 객체를 출력해 주는 부분이다.

4. Message 예제 실행

❶ M_AlertDialog 프로젝트 실행

본 예제에서는 AlertDialog의 버튼 종류를 만들고 버튼을 누를 때 이벤트를 처리하는 동작을 살펴본다. 메인 화면이 출력되면 showDialog 버튼을 클릭한다. 그리고 Dialog 창이 출력되면 각각의 버튼을 클릭하며 상단 TextView에 출력되는 메시지를 확인한다.

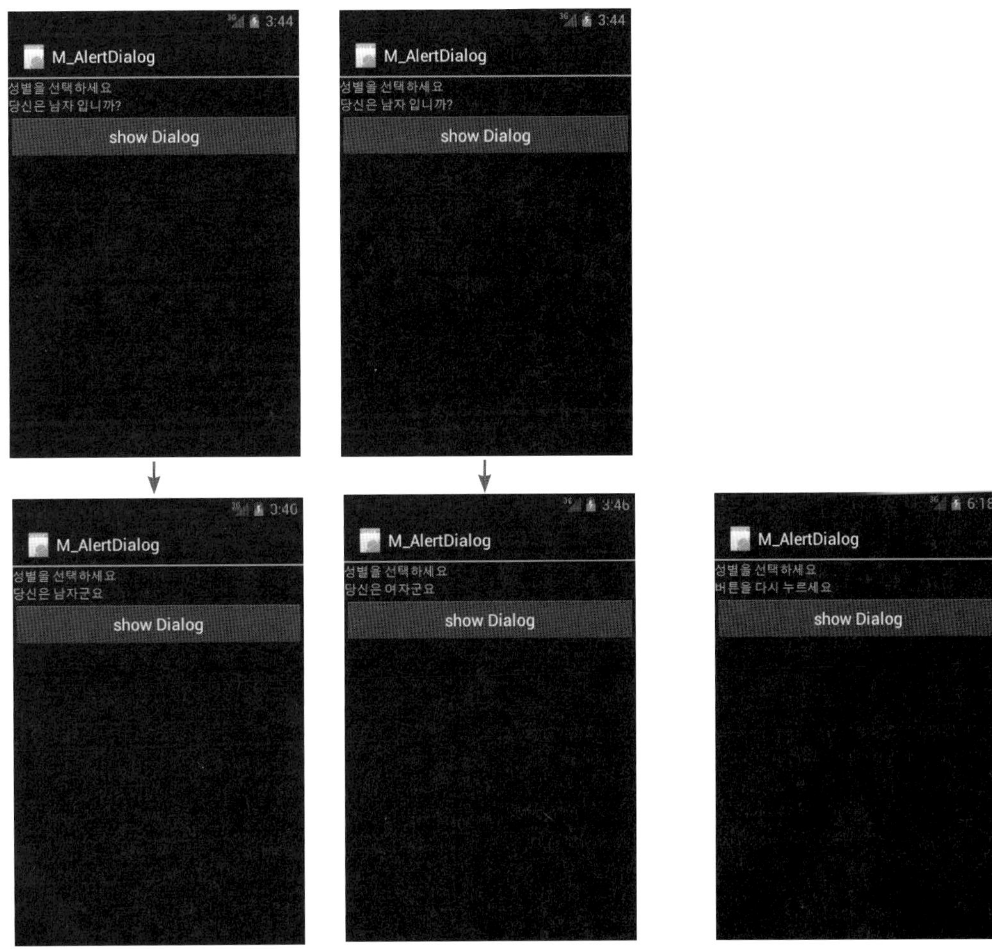

본 예제는 Toast 객체를 makeText 메소드를 사용해서 생성하는 방법과 Toast 생성자를 사용해서 생성하는 두 가지 방법을 테스트하는 예제이다.

프로젝트를 실행하고, 각 버튼을 눌러 토스트 출력을 확인한다.

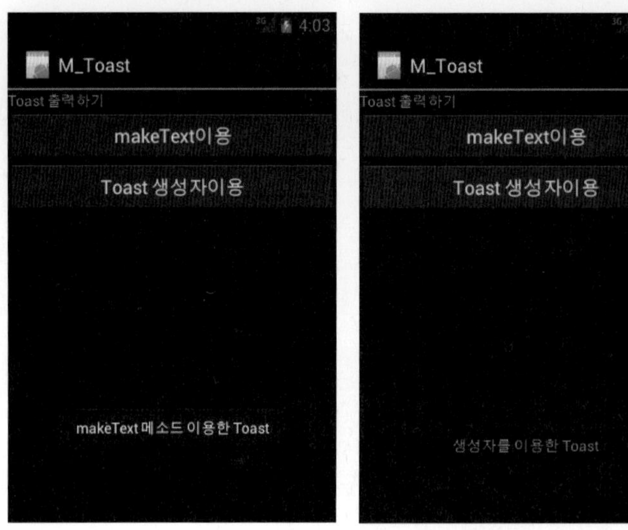

4 ProgressBar

1. ProgressBar의 상속 구조

ProgressBar는 애플리케이션의 진행 상태를 표시해 주는 용도로 사용된다. 작업의 진행 상태에 따라서 ProgressBar의 일정양만큼의 값을 증가시킬수 있다. ProgressBar에는 2차 진행 상태 값도 보여줄 수 있는데 주로 영화 등을 실행할 때 버퍼링 등을 표시할 때 사용한다.

ProgressBar는 레이아웃 리소스에 정의되어서 액티비티에서 참조되어 사용되는 형태와 Dialog 형태가 있다. Dialog 형태의 ProgressBar는 레이아웃 리소스에 정의할 수는 없고 자바 코드상에서 생성해 주어야 한다.

ProgressBar의 모양에는 원형과 막대형이 있다. 스타일을 지정하지 않으면 원형이 기본이다. 원형은 ProgressBar가 무한대로 진행되는 형태이다. 특정 애플리케이션을 로딩하는 시간 동안 진행을 보여주다가 로딩을 마치면 닫아주는 형태로 많이 사용된다.

2. ProgressBar에서 자주 사용되는 속성 및 메소드들

- android:max - ProgressBar에서 가질 수 있는 최대값을 지정한다.
- android:maxHeight / android:minHeight
  - ProgressBar 영역의 최대(최소) 높이를 지정한다. 사용할 수 있는 값의 단위는 px(pixels), dp(density-independent pixels), sp(scaled pixels based on preferred font size), in(inches), mm(millimeters)가 있다.
- android:maxWidth / android:minWidth
  - ProgressBar 영역의 최대(최소) 폭을 지정한다. 사용할 수 있는 값의 단위는 px(pixels), dp(density-independent pixels), sp(scaled pixels based on preferred font size), in(inches), mm(millimeters)가 있다.
- android:progress - ProgressBar의 기존 진행값을 지정하는 속성. 사용할 수 있는 값은 0부터 max 값 사이이다.
- android:progressDrawable - 진행값 표시에 사용할 Drawable 리소스를 지정할 수 있는 속성이다.
- android:secondaryProgress - 2차 진행 상태 값을 지정하는 값을 나타내는 속성이다. 이 값은 1차 진행값과 백그라운드 사이에 출력된다. 주로 미디어 플레이어에서 버퍼링 정보를 나타낼 때 사용된다.
- public synchronized int getMax () - ProgressBar가 가질 수 있는 최대값을 반환하는 메소드이다.
- public synchronized int getProgress ()
  - ProgressBar의 현재 진행 값을 반환하는 속성이다. indeterminate 모드일 경우에는 0을 반환한다.
- public Drawable getProgressDrawable () - ProgressBar의 진행값을 표시하는 Drawable 객체를 반환하는 메소드이다.
- public synchronized int getSecondaryProgress () - ProgressBar의 2차 진행값을 반환하는 메소드. indeterminate 모드일 경우에는 0을 반환한다.
- public final synchronized void incrementProgressBy (int diff)
  - 파라미터로 지정한 만큼 ProgressBar의 값을 증가시킨다.
- public final synchronized void incrementSecondaryProgressBy (int diff)
  - 파라미터로 지정한 만큼 ProgressBar의 2차 진행값을 증가시킨다.

- public synchronized void setMax (int max) - ProgressBar의 최대값을 설정하는 메소드이다.

- public synchronized void setProgress (int progress) - ProgressBar의 현재값을 설정하는 메소드이다.

- public synchronized void setSecondaryProgress (int secondaryProgress)

  - ProgressBar의 2차 진행값을 설정하는 메소드이다.

- public synchronized void setIndeterminate (boolean indeterminate)

  - ProgressBar를 indeterminate 모드로 설정할지를 지정하는 메소드이다. 원형일 경우에는 indeterminate 모드만 지원하므로 이 설정 값은 무시된다.

3. ProgressBar 예제 실행에 필요한 파일들

❶ 원형 ProgressBar 예제

- **main.xml 파일**

◉ Chapter08\P_Spinning\res\layout\main.xml

```xml
1   <?xml version="1.0" encoding="utf-8"?>
2   <LinearLayout xmlns:android="http://schemas.android.com/apk/res/android"
3       android:layout_width="fill_parent"
4       android:layout_height="fill_parent"
5       android:orientation="vertical" >
6
7       <LinearLayout
8           android:layout_width="wrap_content"
9           android:layout_height="wrap_content" >
10
11          <TextView
12              android:layout_width="wrap_content"
13              android:layout_height="wrap_content"
14              android:text="progressBarStyleLarge" />
15
16          <ProgressBar
17              style="?android:attr/progressBarStyleLarge"
18              android:layout_width="wrap_content"
19              android:layout_height="wrap_content" />
20      </LinearLayout>
21
```

```xml
22      <LinearLayout
23          android:layout_width="wrap_content"
24          android:layout_height="wrap_content" >
25
26          <TextView
27              android:layout_width="wrap_content"
28              android:layout_height="wrap_content"
29              android:text="기본형" />
30
31          <ProgressBar
32              android:layout_width="wrap_content"
33              android:layout_height="wrap_content" />
34      </LinearLayout>
35
36      <LinearLayout
37          android:layout_width="wrap_content"
38          android:layout_height="wrap_content" >
39
40          <TextView
41              android:layout_width="wrap_content"
42              android:layout_height="wrap_content"
43              android:text="progressBarStyleSmall" />
44
45          <ProgressBar
46              style="?android:attr/progressBarStyleSmall"
47              android:layout_width="wrap_content"
48              android:layout_height="wrap_content" />
49      </LinearLayout>
50
51      <LinearLayout
52          android:layout_width="wrap_content"
53          android:layout_height="wrap_content" >
54
55          <TextView
56              android:layout_width="wrap_content"
57              android:layout_height="wrap_content"
58              android:text="progressBarStyleInverse" />
59
60          <ProgressBar
61              style="?android:attr/progressBarStyleInverse"
62              android:layout_width="wrap_content"
63              android:layout_height="wrap_content" />
64      </LinearLayout>
```

```xml
65
66        <LinearLayout
67            android:layout_width="wrap_content"
68            android:layout_height="wrap_content" >
69
70            <TextView
71                android:layout_width="wrap_content"
72                android:layout_height="wrap_content"
73                android:text="progressBarStyleLargeInverse" />
74
75            <ProgressBar
76                style="?android:attr/progressBarStyleLargeInverse"
77                android:layout_width="wrap_content"
78                android:layout_height="wrap_content" />
79        </LinearLayout>
80
81        <LinearLayout
82            android:layout_width="wrap_content"
83            android:layout_height="wrap_content" >
84
85            <TextView
86                android:layout_width="wrap_content"
87                android:layout_height="wrap_content"
88                android:text="progressBarStyleSmallInverse" />
89
90            <ProgressBar
91                style="?android:attr/progressBarStyleSmallInverse"
92                android:layout_width="wrap_content"
93                android:layout_height="wrap_content" />
94        </LinearLayout>
95
96    </LinearLayout>
```

∷ 코드 분석

상단에 제시된 main.xml에는 원형 ProgressBar를 ProgressBar에서 제공하는 스타일별로 정의했다. 프로젝트를 직접 실행하고 출력되는 모양을 비교하면 차이점을 이해할 수 있다.

- **P_SpinningActivity.java 파일**


```java
1    package com.jung;
2
3    import android.app.Activity;
4    import android.os.Bundle;
5
6    public class P_SpinningActivity extends Activity {
7        /** Called when the activity is first created. */
8        @Override
9        public void onCreate(Bundle savedInstanceState) {
10            super.onCreate(savedInstanceState);
11            setContentView(R.layout.main);
12        }
13    }
```

기본 코드에 추가된 부분이 없으므로 코드 설명은 생략한다.

❷ 막대 모양 ProgressBar 예제

- **main.xml 파일 작성**


```xml
1    <?xml version="1.0" encoding="utf-8"?>
2    <LinearLayout xmlns:android="http://schemas.android.com/apk/res/android"
3        android:layout_width="fill_parent"
4        android:layout_height="fill_parent"
5        android:orientation="vertical" >
6
7        <ProgressBar
8            android:id="@+id/pBar"
9            style="?android:attr/progressBarStyleHorizontal"
10            android:layout_width="match_parent"
11            android:layout_height="wrap_content"
12            android:max="100"
13            android:progress="50"
14            />
15
16    </LinearLayout>
```

코드 분석

9	ProgressBar의 스타일을 막대 모양으로 지정한 부분이다.
12	막대 모양 ProgressBar의 최대값을 지정한 부분이다.
13	막대 모양 ProgressBar의 현재값을 지정한 부분이다.

* P_HorizontalActivity.java 파일


```java
1    package com.jung;
2
3    import android.app.Activity;
4    import android.os.Bundle;
5
6    public class P_HorizontalActivity extends Activity {
7        /** Called when the activity is first created. */
8        @Override
9        public void onCreate(Bundle savedInstanceState) {
10           super.onCreate(savedInstanceState);
11           setContentView(R.layout.main);
12       }
13   }
```

4. ProgressBar 예제 실행

각 ProgressBar의 좌측 부분에 해당 ProgressBar의 스타일을 출력하였으니 스타일명과 출력된 모양을 비교해 본다.

❶ 원형 ProgreassBar 예제

❷ 막대 모양 ProgressBar 예제

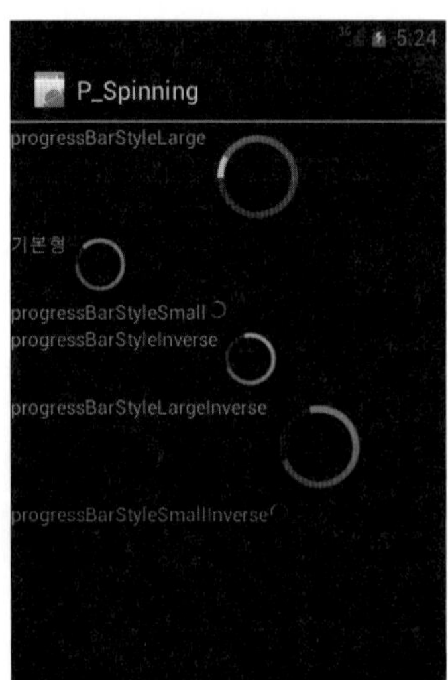

1. ProgressDialog의 상속 구조

ProgressBar의 예제를 살펴보았다. 진행 바는 ProgressBar 클래스를 이용해서 생성해도 되지만 ProgressDialog 클래스를 이용해서 Dialog 형태로도 생성할 수 있다. 이번에는 ProgressDialog 클래스를 이용하는 방법을 살펴보자.

```
public class

ProgressDialog

extends AlertDialog

java.lang.Object
 ↳android.app.Dialog
   ↳android.app.AlertDialog
     ↳android.app.ProgressDialog
```

상단 상속 구조에서 볼 수 있듯이 ProgressDialog 클래스는 Dialog 클래스를 상속받기 때문에 진행 바를 Dialog 형태로 다룰 수 있다. 다음과 같은 생성자를 제공해 준다.

```
ProgressDialog(Context context)
ProgressDialog(Context context, int theme)
```

2. ProgressDialog에서 자주 사용하는 메소드들

- static ProgressDialog show(Context context, CharSequence title, CharSequence message)
  Dialog의 제목과 메시지를 지정하고 다이얼로그를 띄운다.

- static ProgressDialog show(Context context, CharSequence title, CharSequence message, boolean indeterminate, boolean cancelable)
  *indeterminate : 진행 바가 무한으로 실행될지 설정, cancelable : 취소할 수 있는 창인지 설정

- static ProgressDialog show(Context context, CharSequence title, CharSequence message, boolean indeterminate, boolean cancelable, DialogInterface.OnCancelListener cancelListener)
  static ProgressDialog show(Context context, CharSequence title, CharSequence message, boolean indeterminate)
  : 취소 버튼을 누를 경우 처리하는 리스너 객체도 지정할 수 있는 메소드이다.

3. ProgressDialog 예제 실행에 필요한 파일들

❶ 원형 진행 바 예제

• main.xml 파일

```
◉ Chapter08\P_DialogSpinner\res\layout\main.xml
```

```xml
1   <?xml version="1.0" encoding="utf-8"?>
2   <LinearLayout xmlns:android="http://schemas.android.com/apk/res/android"
3       android:layout_width="fill_parent"
4       android:layout_height="fill_parent"
5       android:orientation="vertical" >
6
7       <Button
8           android:id="@+id/show"
9           android:layout_width="fill_parent"
10          android:layout_height="wrap_content"
11          android:text="다이얼로그 보여주기" />
12  </LinearLayout>
```

코드 분석

• P_DialogSpinnerActivity.java 파일 작성

```
◉ Chapter08\P_DialogSpinner\src\com\jung\P_DialogSpinnerActivity.java
```

```java
1   package com.jung;
2
3   import android.app.Activity;
4   import android.app.ProgressDialog;
5   import android.os.Bundle;
6   import android.view.View;
7   import android.widget.Button;
8
9   public class P_DialogSpinnerActivity extends Activity {
10      /** Called when the activity is first created. */
11      Button show;
12      ProgressDialog proDialog;
13      MyThread myThread;
14      @Override
```

```java
15        public void onCreate(Bundle savedInstanceState) {
16            super.onCreate(savedInstanceState);
17            setContentView(R.layout.main);
18            show = (Button)findViewById(R.id.show);
19
20            show.setOnClickListener(new View.OnClickListener() {
21                public void onClick(View v) {
22                    // TODO Auto-generated method stub
23                    proDialog = ProgressDialog.show(P_DialogSpinnerActivity.this, "다운로
24   드", "다운로드 진행중입니다.");
25
26                    myThread = new MyThread();
27                    myThread.setDaemon(true);
28                    myThread.start();
29                }
30            });
31        }
32        public class MyThread extends Thread{
33            public void run(){
34                for(int i=1;i<=10;i++){
35                    try{Thread.sleep(100);}catch(Exception e){};
36                }
37                proDialog.dismiss();
38            }
39        }
40    }
```

코드 분석

12	ProgressDialog 레퍼런스 변수를 선언한 부분이다. ProgressDialog 객체를 클래스 전체에서 사용하기 위해서 멤버 변수로 선언. onClick 메소드 안에서 로컬 변수로 변수를 선언하면 37라인에서 Dialog를 닫아주는 처리를 할 때 다이얼로그가 인식되지 않기 때문에 멤버 변수로 선언한 것이다.
13	사용자 정의 스레드의 레퍼런스 변수를 정의하였다. 이 스레드에서 일정 시간 지연 후에 진행 바 다이얼로그를 닫아주는 작업을 하게 된다.
20~30	show 버튼을 클릭했을 때 진행 바 다이얼로그 창을 출력하는 부분이다.
23~24	Dialog의 제목과 메시지를 지정하고 Dialog를 출력하는 부분이다.
26~27	일정 시간을 지연시킨 후에 Dialog를 닫아주는 역할을 하는 스레드를 시작시키는 부분이다.
27	액티비티를 종료하면 해당 스레드가 같이 종료되도록 해당 스레드를 데몬 스레드로 지정하는 부분이다. 이 부분을 처리하지 않으면 액티비티가 종료해도 스레드 기능이 종료되지 않았으면 스레드 동작은 계속 실행된다.
37	dismiss() 메소드를 사용하여 Dialog를 닫아 주는 부분이다.

❷ 막대형 진행 바 예제

• **main.xml 파일 작성**

● Chapter08\P_DialogHorizontal\res\main.xml

```xml
1    <?xml version="1.0" encoding="utf-8"?>
2    <LinearLayout xmlns:android="http://schemas.android.com/apk/res/android"
3        android:layout_width="fill_parent"
4        android:layout_height="fill_parent"
5        android:orientation="vertical" >
6
7        <Button
8            android:id="@+id/show"
9            android:layout_width="fill_parent"
10           android:layout_height="wrap_content"
11           android:text="다이얼로그 보여주기" />
12   </LinearLayout>
```

특별히 추가된 부분이 없으므로 코드 설명을 생략한다.

• **P_DialogHorizontalActivity.java 파일 작성**

● Chapter08\P_DialogHorizontal\src\com\jung\P_DialogHorizontalActivity.java

```java
1    package com.jung;
2    import android.app.Activity;
3    import android.app.Dialog;
4    import android.app.ProgressDialog;
5    import android.os.Bundle;
6    import android.view.View;
7    import android.widget.Button;
8
9    public class P_DaologHorizontalActivity extends Activity implements View.
10   OnClickListener{
11       /** Called when the activity is first created. */
12       Button btn;
13       ProgressDialog dialog;
14       int value;
15       @Override
16       public void onCreate(Bundle savedInstanceState) {
17           super.onCreate(savedInstanceState);
18           setContentView(R.layout.main);
19           btn = (Button)findViewById(R.id.show);
20           btn.setOnClickListener(this);
21       }
22       public void onClick(View v) {
23           // TODO Auto-generated method stub
```

```java
24          showDialog(1);
25          MyThread myThread = new MyThread();
26          myThread.setDaemon(true);
27          myThread.start();
28      }
29      @Override
30      protected Dialog onCreateDialog(int id) {
31          // TODO Auto-generated method stub
32
33          if(id == 1){
34              dialog = new ProgressDialog(this);
35              dialog.setTitle("다운로드");
36              dialog.setMessage("다운로드 합니다.");
37              dialog.setMax(100);
38              dialog.setProgressStyle(ProgressDialog.STYLE_HORIZONTAL);
39          }
40          return dialog;
41      }
42
43      public class MyThread extends Thread{
44          @Override
45          public void run() {
46              // TODO Auto-generated method stub
47              for(int i=1;i<=5;i++){
48                  value += 20;
49                  try{Thread.sleep(500);}catch(Exception e){}
50                  dialog.setProgress(value);
51              }
52              dismissDialog(1);
53              value=0;
54          }
55      }
56  }
```

코드 분석

13	막대 모양 진행 바의 값으로 지정할 값을 저장할 변수를 선언하였다.
24	Activity에서 제공하는 showDialog(int id)를 호출하여 Dialog를 출력하고 있다. 이 메소드를 호출하면 자동으로 onCreateDialog(int id) 메소드가 호출된다. 이 메소드에서 출력될 Dialog를 원하는 모양으로 만들면 된다.
25~27	일정 시간 후에 출력되어 있는 Dialog 창을 닫아주는 역할을 하는 스레드 객체 생성 후 시작시키는 부분이다.
34~37	ProgressDialog 객체를 생성하고 제목, 메시지, 최대값을 지정한 부분이다.
38	진행 바 모양을 막대 모양으로 설정하는 부분이다.
40	최종적으로 생성한 Dialog를 리턴한다. 이 부분에서 리턴한 Dialog가 화면에 출력된다.

47~51	반복하면서 Dialog의 막대 모양 진행 바의 값을 증가시키는 부분이다.
52	진행 바의 값이 100까지 증가되면 dismissDialog(int id) 메소드를 이용하여 해당 아이디의 Dialog를 닫아주는 부분이다.
53	진행 바의 값으로 사용되었던 변수 값을 다시 0으로 초기화시킨다.

4. ProgressDialog 예제 실행

❶ 원형 진행 바 예제 실행하기

메인 액티비티가 출력되면 버튼을 눌러 Dialog를 출력한다. Dialog 출력 후 일정 시간을 기다리면 출력되었던 Dialog가 스레드에 의해서 자동으로 닫힌다.

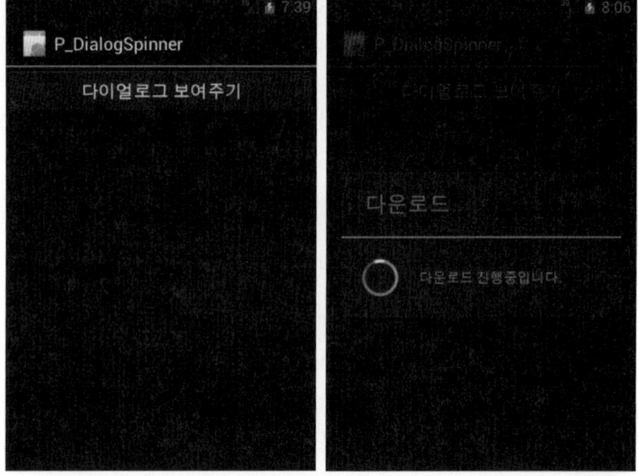

❷ 막대형 진행 바 예제

메인 액티비티가 출력된 후 버튼을 클릭하면 Dialog가 출력된다. Dialog가 출력된 후 일정 시간이 지나면 Dialog가 자동으로 닫힌다.

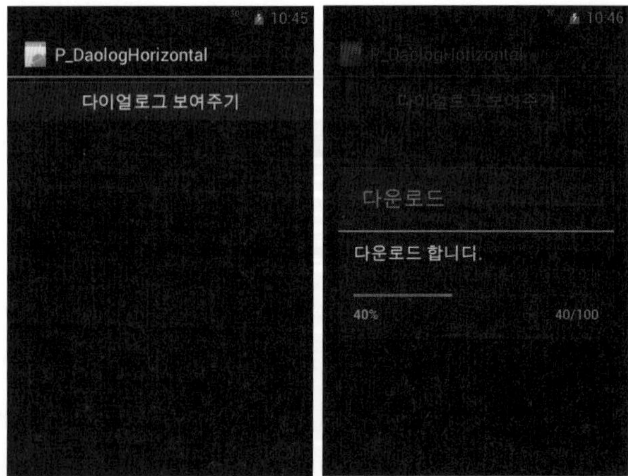

 RatingBar

1. RatingBar의 상속 구조

```
public class
RatingBar
extends AbsSeekBar

java.lang.Object
  ↳android.view.View
      ↳android.widget.ProgressBar
          ↳android.widget.AbsSeekBar
              ↳android.widget.RatingBar
```

RatingBar는 SeekBar와 ProgressBar를 상속받고 있으면 클릭이나 드래그 혹은 방향키를 이용하여 원하는 레이팅 값을 선택할 수 있다. 주로 평점 등을 입력받을 때 사용된다.

2. RatingBar에서 자주 사용되는 속성과 메소드들

- android:isIndicator - 레이팅 바를 이용해서 레이팅 값을 설정할 수 있게 하겠느냐 레이팅 값을 보여주기만 할 것이냐를 지정하는 속성이다. 값을 true로 설정하면 indicator 모드이므로 값을 출력만 할 수 있고 수정할 수는 없게 된다.
- android:numStars - 별의 개수를 설정하는 속성이다.
- android:rating - 레이팅 바가 출력될 때 기본적인 레이팅 바의 값을 설정하는 부분이다.
- android:stepSize - 한 번에 변화할 수 있는 값의 단위를 float 타입으로 지정한다. 만약 stepSize 값을 0.5로 지정하게 되면, 어차피 별 하나의 값은 1이므로 두 번 눌렀을 때 별 하나가 체크되게 된다. 즉, 한 번 레이팅 값이 증가될 때마다 별 반쪽이 체크된다.
- public static interface

  RatingBar.OnRatingBarChangeListener

  - 레이팅 바에서 레이팅 값을 변경했을 때의 동작을 처리하는 리스너 인터페이스이다. 이 리스너 인터페이스에는 다음 메소드가 정의되어 있다.

```
public abstract void onRatingChanged (RatingBar ratingBar, float rating, boolean fromUser)
```

*레이팅 바의 레이팅 값이 변경되었을 때 호출되는 메소드이다.
*ratingBar : 값이 변경된 레이팅 바 객체   *rating : 변경된 레이팅 값
*fromUser : 값의 변경이 사용자의 터치 이벤트에 의해서 발생했을 때는 true, 방향키나 트랙볼 스크롤에 의한 선택일 경우는 false 전송

3. RatingBar 예제 실행에 필요한 파일들

• **main.xml 파일**


```xml
1   <?xml version="1.0" encoding="utf-8"?>
2   <LinearLayout xmlns:android="http://schemas.android.com/apk/res/android"
3       android:layout_width="fill_parent"
4       android:layout_height="fill_parent"
5       android:orientation="vertical" >
6
7       <TextView
8           android:id="@+id/rate"
9           android:layout_width="wrap_content"
10          android:layout_height="wrap_content"
11          android:text="레이팅 값" />
12      <RatingBar
13          android:id="@+id/ratingBar"
14          android:layout_width="wrap_content"
15          android:layout_height="wrap_content"
16          android:rating="1"
17          android:stepSize="0.5"
18          android:numStars="5"/>
19
20  </LinearLayout>
```

코드 분석

7~11	레이팅 바에 체크된 레이팅 값을 출력할 TextView를 정의한 부분이다.
12~18	RatingBar를 정의한 부분이다.
16	초기 레이팅 값을 지정한 부분이다. 레이팅 바가 출력될 때 별 하나가 체크된다.
17	한 번 체크할 때 레이팅 값이 0.5씩 증가되게 처리한 부분이다.
18	레이팅 바에 별이 5개씩 출력되게 처리한 부분이다.

• **RatingBarActivity.java 파일**


```java
1   package com.jung;
2
3   import android.app.Activity;
4   import android.os.Bundle;
5   import android.widget.RatingBar;
6   import android.widget.TextView;
7
```

```
8    public class RatingBarActivity extends Activity {
9        /** Called when the activity is first created. */
10       TextView rate;
11       RatingBar ratingBar;
12       @Override
13       public void onCreate(Bundle savedInstanceState) {
14           super.onCreate(savedInstanceState);
15           setContentView(R.layout.main);
16           rate = (TextView)findViewById(R.id.rate);
17           ratingBar = (RatingBar)findViewById(R.id.ratingBar);
18
19           ratingBar.setOnRatingBarChangeListener(new
20    RatingBar.OnRatingBarChangeListener() {
21               public void onRatingChanged(RatingBar ratingBar, float rating,
22                   boolean fromUser) {
23                   // TODO Auto-generated method stub
24                   rate.setText("현재 레이팅값 = "+rating);
25               }
26           });
27       }
28    }
```

코드 분석

19~26	레이팅 바에 이벤트가 발생했을 때 처리하는 부분이다.
20	레이팅 바 값을 변경했을 때 RatingBar.OnRatingBarChangeListener를 이용하여 이벤트를 처리하는 부분이다.
24	레이팅 바의 값을 변경했을 때 현재 레이팅 바의 값을 TextView에 출력하는 부분이다.

4. RatingBar 예제 실행

메인 액티비티가 출력된 후 별을 체크해 보면 별이 반개씩 증가되었을 때 레이팅 값이 TextView에 출력되는 것을 확인할 수 있다.

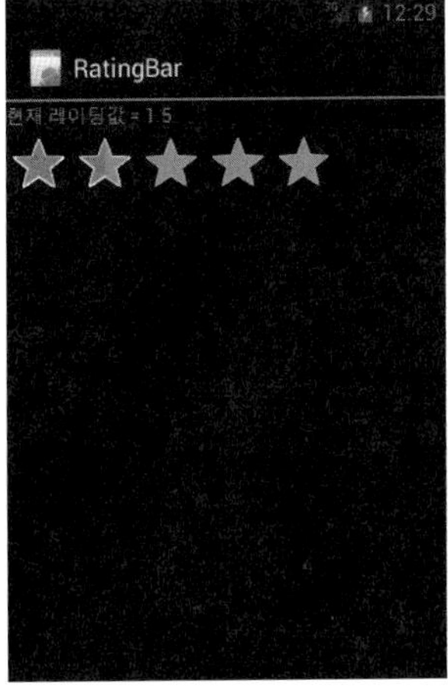

KEY-POINT

1. 안드로이드에서는 webkit 엔진 기반의 브라우저를 제공해 주며 안드로이드 프로그래밍을 할 때 WebView는 특정 웹 내용을 보여주는 기능을 한다. 특정 사이트 자체를 로딩할 수도 있고, 특정 웹 데이터 코드를 지정하여 읽어들일 수 있다. WebView를 이용하여 자신만의 웹브라우저를 구성할 수 있다
   - public void loadUrl (String url) : 지정한 url의 자원을 읽어들인다.
   - public void loadData (String data, String mimeType, String encoding) : 지정된 data를 WebView로 읽어들인다.

   특정 url을 읽어들일 때는 사용자의 요금과 관계되기 때문에 반드시 INTERNET 권한이 필요하다.
   AndroidManifest.xml 파일에 다음 부분을 추가해야한다.
   <uses-permission ndroid:name="android.permission.INTERNET"/>

2. 안드로이드는 TabHost 클래스를 이용해서 탭 기능을 제공한다.

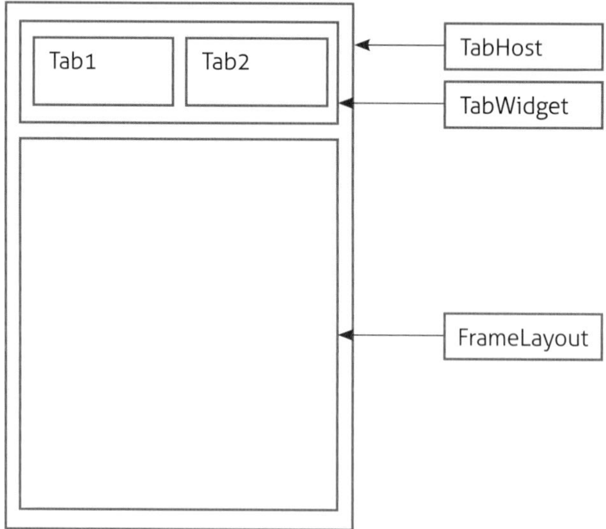

   * TabHost : 탭 영역 전체를 의미한다.
   * TabWidget : Tab 버튼 모음으로 의미 텍스트나 아이콘으로 구성될 수 있다.
   * FrameLayout : 선택된 Tab에 따라 보여줄 내용(Tab Content)를 포함하는 컨테이너이다.

3. 안드로이드에서는 사용자에게 메시지를 출력할 수 있는 방법으로 Toast 형태와 AlertDialog 형태를 제공해 준다. Toast 형태는 주로 잠깐 화면에 출력되었다가 사라지는 형태로 포커스를 빼앗아 가지 않지만 AlertDialog는 포커스를 빼앗아 간다.

Toast 생성 첫 번째 방법은 다음 메소드를 사용하는 방법이다.

```
static Toast makeText(Context context, int resId, int duration)
```

makeText의 세 번째 파라미터로는 상단에 제시된 코드 내용처럼 리소스 id뿐 아니라 CharSequence 즉, 문자열을 직접 입력해도 된다. makeText 메소드를 사용해서 Toast 객체를 생성한 후에는 반드시 show() 메소드를 호출해야만 Toast가 화면에 출력된다.

두 번째 방법은 다음과 같다.
① new 키워드를 사용해 새 Toast 인스턴스 생성
② Toast 인스턴스에서 표현할 view 생성
③ setView(view) 메소드를 이용해 Toast인스턴스의 view를 설정
④ setDuration() 메소드를 이용해 토스트 지속 시간을 설정
⑤ show() 메소드를 이용해 토스트 표시

AlertDialog는 title, icon, message, custom view, Button으로 구성된다.
AlertDialog는 AlertDialog의 내부 클래스인 AlertDialog.Builder 클래스를 이용해서 객체를 생성할 수 있다.
객체 생성 후에는 반드시 show() 메소드를 호출해 주어야 다이얼로그가 화면에 출력된다.

4. ProgressBar는 진행 상태를 출력해 주는 위젯이다. ProgressBar는 애플리케이션의 진행 상태를 표시해 주는 용도로 사용된다. 작업의 진행 상태에 따라서 ProgressBar의 일정 양만큼의 값을 증가시킬수 있다.
ProgressBar에는 2차 진행 상태 값도 보여줄 수 있는데 주로 동영상 파일 등을 실행할 때 버퍼링 등을 표시할 때 사용한다.
ProgressBar는 레이아웃 리소스에 정의되어서 액티비티에서 참조되어 사용되는 형태와 Dialog 형태의 ProgressBar가 존재한다. Dialog 형태의 ProgressBar는 레이아웃 리소스에 정의할 수는 없고 자바 코드상에서 생성해 주어야 한다.

5. RatingBar는 SeekBar와 ProgressBar를 상속받고 있으면 클릭이나 드래그 혹은 방향키를 이용하여 원하는 레이팅 값을 선택할 수 있다. 주로 평점 등을 입력받을 때 사용된다.

public static interface
RatingBar.OnRatingBarChangeListener
: 레이팅 바에서 레이팅 값을 변경했을 때 의 동작을 처리하는 리스너 인터페이스이다. 이 리스너 인터페이스에는 다음 메소드가 정의되어 있다.

public abstract void onRatingChanged (RatingBar ratingBar, float rating, boolean fromUser)
: 레이팅바의 레이팅 값이 변경되었을 때 호출되는 메소드이다.
*ratingBar - 값이 변경된 레이팅바 객체, rating - 변경된 레이팅 값, fromUser - 값의 변경이 사용자의 터치 이벤트에 의해서 발생했을 때는 true, 방향키나 트랙볼 스크롤에 의한 선택일 경우는 false가 전송됨

본 장에서는 안드로이드에서 제공하는 메뉴 기능에 대해서 살펴본다. 안드로이드에서는 메뉴를 두 가지 형태로 제공한다. 디바이스의 메뉴 버튼을 클릭했을 때 실행되는 옵션 메뉴와 특정 위젯을 일정 시간 꾹 누를 때 호출되는 컨텍스트 메뉴가 그것이다.

1 Menu

Menu는 옵션 메뉴를 뜻하는데, 디바이스의 메뉴 버튼을 클릭하면 액티비티 하단에 출력되는 메뉴가 옵션 메뉴이다.

오른쪽 그림처럼 디바이스 메뉴를 선택하면 액티비티 하단에 출력되는 메뉴가 옵션 메뉴이다.

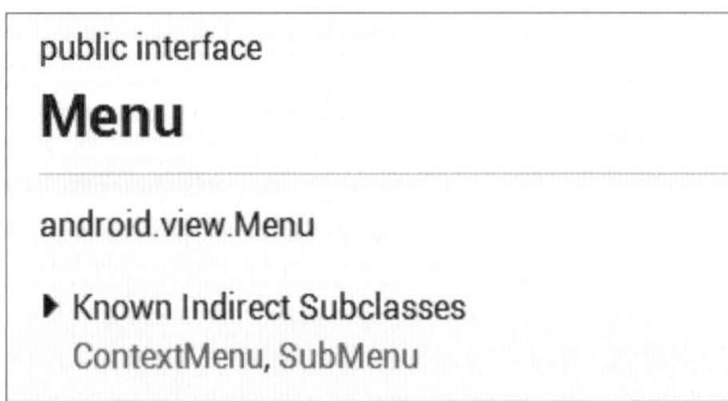

1. Menu의 상속 구조

```
public interface
Menu

android.view.Menu

▶ Known Indirect Subclasses
  ContextMenu, SubMenu
```

2. Menu에서 자주 사용되는 메소드들

❶ 옵션 메뉴 구성 메소드

옵션 메뉴가 처음 생성될 때는 다음 메소드가 호출된다. Activity Class에서 제공하며 현재 작동 중인 Activity를 위한 menu이며, 디바이스 menu 키를 누르면 작동하게 된다.

public boolean onCreateOptionsMenu (Menu menu)

→ parameter : menu - 시스템에 의해 생성된 menu 객체. Menu에서 제공하는 add 메소드를 사용하여 하위 메뉴를
추가할 수 있다.
→ return : true - 메뉴가 화면에 표시됨, false - 메뉴가 화면에 표시되지 않음

onCreateOptionsMenu 메소드는 옵션 메뉴가 처음 생성될 때만 호출이 되기 때문에 옵션 메뉴가 처음
생성된 후 메뉴가 호출될 때 메뉴에 특정 변경 작업을 적용하려면 public boolean onPrepareOptionsMenu
(Menu menu) 메소드를 사용하여야 한다. 이는 Activity 클래스에서 제공하는 메소드이다.

public boolean onPrepareOptionsMenu (Menu menu)

→ parameter : menu - 메소드를 호출한 Activity의 option menu이다. 메소드가 완료되면 화면에 보여질 메뉴 객체이
므로 화면에 보여지기 전에 변경 작업이 필요하면 이 메소드 내부에서 수정해야 한다.
→ return : true - 메뉴가 화면에 표시됨, false - 메뉴가 화면에 표시되지 않음

❷ 메뉴 아이템 선택 시 호출되는 메소드

옵션 메뉴가 구성된 후 옵션 메뉴 중 특정한 메뉴 아이템을 선택하면 다음 메소드가 호출된다.

public boolean onOptionsItemSelected(MenuItem item)

→ parameter : item - Option Menu 객체 내부에 등록된 MenuItem 인스턴스 중 선택 이벤트를 발생시킨 MenuItem
인스턴스를 전달한다. 일반적으로 MenuItem.getItemId() 메소드로 아이디 값을 얻어와서 어떤
메뉴 아이템이 선택되었는지 판단한다.
• return : true - 본 메소드에서 이벤트가 처리되었음 , false - 본 메소드에서 이벤트를 완전히 처리하지 않았음

❸ 메뉴를 추가하는 메소드

시스템 메뉴에 메뉴를 추가할 때는 Menu 인터페이스에서 제공하는 다음 메소드를 사용한다. 메뉴에
새로운 MenuItem 을 추가하는 메소드이다.

public abstract MenuItem add (int groupId, int itemId, int order, CharSequence title)

* groupId : 메뉴를 특정 그룹으로 묶어서 관리할 때 사용된다. 특정 그룹에 속하지 않을 경우에는 Menu.NONE을 지
정한다.
Menu.FIRST : 첫 번째 메뉴를 의미하는 상수로, 값으로는 1을 의미한다.
Menu.NONE : 메뉴 그룹이나 메뉴 아이템의 출력되는 순서 등을 지정하지 않을 때 주로 사용되는 상수값이다. 값으
로는 0이 할당되어 있다.
* itemId : 유일한 메뉴 아이템의 아이디를 지정한다. 특정 메뉴를 선택했을 때 해당 메뉴를 식별하는 용도로 사용된다.
* order : 메뉴 아이템이 출력되는 상대적인 순서이다. Menu.NONE으로 지정하면 add 메소드에 의해 추가되는 순서
대로 출력된다.
* title : 아이템에 대한 레이블을 표시하기 위한 text 값이다.

특정 메뉴에 서브 메뉴를 추가할 때는 다음 메소드를 이용한다. Menu 인터페이스에서 제공되는 메소드로, 다음 메소드를 사용해서 서브 메소드를 추가할 수는 있지만 서브 메뉴는 한 단계까지만 지원된다. 즉 서브 메뉴에 다시 서브 메뉴를 추가할 수는 없다.

```
abstract SubMenu addSubMenu(int groupId, int itemId, int order, CharSequence title)
```

→ parameters : MenuItem add(...) 메소드의 parameter와 동일하다.
→ return : 생성한 SubMenu 객체를 리턴한다.

❹ MenuItem에서 제공하는 메소드

- setAlphabeticShortcut(q); : 알파벳 단축키를 지정한다.

  예 menu.add(0, 1, 0, "Add").setAlphabeticShortcut('a');

- public abstract MenuItem setNumericShortcut (char numericChar) : 숫자 단축키를 지정한다.

- public abstract int getItemId () : 해당 MenuItem의 id 속성 값을 반환해 준다. 이 id 속성 값으로 어떤 메뉴 항목이 선택되었는지 판단할 수 있다.

- public abstract SubMenu getSubMenu () : 해당 MenuItem의 서브 메뉴를 반환해 준다.

- public abstract boolean hasSubMenu () : 해당 메뉴 항목에 서브 메뉴가 존재하는지를 판단해 준다.

- public abstract boolean isCheckable () : 해당 메뉴 항목에 체크 표시가 존재하는지를 판단한다.

- public abstract boolean isChecked () : 해당 메뉴 항목이 체크된 상태인지를 판단하는 메소드이다.

- public abstract MenuItem setCheckable (boolean checkable) : 메뉴 항목에 체크 표시를 추가할지를 설정하는 메소드로, 기본값은 false이다.

- public abstract MenuItem setChecked (boolean checked) : 메뉴 항목에 선택 표시를 할지를 설정하는 메소드로, 기본값은 false이다.

- public abstract CharSequence getTitle () : 메뉴 항목의 title 속성 값을 반환해 준다.

- public abstract boolean isEnabled () : 해당 메뉴 항목이 활성 상태인지를 판단하는 메소드이다.

- public abstract boolean isVisible () : 해당 메뉴 항목이 visible 상태인지를 판단하는 메소드이다. 해당 메뉴 항목이 보여지는 상태이면 true, 숨겨진 상태이면 false를 반환한다.

- public abstract MenuItem setEnabled (boolean enabled) : 해당 메뉴 항목을 활성화 또는 비활성화시키는 메소드이다.

- public abstract MenuItem setIcon (Drawable icon) : 해당 메뉴 항목의 Drawable 객체를 아이콘으로 설정하는 메소드이다.

- public abstract MenuItem setIcon (int iconRes) : 해당 메뉴 항목에 리소스 아이디를 이용해서 아이콘을 지정하는 메소드이다.

3. Menu 예제 실행에 필요한 파일들

- **main.xml 파일**

⦿ Chapter09\OptionMenu\res\layout\main.xml

```xml
1   <?xml version="1.0" encoding="utf-8"?>
2   <LinearLayout xmlns:android="http://schemas.android.com/apk/res/android"
3       android:layout_width="fill_parent"
4       android:layout_height="fill_parent"
5       android:orientation="vertical" >
6   <LinearLayout
7       android:layout_width="fill_parent"
8       android:layout_height="wrap_content">
9       <TextView
10      android:layout_width="wrap_content"
11      android:layout_height="wrap_content"
12      android:text="추가할과일명 "/>
13
14      <EditText
15      android:id="@+id/fruits"
16      android:layout_width="wrap_content"
17      android:layout_height="wrap_content"
18      android:hint="과일명"/>
19
20  </LinearLayout>
21      <TextView
22          android:id="@+id/fruits"
23          android:layout_width="fill_parent"
24          android:layout_height="wrap_content"
25          android:text="" />
26      <ListView
27          android:id="@+id/list"
28          android:layout_width="fill_parent"
29          android:layout_height="wrap_content"></ListView>
30
31  </LinearLayout>
```

⠿ 코드 분석

14~18	추가할 과일명을 입력할 EditText를 정의한 부분이다.
26~29	과일명이 출력될 ListView를 정의한 부분이다.

- **OptionMenuActivity.java 파일**

<table>
<tr><td colspan="2">● Chapter09\OptionMenu\src\com\jung\OptionMenuActivity.java</td></tr>
</table>

```java
1   package com.jung;
2   import java.util.ArrayList;
3   import android.os.Bundle;
4   import android.app.Activity;
5   import android.view.Menu;
6   import android.view.MenuItem;
7   import android.view.View;
8   import android.widget.Adapter;
9   import android.widget.AdapterView;
10  import android.widget.ArrayAdapter;
11  import android.widget.BaseAdapter;
12  import android.widget.Button;
13  import android.widget.EditText;
14  import android.widget.ListView;
15  import android.widget.TextView;
16  public class OptionMenuActivity extends Activity {
17      ArrayAdapter<String> adapter;
18      EditText fruits;
19      ListView listView;
20      ArrayList<String> list = new ArrayList<String>();
21      @Override
22      public void onCreate(Bundle icicle) {
23          super.onCreate(icicle);
24          setContentView(R.layout.main);
25          list.add("사과");
26          list.add("배");
27          list.add("토마토");
28          list.add("바나나");
29          list.add("키위");
30          list.add("복숭아");
31          list.add("포도");
32          list.add("참외");
33          list.add("옥수수");
34          list.add("딸기");
35          list.add("파인애플");
36          list.add("머루");
37          listView = (ListView)findViewById(R.id.list);
38          adapter = new ArrayAdapter<String>(this,
39                  android.R.layout.simple_list_item_single_choice,
40                  list);
```

41	listView.setAdapter(adapter);
42	listView.setChoiceMode(ListView.CHOICE_MODE_SINGLE);
43	fruits=(EditText)findViewById(R.id.fruits);
44	}
45	
46	@Override
47	public boolean onCreateOptionsMenu(Menu menu) {
48	// TODO Auto-generated method stub
49	menu.add(Menu.NONE, 1, Menu.NONE, "Add");
50	menu.add(Menu.NONE, 2, Menu.NONE, "Del");
51	return super.onCreateOptionsMenu(menu);
52	}
53	@Override
54	public boolean onOptionsItemSelected(MenuItem item) {
55	// TODO Auto-generated method stub
56	if(item.getItemId()==1){
57	String addFruits = fruits.getText().toString();
58	list.add(addFruits);
59	fruits.setText("");
60	adapter.notifyDataSetChanged();
61	}
62	else{
63	int position = listView.getCheckedItemPosition();
64	list.remove(position);
65	adapter.notifyDataSetChanged();
66	}
67	return super.onOptionsItemSelected(item);
68	}
69	}

코드 분석

47~52	디바이스에서 처음 메뉴를 선택했을 때 옵션 메뉴를 구성하는 부분이다.
49	Add 메뉴 아이템을 추가하는 부분이다. 특정한 그룹 아이디와 순서는 지정하지 않았고, 아이템 아이디를 1로 지정하고 텍스트를 Add로 설정하여 메뉴를 구성하였다.
50	Del 메뉴 아이템을 추가한 부분이다.
54~68	특정 메뉴 아이템을 선택했을 경우 처리를 해 주는 부분이다. 특정 메뉴 아이템이 선택되면 이 메소드가 자동으로 호출된다.
56~61	EidtText에 추가할 과일명을 입력하고 Add 메뉴를 선택했을 때 새로운 과일명을 ListView에 추가하는 코드이다.
62~66	ListView에서 특정 항목을 하나 선택하고 Del 메뉴를 선택했을 때 선택된 항목을 제거하는 코드 영역이다.

4. Menu 예제 실행

상단 EditText에 추가할 과일명을 입력하고 옵션 메뉴의 Add 버튼을 클릭하면 ListView에 새로운 항목이 추가되는 것을 확인할 수 있다.

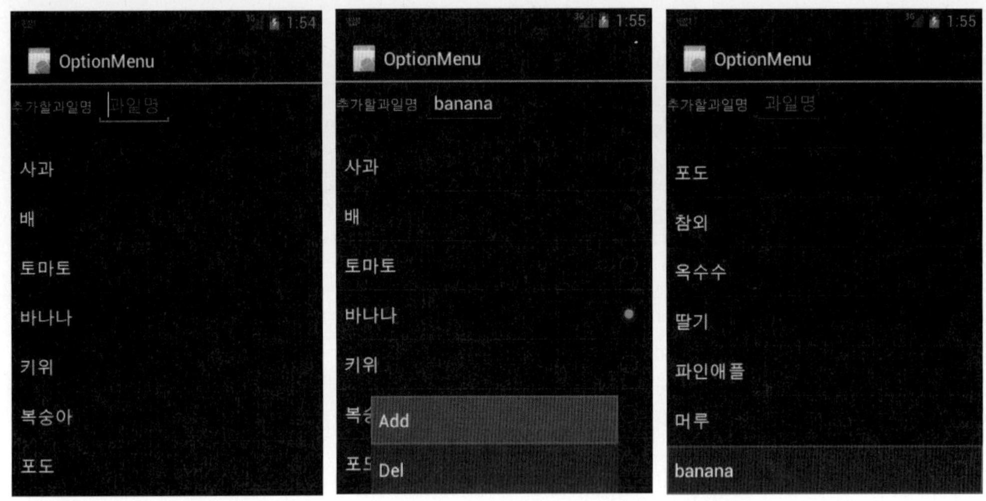

하단 그림에서 ListView 항목 중 삭제할 항목을 선택하고 옵션 메뉴에서 Del 메뉴를 선택하면 선택된 항목이 제거되는 것을 확인할 수 있다.

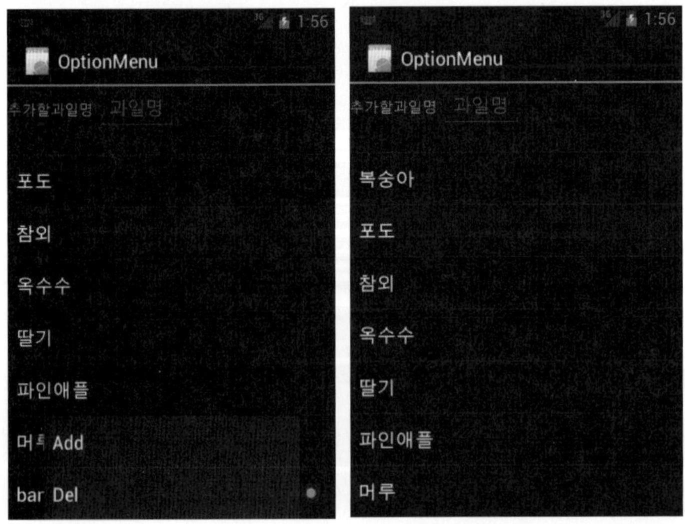

2 ContextMenu

1. ContextMenu의 상속 구조

```
public interface
ContextMenu
implements Menu

android.view.ContextMenu
```

컨텍스트 메뉴는 특정 뷰별로 메뉴를 구성하는 형태의 메뉴이다. 특정 뷰를 잠시 누르거나 키패드의 가운데 버튼을 클릭하면 실행된다.

2. ContextMenu에서 자주 사용되는 메소드들

특정 뷰에 컨텍스트 메뉴를 등록하고 싶으면 다음 메소드를 사용한다. 액티비티에서 제공되는 메소드이며 파라미터로 지정된 뷰 객체에 컨텍스트 메뉴를 등록한다. 하나의 컨텍스트 메뉴를 여러 개의 뷰에 등록할 수 있다.

```
void registerForContextMenu(View view)
```

컨텍스트 메뉴가 실행될 때는 다음 메소드가 호출된다. 따라서 컨텍스트 메뉴 구성을 정의하고 싶으면 하단에 소개된 메소드를 정의하면 된다. 하단에 소개된 메소드는 메뉴가 호출될 때마다 반복적으로 실행된다. 액티비티에서 제공되는 메소드이다.

```
void onCreateContextMenu(ContextMenu menu, View v, ContextMenu.ContextMenuInfo
menuInfo)
```

* 두 번째 파라미터는 등록되는 뷰이다. 메소드에 전송되어 오는 v 정보를 보고 어떤 뷰의 컨텍스트 메뉴를 구성하는지를 판단할 수 있다.
* 세 번째 파라미터인 ContextMenu.ContextMenuInfo는 표시할 컨텍스트 메뉴의 상세 정보이다. 뷰에 따라 다른 정보가 전달된다.

특정 뷰에서 자신 뷰에 대한 컨텍스트 메뉴를 정의할 때는 다음 메소드를 사용한다. 특정 뷰 클래스 안에서 사용되는 메소드이므로 컨텍스트 메뉴를 사용하는 뷰 정보가 파라미터로 전송될 필요가 없다. 이 메소드를 사용하는 클래스는 View 클래스를 상속받아야 한다.

```
void onCreateContextMenu(ContextMenu menu)
```

컨텍스트 메뉴에서 특정 메뉴 항목이 선택되었을 때는 다음 메소드가 호출된다. 파라미터로 선택된 **MenuItem** 객체가 전송된다.

```
boolean onContextItemSelected(MenuItem item)
```

3. ContextMenu 예제 실행에 필요한 파일

- **main.xml 파일**

● Chapter09\OptionMenu\res\layout\main.xml

```xml
1   <?xml version="1.0" encoding="utf-8"?>
2   <LinearLayout xmlns:android="http://schemas.android.com/apk/res/android"
3       android:layout_width="fill_parent"
4       android:layout_height="fill_parent"
5       android:orientation="vertical" >
6
7       <TextView
8           android:id="@+id/textView"
9           android:layout_width="fill_parent"
10          android:layout_height="wrap_content"
11          android:text="backgroundColor 변경" />
12      <Button
13          android:id="@+id/btn"
14          android:layout_width="fill_parent"
15          android:layout_height="wrap_content"
16          android:text="textColor 변경"/>
17      <com.jung.CustomView
18          android:id="@+id/customView"
19          android:layout_width="fill_parent"
20          android:layout_height="wrap_content"
21          />
22  </LinearLayout>
```

코드 분석

7~11	컨텍스트 메뉴를 등록할 TextView 위젯을 정의한 부분이다. 컨텍스트 메뉴에서 항목을 선택하면 배경색을 변경하게 된다.
12~16	컨텍스트 메뉴를 등록할 Button 위젯을 정의한 부분이다. 컨텍스트 메뉴에서 항목을 선택하게 되면 버튼의 글자 색상을 변경한다.
17~21	사용자 정의 뷰 위젯을 정의한 부분이다. 이 위젯의 컨텍스트 메뉴에서 항목을 선택하면 글자의 크기를 변경한다.

- **ContextMenuActivity.java 파일**

● Chapter09\OptionMenu\src\com\jung\OptionMenuActivity.java

```java
package com.jung;

import android.app.Activity;
import android.content.Context;
import android.graphics.Canvas;
import android.graphics.Color;
import android.graphics.Paint;
import android.os.Bundle;
import android.util.AttributeSet;
import android.view.ContextMenu;
import android.view.MenuItem;
import android.view.View;
import android.view.ContextMenu.ContextMenuInfo;
import android.widget.Button;
import android.widget.TextView;

public class ContextMenuActivity extends Activity {
    /** Called when the activity is first created. */
    Button btn;
    TextView textView;
    CustomView customView;
    static int size=40;
    @Override
    public void onCreate(Bundle savedInstanceState) {
        super.onCreate(savedInstanceState);
        setContentView(R.layout.main);
        btn = (Button)findViewById(R.id.btn);
        textView = (TextView)findViewById(R.id.textView);
        customView = (CustomView)findViewById(R.id.customView);

        registerForContextMenu(btn);
        registerForContextMenu(textView);
        registerForContextMenu(customView);
    }
    @Override
    public void onCreateContextMenu(ContextMenu menu, View v,
            ContextMenuInfo menuInfo) {
        // TODO Auto-generated method stub
        super.onCreateContextMenu(menu, v, menuInfo);
        if(v==btn){
            menu.setHeaderTitle("Select Color");
```

```java
42              menu.add(0, 6, 0, "BLUE");
43              menu.add(0, 7, 0, "RED");
44              menu.add(0, 8, 0, "GREEN");
45          }
46      if(v == textView){
47          menu.setHeaderTitle("Select BackgroundColor");
48          menu.add(0, 9, 0, "BLUE");
49          menu.add(0, 10, 0, "RED");
50          menu.add(0, 11, 0, "GREEN");
51      }
52  }
53  @Override
54  public boolean onContextItemSelected(MenuItem item) {
55      // TODO Auto-generated method stub
56      switch(item.getItemId()){
57      case 1:
58          size = 10;
59          customView.invalidate();
60          return true;
61      case 2:
62          size = 20;
63          customView.invalidate();
64          return true;
65      case 3:
66          size = 30;
67          customView.invalidate();
68          return true;
69      case 4:
70          size = 40;
71          customView.invalidate();
72          return true;
73
74      case 5:
75          size = 50;
76          customView.invalidate();
77          return true;
78      case 6:
79          btn.setTextColor(Color.BLUE);
80          return true;
81          case 7:
82          btn.setTextColor(Color.RED);
83          return true;
```

```java
84          case 8:
85              btn.setTextColor(Color.GREEN);
86              return true;
87          case 9:
88              textView.setBackgroundColor(Color.BLUE);
89              return true;
90          case 10:
91              textView.setBackgroundColor(Color.RED);
92              return true;
93          case 11:
94              textView.setBackgroundColor(Color.GREEN);
95              return true;
96          }
97          return false;
98      }
99  }
100
101 class CustomView extends View{
102     public CustomView(Context context) {
103         // TODO Auto-generated constructor stub
104         super(context);
105     }
106     public CustomView(Context context,AttributeSet attrs) {
107         // TODO Auto-generated constructor stub
108         super(context, attrs);
109     }
110     @Override
111     protected void onDraw(Canvas canvas) {
112         // TODO Auto-generated method stub
113         Paint p = new Paint();
114         switch(ContextMenuActivity.size){
115         case 10:
116             p.setTextSize(10);
117             break;
118         case 20:
119             p.setTextSize(20);
120             break;
121         case 30:
122             p.setTextSize(30);
123             break;
124         case 40:
125             p.setTextSize(40);
126             break;
```

```
127            case 50:
128                p.setTextSize(50);
129                break;
130            }
131
132        p.setColor(Color.WHITE);
133        String msg = "CustomView ContextMenu";
134        canvas.drawText(msg, 0, 100, p);
135    }
136    @Override
137    protected void onCreateContextMenu(ContextMenu menu) {
138        // TODO Auto-generated method stub
139        menu.setHeaderTitle("Select Size");
140        menu.add(0, 1, 0, "10");
141        menu.add(0, 2, 0, "20");
142        menu.add(0, 3, 0, "30");
143        menu.add(0, 4, 0, "40");
144        menu.add(0, 5, 0, "50");
145    }
146 }
```

코드 분석

22	size 변수를 정의한 부분이다. 이 size 변수 값은 CustomView에서 텍스트를 출력해줄 때 텍스트의 크기로 사용된다.
27~29	컨텍스트 메뉴를 등록할 위젯 객체들을 생성하는 부분이다.
31~33	각각 뷰 객체에 컨텍스트 메뉴를 등록해 주는 부분이다.
36~37	컨텍스트 메뉴가 호출될 때 컨텍스트 메뉴를 생성할 수 있는 onCreateContextMenu(ContextMenu menu, View v, ContextMenuInfo menuInfo) 메소드를 정의하는 부분이다. 이 메소드는 컨텍스트 메뉴가 호출될 때마다 반복적으로 호출되게 된다.
40~45	버튼의 컨텍스트 메뉴를 생성하는 부분이다. menu.setHeaderTitle 메소드로 컨텍스트 메뉴 상단에 제목을 달아주었다. add 메소드의 파라미터 값들은 옵션 메뉴에서 설명했던 내용과 같다. 0 값이 의미하는 것은 Menu.NONE 상수 값과 같은 의미이다.
46~52	TextView에 대한 컨텍스트 메뉴를 생성하는 부분이다.
54~99	컨텍스트 메뉴에서 특정 메뉴 항목을 선택했을 경우 각 메뉴 항목마다의 동작을 정의하는 부분이다.
57~77	CustomView의 컨텍스트 메뉴에서 글자 크기를 지정하는 특정 메뉴 항목을 클릭했을 경우 글자 크기를 의미하는 size 값을 변경하는 부분이다. 그리고 CustomView의 onDraw 메소드를 다시 호출하여 변경된 size로 문자열을 다시 그려주기 위해서 View 클래스에서 제공하는 invalidate() 메소드를 호출한다. onDraw 메소드를 다시 호출하려면 반드시 invalidate() 메소드를 호출하여야 한다. 그렇지 않으면 아무리 size 값을 변경하여도 화면에는 아무 변화가 없다.

78~86	버튼의 컨텍스트 메뉴에서 특정 색상의 메뉴 항목을 선택했을 때 버튼의 텍스트 색상을 변경해 주는 기능을 처리한 부분이다.
87~95	텍스트뷰의 컨텍스트 메뉴에서 특정 색상의 메뉴 항목을 선택하면 텍스트뷰의 배경색을 변경해 주는 기능을 구현한 부분이다.
97	상단의 경우에 해당하지 않으면 이벤트에 대한 처리를 제대로 실행하지 못했다는 의미로 false를 리턴한다.
101	액티비티의 최하단에 추가한 CustomView를 정의한 부분이다.
113	텍스트를 그려줄 때 사용할 각 정보를 저장할 Paint 객체를 생성한 부분이다.
114~130	size 값에 따라서 Paint 객체의 textSize 속성 값을 설정하는 부분이다. 기본 값은 액티비티 클래스 상단에서 40으로 지정하였다. 컨텍스트 메뉴에서 글자 크기를 선택할 때마다 size 값이 변경된다.
132	뷰에 출력될 글자 색상을 하얀색으로 지정하였다.
133	뷰에 출력될 텍스트를 설정한 부분이다.
134	좌측으로부터 0px, 상단으로부터 100px 영역에 해당 텍스트를 출력하는 부분이다.
137~145	CustomView의 컨텍스트 메뉴를 구성하는 부분이다.

4. ContextMenu 예제 실행

ContextMenu 프로젝트를 실행하면 하단 그림과 같은 화면이 출력된다. 각 위젯의 컨텍스트 메뉴를 실행하고 각 메뉴 항목을 선택하여 결과를 확인해 본다. 컨텍스트 메뉴를 출력하는 방법은 해당 위젯을 일정 시간 동안 꾹 누르는 것이다.

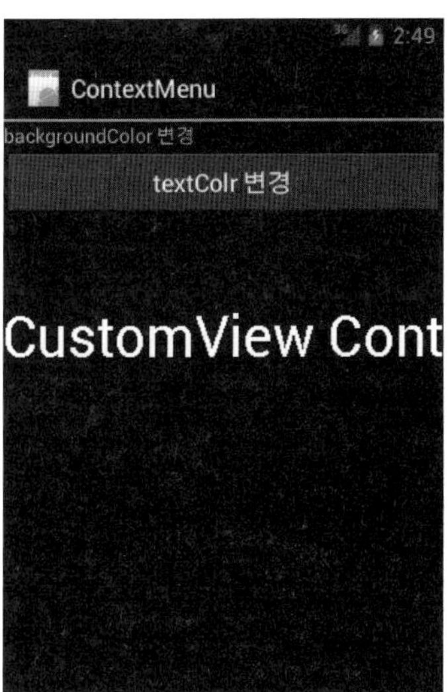

• TextView 컨텍스트 메뉴 테스트

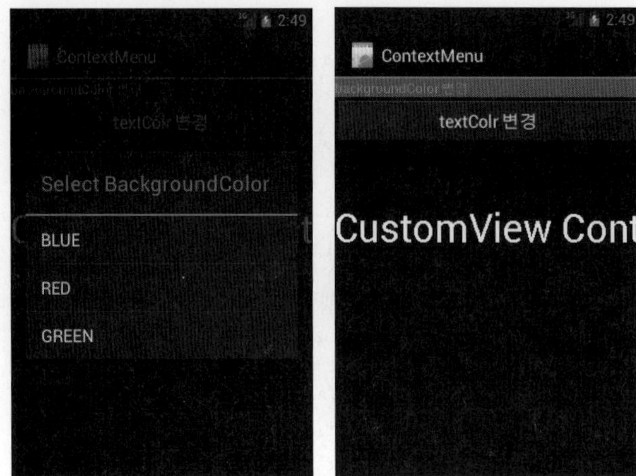

• Button 컨텍스트 메뉴 테스트

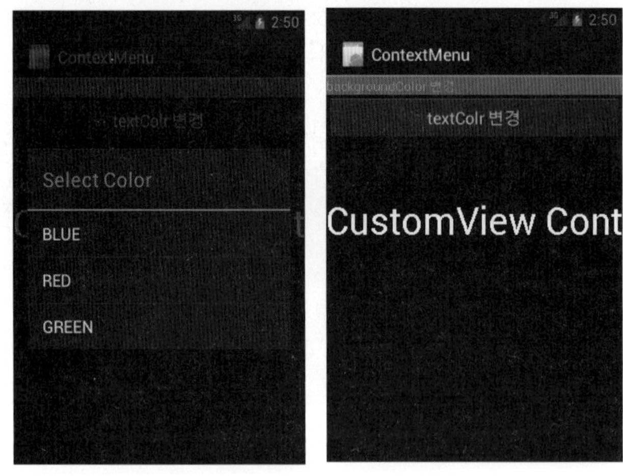

• CustomView 컨텍스트 메뉴 테스트

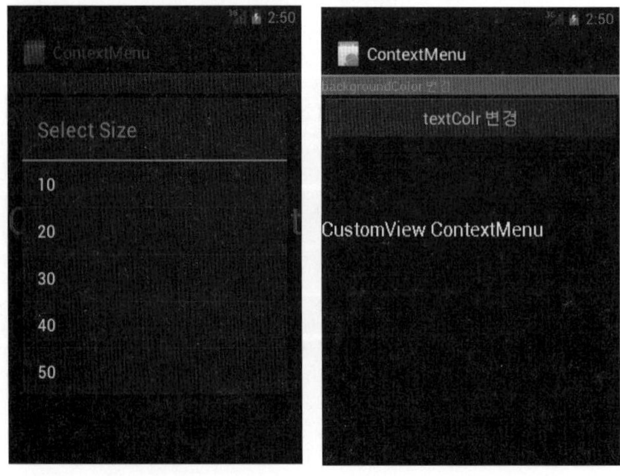

3 MenuInflater

1. MenuInflater의 상속 구조

```
public class
MenuInflater
extends Object

java.lang.Object
 ↳android.view.MenuInflater
```

MenuInflater 클래스는 메뉴 xml 파일을 Menu 객체로 실체화하는 데 사용되는 클래스이다. /res/menu 디렉토리에 xml 파일로 메뉴를 정의하여 사용한다. 소스 코드 내에서 xml 파일을 inflate하여 메뉴 객체를 생성한다.

MenuInflater 클래스는 애플리케이션 로직과 디자인 부분을 분리할 수 있는 장점이 있다. 특히 디자인 부분은 Visual Tool로 작업을 할 수 있다는 장점이 있다.

2. MenuInflater에서 자주 사용되는 속성과 메소드들

❶ 〈menu〉 엘리먼트

메뉴 디자인 파일의 루트 엘리먼트이다. 자식 엘리먼트로 <group>과 <item> 엘리먼트를 포함할 수 있다. 서브 메뉴를 구성하려면 <item> 엘리먼트의 자식 엘리먼트로 다시 <menu> 엘리먼트를 사용하면 된다.

❷ 〈group〉 엘리먼트

여러 개의 메뉴 항목을 하나로 묶어서 관리할 수 있는 단위이다. 여러 개의 <item> 엘리먼트들을 자식 엘리먼트로 포함한다.

*속성

- android:id - 해당 그룹을 다른 그룹들과 구분할 수 있는 유일한 값이다.
- android:orderInCategory - 같은 category 안에서의 우선순위를 설정한다. 값은 0부터 시작한다.
- android:checkableBehavior - group 내부의 item들이 check 가능한지 설정한다.
  *유효 값- none, all(checkbox처럼 각 아이템이 동시에 check될 수 있는 그룹), single(radio button처럼 한번에 하나만 check되는 그룹)
- android:visible - 그룹의 시각적 활성화 여부를 결정한다.
- android:enabled - 그룹의 활성화 여부를 결정한다.

❸ 〈item〉 엘리먼트

item은 메뉴에서 사용자가 선택하는 하나의 메뉴 항목을 의미한다.

*속성

- android:id - 메뉴 항목을 다른 메뉴 항목들과 구분할 수 있는 유일한 값이다.
- orderInCategory - 같은 category 안에서의 item 간 우선순위를 설정한다. 값은 0부터 시작하며, 절대적인 순서가 아니라 상대적인 순서를 나타낸다.
- android:title - 메뉴 항목에 출력되는 타이틀 값을 지정한다.
- android:titleCondensed - 간결한 title. Option Menu는 titie대신 이 속성을 사용한다.
- android:icon - item의 icon을 설정한다. (예 "@drawable/marker")

MenuInflater를 생성하는 방법은 다음과 같다.

① MenuInflater inflater = new MenuInflater(Content context)

② MenuInflater inflater = getMenuInflater();
  *해당 컨텍스트의 MenuInflater를 생성

상단과 같이 MenuInflater 객체를 생성한 후 메뉴 레이아웃 파일을 inflate해서 메뉴 객체를 생성할 수 있다.

public void inflate (int menuRes, Menu menu)
  * 메뉴 리소스를 인플레이트해서 두 번째 파라미터로 전송되어 오는 메뉴에 추가하는 메소드

3. MenuInflater 예제 실행에 필요한 파일들

- **main.xml 파일**

Chapter09\MenuInflater\res\layout\main.xml

```xml
1   <?xml version="1.0" encoding="utf-8"?>
2   <LinearLayout xmlns:android="http://schemas.android.com/apk/res/android"
3       android:layout_width="fill_parent"
4       android:layout_height="fill_parent"
5       android:orientation="vertical" >
6   <Button
7       android:id="@+id/btn"
8       android:text="글자색 변경"
9       android:layout_width="fill_parent"
10      android:layout_height="wrap_content"/>
11      <LinearLayout
12      android:layout_width="fill_parent"
13      android:layout_height="wrap_content">
14      <TextView
15      android:layout_width="wrap_content"
16      android:layout_height="wrap_content"
17      android:text="추가할과일명 "/>
```

18	<EditText
19	android:id="@+id/fruits"
20	android:layout_width="wrap_content"
21	android:layout_height="wrap_content"
22	android:hint="과일명"/>
23	</LinearLayout>
24	<TextView
25	android:id="@+id/fruits"
26	android:layout_width="fill_parent"
27	android:layout_height="wrap_content"
28	android:text="" />
29	<ListView
30	android:id="@+id/list"
31	android:layout_width="fill_parent"
32	android:layout_height="wrap_content"></ListView>
33	</LinearLayout>

코드 분석

6~10	버튼 글자색 설정 메뉴에 의해서 글자색이 변경될 Button 위젯을 정의한 부분이다.
11~33	LisView에 새로운 항목을 추가하거나 삭제하는 메뉴를 테스트하기 위한 위젯들이 정의된 영역이다.

• menu.xml 파일

○ Chapter09\MenuInflater\res\menu\menu.xml

```
1   <?xml version="1.0" encoding="utf-8"?>
2   <menu xmlns:android="http://schemas.android.com/apk/res/android">
3       <item android:id="@+id/add"
4       android:title="Add"
5       android:orderInCategory="1"
6       />
7       <item android:id="@+id/del"
8           android:orderInCategory="2"
9           android:title="Del"
10          android:icon="@drawable/ic_launcher" />
11      <item android:id="@+id/delGroup"
12          android:orderInCategory="3"
13          android:title="Group Toggle"
14          android:icon="@drawable/ic_launcher" />
15      <group android:id="@+id/group1">
16          <item android:id="@+id/item1"
17          android:orderInCategory="0"
18          android:title="Item1" />
```

19	```<item android:id="@+id/item2"```
20	```android:orderInCategory="0"```
21	```android:title="Item2" />```
22	```</group>```
23	```<item android:id="@+id/sub"```
24	```android:orderInCategory="4"```
25	```android:title="버튼 글자색 설정">```
26	```<menu>```
27	```<item android:id="@+id/blue"```
28	```android:title="Blue"```
29	```android:alphabeticShortcut="b" />```
30	```<item android:id="@+id/red"```
31	```android:title="Red"```
32	```android:numericShortcut="1" />```
33	```</menu>```
34	```</item>```
35	```</menu>```

⠿ 코드 분석

2	menu 레이아웃 설정 파일의 시작은 menu 루트 엘리먼트로 시작한다.
3~6	ListView에 새로운 항목을 추가하는 MenuItem을 정의한 부분이다. MenuItem을 추가할 때는 item 엘리먼트를 이용한다.
5	해당 MenuItem이 출력되는 순서를 지정한 부분이다. 이 순서는 절대적인 순서가 아니고 상대적인 순서를 의미한다. 1로 지정했다고 해서 메뉴 항목이 첫 번째로 출력되는 것이 아니고 다른 메뉴 항목의 속성 값이 0으로 지정되어 있으면 0으로 지정된 항목보다 뒤에 출력되고, 속성 값이 2로 지정된 항목보다는 앞에 출력된다.
7~10	ListView에서 특정 항목을 제거하는 MenuItem을 정의한 부분이다.
10	android:icon이라는 속성을 이용해서 메뉴 항목에 출력될 아이콘을 지정하는 부분이다.
11~14	15라인에서 정의된 메뉴 그룹을 보여주거나 사라지게 하는 MenuItem을 정의한 부분이다. 12라인에서 android:orderInCategory 속성 값을 3으로 지정하였으므로 상단에 정의되어 있는 MenuItem들보다는 뒤에 출력된다.
15~22	관련이 있는 특정 MenuItem들을 그룹으로 다룰 수 있는 메뉴 그룹을 지정한 부분이다. 그룹에 추가한 두 개의 MenuItem의 android:orderInCategory 속성 값을 모두 0으로 지정하였다. android:orderInCategory 속성 값이 동일할 경우에는 먼저 정의한 MenuItem이 먼저 출력된다.
23~34	SubMenu를 갖는 MenuItem을 정의한 부분이다. SubMenu를 정의할 때는 item 엘리먼트의 자식 엘리먼트로 menu 엘리먼트를 다시 정의하면 된다.
29	해당 MenuItem의 알파벳 단축키를 설정하는 부분이다. 단축키를 'b' 로 설정하였기 때문에 'b' 키를 누르면 해당 메뉴가 선택된다.
32	해당 MenuItem의 숫자 단축키를 설정한 부분이다. 숫자 단축키를 '1'로 설정했으므로 '1'키를 입력하면 해당 메뉴가 선택된다.

```
Chapter09\MenuInflater\src\com\jung\MenuInflaterActivity.java
1    package com.jung;
2    import java.util.ArrayList;
3    import android.app.Activity;
4    import android.graphics.Color;
5    import android.os.Bundle;
6    import android.view.Menu;
7    import android.view.MenuInflater;
8    import android.view.MenuItem;
9    import android.view.View;
10   import android.widget.ArrayAdapter;
11   import android.widget.Button;
12   import android.widget.EditText;
13   import android.widget.ListView;
14   public class MenuInflaterActivity extends Activity {
15      /** Called when the activity is first created. */
16       ArrayAdapter<String> adapter;
17       EditText fruits;
18       ListView listView;
19       ArrayList<String> list = new ArrayList<String>();
20       Button btn;
21       Menu rootMenu;
22       boolean visible=true;
23       @Override
24       public void onCreate(Bundle icicle) {
25           super.onCreate(icicle);
26           setContentView(R.layout.main);
27           list.add("사과");
28           list.add("배");
29           list.add("토마토");
30           list.add("바나나");
31           list.add("키위");
32           list.add("복숭아");
33           list.add("포도");
34           list.add("참외");
35           list.add("옥수수");
36           list.add("딸기");
37           list.add("파인애플");
38           list.add("머루");
39           listView = (ListView)findViewById(R.id.list);
40           adapter = new ArrayAdapter<String>(this,
41                   android.R.layout.simple_list_item_single_choice,
42                   list);
```

```java
43          listView.setAdapter(adapter);
44          listView.setChoiceMode(ListView.CHOICE_MODE_SINGLE);
45          fruits=(EditText)findViewById(R.id.fruits);
46          btn = (Button)findViewById(R.id.btn);
47      }
48      @Override
49      public boolean onCreateOptionsMenu(Menu menu) {
50          rootMenu=menu;
51          new MenuInflater(this).inflate(R.menu.menu, menu);
52          return(super.onCreateOptionsMenu(menu));
53      }
54      @Override
55      public boolean onOptionsItemSelected(MenuItem item) {
56          // TODO Auto-generated method stub
57          if(item.getItemId()==R.id.add){
58              String addFruits = fruits.getText().toString();
59              list.add(addFruits);
60              fruits.setText("");
61              adapter.notifyDataSetChanged();
62          }
63          else if(item.getItemId()==R.id.del){
64              int position = listView.getCheckedItemPosition();
65              list.remove(position);
66              adapter.notifyDataSetChanged();
67          }
68          else if(item.getItemId()==R.id.blue){
69              btn.setTextColor(Color.BLUE);
70              MenuItem menuItem = rootMenu.findItem(R.id.blue);
71              menuItem.setEnabled(false);
72              menuItem = rootMenu.findItem(R.id.red);
73              menuItem.setEnabled(true);
74          }
74          else if(item.getItemId()==R.id.red){
75              btn.setTextColor(Color.RED);
76              MenuItem menuItem = rootMenu.findItem(R.id.red);
77              menuItem.setEnabled(false);
78              menuItem = rootMenu.findItem(R.id.blue);
79              menuItem.setEnabled(true);
80          }
81          else if(item.getItemId() == R.id.delGroup){
82              visible = !visible;
83              rootMenu.setGroupVisible(R.id.group1, visible);
84          }
```

85	
86	`        return super.onOptionsItemSelected(item);`
87	`    }`
88	`}`

코드 분석

21	49라인에 파라미터로 전송되어 오는 시스템 메뉴를 모든 메뉴에서 공통으로 사용하게 하기 위해서 Menu 클래스의 레퍼런스 변수를 멤버 변수로 정의하였다.
22	menu.xml 파일에 group 엘리먼트로 정의된 메뉴 그룹을 보여지게 할지 안 보여지게 할지를 결정하는 변수를 정의하였다.
50	파라미터로 전송된 시스템 메뉴를 여러 메소드에서 공통적으로 접근 가능하게 하기 위해서 멤버 변수에 할당하는 부분이다.
51	메뉴 항목이 정의되어 있는 R.menu.menu 리소스를 inflate하여 생성된 메뉴 객체를 시스템 메뉴에 추가하는 부분이다.
57~62	Add 메뉴가 선택되었을 때 ListView에 새로운 항목을 추가하는 기능이 정의되어 있는 부분이다.
63~67	Del 메뉴가 선택되었을 때 ListView에서 선택된 메뉴 항목을 제거하는 기능이 정의되어 있는 부분이다.
68~80	버튼 글자색 설정 메뉴의 서브 메뉴에서 blue나 red를 선택했을 때 해당 색상으로 버튼의 텍스트 색상을 변경하는 부분이다. 71 라인 과 77 라인에서는 선택된 색상의 메뉴 항목을 비활성화시켜서 현재 설정되어 있는 색상은 다시 선택하지 않도록 처리하였다.
81~84	Group Toggle 메뉴를 선택할 때마다 메뉴 그룹을 보여주거나 사라지게 하는 기능을 처리한 부분이다.

4. MenuInflater 예제 실행

MenuInflater 프로젝트를 실행하면 그림과 같은 화면이 출력된다.

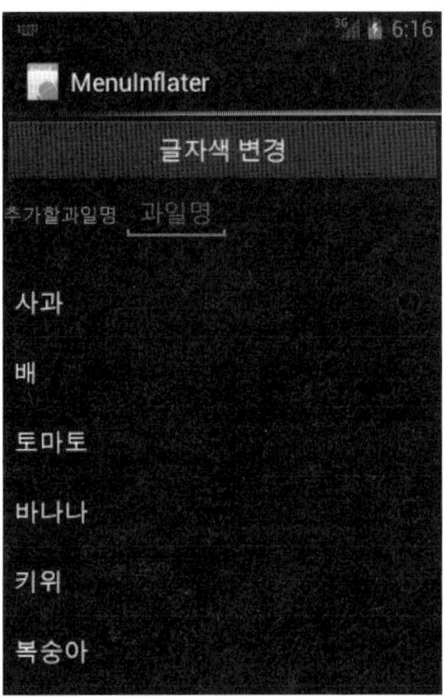

디바이스의 메뉴 버튼을 클릭하고 ListView에 새로 추가할 과일명을 상단 EditText에 입력한 후 Add 메뉴를 클릭하면 새로운 항목이 ListView에 추가되는 것을 확인할 수 있다.

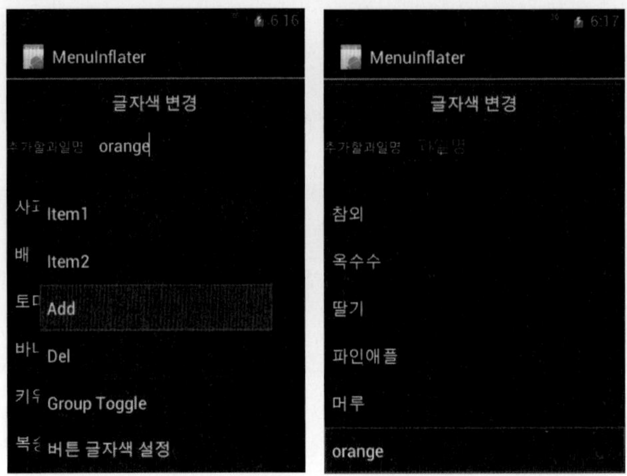

ListView에서 특정 항목을 체크하고 Del 메뉴를 클릭하면 ListView에서 해당 항목이 제거되는 것을 확인할 수 있다.

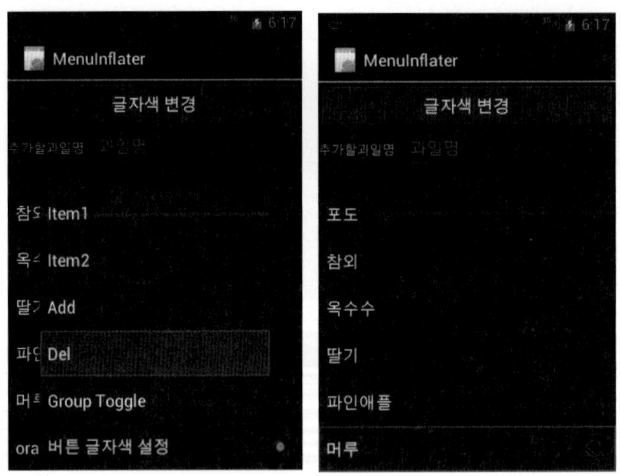

메뉴 버튼을 클릭하고 버튼 글자색 설정 메뉴를 클릭하면 버튼의 글자색을 설정할 수 있는 서브 메뉴가 출력된다. 각 서브 메뉴의 색상을 선택하면 해당 색상으로 버튼 색상이 변경되며 메뉴를 다시 띄우면 현재 버튼 색상으로 설정되어 있는 색상 메뉴는 비활성화가 된다.

다시 장치의 메뉴 버튼을 클릭해서 Group Toggle 버튼이 그룹의 item1, item2 메뉴가 출력되어 있는 상태에서 클릭되었으면 다시 메뉴를 띄웠을 때 메뉴 그룹이 사라지고, 해당 메뉴 그룹이 사라진 상태에서 다시 장치의 메뉴 버튼을 클릭하여 Group Toggle 버튼을 클릭한 후 다시 메뉴를 띄우면 메뉴가 다시 나타나는 것을 확인할 수 있다.

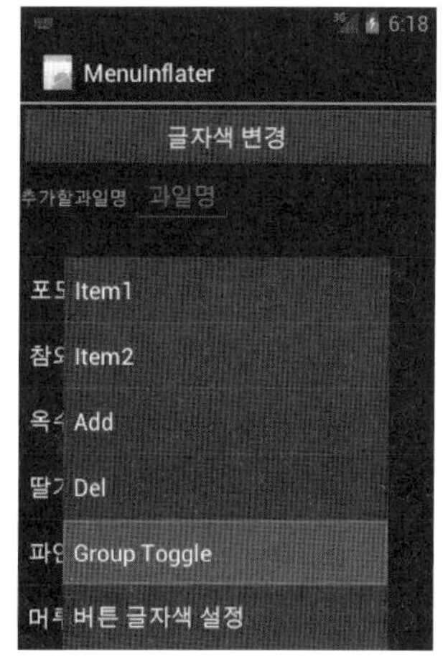
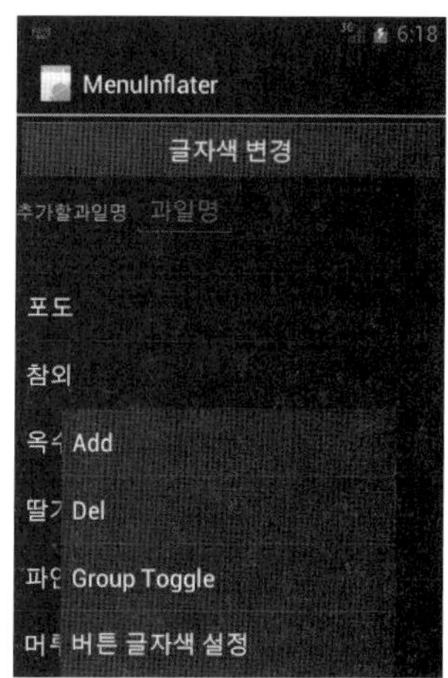

1. 안드로이드에서 제공되는 메뉴는 크게 두 가지 종류이다. 그것은 바로 디바이스의 메뉴 버튼을 눌렀을 때 출력되는 옵션 메뉴와 특정 뷰마다 설정할 수 있는 컨텍스트 메뉴이다.

2. 옵션 메뉴가 처음 생성될 때는 다음 메소드가 호출된다. Activity Class에서 제공하며 현재 작동 중인 Activity를 위한 menu 디바이스 menu 키를 누르면 작동하게 된다.

```
public boolean onCreateOptionsMenu (Menu menu)
```

→ parameter : menu - 시스템에 의해 생성된 menu 객체. Menu에서 제공하는 add 메소드를 사용하여 하위 메뉴를 추가할 수 있다.
→ return : true - 메뉴가 화면에 표시됨, false - 메뉴가 화면에 표시되지 않음

옵션 메뉴가 구성된 후 옵션 메뉴 중 특정한 메뉴 아이템을 선택하면 다음 메소드가 호출된다.

```
public boolean onOptionsItemSelected(MenuItem item)
```

→ parameter : item - Option Menu 객체 내부에 등록된 MenuItem 인스턴스 중 선택 이벤트를 발생시킨 MenuItem 인스턴스를 전달한다. 일반적으로 MenuItem.getItemId() 메소드로 아이디 값을 얻어와서 어떤 메뉴 아이템이 선택되었는지 판단한다.
→ return : true - 본 메소드에서 이벤트가 처리되었음, false - 본 메소드에서 이벤트를 완전히 처리하지 않았음

시스템 메뉴에 메뉴를 추가할 때는 Menu 인터페이스에서 제공하는 다음 메소드를 사용한다. 메뉴에 새로운 MenuItem을 추가하는 메소드이다.

```
public abstract MenuItem add (int groupId, int itemId, int order, CharSequence title)
```

* groupId : 메뉴를 특정 그룹으로 묶어서 관리할 때 사용된다. 특정 그룹에 속하지 않을 경우에는 Menu.NONE을 지정한다.
  Menu.FIRST : 첫 번째 메뉴를 의미하는 상수로, 값으로는 1을 의미한다.
  Menu.NONE : 메뉴 그룹이나 메뉴 아이템의 출력되는 순서 등을 지정하지 않을 때 주로 사용되는 상수값이다. 값으로는 0이 할당되어 있다.
* itemId : 유일한 메뉴 아이템의 아이디를 지정한다. 특정 메뉴를 선택했을 때 해당 메뉴를 식별하는 용도로 사용된다.
* order : 메뉴 아이템이 출력되는 상대적인 순서이다. Menu.NONE으로 지정하면 add 메소드에 의해 추가되는 순서대로 출력된다.
* title : 아이템에 대한 레이블을 표시하기 위한 text 값이다.

3. 특정 뷰에 컨텍스트 메뉴를 등록하고 싶으면 다음 메소드를 사용한다. 액티비티에서 제공되는 메소드이며 파라미터로 지정된 뷰 객체에 컨텍스트 메뉴를 등록한다. 하나의 컨텍스트 메뉴를 여러 개의 뷰에 등록할 수 있다.

> void registerForContextMenu(View view)

컨텍스트 메뉴가 실행될 때는 다음 메소드가 호출된다. 따라서 컨텍스트 메뉴 구성을 정의하고 싶으면 하단에 소개된 메소드를 정의하면 된다. 하단에 소개된 메소드는 메뉴가 호출될 때마다 반복적으로 실행된다. 액티비티에서 제공되는 메소드이다.

> void onCreateContextMenu(ContextMenu menu, View v, ContextMenu.ContextMenuInfo menuInfo)

 * 두 번째 파라미터는 등록되는 뷰이다. 메소드에 전송되어 오는 v 정보를 보고 어떤 뷰의 컨텍스트 메뉴를 구성하는지를 판단할 수 있다.
 * 세 번째 파라미터인 ContextMenu.ContextMenuInfo는 표시할 컨텍스트 메뉴의 상세 정보이다. 뷰에 따라 다른 정보가 전달된다.

특정 뷰에서 자신 뷰에 대한 컨텍스트 메뉴를 정의할 때는 다음 메소드를 사용한다. 특정 뷰 클래스 안에서 사용되는 메소드이므로 컨텍스트 메뉴를 사용하는 뷰 정보가 파라미터로 전송될 필요가 없다. 이 메소드를 사용하는 클래스는 View 클래스를 상속받아야 한다.

> void onCreateContextMenu(ContextMenu menu)

컨텍스트 메뉴에서 특정 메뉴 항목이 선택되었을 때는 다음 메소드가 호출된다. 파라미터로 선택된 MenuItem 객체가 전송된다.

> boolean onContextItemSelected(MenuItem item)

4. MenuInflater 클래스는 메뉴 xml 파일을 Menu 객체로 실체화하는 데 사용되는 클래스이다. /res/menu 디렉토리에 xml 파일로 메뉴를 정의하여 사용한다. 소스 코드 내에서 xml 파일을 inflate하여 메뉴 객체를 생성한다. 애플리케이션 로직과 디자인 부분을 분리할 수 있는 장점이 있다. 특히 디자인 부분은 Visual Tool로 작업을 할 수 있다는 장점이 있다.

• MenuInflater와 관련 자주 사용되는 속성과 메소드들

❶ 〈menu〉 엘리먼트
메뉴 디자인 파일의 루트 엘리먼트이다. 자식 엘리먼트로 〈group〉과 〈item〉 엘리먼트를 포함할 수 있다. 서브 메뉴를 구성하려면 〈item〉 엘리먼트의 자식 엘리먼트로 다시 〈menu〉 엘리먼트를 사용하면 된다.

❷ 〈group〉 엘리먼트

여러 개의 메뉴 항목을 하나로 묶어서 관리할 수 있는 단위이다. 여러 개의 〈item〉 엘리먼트들을 자식 엘리먼트로 포함한다.

*속성

• android:id : 해당 그룹을 다른 그룹들과 구분할 수 있는 유일한 값이다.

• android:orderInCategory : 같은 category 안에서의 우선순위를 설정한다. 값은 0부터 시작한다.

• android:checkableBehavior : group 내부의 item들이 check 가능한지 설정한다.
  *유효 값- none, all(checkbox처럼 각 아이템이 동시에 check될 수 있는 그룹), single(radio button처럼 한번에 하나만 check되는 그룹)

• android:visible : 그룹의 시각적 활성화 여부를 결정한다.

• android:enabled : 그룹의 활성화 여부를 결정한다.

❸ 〈item〉 엘리먼트

item은 메뉴에서 사용자가 선택하는 하나의 메뉴 항목을 의미한다.

*속성

• android:id : 메뉴 항목을 다른 메뉴 항목들과 구분할 수 있는 유일한 값이다.

• orderInCategory : 같은 category 안에서의 item 간 우선순위를 설정한다. 값은 0부터 시작하며, 절대적인 순서가 아니라 상대적인 순서를 나타낸다.

• android:title : 메뉴 항목에 출력되는 타이틀 값을 지정한다.

• android:titleCondensed : 간결한 title. Option Menu는 titie대신 이 속성을 사용한다.

• android:icon : item의 icon을 설정한다. (예 "@drawable/marker")

MenuInflater를 생성하는 방법은 다음과 같다.

① MenuInflater inflater = new MenuInflater(Content context)

② MenuInflater inflater = getMenuInflater(); *해당 컨텍스트의 MenuInflater를 생성

상단과 같이 MenuInflater 객체를 생성한 후 메뉴 레이아웃 파일을 inflate해서 메뉴 객체를 생성할 수 있다.

public void inflate (int menuRes, Menu menu) *메뉴 리소스를 인플레이트해서 두 번째 파라미터로 전송되어 오는 메뉴에 추가하는 메소드

프로세스가 프로그램을 실행하는 단위라면 스레드는 일을 처리하는 단위이다. 예를 들어 채팅 프로그래밍에서는 채팅 서버가 대기하고 있는 동안 클라이언트에서는 서버로부터 다른 클라이언트가 발송한 메시지를 전달받아 화면에 출력하는 동작과 사용자가 클라이언트에 작성한 메시지를 서버로 전송하는 동작을 해야 한다. 이 두 작업이 거의 동시에 처리되기 위해서는 스레드 기능을 이용하면 된다. 즉, 각각의 동작을 처리하는 스레드를 구현하면 된다. 본 장에서는 이러한 스레드 사용에 대해서 살펴본다.

1 스레드의 필요성 및 구현 방법

어플 구동 시 제한된 자원하에서 동시에 여러 작업을 수행하여야 할 경우가 있다. 백그라운드에서 특정 연산 작업을 실행해서 결과를 UI에 적용시켜야 하는 경우, UI 스레드상에서는 다른 작업을 수행하면서 백그라운드상에서 필요한 파일을 다운로드 받는 경우, 백그라운드상에서 복잡한 DB 작업이나 수학 연산을 하는 경우 등이 스레드 기능을 이용해야 하는 대표적인 경우이다.

안드로이드에서는 자바 프로그래밍에서 사용하던 스레드 사용 방법을 그대로 사용할 수 있는데, 자바에서는 스레드를 사용할 수 있는 두 가지 방법이 있다.

1. Thread 클래스를 상속받아서 스레드를 구현하는 방법

```
java.lang

Class Thread

java.lang.Object
    java.lang.Thread


All Implemented Interfaces:
    Runnable

Direct Known Subclasses:
    ForkJoinWorkerThread
```

상단의 스레드 클래스에는 스레드에 관한 내용이 정의되어 있으므로 Thread 클래스를 상속받는 클래스 자신도 스레드 클래스가 된다.

Thread 클래스를 이용해서 스레드 클래스를 구현하는 방법은 다음과 같다.

```
class MyThread extends Thread{
    public void run(){
        스레드에서 실행될 코드들
    }
}
```

상단의 코드 내용처럼 Thread 클래스를 상속받고 run 메소드에 해당 스레드가 실행될 때 처리해야 하는 동작을 구현하면 된다.

상단에 정의된 것처럼 MyThread 클래스를 구현했을 때 스레드 객체를 생성하고 시작시키는 방법은 다음과 같다.

```
MyThread myThread = new MyThread();
myThread.start();
```

상단에서 생성자를 이용해서 myThread 객체를 생성하면 MyThread 클래스가 Thread 클래스를 상속받아서 구현되었기 때문에 myThread 객체 또한 스레드 객체가 된다.

상단의 코드에서 myThread.start() 를 실행하게 되면 myThread가 runnable 상태가 되면서 스레드 스케줄러에 의해 선택되면 myThread 객체의 run() 메소드가 실행되게 된다.

run() 메소드가 정의된 내용의 기능을 모두 실행하게 되면 myThread 객체는 소멸된다.

2. Runnable 인터페이스를 구현해서 스레드 클래스를 정의하는 방법

```
java.lang

Interface Runnable


All Known Subinterfaces:
    RunnableFuture<V>, RunnableScheduledFuture<V>
All Known Implementing Classes:
    AsyncBoxView.ChildState, ForkJoinWorkerThread, FutureTask, RenderableImageProducer, SwingWorker, Thread, TimerTask
```

Runnable 인터페이스는 Thread 클래스 자체가 아니고 public void run() 메소드만 정의되어 있다. 따라서 Runnable 인터페이스를 정의한 클래스에는 스레드가 수행할 수 있는 기능을 정의한다.

Runnable 인터페이스를 사용해서 스레드 객체를 생성, 사용하는 방법은 다음과 같다.

```
class MyThread implements Runnable{
    public void run(){
        해당 스레드에서 실행할 코드 내용들
    }
}
```

MyThread 클래스의 객체를 생성하고 실행하는 방법은 다음과 같다.

```
MyThread myThread = new MyThread()
Thread thread = new Thread(myThread)
thread.start();
```

상단 코드를 보면 myThread 객체에서 바로 start() 메소드를 호출하지 않고 thread라는 별도의 스레드 객체를 생성하여 start() 메소드를 호출한 것을 확인할 수 있다. 그 이유는 MyThread 클래스가 Thread 클래스를 상속한 것이 아니므로 클래스 자체가 스레드가 아니기 때문이다. 따라서 Runnable 인터페이스를 구현한 클래스를 이용해서 스레드 객체를 생성할 때는 반드시 해당 객체를 Thread 생성자의 파라미터로 전송하여 스레드 객체를 생성하여야 한다.

3. 안드로이드에서 스레드 사용 시 주의사항

안드로이드에서 스레드로 작업을 할 때의 주의사항은 UI 스레드가 아닌 스레드에서는 될 수 있으면 UI를 변경하지 않게 처리하는 것이 좋다는 것이다. 이는 UI 스레드와 작업 스레드가 동시에 UI를 변경하게 되면 충돌이 발생할 수 있기 때문이다.

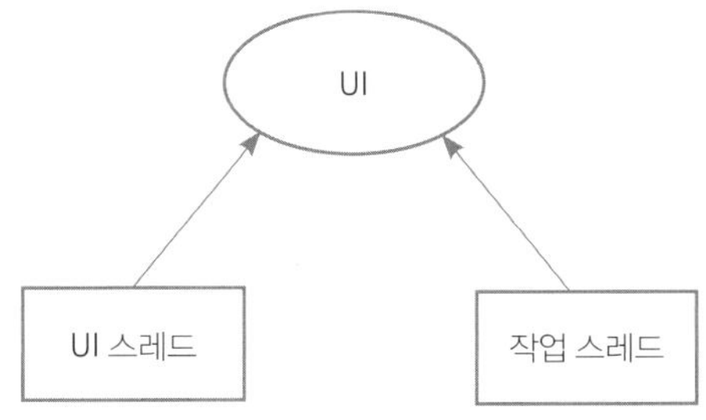

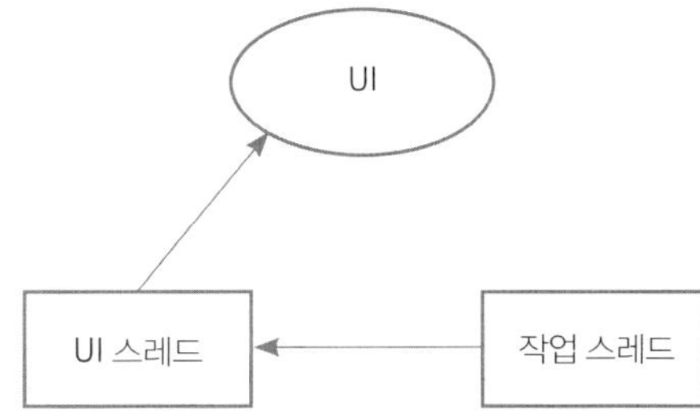

UI를 액세스하는 구조를 위와 같이 구성하면 같은 UI를 동시에 조작할 경우가 생기기 때문에 충돌 문제가 있다.

작업 스레드는 UI를 직접 제어하지 않고 작업 상황을 UI 스레드에 메시지로 전송하여 UI 스레드에서만 UI를 조작할 수 있는 구조로 처리되어야 한다.

4. 간단한 스레드 프로그래밍

본 예제에서는 스레드에서 ProgressBar의 progress 값을 계속 증가시키는 작업을 처리해 보겠다.

❶ Thread 클래스를 상속받는 방법

· main.xml 파일 작성

<table>
<tr><td colspan="2">● Chapter10\Thread1\res\layout\main.xml</td></tr>
</table>

```xml
1   <?xml version="1.0" encoding="utf-8"?>
2   <LinearLayout xmlns:android="http://schemas.android.com/apk/res/android"
3       android:layout_width="fill_parent"
4       android:layout_height="fill_parent"
5       android:orientation="vertical" >
6       <TextView
7           android:id="@+id/textView"
8           android:layout_width="fill_parent"
9           android:layout_height="wrap_content"
10          android:text="작업스레드 진행상태" />
11      <ProgressBar
12          android:id="@+id/pBar"
13          style="?android:attr/progressBarStyleHorizontal"
14          android:layout_width="match_parent"
15          android:layout_height="wrap_content"
16          android:max="100"
17          android:progress="1"
18          />
19      <Button
20          android:id="@+id/btn"
21          android:layout_width="fill_parent"
22          android:layout_height="wrap_content"
23          android:text="작업스레드 진행값보기"
24          />
25  </LinearLayout>
```

코드 분석

6~10	스레드에서 증가시키는 값을 문자열로 출력할 TextView 위젯을 정의한 영역이다.
11~18	ProgressBar 위젯을 정의한 영역이다.
13	ProgressBar의 스타일을 막대형으로 지정한 부분이다.
16	ProgressBar가 가질 수 있는 최대값을 100으로 지정한 부분이다.

• Thread1Activity.java 파일 작성

⊙ Chapter10\Thread1\src\com\jung\Thread1Activity.java

```java
package com.jung;
import android.app.Activity;
import android.os.Bundle;
import android.widget.Button;
import android.widget.ProgressBar;
import android.widget.TextView;
import android.view.View;
public class Thread1Activity extends Activity implements View.OnClickListener{
    /** Called when the activity is first created. */
    ProgressBar pBar;
    Button btn;
    TextView textView;
    int value;
    @Override
    public void onCreate(Bundle savedInstanceState) {
        super.onCreate(savedInstanceState);
        setContentView(R.layout.main);
        pBar = (ProgressBar)findViewById(R.id.pBar);
        textView = (TextView)findViewById(R.id.textView);
        btn = (Button)findViewById(R.id.btn);
        btn.setOnClickListener(this);
        MyThread myThread = new MyThread();
        myThread.setDaemon(true);
        myThread.start();
    }
    public void onClick(View v) {
        // TODO Auto-generated method stub
        textView.setText(value + "");
        pBar.setProgress(value);
    }
    class MyThread extends Thread{
        public void run(){
            for(int i=1;i<=10;i++){
```

34	try{Thread.sleep(1000);}catch(Exception e){};
35	value = value + 10;
36	}
37	value = 0;
38	}
39	}
40	}

코드 분석

13	스레드에서 초 단위로 10씩 증가시킬 값을 저장할 변수를 정의하였다. 이 값이 ProgressBar의 progress 값으로 사용되게 된다.
22	스레드 객체를 생성하는 부분이다. MyThread 클래스를 구현할 때 Thread 클래스를 상속받아서 구현하였으므로 MyThread 클래스 자체가 스레드가 된다. 따라서 생성자를 이용해서 스레드 객체를 생성하면 된다.
23	myThread 객체를 데몬 스레드로 지정한다. 데몬 스레드로 지정하지 않으면 액티비티가 종료해도 스레드는 계속 실행될 수 있다. 따라서 해당 스레드를 데몬 스레드로 지정하면서 액티비티를 종료하면 스레드 실행이 멈추게 처리하였다.
24	스레드를 시작하는 부분이다. 스레드를 시작하면 UI 스레드와 독립적으로 해당 스레드에서 value 값을 계속 증가시키게 된다.
26~30	작업스레드 진행값보기 버튼을 클릭했을 때의 실행되는 동작 처리 부분이다.
28	TextView에 작업 스레드에서 증가시키는 value 값을 출력하는 부분이다.
29	ProgressBar의 progress 값을 작업 스레드에서 증가시키는 value 값으로 설정하는 부분이다.
33~36	10번 반복하면서 value 값을 1초당 10씩 증가시키는 부분이다.
37	작업 스레드 동작이 다 실행되면 value 값을 다시 0으로 초기화시켜주는 부분이다.

❷ Runnable 인터페이스를 구현하는 방법

• main.xml 파일 작성

Thread 클래스를 상속받는 방법과 동일하므로 생략한다.

• Thread2Activity.java 파일 작성

◉ Chapter10\Thread2\src\com\jung\Thread2Activity.java

```
1    package com.jung;
2    import android.app.Activity;
3    import android.os.Bundle;
4    import android.widget.Button;
5    import android.widget.ProgressBar;
6    import android.widget.TextView;
7    import android.view.View;
```

```java
8    public class Thread2Activity extends Activity implements View.OnClickListener{
9        /** Called when the activity is first created. */
10       ProgressBar pBar;
11       Button btn;
12       TextView textView;
13       int value;
14       @Override
15       public void onCreate(Bundle savedInstanceState) {
16           super.onCreate(savedInstanceState);
17           setContentView(R.layout.main);
18           pBar = (ProgressBar)findViewById(R.id.pBar);
19           textView = (TextView)findViewById(R.id.textView);
20           btn = (Button)findViewById(R.id.btn);
21           btn.setOnClickListener(this);
22           MyThread myThread = new MyThread();
23           Thread thread = new Thread(myThread);
24           thread.setDaemon(true);
25           thread.start();
26       }
27       public void onClick(View v) {
28           // TODO Auto-generated method stub
29           textView.setText(value + "");
30           pBar.setProgress(value);
31       }
32       class MyThread implements Runnable{
33           public void run(){
34           for(int i=1;i<=10;i++){
35               try{Thread.sleep(1000);}catch(Exception e){};
36               value = value + 10;
37           }
38           value = 0;
39           }
40       }
41   }
```

코드 분석

22	Runnable 인터페이스를 구현한 MyThread 객체를 생성한 부분이다.
23	Runnable 인터페이스를 구현한 MyThread 객체는 스레드 클래스 객체 자체가 아니므로 Thread 클래스 생성자의 파라미터로 전송하여 스레드 객체를 생성하는 부분이다.
24	해당 스레드를 데몬 스레드로 정의하는 부분이다.
25	스레드를 시작시키는 부분이다.
32	MyThread 클래스를 구현할 때 Runnable 인터페이스를 implements하는 부분이다.

❸ 스레드 클래스를 별도의 외부 클래스로 정의하는 방법

특정 스레드 기능을 하나의 클래스가 아니고 여러 개의 클래스에서 공통적으로 사용할 경우에는 스레드 클래스를 별도의 외부 클래스로 정의하는 것이 좋다.

• main.xml 파일 작성

역시 main.xml 파일 내용은 변경사항이 없으므로 생략한다.

• Thread3Activity.java 파일 작성

```
Chapter10\Thread3\src\com\jung\Thread3Activity.java
1    package com.jung;
2    import android.app.Activity;
3    import android.os.Bundle;
4    import android.widget.Button;
5    import android.widget.ProgressBar;
6    import android.widget.TextView;
7    import android.view.View;
8    public class Thread3Activity extends Activity implements View.OnClickListener{
9        /** Called when the activity is first created. */
10       ProgressBar pBar;
11       Button btn;
12       TextView textView;
13       static int value;
14       @Override
15       public void onCreate(Bundle savedInstanceState) {
16           super.onCreate(savedInstanceState);
17           setContentView(R.layout.main);
18           pBar = (ProgressBar)findViewById(R.id.pBar);
19           textView = (TextView)findViewById(R.id.textView);
20           btn = (Button)findViewById(R.id.btn);
21           btn.setOnClickListener(this);
22           MyThread myThread = new MyThread();
23           myThread.setDaemon(true);
24           myThread.start();
25       }
26       public void onClick(View v) {
27           // TODO Auto-generated method stub
28           textView.setText(value + "");
29           pBar.setProgress(value);
30       }
31   }
```

```
32    class MyThread extends Thread{
33        public void run(){
34        for(int i=1;i<=10;i++){
35        try{Thread.sleep(1000);}catch(Exception e){};
36            Thread3Activity.value = Thread3Activity.value + 10;
37        }
38        Thread3Activity.value = 0;
39        }
40    }
```

코드 분석

13	value 속성 값을 다른 클래스에도 공유하기 위해 static 변수로 지정한 부분이다.
36	반복해서 Thread3Activity 클래스의 value 속성 값을 10씩 증가시켜주는 부분이다.
38	스레드의 기능이 모두 실행된 후 Thread3Activity 클래스의 value 속성 값을 다시 0으로 설정하는 부분이다.

5. 스레드 프로그래밍 예제 실행

지금까지 작성한 세 가지 방법의 간단한 스레드 프로그래밍 예제의 실행 결과는 동일하다. 프로젝트를 실행하면 다음과 같은 화면이 출력된다. 화면에서 [작업스레드 진행값보기] 버튼을 클릭하면 백그라운드 스레드에서 증가되고 있는 현재 진행 값이 진행 바에 출력된다. 그리고 버튼을 여러 번 클릭하면 진행값이 100까지 증가된 후 다시 0 값으로 되돌아간다.

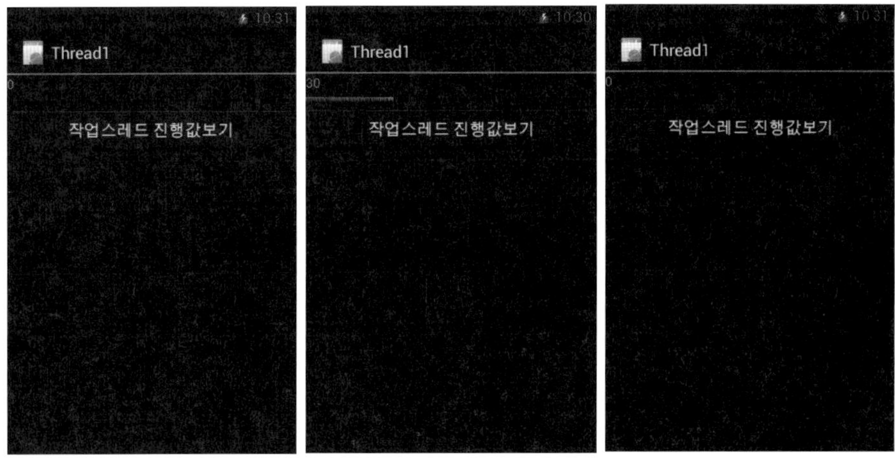

2 Handler

이전의 스레드 예제에서는 백그라운드 스레드에서 증가되고 있는 진행 값들을 버튼을 클릭했을 때 화면의 ProgressBar의 값으로 적용시켰다. 그렇다면 버튼을 클릭하지 않아도 스레드에서 증가되는 진행 값을 UI 스레드 쪽으로 알려주어 진행값이 변경되는 즉시 진행 바에 값을 적용할 수는 없을까?

스레드에서 작업을 진행하면서 작업이 되는 상태를 UI 스레드 쪽으로 계속해서 알려주면 된다. 스레드에서 전송되는 이 메시지를 처리해 주는 기능을 제공하는 클래스가 바로 Handler 클래스이다. Handler 클래스는 MessageQueue에 메시지를 전송하거나 MessageQueue에 존재하는 메시지를 처리하는 기능을 한다.

1. Handler의 상속 구조

```
public class
Handler
extends Object

java.lang.Object
  ↳android.os.Handler
```

2. Handler에서 제공되는 자주 사용되는 메소드들

- public final Message obtainMessage ()

  : Global Message Pool에서 target이 자기 자신 핸들러인 Handler를 가지고 있는 Message를 반환해 주는 메소드이다. 단순히 Message 객체만 Global Message Pool에서 얻어오려면 Message 클래스의 static 메소드인 obtain() 메소드를 사용하면 된다.

- public final Message obtainMessage (int what, int arg1, int arg2, Object obj)

  public final Message obtainMessage (int what)

  public final Message obtainMessage (int what, Object obj)

  : Message에 각 파라미터로 지정하는 값들을 속성 값으로 설정하면서 Global Message Pool에서 Message를 반환해 주는 메소드이다.

- public final boolean post (Runnable r) : MessageQueue에 핸들러에서 처리할 Runnable 객체를 전송하는 메소드이다.

- public final boolean postAtFrontOfQueue (Runnable r)

  : Runnable 객체를 MessageQueue의 맨 앞부분으로 전송하는 메소드이다.

- public final boolean postDelayed (Runnable r, long delayMillis)

  : Runnable 객체를 일정 시간 후에 MessageQueue로 전송하는 메소드이다.

- public final boolean sendEmptyMessage (int what)

  : what 속성 값만 가지고 있는 Message를 MessageQueue로 전송하는 메소드이다.

- public final boolean sendEmptyMessageDelayed (int what, long delayMillis)

  : 지정한 시간 후에 what 속성 값만 가지고 있는 Message를 MessageQueue로 전송하는 메소드이다.

- public final boolean sendMessage (Message msg) : MessageQueue의 끝부분으로 파라미터로 지정된 Message를 전송하는 메소드이다.

- public final boolean sendMessageAtFrontOfQueue (Message msg)

  : 파라미터로 지정된 Message를 MessageQueue의 맨 앞 부분으로 전송하는 메소드이다.

- public final boolean sendMessageDelayed (Message msg, long delayMillis)

  : 파라미터로 지정된 일정 시간 후에 MessageQueue 로 Message를 전송하는 메소드이다.

- public void handleMessage (Message msg) : MessageQueue에 저장되어 있는 Message들을 하나씩 처리하는 메소드이다.

3. Handler 예제 실행에 필요한 파일들

❶ Handler 클래스의 sendMessage(Message msg) 사용 예제

• main.xml 파일 작성

◉ Chapter10\Handler\res\layout\main.xml

```xml
1   <?xml version="1.0" encoding="utf-8"?>
2   <LinearLayout xmlns:android="http://schemas.android.com/apk/res/android"
3        android:layout_width="fill_parent"
4        android:layout_height="fill_parent"
5        android:orientation="vertical" >
6        <TextView
7            android:id="@+id/textView"
8            android:layout_width="fill_parent"
9            android:layout_height="wrap_content"
10           android:text="작업스레드 진행상태" />
11       <ProgressBar
12           android:id="@+id/pBar"
13           style="?android:attr/progressBarStyleHorizontal"
14           android:layout_width="match_parent"
15           android:layout_height="wrap_content"
16           android:max="100"
17           android:progress="1"
18           />
19   </LinearLayout>
```

코드 분석

스레드에서 증가되는 진행 값을 출력할 TextView 위젯과 ProgressBar를 정의하였다.

- **HandlerActivity.java 파일 작성**

● Chapter10\Handler\src\com\jung\HandlerActivity.java

```java
1   package com.jung;
2   import android.app.Activity;
3   import android.os.Bundle;
4   import android.os.Handler;
5   import android.os.Message;
6   import android.widget.ProgressBar;
7   import android.widget.TextView;
8   public class HandlerActivity extends Activity {
9       /** Called when the activity is first created. */
10      ProgressBar pBar;
11      TextView textView;
12      @Override
13      public void onCreate(Bundle savedInstanceState) {
14          super.onCreate(savedInstanceState);
15          setContentView(R.layout.main);
16          pBar = (ProgressBar)findViewById(R.id.pBar);
17          textView = (TextView)findViewById(R.id.textView);
18          MyThread myThread = new MyThread();
19          myThread.setDaemon(true);
20          myThread.start();
21      }
22      class MyThread extends Thread{
23          public void run(){
24              for(int i=0;i<=100;i=i+10){
25                  try{Thread.sleep(1000);}catch(Exception e){};
26                  Message msg = new Message();
27                  msg.arg1=i;
28                  handler.sendMessage(msg);
29              }
30          }
31      }
32      Handler handler = new Handler(){
33          @Override
34          public void handleMessage(Message msg) {
35              // TODO Auto-generated method stub
36              int value = msg.arg1;
37              textView.setText("현재진행상태 값:"+value);
38              pBar.setProgress(value);
39          }
40      };
41  }
```

26	MessageQueue로 전송할 Message 객체를 생성하는 부분이다.
27	Message 객체의 arg1 속성 값으로 증가된 progress 값을 할당하는 부분이다.
28	MessageQueue로 Message를 전송하는 부분이다. Message를 전송하면 해당 핸들러의 MessageQueue에 전송된 메시지가 쌓이게 된다.
32~40	Handler 객체를 생성하는 부분이다. Handler 객체는 특별히 등록하는 과정은 필요 없이 Handler 객체를 생성하기만 하면 해당 스레드에 핸들러로 등록된다.
34~39	handleMessage 메소드를 정의한 부분이다. 이 메소드는 MessageQueue의 Message 하나를 처리할 때 마다 반복적으로 호출되며 MessageQueue에 저장되어 있는 Message 객체가 하나씩 파라미터로 전송되어 온다.
36	Message 객체에 저장되어 있는 arg1 속성 값을 value에 저장한다. 이 값은 27라인에서 설정한 진행 값이다.
37	현재 진행 값을 문자열로 TextView에 출력한다.
38	현재 진행 값을 ProgressBar에 출력하는 부분이다.

❷ Handler 클래스의 post (Runnabler)를 사용하는 예제

• main.xml 파일

● Chapter10\HandlerPost\res\layout\main.xml	

```xml
1   <?xml version="1.0" encoding="utf-8"?>
2   <LinearLayout xmlns:android="http://schemas.android.com/apk/res/android"
3       android:layout_width="fill_parent"
4       android:layout_height="fill_parent"
5       android:orientation="vertical" >
6       <TextView
7           android:id="@+id/textView"
8           android:layout_width="fill_parent"
9           android:layout_height="wrap_content"
10          android:text="작업스레드 진행상태" />
11      <ProgressBar
12          android:id="@+id/pBar"
13          style="?android:attr/progressBarStyleHorizontal"
14          android:layout_width="match_parent"
15          android:layout_height="wrap_content"
16          android:max="100"
17          android:progress="1"
18          />
19  </LinearLayout>
```

코드 분석

스레드에서 증가되는 진행값을 출력할 TextView 위젯과 ProgressBar를 정의하였다.

- **HandlerPostActivity.java 파일 작성**


```java
package com.jung;
import android.app.Activity;
import android.os.Bundle;
import android.os.Handler;
import android.widget.ProgressBar;
import android.widget.TextView;
public class HandlerPostActivity extends Activity {
    /** Called when the activity is first created. */
    ProgressBar pBar;
    TextView textView;
    @Override
    public void onCreate(Bundle savedInstanceState) {
        super.onCreate(savedInstanceState);
        setContentView(R.layout.main);
        pBar = (ProgressBar)findViewById(R.id.pBar);
        textView = (TextView)findViewById(R.id.textView);
        MyThread myThread = new MyThread();
        myThread.setDaemon(true);
        myThread.start();
    }
    class MyThread extends Thread{
        int i;
        public void run(){
            for( i=0;i<=100;i=i+10){
                try{Thread.sleep(1000);}catch(Exception e){};
                handler.post(
                    new Runnable() {
                        public void run() {
                            // TODO Auto-generated method stub
                            textView.setText("현재진행상태 값:"+i);
                            pBar.setProgress(i);
                        }
                    }
                );
            }
        }
    }
    Handler handler = new Handler();
}
```

 **코드 분석**

26	Handler 클래스의 post 메소드를 사용해서 MessageQueue로 Message 객체를 전송하는 것이 아니고, Runnable 객체 자체를 전송하는 부분이다.
38	post 메소드에 의해서 MessageQueue에 Runnable 객체 자체가 전송되었을 때는 Handler의 handleMessage(Message msg)를 구현할 필요 없이 Handler 객체만 생성하면 된다.

❸ Handler 클래스의 postDelayed (Runnable r, long delayMillis) 메소드 사용 예제

• main.xml 파일 작성

● Chapter10\PostDelayed\res\layout\main.xml

```xml
1   <?xml version="1.0" encoding="utf-8"?>
2   <LinearLayout xmlns:android="http://schemas.android.com/apk/res/android"
3       android:layout_width="fill_parent"
4       android:layout_height="fill_parent"
5       android:orientation="vertical" >
6       <TextView
7           android:id="@+id/textView1"
8           android:layout_width="fill_parent"
9           android:layout_height="wrap_content"
10          android:text="바로실행" />
11      <ProgressBar
12          android:id="@+id/pBar1"
13          style="?android:attr/progressBarStyleHorizontal"
14          android:layout_width="match_parent"
15          android:layout_height="wrap_content"
16          android:max="100"
17          android:progress="1"
18          />
19       <TextView
20          android:id="@+id/textView2"
21          android:layout_width="fill_parent"
22          android:layout_height="wrap_content"
23          android:text="1초 후 실행" />
24      <ProgressBar
25          android:id="@+id/pBar2"
26          style="?android:attr/progressBarStyleHorizontal"
27          android:layout_width="match_parent"
28          android:layout_height="wrap_content"
29          android:max="100"
30          android:progress="1"
31          />
```

32	<TextView
33	android:id="@+id/textView3"
34	android:layout_width="fill_parent"
35	android:layout_height="wrap_content"
36	android:text="2초 후 실행" />
37	<ProgressBar
38	android:id="@+id/pBar3"
39	style="?android:attr/progressBarStyleHorizontal"
40	android:layout_width="match_parent"
41	android:layout_height="wrap_content"
42	android:max="100"
43	android:progress="1"
44	/>
45	</LinearLayout>

코드 분석

6~18	post(Runnable r) 메소드를 이용하여 MessageQueue에 즉시 Runnable 객체를 전송하여 진행 값을 바로 적용할 위젯들을 정의한 부분이다.
19~31	postDelayed (Runnable r, long delayMillis) 메소드를 이용하여 1초 후에 Runnable 객체를 MessageQueue로 전송하여 진행 값을 적용할 위젯들을 정의한 부분이다.
32~44	postDelayed (Runnable r, long delayMillis) 메소드를 이용하여 2초 후에 Runnable 객체를 MessageQueue로 전송하여 진행값을 적용할 위젯들을 정의한 부분이다.

• PostDelayedActivity.java 파일 작성

● Chapter10\PostDelayed\src\com\jung\PostDelayedActivity.java	
1	package com.jung;
2	import android.app.Activity;
3	import android.os.Bundle;
4	import android.os.Handler;
5	import android.widget.ProgressBar;
6	import android.widget.TextView;
7	public class PostDelayedActivity extends Activity {
8	/** Called when the activity is first created. */
9	ProgressBar pBar1;
10	TextView textView1;
11	ProgressBar pBar2;
12	TextView textView2;
13	ProgressBar pBar3;
14	TextView textView3;

```java
    @Override
    public void onCreate(Bundle savedInstanceState) {
        super.onCreate(savedInstanceState);
        setContentView(R.layout.main);
        pBar1 = (ProgressBar)findViewById(R.id.pBar1);
        textView1 = (TextView)findViewById(R.id.textView1);
        pBar2 = (ProgressBar)findViewById(R.id.pBar2);
        textView2 = (TextView)findViewById(R.id.textView2);
        pBar3 = (ProgressBar)findViewById(R.id.pBar3);
        textView3 = (TextView)findViewById(R.id.textView3);
        MyThread myThread = new MyThread();
        myThread.setDaemon(true);
        myThread.start();
    }
    class MyThread extends Thread{
        int i;
        public void run(){
            for( i=0;i<100;i=i+10){
                try{Thread.sleep(1000);}catch(Exception e){};
                handler.post(
                new Runnable() {
                    public void run() {
                        // TODO Auto-generated method stub
                        textView1.setText("현재진행상태 값:"+i);
                        pBar1.setProgress(i);
                    }
                }
                );
            handler.postDelayed(
                new Runnable() {
                    public void run() {
                        // TODO Auto-generated method stub
                        textView2.setText("현재진행상태 값:"+i);
                        pBar2.setProgress(i);
                    }
                },1000
                );
            handler.postDelayed(
                new Runnable() {
                    public void run() {
                        // TODO Auto-generated method stub
                        textView3.setText("현재진행상태 값:"+i);
```

57	pBar3.setProgress(i);
58	}
59	},2000
60	);
61	}
62	}
63	}
64	Handler handler = new Handler();
65	}

코드 분석

34~42	첫 번째 TextView와 ProgressBar에 증가되는 진행값을 적용하는 Runnable 객체를 즉시 MessageQueue로 전송하는 부분이다.
43~51	두 번째 TextView와 ProgressBar에 증가되는 진행값을 적용하는 Runnable 객체를 1초 후에 MessageQueue로 전송하는 부분이다.
52~60	세 번째 TextView와 ProgressBar에 증가되는 진행값을 적용하는 Runnable 객체를 2초 후에 MessageQueue로 전송하는 부분이다.

❹ **Activity 클래스의 public final void runOnUiThread (Runnable action) 메소드 사용 예제**

runOnUiThread 메소드의 기능은 메소드를 실행한 스레드가 UI 스레드이면 Runnable 객체의 동작을 즉시 실행하고, 메소드를 실행한 스레드가 UI 스레드가 아니면 Runnable 객체를 이벤트 큐에 전송하는 메소드이다.

• **main.xml 파일 작성**

● Chapter10\RunOnUiThread\res\layout\main.xml

```
1   <?xml version="1.0" encoding="utf-8"?>
2   <LinearLayout xmlns:android="http://schemas.android.com/apk/res/android"
3       android:layout_width="fill_parent"
4       android:layout_height="fill_parent"
5       android:orientation="vertical" >
6       <TextView
7           android:id="@+id/textView"
8           android:layout_width="fill_parent"
9           android:layout_height="wrap_content"
10          android:text="작업스레드 진행상태" />
```

11	`    <ProgressBar`
12	`        android:id="@+id/pBar"`
13	`        style="?android:attr/progressBarStyleHorizontal"`
14	`        android:layout_width="match_parent"`
15	`        android:layout_height="wrap_content"`
16	`        android:max="100"`
17	`        android:progress="1"`
18	`        />`
19	`</LinearLayout>`

특별히 추가된 내용이 없으므로 코드 설명은 생략한다.

• RunOnUiThreadActivity.java 파일 작성

⊙ Chapter10\RunOnUiThread\src\com\jung\RunOnUiThreadActivity.java

```java
package com.jung;
import android.app.Activity;
import android.os.Bundle;
import android.os.Handler;
import android.widget.ProgressBar;
import android.widget.TextView;
public class RunOnUiThreadActivity extends Activity {
    /** Called when the activity is first created. */
    ProgressBar pBar;
    TextView textView;
    @Override
    public void onCreate(Bundle savedInstanceState) {
        super.onCreate(savedInstanceState);
        setContentView(R.layout.main);
        pBar = (ProgressBar)findViewById(R.id.pBar);
        textView = (TextView)findViewById(R.id.textView);
        MyThread myThread = new MyThread();
        myThread.setDaemon(true);
        myThread.start();
    }
    class MyThread extends Thread{
        int i;
        public void run(){
            for( i=0;i<=100;i=i+10){
                try{Thread.sleep(1000);}catch(Exception e){};
                runOnUiThread(
```

27	new Runnable() {
28	public void run() {
29	// TODO Auto-generated method stub
30	textView.setText("현재진행상태 값:"+i);
31	pBar.setProgress(i);
32	}
33	}
34	);
35	}
36	}
37	}
38	Handler handler = new Handler();
39	}

코드 분석

4. Handler 예제 실행

❶ Handler 클래스의 sendMessage(Message message) 메소드 사용 예제

프로젝트를 실행하면 sendMessage(Message message) 메소드 실행에 의해서 MessageQueue에 저장된 Message 객체를 핸들러의 handleMessage 메소드에서 처리한다.

❷ Handler 클래스의 post(Runnabler) 메소드를 이용하는 예제

실행되는 형태는 Handler 프로젝트와 동일하다.

❸ Handler 클래스의 postDelayed (Runnable r, long delayMillis) 메소드 사용 예제

프로젝트를 실행하면 첫 번째 진행 바
의 값이 가정 먼저 변경되고, 두 번째 진
행 바의 값은 1초 후에, 세 번째 진행 바
의 값은 2초 후에 변경되는 것을 확인할
수 있다.

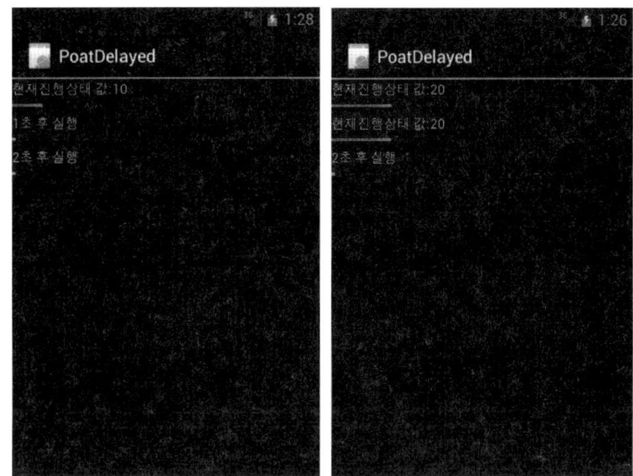

❹ Activity 클래스의 public final void runOnUiThread (Runnable action) 메소드 사용 예제

3 Looper

안드로이드에서 MessageQueue에 담겨 있는 메시지를 처리하는 단계는 다음과 같다.

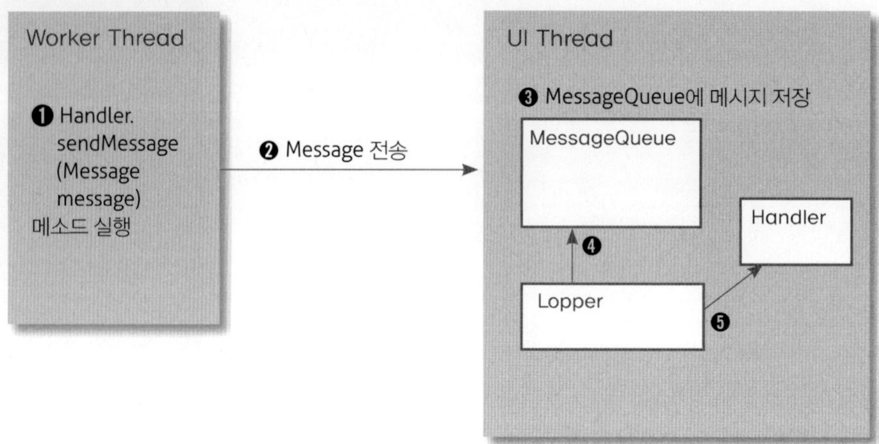

상단의 그림을 좀 더 자세히 설명하면 안드로이드에서 작업 스레드에서 전송되어 오는 메시지를 처리하는 단계는 다음과 같이 정리할 수 있다.

① 작업 스레드에서 Handler 클래스에서 제공하는 sendMessage(Message message) 메소드를 호출한다.

② UI 스레드로 메시지가 전송한다.

③ 작업 스레드에서 전송되는 메시지들은 차례대로 UI 스레드에 존재하는 MessageQueue에 저장된다.

④ UI 스레드에서 실행되고 있는 Looper가 MessageQueue에서 메시지 하나를 뽑아서 UI 스레드의 핸들러 객체로 전송한다.

⑤ UI 스레드의 Handler는 handleMessage(Message message)를 이용해서 해당 메시지를 처리한다.

1. Looper의 상속 구조

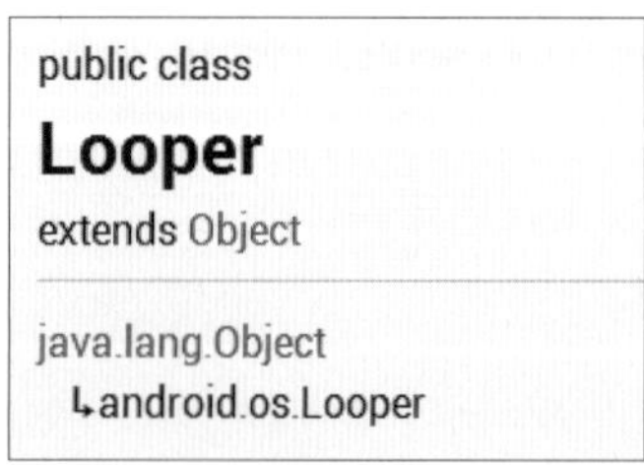

2. Looper에서 자주 사용하는 메소드들

• public static void prepare () : 해당 스레드에서 Looper를 시작시킨다.

• public static void loop () : 해당 스레드에서 MessageQueue를 계속해서 운영한다.

• public void quit () : MessageQueue의 운영을 중지한다. 즉, 더 이상 Looper의 기능을 사용하지 않
  는다.

기본적으로 UI 스레드에는 자동으로 Looper가 생성되어서 MessageQueue가 운영이 되지만 작업 스레
드에는 기본적으로 Looper가 생성되지 않으므로, 작업 스레드에서 Looper 기능을 사용하면서 전송되어
오는 메시지를 처리하려면 Looper를 명시적으로 생성해 주어야 한다.

3. Looper 예제 실행에 필요한 파일들

• **main.xml 파일**

⊙ Chapter10\Looper\res\layout\main.xml

```xml
<?xml version="1.0" encoding="utf-8"?>
<LinearLayout xmlns:android="http://schemas.android.com/apk/res/android"
    android:layout_width="fill_parent"
    android:layout_height="fill_parent"
    android:orientation="vertical" >
    <Button
        android:id="@+id/btn1"
        android:layout_width="fill_parent"
        android:layout_height="wrap_content"
        android:text="정상속도" />
    <ProgressBar
        android:id="@+id/pBar1"
        style="?android:attr/progressBarStyleHorizontal"
        android:layout_width="match_parent"
        android:layout_height="wrap_content"
        android:max="100"
        android:progress="1"
        />
     <Button
        android:id="@+id/btn2"
        android:layout_width="fill_parent"
        android:layout_height="wrap_content"
        android:text="2배속" />
    <ProgressBar
        android:id="@+id/pBar2"
        style="?android:attr/progressBarStyleHorizontal"
        android:layout_width="match_parent"
        android:layout_height="wrap_content"
        android:max="100"
```

```
30            android:progress="1"
31            />
32        <Button
33            android:id="@+id/btn3"
34            android:layout_width="fill_parent"
35            android:layout_height="wrap_content"
36            android:text="3배속" />
37        <ProgressBar
38            android:id="@+id/pBar3"
39            style="?android:attr/progressBarStyleHorizontal"
40            android:layout_width="match_parent"
41            android:layout_height="wrap_content"
42            android:max="100"
43            android:progress="1"
44            />
45    </LinearLayout>
```

코드 분석

6~18	작업 스레드 쪽으로 정상적인 진행 값을 요청할 Button 위젯과 작업 스레드에서 계산되어 리턴된 진행 값을 적용시킬 ProgressBar 위젯을 정의한 부분이다.
19~31	작업 스레드 쪽으로 2배속 진행 값을 요청할 Button 위젯과 작업 스레드에서 계산되어 리턴된 진행 값을 적용시킬 ProgressBar 위젯을 정의한 부분이다.
32~44	작업 스레드 쪽으로 3배속 진행 값을 요청할 Button 위젯과 작업 스레드에서 계산되어 리턴된 진행 값을 적용시킬 ProgressBar 위젯을 정의한 부분이다.

• LooperActivity.java 파일 작성

● Chapter10\Looper\src\com\jung\LooperActivity.java

```java
1    package com.jung;
2    import android.app.*;
3    import android.os.*;
4    import android.view.*;
5    import android.widget.*;
6    public class LooperActivity extends Activity implements View.OnClickListener{
7        Button btn1;
8        Button btn2;
9        Button btn3;
10       ProgressBar pBar1;
11       ProgressBar pBar2;
12       ProgressBar pBar3;
```

```java
13      MyThread myThread;
14      public void onCreate(Bundle savedInstanceState) {
15          super.onCreate(savedInstanceState);
16          setContentView(R.layout.main);
17          btn1 = (Button)findViewById(R.id.btn1);
18          btn2 = (Button)findViewById(R.id.btn2);
19          btn3 = (Button)findViewById(R.id.btn3);
20          pBar1=(ProgressBar)findViewById(R.id.pBar1);
21          pBar2 = (ProgressBar)findViewById(R.id.pBar2);
22          pBar3 = (ProgressBar)findViewById(R.id.pBar3);
23          btn1.setOnClickListener(this);
24          btn2.setOnClickListener(this);
25          btn3.setOnClickListener(this);
26          myThread = new MyThread(uiHandler);
27          myThread.setDaemon(true);
28          myThread.start();
29      }
30      public void onClick(View v) {
31          Message message=uiHandler.obtainMessage();
32          switch (v.getId()) {
33          case R.id.btn1:
34              message.what=1;
35              myThread.workerHandler.sendMessage(message);
36              break;
37          case R.id.btn2:
38              message.what=2;
39              myThread.workerHandler.sendMessage(message);
40              break;
41          case R.id.btn3:
42              message.what=3;
43              myThread.workerHandler.sendMessage(message);
44              break;
45          }
46      }
47      Handler uiHandler = new Handler() {
48          public void handleMessage(Message msg) {
49              switch (msg.what) {
50              case 1:
51                  pBar1.incrementProgressBy(msg.arg1);
52                  break;
53              case 2:
54                  pBar2.incrementProgressBy(msg.arg1);
55                  break;
```

```java
56                case 3:
57                    pBar3.incrementProgressBy(msg.arg1);
58                    break;
59            }
60        }
61    };
62 }
63 class MyThread extends Thread {
64     Handler uiHandler;
65     Handler workerHandler;
66     MyThread(Handler handler) {
67         uiHandler = handler;
68     }
69     public void run() {
70         Looper.prepare();
71         workerHandler = new Handler() {
72             public void handleMessage(Message msg) {
73                 Message message=uiHandler.obtainMessage();
74                 switch (msg.what) {
75                 case 1:
76                     message.what = 1;
77                     message.arg1 = 10;
78                     break;
79                 case 2:
80                     message.what = 2;
81                     message.arg1 = 20;
82                 break;
83                 case 3:
84                     message.what = 3;
85                     message.arg1 = 30;
86                     break;
87                 }
88                 uiHandler.sendMessage(message);
89             }
90         };
91         Looper.loop();
92     }
93 }
```

※ 코드 분석

31	공용 메시지 풀에서 메시지를 얻어오는 부분이다.
33~36	정상적인 진행 값을 요청하는 첫 번째 버튼을 클릭했을 때 메시지의 what 속성 값을 1로 지정하고, 작업 스레드의 핸들러로 메시지를 전송하는 부분이다.

37~40	2배속 진행 값을 요청하는 두 번째 버튼을 클릭했을 때 메시지의 what 속성 값을 2로 지정하고, 작업 스레드의 핸들러로 메시지를 전송하는 부분이다.
41~44	3배속 진행 값을 요청하는 세 번째 버튼을 클릭했을 때 메시지의 what 속성 값을 3으로 지정하고, 작업 스레드의 핸들러로 메시지를 전송하는 부분이다.
47~61	작업 스레드에서 전송되어 오는 메시지를 처리하는 UI 핸들러 객체를 정의한 부분이다.
50~52	작업 스레드에서 전송된 메시지의 what 속성 값이 1인 경우 arg1 속성 값으로 지정된 값을 첫 번째 ProgressBar인 pBar1의 진행 값으로 설정하는 부분이다.
53~55	작업 스레드에서 전송된 메시지의 what 속성 값이 2인 경우 arg1 속성 값으로 지정된 값을 두 번째 ProgressBar인 pBar2의 진행 값으로 설정하는 부분이다.
56~58	작업 스레드에서 전송된 메시지의 what 속성 값이 3인 경우 arg1 속성 값으로 지정된 값을 세 번째 ProgressBar인 pBar3의 진행 값으로 설정하는 부분이다.
66~68	작업 스레드상에서 UI 스레드의 핸들러로 메시지를 전송하기 위해서 생성자에서 UI 스레드의 핸들러를 파라미터로 전송받는다.
70	UI 스레드에는 Looper가 자동으로 생성되지만 작업 스레드에는 Looper가 자동으로 생성되지 않기 때문에 작업 스레드에 Looper를 생성하는 부분이다.
71~90	작업 스레드로 전송되어 오는 메시지를 처리하기 위한 핸들러 객체를 생성하는 부분이다.
75~78	UI 스레드에서 전송되어 온 메시지의 what 값이 1일 때는 작업 스레드에서 UI 스레드로 전송할 메시지의 what 속성 값을 1로 지정하고 arg1 속성 값을 10으로 지정. 이 arg1 속성 값은 ProgressBar의 진행값으로 사용된다.
79~82	UI 스레드에서 전송되어 온 메시지의 what 값이 2일 때는 작업 스레드에서 UI 스레드로 전송할 메시지의 what 속성 값을 2로 지정하고 arg1 속성 값을 20으로 지정. 이 arg1 속성 값은 ProgressBar의 진행값으로 사용된다.
83~86	UI 스레드에서 전송되어 온 메시지의 what 값이 3일 때는 작업 스레드에서 UI 스레드로 전송할 메시지의 what 속성 값을 3으로 지정하고 arg1 속성 값을 30으로 지정. 이 arg1 속성 값은 ProgressBar의 진행값으로 사용된다.
88	UI 스레드의 핸들러로 작업 스레드에서 생성된 Message 객체를 전송하는 부분이다.
91	작업 스레드 쪽에 MessageQueue 기능을 계속 실행하는 부분이다. 즉, Looper의 기능이 계속 실행되게 처리하는 부분이다.

4. Looper 예제 실행

Looper 프로젝트를 실행하고 각 배속의 버튼을 클릭하면 작업 스레드에서 각 배속에 해당하는 진행 값을 리턴한다. 진행 값이 UI 스레드로 리턴되면 해당 값만큼 ProgressBar의 진행 값을 증가시킨다.

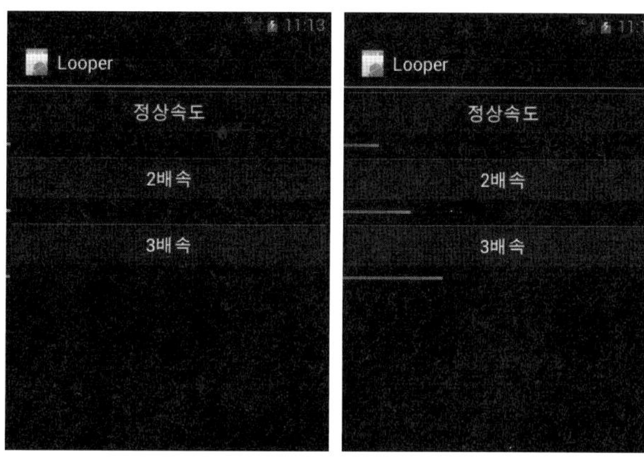

1. 안드로이드 프로그램에서 복잡한 작업이나 시간이 오래 걸리는 작업은 UI 스레드에서 처리하는 것보다는 별도의 작업 스레드를 생성해서 치리하는 것이 프로그램의 성능을 향상시켜준다.

자바에서 스레드를 생성하는 방법은 두 가지가 있다.

첫 번째 방법은 스레드 클래스를 이용하는 방법이고 코드는 다음과 같이 작성하면 된다.

```
class MyThread extends Thread{
 public void run(){
        스레드에서 실행될 코드들
    }
}


MyThread myThread = new MyThread();
myThread.start();
```

두 번째 방법은 Runnable 인터페이스를 구현하는 방법이고 코드는 다음과 같이 작성하면 된다.

```
class MyThread implements Runnable{
    public void run(){
    해당 스레드에서 실행할 코드 내용들
    }
}
```

MyThread 클래스의 객체를 생성하고 실행하는 방법은 다음과 같다.

```
MyThread myThread = new MyThread()
Thread thread = new Thread(myThread)
thread.start();
```

안드로이드에서 작업 스레드를 이용할 때 주의할 점은 작업 스레드에서 직접 UI의 위젯을 액세스하면 UI 스레드와 충돌의 우려가 있기 때문에 그림과 같은 형태로 작업 스레드를 이용해야 한다. 즉 작업 스레드에서 작업을 하는 내용을 UI 스레드 쪽으로 메시지를 전송해 주고 UI의 위젯은 UI 스레드에서만 접근하는 구조로 작성해야 한다.

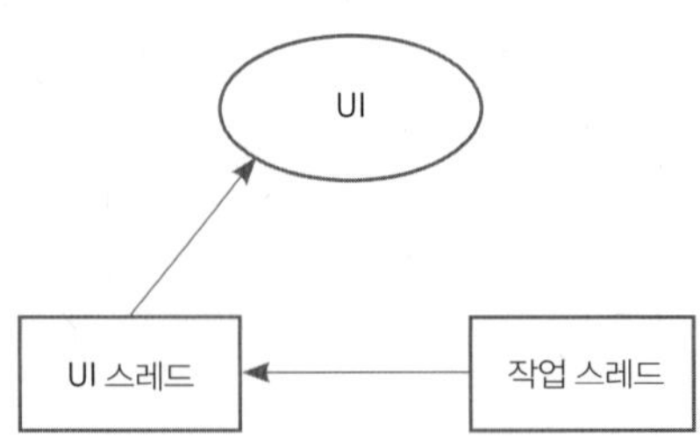

2. Handler 클래스는 해당 스레드의 MessageQueue에 존재하는 메시지들을 처리해 주는 기능을 한다. 핸들러 클래스에서 자주 사용되는 메소드들은 다음과 같은 메소드들이 있다.

- public final Message obtainMessage () : Global Message Pool에서 target이 자기 자신 핸들러인 Handler를 가지고 있는 Message를 반환해 주는 메소드. 단순히 Message 객체만 Global Message Pool에서 얻어오려면 Message 클래스의 static 메소드인 obtain() 메소드를 사용하면 된다.
- public final Message obtainMessage (int what, int arg1, int arg2, Object obj)

  public final Message obtainMessage (int what)

  public final Message obtainMessage (int what, Object obj)

  : Message에 각 파라미터로 지정하는 값들을 속성 값으로 설정하면서 Global Message Pool에서 Message 를 반환해 주는 메소드
- public final boolean post (Runnable r) : MessageQueue에 핸들러에서 처리할 Runnable 객체를 전송하는 메소드
- public final boolean postAtFrontOfQueue (Runnable r) : Runnable 객체를 MessageQueue의 맨 앞부분으로 전송하는 메소드
- public final boolean postDelayed (Runnable r, long delayMillis) : Runnable 객체를 일정 시간 후에 MessageQueue로 전송하는 메소드
- public final boolean sendEmptyMessage (int what) : what 속성 값만 가지고 있는 Message를 MessageQueue 로 전송하는 메소드
- public final boolean sendEmptyMessageDelayed (int what, long delayMillis) : 지정한 시간 후에 what 속성 값만 가지고 있는 Message를 MessageQueue로 전송하는 메소드
- public final boolean sendMessage (Message msg) : MessageQueue의 끝부분으로 파라미터로 지정된 Message를 전송하는 메소드
- public final boolean sendMessageAtFrontOfQueue (Message msg) : 파라미터로 지정된 Message를 MessageQueue의 맨 앞부분으로 전송하는 메소드
- public final boolean sendMessageDelayed (Message msg, long delayMillis) : 파라미터로 지정된 일정 시간 후에 MessageQueue로 Message를 전송함
- public void handleMessage (Message msg) : MessageQueue에 저장되어 있는 Message들을 하나씩 처리하는 메소드

3. 스레드상에서 메시지를 처리하는 구조는 다음과 같다.

상단의 그림을 좀 더 자세히 설명하면 안드로이드에서 작업 스레드에서 전송되어 오는 메시지를 처리하는 단계는 다음과 같이 정리할 수 있다.

① 작업 스레드에서 Handler 클래스에서 제공하는 sendMessage(Message message) 메소드를 호출한다.

② UI 스레드로 메시지가 전송한다.

③ 작업 스레드에서 전송되는 메시지들은 차례대로 UI 스레드에 존재하는 MessageQueue에 저장된다.

④ UI 스레드에서 실행되고 있는 Looper가 MessageQueue에서 메시지 하나를 뽑아서 UI 스레드의 핸들러 객체로 전송한다.

⑤ UI 스레드의 Handler는 handleMessage(Message message)를 이용해서 해당 메시지를 처리한다.

Looper 클래스에서 제공하는 핵심적인 메소드는 다음과 같다.

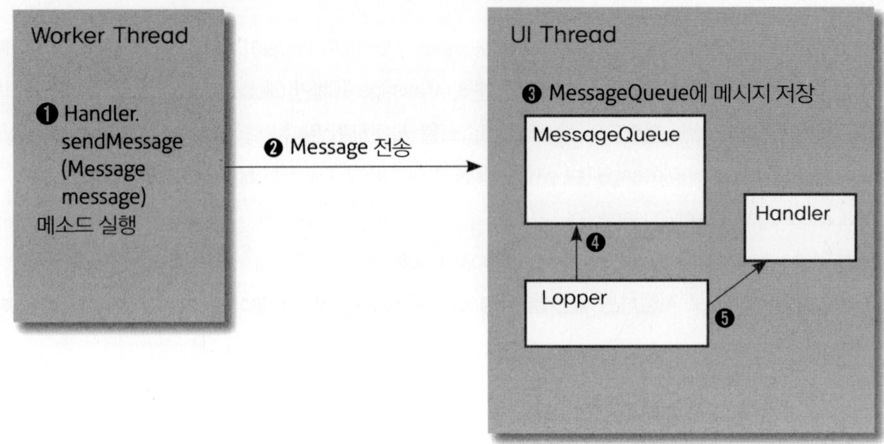

- public static void prepare () : 해당 스레드에서 Looper를 시작시킨다.
- public static void loop () : 해당 스레드에서 MessageQueue를 계속해서 운영한다.
- public void quit () : MessageQueue의 운영을 중지한다. 즉 더 이상 Looper의 기능을 사용하지 않는다.

기본적으로 UI 스레드에는 자동으로 Looper가 생성되어서 MessageQueue가 운영되지만 작업 스레드에는 기본적으로 Looper가 생성되지 않으므로 작업 스레드에서 Looper 기능을 사용하면서 전송되어 오는 메시지를 처리하려면 Looper를 명시적으로 생성해 주어야 한다.

안드로이드 에플리케이션은 하나의 컴포넌트로 구성되는 경우는 거의 없다. 메모 애플리케이션에서도 링크가 걸려 있는 특정 전화번호를 클릭하면 전화통화를 하는 역할을 하는 컴포넌트를 호출하여야 한다. 또한 MP3Player 프로그램의 노래 목록에서 특정 노래 제목을 클릭하면 해당 노래를 플레이시키는 역할을 하는 컴포넌트가 호출되어야 한다. 이렇게 특정 컴포넌트를 실행시키거나 특정 메시지를 전달하는 역할을 하는 것이 인텐트(Intent)이다.

1 Intent

1. Intent의 상속 구조

인텐트는 Activity, Service, Broadcast Receiver를 호출하거나 해당 컴포넌트로 메시지를 전달할 수 있다.

```
public class
Intent
extends Object
implements Parcelable Cloneable

java.lang.Object
  ↳ android.content.Intent
```

인텐트는 크게 action과 data로 구성된다.

- action : 실행해야 하는 액션 정보이다. 안드로이드에서는 ACTION_VIEW, ACTION_EDIT, ACTION_MAIN 등의 액션 종류가 기본적으로 제공된다.
- data : 처리해야 하는 데이터 정보이다. 연락처 컨텐트 프로바이더의 레코드 하나 등이다. Uri 형태로 데이터를 표현한다.

액션과 데이터는 다음과 같이 사용할 수 있다.

- ACTION_VIEW content://contacts/people/1 : 식별자가 1인 사람의 정보를 보여주는 요청이다.
- ACTION_DIAL content://contacts/people/1 : 해당 사람의 정보를 보여주면서 다이얼 패드를 보여준다.
- ACTION_VIEW tel123 : 해당 전화번호를 지정하면서 다이얼 패드를 보여준다.

- ACTION_DIAL tel123 : 해당 전화번호를 지정하면서 다이얼 패드를 보여준다.
- ACTION_EDIT content://contacts/people/1 : 해당 식별자 1번 사람에 대한 정보를 수정한다
- ACTION_VIEW content://contacts/people/ : 연락처에 저장되어 있는 사람의 정보를 리스트해 준다.

인텐트에는 action과 data 정보뿐 아니라 부가적인 정보를 추가할 수 있다.

① category

- CATEGORY_LAUNCHER : 해당 컴포넌트를 론처에서 실행되게 하는 옵션이다. 즉, 애플리케이션의 top-level 에서 실행되게 하는 옵션이다.
- CATEGORY_ALTERNATIVE : 해당 컴포넌트가 데이터의 일부에서 선택적으로 실행되게 하는 옵션이다.

② type

인텐트에서 사용하는 데이터의 마임 타입을 지정하는 옵션이다. 일반적으로 인텐트에 지정되어 있는 데이터에 의해서 마임 타입은 추정되지만, 마임 타입을 지정하여 해당 데이터의 타입을 정확하게 지정할 수 있다.

③ component

인텐트에서 사용할 컴포넌트의 클래스 이름을 지정하는 옵션이다. 일반적으로 이 옵션 값은 인텐트에 지정되어 있는 다른 옵션들 action,data / types,categories에 의해서 유추되고 해당 컴포넌트가 다루어진다. 만약 이 component 옵션이 정확하게 지정되면 다른 속성들은 선택 사항이 된다.

④ extras

이 옵션은 Bundle 형태로 기타 부가적인 정보를 추가할 수 있는 옵션이다.

기타 부가적인 정보를 사용한 예를 보면 다음과 같다.

- ACTION_MAIN + category CATEGORY_HOME : 해당 컴포넌트가 홈 스크린에 출력된다.
- ACTION_GET_CONTENT + type : vnd.android.cursor.item/phone
  : 연락처에 추가되어 있는 사용자들의 전화번호를 보여준다.

- ACTION_GET_CONTENT + MIME type */* + category : CATEGORY_OPENABLE
  : ContentResolver.openInputStream()에 의해서 열릴 수 있는 모든 해당 데이터에 대한 picker들을 반환한다. Picker에서 특정 데이터를 선택하면 선택된 데이터의 Uri 값을 반환한다.

인텐트의 액션과 카테고리 상수 값은 Intent 클래스에 android.intent.action.VIEW와 같이 자바 스타일의 상수 값으로 정의되어 있지만 애플리케이션 자체에서 스스로의 값을 정의할 수도 있다.

1. 명시적 인텐트(Explicit Intent)

명시적 인텐트는 setComponent(ComponentName) 메소드나 setClass(Context, Class) 메소드를 사용해서 해당 호출할 컴포넌트 이름을 명확히 지정하는 인텐트를 의미하며 실행될 컴포넌트의 이름을 정확히 알 수 있을 때 사용한다. 주로 애플리케이션 내에서 컴포넌트를 호출할 때 사용된다.

Extra 데이터를 이용해서 호출되는 액티비티로 부가적인 정보를 던지는 예제를 살펴보겠다. 인텐트에는 Extra 기능을 이용해서 키와 값으로 필요한 부가 정보를 추가할 수 있다. 사용법은 다음과 같다.

```
Intent i = new Intent();
    i.putExtra("pesonName", "오정원"); // 인텐트를 전송할 때 "personName" 이라는 이름의 키
값을 "오정원" 으로 인텐트에 추가한다.

    String str = getIntent().getExtras().getString("personName");
// 인텐트에서 호출된 컴포넌트에서 전송되어 온 Extra 정보에서 String 타입으로 추가되어 있는
personName의 키 에 대한 값을 받는다.
```

❶ AndroidManifest.xml 파일 작성

```
● Chapter11\ExtraTest\AndroidManifest.xml

1    <?xml version="1.0" encoding="utf-8"?>
2    <manifest xmlns:android="http://schemas.android.com/apk/res/android"
3        package="com.jung"
4        android:versionCode="1"
5        android:versionName="1.0" >
6        <uses-sdk android:minSdkVersion="15" />
7        <application
8            android:icon="@drawable/ic_launcher"
9            android:label="@string/app_name" >
10           <activity
11               android:name=".ExtraTestActivity"
12               android:label="@string/app_name" >
13               <intent-filter>
14                   <action android:name="android.intent.action.MAIN" />
15
```

16	<category android:name="android.intent.category.LAUNCHER" />
17	</intent-filter>
18	</activity>
19	<activity android:name="Confirm"></activity>
20	</application>
21	</manifest>

코드 분석

19	론처에서 실행되는 메인 액티비티 이외에 메인 액티비티에서 실행할 Confirm이라는 액티비티를 추가적으로 정의한 부분이다. 에플리케이션에서 실행하는 모든 액티비티는 AndroidManifest.xml 파일에 정의되어야 한다.

❷ 레이아웃 파일 작성

본 예제에서는 액티비티를 두 개 이용할 것이므로 각 액티비티에서 레이아웃 파일을 각각 이용할 수 있도록 레이아웃 설정 파일을 두 개 작성해야 한다.

• main.xml 파일

◉ Chapter11\ExtraTest\res\layout\main.xml

1	<?xml version="1.0" encoding="utf-8"?>
2	<LinearLayout xmlns:android="http://schemas.android.com/apk/res/android"
3	android:layout_width="fill_parent"
4	android:layout_height="fill_parent"
5	android:orientation="vertical" >
6	<TextView
7	android:layout_width="fill_parent"
8	android:layout_height="wrap_content"
9	android:text="등록할 사원정보 입력" />
10	<LinearLayout
11	android:layout_width="fill_parent"
12	android:layout_height="wrap_content" >
13	<TextView
14	android:layout_width="wrap_content"
15	android:layout_height="wrap_content"
16	android:text="주민등록번호" />
17	<EditText
18	android:id="@+id/ssn"
19	android:layout_width="fill_parent"
20	android:layout_height="wrap_content" />
21	</LinearLayout>

```
22    <LinearLayout
23        android:layout_width="fill_parent"
24        android:layout_height="wrap_content" >
25        <TextView
26            android:layout_width="wrap_content"
27            android:layout_height="wrap_content"
28            android:text="사원명" />
29        <EditText
30            android:id="@+id/name"
31            android:layout_width="fill_parent"
32            android:layout_height="wrap_content" />
33    </LinearLayout>
34    <LinearLayout
35        android:layout_width="fill_parent"
36        android:layout_height="wrap_content" >
37        <TextView
38            android:layout_width="wrap_content"
39            android:layout_height="wrap_content"
40            android:text="부서명" />
41        <EditText
42            android:id="@+id/department"
43            android:layout_width="fill_parent"
44            android:layout_height="wrap_content" />
45    </LinearLayout>
46    <LinearLayout
47        android:layout_width="fill_parent"
48        android:layout_height="wrap_content" >
49        <TextView
50            android:layout_width="wrap_content"
51            android:layout height="wrap content"
52            android:text="최종학력" />
53        <EditText
54            android:id="@+id/grad"
55            android:layout_width="fill_parent"
56            android:layout_height="wrap_content" />
57    </LinearLayout>
58    <TextView
59        android:layout_width="fill_parent"
60        android:layout_height="wrap_content"
61        android:text="결혼여부" />
```

62	<RadioGroup
63	android:id="@+id/marry"
64	android:layout_width="fill_parent"
65	android:layout_height="wrap_content" >
66	<RadioButton
67	android:id="@+id/y"
68	android:layout_width="wrap_content"
69	android:layout_height="wrap_content"
70	android:text="기혼" />
71	<RadioButton
72	android:id="@+id/n"
73	android:layout_width="wrap_content"
74	android:layout_height="wrap_content"
75	android:text="미혼" />
76	</RadioGroup>
77	<Button
78	android:id="@+id/confirm"
79	android:layout_width="fill_parent"
80	android:layout_height="wrap_content"
81	android:text="등록사원정보확인" />
82	</LinearLayout>

새로운 사원을 등록할 때 필요한 기본 데이터들을 입력받을 수 있는 레이아웃을 작성하였다. 지금까지 학습한 내용으로 어렵지 않게 이해할 수 있는 부분이므로 자세한 코드 설명은 생략한다.

• main2.xml 파일

● Chapter11\ExtraTest\res\layout\main2.xml	
1	<?xml version="1.0" encoding="utf-8"?>
2	<LinearLayout xmlns:android="http://schemas.android.com/apk/res/android"
3	android:layout_width="fill_parent"
4	android:layout_height="fill_parent"
5	android:orientation="vertical" >
6	<TextView
7	android:layout_width="fill_parent"
8	android:layout_height="wrap_content"
9	android:text="등록할 사원정보 입력" />
10	<LinearLayout
11	android:layout_width="fill_parent"
12	android:layout_height="wrap_content" >

```xml
13      <TextView
14          android:layout_width="wrap_content"
15          android:layout_height="wrap_content"
16          android:text="주민등록번호" />
17      <EditText
18          android:id="@+id/ssn2"
19          android:layout_width="fill_parent"
20          android:layout_height="wrap_content" />
21  </LinearLayout>
22  <LinearLayout
23      android:layout_width="fill_parent"
24      android:layout_height="wrap_content" >
25      <TextView
26          android:layout_width="wrap_content"
27          android:layout_height="wrap_content"
28          android:text="사원명" />
29      <EditText
30          android:id="@+id/name2"
31          android:layout_width="fill_parent"
32          android:layout_height="wrap_content" />
33  </LinearLayout>
34  <LinearLayout
35      android:layout_width="fill_parent"
36      android:layout_height="wrap_content" >
37      <TextView
38          android:layout_width="wrap_content"
39          android:layout_height="wrap_content"
40          android:text="부서명" />
41      <EditText
42          android:id="@+id/department2"
43          android:layout_width="fill_parent"
44          android:layout_height="wrap_content" />
45  </LinearLayout>
46  <LinearLayout
47      android:layout_width="fill_parent"
48      android:layout_height="wrap_content" >
49      <TextView
50          android:layout_width="wrap_content"
51          android:layout_height="wrap_content"
52          android:text="최종학력" />
```

```xml
53          <EditText
54              android:id="@+id/grad2"
55              android:layout_width="fill_parent"
56              android:layout_height="wrap_content" />
57      </LinearLayout>
58      <TextView
59          android:layout_width="fill_parent"
60          android:layout_height="wrap_content"
61          android:text="결혼여부" />
62      <RadioGroup
63          android:id="@+id/marry2"
64          android:layout_width="fill_parent"
65          android:layout_height="wrap_content" >
66          <RadioButton
67              android:id="@+id/y2"
68              android:layout_width="wrap_content"
69              android:layout_height="wrap_content"
70              android:text="기혼" />
71          <RadioButton
72              android:id="@+id/n2"
73              android:layout_width="wrap_content"
74              android:layout_height="wrap_content"
75              android:text="미혼" />
76      </RadioGroup>
77      <Button
78          android:id="@+id/confirm"
79          android:layout_width="fill_parent"
80          android:layout_height="wrap_content"
81          android:text="사원등록" />
82  </LinearLayout>
```

코드 분석

상단의 레이아웃 리소스 파일은 메인 액티비티에 의해서 호출되는 두 번째 액티비티에서 사용할 레이아웃 리소스 파일이다. 첫 번째 액티비티에서 사원등록에 필요한 데이터를 입력하고 두 번째 액티비티를 호출하면 두 번째 액티비티 화면에서 입력한 데이터를 확인할 수 있도록 첫 번째 액티비티에서 입력한 데이터를 그대로 보여주게 레이아웃하였다.

❸ 액티비티 파일 작성

• ExtraTestActivity.java 파일

ExtraTextActivity는 애플리케이션을 처음 실행했을 때 메인 액티비티로 실행되는 액티비티이다.

● Chapter11\ExtraTest\src\com\jung\ExtraTestActivity.java

```java
1    package com.jung;
2    import android.app.Activity;
3    import android.content.Intent;
4    import android.os.Bundle;
5    import android.view.View;
6    import android.widget.Button;
7    import android.widget.EditText;
8    import android.widget.RadioGroup;
9    public class ExtraTestActivity extends Activity {
10       /** Called when the activity is first created. */
11       EditText name;
12       EditText ssn;
13       EditText department;
14       EditText grad;
15       RadioGroup marry;
16       Button confirm;
17       @Override
18       public void onCreate(Bundle savedInstanceState) {
19           super.onCreate(savedInstanceState);
20           setContentView(R.layout.main);
21           name = (EditText)findViewById(R.id.name);
22           ssn = (EditText)findViewById(R.id.ssn);
23           department = (EditText)findViewById(R.id.department);
24           grad = (EditText)findViewById(R.id.grad);
25           marry = (RadioGroup)findViewById(R.id.marry);
26           confirm = (Button)findViewById(R.id.confirm);
27           confirm.setOnClickListener(new View.OnClickListener() {
28               public void onClick(View v) {
29                   // TODO Auto-generated method stub
30                   Intent intent = new Intent(ExtraTestActivity.this,Confirm.class);
31                   intent.putExtra("name", name.getText().toString());
32                   intent.putExtra("ssn", ssn.getText().toString());
33                   intent.putExtra("department", department.getText().toString());
34                   intent.putExtra("grad", grad.getText().toString());
35                   if(marry.getCheckedRadioButtonId()== R.id.y){
36                       intent.putExtra("marry","y");
37                   }
```

38	else{
39	intent.putExtra("marry","n");
40	}
41	startActivity(intent);
42	}
43	});
44	}
45	}

코드 분석

11~16	main.xml 파일에 정의되어 있는 위젯들의 레퍼런스 변수를 정의한 부분이다.
21~26	각 위젯들의 객체를 생성하는 부분이다.
27~43	'등록사원정보확인' 버튼을 클릭했을 때 입력한 데이터들을 Extra 데이터로 추가하면서 등록한 정보를 다시 확인할 수 있는 액티비티를 호출하는 부분이다.
30	Intent를 생성한 부분이다. 파라미터는 Context와 Activity 클래스로 구성된다.
31~34	putExtra 메소드를 이용하여 키와 값으로 입력한 데이터들을 Extra 정보로 추가한다.
35~40	결혼 여부를 체크하는 라디오 버튼에서 기혼을 선택했으면 marry 키에 해당하는 값을 'y' 로 설정하고, 미혼을 선택하였으면 marry 키의 값을 'n'으로 설정하는 부분이다.
41	startActivity 메소드를 이용하여 입력한 데이터들을 확인하는 기능을 구현한 Confirm 액티비티를 실행시킨다.

• Confirm.java 파일

◉ Chapter11\ExtraTest\src\com\jung\Confirm.java

1	package com.jung;
2	import android.app.Activity;
3	import android.os.Bundle;
4	import android.widget.Button;
5	import android.widget.EditText;
6	import android.widget.RadioButton;
7	import android.widget.RadioGroup;
8	import android.widget.TextView;
9	public class Confirm extends Activity {
10	EditText name2;
11	EditText ssn2;
12	EditText department2;
13	EditText grad2;
14	RadioGroup marry2;
15	RadioButton n2;
16	RadioButton y2;

```
17        Button regist;
18        /** Called when the activity is first created. */
19        @Override
20        public void onCreate(Bundle savedInstanceState) {
21            super.onCreate(savedInstanceState);
22            setContentView(R.layout.main2);
23            // TODO Auto-generated method stub
24            name2 = (EditText)findViewById(R.id.name2);
25            ssn2 = (EditText)findViewById(R.id.ssn2);
26            department2 = (EditText)findViewById(R.id.department2);
27            grad2 = (EditText)findViewById(R.id.grad2);
28            marry2 = (RadioGroup)findViewById(R.id.marry2);
29            n2 = (RadioButton)findViewById(R.id.n2);
30            y2 = (RadioButton)findViewById(R.id.y2);
31            String name = getIntent().getExtras().getString("name");
32            String ssn = getIntent().getExtras().getString("ssn");
33            String department = getIntent().getExtras().getString("department");
34            String grad = getIntent().getExtras().getString("grad");
35            String marry = getIntent().getExtras().getString("marry");
36            name2.setText(name);
37            ssn2.setText(ssn);
38            department2.setText(department);
39            grad2.setText(grad);
40            if(marry.equals("n")){
41                n2.setChecked(true);
42            }
43            else{
44                y2.setChecked(true);
45            }
46        }
47 }
```

코드 분석

행	설명
10~17	main2.xml 파일에 정의되어 있는 위젯들의 레퍼런스 변수를 정의하는 부분이다.
22	main2.xml 파일에 정의되어 있는 내용으로 Activity의 내용을 구성한다.
24~30	정의된 각 위젯들의 객체를 생성하는 부분이다.
31~35	Intent로 전송되어 온 Extra 데이터의 각 키 값에 대한 값을 문자열 형태로 얻어오는 부분이다.
36~45	화면을 구성하고 있는 각 위젯에 Extra 데이터로 전송되어 온 값들을 text 속성값으로 지정하는 부분이다.
40~45	marry 키에 대한 값이 'n'이면 미혼 라디오 버튼이 체크되게 하고, marry 키에 대한 값이 y이면 기혼 라디오 버튼이 체크되게 하는 부분이다.

ExtraTest 애플리케이션을 실행하면 새로 등록하는 사원에 대한 정보를 입력할 수 있는 화면이 출력된다. 화면에 사원에 대한 기본 정보를 입력하고 [등록사원정보확인] 버튼을 클릭하면 입력한 내용을 확인할 수 있는 액티비티가 실행되면서 입력한 기본 정보가 그대로 화면에 적용되는 것을 확인할 수 있다.

2. 암시적 인텐트(Implicit Intent)

암시적 인텐트는 타겟 컴포넌트의 이름을 직접 사용하지 않고 다른 컴포넌트를 호출할 때 사용한다. 본인이 만든 컴포넌트가 아닌 경우에는 정확하게 해당 컴포넌트의 이름을 알 수 없는 경우가 많다. 이런 경우에는 암시적 인텐트를 이용해서 컴포넌트를 호출한다.

암시적 인텐트를 사용할 경우에는 안드로이드에서 해당 컴포넌트의 인텐트 필터를 참조하여 요청하는 컴포넌트를 찾아낸다. 따라서 암시적 인텐트에 의해서 호출되는 컴포넌트에는 반드시 인텐트 필터가 정의되어 있어야 한다. 인텐트 필터는 action, data, category로 구성된다.

❶ 우선 안드로이드에서 기본적으로 제공해 주는 액션을 이용해서 특정 컴포넌트를 호출하는 예제

• **AndroidManifest.xml 파일 작성**

```
● Chapter11\ImplicitIntent1\AndroidManifest.xml
1    <?xml version="1.0" encoding="utf-8"?>
2    <manifest xmlns:android="http://schemas.android.com/apk/res/android"
3        package="com.jung"
4        android:versionCode="1"
5        android:versionName="1.0" >
6        <uses-sdk android:minSdkVersion="15" />
7        <uses-permission android:name="android.permission.CALL_PHONE"/>
8        <application
```

9	android:icon="@drawable/ic_launcher"
10	android:label="@string/app_name" >
11	<activity
12	android:name=".ImplicitIntent1Activity"
13	android:label="@string/app_name" >
14	<intent-filter>
15	<action android:name="android.intent.action.MAIN" />
16	<category android:name="android.intent.category.LAUNCHER" />
17	</intent-filter>
18	</activity>
19	</application>
20	</manifest>

코드 분석

<table>
<tr><td>7</td><td>전화 거는 요청을 처리할 때는 권한이 필요하므로 CALL_PHONE 퍼미션을 지정한 부분이다.</td></tr>
</table>

• main.xml 파일 작성

⬤ Chapter11\ImplicitIntent1\res\layout\main.xml

```
1   <?xml version="1.0" encoding="utf-8"?>
2   <LinearLayout xmlns:android="http://schemas.android.com/apk/res/android"
3       android:layout_width="fill_parent"
4       android:layout_height="fill_parent"
5       android:orientation="vertical" >
6       <TextView
7           android:layout_width="fill_parent"
8           android:layout_height="wrap_content"
9           android:text="특정사람연락처정보출력 다이얼 패드 실행" />
10      <Button
11          android:id="@+id/nameDial"
12          android:layout_width="fill_parent"
13          android:layout_height="wrap_content"
14          android:text="특정인 정보를 이용한 다이얼패드" />
15      <TextView
16          android:layout_width="fill_parent"
17          android:layout_height="wrap_content"
18          android:text="특정전화번호출력 다이얼 패드 실행" />
19      <Button
20          android:id="@+id/numDial"
21          android:layout_width="fill_parent"
22          android:layout_height="wrap_content"
23          android:text="전화번호출력다이얼패드" />
```

24	<TextView
25	android:layout_width="fill_parent"
26	android:layout_height="wrap_content"
27	android:text="특정전화번호로 전화걸기" />
28	<Button
29	android:id="@+id/call"
30	android:layout_width="fill_parent"
31	android:layout_height="wrap_content"
32	android:text="전화걸기" />
33	<TextView
34	android:layout_width="fill_parent"
35	android:layout_height="wrap_content"
36	android:text="오디오타입의 데이터얻기" />
37	<Button
38	android:id="@+id/type"
39	android:layout_width="fill_parent"
40	android:layout_height="wrap_content"
41	android:text="오디오데이터얻기" />
42	<TextView
43	android:layout_width="fill_parent"
44	android:layout_height="wrap_content"
45	android:text="연락처목록보여주기" />
46	<Button
47	android:id="@+id/contacts"
48	android:layout_width="fill_parent"
49	android:layout_height="wrap_content"
50	android:text="연락처목록" />
51	</LinearLayout>

코드 분석

6~14	특정 사람 한 명의 연락처 정보를 얻어와서 다이얼 패드를 보여주는 요청을 하는 부분을 정의하였다.
15~23	특정 전화번호를 지정해서 다이얼 패드를 출력하는 요청을 하는 부분을 정의하였다.
24~32	특정 전화번호로 전화를 거는 요청을 하는 부분을 정의하였다.
33~41	오디오 타입의 데이터들을 얻어 오는 요청을 하는 부분을 정의하였다.
42~50	현재 디바이스에 저장되어 있는 연락처 정보를 리스트하는 요청을 하는 부분을 정의하였다.

• ImplicitIntent1Acvitiy.java 파일 작성


```java
1    package com.jung;
2    import android.app.Activity;
3    import android.content.ContentResolver;
4    import android.content.Intent;
5    import android.database.Cursor;
6    import android.net.Uri;
7    import android.os.Bundle;
8    import android.provider.ContactsContract;
9    import android.provider.ContactsContract.Contacts;
10   import android.widget.Button;
11   import android.view.View;
12
13   public class Implicit1 extends Activity implements View.OnClickListener{
14       private static final String PNUMBER =
15           ContactsContract.CommonDataKinds.Phone.NUMBER;
16       private static final Uri CONTENTURI =
17           ContactsContract.CommonDataKinds.Phone.CONTENT_URI;
18       Button nameDial;
19       Button numDial;
20       Button call;
21       Button type;
22       Button contacts;
23       @Override
24       public void onCreate(Bundle savedInstanceState) {
25           super.onCreate(savedInstanceState);
26           setContentView(R.layout.main);
27           nameDial = (Button)findViewById(R.id.nameDial);
28           numDial = (Button)findViewById(R.id.numDial);
29           call = (Button)findViewById(R.id.call);
30           type = (Button)findViewById(R.id.type);
31           contacts = (Button)findViewById(R.id.contacts);
32           nameDial.setOnClickListener(this);
33           numDial.setOnClickListener(this);
34           call.setOnClickListener(this);
35           type.setOnClickListener(this);
36           contacts.setOnClickListener(this);
37       }
38       public void onClick(View v) {
39           // TODO Auto-generated method stub
40           ContentResolver contentResolver = getContentResolver();
41           String telNumber = "";
```

```
42    Cursor cursor = contentResolver.query(CONTENTURI,null, null, null, null);
43    if (cursor.moveToFirst()) {
44        telNumber = cursor.getString(cursor.getColumnIndex(PNUMBER));
45    }
46    switch(v.getId()){
47    case R.id.call:
48        Intent intent = new Intent();
49        intent.setAction(Intent.ACTION_CALL);
50        intent.setData(Uri.parse("tel:000-222-2222"));
51        startActivity(intent);
52        break;
53    case R.id.nameDial:
54        intent = new Intent();
55        intent.setAction(Intent.ACTION_DIAL);
56        intent.setData(Uri.parse("tel:" + telNumber));
57        startActivity(intent);
58        break;
59    case R.id.numDial:
60        intent = new Intent();
61        intent.setAction(Intent.ACTION_DIAL);
62        intent.setData(Uri.parse("tel:000-222-2222"));
63        startActivity(intent);
64        break;
65    case R.id.type:
66        intent = new Intent();
67        intent.setAction(Intent.ACTION_GET_CONTENT);
68        intent.setType("audio/*");
69        startActivity(intent);
70        break;
71    case R.id.contacts:
72        intent = new Intent();
73        intent.setAction(Intent.ACTION_VIEW);
74        intent.setData(Uri.parse("content://contacts/people/"));
75        startActivity(intent);
76        break;
77    }
78    }
79 }
```

14~15	연락처 정보를 제공하는 프로바이더에서 전화번호 정보를 저장하고 있는 상수 값을 정의함.
16~17	연락처 정보 중 전화연락처 정보를 제공하는 URI를 상수로 정의함.
27~36	각각의 요청을 처리하는 버튼 위젯의 참조값을 얻어오고 리스너 객체를 연결해 주는 부분이다.
40	ContentProvider로 질의를 할 수 있는 ContentResolver 객체를 생성하는 부분이다.
42	연락처 ContentProvider로 전화 연락처에 대한 정보를 얻어오는 쿼리를 전송하는 부분이다.
44	커서를 이용하여 전화 번호 컬럼의 값을 얻어 오는 부분이다.
47~52	전화걸기 버튼이 클릭 되었을 때 특정 전화번호로 전화걸기 요청을 처리 하는 부분이다.
50	전화걸기 요청을 처리 할 때 전화번호를 데이터로 추가하는 부분이다.
53~58	연락처에 저장되어 있는 특정 사람의 정보를 얻어와서 다이얼 패드를 출력하는 요청을 처리하는 부분이다.
59~64	특정 전화번호를 다이얼 패드에 보여주는 요청을 처리하는 부분이다.
65~70	디바이스에 저장되어 있는 오디오 타입의 모든 데이터를 얻어오는 요청을 처리하는 부분이다. 이 부분에서 특정 오디오 형식의 데이터가 리스트 되려면 sdcard 디렉토리에 오디오 파일을 저장한 후 테스트 해야 한다.
71~76	연락처에 저장되어 있는 모든 사람들의 정보를 리스트 해 주는 요청을 처리하는 부분이다.

필요한 파일들을 다 작성하였으므로 프로젝트 실행 결과를 확인해 보겠다. 처음 ImplicitIntent1 프로젝트를 실행하면 아래 왼쪽과 같은 메인 액티비티 화면이 출력된다. [특정인 정보를 이용한 다이얼패드] 버튼을 클릭하면 아래 오른쪽 그림과 같은 화면이 출력된다.

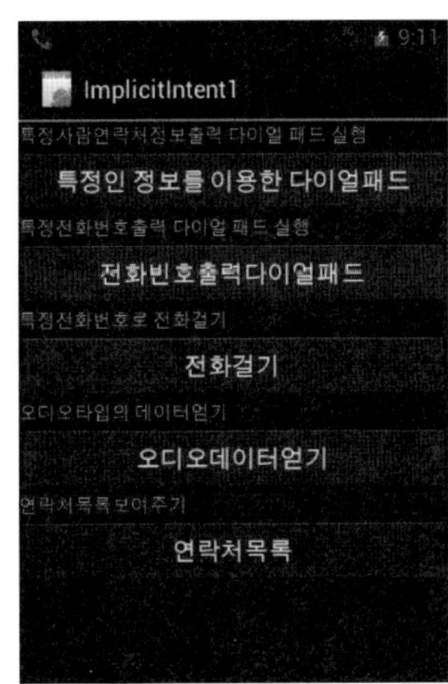

이번에는 메인 화면에서 [전화번호출력다이얼패드] 버튼을 클릭하면 다음과 같은 화면이 나타난다.

메인 화면에서 [전화걸기] 버튼을 클릭하면 다음과 같은 화면이 출력된다.

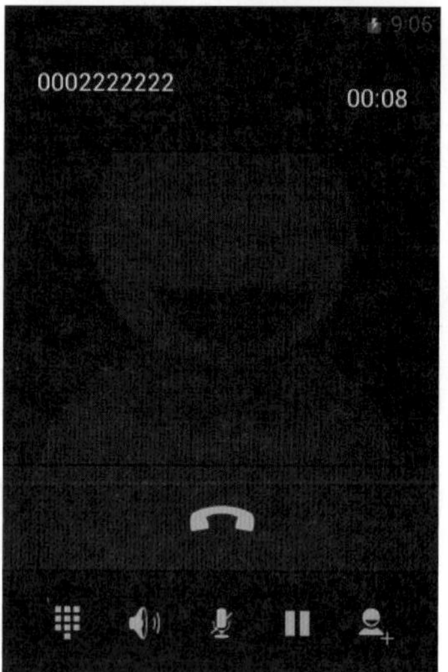

메인 화면에서 [오디오데이터얻기] 버튼을 클릭하면 다음 그림처럼 아무 데이터도 출력되지 않는다. 출력 결과를 보고 싶으면 본인이 소유하고 있는 mp3 파일을 push 아이콘을 이용해서 sdcard 디렉토리에 추가하고 실행하면 된다.

마지막으로 [연락처목록] 요청을 한 결과 화면을 확인해 본다. 현재 디바이스에 연락처 정보가 하나도 저장되어 있지 않으면 결과로 아무 데이터도 출력하지 않는다. 하단 그림처럼 홈화면으로 이동 후 people 애플리케이션을 실행하여 연락처를 먼저 생성한 후 테스트한다.

People 애플리케이션에서 연락처 정보를 등록하고 메인 액티비티로 돌아가 [연락처목록] 버튼을 클릭하면 하단의 우측 그림과 같은 결과 화면을 볼 수 있다.

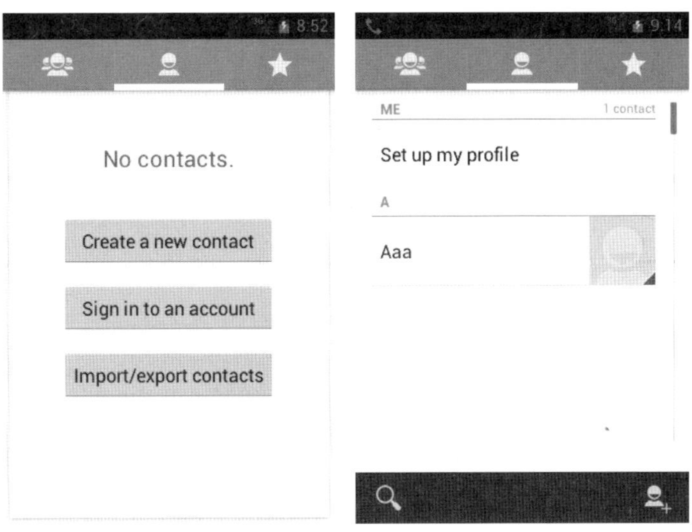

지금까지는 이미 안드로이드에서 제공되는 액션과 부가 정보를 이용해서 원하는 컴포넌트를 호출하였다. 다음 예제에서는 특정 액티비티에 인텐트 필터를 정의해서 해당 액티비티를 호출해 보도록 하겠다.

❷ 특정 액티비티에 인텐트 필터를 정의해서 해당 액티비티를 호출하는 예제

• AndroidManifest.xml 파일 작성

```
● Chapter11\ImplicitIntent2\AndroidManifest.xml
1    <?xml version="1.0" encoding="utf-8"?>
2    <manifest xmlns:android="http://schemas.android.com/apk/res/android"
3        package="com.jung"
4        android:versionCode="1"
5        android:versionName="1.0" >
6        <uses-sdk android:minSdkVersion="15" />
7        <application
8            android:icon="@drawable/ic_launcher"
9            android:label="@string/app_name" >
10           <activity
11               android:name=".ImplicitIntent2Activity"
12               android:label="@string/app_name" >
13               <intent-filter>
14                   <action android:name="android.intent.action.MAIN" />
15                   <category android:name="android.intent.category.LAUNCHER" />
16               </intent-filter>
17           </activity>
18           <activity android:name="SubActivity" >
19               <intent-filter>
20                   <action android:name="com.jung.SubActivity" />
21                   <category android:name="android.intent.category.DEFAULT" />
22               </intent-filter>
23           </activity>
24       </application>
25   </manifest>
```

코드 분석

19~22	해당 액티비티를 암시적 인텐트로 호출할 수 있도록 action 정보와 category 정보를 인텐트 필터에 정의하는 부분이다. action명은 중복되지 않도록 패키지명을 앞에 붙여서 지정하였으며, category는 론처에 의해서 실행되지 않도록 DEFAULT로 지정하였다.

• 레이아웃 리소스 파일 main.xml 작성

메인 액티비티에서 레이아웃 리소스 파일로 사용하는 레이아웃 리소스 파일이다.

● Chapter11\ImplicitIntent2\res\layout\main.xml	

```xml
1   <?xml version="1.0" encoding="utf-8"?>
2   <LinearLayout xmlns:android="http://schemas.android.com/apk/res/android"
3       android:layout_width="fill_parent"
4       android:layout_height="fill_parent"
5       android:orientation="vertical" >
6     <TextView
7           android:layout_width="fill_parent"
8           android:layout_height="wrap_content"
9           android:text="암시적 인텐트 사용" />
10    <Button
11          android:id="@+id/callActivity"
12          android:layout_width="fill_parent"
13          android:layout_height="wrap_content"
14          android:text="SubActivity실행" />
15  </LinearLayout>
```

코드 분석

10~14 애플리케이션을 실행하면 첫 번째 실행되는 메인 액티비티 화면에서 두 번째 액티비티를 실행하는 버튼을 정의한 부분이다.

• 레이아웃 리소스 파일 main2.xml 작성

첫 번째 액티비티에 의해서 실행되는 두 번째 액티비티에서 사용하는 레이아웃 리소스 파일이다.

● Chapter11\ImplicitIntent2\res\layout\main2.xml	

```xml
1   <?xml version="1.0" encoding="utf-8"?>
2   <LinearLayout xmlns:android="http://schemas.android.com/apk/res/android"
3       android:layout_width="match_parent"
4       android:layout_height="match_parent"
5       android:orientation="vertical" >
6   <TextView
7           android:layout_width="match_parent"
8           android:layout_height="match_parent"
9           android:background="#FF0000"
10          android:text="암시적 인텐트에 의해 호출됨."
11          android:textSize="40sp" />
12  </LinearLayout>
```

코드 분석

6~11 두 번째 액티비티임을 표시하기 위한 TextView를 정의한 부분이다.

•액티비티 파일 ImplicitIntent2Activity.java 작성

애플리케이션이 실행될 때 론처에 의해서 실행되는 메인 액티비티이다.

```
● Chapter11\ImplicitIntent2\src\com\jung\ImplicitIntent2Activity.java
1    package com.jung;
2    import android.app.Activity;
3    import android.content.Intent;
4    import android.os.Bundle;
5    import android.view.View;
6    import android.widget.Button;
7    public class ImplicitIntent2Activity extends Activity {
8        /** Called when the activity is first created. */
9        Button btn;
10       @Override
11       public void onCreate(Bundle savedInstanceState) {
12           super.onCreate(savedInstanceState);
13           setContentView(R.layout.main);
14           btn = (Button)findViewById(R.id.callActivity);
15           btn.setOnClickListener(new View.OnClickListener() {
16               public void onClick(View v) {
17                   // TODO Auto-generated method stub
18                   Intent intent = new Intent();
19                   intent.setAction("com.jung.SubActivity");
20                   startActivity(intent);
21               }
22           });
23       }
24   }
```

코드 분석

18~20   인텐트 생성 후 암시적 인텐트를 통해서 원하는 액티비티를 호출하기 위해서 액션 값으로 AndroidManifest.xml 파일에서 두 번째 액티비티의 액션 값으로 지정한 'com.jung.SubActivity'를 지정한 후 startActivity 메소드를 이용하여 두 번째 액티비티를 호출하는 부분이다.

• 액티비티 파일 SubActivity.java 작성

첫 번째 액티비티에서 버튼을 클릭했을 때 실행되는 액티비티이다.

● Chapter11\ImplicitIntent2\src\com\jung\SubActivity.java

```
1    package com.jung;
2    import android.app.Activity;
3    import android.os.Bundle;
4    public class SubActivity extends Activity {
5        /** Called when the activity is first created. */
6        @Override
7        public void onCreate(Bundle savedInstanceState) {
8            super.onCreate(savedInstanceState);
9            setContentView(R.layout.main2);
10       }
11   }
```

코드 분석

9	두 번째 액티비티에서는 레이아웃 리소스 파일로 main2.xml 파일을 이용한다.

ImplicitIntent2 애플리케이션을 실행하고 버튼을 누르면 두 번째 액티비티가 실행되는 것을 확인할 수 있다.

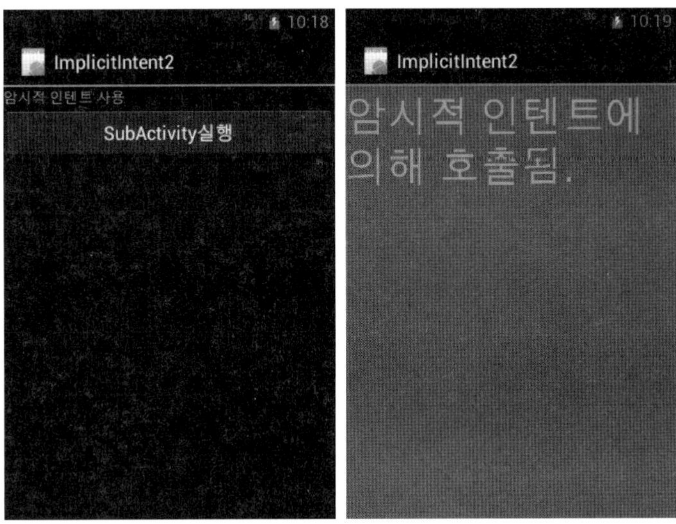

KEY-POINT

1. 안드로이드에서는 컴포넌트끼리 서로 대화할 수 있는 방법으로 Intent 단위를 사용한다. 인텐트는 크게 action 과 data로 구성된다.
   - action : 실행해야하는 액션 정보이다. ACTION_VIEW, ACTION_EDIT, ACTION_MAIN 등의 액션 종류가 기본적으로 제공된다.
   - data : 처리해야 하는 데이터 정보이다. 연락처 컨텐트 프로바이더의 레코드 하나 등이다. Uri 형태로 데이터를 표현한다.

2. Intent는 대화할 컴포넌트 이름을 명시적으로 지정하는 명시적 Intent와 해당 컴포넌트의 이름을 명시적으로 지정하지 않고 대화할 컴포넌트를 호출할 수 있는 정보만 지정하는 암시적 Intent로 나뉜다. 암시적 Intent 방식으로 호출되는 컴포넌트에는 반드시 Intent-Filter가 존재해야 안드로이드에서 해당 컴포넌트를 찾을 수 있다.

   인텐트에는 action과 data 정보 뿐 아니라 부가적인 정보를 추가할 수 있다.

   ① category : CATEGORY_LAUNCHER - 해당 컴포넌트를 론처에서 실행되게 하는 옵션 즉, 애플리케이션의 top-level에서 실행되게 하는 옵션 / CATEGORY_ALTERNATIVE - 해당 컴포넌트가 데이터의 일부에서 선택적으로 실행되게 하는 옵션

   ② type : 인텐트에서 사용하는 데이터의 마임 타입을 지정하는 옵션. 일반적으로 인텐트에 지정되어 있는 데이터에 의해서 마임 타입은 추정되지만, 마임 타입을 지정하여 해당 데이터의 타입을 정확하게 지정할 수 있다.

   ③ component : 인텐트에서 사용할 컴포넌트의 클래스 이름을 지정하는 옵션. 일반적으로 이 옵션 값은 인텐트에 지정되어 있는 다른 옵션들 action,data / types,categories에 의해서 유추되고 해당 컴포넌트가 다루어진다. 만약, 이 component 옵션이 정확하게 지정되면 다른 속성들은 선택사항이 된다.

   ④ extras : Bundle 형태로 기타 부가적인 정보를 추가할 수 있는 옵션이다.

   기타 부가적인 정보를 사용한 예를 보면 다음과 같다.

   ACTION_MAIN + category CATEGORY_HOME : 해당 컴포넌트가 홈 스크린에 출력된다.

   ACTION_GET_CONTENT + type : vnd.android.cursor.item/phone : 연락처에 추가되어 있는 사용자들의 전화번호를 보여준다.

   ACTION_GET_CONTENT + MIME type */* + category : CATEGORY_OPENABLE
   : ContentResolver.openInputStream()에 의해서 열릴 수 있는 모든 해당 데이터에 대한 picker들을 반환한다. Picker에서 특정 데이터를 선택하면 선택된 데이터의 Uri 값을 반환한다.

3. Extra 속성 값을 이용해서 호출되는 컴포넌트로 부가 정보를 전송하는 방법

```
Intent i = new Intent();
    i.putExtra("pesonName", "오정원"); // 인텐트를 전송할 때 "personName" 이라는 이름
의 키 값을 "오정원" 으로 인텐트에 추가한다.

    String str = getIntent().getExtras().getString("personName");
// 인텐트에서 호출된 컴포넌트에서 전송되어 온 Extra 정보에서 String 타입으로 추가되어 있는
personName의 키에 대한 값을 받는다.
```

환경설정 파일 다루기

본 장에서는 안드로이드에서 환경설정에 관한 액티비티 정보를 저장할 수 있는 방법을 다루도록 하겠다. 환경설정 파일은 데이터 베이스처럼 특정 데이터를 저장하는 기능이 아니라 화면의 상태를 저장하여 액티비티를 다시 실행했을 때 이전 화면을 그대로 복구할 때 사용한다. 안드로이드에서는 주로 환경설정 액티비티를 구성할 때나 액티비티가 비정상적으로 종료되었을 때 비정상적으로 종료된 액티비티 화면을 복구할 때 주로 사용된다.

1 단순 환경설정

1. 환경설정 시 사용되는 주요 메소드

환경설정 객체를 얻어오는 메소드는 다음과 같다.

❶ 애플리케이션 레벨의 환경설정 객체를 얻어오는 메소드

```
public SharedPreferences getSharedPreferences (String name,int mode)
```

→ Context 클래스에서 제공되는 메소드로 Application level의 SharedPreferences 객체를 회수할 때 사용됨
→ Parameters
　name : preferences 파일명
　* 해당 이름의 파일이 존재하면 해당 파일에 저장되어 있는 데이터를 읽어서 SharedPreferences 객체를 리턴하고, 해
　　당 파일이 존재하지 않으면 새롭게 생성함
→ 작동 모드
　MODE_PRIVATE : 해당 애플리케이션에서만 사용할 수 있는 모드. 0도 사용 가능
　MODE_WORLD_READABLE : 다른 애플리케이션에서도 읽는 작업을 할 수 있는 모드
　MODE_WORLD_WRITEABLE : 다른 애플리케이션 에서도 쓰는 작업을 할 수 있는 모드
→ 권한 제어를 위한 작동 모드
　Returns
　preference 값을 키 값과 함께 저장하고 있는 SharedPreferences 객체를 리턴함

❷ 액티비티 레벨의 환경설정 객체를 얻어 오는 메소드

```
public SharedPreferences getPreferences (int mode)
```

→ Activity 클래스에서 제공되는 메소드로 Activity level의 sharedPreferences 객체를 회수할 때 사용됨
→ Parameters
　　파일명은 Activity 클래스 명으로 사용되며 mode 옵션이 존재하지만 실질적으로 액티비티 전용으로 사용된다.
→ 작동 모드
　　MODE_PRIVATE: 해당 애플리케이션에서만 사용할 수 있는 모드. 0 도 사용 가능
　　MODE_WORLD_READABLE : 다른 애플리케이션에서도 읽는 작업을 할 수 있는 모드
　　MODE_WORLD_WRITEABLE : 다른 애플리케이션에서도 쓰는 작업을 할 수 있는 모드
→ Returns
　　preference 값을 키 값과 함께 저장하고 있는 SharedPreferences 객체를 리턴함

2. 환경설정 파일 사용 방법

❶ 환경설정 파일에서 값을 읽어오는 방법

- SharedPreferences sharedPreferences = getSharedPreferences(pref_name,0);
- sharedPreferences.getFloat(key_name,def_value) : 특정 키 이름으로 저장되어 있는 float 값을 얻어옴. 해당 키 이름으로 값이 저장되어 있지 않으면 def_value 값을 리턴함
- sharedPreferences.getInt(key_name,def_value) : 특정 키 이름으로 저장되어 있는 int 값을 얻어옴. 해당 키 이름으로 값이 저장되어 있지 않으면 def_value 값을 리턴함
- sharedPreferences.getBoolean(key_name,def_value) : 특정 키 이름으로 저장되어 있는 boolean 값을 얻어옴. 해당 키 이름으로 값이 저장되어 있지 않으면 def_value 값을 리턴함
- sharedPreferences.getLong(key_name,def_value) : 특정 키 이름으로 저장되어 있는 long 값을 얻어옴. 해당 키 이름으로 값이 저장되어 있지 않으면 def_value 값을 리턴함
- sharedPreferences.getString(key_name,def_value) : 특정 키 이름으로 저장되어 있는 String 값을 얻어옴. 해당 키 이름으로 값이 저장되어 있지 않으면 def_value 값을 리턴함

❷ 환경설정 파일에 데이터를 저장하는 방법

```
SharedPreferences sharedPreferences = getSharedPreferences(pref_name,0);

SharedPreferences.Editor editor = sharedPreferences.edit();
editor.putString(key_name,value);
editor.commit();
```

상단 코드의 내용처럼 특정 환경설정 파일에 값을 저장하려면 반드시 commit() 메소드를 호출하여야 한다. commit() 메소드를 호출하지 않으면 editor에 저장한 내용이 전부 저장 취소된다.

3. 단순 환경설정 파일 다루기 예제 작성

• main.xml 파일 작성

● Chapter12\Spref\res\layout\main.xml

```xml
1   <?xml version="1.0" encoding="utf-8"?>
2   <LinearLayout xmlns:android="http://schemas.android.com/apk/res/android"
3       android:layout_width="fill_parent"
4       android:layout_height="fill_parent"
5       android:orientation="vertical" >
6       <TextView
7           android:layout_width="fill_parent"
8           android:layout_height="wrap_content"
9           android:text="오정원 회원의 정보입력" />
10      <LinearLayout
11          android:layout_width="fill_parent"
12          android:layout_height="wrap_content" >
13          <TextView
14              android:layout_width="wrap_content"
15              android:layout_height="wrap_content"
16              android:text="전화번호" />
17          <EditText
18              android:id="@+id/phone"
19              android:layout_width="wrap_content"
20              android:layout_height="wrap_content"
21              android:hint="전화번호입력" />
22      </LinearLayout>
23      <LinearLayout
24          android:layout_width="fill_parent"
25          android:layout_height="wrap_content" >
26          <TextView
27              android:layout_width="wrap_content"
28              android:layout_height="wrap_content"
29              android:text="이메일주소" />
30          <EditText
31              android:id="@+id/email"
32              android:layout_width="fill_parent"
33              android:layout_height="wrap_content"
34              android:hint="이메일주소입력" />
35      </LinearLayout>
```

```xml
36          <LinearLayout
37              android:layout_width="fill_parent"
38              android:layout_height="wrap_content" >
39              <TextView
40                  android:layout_width="wrap_content"
41                  android:layout_height="wrap_content"
42                  android:text="주소" />
43              <EditText
44                  android:id="@+id/address"
45                  android:layout_width="fill_parent"
46                  android:layout_height="wrap_content"
47                  android:hint="주소입력" />
48          </LinearLayout>
49          <LinearLayout
50              android:layout_width="fill_parent"
51              android:layout_height="wrap_content" >
52              <TextView
53                  android:layout_width="wrap_content"
54                  android:layout_height="wrap_content"
55                  android:text="성별" />
56              <RadioGroup
57                  android:id="@+id/gen"
58                  android:layout_width="fill_parent"
59                  android:layout_height="wrap_content" >
60                  <RadioButton
61                      android:id="@+id/m"
62                      android:layout_width="wrap_content"
63                      android:layout_height="wrap_content"
64                      android:text="남자" />
65                  <RadioButton
66                      android:id="@+id/f"
67                      android:layout_width="wrap_content"
68                      android:layout_height="wrap_content"
69                      android:text="여자" />
70              </RadioGroup>
71          </LinearLayout>
72  </LinearLayout>
```

∴ 코드 분석

특정 회원 한 명의 정보를 입력할 수 있는 화면을 레이아웃하는 파일이다.

● Chapter12\Spref\src\com\jung\SprefActivity.java

```java
package com.jung;
import android.app.Activity;
import android.content.SharedPreferences;
import android.os.Bundle;
import android.widget.EditText;
import android.widget.RadioGroup;
public class SPrefActivity extends Activity {
    /** Called when the activity is first created. */
    EditText address;
    EditText email;
    EditText phone;
    RadioGroup gen;
    SharedPreferences sPref;
    @Override
    public void onCreate(Bundle savedInstanceState) {
        super.onCreate(savedInstanceState);
        setContentView(R.layout.main);
        sPref = getSharedPreferences("sPref",Activity.MODE_PRIVATE);
        address = (EditText) findViewById(R.id.address);
        email = (EditText) findViewById(R.id.email);
        phone = (EditText) findViewById(R.id.phone);
        gen = (RadioGroup)findViewById(R.id.gen);
        address.setText(sPref.getString("address", ""));
        email.setText(sPref.getString("email", ""));
        phone.setText(sPref.getString("phone", ""));
        String gender = sPref.getString("gen", "");
        if(gender.equals("m")){
            gen.check(R.id.m);
        }
        else if(gender.equals("f")){
            gen.check(R.id.f);
        }
    }
    @Override
    protected void onPause() {
        // TODO Auto-generated method stub
        super.onPause();
        SharedPreferences.Editor editor = sPref.edit();
        editor.putString("address", address.getText().toString());
        editor.putString("email", email.getText().toString());
        editor.putString("phone", phone.getText().toString());
```

```
42          String gender = "";
43          if(gen.getCheckedRadioButtonId()==R.id.m){
44              gender="m";
45          }
46          else if(gen.getCheckedRadioButtonId()==R.id.f){
47              gender="f";
48          }
49          editor.putString("gen", gender);
50          editor.commit();
51      }
52  }
```

❊ 코드 분석

13	UI 정보를 저장할 SharedPreferences 레퍼런스 변수를 선언하였다.
18	해당 애플리케이션에서만 사용할 수 있는 PRIVATE_MODE로 SharedPreferences 객체를 생성한 부분이다. sPref라는 이름의 환경설정 파일이 존재하지 않으면 새로 생성해 주고, 해당 파일이 존재하면 해당 파일 정보를 읽어와서 SharedPreferences 객체를 리턴한다.
19~22	액티비티 안에서 다룰 각 객체들을 생성한다.
23~25	환경설정 파일에 저장되어 있는 데이터들을 각 키 값을 이용하여 가져와서 해당 EditText 위젯의 값으로 설정하는 부분이다.
27~32	환경설정 파일에 gen 키의 값으로 'm'이 저장되어 있으면 남자 RadioButton이 체크되게 하고, 'f' 값이 저장되어 있으면, 여자 RadioButton이 체크되게 처리하는 부분이다. 즉 액티비티가 시작될 때(onCreate 메소드가 호출될 때) onPause() 메소드가 호출될 때 환경 설정파일에 저장되어 있던 값을 가져와서 UI를 복원한다.
38	환경 설정 내용을 수정할 수 있는 Editor를 생성하는 부분이다.
39~41	각 EditText에 입력되어 있는 값을 각 키로 환경설정 파일에 저장하는 부분이다.
43~49	남자 RadioButton이 선택되었으면 gen 키의 값으로 'm'을 저장하고, 여자 RadioButton이 체크 되었으면 gen 키의 값으로 'f'를 저장하는 부분이다.
50	편집 내용을 최종적으로 파일에 적용하는 부분이다. Commit() 메소드가 호출되어야 작업한 내용이 최종적으로 환경설정 파일에 저장된다.

4. 단순 환경설정 파일 예제 실행

본 예제에서는 메인 액티비티 실행 후 액티비티 화면에 필요한 데이터를 입력한 후, 홈 화면으로 이동했다가 다시 해당 액티비티를 실행하여 화면이 원래대로 복구되는 내용을 확인해 보겠다.

우선 SPref 애플리케이션을 실행하면 다음과 같은 화면이 실행된다. 메인 화면에서 필요한 데이터를 입력한 후 홈버튼을 눌러 홈 화면으로 이동한다.

sPref.xml 파일을 로컬 경로로 가져와 열어보면 다음과 같이 UI 내용이 저장되어 있는 것을 확인할 수 있다. UI에서 입력한 각 데이터들이 각 키 값의 이름으로 저장되어 있다.

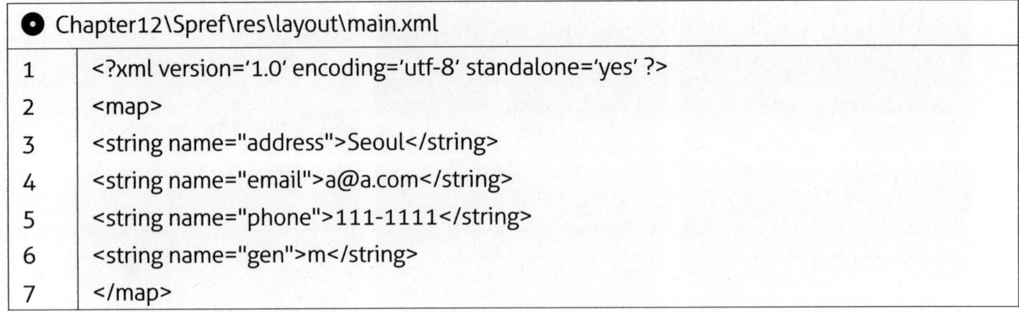

```
  Chapter12\Spref\res\layout\main.xml
1   <?xml version='1.0' encoding='utf-8' standalone='yes' ?>
2   <map>
3   <string name="address">Seoul</string>
4   <string name="email">a@a.com</string>
5   <string name="phone">111-1111</string>
6   <string name="gen">m</string>
7   </map>
```

이제 메인 메뉴에서 다시 해당 액티비티를 실행하면 액티비티 화면의 내용이 환경설정 파일에 저장되어 있는 내용대로 복원되는 것을 확인할 수 있다.

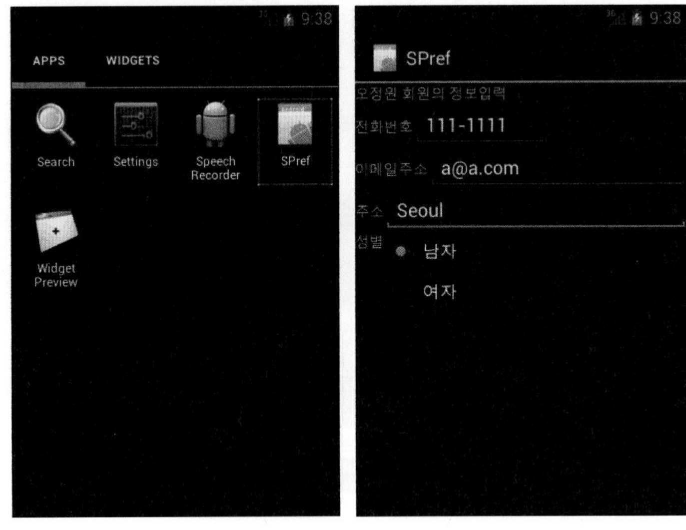

2 환경설정 레이아웃 xml 파일 사용

안드로이드에서는 환경설정에 관한 레이아웃을 별도의 xml 파일을 이용해서 분리하여 정의할 수 있다. 환경설정 xml 파일은 res\main 디렉토리에 작성, 저장하면 되며 환경설정 화면을 생성하는 Activity는 PreferenceActivity를 상속받아야 한다. 환경설정 파일에서 선택한 환경설정 데이터들은 별도의 저장 코드가 필요 없이 자동으로 저장된다.

환경설정 액티비티에서는 addPreferencesFromResource(int preferencesResId) 메소드를 이용하여 해당 환경설정 레이아웃 리소스 파일을 inflate시키면 되고, 저장되어 있는 환경설정 내용을 사용하는 Activity 에서는 PreferenceManager.getDefaultSharedPreferences() 메소드를 통해 SharedPreferences 객체를 사용할 수 있다.

1. 단순 환경설정 레이아웃 사용하기

• 환경설정 xml 파일 작성

● Chapter12\XMLSPref\res\xml\spreference.xml

```xml
1   <?xml version="1.0" encoding="utf-8"?>
2   <PreferenceScreen xmlns:android="http://schemas.android.com/apk/res/android" >
3       <CheckBoxPreference
4           android:key="interCall"
5           android:title="국제전화제한"
6           android:summary="요금 문제 상 기본적으로 국제 전화를 제한합니다."/>
7        <CheckBoxPreference
8           android:key="sleepMode"
9           android:title="절전모드"
10          android:summary="절전모드를 기몬으로 설성합니다."/>
11      <RingtonePreference
12          android:key="ringtone"
13          android:title="링톤 설정"
14          android:summary="링톤을 설정합니다."
15          android:showDefault="true"
16          android:showSilent="true"
17          android:selectable="true"/>
18  </PreferenceScreen>
```

코드 분석

2	환경설정 XML 파일의 루트 엘리먼트는 PreferenceScreen이다.
3~6	국제 전화를 제한하는 설정을 체크 박스 형태로 설정할 수 있는 위젯을 추가하였다.

4	설정 내용이 저장될 때 키로 사용될 문자열을 지정한 부분이다.
5	해당 설정 항목의 제목을 지정한 부분이다.
6	해당 설정 항목의 간단한 설명을 지정할 수 있는 부분이다.
7~10	절전 모드를 체크 박스 형태로 설정할 수 있는 환경설정 항목을 추가하는 부분이다.
11~17	링톤 환경설정을 할 수 있는 항목을 추가한 부분이다. 이 부분은 클릭하면 링톤을 설정할 수 있는 팝업이 실행된 후 팝업 형태에서 환경설정을 하게 된다.
15	디폴트 링톤을 설정하는 부분을 보여주는 옵션이다.
16	무음 링톤을 설정하는 부분을 보여주는 옵션이다.
17	링톤 설정 시 선택하는 링톤을 체크할 수 있게 해 주는 옵션이다.

• main.xml 파일 작성

● Chapter12/XMLSPref/res/layout/main.xml

```xml
1   <?xml version="1.0" encoding="utf-8"?>
2   <LinearLayout xmlns:android="http://schemas.android.com/apk/res/android"
3       android:layout_width="fill_parent"
4       android:layout_height="fill_parent"
5       android:orientation="vertical" >
6       <LinearLayout
7           android:layout_width="fill_parent"
8           android:layout_height="wrap_content"
9           android:orientation="horizontal" >
10          <TextView
11              android:layout_width="wrap_content"
12              android:layout_height="wrap_content"
13              android:text="국제전화제한설정:" />
14          <TextView
15              android:id="@+id/interCall"
16              android:layout_width="wrap_content"
17              android:layout_height="wrap_content"
18              android:text="" />
19      </LinearLayout>
20      <LinearLayout
21          android:layout_width="fill_parent"
22          android:layout_height="wrap_content"
23          android:orientation="horizontal" >
24          <TextView
25              android:layout_width="wrap_content"
26              android:layout_height="wrap_content"
27              android:text="절전모드설정:" />
28          <TextView
```

```
29            android:id="@+id/sleepMode"
30            android:layout_width="wrap_content"
31            android:layout_height="wrap_content"
32            android:text="" />
33      </LinearLayout>
34      <LinearLayout
35          android:layout_width="fill_parent"
36          android:layout_height="wrap_content"
37          android:orientation="horizontal" >
38          <TextView
39              android:layout_width="wrap_content"
40              android:layout_height="wrap_content"
41              android:text="링톤설정:" />
42          <TextView
43              android:id="@+id/rtone"
44              android:layout_width="wrap_content"
45              android:layout_height="wrap_content"
46              android:text="" />
47      </LinearLayout>
48      <ImageButton
49          android:id="@+id/settings"
50          android:layout_width="wrap_content"
51          android:layout_height="wrap_content"
52          android:src="@drawable/ic_launcher" />
53  </LinearLayout>
```

코드 분석

6~19	국제전화 제한 설정 내용을 출력할 부분이다.
20~32	절전 모드 설정 내용을 출력할 부분이다.
34~47	링톤 설정 내용을 출력할 부분이다.
48~52	클릭했을 때 환경설정을 하는 액티비티를 실행할 ImageButton을 정의한 부분이다.

• 환경설정 액티비티 작성

애플리케이션에서 Activity가 인식되려면 AndroidManifest.xml 파일에 Activity가 정의되어야 한다는 것은 설명하지 않아도 이해하고 있으리라 본다. 우선 AndroidManifest.xml 파일에 다음 코드를 추가한 후 EditActivity.java 파일을 작성한다.

```xml
<activity android:name="EditActivity"></activity>
```

● Chapter12\XMLSPref\src\com\jung\EditActivity.java

```java
1    package com.jung;
2    import android.preference.PreferenceActivity;
3    import android.os.Bundle;
4    public class EditActivity extends PreferenceActivity {
5        /** Called when the activity is first created. */
6        @Override
7        public void onCreate(Bundle savedInstanceState) {
8            super.onCreate(savedInstanceState);
9            addPreferencesFromResource(R.xml.spreference);
10           // TODO Auto-generated method stub
11       }
12   }
```

코드 분석

4	환경설정 XML 파일을 이용해서 환경설정 화면을 생성하는 액티비티는 PreferenceActivity를 상속받는다.
9	addPreferencesFromResource 메소드를 이용하면 해당 리소스 파일을 이용해서 환경설정 화면을 생성할 수 있다.

• 메인 액티비티 작성

● Chapter12\XMLSPref\src\com\jung\XMLSPrefActivity.java

```java
1    package com.jung;
2    import android.app.Activity;
3    import android.content.Intent;
4    import android.content.SharedPreferences;
5    import android.os.Bundle;
6    import android.preference.PreferenceManager;
7    import android.view.View;
8    import android.widget.ImageButton;
9    import android.widget.TextView;
```

```java
10  public class XMLSPrefActivity extends Activity {
11      /** Called when the activity is first created. */
12      private TextView interCall;
13      private TextView rTone;
14      private TextView sleepMode;
15      private ImageButton settings;
16      @Override
17      public void onCreate(Bundle savedInstanceState) {
18          super.onCreate(savedInstanceState);
19          setContentView(R.layout.main);
20          interCall = (TextView)findViewById(R.id.interCall);
21          rTone = (TextView)findViewById(R.id.rtone);
22          sleepMode = (TextView)findViewById(R.id.sleepMode);
23          settings = (ImageButton)findViewById(R.id.settings);
24          settings.setOnClickListener(new View.OnClickListener() {
25              public void onClick(View v) {
26                  // TODO Auto-generated method stub
27                  Intent intent = new Intent(XMLSPrefActivity.this,EditActivity.class);
28                  startActivity(intent);
29              }
30          });
31      }
32      @Override
33      protected void onResume() {
34          // TODO Auto-generated method stub
35          super.onResume();
36          SharedPreferences sharedPreferences=
37              PreferenceManager.getDefaultSharedPreferences(this);
38          interCall.setText(new  Boolean(sharedPreferences.getBoolean("interCall",  false)).
39  toString());
40          rTone.setText(sharedPreferences.getString("ringtone", "미지정"));
41          sleepMode.setText(new     Boolean(sharedPreferences.getBoolean("sleepMode",
42  false)).
43              toString());
44      }
45  }
```

코드 분석

24~30	ImageButton을 클릭했을 때 환경설정 액티비티를 호출하는 부분을 처리한 부분이다.
36	PreferenceManager.getDefaultSharedPreferences 메소드를 이용하여 환경설정 정보를 담고 있는 SharedPreferences 객체를 얻어오는 부분이다.

38	국제전화 제한 설정 값이 interCall이라는 이름의 키로 설정 값이 저장되므로 interCall이라는 키에 대한 값을 SharedPreferences 객체에서 얻어와 interCall 텍스트뷰에 text 값으로 설정하는 부분이다. 해당 키 이름의 값이 존재하지 않으면 기본값을 false로 지정하였다. 또 한 가지 체크 박스 항목의 값은 타입이 boolean 형태로 저장되므로 toString() 메소드를 호출하여 SharedPreferences 객체에서 얻어온 값을 문자열로 변경하는 부분도 추가되어 있다.
40	링톤 설정 값을 얻어와서 rTone 텍스트뷰의 text 값으로 설정하는 부분이다. 해당 키 이름으로 값이 설정되어 있지 않으면 기본값으로 '미지정' 문자열을 지정하고 있다.
41~42	절전 모드 설정 값을 얻어와서 sleepMode 텍스트뷰의 텍스트 값으로 설정한다. 즉, 상단의 코드는 ImageButton을 눌렀을 때 화면설정 액티비티(EditActivity)를 실행해 주고, 화면설정 액티비티에서 환경설정을 하고 해당 액티비티로 다시 돌아와서 onResume 메소드가 실행될 때 설정된 환경설정 값들을 출력해 주는 내용이다.

• XMLSPref 애플리케이션 실행

XMLSPref 애플리케이션을 실행하면 처음에는 환경설정 파일에 각 키 값으로 내용이 설정되어 있지 않기 때문에 기본값으로 설정된 값들이 각 텍스트뷰에 출력된다.

ImageButton을 클릭하면 환경설정 액티비티가 실행된다. [링톤 설정]을 클릭한다.

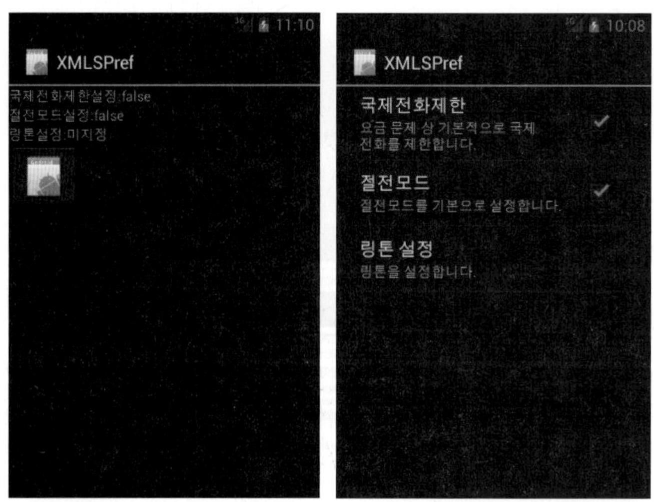

링톤을 설정하는 팝업이 실행되면 해당 화면에서 링톤 값까지 설정한다. 환경설정 XML 파일을 사용하면 각 환경설정 값을 저장하는 코드를 따로 작성할 필요 없이 환경설정 값을 선택하자마자 자동으로 설정 파일로 저장된다. 링톤 값까지 설정한 후 다시 메인 액티비티를 실행하면 설정된 내용값들이 텍스트뷰에 잘 출력되는 것을 확인할 수 있다.

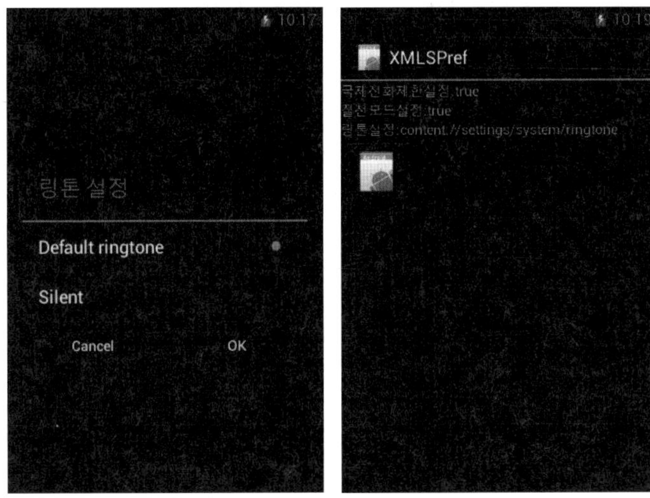

2. 하위 항목 설정하기

환경설정 XML 파일을 구성할 때 PreferenceCategory의 하위 엘리먼트로 PreferenceScreen 엘리먼트를 하위 환경설정 항목을 구성할 수 있다.

• 환경설정 xml 파일 작성

⬤ Chapter12\XMLSub\res\xml\subpreference.xml

```xml
1   <?xml version="1.0" encoding="utf-8"?>
2   <PreferenceScreen xmlns:android="http://schemas.android.com/apk/res/android" >
3   <PreferenceCategory
4       android:title="서브항목 테스트">
5           <PreferenceScreen
6               android:title="소리설정"
7               android:summary="각 동작마다 소리를 설정하는 항목">
8               <CheckBoxPreference
9                   android:title="키패드소리"
10                  android:key="keyPad"
11                  android:summary="키패드소리를 설정합니다."
12              />
13          <CheckBoxPreference
14                  android:title="화면잠금소기"
15                  android:key="screenLock"
16                  android:summary="화면잠금소리를 설정합니다."
17          />
18          </PreferenceScreen>
19      </PreferenceCategory>
20  </PreferenceScreen>
```

4	카테고리 자체의 제목을 설정하는 부분이다. 카테고리로 묶인 영역의 최상단에 해당 제목이 출력된다.
5~18	PreferenceCategory 엘리먼트의 자식 엘리먼트로 PreferenceScreen 엘리먼트를 사용함으로써 하위 환경설정 항목들을 정의하는 부분이다.
6	하위 항목들의 제목을 설정한다.
7	하위 항목들의 간단한 내용을 지정한다. 메인 환경설정 화면에는 이 부분까지만 출력되고 실질적으로 값을 설정하는 체크 박스들은 PreferenceScreen 엘리먼트에 지정되어 있는 제목을 눌렀을 때 별도의 화면으로 출력된다.
8~12	키패드 소리를 설정하는 체크 박스 형태의 환결설정 항목을 정의한 부분이다.
13~17	화면잠금 소리를 설정하는 체크 박스 형태의 환경설정 항목을 정의한 부분이다.

• main.xml 파일 작성

● Chapter12\XMLSub\res\layout\main.xml

```xml
1  <?xml version="1.0" encoding="utf-8"?>
2  <LinearLayout xmlns:android="http://schemas.android.com/apk/res/android"
3      android:layout_width="fill_parent"
4      android:layout_height="fill_parent"
5      android:orientation="vertical" >
6      <LinearLayout
7          android:layout_width="fill_parent"
8          android:layout_height="wrap_content"
9          android:orientation="horizontal" >
10         <TextView
11             android:layout_width="wrap_content"
12             android:layout_height="wrap_content"
13             android:text="키패드소리설정:" />
14         <TextView
15             android:id="@+id/keyPad"
16             android:layout_width="wrap_content"
17             android:layout_height="wrap_content"
18             android:text="" />
19     </LinearLayout>
20     <LinearLayout
21         android:layout_width="fill_parent"
22         android:layout_height="wrap_content"
23         android:orientation="horizontal" >
24         <TextView
25             android:layout_width="wrap_content"
26             android:layout_height="wrap_content"
27             android:text="화면잠금소리설정:" />
```

28	<TextView
29	android:id="@+id/screenLock"
30	android:layout_width="wrap_content"
31	android:layout_height="wrap_content"
32	android:text="" />
33	</LinearLayout>
34	<ImageButton
35	android:id="@+id/settings"
36	android:layout_width="wrap_content"
37	android:layout_height="wrap_content"
38	android:src="@drawable/ic_launcher" />
39	</LinearLayout>

코드 분석

6~19	키패드 소리 설정 환경설정 값을 출력하는 부분을 정의하였다.
20~33	화면잠금 소리 설정 환경설정 값을 출력하는 부분을 정의하였다.
34~38	클릭하면 환경설정 액티비티(EditActivity)를 실행할 ImageButton을 정의한 부분이다.

• 환경설정 액티비티 작성

우선 AndroidManifest.xml 파일에 다음 코드를 추가한 후 EditActivity.java 파일을 작성한다.

```
<activity android:name="EditActivity"></activity>
```

● Chapter12\XMLSub\src\com\jung\EditActivity.java

```java
1   package com.jung;
2   import android.preference.PreferenceActivity;
3   import android.os.Bundle;
4   public class EditActivity extends PreferenceActivity {
5       /** Called when the activity is first created. */
6       @Override
7       public void onCreate(Bundle savedInstanceState) {
8           super.onCreate(savedInstanceState);
9           addPreferencesFromResource(R.xml.subpreference);
10          // TODO Auto-generated method stub
11      }
13  }
```

XMLSPref 예제의 EditActivity.java 파일과 거의 유사한 내용이므로 코드 상세 설명은 생략한다.

● Chapter12\XMLSub\src\com\jung\XMLSubActivity.java

```java
package com.jung;
import android.app.Activity;
import android.content.Intent;
import android.content.SharedPreferences;
import android.os.Bundle;
import android.preference.PreferenceManager;
import android.view.View;
import android.widget.ImageButton;
import android.widget.TextView;
public class XMLSubActivity extends Activity {
    /** Called when the activity is first created. */
    ImageButton settings;
    TextView keyPad;
    TextView screenLock;
    @Override
    public void onCreate(Bundle savedInstanceState) {
        super.onCreate(savedInstanceState);
        setContentView(R.layout.main);
        keyPad = (TextView)findViewById(R.id.keyPad);
        screenLock = (TextView)findViewById(R.id.screenLock);
        settings = (ImageButton)findViewById(R.id.settings);
        settings.setOnClickListener(new View.OnClickListener() {
            public void onClick(View v) {
            // TODO Auto-generated method stub
            Intent intent = new Intent(XMLSubActivity.this,EditActivity.class);
                startActivity(intent);
            }
        });
    }
    @Override
    protected void onResume() {
        // TODO Auto-generated method stub
        super.onResume();
        SharedPreferences sharedPreferences=
                PreferenceManager.getDefaultSharedPreferences(this);
        keyPad.setText(new Boolean(sharedPreferences.getBoolean("keyPad", false).
                toString());
        screenLock.setText(new     Boolean(sharedPreferences.getBoolean("screenLock",
false)).
                toString());
    }
}
```

| 23~29 | ImgeButton을 클릭했을 때 환경설정 액티비티를 실행하는 부분이다. |
| 35~42 | 메인 액티비티로 다시 돌아올 때 환경설정 파일에 각 저장되어 있는 설정 값들을 가져와서, keypad 텍스트뷰와 screenLock 텍스트뷰의 text 값으로 설정하는 부분이다. |

XMLSub 애플리케이션을 실행하면 처음에는 환경설정 파일에 아무 값도 저장되어 있지 않기 때문에 keyPad 텍스트뷰나 screenLock 텍스트 뷰의 값이 기본값으로 설정되어 있는 false로 출력된다.

ImageButton을 클릭해서 환경설정 화면을 출력한다. ImgeButton을 클릭하면 PreferenceCategory의 title 속성 값인 '서브항목 테스트' 제목과 PreferenceScreen의 title 속성 값, summery 속성 값이 출력된다. '소리설정' 제목 부분을 클릭한다.

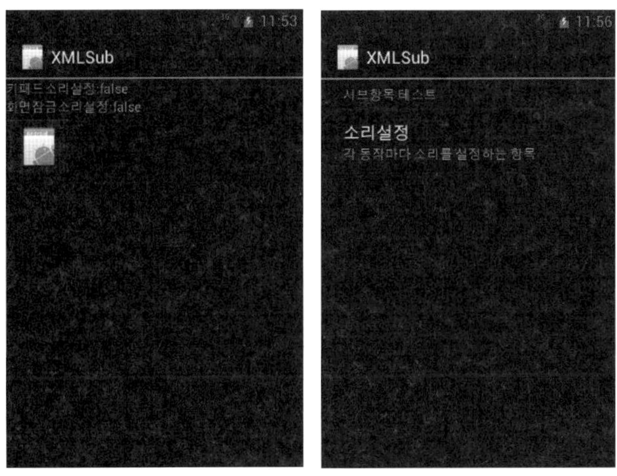

다음과 같이 환경설정 항목이 출력된다. 각 설정 항목을 체크한 후 다시 메인 액티비티로 돌아가면 각 텍스트뷰에 설정 내용이 출력되는 것을 확인할 수 있다.

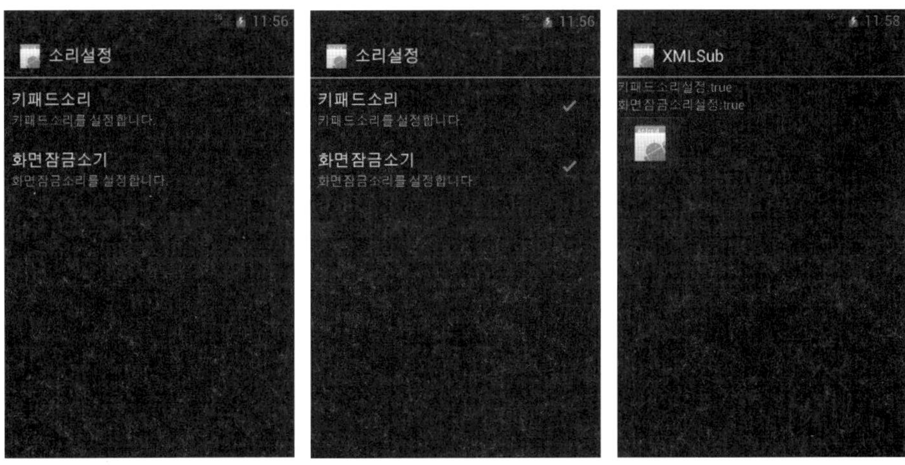

3. 팝업 형태의 환경설정

본 예제에서는 환경설정 파일에서 사용할 데이터를 arrays.xml 파일에 배열 형태의 리소스로 정의하고 사용하도록 한다.

- **arrays.xml 파일 작성**

⬤ Chapter12\XMLPopPref\res\values\arrays.xml

```
 1  <?xml version="1.0" encoding="utf-8"?>
 2  <resources >
 3  <string-array name="language_value">
 4      <item>한국어</item>
 5      <item>영어</item>
 6  </string-array>
 7  <string-array name="language_key">
 8      <item>kor</item>
 9      <item>en</item>
10  </string-array>
11  <string-array name="keyboard_value">
12      <item>안드로이드기본키보드</item>
13      <item>한글키보드</item>
14  </string-array>
15  <string-array name="keyboard_key">
16      <item>android</item>
17      <item>hangule</item>
18  </string-array>
19  <string-array name="area_value">
20      <item>한국</item>
21      <item>일본</item>
22      <item>미국</item>
23      <item>중국</item>
24  </string-array>
25  <string-array name="area_key">
26      <item>korea</item>
27      <item>japan</item>
28      <item>america</item>
29      <item>china</item>
30  </string-array>
31  </resources>
```

코드 분석

3~6	언어 설정 환경설정 항목에서 사용할 ListPreference에서 항목 데이터로 사용될 아이템들을 정의한 부분이다.
7~10	언어 설정 환경설정 항목에서 사용할 ListPreference에서 각 항목을 선택했을 때 실질적으로 환경설정 파일에 저장될 값들로 사용될 아이템들을 정의한 부분이다.
11~14	키보드 설정 환경설정 항목에서 사용할 ListPreference에서 항목 데이터로 사용될 아이템들을 정의한 부분이다.
15~18	키보드 설정 환경설정 항목에서 사용할 ListPreference에서 각 항목을 선택했을 때 실질적으로 환경설정 파일에 저장될 값들로 사용될 아이템들을 정의한 부분이다.
19~24	서비스 지역 설정 환경설정 항목에서 사용할 ListPreference에서 항목 데이터로 사용될 아이템들을 정의한 부분이다.
25~30	서비스 지역 설정 환경설정 항목에서 사용할 ListPreference에서 각 항목을 선택했을 때 실질적으로 환경설정 파일에 저장될 값들로 사용될 아이템들을 정의한 부분이다.

• 환경설정 xml 파일 작성

● Chapter12\XMLPopPref\res\xml\poppreference.xml

```xml
1   <?xml version="1.0" encoding="utf-8"?>
2   <PreferenceScreen xmlns:android="http://schemas.android.com/apk/res/android" >
3   <PreferenceCategory
4       android:title="팝업형태 환경설정">
5       <EditTextPreference
6           android:key="passwd"
7           android:title="폰 비밀번호"
8           android:summary="폰비밀번호를 설정합니다."
9           android:dialogTitle="폰 비밀번호"
10      />
11      <ListPreference
12          android:key="keyboard"
13          android:title="키보드설정"
14          android:summary="키보드를 선택하세요"
15          android:entries="@array/keyboard_value"
16          android:entryValues="@array/keyboard_key"
17          android:dialogTitle="키보드 선택" />
18      <ListPreference
19          android:key="language"
20          android:title="언어설정"
21          android:summary="언어를 선택하세요"
22          android:entries="@array/language_value"
23          android:entryValues="@array/language_key"
24          android:dialogTitle="언어 선택" />
```

```
25          <MultiSelectListPreference
26              android:key="area"
27          android:title="서비스지역"
28          android:summary="서비스 가능 지역을 선택하세요"
29          android:entries="@array/area_value"
30          android:entryValues="@array/area_key"
31          android:dialogTitle="서비스가능 지역설정" />
32      </PreferenceCategory>
33  </PreferenceScreen>
```

코드 분석

5~10	항목을 클릭하면 다이얼로그에 값을 한 줄 입력할 수 있는 EditText가 출력되는 형태의 환경설정 항목을 정의한 부분이다.
6	EditText에 입력한 값을 저장할 때 키로 사용될 문자열을 지정하였다.
7	설정 항목의 제목을 지정한 부분이다.
8	설정 항목의 간단한 설명을 지정하는 부분이다.
9	해당 항목을 클릭했을 때 출력되는 다이얼로그의 상단에 출력되는 제목을 지정한 부분이다.
11~17	키보드를 설정하는 환경설정 항목을 정의한 부분이다. ListPreference 형태의 환경설정 항목은 해당 항목을 클릭하면 ListView 형태의 다이얼그 창이 출력되면서 리스트 항목 중 항목 하나를 선택하여 환경설정 값을 저장할 수 있는 형태의 환경설정 항목이다.
15	ListView에서 사용되는 항목 데이터로 keyboard_value라는 이름으로 정의되어 있는 배열 리소스가 사용되도록 정의하는 부분이다.
16	List의 항목을 선택했을 때 실질적으로 저장될 값으로 keyboard_key 배열 리소스를 지정하는 부분이다.
17	키보드 설정 ListView의 상단에 출력되는 제목을 지정하는 부분이다.
18~24	ListView 형태의 다이얼로그 창을 띄워서 언어 설정을 할 수 있는 환경설정 항목을 정의하는 부분이다.
25~31	서비스 가능 지역 설정을 ListView 형태의 다이얼로그 창을 띄워서 설정하는 환경설정 항목을 정의하는 부분이다. MultiSelectListPreference 환경설정 항목은 출력된 ListView 형태의 다이얼로그 창에서 항목을 동시에 여러 개 선택할 수 있다. 저장될 때는 선택된 항목들의 값들이 Set<String> 형태로 저장된다. 따라서 저장되어 있는 값을 얻어올 때는 SharedPreferences.getStringSet 메소드를 이용해야 한다.

• **main.xml 파일 작성**


```xml
1  <?xml version="1.0" encoding="utf-8"?>
2  <LinearLayout xmlns:android="http://schemas.android.com/apk/res/android"
3      android:layout_width="fill_parent"
4      android:layout_height="fill_parent"
5      android:orientation="vertical" >
6      <LinearLayout
7          android:layout_width="fill_parent"
8          android:layout_height="wrap_content"
9          android:orientation="horizontal" >
10         <TextView
11             android:layout_width="wrap_content"
12             android:layout_height="wrap_content"
13             android:text="비밀번호설정:" />
14         <TextView
15             android:id="@+id/passwd"
16             android:layout_width="wrap_content"
17             android:layout_height="wrap_content"
18             android:text="" />
19     </LinearLayout>
20     <LinearLayout
21         android:layout_width="fill_parent"
22         android:layout_height="wrap_content"
23         android:orientation="horizontal" >
24         <TextView
25             android:layout_width="wrap_content"
26             android:layout_height="wrap_content"
27             android:text="키보드설정:" />
28         <TextView
29             android:id="@+id/keyboard"
30             android:layout_width="wrap_content"
31             android:layout_height="wrap_content"
32             android:text="" />
33     </LinearLayout>
34     <LinearLayout
35         android:layout_width="fill_parent"
36         android:layout_height="wrap_content"
37         android:orientation="horizontal" >
38         <TextView
39             android:layout_width="wrap_content"
40             android:layout_height="wrap_content"
41             android:text="언어설정:" />
```

```
42              <TextView
43                  android:id="@+id/language"
44                  android:layout_width="wrap_content"
45                  android:layout_height="wrap_content"
46                  android:text="" />
47          </LinearLayout>
48          <LinearLayout
49              android:layout_width="fill_parent"
50              android:layout_height="wrap_content"
51              android:orientation="horizontal" >
52              <TextView
53                  android:layout_width="wrap_content"
54                  android:layout_height="wrap_content"
55                  android:text="서비스지역:" />
56              <TextView
57                  android:id="@+id/area"
58                  android:layout_width="wrap_content"
59                  android:layout_height="wrap_content"
60                  android:text="" />
61          </LinearLayout>
62          <ImageButton
63              android:id="@+id/settings"
64              android:layout_width="wrap_content"
65              android:layout_height="wrap_content"
66              android:src="@drawable/ic_launcher" />
67  </LinearLayout>
```

코드 분석

6~19	폰 비밀번호 설정 값을 출력하는 부분을 정의하였다.
20~33	키보드 설정 값을 출력하는 부분을 정의하였다.
34~47	언어 설정 값을 출력하는 부분을 정의하였다.
48~61	서비스 지역 설정 값을 출력하는 부분을 정의하였다.
62~66	클릭했을 때 환경설정 액티비티를 실행하는 ImageButton 위젯을 정의한 부분이다.

• 환경설정 액티비티 작성

우선 **AndroidManifest.xml** 파일에 다음 코드를 추가한 후 **EditActivity.java** 파일을 작성한다.

```
<activity android:name="EditActivity"></activity>
```

● Chapter12\XMLPopPref\src\com\jung\EditActivity.java

```
1    package com.jung;
2    import android.preference.PreferenceActivity;
3    import android.os.Bundle;
4    public class EditActivity extends PreferenceActivity {
5        /** Called when the activity is first created. */
6        @Override
7        public void onCreate(Bundle savedInstanceState) {
8            super.onCreate(savedInstanceState);
9            addPreferencesFromResource(R.xml.subpreference);
10           // TODO Auto-generated method stub
11       }
12   }
```

XMLSPref 예제의 **EditActivity.java** 파일과 거의 유사한 내용이므로 코드 상세설명은 생략한다.

• 메인 액티비티 파일 작성

● Chapter12\XMLPopPref\src\com\jung\XMLPopPrefActivity.java

```
1    package com.jung;
2    import android.app.Activity;
3    import android.content.Intent;
4    import android.content.SharedPreferences;
5    import android.os.Bundle;
6    import android.preference.PreferenceManager;
7    import android.view.View;
8    import android.widget.ImageButton;
9    import android.widget.TextView;
10   public class XMLPopPrefActivity extends Activity {
11       /** Called when the activity is first created. */
12       TextView passwd;
13       TextView keyboard;
14       TextView language;
15       TextView area;
16       ImageButton settings;
```

```java
17        @Override
18        public void onCreate(Bundle savedInstanceState) {
19            super.onCreate(savedInstanceState);
20            setContentView(R.layout.main);
21            passwd = (TextView)findViewById(R.id.passwd);
22            keyboard = (TextView)findViewById(R.id.keyboard);
23            language = (TextView)findViewById(R.id.language);
24            area = (TextView)findViewById(R.id.area);
25            settings = (ImageButton)findViewById(R.id.settings);
26            settings.setOnClickListener(new View.OnClickListener() {
27                public void onClick(View v) {
28                    // TODO Auto-generated method stub
29                    Intent intent = new Intent(XMLPopPrefActivity.this,EditActivity.class);
30                    startActivity(intent);
31                }
32            });
33        }
34        @Override
35        protected void onResume() {
36            // TODO Auto-generated method stub
37            super.onResume();
38            SharedPreferences sharedPreferences=
39                    PreferenceManager.getDefaultSharedPreferences(this);
40            passwd.setText(sharedPreferences.getString("passwd", ""));
41            keyboard.setText(sharedPreferences.getString("keyboard", ""));
42            language.setText(sharedPreferences.getString("language", ""));
43            area.setText(sharedPreferences.getStringSet("area", null)+"");
44        }
45    }
```

코드 분석

21~24	각 환경설정 값들을 출력할 TextView 위젯들을 초기화시킨 부분이다.
26~32	ImageButton을 클릭했을 때 환경설정 액티비티를 호출하는 부분을 정의하였다.
38~39	환경설정 객체를 얻어오는 부분이다.
40~42	각 String 형태로 저장되어 있는 환경설정 정보를 얻어와서 각 값을 출력하는 TextView의 text 속성 값으로 설정하는 부분이다.
43	서비스 가능 지역 환경설정을 할 때는 MultiSelectListPreference 설정 항목을 이용하기 때문에 동시에 여러 항목 선택이 가능하다. 따라서 환경설정 값이 Set<String> 형태로 저장되므로 해당 환경설정 값을 얻어올 경우에도 getStringSet 메소드를 이용한다. 그리고 Set 객체의 toString() 메소드가 호출되게 하기 위해서 뒤에 " "를 연결하였다. 자바에서 특정 객체에 문자열을 ' + ' 연산자로 연결하면 해당 객체의 toString() 메소드가 자동으로 호출된다.

XMLPopPref 애플리케이션을 처음 실행하면 환경설정 값이 저장되어 있는 상태가 아니므로 모든 설정 값들이 공백이나 null 값으로 출력된다. ImgeButton을 클릭한다.

환경설정 액티비티가 실행된다.

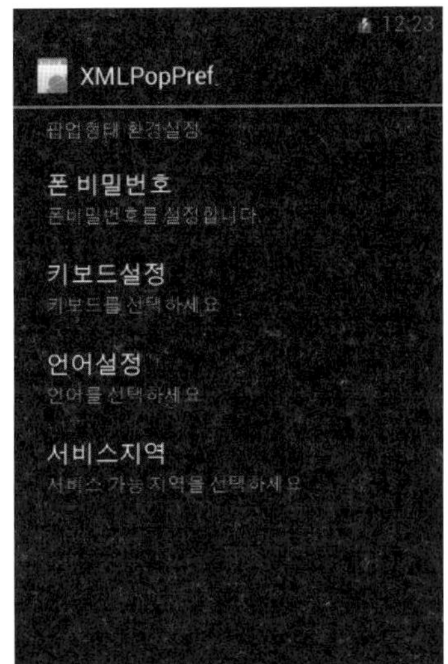

각 항목을 선택하여 다음과 같이 설정한다. 서비스가능 지역설정에서는 MultiSelectListPreference를 사용하였으므로 동시에 여러 지역을 선택할 수 있는 것을 확인할 수 있다.

모든 설정을 마친 후 메인 액티비티로 다시 돌아오면 설정된 값들이 각 TextView에 출력되는 것을 확인할 수 있다.

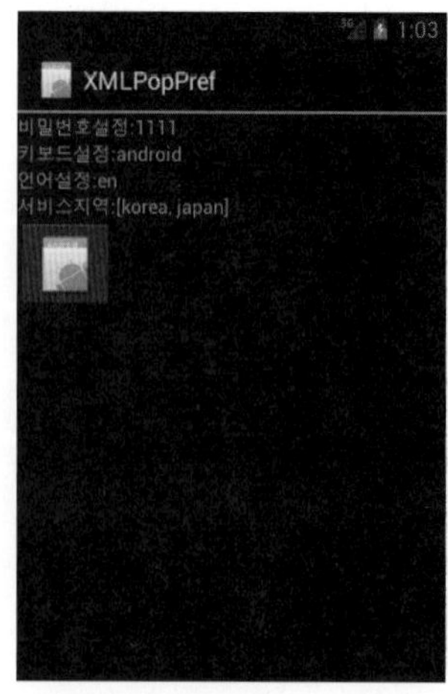

1. 환경설정 파일은 데이터베이스처럼 특정 데이터를 저장하는 기능이 아니라 화면의 상태를 저장하여 액티비티를 다시 실행했을 때 이전 화면을 그대로 복구할 때 사용한다. 안드로이드에서 주로 환경설정 액티비티를 구성할 때나 액티비티가 비정상적으로 종료되었을 때 비정상적으로 종료된 액티비티 화면을 복구할 때 사용된다.

❶ 애플리케이션 레벨의 환경 설정 객체를 얻어오는 메소드

   public SharedPreferences getSharedPreferences (String name,int mode)

   → Context 클래스에서 제공되는 메소드로 Application level의 SharedPreferences 객체를 회수할 때 사용됨
   → 모드 종류
   　MODE_PRIVATE : 해당 애플리케이션에서만 사용할 수 있는 모드. 0도 사용 가능
   　MODE_WORLD_READABLE : 다른 애플리케이션에서도 읽는 작업을 할 수 있는 모드.
   　MODE_WORLD_WRITEABLE : 다른 애플리케이션 에서도 쓰는 작업을 할 수 있는 모드.

❷ 액티비티 레벨의 환경설정 객체를 얻어오는 메소드

   public SharedPreferences getPreferences (int mode)

   → Activity 클래스에서 제공되는 메소드로 Activity level의 sharedPreferences 객체를 회수할 때 사용됨

❸ 환경설정 파일에서 값을 읽어오는 방법

   SharedPreferences sharedPreferences = getSharedPreferences(pref_name,0);

   으로 일단 환경설정 객체를 얻어오면 각 데이터별로 환경설정 값을 가져오는 getXXX 에소드들을 이용하여 환경설정 값을 얻어올 수 있다.

   sharedPreferences.getFloat(key_name,def_value)

   *key_name은 환경설정 값의 키 값, def_value는 키에 해당하는 환경 설정 값이 저장되어 있지 않을 때 기본값으로 반환할 값이다.

2. 안드로이드에서는 환경설정에 관한 레이아웃을 별도의 xml 파일을 이용해서 분리하여 정의할 수 있는 방법을 제공한다. 환경설정 xml 파일은 res\xml 디렉토리에 작성, 저장하면 된다.

   환경설정 화면을 생성히는 Activity는 PreferenceActivity를 상속받아야 하며, 환경설정 파일에서 서택한 환경설정 데이터들은 별도의 저장 코드가 필요 없이 자동으로 저장된다.

   환경설정 액티비티에서는 addPreferencesFromResource(int preferencesResId) 메소드를 이용하여 해당 환경설정 레이아웃 리소스 파일을 inflate시키면 된다.

   저장되어 있는 환경설정 내용을 사용하는 Activity에서는 PreferenceManager.getDefaultSharedPreferences() 메소드를 통해 SharedPreferences 객체를 사용할 수 있다.

3. 환경설정 XML 파일을 구성할 때 PreferenceCategory의 하위 엘리먼트로 PreferenceScreen 엘리먼트를 하위 엘리먼트로 지정하여 하위 환경설정 항목을 구성할 수 있다.

4. .환경설정 파일에서 제공되는 환경설정 항목 중에 EditTextPreference, ListPreference,MultiSelectListPreference 환경설정 항목을 다이얼로그 형태를 출력해서 환경설정 값을 지정할 수 있는 방법을 제공한다.
   MultiSelectListPreference 환경설정 항목은 동시에 여러 개의 항목을 ListView에서 선택할 수 있다는 점에서 ListPreference 환경설정 항목과 차이가 있다.

디바이스에 저장되어 있는 파일에 데이터를 저장하고 필요한 내용을 읽어들이는 기능이나, 폰에 저장되어 있는 음악 파일을 재생하는 등의 기능을 수행하는 애플리케이션을 개발하려면 폰에 존재하는 파일에 데이터를 입출력할 수 있어야 한다. 또한, 서버상에서 안드로이드 폰으로 데이터를 전송할 때 XML이나 JSON 형태로 보내준다면 해당 데이터를 파싱하여 원하는 데이터를 얻어올 수 있어야 한다. 본 장에서는 안드로이드 프로그램에서 파일에 데이터를 입출력하는 방법과 XML이나 JSON 형태의 데이터를 파싱하는 방법에 대해서 살펴본다.

1 리소스 파일 읽어들이기

1. Raw 파일로부터 입력 스트림 얻어 오기

리소스 파일에 접근하려면 우선 Conext 클래스의 다음 메소드를 호출하여 애플리케이션의 Resources 객체를 얻어 온다.

```
public abstract Resources getResources ()
```

상단 메소드에서 얻어온 Resources 객체에서 제공되는 다음 메소드를 이용하여 특정 리소스 파일에서 데이터를 읽어올 수 있는 입력 스트림을 얻어 올 수 있다.

```
public InputStream openRawResource (int id)
```

상단 메소드에 의해서 입력 스트림을 얻어 오면 자바에서 제공되는 각종 입력 스트림을 이용해서 리소스 파일의 내용을 편리하게 읽어올 수 있다.

```
InputStream is = getResources().openRawResource(int resId);
bf = new BufferedReader(new InputStreamReader(is,"euc-kr"));
StringBuffer sb = new StringBuffer();
String line="";
while((line=bf.readLine())!=null){
sb.append(line);
}
```

2. Raw 파일 읽기 예제 파일 작성과 실행

• Raw 파일 작성

◉ Chapter13\RawFileRead\res\raw\readtest.txt

RawFile 테스트입니다.
파일에 수정이 자주 일어나지 않는 정보를 저장하고 프로그램에서
로파일에 접근해서 데이터를 읽어들일 수 있습니다.

• main.xml 파일 작성

◉ Chapter13\RawFileRead\res\layout\main.xml

```
1   <?xml version="1.0" encoding="utf-8"?>
2   <LinearLayout xmlns:android="http://schemas.android.com/apk/res/android"
3       android:layout_width="fill_parent"
4       android:layout_height="fill_parent"
5       android:orientation="vertical" >
6       <TextView
7           android:layout_width="fill_parent"
8           android:layout_height="wrap_content"
9           android:text="readtest.txt 파일의 내용:" />
10      <TextView
11          android:id="@+id/content"
12          android:layout_width="fill_parent"
13          android:layout_height="wrap_content"
14          android:text="" />
15       <Button
16          android:id="@+id/read"
17          android:layout_width="fill_parent"
18          android:layout_height="wrap_content"
19          android:text="Read" />
20  </LinearLayout>
```

∴ 코드 분석

10~14	Raw 파일에서 읽어들인 내용이 출력될 TextView 위젯을 정의한 부분이다.
15~19	클릭하면 Raw 파일로부터 데이터를 읽어들이는 요청을 처리할 Button 위젯을 정의한 부분이다.

• **RawFileReadActivity.java 파일 작성**


```java
1   package com.jung;
2   import java.io.BufferedReader;
3   import java.io.InputStream;
4   import java.io.InputStreamReader;
5   import android.app.Activity;
6   import android.os.Bundle;
7   import android.widget.Button;
8   import android.widget.TextView;
9   import android.view.View;
10  public class RawFileReadActivity extends Activity implements View.OnClickListener
11  {
12      /** Called when the activity is first created. */
13      TextView content;
14      Button read;
15      @Override
16      public void onCreate(Bundle savedInstanceState) {
17          super.onCreate(savedInstanceState);
18          setContentView(R.layout.main);
19          content = (TextView)findViewById(R.id.content);
20          read = (Button)findViewById(R.id.read);
21          read.setOnClickListener(this);
22      }
23      public void onClick(View v) {
24          // TODO Auto-generated method stub
25          InputStream is=null;
26          BufferedReader bf=null;
27          try {
28              is=getResources().openRawResource(R.raw.readtest);
29              bf = new BufferedReader(new InputStreamReader(is,"euc-kr"));
30              StringBuffer sb = new StringBuffer();
31              String line="";
32              while((line=bf.readLine())!=null){
33                  sb.append(line);
34              }
35              content.setText(sb.toString());
36          }
37          catch (Throwable t) {
38              content.setText("파일 읽다가 에러 발생!");
39          }
```

40	finally{
41	try{
42	bf.close();
43	is.close();
44	}
45	catch(Exception e){
46	e.printStackTrace();
47	}
48	}
49	}
50	}

코드 분석

13~14	필요한 위젯들의 레퍼런스 변수를 정의한 부분이다.
19~20	TextView와 Button 위젯을 초기화한 부분이다.
21	Button에 리스너 객체를 연결한 부분이다.
28	Resources 객체의 openRawResource 메소드를 이용하여 readtest.txt 파일의 내용을 읽어들일 수 있는 입력 스트림을 얻어 오는 부분이다.
29	파일 내용을 문자열 단위로 읽어들이기 위해서 BufferedReader 객체를 생성하는 부분이다.
30	파일에서 읽어들인 문자열들을 저장할 StringBuffer 객체를 생성하는 부분이다.
32~34	파일의 데이터를 라인 단위로 읽어들이면서 읽어들인 라인에 데이터가 존재하면(line=bf.readLine())!=null) 읽어들인 내용을 StringBuffer 객체에 추가하는 부분이다.
35	TextView에 StringBuffer에 저장되어 있는 내용을 String 객체로 변환해서 TextView의 text 값으로 저장하는 부분이다.

• RawFileRead 예제 실행

RawFile 프로젝트를 실행한 후에 [Read] 버튼을 클릭하면 읽어들인 내용이 TextView에 출력된다.

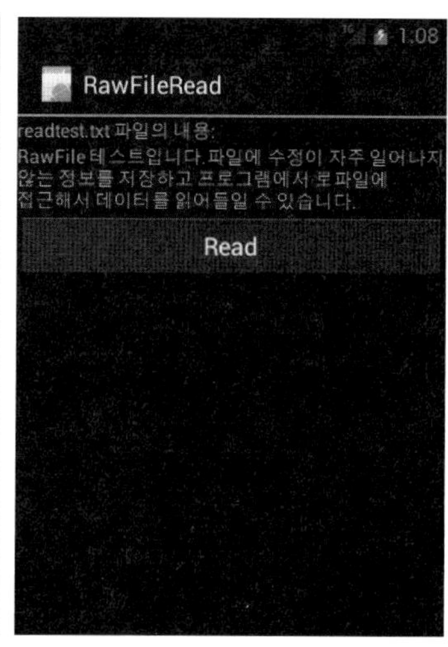

 Context 클래스에서 제공되는 메소드를 이용한 입출력

1. Context의 구조

```
public abstract class
Context
extends Object

java.lang.Object
  ↳ android.content.Context
```

2. Context에서 제공되는 입출력 관련 메소드

• 입력 관련 메소드

```
public abstract FileInputStream openFileInput (String name)
```

→ 파라미터로 지정된 파일로부터 데이터를 읽어들일 수 있는 FileInputStream을 반환하는 메소드
→ Parameters
  name : 읽어들일 데이터가 저장되어 있는 파일 이름. 경로를 포함할 수 없고, 파일명만을 사용 가능
→ Returns
  해당 파일에서 데이터를 읽어들일 수 있는 FileInputStream
→ 발생할 수 있는 예외
  FileNotFoundException

• 출력 관련 메소드

```
public abstract FileOutputStream openFileOutput (String name, int mode)
```

→ 파라미터로 지정된 파일에 데이터를 출력할 수 있는 출력 스트림을 파라미터로 지정된 모드로 반환하는 메소드
→ Parameters
  name : 출력 스트림을 생성할 파일명. 경로를 포함할 수 없고 파일명만 사용 가능
  mode : 출력 스트림을 생성할 모드를 지정함
  0 or MODE_PRIVATE : 기본 모드. 해당 애플리케이션 내에서만 액세스가 가능한 모드
  MODE_APPEND : 기존 파일에 저장되어 있는 내용에 새로운 내용을 추가하는 방식으로 내용을 출력하는 모드
  MODE_WORLD_READABLE and MODE_WORLD_WRITEABLE : 다른 애플리케이션에서의 액세스 권한을 설정하는 모드
→ Returns
  파라미터로 지정된 파일에 내용을 출력할 수 있는 FileInputStream 객체
→ 발생할 수 있는 예외
  FileNotFoundException

3. Context의 메소드를 이용한 파일 입출력 예제 파일 작성과 실행

• main.xml 파일 작성

● Chapter13\FileReadWrite\res\layout\main.xml

```xml
1   <?xml version="1.0" encoding="utf-8"?>
2   <LinearLayout xmlns:android="http://schemas.android.com/apk/res/android"
3       android:layout_width="fill_parent"
4       android:layout_height="fill_parent"
5       android:orientation="vertical" >
6       <LinearLayout
7       android:layout_width="fill_parent"
8       android:layout_height="wrap_content">
9       <TextView
10          android:layout_width="wrap_content"
11          android:layout_height="wrap_content"
12          android:text="이름" />
13      <EditText
14          android:id="@+id/name"
15          android:layout_width="wrap_content"
16          android:layout_height="wrap_content"
17          android:hint="이름입력" />
18      </LinearLayout>
19       <LinearLayout
20      android:layout_width="fill_parent"
21      android:layout_height="wrap_content">
22      <TextView
23          android:layout_width="wrap_content"
24          android:layout_height="wrap_content"
25          android:text="주소" />
26      <EditText
27          android:id="@+id/addr"
28          android:layout_width="wrap_content"
29          android:layout_height="wrap_content"
30          android:hint="주소입력" />
31      </LinearLayout>
32      <Button
33          android:id="@+id/save"
34          android:layout_width="fill_parent"
35          android:layout_height="wrap_content"
36          android:text="저장" />
37      <Button
38          android:id="@+id/read"
39          android:layout_width="fill_parent"
40          android:layout_height="wrap_content"
41          android:text="저장결과확인" />
```

42	<TextView
43	android:id="@+id/result"
44	android:layout_width="fill_parent"
45	android:layout_height="wrap_content"
46	android:text="" />
47	</LinearLayout>

코드 분석

6~18	이름을 입력받는 영역의 위젯들을 정의한 부분이다.
19~31	주소를 입력받는 영역의 위젯들을 정의한 부분이다.
32~36	클릭했을 때 이름과 주소를 파일에 저장하는 요청을 처리하는 Button 위젯을 정의한 부분이다.
37~41	클릭했을 때 파일에 저장되어 있는 내용을 읽어들여서 하단 TextView에 출력하는 요청을 처리하는 Button 위젯을 정의하였다.
42~46	데이터가 저장되어 있는 파일에서 읽어들인 내용을 출력할 TextView 위젯을 정의한 부분이다.

• data.txt 파일 생성 삽입하기

이제 입출력에 사용할 data.txt 파일을 생성하여 하단의 경로에 삽입한다. data.txt 파일에는 아무런 데이터가 입력되어 있지 않아도 된다.

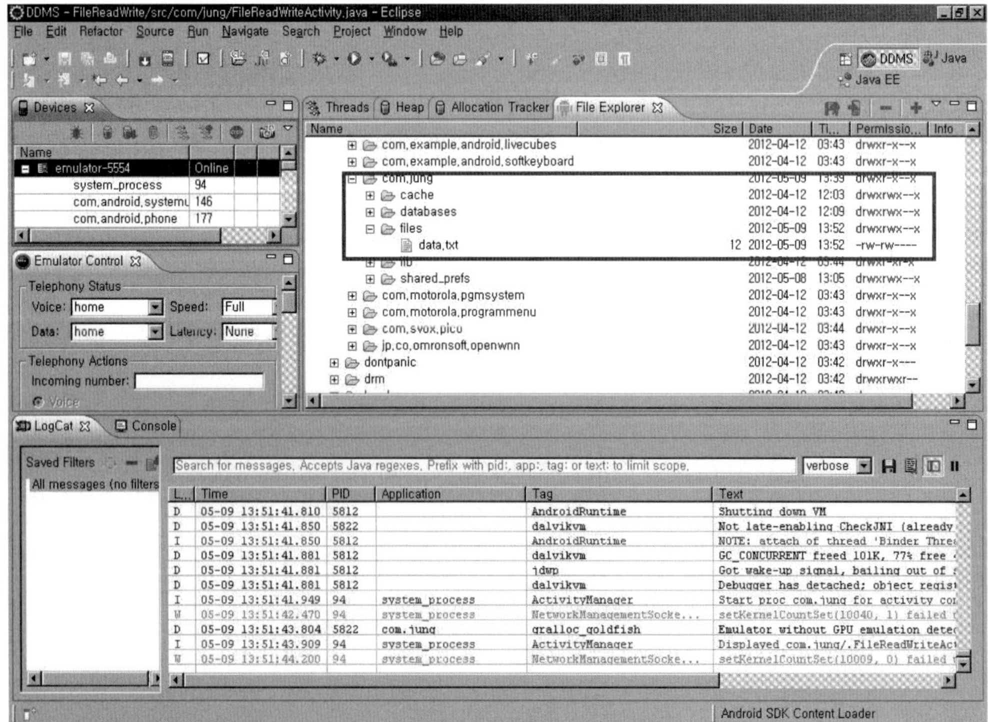

• FileReadWriteActivity.java 파일 작성

<table>
<tr><td colspan="2">● Chapter13\FileReadWrite\src\com.jung\RawFileReadActivity.java</td></tr>
<tr><td>1</td><td>package com.jung;</td></tr>
<tr><td>2</td><td>import java.io.BufferedReader;</td></tr>
<tr><td>3</td><td>import java.io.BufferedWriter;</td></tr>
<tr><td>4</td><td>import java.io.InputStream;</td></tr>
<tr><td>5</td><td>import java.io.InputStreamReader;</td></tr>
<tr><td>6</td><td>import java.io.OutputStream;</td></tr>
<tr><td>7</td><td>import java.io.OutputStreamWriter;</td></tr>
<tr><td>8</td><td>import android.app.Activity;</td></tr>
<tr><td>9</td><td>import android.os.Bundle;</td></tr>
<tr><td>10</td><td>import android.widget.Button;</td></tr>
<tr><td>11</td><td>import android.widget.EditText;</td></tr>
<tr><td>13</td><td>import android.widget.TextView;</td></tr>
<tr><td>14</td><td>import android.widget.Toast;</td></tr>
<tr><td>15</td><td>import android.view.View;</td></tr>
<tr><td>16</td><td>public class FileReadWriteActivity extends Activity implements View.OnClickListener{</td></tr>
<tr><td>17</td><td>   /** Called when the activity is first created. */</td></tr>
<tr><td>18</td><td>   EditText name;</td></tr>
<tr><td>19</td><td>   EditText addr;</td></tr>
<tr><td>20</td><td>   Button save;</td></tr>
<tr><td>21</td><td>   Button read;</td></tr>
<tr><td>22</td><td>   TextView result;</td></tr>
<tr><td>23</td><td>   @Override</td></tr>
<tr><td>24</td><td>   public void onCreate(Bundle savedInstanceState) {</td></tr>
<tr><td>25</td><td>   super.onCreate(savedInstanceState);</td></tr>
<tr><td>26</td><td>   setContentView(R.layout.main);</td></tr>
<tr><td>27</td><td>   name = (EditText)findViewById(R.id.name);</td></tr>
<tr><td>28</td><td>   addr = (EditText)findViewById(R.id.addr);</td></tr>
<tr><td>29</td><td>   save = (Button)findViewById(R.id.save);</td></tr>
<tr><td>30</td><td>   read = (Button)findViewById(R.id.read);</td></tr>
<tr><td>31</td><td>   result = (TextView)findViewById(R.id.result);</td></tr>
<tr><td>32</td><td>   save.setOnClickListener(this);</td></tr>
<tr><td>33</td><td>   read.setOnClickListener(this);</td></tr>
<tr><td>34</td><td>   }</td></tr>
<tr><td>35</td><td>   public void onClick(View v) {</td></tr>
<tr><td>36</td><td>   // TODO Auto-generated method stub</td></tr>
<tr><td>37</td><td>   InputStream is=null;</td></tr>
<tr><td>38</td><td>   OutputStream os=null;</td></tr>
<tr><td>39</td><td>   BufferedReader bIn=null;</td></tr>
<tr><td>40</td><td>   BufferedWriter bOut=null;</td></tr>
</table>

```java
41          if(v.getId()==R.id.read){
42              try{
43                  is=openFileInput("data.txt");
44                  bIn = new BufferedReader(new InputStreamReader(is, "euc-kr"));
45                  StringBuffer sb = new StringBuffer();
46                  String line="";
47                  int i=1;
48                  while((line=bIn.readLine())!=null){
49                      if(i==1)sb.append("이름 : ");
50                      else sb.append("주소: ");
51                      sb.append((i==1)? line + "\n" : line);
52                      i++;
53                  }
54                  result.setText(sb.toString());
55              }
56              catch(Exception e){
57                  e.printStackTrace();
58              }
59              finally{
60                  try{
61                      is.close();
62                      bIn.close();
63                  }
64              catch(Exception e){}
65              }
66          }
67          else{
68              try{
69                  os = openFileOutput("data.txt", 0);
70                  bOut = new BufferedWriter(new OutputStreamWriter(os));
71                  String strName = name.getText().toString();
72                  String strAddr = addr.getText().toString();
73                  bOut.write(strName + "\r\n");
74                  bOut.write(strAddr);
75                  Toast.makeText(FileReadWriteActivity.this, "저장성공", 0).show();
76              }
77              catch(Exception e){
78                  e.printStackTrace();
79              }
80              finally{
81                  try{
82                      bOut.close();
83                      os.close();
```

84	}
85	catch(Exception e){
86	e.printStackTrace();
87	}
88	}
89	}
90	}
91	}

코드 분석

18~22	해당 액티비티에서 필요한 위젯들의 레퍼런스 변수들을 선언하는 부분이다.
27~31	액티비티에서 필요한 위젯 객체들을 생성하는 부분이다.
32~33	Save 버튼과 Read 버튼에 해당 버튼을 클릭했을 때 처리할 코드를 정의하고 있는 리스너 객체를 연결해 주는 부분이다.
41~66	read 버튼을 클릭했을 때 data.txt 파일의 내용을 읽어들이는 요청을 처리한 부분이다.
41	onClick 메소드의 파라미터로 전송되어 온 View 객체의 아이디가 read이면, 즉 read 버튼이 클릭되었는지를 판단하는 부분이다.
43	openFileInput 메소드를 사용하여 data.txt 파일로부터 데이터를 읽어들일 수 있는 입력 스트림을 얻어 오는 부분이다. openFileInput 메소드는 Context 클래스에 정의되어 있는 메소드를 Activity 클래스에서 상속받는다.
44	data.txt 파일에 저장되어 있는 내용을 문자열 단위로 읽어들이기 위해서 BufferedReader 객체를 생성하는 부분이다.
45	파일에서 읽어들인 내용을 저장할 StringBuffer 객체를 생성하는 부분이다.
48~53	파일에서 내용을 라인 단위로 읽어들이면서 읽어들인 내용을 SringBuffer 객체에 저장하는 부분이다.
49~50	파일의 첫 번째 라인을 읽어들였으면 BufferedReader 객체에 '이름 : ' 제목을 추가하고 읽은 라인이 첫 번째 라인이 아니면 '주소 : ' 문자열을 추가한다.
51	첫 번째 라인을 읽었을 경우에는, 즉 이름을 읽었을 경우에는 읽어들인 이름 문자열을 StringBuffer 객체에 바로 연결하고 첫 라인이 아닌 라인을 읽어들였으면, 즉 주소 값을 읽어들였으면 개행 문자(\n)를 앞부문에 추가하고 읽어들인 주소 문자열을 추가한다. 파일에서 라인 단위로 데이터를 읽어들일 때 라인 번호로 사용할 값을 i 변수의 값으로 할당한다.
54	StringBuffer 객체에 추가되어 있는 이름과 주소 데이터를 String 객체로 변환하여 result TextView의 text 값으로 지정하는 부분이다.
67~89	save 버튼을 클릭했을 때 입력한 이름과 주소 값을 data.txt 파일에 입력한 데이터를 저장하는 기능을 처리하는 코드가 작성된 부분이다.
69	data.txt 파일로 데이터를 출력할 수 있는 출력 스트림을 openFileOutput 메소드를 이용해서 생성하는 부분이다. openFileOutput 메소드는 Context 클래스에 정의되어 있으며 Activity 클래스에서 상속받는다.
70	데이터를 문자 단위로 출력하기 위해서 BufferedWriter 객체를 생성하는 부분이다.
71~72	각 EditText에 입력된 이름과 주소 값을 얻어 오는 부분이다.

• FileReadWrite 예제 실행

FileReadWrite 프로젝트를 실행한 후 이름과 주소를 입력하고 save 버튼을 클릭하면 입력한 이름과 주소 값이 data.txt 파일로 저장된다. 저장이 성공되면 toast 창으로 '저장성공' 메시지가 출력된다.

데이터 저장이 성공한 후 [저장결과확인] 버튼을 클릭하면 data.txt 파일에 저장되어 있는 이름과 주소 값이 출력되는 것을 확인할 수 있다.

3 java.io.File 클래스를 이용한 파일 입출력

안드로이드는 자바를 프로그래밍 언어로 사용하기 때문에 당연히 자바에서 제공되는 File 클래스를 이용해서 입출력이 가능하다. java.io.File 클래스에서 제공되는 메소드들을 이용해서 sdcard에 존재하는 파일에 액세스가 가능하다.

Sdcard에 존재하는 이미지들을 File 클래스의 기능을 이용해서 읽어들인 후 ImgeView 위젯에 출력하는 예제를 작성해 보겠다.

1. java.io.File의 상속 구조

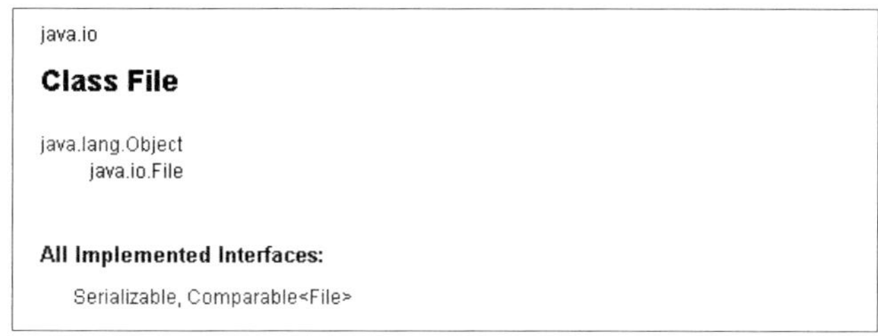

2. ImagViewer 예제 파일 작성과 실행

• 테스트용 이미지 파일 sdcard에 저장

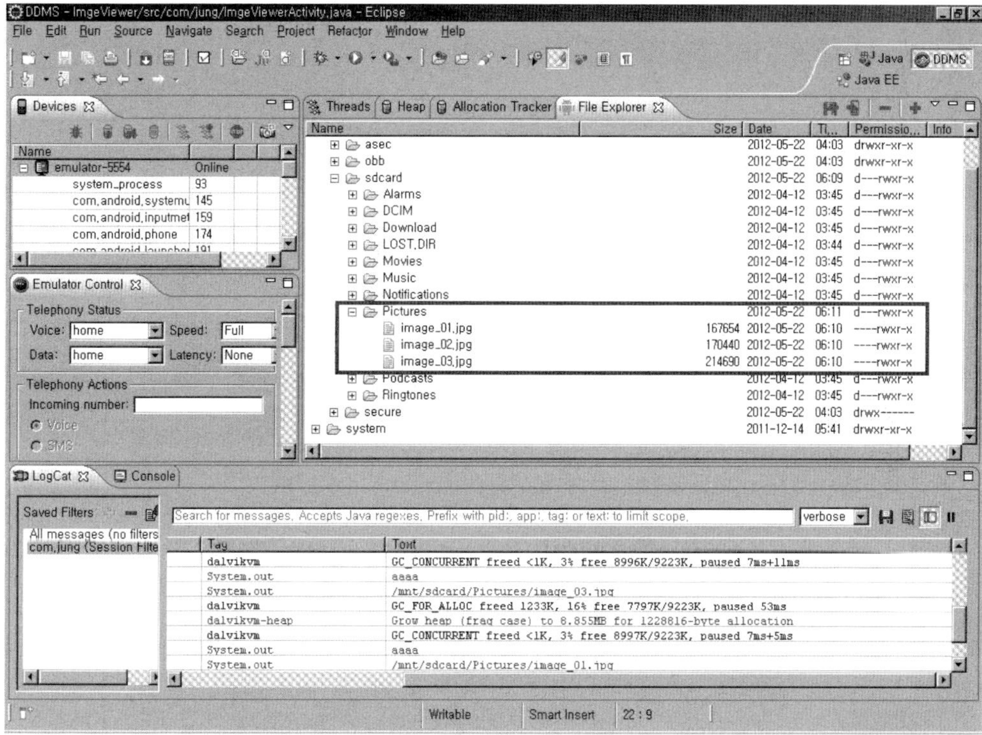

• **main.xml 파일 작성**

	Chapter13\ImgeViewer\res\layout\main.xml
1	`<?xml version="1.0" encoding="utf-8"?>`
2	`<LinearLayout xmlns:android="http://schemas.android.com/apk/res/android"`
3	`android:layout_width="fill_parent"`
4	`android:layout_height="fill_parent"`
5	`android:orientation="vertical"`
6	`android:gravity="center_horizontal">`
7	`<TextView`
8	`android:layout_width="fill_parent"`
9	`android:layout_height="wrap_content"`
10	`android:text="출력할 이미지 버튼을 클릭하세요" />`
11	`<ImageView`
12	`android:id="@+id/image"`
13	`android:layout_width="200dp"`
14	`android:layout_height="150dp"`
15	`/>`
16	`<LinearLayout android:orientation="vertical"`
17	`android:id="@+id/btnImage"`
18	`android:layout_width="wrap_content"`
19	`android:layout_height="wrap_content">`
20	`</LinearLayout>`
21	`</LinearLayout>`

코드 분석

11~15	특정 버튼을 클릭했을 때 버튼에서 지정한 이미지를 출력하는 ImageView 위젯을 정의한 부분이다.
16~20	sdcard에 존재하는 이미지 파일 개수만큼 버튼 객체를 생성하면서 버튼 객체를 자식 객체로 추가할 LinearLayout 위젯을 정의하는 부분이다.

• **ImgeViewerActivity.java 파일 작성**

	Chapter13\ImageViewer\src\com\jung\ImageViewer.java
1	`import java.io.File;`
2	`import android.view.View;`
3	`import android.app.Activity;`
4	`import android.graphics.Bitmap;`
5	`import android.graphics.BitmapFactory;`
6	`import android.os.Bundle;`
7	`import android.os.Environment;`
8	`import android.widget.Button;`
9	`import android.widget.ImageView;`
10	`import android.widget.LinearLayout;`

```java
11  package com.jung;
12  public class ImgeViewerActivity extends Activity implements View.OnClickListener{
13      /** Called when the activity is first created. */
14      static final String IMAGE_PATH=
15              Environment.getExternalStorageDirectory().getAbsolutePath()+"/Pictures";
16      ImageView image;
17      LinearLayout btnImage;
18      @Override
19      public void onCreate(Bundle savedInstanceState) {
20          super.onCreate(savedInstanceState);
21          setContentView(R.layout.main);
22          image = (ImageView)findViewById(R.id.image);
23          btnImage = (LinearLayout)findViewById(R.id.btnImage);
24          File file = new File(IMAGE_PATH);
25          File[] files = file.listFiles();
26          Button btn=null;
27          for(int i=0;i<files.length;i++){
28              btn = new Button(this);
29              btn.setText(files[i].getName());
30              btn.setOnClickListener(this);
31              btnImage.addView(btn);
32          }
33      }
34      public void onClick(View v) {
35          // TODO Auto-generated method stub
36          Button btnSource = (Button)v;
37          String str = btnSource.getText().toString();
38          Bitmap bitmap = BitmapFactory.decodeFile(IMAGE_PATH+"/"+str);
39          image.setImageBitmap(bitmap);
40      }
41  }
```

코드 분석

14~15	이미지 파일이 저장되어 있는 경로를 얻어 오는 부분이다. Environment.getExternalStorageDirectory().getAbsolutePath() 부분은 해당 디바이스의 sdcard 경로를 얻어 오는 부분이다. 절대 경로를 문자열로 지정하는 것보다는 Environment.getExternalStorageDirectory().getAbsolutePath()를 이용하여 디바이스의 sdcard 경로를 얻어 오면 해당 디바이스마다의 sdcard 경로를 얻어 올 수 있으므로 디바이스가 변경되었을 때 경로를 수동으로 변경할 필요가 없다. 본 예제에서는 이미지를 sdcard 안에 존재하는 Pictures 디렉토리에 저장해서 사용한다.
24	이미지가 저장되어 있는 디렉토리를 관리하기 위해서 해당 디렉토리 경로를 지정해서 파일 객체를 생성한다.
25	지정한 디렉토리에 존재하는 파일 객체들을 배열 형태로 얻어 온다.

27~32	배열에 존재하는 파일의 개수만큼 버튼 객체를 생성해서 LinearLayout의 자식 노드로 추가하는 부분이다. 각 버튼의 text 속성 값으로는 각 이미지 파일명을 사용한다. 버튼을 클릭할 때 해당 버튼의 text 속성으로 지정되어 있는 이미지 파일명을 이용해서 이미지를 ImageView에 출력한다.
29	각 버튼의 text 속성 값으로 각 파일의 이름(이미지 명)을 지정하는 부분이다.
30	각 생성된 버튼에 리스너 객체를 연결하는 부분이다.
31	생성된 버튼 객체들을 LinearLayout의 자식 노드로 추가하는 부분이다.
34~40	버튼을 클릭했을 때 해당하는 이미지를 상단에 존재하는 ImageView에 출력하는 기능을 구현한 부분이다.
36	이벤트를 발생시킨 View 객체를 Button 타입으로 캐스팅하는 부분이다.
37	버튼의 text 속성 값(출력될 이미지명)을 얻어 오는 부분이다.
38	이미지 파일 경로를 이용해서 Bitmap 객체를 생성하는 부분이다.
39	ImageView 위젯에 해당 이미지를 출력하는 부분이다.

• ImageViewer 프로젝트 실행

프로젝트를 실행하면 sdcard에 저장되어 있는 이미지 개수만큼 버튼 객체가 화면에 출력된다. 출력된 버튼 중 원하는 이미지명이 text로 출력된 버튼을 클릭해 보면 지정한 이미지가 ImageView에 출력되는 것을 확인할 수 있다.

4 XML 파서

필요한 데이터가 xml 형태의 파일로 제공된다면 xml 파일을 파싱해서 원하는 데이터를 추출할 수 있어야 한다. xml 데이터를 파싱하는 방법은 크게 DOM 방식과 SAX 방식으로 나누어 진다. DOM 방식과 SAX 방식의 차이점을 살펴보겠다.

1. DOM(Document Object Model)

❶ DOM 파싱

DOM 파싱 방식은 xml 파일을 파싱한 결과로 노드 트리를 반환해 주는 방식이다. 반환된 노드 트리가 메모리상에 존재하기 때문에 메모리에 존재하는 각 노드에 접근해서 작업을 할 수 있다.

```
<members>
<member id="001">
<name>
홍길동
</name>
</member>
<member id="002">
<name>
오정원
</name>
</member>
<member id="003">
<name>
김길동
</name>
</member>
</members>
```

앞에 제시된 xml 문서를 파싱하게 되면 하단과 같은 노드 트리가 메모리로 반환된다.

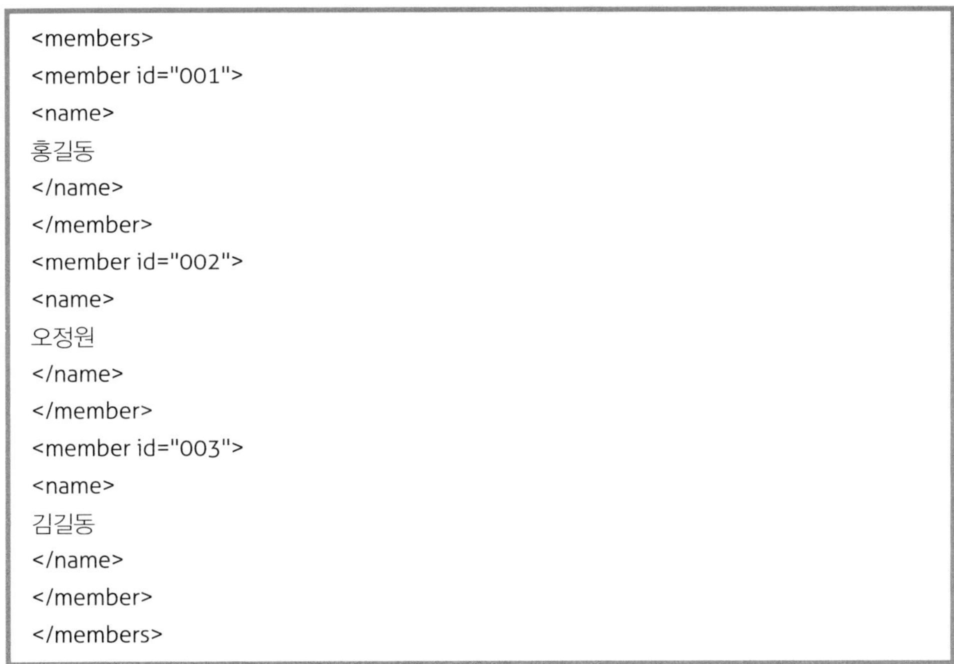

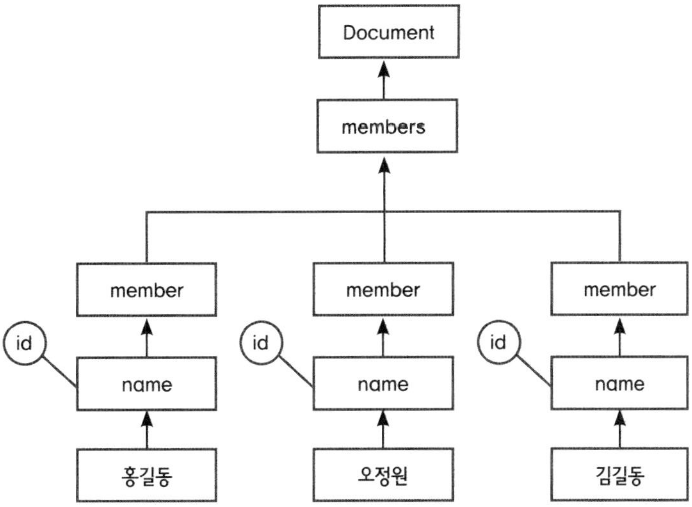

xml 파일을 DOM 파싱한 후 반환된 노드 트리

xml 파일을 DOM 파싱하면 상단에 출력된 그림처럼 xml에 작성된 모든 단위(엘리먼트, 속성, 텍스트 등)가 노드로 반환된다.

❷ DOM 파싱에 사용되는 Java Api

```
javax.xml.parsers

Class DocumentBuilder

java.lang.Object
    javax.xml.parsers.DocumentBuilder


public abstract class DocumentBuilder
extends Object
```

상단에 표시한 DocumentBuilder 클래스가 DOM 파서 역할을 한다. 상단 그림에 출력된 내용처럼 DocumentBuilder 클래스는 추상 클래스이므로 생성자를 사용해서 객체를 생성할 수는 없고 다음과 같이 생성해야 한다.

```
DocumentBuilder builder = DocumentBuilderFactory.newInstance()
.newDocumentBuilder();
```

상단과 같이 돔 파서가 생성되면 해당 파서를 이용해서 원하는 xml 파일을 파싱할 수 있다.

xml 파일을 파싱하는 메소드는 다음과 같은 메소드들이 제공된다.

```
public Document parse(InputStream is) throws SAXException,IOException
```

→ 파라미터
  파싱할 xml 내용을 포함하고 있는 입력 스트림
→ 리턴값
  xml 문서를 파싱해서 얻어낸 Document 객체
→ 발생할 수 있는 예외
  IOException,SAXException

```
public Document parse(InputStream is,String systemId) throws SAXException,IOException
```

→ 파라미터
  Is : 파싱할 xml 내용을 포함하고 있는 입력 스트림
  systemId : 파싱할 때 상대적인 경로를 사용할 경우 기준이 되는 경로 지정
→ 리턴값
  xml 문서를 파싱해서 얻어낸 Document 객체
→ 발생할 수 있는 예외
  IOException,SAXException,IllegalArgumentException

```
public Document parse(String uri ) throws SAXException,IOException
```

→ 파라미터
  uri : xml 파일의 위치
→ 리턴값
  xml 문서를 파싱해서 얻어낸 Document 객체

→ 발생할 수 있는 예외
   IOException,SAXException,IllegalArgumentException

```
public Document parse(File f) throws SAXException,IOException
```

→ 파라미터
   f : 파싱할 xml 파일로 생성된 File 객체
→ 리턴값
   xml 문서를 파싱해서 얻어낸 Document 객체
→ 발생할 수 있는 예외
   IOException,SAXException

```
public abstract Document parse(InputSource is) throws SAXException,IOException
```

→ 파라미터
   is : 파싱할 xml 파일로 생성된 InputSource 객체
→ 리턴값
   xml 문서를 파싱해서 얻어낸 Document 객체
→ 발생할 수 있는 예외
   IOException,SAXException, IllegalArgumentException

❸ Node 인터페이스의 주요 메소드

- Node appendChild(Node newChild) throws DOMException

  : 파라미터로 지정한 노드를 메소드를 호출한 자식노드 중 마지막 자식 노드 뒤에 추가한다.

- Node getFirstChild() : 첫 번째 자식 노드를 반환한다.

- String getNodeName() : 노드의 이름을 반환한다.

- String getNodeValue() throws DOMException : 해당 노드의 값을 반환한다.

- Node getLastChild() : 자식 노드 중 마지막 노드를 빈환한다.

- Node getPreviousSibling() : 이전 형제 노드를 반환한다.

- Node getNextSibling() : 다음 형제 노드를 반환한다.

❹ Document 인터페이스의 주요 메소드

- Element createElement(String tagName) throws DOMException

  : 해당 이름의 엘리먼트를 생성한다. 대소문자를 구분한다.

- Attr createAttribute(String name) throws DOMException

  : 파라미터로 지정된 이름으로 속성을 생성한다.

- NodeList getElementsByTagName(String tagname)

  : 해당 태그 이름을 가지고 있는 Node들을 NodeList 타입으로 반환한다.

❺ Element 인터페이스의 주요 메소드

• String getAttribute(String name) : 파라미터로 지정된 이름의 속성의 값을 반환한다.

• void setAttribute(String name,String value) throws DOMException

 : 첫 번째 파라미터로 지정된 속성의 값으로 두 번째 파라미터로 지정된 값을 설정한다. 기존에 해당 이름의 속성이 존재하지 않으면 속성을 새로 생성하면서 값을 설정한다.

• void removeAttribute(String name) throws DOMException

 : 파라미터로 지정한 이름의 속성을 제거한다.

• NodeList getElementsByTagName(String name)

 : 해당 이름을 가지고 있는 모든 노드들을 NodeList 타입으로 반환한다.

❻ DOM 파싱 예제에 필요한 파일 작성

• 파싱할 Xml 파일 작성

● Chapter13\DomParser\res\raw\member.xml

```
1   <?xml version="1.0" encoding="UTF-8"?>
2   <memberlist>
3       <member id="001">
4           <name>오정원</name>
5           <age>36</age>
6           <weight>88</weight>
7           <height>167</height>
8       </member>
9       <member id="002">
10          <name>최민수</name>
11          <age>30</age>
12          <weight>66</weight>
13          <height>168</height>
14      </member>
15    <member id="003">
16          <name>박상민</name>
17          <age>30</age>
18        <weight>77</weight>
19          <height>180</height>
20      </member>
21  </memberlist>
```

∴ 코드 분석

루트 엘리먼트를 <memberlist>로 설정하고 하위 엘리먼트 <member> 엘리먼트를 사용하여 3명의 회원에 대한 정보를 저장하고 있는 xml 파일이다.

- ## main.xml 파일 작성

<table>
<tr><td colspan="2">◉ Chapter13\DomParser\res\layout\main.xml</td></tr>
<tr><td>1</td><td><?xml version="1.0" encoding="utf-8"?></td></tr>
<tr><td>2</td><td><LinearLayout xmlns:android="http://schemas.android.com/apk/res/android"</td></tr>
<tr><td>3</td><td>   android:layout_width="fill_parent"</td></tr>
<tr><td>4</td><td>   android:layout_height="fill_parent"</td></tr>
<tr><td>5</td><td>   android:gravity="center_horizontal"</td></tr>
<tr><td>6</td><td>   android:orientation="vertical" ></td></tr>
<tr><td>7</td><td>   <TextView</td></tr>
<tr><td>8</td><td>   android:layout_width="wrap_content"</td></tr>
<tr><td>9</td><td>   android:layout_height="wrap_content"</td></tr>
<tr><td>10</td><td>   android:text="회원정보" /></td></tr>
<tr><td>11</td><td>   <Button</td></tr>
<tr><td>12</td><td>   android:id="@+id/all"</td></tr>
<tr><td>13</td><td>   android:layout_width="wrap_content"</td></tr>
<tr><td>14</td><td>   android:layout_height="wrap_content"</td></tr>
<tr><td>15</td><td>   android:text="전체명단" /></td></tr>
<tr><td>16</td><td>   <TextView</td></tr>
<tr><td>17</td><td>   android:id="@+id/memAll"</td></tr>
<tr><td>18</td><td>   android:layout_width="wrap_content"</td></tr>
<tr><td>19</td><td>   android:layout_height="wrap_content" /></td></tr>
<tr><td>20</td><td></LinearLayout></td></tr>
</table>

코드 분석

7~10	타이틀을 출력하는 TextView 위젯을 정의한 영역이다.
11~15	클릭하면 member.xml 파일을 돔 파싱하여 전체 회원에 대한 정보를 하단의 TextView 영역에 출력하는 로직을 수행할 Button 위젯을 정의한 부분이다.
16~19	전체 회원의 정보가 출력될 TextView 위젯을 정의한 부분이다.

- ## DomParserActivity.java 파일 작성

<table>
<tr><td colspan="2">◉ Chapter13\DomParser\src\com\jung\DomParserActivity.java</td></tr>
<tr><td>1</td><td>package com.jung;</td></tr>
<tr><td>2</td><td>import java.io.InputStream;</td></tr>
<tr><td>3</td><td>import javax.xml.parsers.DocumentBuilder;</td></tr>
<tr><td>4</td><td>import javax.xml.parsers.DocumentBuilderFactory;</td></tr>
<tr><td>5</td><td>import org.w3c.dom.Document;</td></tr>
<tr><td>6</td><td>import org.w3c.dom.Element;</td></tr>
<tr><td>7</td><td>import org.w3c.dom.NodeList;</td></tr>
</table>

```java
8    import org.w3c.dom.Text;
9    import android.app.Activity;
10   import android.os.Bundle;
11   import android.widget.Button;
12   import android.widget.TextView;
13   import android.widget.Toast;
14   import android.view.View;
15   public class DomParserActivity extends Activity implements View.OnClickListener{
16       /** Called when the activity is first created. */
17       TextView memAll;
18       Button all;
19       Element member;
20       DocumentBuilder domParser;
21       Document doc;
22       Element rootElement;
23       @Override
24       public void onCreate(Bundle savedInstanceState) {
25           super.onCreate(savedInstanceState);
26           setContentView(R.layout.main);
27           memAll = (TextView)findViewById(R.id.memAll);
28           all = (Button)findViewById(R.id.all);
29           all.setOnClickListener(this);
30       }
31       public void onClick(View v) {
32           // TODO Auto-generated method stub
33           try{
34               InputStream ins = getResources().openRawResource(R.raw.member);
35               DocumentBuilderFactory factory = DocumentBuilderFactory.newInstance();
36               domParser=factory.newDocumentBuilder();
37               doc=domParser.parse(ins,null);
38               rootElement = doc.getDocumentElement();
39               NodeList members = rootElement.getElementsByTagName("member");
40               showMember(members);
41           }
42       catch(Exception e){
43               e.printStackTrace();
44               Toast.makeText(DomParserActivity.this, "파일 로드 실패.", Toast.LENGTH_
45   SHORT).show();
46           }
47       }
```

```
48      private void showMember(NodeList members) {
49          // TODO Auto-generated method stub
50          StringBuffer sb = new StringBuffer();
51          Element member=null;
52          for(int i=0;i<members.getLength();i++){
53              member = (Element)members.item(i);
54              String id = member.getAttribute("id");
55              NodeList names = member.getElementsByTagName("name");
56              Element name = (Element)names.item(0);
57              Text nameTextNode = (Text)name.getFirstChild();
58              NodeList ages = member.getElementsByTagName("age");
59              Element age = (Element)ages.item(0);
60              Text ageTextNode = (Text)age.getFirstChild();
61              NodeList weights = member.getElementsByTagName("weight");
62              Element weight = (Element)weights.item(0);
63              Text weightTextNode = (Text)weight.getFirstChild();
64              NodeList heights = member.getElementsByTagName("height");
65              Element height = (Element)heights.item(0);
66              Text heightTextNode = (Text)height.getFirstChild();
67              sb.append("아이디 : "+id+ " 이름 : "+nameTextNode.getData() + " 나이 : "+
68      ageTextNode.getData() +" weight : "+weightTextNode.getData()+ " height : "+
69      heightTextNode.getData() + "\n");
70              }
71          memAll.setText(sb.toString());
72          }
73  }
```

코드 분석

17~22	각 레퍼런스 변수를 선언한 부분이다.
27	member.xml 파일에 저장되어 있는 전체 회원의 정보가 출력될 TextView 위젯 객체를 생성한 부분이다.
28	클릭했을 때 member.xml 파일을 파싱하는 작업을 수행하는 Button 객체를 생성한 부분이다.
29	버튼에 리스너 객체를 자기 자신 클래스로 연결하는 부분이다.
34	member.xml 파일의 내용을 읽을 수 있는 InputStream을 얻어 오는 부분이다.
35	돔 파서인 DocumentBuilder를 생성하는 역할을 하는 DocumentBuilderFactory 객체를 생성하는 부분이다. DocumentBuilderFactory 클래스는 추상 클래스이므로 newInstance() 메소드를 이용해서 객체를 생성해야 한다.
36	DocumentBuilder 객체를 생성하는 부분이다.
37	입력 스트림을 이용해서 member.xml을 파싱하여 Document 객체를 리턴받는 부분이다.
38	루트 엘리먼트인 memberlist 엘리먼트를 얻어 오는 부분이다.

39	Member라는 태그명을 가지고 있는 모든 노드를 NodeList 타입으로 얻어 오는 부분이다.
40	NodeList에 포함되어 있는 모든 회원의 정보를 출력하는 showMember 메소드를 호출하는 부분이다.
50	회원의 정보를 임시적으로 저장할 StringBuffer 객체를 생성하는 부분이다.
53	NodeList에 저장되어 있는 member 노드 객체를 하나씩 얻어 오는 부분이다.
54	member 엘리먼트의 id 속성 값을 얻어 오는 부분이다.
55	member 엘리먼트의 자식 엘리먼트 중 name이라는 태그명을 가지고 있는 엘리먼트들을 NodeList 형태로 반환받는 부분이다.
56	name 엘리먼트를 포함하고 있는 NodeList의 요소 중 첫 번째 name 엘리먼트의 참조를 얻어 오는 부분이다. 어차피 특정 member 엘리먼트의 자식 엘리먼트로는 name 엘리먼트가 하나만 존재하므로 첫 번째 name 엘리먼트만 얻어 오면 된다.
57	name 엘리먼트의 첫 번째 자식 노드를 얻어 오는 부분이다. name 엘리먼트의 첫 번째 자식 엘리먼트는 name 값을 가지고 있는 Text이다.
58~66	55 라인에서 얻어 온 member 엘리먼트의 각 자식 엘리먼트의 값을 가지고 있는 Text Node를 얻어 오는 부분이다.
67~69	상단에서 얻어 온 각 Text Node를 이용해서 해당 회원의 정보를 얻어 와 하나의 문자열로 연결하는 부분이다.
71	최종적으로 StringBuffer에 저장된 회원의 정보를 저장한 문자열을 TextNode의 text 속성 값으로 설정하는 부분이다.

• DomParser 프로젝트 실행

DomParser 프로젝트를 실행한 후 [전체명단] 버튼을 클릭하면 member.xml 파일에 저장되어 있는 정보가 하단의 TextView에 출력되는 것을 확인할 수 있다.

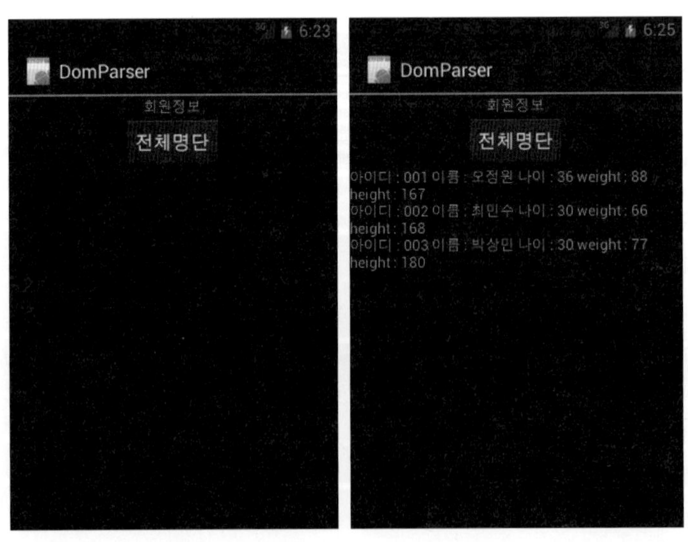

2. SAX(Simple Api For XML)

❶ SAX 파싱

SAX 방법으로 XML을 파싱하면, DOM 방식처럼 파싱한 결과를 메모리에 생성하지 않으며 XML 파일을 읽어들일 때마다 순차적으로 이벤트를 발생시켜 대상 XML 파일을 액세스할 수 있다. 많은 양의 XML 파일을 읽어들여도 DOM 방식에 비해서 메모리의 부담이 적다. 일반적으로 DOM 방식에 비해 속도는 빠르지만 내비게이션 작업은 불가능하다.

SAX 파서는 다음과 같이 생성한다.

```
SAXParserFactory factory = SAXParserFactory.newInstance();
SAXParser saxp = factory.newSAXParser();
```

상단과 같이 SAX 파서가 생성되면 실질적으로 XML 파일을 파싱하는 역할을 하는 XMLReader 객체를 다음과 같이 생성한 후 각 이벤트를 처리하는 핸들러를 XMLReader에 등록하고 대상 XML 파일을 파싱하면, 각 Handler가 처리하는 이벤트가 발생했을 때 각 핸들러에서 이벤트를 처리하게 된다.

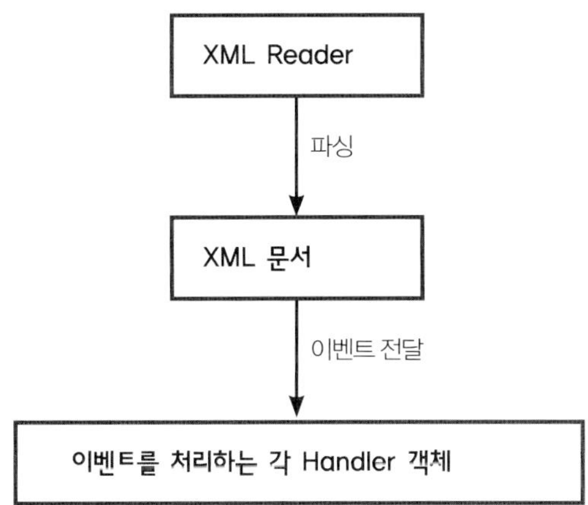

Handler의 종류로는 ContentHandler, DocumentHandler, ErrorHandler, DTDHandler, EntityResolver 인터페이스가 있다. 또한 ContentHandler, DTDHandler, EntityResolver, ErrorHandler 네 개의 인터페이스를 구현한 DefaultHandler 클래스가 존재한다. 좀 더 자세한 사항은 xml 서적을 참조하기 바란다.

하단의 예는 ContentHandler를 이용해서 XML을 파싱하는 경우의 예이다.

```
XMLReader xReader = saxp.getXMLReader();
MyHandler my = new MyHandler();
xReader.setContentHandler(my);
InputSource input = new InputSource(ins);
xReader.parse(input);
```

❷ SAX 파싱 예제에 필요한 파일 작성

• 파싱할 Xml 파일 작성

<table>
<tr><td colspan="2">◉ Chapter13\SaxParser\res\raw\member.xml</td></tr>
<tr><td>1</td><td><?xml version="1.0" encoding="UTF-8"?></td></tr>
<tr><td>2</td><td><memberlist></td></tr>
<tr><td>3</td><td> <member id="001"></td></tr>
<tr><td>4</td><td>   <name>오정원</name></td></tr>
<tr><td>5</td><td>   <age>36</age></td></tr>
<tr><td>6</td><td>   <weight>88</weight></td></tr>
<tr><td>7</td><td>   <height>167</height></td></tr>
<tr><td>8</td><td> </member></td></tr>
<tr><td>9</td><td> <member id="002"></td></tr>
<tr><td>10</td><td>   <name>최민수</name></td></tr>
<tr><td>11</td><td>   <age>30</age></td></tr>
<tr><td>12</td><td>   <weight>66</weight></td></tr>
<tr><td>13</td><td>   <height>168</height></td></tr>
<tr><td>14</td><td> </member></td></tr>
<tr><td>15</td><td><member id="003"></td></tr>
<tr><td>16</td><td>   <name>박상민</name></td></tr>
<tr><td>17</td><td>   <age>30</age></td></tr>
<tr><td>18</td><td>   <weight>77</weight></td></tr>
<tr><td>19</td><td>   <height>180</height></td></tr>
<tr><td>20</td><td> </member></td></tr>
<tr><td>21</td><td></memberlist></td></tr>
</table>

코드 분석

루트(최상위) 엘리먼트를 <memberlist> 로 설정하고 하위 엘리먼트 <member> 엘리먼트를 사용하여 3명의 회원에 대한 정보를 저장하고 있는 xml 파일이다.

• main.xml 파일 작성

<table>
<tr><td colspan="2">◉ Chapter13/SaxParser/res/layout/main.xml</td></tr>
<tr><td>1</td><td><?xml version="1.0" encoding="utf-8"?></td></tr>
<tr><td>2</td><td><LinearLayout xmlns:android="http://schemas.android.com/apk/res/android"</td></tr>
<tr><td>3</td><td> android:layout_width="fill_parent"</td></tr>
<tr><td>4</td><td> android:layout_height="fill_parent"</td></tr>
<tr><td>5</td><td> android:orientation="vertical" ></td></tr>
<tr><td>6</td><td> <TextView</td></tr>
<tr><td>7</td><td>   android:layout_width="fill_parent"</td></tr>
<tr><td>8</td><td>   android:layout_height="wrap_content"</td></tr>
<tr><td>9</td><td>   android:text="member.xml 파일 읽기" /></td></tr>
</table>

10	<Button
11	android:id="@+id/load"
12	android:layout_width="wrap_content"
13	android:layout_height="wrap_content"
14	android:text="Load"
15	/>
16	<TextView
17	android:id="@+id/result"
18	android:layout_width="wrap_content"
19	android:layout_height="wrap_content"
20	/>
21	</LinearLayout>

코드 분석

6~9	제목을 출력하는 TextView 위젯을 정의한 부분이다.
10~15	클릭하면 SAX 파싱을 실행할 Button 위젯을 정의한 부분이다.
16~20	파싱 결과를 출력할 TextView 위젯을 정의한 부분이다.

• Handler 클래스 작성

Chapter13\SaxParser\src\com\jung\MyHandler.java

```java
1    package com.jung;
2    import org.xml.sax.*;
3    class MyHandler implements ContentHandler
4    {
5        public void setDocumentLocator(Locator locator) {}
6        public void startPrefixMapping(String prefix, String uri) throws SAXException {}
7        public void endPrefixMapping(String prefix) throws SAXException {}
8        public void ignorableWhitespace(char[] ch, int start, int length) throws SAXException {}
9        public void processingInstruction(String target, String data) throws SAXException {}
10       public void skippedEntity(String name) throws SAXException {}
11       static StringBuffer sb = new StringBuffer();
12       public void startDocument( ){
13           sb.append(" >>      XML문서 시작      <<");
14       }
15       public void endDocument( ){
16           sb.append("\n  >>   XML문서 끝 <<\n ");
17       }
18       public void startElement(String URI, String localName, String qName, Attributes atts){
19           sb.append("\n  <" + qName + "> " );
20       }
```

21	public void endElement(String URI, String localName, String qName){
22	sb.append(" </" + qName + "> ");
23	}
24	public void characters(char ch[], int start, int length) {
25	sb.append(new String(ch, start, length));
26	}
27	}

코드 분석

3	ContentHandler 인터페이스를 구현하여 Handler 클래스를 구현하였다.
5~10	ContentHandler 인터페이스에 정의되어 있는 메소드들을 구현하였다. 해당 클래스가 인터페이스를 구현하였으므로 인터페이스에 정의되어 있는 모든 메소드를 구현해야 한다.
11	문서에서 이벤트가 발생할 때 필요한 문자열을 저장할 StringBuffer 객체를 생성한 부분이다.
12~14	해당 xml 문서가 읽혀질 때 호출되는 메소드를 구현한 부분이다.
15~17	문서의 끝 부분을 읽었을 때 호출되는 메소드를 구현한 부분이다.
18~20	시작 엘리먼트가 읽혀질 때 시작 엘리먼트의 태그명을 StringBuffer 객체에 추가하는 부분이다.
21~23	종료 엘리먼트가 읽혀질 때 호출되는 메소드에서 종료 엘리먼트 명을 StringBuffer 객체에 추가하는 부분이다.
24~26	텍스트 노드가 읽혀졌을 때 전체 텍스트 중 해당 텍스트 노드에서 읽은 내용만 SringBuffer 객체에 추가하는 부분이다.

• SaxParserActivity.java 파일 작성

⊙ Chapter13\SaxParser\src\com\jung\SaxParserActivity.java

```java
package com.jung;
import java.io.InputStream;
import javax.xml.parsers.SAXParser;
import javax.xml.parsers.SAXParserFactory;
import org.xml.sax.InputSource;
import org.xml.sax.XMLReader;
import android.app.Activity;
import android.os.Bundle;
import android.view.View;
import android.widget.Button;
import android.widget.TextView;
import android.widget.Toast;
public class SaxParserActivity extends Activity implements View.OnClickListener{
    /** Called when the activity is first created. */
    Button load;
```

```java
16        TextView result;
17        @Override
18        public void onCreate(Bundle savedInstanceState) {
19            super.onCreate(savedInstanceState);
20            setContentView(R.layout.main);
21            load = (Button)findViewById(R.id.load);
22            result = (TextView)findViewById(R.id.result);
23            load.setOnClickListener(this);
24        }
25        public void onClick(View v) {
26            // TODO Auto-generated method stub
27            try{
28            InputStream ins = getResources().openRawResource(R.raw.member);
29            SAXParserFactory saxpf = SAXParserFactory.newInstance();
30            SAXParser saxp = saxpf.newSAXParser();
31            XMLReader xReader = saxp.getXMLReader();
32            MyHandler my = new MyHandler();
33            xReader.setContentHandler(my);
34            InputSource input = new InputSource(ins);
35            xReader.parse(input);
36            result.setText(MyHandler.sb);
37            }
38            catch(Exception e){
39                Toast.makeText(SaxParserActivity.this, "로드실패", Toast.LENGTH_SHORT);
40            }
41        }
42    }
```

코드 분석

줄	설명
28	member.xml 파일의 내용을 읽어들일 수 있는 입력 스트림을 생성하는 부분이다.
29~30	SaxParser 객체를 생성하는 부분이다.
31	실질적으로 파싱을 해 주는 역할을 하는 XMLReader 객체를 얻어 오는 부분이다.
32	xml 파일을 읽어들이면서 발생하는 이벤트를 처리할 Handler 객체를 생성하는 부분이다.
33	XMLReader 객체에 Handler 객체를 등록하는 부분이다.
34	입력 스트림을 이용해서 InputSource 객체를 생성하는 부분이다. parse 메소드에서 파라미터로 InputSource 형태를 요구하므로 InputSource 객체를 생성한다.
35	member.xml 문서를 파싱하는 부분이다.
36	Handler 클래스에서 이벤트를 처리하고 생성한 StringBuffer 객체의 값을 TextView의 text 속성 값으로 설정하는 부분이다.

- **SaxParser 예제 실행**

SaxParser 프로젝트를 실행하고 버튼을 클릭하면 member.xml 파일을 파싱해서 파싱한 결과를 하단에 있는 TextView에 출력하는 것을 확인할 수 있다.

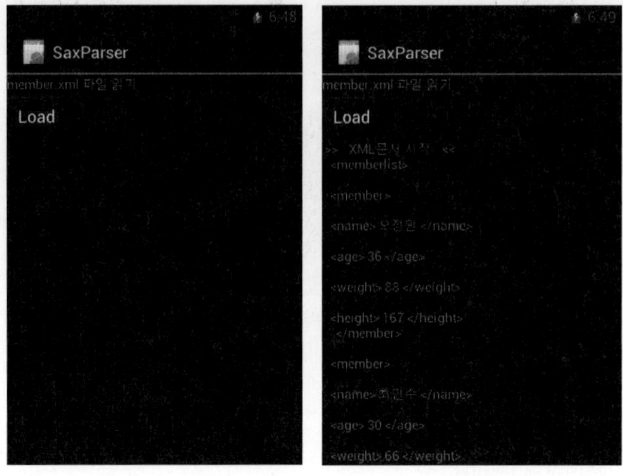

3. JSON(JavaScript Object Notation)

❶ JSON 파싱

데이터를 주고받을 때 XML 파일로 데이터를 주고받으면 XML 파일을 정의하는 태그 부분이 부가적으로 필요하다. 따라서 경량의 데이터를 주고받을 경우에는 XML 파일 형태보다는 텍스트 형태의 파일인 JSON 형태로 데이터를 주고받는 것이 더욱 효과적이다.

안드로이드에서는 org.json 패키지에 JSON 형태의 데이터를 파싱하는 데 필요한 클래스들을 제공한다. 중요한 클래스 JSONObject 클래스와 JSONArray 클래스를 소개한다.

JSONObject 클래스는 수정 가능한 이름과 값을 매핑해 놓은 클래스이다. 이름은 유일해야 하며 null이 아닌 문자열이 사용될 수 있다. 값으로는 JSONObjects, JSONArrays, Strings, Booleans, Integers, Longs, Doubles이나 NULL 값이 올 수 있다.

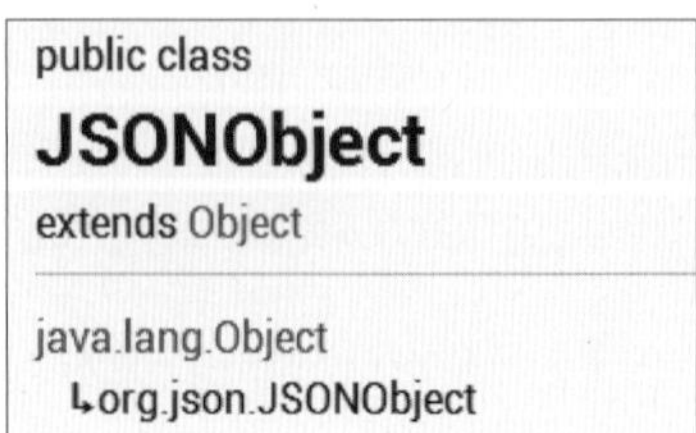

JSONArray 클래스는 일련의 인덱스 번호로 값을 저장할 수 있는 형태이다. 값으로는 JSONObjects, JSONArrays, Strings, Booleans, Integers, Longs, Doubles이나 NULL 값이 올 수 있다.

> public class
> ## JSONArray
> extends Object
>
> java.lang.Object
> ㄴ org.json.JSONArray

❷ 자주 사용되는 메소드

• JSONObject 클래스의 메소드들

- public Object get (String name)
  : 이름과 매핑되어 있는 값을 반환한다. 만약 해당하는 이름에 매핑되어 있는 값이 없으면 JSONException 을 발생시킨다.

- public boolean getBoolean (String name)
  : 이름과 매핑되어 있는 값을 반환한다. 만약 이름과 매핑되어 있는 값이 존재하지 않거나, boolean 타입으로 사용될 수 없는 타입이면 JSONException을 발생시킨다.

- public double getDouble (String name)
  : 이름과 매핑되어 있는 값을 반환한다. 만약 이름과 매핑되어 있는 값이 존재하지 않거나, double 타입으로 사용될 수 없는 타입이면 JSONException을 발생시킨다.

- public int getInt (String name)
  : 이름과 매핑되어 있는 값을 반환한다. 만약 이름과 매핑되어 있는 값이 존재하지 않거나, int 타입으로 사용될 수 없는 타입이면 JSONException을 발생시킨다.

- public JSONArray getJSONArray (String name)
  : 이름과 매핑되어 있는 값을 반환한다. 만약 이름과 매핑되어 있는 값이 존재하지 않거나, JSONArray 타입이 아니면 JSONException을 발생시킨다.

- public JSONObject getJSONObject (String name)
  : 이름과 매핑되어 있는 값을 반환한다. 만약, 이름과 매핑되어 있는 값이 존재하지 않거나, JSONObject 타입이 아니면 JSONException을 발생시킨다. 기타 public long getLong (String name), public String getString (String name)도 해당 이름에 대한 값을 반환해 주는 메소드가 제공된다.

- public JSONObject put (String name, int value)
  : 해당 이름에 두 번째 파라미터의 값을 매핑시키면서 JSONObject를 생성한다. 기존에 같은 이름의 값이 존재하면 기존값을 덮어쓴다. 기타 특정 이름에 값을 매핑하는 메소드로 public JSONObject put

(String name, long value), public JSONObject put (String name, Object value), public JSONObject put (String name, boolean value), public JSONObject put (String name, double value)가 제공된다.

지금까지 살펴본 것처럼, JSONObject에서는 특정 이름으로 값을 매핑시키는 put 계열의 메소드와 특정 이름으로 매핑되어 있는 값을 반환해 주는 get 계열의 메소드들이 제공된다.

• JSONArray 클래스의 메소드들

- public Object get (int index)

  : 해당 인덱스에 매핑되어 있는 값을 반환해 준다. 해당 인덱스가 존재하지 않거나 해당 인덱스에 매핑되어 있는 값이 null을 레퍼런스할 때는 JSONException을 발생시킨다. 만약 JSONObject#NULL 값을 매핑하고 있을 때는 정상적으로 값을 반환한다.

- public boolean getBoolean (int index)

  : 해당 인덱스의 값을 반환한다. 만약, 해당 인덱스에 매핑되어 있는 값이 없거나, 타입이 boolean이 아니거나 boolean으로 변환될 수 없는 값일 경우는 JSONException을 발생시킨다.

  기타 public double getDouble (int index), public int getInt (int index), public JSONArray getJSONArray (int index), public JSONObject getJSONObject (int index), public long getLong (int index), public String getString (int index)의 get 계열의 메소드가 제공된다.

- public boolean isNull (int index) : 해당 인덱스의 값이 null인지를 판단해 준다.

- public int length () : 배열에 저장되어 있는 값의 개수를 반환한다.

- public JSONArray put (Object value) : 배열의 마지막에 해당 객체를 요소로 추가한다.

- public JSONArray put (int index, int value)

  : 해당 인덱스 위치에 값을 추가한다. 기존에 해당 인덱스에 매핑되어 있는 값이 있으면 새로운 값으로 치환한다. 기타 public JSONArray put (int index, long value) 등 다양한 put 계열의 메소드들이 제공된다.

❸ JSON 파서 예제에 필요한 파일들 작성

• main.xml 파일 작성

<table>
<tr><td colspan="2">◉ Chapter13\JsonParser\res\layout\main.xml</td></tr>
<tr><td>1</td><td><?xml version="1.0" encoding="utf-8"?></td></tr>
<tr><td>2</td><td><LinearLayout xmlns:android="http://schemas.android.com/apk/res/android"</td></tr>
<tr><td>3</td><td>android:layout_width="fill_parent"</td></tr>
<tr><td>4</td><td>android:layout_height="fill_parent"</td></tr>
<tr><td>5</td><td>android:orientation="vertical" ></td></tr>
</table>

6	<TextView
7	android:id="@+id/result"
8	android:layout_width="fill_parent"
9	android:layout_height="wrap_content"
10	android:text="" />
11	<Button
12	android:id="@+id/load"
13	android:layout_width="fill_parent"
14	android:layout_height="wrap_content"
15	android:text="Json Parsing"/>
16	</LinearLayout>

코드 분석

6~10	JSON 형태의 데이터를 파싱한 결과를 출력할 TextView 위젯을 정의한 부분이다.
11~15	클릭했을 때 JSON 형태의 데이터를 파싱하는 기능을 수행할 Button 위젯을 정의한 부분이다.

• JsonParserActivity.java 파일 작성

⦿ Chapter13\JsonParser\src\com\jung\JsonParserActivity.java

```java
1   package com.jung;
2   import org.json.JSONArray;
3   import org.json.JSONObject;
4   import android.app.Activity;
5   import android.os.Bundle;
6   import android.view.View;
7   import android.widget.Button;
8   import android.widget.TextView;
9   import android.widget.Toast;
10  public class JsonParserActivity extends Activity implements View.OnClickListener{
11      /** Called when the activity is first created. */
12      TextView result;
13      Button load;
14      @Override
15      public void onCreate(Bundle savedInstanceState) {
16          super.onCreate(savedInstanceState);
17          setContentView(R.layout.main);
18          result = (TextView)findViewById(R.id.result);
19          load = (Button)findViewById(R.id.load);
20          load.setOnClickListener(this);
21      }
```

```java
22        public void onClick(View v) {
23            // TODO Auto-generated method stub
24            String Json = "[{\"name\":\"오정원\", \"age\":22, \"height\":167},"
25                    + "{\"name\":\"최민수\", \"age\":18, \"height\":180},"
26                    + "{\"name\":\"박상민\", \"age\":19, \"height\":170}]";
27            try {
28                String resultString = "회원 목록\n";
29                JSONArray members = new JSONArray(Json);
30                for (int i = 0; i < members.length(); i++) {
31                    JSONObject member = members.getJSONObject(i);
32                    resultString += "회원명:" + member.getString("name") +
33                    ",나이:" + member.getInt("age") +
34                    ",신장" + member.getInt("height") + "\n";
35                }
36            result.setText(resultString);
37            } catch (Exception e) {
38                Toast.makeText(v.getContext(), "로드실패", 0).show();
39            }
40        }
41    }
```

코드 분석

행	설명
24~26	JSON 형태의 데이터를 배열 형태로 정의한 부분이다. [ ] 부분은 JSON에서 배열로 인식되며, {"name": value } 형태의 JSONObject를 여러 개 정의할 수 있다.
28	JSON 형태의 데이터를 파싱해서 얻은 값들을 연결할 문자열을 정의한 부분이다. 문자열의 상단에 제목으로 "회원 목록" 문자열을 지정한 부분이다.
29	JSON 데이터 형태의 문자열을 이용해서 JSONArray 객체를 생성하는 부분이다.
30~35	JSONArray 객체에 저장되어 있는 각 회원의 정보를 JSONObject 타입으로 얻어와서 각 회원의 정보를 resultString 문자열에 추가하는 부분이다.
31	배열에서 각 인덱스에 매핑되어 있는 JSONObject 객체를 하나씩 얻어 오는 부분이다.
32~34	회원 한 명에 대한 정보를 resultString 변수에 추가하는 부분이다.
36	최종적으로 모든 회원의 정보를 TextView의 속성 값으로 설정하는 부분이다.

• JsonParser 예제 실행하기

JsonParser 예제를 실행한 후 [Json Parsing] 버튼을 클릭하면 상단의 TextView 위젯에 파싱한 정보가 출력되는 것을 확인할 수 있다.

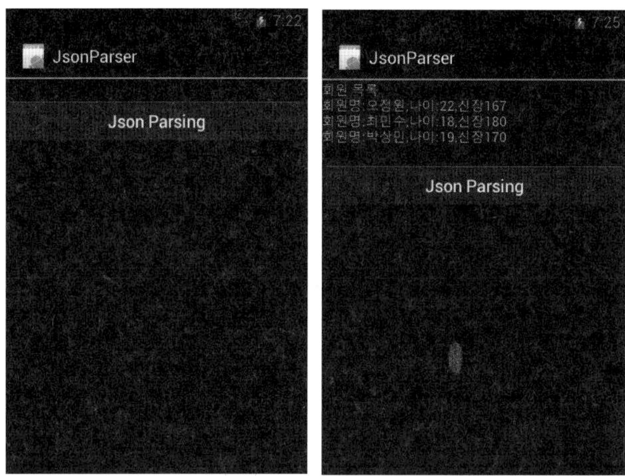

4. XMLPullParser

❶ XMLPullParser 파싱

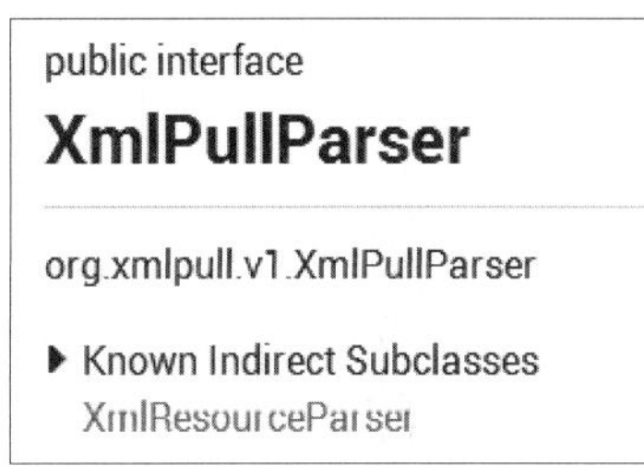

XMLPullParser 인터페이스는 "XMLPULL V1 API"에서 제공되는 기능들을 이용하여 XML을 파싱하는 기능을 제공해 준다. next() 메소드나 nextToken() 메소드를 이용하여 다음 이벤트 타입을 얻어오면서 xml 파일을 읽어들일 수 있다. 현재 이벤트 상태는 getEventType() 메소드를 이용하여 얻어올 수 있으며 START_DOCUMENT가 문서를 읽어들이는 시작 상태를 의미하고, END_ DOCUMENT 상태로 로딩이 마무리된다.

next() 메소드에 의해서 반환되는 이벤트 타입에는 다음과 같은 것들이 있다.

• START_TAG : 시작 태그가 읽혀졌을 때 리턴되는 이벤트이다.

• TEXT : TEXT Content가 읽혀졌을 때 반환되는 이벤트이다. TEXT 내용은 getText() 메소드를 사용하여 얻을 수 있다.

- END_TAG : 마치는 태그가 읽혀졌을 때 발생하는 이벤트이다.
- END_DOCUMENT : 더 이상 읽어들일 엘리먼트가 없을 때 발생되는 이벤트이다.

❷ XMLPullParser 인터페이스의 메소드

- public abstract int getAttributeCount ()
  : 현재 이벤트의 start tag의 속성의 개수를 반환한다. 현재 발생한 이벤트 타입이 START_TAG 타입이 아닌 경우에는 -1을 반환한다.
- public abstract String getAttributeName (int index)
  : 현재 태그의 해당 인덱스의 속성명을 반환한다. 파라미터 값이 해당 태그에 대해서 속성 인덱스의 범위를 벗어났거나 현재 이벤트 타입이 START_TAG 타입이 아니면 -1을 반환한다.
- public abstract String getAttributeValue (int index)
  : 파라미터로 지정된 인덱스에 해당하는 속성의 값을 반환한다. 파라미터 값이 해당 태그에 대해서 속성 인덱스의 범위를 벗어났거나 현재 이벤트 타입이 START_TAG 타입이 아니면 -1을 반환한다.
- public abstract int getEventType () : 현재 발생한 이벤트의 이벤트 타입을 반환한다. mlPullParserException이 발생될 수 있다.
- public abstract int getLineNumber () : 현재의 라인 번호를 반환한다. 라인 번호를 알 수 없으면 -1을 반환한다.
- public abstract String getText () : 현재 이벤트에 대해서 TEXT 내용을 얻어온다.
- public abstract int next () : 파싱된 다음 이벤트를 반환한다. XmlPullParserException, IOException를 발생시킬 수 있다.
- public abstract int nextTag ()
  : START_TAG와 END_TAG 이벤트에 대해서만 next() 기능을 수행한다. 나머지 이벤트에 대해서는 예외를 발생시킨다. TEXT 이벤트에서 whitespace는 무시한다. XmlPullParserException, IOException을 발생시킬 수 있다.
- public abstract int nextToken ()
  : next() 메소드와 비슷한 기능을 수행하지만 부가적으로 COMMENT, CDSECT, DOCDECL, ENTITY_REF, PROCESSING_INSTRUCTION, or IGNORABLE_WHITESPACE 이벤트 타입을 더 지원한다. XmlPullParserException, IOException를 발생시킬 수 있다.
- public abstract String nextText ()
  : 현재 이벤트가 START_TAG이고 다음 이벤트가 TEXT이면 해당 태그의 내용을 반환하고, START_TAG의 다음 이벤트가 END_TAG이면 empty String을 반환한다. 그 이외의 경우에는 예외가 발생한다. XmlPullParserException, IOException를 발생시킬 수 있다.

❸ XMLPullParser 예제에 필요한 파일 작성

• 파싱될 xml 파일 작성

<table>
<tr><td colspan="2">◉ Chapter13\XMLPullParser\res\xml\member.xml</td></tr>
<tr><td>1</td><td><code><?xml version="1.0" encoding="UTF-8"?></code></td></tr>
<tr><td>2</td><td><code><memberlist></code></td></tr>
<tr><td>3</td><td><code><member id="001"></code></td></tr>
<tr><td>4</td><td><code><name>오정원</name></code></td></tr>
<tr><td>5</td><td><code><age>36</age></code></td></tr>
<tr><td>6</td><td><code><weight>88</weight></code></td></tr>
<tr><td>7</td><td><code><height>167</height></code></td></tr>
<tr><td>8</td><td><code></member></code></td></tr>
<tr><td>9</td><td><code><member id="002"></code></td></tr>
<tr><td>10</td><td><code><name>최민수</name></code></td></tr>
<tr><td>11</td><td><code><age>30</age></code></td></tr>
<tr><td>12</td><td><code><weight>66</weight></code></td></tr>
<tr><td>13</td><td><code><height>168</height></code></td></tr>
<tr><td>14</td><td><code></member></code></td></tr>
<tr><td>15</td><td><code><member id="003"></code></td></tr>
<tr><td>16</td><td><code><name>박상민</name></code></td></tr>
<tr><td>17</td><td><code><age>30</age></code></td></tr>
<tr><td>18</td><td><code><weight>77</weight></code></td></tr>
<tr><td>19</td><td><code><height>180</height></code></td></tr>
<tr><td>20</td><td><code></member></code></td></tr>
<tr><td>21</td><td><code></memberlist></code></td></tr>
</table>

• main.xml 파일 작성

<table>
<tr><td colspan="2">◉ Chapter13\XMLPullParser\res\layout\main.xml</td></tr>
<tr><td>1</td><td><code><?xml version="1.0" encoding="utf-8"?></code></td></tr>
<tr><td>2</td><td><code><LinearLayout xmlns:android="http://schemas.android.com/apk/res/android"</code></td></tr>
<tr><td>3</td><td><code>android:layout_width="fill_parent"</code></td></tr>
<tr><td>4</td><td><code>android:layout_height="fill_parent"</code></td></tr>
<tr><td>5</td><td><code>android:orientation="vertical" ></code></td></tr>
<tr><td>6</td><td><code><TextView</code></td></tr>
<tr><td>7</td><td><code>android:layout_width="fill_parent"</code></td></tr>
<tr><td>8</td><td><code>android:layout_height="wrap_content"</code></td></tr>
<tr><td>9</td><td><code>android:text="회원 아이디 출력" /></code></td></tr>
</table>

10	<Button
11	android:id="@+id/load"
12	android:layout_width="fill_parent"
13	android:layout_height="wrap_content"
14	android:text="Load"
15	/>
16	<TextView
17	android:id="@+id/result"
18	android:layout_width="fill_parent"
19	android:layout_height="wrap_content"
20	android:text="" />
21	</LinearLayout>

코드 분석

6~9	제목이 출력되는 TextView 위젯을 정의한 부분이다.
10~15	클릭했을 때 파싱을 실행하는 Button 위젯을 정의한 부분이다.
16~20	파싱한 결과가 출력될 TextView 위젯을 정의한 부분이다.

• XMLPullParserActivity.java 파일 작성

● Chapter13\XMLPullParser\src\com\jung\XMLPullParserActivity.java

```java
package com.jung;
import org.xmlpull.v1.XmlPullParser;
import android.app.Activity;
import android.os.Bundle;
import android.view.View;
import android.widget.Button;
import android.widget.TextView;
import android.widget.Toast;
public class XMLPullParserActivity extends Activity implements View.OnClickListener{
    /** Called when the activity is first created. */
    TextView result;
    Button load;
    @Override
    public void onCreate(Bundle savedInstanceState) {
        super.onCreate(savedInstanceState);
        setContentView(R.layout.main);
        result = (TextView)findViewById(R.id.result);
        load = (Button)findViewById(R.id.load);
        load.setOnClickListener(this);
    }
```

```java
21      public void onClick(View v) {
22          // TODO Auto-generated method stub
23          StringBuffer sb = new StringBuffer();
24          try {
25              XmlPullParser xp=getResources().getXml(R.xml.member);
26              while (xp.getEventType()!=XmlPullParser.END_DOCUMENT) {
27                  if (xp.getEventType()==XmlPullParser.START_TAG) {
28                      if (xp.getName().equals("member")) {
29                          sb.append(xp.getAttributeValue(0)+"\n");
30                      }
31                  }
32                  xp.next();
33              }
34          result.setText(sb.toString());
35          }
36          catch (Exception e) {
37              e.printStackTrace();
38              Toast.makeText(XMLPullParserActivity.this, "로드실패", Toast.LENGTH_SHORT).
39 show();
40          }
41      }
42 }
```

⠿ 코드 분석

23	파싱한 내용을 저장할 StringBuffer 객체를 생성하는 부분이다.
25	XMLPullParer 객체를 파싱할 xml 파일을 이용해서 생성하는 부분이다.
26	이벤트 타입이 문서의 마지막 부분이 아니면 루프를 돌면서 문서를 읽어들이는 루프 부분을 정의한 부분이다.
27	이벤트 타입이 시작 태그를 읽어들인 이벤트인지를 판단하는 부분이다.
28	태그명이 member인지를 판단하는 부분이다.
29	태그명이 member이면 해당 태그의 첫 번째 속성 값(id)을 가져와서 StringBuffer 객체에 추가하는 부분이다.
34	while문이 전부 실행된 후 StringBuffer에 저장되어 있는 문자열을 최종적으로 TextView의 text 속성 값으로 지정하는 부분이다.

• XMLPullParser 예제 실행

XMLPullParset 예제를 실행한 후 [Load] 버튼을 클릭하면 xml 파일이 파싱되어 결과가 TextView에 출력되는 것을 확인할 수 있다.

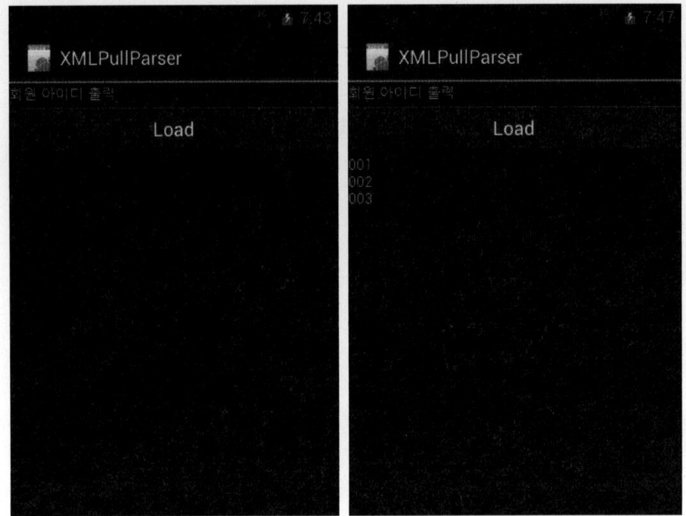

KEY-POINT

1. res/raw 디렉토리에 존재하는 파일은 getResources() 메소드를 사용해서 Resources 객체를 얻어온 후 open-RawResource (int id) 메소드를 사용해서 입력 스트림을 얻어온 후 읽어들일 수 있다.
다음과 같은 방식으로 raw 디렉토리에 존재하는 파일에서 내용을 읽어들일 수 있다.

```
InputStream is = getResources().openRawResource(int resId);
bf = new BufferedReader(new InputStreamReader(is,"euc-kr"));
StringBuffer sb = new StringBuffer();
String line="";
while((line=bf.readLine())!=null){
sb.append(line);
}
```

2. Context 클래스에서 제공되는 다음 두 메소드를 사용해서 특정 파일의 데이터를 입출력할 수 있다.
- public abstract FileInputStream openFileInput (String name) : 파라미터로 지정된 파일로부터 데이터를 읽어들일 수 있는 FileInputStream을 반환하는 메소드
- public abstract FileOutputStream openFileOutput (String name, int mode) : 파라미터로 지정된 파일에 데이터를 출력할 수 있는 출력 스트림을 파라미터로 지정된 모드로 반환하는 메소드

3. 안드로이드는 프로그래밍 언어로 자바를 사용하기 때문에 당연히 자바에서 제공되는 File 클래스를 이용해서 입출력이 가능하다. java.io.File 클래스에서 제공되는 메소드들을 이용해서 sdcard에 존재하는 파일에 액세스가 가능하다.

```
static final String IMAGE_PATH=
Environment.getExternalStorageDirectory().getAbsolutePath()+"/Pictures
File file = new File(IMAGE_PATH);
File[] files = file.listFiles();
```

4. XML 파일은 DOM 파서와 SAX 파서를 이용해서 파싱할 수 있다.

DOM 파싱 방식은 xml 파일을 파싱한 결과로 노드 트리를 반환해 주는 방식이다. 반환된 노드 트리가 메모리 상에 존재하기 때문에 메모리에 존재하는 각 노드에 접근해서 작업을 할 수 있다.

DOM 파서를 사용해서 다음 코드와 같이 XML 문서를 파싱할 수 있다. 하단 코드는 XML 문서를 파싱하여 루트 엘리먼트까지 얻어 오는 코드 부분이다.

```
InputStream ins = getResources().openRawResource(R.raw.member);
DocumentBuilderFactory factory = DocumentBuilderFactory.newInstance();
domParser=factory.newDocumentBuilder();
doc=domParser.parse(ins,null);
rootElement = doc.getDocumentElement();
```

SAX 파서는 XML 파일을 파싱하면서 이벤트를 발생시키는 방식으로 XML 내용을 읽어들이는 방식이다.

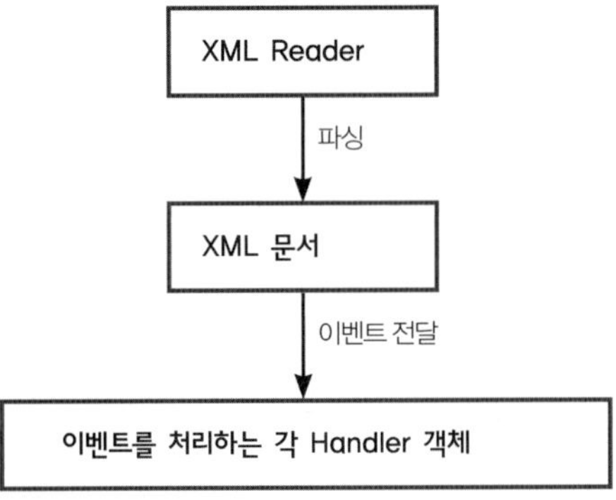

XMLReader 객체가 XML 문서를 파싱하면서 발생하는 이벤트를 각 이벤트를 처리하는 Handler 객체에 던져 주고, 각 Handler 객체에서 해당 이벤트를 처리하면서 XML 문서를 읽어들이게 된다.

Handler의 종류로는 ContentHandler, DocumentHandler, ErrorHandler, DTDHandler, EntityResolver 인터페이스가 있다. 또한 ContentHandler, DTDHandler, EntityResolver, ErrorHandler 네 개의 인터페이스를 구현한 DefaultHandler 클래스가 존재한다. 하단의 예는 ContentHandler를 이용해서 XML을 파싱하는 경우의 예이다.

```
XMLReader xReader = saxp.getXMLReader();
MyHandler my = new MyHandler();
xReader.setContentHandler(my);
InputSource input = new InputSource(ins);
xReader.parse(input);
```

5. 데이터를 주고받을 때 XML 파일로 데이터를 주고받으면, XML 파일을 정의하는 태그 부분이 부가적으로 필요하다. 따라서 경량의 데이터를 주고받을 경우에는 XML 파일 형태보다는 텍스트 형태의 파일인 JSON 형태로 주고받는 것이 더욱 효과적이다.

안드로이드에서는 org.json 패키지에 JSON 형태의 데이터를 파싱하는 데 필요한 JSONObject 클래스와 JSONArray 클래스를 제공해 준다. JSON 형태의 데이터를 파싱하는 간단한 예제 코드는 다음과 같다.

```
String Json = "[{\"name\":\"오정원\", \"age\":22, \"height\":167},"
            + "{\"name\":\"최민수\", \"age\":18, \"height\":180},"
            + "{\"name\":\"박상민\", \"age\":19, \"height\":170}]";
    try {

        String resultString = "회원 목록\n";
        JSONArray members = new JSONArray(Json);
        for (int i = 0; i < members.length(); i++) {
            JSONObject member = members.getJSONObject(i);
            resultString += "회원명:" + member.getString("name") +
            ",나이:" + member.getInt("age") +
            ",신장" + member.getInt("height") + "\n";
        }
```

6. XMLPullParser 인터페이스는 "XMLPULL V1 API"에서 제공되는 기능들을 이용하여 XML을 파싱하는 기능을 제공해 준다. next() 메소드나 nextToken() 메소드를 이용하여 다음 이벤트 타입을 얻어 오면서 xml 파일을 읽어들일 수 있다. 현재 이벤트 상태는 getEventType() 메소드를 이용하여 얻어올 수 있고, START_DOCUMENT 가 문서를 읽어들이는 시작 상태를 의미하며, END_ DOCUMENT 상태로 로딩이 마무리된다.

XMLPullParser를 사용해서 XML 문서를 파싱하는 간단한 예제 코드는 다음과 같다.

```
XmlPullParser xp=getResources().getXml(R.xml.member);
    while (xp.getEventType()!=XmlPullParser.END_DOCUMENT) {
        if (xp.getEventType()==XmlPullParser.START_TAG) {
            if (xp.getName().equals("member")) {
                    sb.append(xp.getAttributeValue(0)+"\n");
            }
        }
        xp.next();
    }
```

데이터베이스

데이터베이스(DB) 관련 작업은 대부분의 프로그램에서 사용된다. 그 동안 여러 다른 DBMS(Database Management System)을 사용해 본 독자도 있을 것이고, 한 번도 사용해 보지 않은 독자도 있을 것이다. 안드로이드에는 SQLite라는 DBMS가 제공된다. SQLite는 경량이고 속도가 빨라 안드로이드에 탑재하기에 적합하다. Oracle, MSSQL Server 등 다른 DBMS를 사용해서 DB 관련 작업을 해 본 독자들은 SQL 부분은 유사한 문법이므로 빨리 익힐 것이다. 본 장에서는 SQLite와 안드로이드에서 SQLite를 다루기 위해 제공되는 인터페이스들에 대해서 살펴본다.

1 SQLite의 개요

SQLite는 임베딩하기 좋고 깔끔한 인터페이스를 제공하며, 경량이고 속도가 빨라 안드로이드에 탑재하기 적합하다. http://www.sqlite.org 사이트를 통해서 소스 코드와 실행 파일이 무료로 제공된다.

Java JDBC API에서는 SQLite를 위한 인터페이스를 제공하지 않으므로 SQLite를 사용하여 DB 관련 처리를 하려면 안드로이드에서 SQLite 작업을 위해 제공되는 별도의 API를 익혀야 한다.

01. 먼저 SQLite Browser 툴을 다운로드 받기 위해 http://sourceforge.net/projects/sqlitebrowser에 접속하고 [Download] 버튼을 클릭한다.

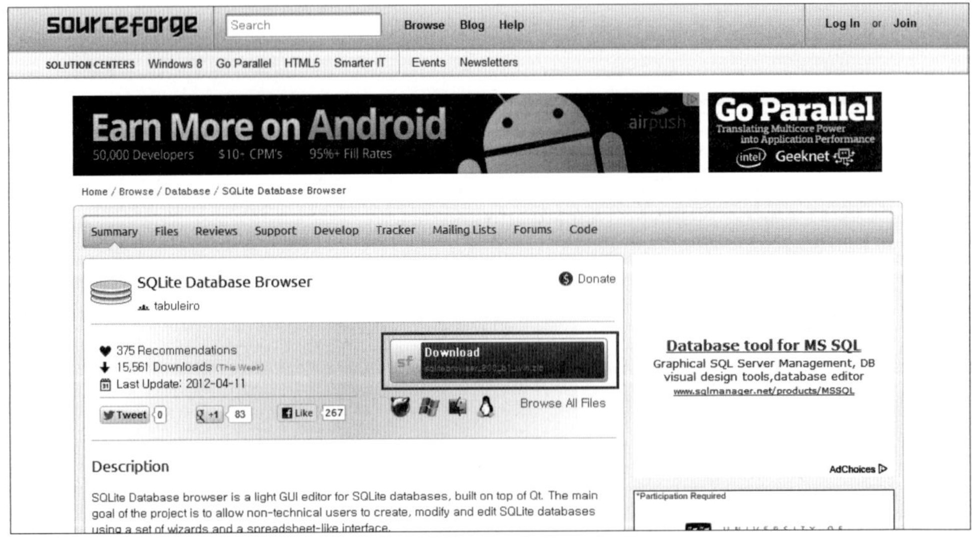

02. 다운로드 받은 sqlitebrowser_200_b1_win.zip 파일을 압축 해제한 후 실행 파일을 실행한다.

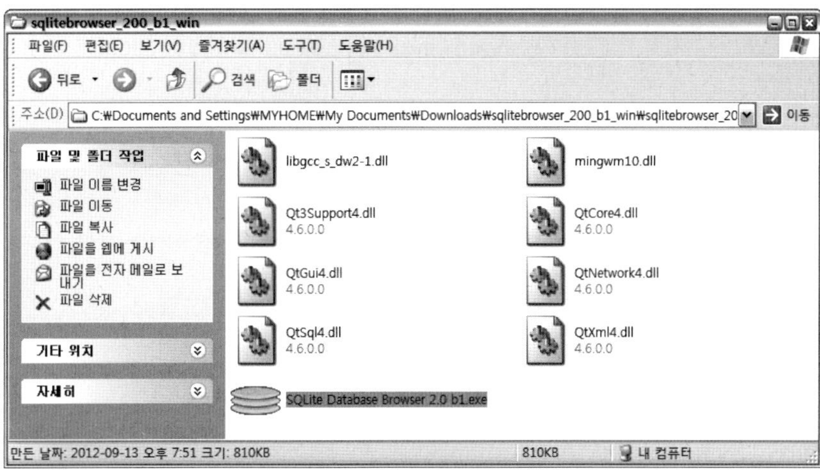

03. SQLite Database Browser] 대화상자가 출력되면 File → New Database 메뉴를 선택한다.

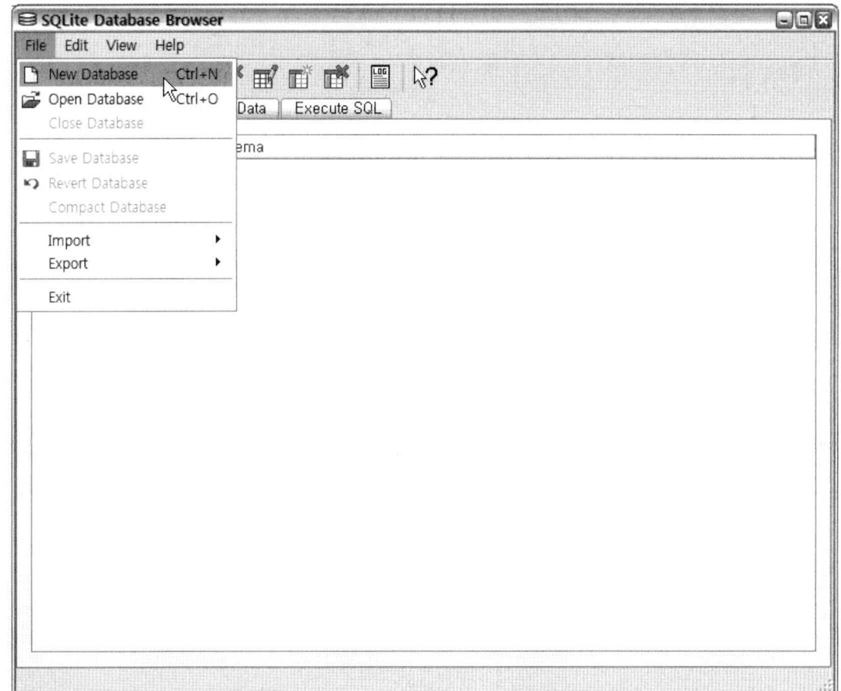

04. [Save As] 대화상자에서 파일 이름을 입력하고 [저장] 버튼을 클릭한다.

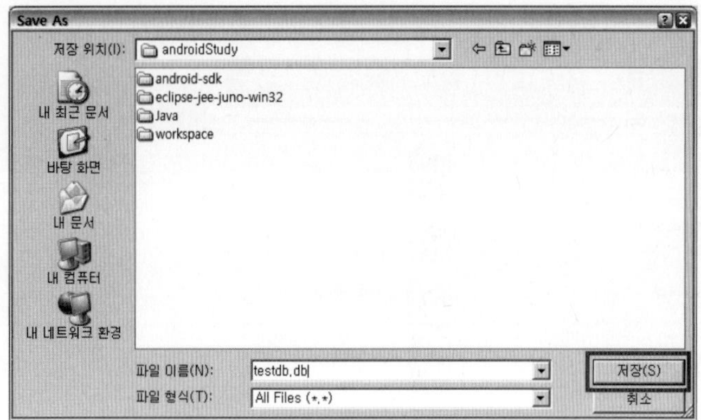

05. 새로운 테이블을 생성할 수 있는 [Create Table]이 출력되면 Table Name을 정하고 [Add] 버튼을 클릭하여 새로운 Text Type의 name과 addr 컬럼을 정의한다.

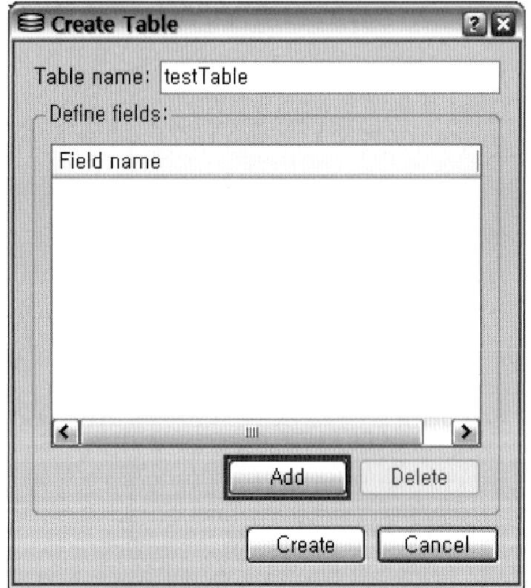

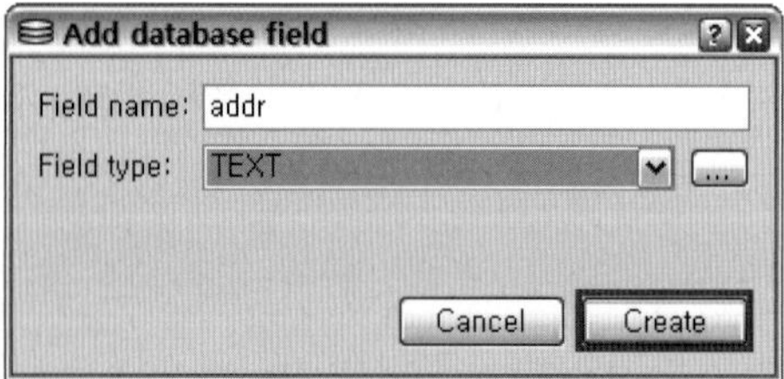

06. [Create Table]이에서 [Create]를 클릭한다.

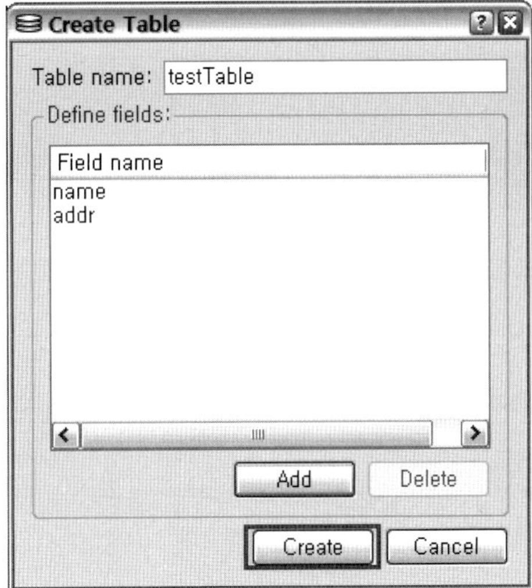

07. 저장 아이콘을 선택하여 최종적으로 데이터베이스를 생성한다.

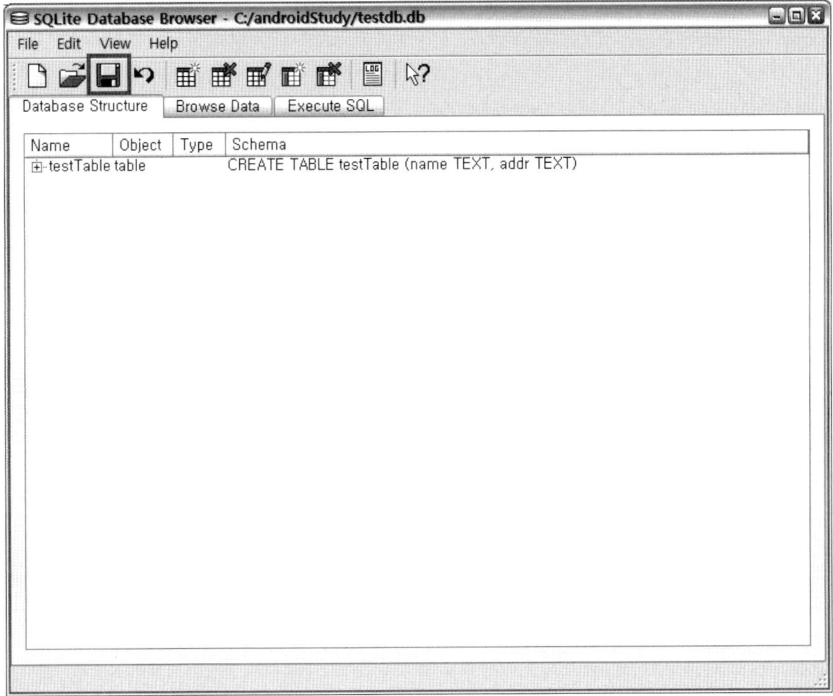

08. 이제 이클립스를 실행하고 에뮬레이터를 실행한 후, DDMS를 실행하고 생성한 testdb.db 파일을 data/data/com.jung/databases 디렉토리에 push한다.

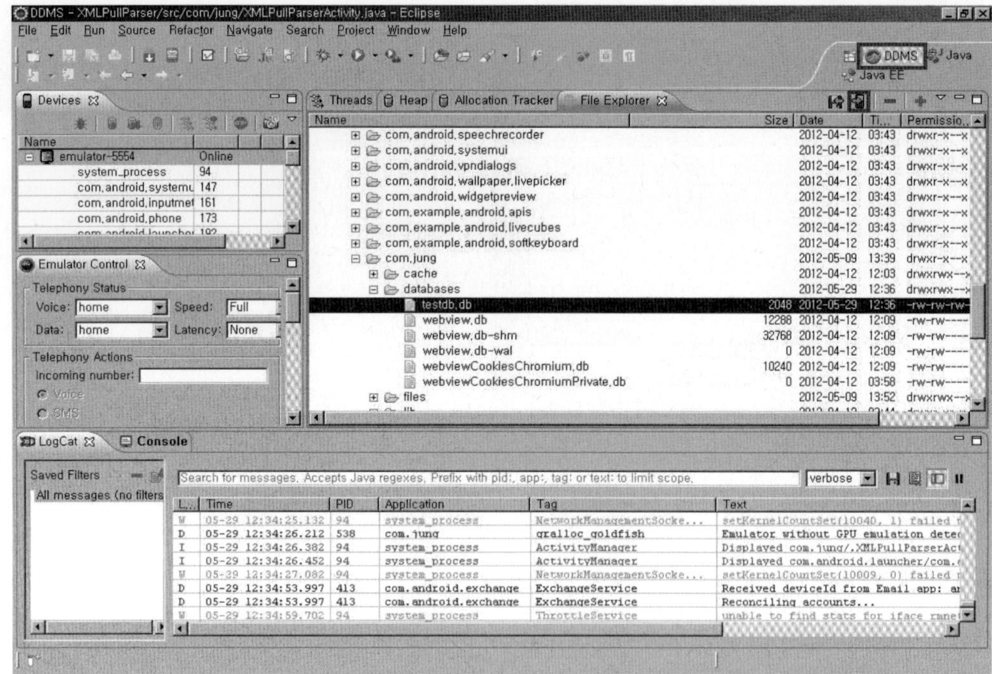

지금까지 테스트용 데이터베이스를 생성하였다. 데이터베이스가 생성되면 cmd 화면에서 간단한 sqlite 명령어를 이용하여 sql 작업을 할 수 있다.

01. 우선 cmd 창에서 adb shell 명령을 실행하고 data/data/com.jung 디렉토리로 이동한다.

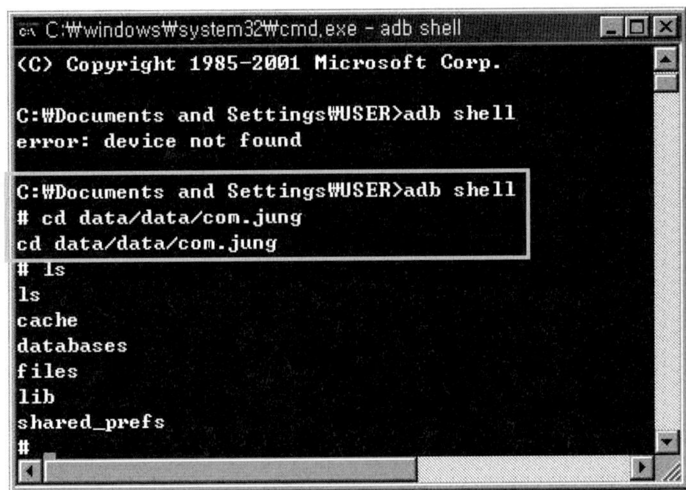

02. databases 디렉토리로 이동 후 sqlite3 testdb.db를 실행한다.

이제 sqlite 명령을 실행할 수 있는 상태가 되었다.

자주 사용되는 sqlite 명령어를 살펴보겠다.

.tables : 데이터베이스에 존재하는 모든 테이블을 나열한다.

.header on : 쿼리 결과를 표시할 때 맨 위에 열 이름을 같이 표시한다.

```
C:\windows\system32\cmd.exe - adb shell
sqlite> .tables;
.tables;
Error: unknown command or invalid arguments:  "tabl
sqlite> .tables
.tables
testTable
sqlite> insert into testTable values('aaa','aaa');
insert into testTable values('aaa','aaa');
sqlite> .header on
.header on
sqlite> select * from testTable;
select * from testTable;
name|addr
aaa|aaa
sqlite>
```

.mode column : 쿼리 결과를 적당히 띄어서 보여준다.

.schema [table_name] : 해당 테이블의 create 문을 보여준다.

```
C:\windows\system32\cmd.exe - adb shell
sqlite> .mode column
.mode column
sqlite> select * from testTable;
select * from testTable;
aaa          aaa
sqlite> .schema testTable
.schema testTable
CREATE TABLE testTable (name TEXT, addr TEXT);
sqlite>
```

.exit : sqlite3 툴을 종료한다.

1. SQLiteDatabase

<table>
<tr><td>public final class   Summary: Ne:

SQLiteDatabase
extends SQLiteClosable

java.lang.Object
  ↳android.database.sqlite.SQLiteClosable
    ↳android.database.sqlite.SQLiteDatabase</td></tr>
</table>

SQLieteDatabase 클래스는 SQLite를 이용해서 create, delete, execute나 다른 일반적인 DB 관련 처리를 하는 기능들을 제공해 준다. 사실상 SQLite로 SQLiteDatabase 객체를 생성하면 대부분의 DB 관련 작업을 처리할 수 있다.

SQLiteDatabse에서 제공되는 주요 메소드는 다음과 같은 것들이 있다.

- public void close () : 데이터베이스를 닫는다.

- public int delete (String table, String whereClause, String[] whereArgs)

  : 데이터베이스에 존재하는 레코드들을 삭제하는 메소드이다.

  → 파라미터

  table : 레코드를 삭제할 대상 테이블

  String whereClause : 삭제 문장을 실행할 때 where 절에 사용되는 문장. 만약 전체 레코드를 삭제하려면 null 을 지정하면 된다.

  → 리턴값

  delete 메소드에 의해서 삭제된 행 수를 반환한다. 만약 sql 문장이 제대로 실행되지 않으면 "0" 이 반환된다.

- public void beginTransaction () : EXCLUSIVE 모드로 트랜젝션을 시작한다.

- public void endTransaction () : 트랜젝션을 종료한다.

- public void execSQL (String sql)

  : select 문장이나 리턴값이 존재하는 SQL 문장을 제외한 단일 SQL 문장을 실행하는 메소드이다. 이 메소드는 어떤 결과도 반환하지 않는다. 가능하면 insert(String, String, ContentValues), update(String, ContentValues, String, String[])를 사용할 것을 권장한다.

  → 파라미터

  실행될 단일 SQL 문장이다. ";" 으로 구분된 여러 개의 SQL 문장은 허용하지 않는다.

  → 예외

  SQL 문장이 유효하지 않으면 SQLException이 발생된다.

- public long insert (String table, String nullColumnHack, ContentValues values)

  : 데이터베이스에 레코드를 삽입할 때 사용되는 메소드이다.

  → 파라미터

  table : 레코드를 삽입할 테이블

  nullColumnHack : SQL 은 values 속성 값이 empty일 때 즉, 인서트할 컬럼 이름이 하나도 지정되어 있지 않으면 입력 작업을 처리해 주지 않는다. 즉, 값이 하나도 없는 레코드는 처리하지 않는다. 이 경우 null 값이 적용될 컬럼명을 nullColumnHack로 지정하게 되면 해당 컬럼의 값이 null로 지정되면서 강제로 해당 레코드가 삽입되게 된다.

values : 이 값은 테이블에 인서트될 값을 맵 형태로 가지고 있다. 맵의 키가 컬럼명이 되고, 값이 컬럼에 삽입할 값으로 이루어진다.

→ 리턴값
새로 입력된 레코드의 rowId가 반환된다. 만약, insert에 실패되면 "-1" 값을 반환한다.

- public boolean isOpen () : 데이터베이스가 열려 있는 상태인지를 반환해 준다.

- public boolean isReadOnly () : 읽기 전용 데이터베이스인지를 반환해 준다.

- public static SQLiteDatabase openDatabase (String path, SQLiteDatabase.CursorFactory factory, int flags)

: 포맷 종류 OPEN_READWRITE,OPEN_READONLY,CREATE_IF_NECESSARY, NO_LOCALIZED_COLLATORS를 지정하여 지정한 경로의 데이터베이스를 열거나 새로 생성할 수 있는 메소드이다. setLocale(Locale) 메소드를 사용하여 사용될 특정 로케일을 지정할 수도 있다.

→ 파라미터
path : 열거나 새로 생성할 데이터베이스 파일
factory : 쿼리를 실행했을 때 커서를 생성할 factory를 정하는 부분이다. 기본 factory를 사용하려면 null을 지정하면 된다.
flags : 데이터베이스 액세스 모드를 조절하기 위한 모드 설정값이다.
→ 리턴값
새로 생성된 데이터베이스가 리턴된다.
→ 예외
데이터베이스가 제대로 생성되지 않으면 SQLException이 발생된다.
→ 기타 데이터베이스 관련 메소드로 다음과 같은 메소드들이 제공된다.
public static SQLiteDatabase openOrCreateDatabase (String path, SQLiteDatabase.CursorFactory factory, DatabaseErrorHandler errorHandler)
public static SQLiteDatabase openOrCreateDatabase (String path, SQLiteDatabase.CursorFactory factory)
public static SQLiteDatabase openOrCreateDatabase (File file, SQLiteDatabase.CursorFactory factory)

- public Cursor query (String table, String[] columns, String selection, String[] selectionArgs, String groupBy, String having, String orderBy, String limit)

: 해당 테이블에서 리절트 셋을 커서 타입으로 반환하는 메소드이다.

→ 파라미터
table : 레코드를 조회하는 대상이 되는 테이블이다.
columns : 값을 리턴할 대상이 되는 컬럼 목록이다. 만약 모든 컬럼의 데이터를 조회하려면 null 값을 지정하면 된다.
selection : 리턴될 레코드에 대한 조건절이다. WHERE 구문에 사용되는 문자열이다. 모든 레코드 값을 반환하게 하려면 null 값을 설정하면 된다.
selectionArgs : selection 문자열에서 "?" 를 사용했다면 바인딩될 값 목록이다. 각 값은 "?" 순서대로 바인딩된다. 만약 selection 문자열이 "name=? and addr=?"였고, selectionArgs 값을 new String[]{"aaa","bbb"}로 지정하였다면, "aaa" 부분은 첫 번째 "?" 에 "bbb"는 두 번째 "?" 부분에 바인딩된다. selection 값에서 "?"을 사용한 부분이 없으면 selectionArgs 값을 null로 설정하면 된다.
groupBy : 레코드를 조회할 때 group by할 조건을 지정하는 부분이다.
having : SQL의 having절에서 사용할 조건 문자열을 지정하는 부분이다.
orderBy : SQL 문장의 order by절에서 사용될 구문을 지정하는 부분이다.
limit : SQL 문장에 의해서 반환될 레코드 개수의 한도를 지정하는 부분이다.
→ 리턴값
리턴된 리절트 셋을 가리키는 커서 객체

- public Cursor query (boolean distinct, String table, String[] columns, String selection, String[] selectionArgs, String groupBy, String having, String orderBy, String limit)

  : 똑같은 레코드를 하나만 조회하는 조건으로 SELECT할 수 있는 기능을 제공하는 메소드이다.

- public Cursor rawQuery (String sql, String[] selectionArgs)

  : 해당 SQL 문장을 실행하고 커서 객체를 반환하는 메소드이다.

    → 파라미터
      sql : 실행할 SQL 문장이다.
      selectionArgs : selection 문장에서 사용된 "?" 부분에 바인딩될 값들의 배열이다.
    → 리턴값
      조건에 맞게 반환된 리절트 셋을 가리키는 커서 객체

- public int update (String table, ContentValues values, String whereClause, String[] whereArgs)

  : 데이터베이스의 특정 행을 수정하는 메소드이다.

    → 파라미터
      table : 데이터를 수정할 대상 테이블
      values : 업데이트 할 데이터를 맵 형태로 저장하고 있는 객체, 키 값은 컬러명이 되며 값은 컬럼에 입력할 값이다.
      whereClause : SQL Where 절에 사용될 구문
      whereArgs : whereClause 부분에서 "?"가 사용되었을 때 "?" 부분에 바인딩될 값들이다.
    → 리턴값
      수정된 행의 개수가 반환된다.

2. ContentValues

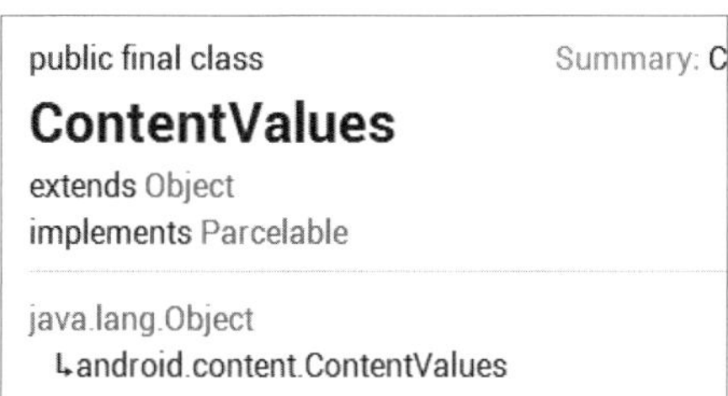

ContentValues는 맵 형태로 데이터를 담을 수 있는 역할을 하는 클래스이다. 제공되는 메소드를 살펴보면 다음과 같은 메소드들이 존재한다.

- public void clear () : ContentValues에 저장되어 있는 모든 데이터를 제거한다.
- public boolean containsKey (String key) : 파라미터로 지정한 키 값이 ContentValues에 존재하면 true, 존재하지 않으면 false를 반환하는 메소드이다.
- public Object get (String key) : 키에 해당하는 값을 반환해 주는 메소드이다. 유효한 값의 타입은 Boolean, String, Number 타입이다.
- public Boolean getAsBoolean (String key)

  : 키에 해당하는 값을 얻어와서 boolean 형태로 변환해 준다. 만약 값이 없거나 boolean 형태로 변환할 수 없으면 null이 반환된다.

→ 비슷한 기능을 제공하는 메소드로 다음과 같은 메소드들이 제공된다.
public Byte getAsByte (String key), public byte[] getAsByteArray (String key), public Double getAsDouble (String key), public Float getAsFloat (String key), public Integer getAsInteger (String key), public Long getAsLong (String key), public Short getAsShort (String key), public String getAsString (String key)

- public Set<String> keySet () : ContentValues에 저장되어 있는 키 값들을 Set 형태로 반환해 준다.

- public void put (String key, Byte value) : 파라미터로 지정된 key와 value를 이용해서 한 쌍의 데이터를 ContentValues에 저장한다.

  → 비슷한 기능을 수행하는 메소드들이 다음과 같이 제공된다.
  public void put (String key, Integer value), public void put (String key, Float value), public void put (String key, Short value), public void put (String key, byte[] value), public void put (String key, String value), public void put (String key, Double value), public void put (String key, Long value), public void put (String key, Boolean value)

- public void putAll (ContentValues other) : 파라미터로 지정된 ContentValues 객체에 저장되어 있는 모든 값을 저장한다.

- public void putNull (String key) : 해당 키의 값을 null로 설정한다.

- public void remove (String key) : 해당 키의 값을 제거하는 메소드이다.

- public Set<Entry<String, Object>> valueSet () : 키와 값으로 이루어져 있는 Entity 형태의 객체들을 Set 형태로 반환하는 메소드이다.

3. SQLiteOpenHelper

```
public abstract class
SQLiteOpenHelper
extends Object

java.lang.Object
   └android.database.sqlite.SQLiteOpenHelper
```

SQLiteOpenHelper 클래스는 데이터베이스를 생성하고 버전 관리를 편리하게 할 수 있는 기능을 제공하는 클래스이다.

SQLiteOpenHelper 클래스의 서브 클래스는 onCreate(SQLiteDatabase), onUpgrade(SQLiteDatabase, int, int)를 반드시 구현해야 하고, 필요하면 onOpen(SQLiteDatabase) 메소드를 구현해 주어야 한다. 정의한 서브 클래스는 기존에 존재하는 데이터베이스를 열거나 존재하지 않으면 생성할 수 있고, 필요한 경우에 업그레이드할 수 있다.

제공되는 메소드는 다음과 같은 것들이 있다.

- public synchronized void close () : 현재 열려 있는 데이터베이스를 닫는다.

- public String getDatabaseName () : 현재 열려 있는 데이터베이스를 반환한다.

- public synchronized SQLiteDatabase getReadableDatabase ()

 : 읽기 전용 데이터베이스를 열거나 생성한다. 데이터베이스가 열릴 수 없는 상태이면 SQLiteException
 이 발생한다.

- public synchronized SQLiteDatabase getWritableDatabase ()

 : 읽고 쓰기 가능한 데이터베이스를 열거나 생성한다. 데이터베이스가 열릴 수 없는 상태이면
 SQLiteException이 발생한다.

- public abstract void onCreate (SQLiteDatabase db) :

 : 데이터베이스가 처음 생성될 때 호출된다. 테이블을 처음 생성하는 부분에 구현되어야 할 메소드이다.

- public void onOpen (SQLiteDatabase db) : 데이터베이스가 열리면 호출되는 메소드이다.

- public abstract void onUpgrade (SQLiteDatabase db, int oldVersion, int newVersion)

 : 데이터베이스가 갱신되어야 할 때 호출된다. 이 메소드에는 테이블을 제거하고 추가하는 등 스키마
 버전을 갱신하기 위한 코드가 추가되어야 한다. 테이블에 컬럼을 추가하거나 제거하는 등의 작업을
 위한 ALTER TABLE 등의 SQL 문장을 실행할 수 있다.

4. Cursor

```
public interface

Cursor

implements Closeable

android.database.Cursor
```

Cursor 인터페이스는 데이터베이스 쿼리에 의해서 반환된 리절트 셋에 임시적으로 데이터를 읽고 쓰기
위해서 액세스할 수 있는 기능을 제공하는 인터페이스이다. 커서는 동기화를 제공하지 않기 때문에 멀티
스레드에서 커서를 이용할 때는 코드 내에서 동기화 처리를 해야 한다.

Cursor 인터페이스에서 제공하는 주요 메소드에는 다음과 같은 것들이 존재한다.

- public abstract void close () : 열려 있는 커서를 닫는 메소드이다.

- public abstract int getColumnCount () : 총 컬럼 개수를 반환하는 메소드이다.

- public abstract int getColumnIndex (String columnName)

 : 해당 이름의 컬럼의 0 베이스 컬럼 인덱스 값을 반환해 준다. 해당 이름의 컬럼이 존재하지 않으면
 -1 값을 반환한다.

- public abstract int getColumnIndexOrThrow (String columnName)

 : 해당 이름을 가지고 있는 컬럼의 0 베이스 인덱스 번호를 반환한다. 해당 이름의 컬럼이 존재하지
 않으면 IllegalArgumentException을 발생시킨다.

- public abstract String getColumnName (int columnIndex)

  : 파라미터로 지정된 0 베이스 인덱스의 컬럼 이름을 반환해 주는 메소드이다.

- public abstract String[] getColumnNames ()

  : 컬럼의 이름들을 문자열 배열로 반환해 주는 메소드이다.

- public abstract int getCount () : 총 레코드 개수를 반환하는 메소드이다.

- public abstract double getDouble (int columnIndex)

  : 해당 인덱스의 컬럼 값을 double 형으로 반환한다. 기타 다른 타입으로 반환하는 메소드들도 제공

  하고 있으니 developer 사이트의 레퍼런스를 참조하기 바란다.

- public abstract int getPosition () : 현재 행의 0 베이스 위치를 반환한다.

- public abstract boolean isFirst () : 커서의 현재 위치가 첫 번째 행인지를 판단하는 메소드이다.

- public abstract boolean isLast () : 커서의 현재 위치가 마지막 행인지를 반환하는 메소드이다.

- public abstract boolean isNull (int columnIndex)

  : 해당 인덱스의 컬럼 값이 null이면 true를 반환하는 메소드이다.

- public abstract boolean move (int offset)

  : 현재 커서 위치에서 상대적인 값으로 위치를 변경할 수 있다. - / + 값을 사용할 수 있다. 현재 커서

  위치에서 성공적으로 지정한 위치로 이동하면 true가 반환된다.

- public abstract boolean moveToFirst ()

  : 첫 번째 행으로 이동한다. 커서가 비어 있으면 false를 반환한다.

- public abstract boolean moveToLast ()

  : 마지막 행으로 이동한다. 커서가 비어 있으면 false를 반환한다.

- public abstract boolean moveToNext ()

  : 다음 행으로 이동한다. 이미 마지막 레코드에 도달했으면 false를 반환한다.

- public abstract boolean moveToPosition (int position)

  : 파라미터로 주어진 절대 행 위치로 이동한다. 성공적으로 이동하면 true를 반환한다.

- public abstract boolean moveToPrevious ()

  : 이전 행으로 이동한다. 이미 첫 번째 행에 도달했으면 false를 반환한다.

3 SQLite 데이터베이스를 이용한 상품 관리 시스템 예제 작성

1. Context 클래스의 openOrCreateDatabase를 이용한 상품 관리 예제

> public abstract SQLiteDatabase openOrCreateDatabase (String name, int mode, SQLiteDatabase.
> CursorFactory factory)

name으로 지정된 DB가 존재하면 해당 DB를 열고, 존재하지 않으면 새로 생성해 주는 메소드이다.

mode는 해당 DB에 액세스할 수 있는 영역을 의미한다. 기본 모드는 MODE_PRIVATE 상수나 0이면 같은 애플리케이션 내에서만 액세스가 가능하다. 다른 애플리케이션에서 액세스할 수 있는 권한을 설정하는 MODE_WORLD_READABLE and MODE_WORLD_WRITEABLE도 사용 가능하다.

Factory 파라미터는 select 문을 사용할 경우 Cursor 객체를 생성할 Factory 클래스를 선택적으로 사용할 수 있는 파라미터이다. 사용하지 않을 경우에는 null 값을 지정하면 된다.

❶ 레이아웃 파일 작성

• main.xml 파일

메인 엑티비티인 DbTestOnContextActivity 클래스에서 사용될 레이아웃 파일이다.

◉ Chapter14\DbTestOnContext\res\layout\main.xml

```
1   <?xml version="1.0" encoding="utf-8"?>
2   <LinearLayout xmlns:android="http://schemas.android.com/apk/res/android"
3       android:layout_width="fill_parent"
4       android:layout_height="fill_parent"
5       android:orientation="vertical" >
6
7       <TextView
8           android:layout_width="wrap_content"
9           android:layout_height="wrap_content"
10          android:text="가전제품상품관리" />
11
12      <LinearLayout
13          android:layout_width="fill_parent"
14          android:layout_height="wrap_content" >
15
16          <TextView
17              android:layout_width="wrap_content"
18              android:layout_height="wrap_content"
19              android:text="제조사" />
20
```

```xml
21          <EditText
22              android:id="@+id/good_company"
23              android:layout_width="fill_parent"
24              android:layout_height="wrap_content"
25              android:text="" />
26      </LinearLayout>
27
28      <LinearLayout
29          android:layout_width="fill_parent"
30          android:layout_height="wrap_content" >
31
32          <TextView
33              android:layout_width="wrap_content"
34              android:layout_height="wrap_content"
35              android:text="상품명" />
36
37          <EditText
38              android:id="@+id/good_name"
39              android:layout_width="fill_parent"
40              android:layout_height="wrap_content"
41              android:text="" />
42      </LinearLayout>
43
44      <LinearLayout
45          android:layout_width="fill_parent"
46          android:layout_height="wrap_content" >
47
48          <TextView
49              android:layout_width="wrap_content"
50              android:layout_height="wrap_content"
51              android:text="가격" />
52
53          <EditText
54              android:id="@+id/good_price"
55              android:layout_width="fill_parent"
56              android:layout_height="wrap_content"
57              android:numeric="integer"
58              android:text="" />
59      </LinearLayout>
```

```xml
60
61        <LinearLayout
62            android:layout_width="fill_parent"
63            android:layout_height="wrap_content" >
64
65            <TextView
66                android:layout_width="wrap_content"
67                android:layout_height="wrap_content"
68                android:text="공장위치" />
69
70            <EditText
71                android:id="@+id/good_location"
72                android:layout_width="fill_parent"
73                android:layout_height="wrap_content"
74                android:text="" />
75        </LinearLayout>
76
77    <LinearLayout
78        android:layout_width="fill_parent"
79        android:layout_height="wrap_content" >
80
81        <TextView
82            android:layout_width="wrap_content"
83            android:layout_height="wrap_content"
84            android:text="재고수량" />
85
86        <EditText
87            android:id="@+id/good_quantity"
88            android:layout_width="fill_parent"
89            android:layout_height="wrap_content"
90            android:numeric="integer"
91            android:text="" />
92    </LinearLayout>
93
94    <LinearLayout
95        android:layout_width="fill_parent"
96        android:layout_height="wrap_content" >
97
```

98	<Button
99	android:id="@+id/good_regist"
100	android:layout_width="fill_parent"
101	android:layout_height="wrap_content"
102	android:text="상품등록" />
103	</LinearLayout>
104	
105	<ListView
106	android:id="@+id/good_listView"
107	android:layout_width="fill_parent"
108	android:layout_height="fill_parent" >
109	</ListView>
110	
111	</LinearLayout>

코드 분석

12~92	새로 등록할 가전제품의 각 정보를 입력받는 부분을 정의하였다.
98~102	상단에 입력한 데이터들을 새로운 가전제품의 데이터로 DB에 인서트하는 동작을 하는 버튼을 정의한 부분이다.
105~109	등록 버튼 하단부에 DB에 등록된 가전제품 목록을 출력할 ListView 위젯을 정의한 부분이다.

• line.xml 파일

상단에 정의되어 있는 main.xml 하단에 정의된 ListView의 각 항목 레이아웃을 정의한 파일이다.

● Chapter14\DbTestOnContext\res\layout\line.xml

```xml
1  <?xml version="1.0" encoding="utf-8"?>
2  <LinearLayout xmlns:android="http://schemas.android.com/apk/res/android"
3      android:layout_width="match_parent"
4      android:layout_height="match_parent"
5      android:orientation="horizontal" >
6
7      <TextView
8          android:id="@+id/txt_goods_company"
9          android:layout_width="wrap_content"
10         android:layout_height="wrap_content"
11         android:layout_weight="1" />
12
```

13	<TextView
14	android:id="@+id/txt_goods_name"
15	android:layout_width="wrap_content"
16	android:layout_height="wrap_content"
17	android:layout_weight="1" />
18	
19	<TextView
20	android:id="@+id/txt_goods_price"
21	android:layout_width="wrap_content"
22	android:layout_height="wrap_content"
23	android:layout_weight="1" />
24	
25	<TextView
26	android:id="@+id/txt_goods_location"
27	android:layout_width="wrap_content"
28	android:layout_height="wrap_content"
29	android:layout_weight="1" />
30	
31	<TextView
32	android:id="@+id/txt_goods_quantity"
33	android:layout_width="wrap_content"
34	android:layout_height="wrap_content"
35	android:layout_weight="1" />
36	
37	</LinearLayout>

코드 분석

5	가전제품 상품 하나에 대한 정보를 한 라인으로 출력하기 위해서 LinearLayout의 orientation 속성 값을 horizontal 방식으로 지정하였다.
7~35	가전제품의 각 정보들을 한 라인의 각 TextView에 출력되도록 레이아웃하였으며 각 TextView가 동일한 폭을 차지하도록 layout_weight 값을 1로 동일하게 지정하였다.

• goodcontent.xml 파일

GoodContent 액티비티에서 사용될 레이아웃 리소스 파일이다.

● Chapter14\DbTestOnContext\res\layout\goodcontent.xml	
1	<?xml version="1.0" encoding="utf-8"?>
2	<LinearLayout xmlns:android="http://schemas.android.com/apk/res/android"
3	android:layout_width="match_parent"
4	android:layout_height="match_parent"

```xml
5        android:gravity="center"
6        android:orientation="vertical" >
7
8        <TextView
9            android:id="@+id/txtTitle"
10           android:layout_width="wrap_content"
11           android:layout_height="wrap_content" />
12
13       <LinearLayout
14           android:layout_width="wrap_content"
15           android:layout_height="wrap_content" >
16
17           <TextView
18               android:layout_width="wrap_content"
19               android:layout_height="wrap_content"
20               android:text="상품명" />
21
22           <TextView
23               android:id="@+id/content_good_name"
24               android:layout_width="wrap_content"
25               android:layout_height="wrap_content"
26               android:text="" />
27       </LinearLayout>
28
29       <LinearLayout
30           android:layout_width="wrap_content"
31           android:layout_height="wrap_content" >
32
33           <TextView
34               android:layout_width="wrap_content"
35               android:layout_height="wrap_content"
36               android:text="가격" />
37
38           <TextView
39               android:id="@+id/content_good_price"
40               android:layout_width="wrap_content"
41               android:layout_height="wrap_content"
42               android:numeric="integer"
43               android:text="" />
44       </LinearLayout>
45
46       <LinearLayout
```

```xml
47          android:layout_width="wrap_content"
48          android:layout_height="wrap_content" >
49
50          <TextView
51              android:layout_width="wrap_content"
52              android:layout_height="wrap_content"
53              android:text="공장위치" />
54
55          <TextView
56              android:id="@+id/content_good_location"
57              android:layout_width="wrap_content"
58              android:layout_height="wrap_content"
59              android:text="" />
60      </LinearLayout>
61
62      <LinearLayout
63          android:layout_width="wrap_content"
64          android:layout_height="wrap_content" >
65
66          <TextView
67              android:layout_width="wrap_content"
68              android:layout_height="wrap_content"
69              android:text="재고수량" />
70
71          <TextView
72              android:id="@+id/content_good_quantity"
73              android:layout_width="wrap_content"
74              android:layout_height="wrap_content"
75              android:numeric="integer"
76              android:text="" />
77      </LinearLayout>
78
79      <LinearLayout
80          android:layout_width="wrap_content"
81          android:layout_height="wrap_content" >
82
83          <Button
84              android:id="@+id/delete"
85              android:layout_width="wrap_content"
86              android:layout_height="wrap_content"
87              android:text="삭제" />
88
```

89	<Button
90	android:id="@+id/modify"
91	android:layout_width="wrap_content"
92	android:layout_height="wrap_content"
93	android:text="수정" />
94	</LinearLayout>
95	
96	</LinearLayout>

코드 분석

8~11	어떤 상품의 상세 정보 보기 페이지인지 제목을 출력해 주는 부분을 TextView로 정의하였다.
13~77	해당 상품의 각각의 정보를 출력할 TextView들을 정의한 부분이다.
83~94	선택한 상품의 자세한 정보를 살펴본 후 해당 상품의 정보를 수정하거나 삭제할 수 있는 Button 위젯을 정의한 부분이다.

• goodmodify.xml 파일

특정 상품의 자세한 내용을 살펴본 후 수정 요청을 했을 때 실행되는 수정 화면을 레이아웃한 파일이다.

● Chapter14\DbTestOnContext\res\layout\goodmodify.xml

```
1    <?xml version="1.0" encoding="utf-8"?>
2    <LinearLayout xmlns:android="http://schemas.android.com/apk/res/android"
3        android:layout_width="match_parent"
4        android:layout_height="match_parent"
5        android:orientation="vertical" >
6
7        <TextView
8            android:layout_width="wrap_content"
9            android:layout_height="wrap_content"
10           android:text="가전제품상품정보수정" />
11
12       <LinearLayout
13           android:layout_width="fill_parent"
14           android:layout_height="wrap_content" >
15
16           <TextView
17               android:layout_width="wrap_content"
18               android:layout_height="wrap_content"
19               android:text="제조사" />
```

```
20
21          <EditText
22              android:id="@+id/modify_good_company"
23              android:layout_width="fill_parent"
24              android:layout_height="wrap_content"
25              android:text="" />
26      </LinearLayout>
27
28      <LinearLayout
29          android:layout_width="fill_parent"
30          android:layout_height="wrap_content" >
31
32          <TextView
33              android:layout_width="wrap_content"
34              android:layout_height="wrap_content"
35              android:text="상품명" />
36
37          <EditText
38              android:id="@+id/modify_good_name"
39              android:layout_width="fill_parent"
40              android:layout_height="wrap_content"
41              android:text="" />
42      </LinearLayout>
43
44      <LinearLayout
45          android:layout_width="fill_parent"
46          android:layout_height="wrap_content" >
47
48          <TextView
49              android:layout_width="wrap_content"
50              android:layout_height="wrap_content"
51              android:text="가격" />
52
53          <EditText
54              android:id="@+id/modify_good_price"
55              android:layout_width="fill_parent"
56              android:layout_height="wrap_content"
57              android:numeric="integer"
58              android:text="" />
59      </LinearLayout>
60
```

```xml
61      <LinearLayout
62          android:layout_width="fill_parent"
63          android:layout_height="wrap_content" >
64
65          <TextView
66              android:layout_width="wrap_content"
67              android:layout_height="wrap_content"
68              android:text="공장위치" />
69
70          <EditText
71              android:id="@+id/modify_good_location"
72              android:layout_width="fill_parent"
73              android:layout_height="wrap_content"
74              android:text="" />
75      </LinearLayout>
76
77      <LinearLayout
78          android:layout_width="fill_parent"
79          android:layout_height="wrap_content" >
80
81          <TextView
82              android:layout_width="wrap_content"
83              android:layout_height="wrap_content"
84              android:text="재고수량" />
85
86          <EditText
87              android:id="@+id/modify_good_quantity"
88              android:layout_width="fill_parent"
89              android:layout_height="wrap_content"
90              android:numeric="integer"
91              android:text="" />
92      </LinearLayout>
93
94      <LinearLayout
95          android:layout_width="fill_parent"
96          android:layout_height="wrap_content" >
97
98          <Button
99              android:id="@+id/good_modify"
100             android:layout_width="fill_parent"
101             android:layout_height="wrap_content"
102             android:text="상품정보수정" />
103     </LinearLayout>
104
105 </LinearLayout>
```

7~10	상품 정보 수정 페이지의 제목을 출력하는 부분으로 TextView 위젯을 정의하는 부분이다.
12~92	등록할 때 입력한 데이터를 보고 수정할 수 있도록 해당 가전제품 상품의 데이터를 각 EditText 위젯의 값으로 출력하는 부분을 정의하였다.
98~102	클릭했을 때 입력한 데이터로 상품 정보를 수정하는 동작을 수행하는 Button을 정의한 부분이다.

❷ 상품 하나의 정보를 저장할 수 있는 파일 작성

● Chapter14\DbTestOnContext\src\com\jung\Good.java

```
1   package com.jung;
2   public class Good {
3       private int good_no;
4       private String good_company;
5       private String good_name;
6       private int good_price;
7       private String good_location;
8       private int good_quantity;
9       public int getGood_no() {
10      return good_no;
11      }
12      public void setGood_no(int good_no) {
13          this.good_no = good_no;
14      }
15      public String getGood_company() {
16          return good_company;
17      }
18      public void setGood_company(String good_company) {
19          this.good_company = good_company;
20      }
21      public String getGood_name() {
22          return good_name;
23      }
24      public void setGood_name(String good_name) {
25          this.good_name = good_name;
26      }
27      public int getGood_price() {
28          return good_price;
29      }
```

30	public void setGood_price(int good_price) {
31	this.good_price = good_price;
32	}
33	public String getGood_location() {
34	return good_location;
35	}
36	public void setGood_location(String good_location) {
37	this.good_location = good_location;
38	}
39	public int getGood_quantity() {
40	return good_quantity;
41	}
42	public void setGood_quantity(int good_quantity) {
43	this.good_quantity = good_quantity;
44	}
45	}

코드 분석

가전제품 하나의 상품의 정보를 저장하고 상품 단위로 데이터를 다룰 수 있도록 클래스를 정의하였다.

❸ 어댑터 클래스 작성

◉ Chapter14\DbTestOnContext\src\com\jung\GoodsAdapter.java	
1	package com.jung;
2	import java.util.ArrayList;
3	import android.content.Context;
4	import android.view.LayoutInflater;
5	import android.view.View;
6	import android.view.ViewGroup;
7	import android.widget.BaseAdapter;
8	import android.widget.TextView;
9	public class GoodsAdapter extends BaseAdapter {
10	ArrayList<Good> gList;
11	LayoutInflater inflator;
12	Context context;
13	public GoodsAdapter(Context context, ArrayList<Good> gList) {
14	inflator = (LayoutInflater)context.getSystemService(Context.LAYOUT_INFLATER_
15	SERVICE);
16	this.context = context;
17	this.gList = gList;

```java
18        }
19
20    public int getCount() {
21        // TODO Auto-generated method stub
22        return gList.size();
23    }
24
25    public Object getItem(int arg0) {
26        // TODO Auto-generated method stub
27        return gList.get(arg0);
28    }
29
30    public long getItemId(int arg0) {
31        // TODO Auto-generated method stub
32        return gList.get(arg0).getGood_no();
33    }
34
35    public View getView(int position, View convertView, ViewGroup parent) {
36        // TODO Auto-generated method stub
37        View line = convertView;
38        if(convertView == null){
39            line = inflator.inflate(R.layout.line, parent, false);
40        }
41        TextView txt_goods_company = (TextView)line.findViewById(R.id.txt_goods_
42 company);
43        txt_goods_company.setText(gList.get(position).getGood_company());
44
45        TextView txt_goods_name = (TextView)line.findViewById(R.id.txt_goods_name);
46        txt_goods_name.setText(gList.get(position).getGood_name());
47        TextView txt_goods_price = (TextView)line.findViewById(R.id.txt_goods_price);
48        txt_goods_price.setText(gList.get(position).getGood_price()+"");
49
50        TextView txt_goods_location = (TextView)line.findViewById(R.id.txt_goods_
51 location);
52        txt_goods_location.setText(gList.get(position).getGood_location());
53
54        TextView txt_goods_quantity = (TextView)line.findViewById(R.id.txt_goods_
55 quantity);
56        txt_goods_quantity.setText(gList.get(position).getGood_quantity()+"");
57        return line;
58    }
59 }
```

메인 액티비티 하단에 출력되는 ListView에서 상품 하나를 선택했을 때 선택된 항목을 다른 항목들과 구분할 수 있는 ItemId 값을 DB의 컬럼인 good_no 값으로 리턴받기 위해서 사용자 정의로 어댑터를 정의하였다.

13~18	어댑터에서 항목을 생성할 때 사용할 데이터로 Good 객체를 요소로 담고 있는 gList라는 ArrayList 객체를 파라미터로 전송받는다.
14~15	ListView 각 항목의 레이아웃을 정의하고 있는 line.xml 파일을 inflate하는 데 사용하기 위한 LayoutInflator 객체를 생성하는 부분이다.
20~23	어댑터에서 생성해야 할 총 항목 개수를 리턴하는 메소드이다. 항목 수로 gList에 속해 있는 Good 객체의 수를 리턴하고 있다.
25~28	어댑터의 getItem(int args0) 메소드가 호출되었을 때 리턴될 값을 Good 객체 하나로 리턴하고 있는 부분이다.
30~33	어댑터에서 getItemId(int position) 메소드가 호출되었을 때 리턴될 값을 gList에 속해 있는 해당 인덱스의 Good 객체의 good_no 값으로 지정하고 있다.
35~59	직접 해당 position에 출력될 항목을 생성해 주는 부분이다.
38~40	해당 position에 대해서 convertView가 파라미터로 전송되어 오지 않았으면 LayoutInflator를 이용해서 line.xml을 inflate하여 LinearLayout 노드를 얻어 오는 부분이다.
41~56	line.xml에 정의되어 있는 각 TextView의 text 값을 해당 position의 Good 객체의 속성 값으로 설정하는 부분이다.
57	최종적으로 생성된 뷰를 대상 ListView에 출력될 항목 하나로 리턴해 주는 부분이다.

❹ 액티비티 클래스 작성

· DbTestOnContextActivity.java 파일 작성

● Chapter14\DbTestOnContext\src\com.jung\DbTestOnContextActivity.java

```java
1    package com.jung;
2    import java.util.ArrayList;
3    import android.view.View;
4    import android.widget.Button;
5    import android.widget.EditText;
6    import android.widget.ListView;
7    import android.app.Activity;
8    import android.content.Intent;
9    import android.database.Cursor;
10   import android.database.sqlite.SQLiteDatabase;
11   import android.os.Bundle;
12   import android.widget.AdapterView;
13   public class DbTestOnContextActivity extends Activity implements View.
14   OnClickListener,AdapterView.OnItemClickListener{
15       /** Called when the activity is first created. */
```

```java
16          private SQLiteDatabase gDb;
17          Cursor gCursor;
18          ListView good_listView;
19          EditText good_company;
20          EditText good_name;
21          EditText good_price;
22          EditText good_location;
23          EditText good_quantity;
24          Button good_regist;
25          GoodsAdapter ga;
26          @Override
27          public void onCreate(Bundle savedInstanceState) {
28              super.onCreate(savedInstanceState);
29              setContentView(R.layout.main);
30              good_listView = (ListView)findViewById(R.id.good_listView);
31              good_company = (EditText)findViewById(R.id.good_company);
32              good_name = (EditText)findViewById(R.id.good_name);
33              good_price = (EditText)findViewById(R.id.good_price);
34              good_location = (EditText)findViewById(R.id.good_location);
35              good_quantity = (EditText)findViewById(R.id.good_quantity);
36              good_regist = (Button)findViewById(R.id.good_regist);
37              good_regist.setOnClickListener(this);
38              gDb = openOrCreateDatabase("GoodsDB", MODE_PRIVATE, null);
39              createTable();
40          }
41          @Override
42          protected void onResume() {
43              // TODO Auto-generated method stub
44              super.onResume();
45              listgood();
46          }
47          public void createTable(){
48              gCursor = gDb.query("sqlite_master", // String table
49                  new String[] {"name"},
50                  // columns
51                  "name='good'", // String selection
52                  null, // String[] selectionArgs
53                  null, // String groupBy
54                  null, // String having
55                  null // String orderBy
56                  );
```

```java
57              if (gCursor == null || gCursor.getCount()==0) {
58                  gDb.execSQL("create table good ("
59                          + "good_no integer primary key autoincrement, "
60                          + "good_company text not null, "
61                          + "good_name text not null,"
62                          + "good_price integer not null,"
63                          + "good_location text not null,"
64                          + "good_quantity integer not null);");
65              }
66          }
67      public void onClick(View v) {
68          // TODO Auto-generated method stub
69          String company_value = good_company.getText().toString();
70          String name_value = good_name.getText().toString();
71          int price_value = Integer.parseInt(good_price.getText().toString());
72          String location_value = good_location.getText().toString();
72          int quantity_value = Integer.parseInt(good_quantity.getText().toString());
73          gDb.execSQL("insert into good "
74          + " (good_company, good_name, good_price, good_location,good_quantity)"
75          + " values ('"+company_value + "','"+name_value+"','"+price_value+"','"
76          +location_value+"',"
77          +quantity_value + ");");
78          listgood();
79      }
80      public void onItemClick(AdapterView<?> parent, View view, int position, long id) {
81          // TODO Auto-generated method stub
82          long good_no = ga.getItemId(position);
82          Intent i = new Intent(this,GoodContent.class);
83          i.putExtra("good_no", good_no);
84          startActivity(i);
85      }
86      private void listgood(){
87          gCursor = gDb.query("good", // String table
88              new String[] {"good_no", "good_company", "good_name", "good_price",
89  "good_location","good_quantity" },
90              // columns
91              null, // String selection
92              null, // String[] selectionArgs
93              null, // String groupBy
94              null, // String having
95              "good_no" // String orderBy
96              );
```

```java
 97            ArrayList<Good> gList =
 98                new ArrayList<Good>();
 99          if (gCursor != null) {
100              Good good = null;
101              if (gCursor.moveToFirst()) {
102                  do {
103                      good = new Good();
104                      int index = gCursor.getColumnIndex("good_company");
105                      good.setGood_company(gCursor.getString(index));

107                      index = gCursor.getColumnIndex("good_location");
108                      good.setGood_location(gCursor.getString(index));

110                      index = gCursor.getColumnIndex("good_name");
111                      good.setGood_name(gCursor.getString(index));

113                      index = gCursor.getColumnIndex("good_no");
114                      good.setGood_no(gCursor.getInt(index));

116                      index = gCursor.getColumnIndex("good_price");
117                      good.setGood_price(gCursor.getInt(index));

119                      index = gCursor.getColumnIndex("good_quantity");
120                      good.setGood_quantity(gCursor.getInt(index));

122                      gList.add(good);
123                  } while (gCursor.moveToNext());
124                  gCursor.close();
125              }
126          }
127          ga = new GoodsAdapter(this, gList);
128          good_listView.setAdapter(ga);
129          good_listView.setOnItemClickListener(this);
130      }
131      @Override
132      protected void onDestroy() {
133          // TODO Auto-generated method stub
134          super.onDestroy();
135          if (gDb != null) {
136          gDb.close();
137          }
138      }
139  }
```

30	화면 하단에 상품 리스트를 출력할 ListView 객체를 생성하는 부분이다.
31~35	가전제품 상품에 대한 정보를 입력하는 EditText 객체들을 생성하는 부분이다.
36~37	새로운 가전제품을 DB에 등록하는 동작을 처리하는 버튼 객체를 생성하고 버튼 객체에 리스너 객체를 연결하는 부분이다.
38	SQLiteDatabase 객체를 생성하는 부분이다. 기존에 GoodsDB 객체가 존재하면 해당 DB를 열고, 존재하지 않으면 DB를 새로 생성한다.
39	액티비티가 실행되자마자 createTable() 메소드를 호출하여 기존에 테이블이 존재하지 않으면 테이블을 새로 생성하는 작업을 처리한다.
42~46	onResume() 메소드가 호출되었을 때 즉, 액티비티가 완전히 활성화되었을 때 listgood() 메소드를 호출하여 기존 DB에 저장되어 있는 가전제품 정보들을 ListView에 출력하는 작업을 수행한다.
48~56	sqlite_master 테이블에서 테이블 이름이 'good' 테이블의 이름 값을 가져오는 쿼리를 실행하는 부분이다. 실행되는 완전한 쿼리 문장은 " select name from sqlite_master where name='good' "이 된다.
57~65	쿼리 실행 결과 리턴된 Cursor가 null이거나, 리턴된 레코드 개수가 00이면, 즉 good 테이블이 DB에 존재하지 않으면 새롭게 good 테이블을 생성하는 부분이다.
80~85	하단 상품 목록이 출력되어 있는 ListView 영역에서 특정 항목을 클릭했을 때 실행되는 부분이다.
82	GoodsAdapter를 이용해서 선택된 항목의 good_no 값을 얻어 오는 부분이다. GoodsAdapter 클래스를 보면 getItemId(int position) 메소드에서 해당 위치 상품의 good_no 값을 리턴하게 구현되어 있는 것을 확인할 수 있다. GoodsAdapter 클래스를 확인하기 바란다.
83~84	good_no 값을 Extras 값으로 추가하면서 해당 상품의 상세 정보를 확인할 수 있는 GoodContent 액티비티를 호출하는 부분이다. GoodContent 액티비티에서는 전송되어 온 good_no 값을 이용해서 DB에서 해당 상품의 정보를 조회해 액티비티 화면에 출력한다.
87~96	good 테이블에서 모든 레코드의 컬럼 값들을 조회하는 부분이다.
95	정렬 조건으로 good_no 컬럼 값으로 지정한 부분이다. 즉, 조회 결과는 good_no 값을 기준으로 정렬되어 반환된다.
97~98	DB에서 조회한 모든 레코드의 상품 정보 값들을 Goods 객체에 담아서 저장할 ArrayList 객체를 생성한 부분이다.
101	커서가 가리키는 첫 번째 레코드로 이동하도록 처리하는 부분이다.
102~123	각 레코드별로 Good 객체를 하나씩 생성하여 Good 객체의 각 속성 값으로 DB에서 조회한 각 컬럼의 값을 초기화하고 각 Good 객체를 ArrayList에 추가하는 부분이다.
104	good_company 컬럼의 인덱스 번호를 얻어 오는 부분이다.
105	해당 인덱스의 컬럼의 값을 가져와서 good 객체의 속성 값으로 할당하는 부분이다. 아래 부분도 계속 같은 부분이 반복되므로 죽 훑어 보면 이해가 가능할 것이다.
123	moveToNext() 메소드는 커서가 다음 레코드로 이동하는 메소드이다. 만약 다음 레코드가 존재하지 않으면 false를 반환한다. 따라서 while 문은 레코드가 존재하는 동안 반복하게 된다.
127	GoodsAdapter 객체에서 항목을 생성할 데이터로 gList라는 Good 객체를 요소로 담고 있는 컬렉션을 파라미터로 전송한다.

• GoodContent.java 파일 작성

● Chapter14\DbTestOnContext\src\com\jung\GoodContent.java

```java
package com.jung;
import android.app.Activity;
import android.content.Intent;
import android.database.Cursor;
import android.database.sqlite.SQLiteDatabase;
import android.os.Bundle;
import android.widget.Button;
import android.widget.TextView;
import android.view.View;
public class GoodContent extends Activity implements View.OnClickListener{
    private SQLiteDatabase gDb;
    Cursor gCursor;
    TextView content_good_name;
    TextView content_good_price;
    TextView content_good_location;
    TextView content_good_quantity;
    TextView txtTitle;
    Button delete;
    Button modify;
    Good good;
    /** Called when the activity is first created. */
    @Override
    public void onCreate(Bundle savedInstanceState) {
        super.onCreate(savedInstanceState);
        setContentView(R.layout.goodcontent);

        txtTitle = (TextView)findViewById(R.id.txtTitle);
        content_good_name = (TextView)findViewById(R.id.content_good_name);
        content_good_price = (TextView)findViewById(R.id.content_good_price);
        content_good_location = (TextView)findViewById(R.id.content_good_location);
        content_good_quantity = (TextView)findViewById(R.id.content_good_quantity);
```

```
32          delete = (Button)findViewById(R.id.delete);
33          modify = (Button)findViewById(R.id.modify);
34          delete.setOnClickListener(this);
35          modify.setOnClickListener(this);
36      }
37      @Override
38      protected void onResume() {
39          // TODO Auto-generated method stub
40          super.onResume();
41          Intent i = getIntent();
42          long good_no = i.getExtras().getLong("good_no");
43          gDb = openOrCreateDatabase("GoodsDB", MODE_PRIVATE, null);
44          good = getGoodContent(good_no);
45          // TODO Auto-generated method stub
46          txtTitle.setText(good.getGood_name() + " 상품의 상세정보");
47          content_good_name.setText(good.getGood_name());
48          content_good_price.setText(good.getGood_price()+"");
49          content_good_location.setText(good.getGood_location());
50          content_good_quantity.setText(good.getGood_quantity()+"");
51      }
52      public void onClick(View v) {
53          // TODO Auto-generated method stub
54          if(v.getId()==R.id.delete){
55              remove(good.getGood_no());
56              Intent intent = new Intent(this,DbTestOnContextActivity.class);
57              startActivity(intent);
58          }
59          else{
60              Intent intent = new Intent(this,GoodModify.class);
61              intent.putExtra("good_no", good.getGood_no());
62              startActivity(intent);
63          }
64      }
65      private void remove(long good_no) {
66          // TODO Auto-generated method stub
67          gDb.execSQL("delete from good where good_no= "+ good_no +";");
68      }
69      private Good getGoodContent(long good_no) {
70          // TODO Auto-generated method stub
71          gCursor = gDb.query("good", // String table
72              new  String[] {"good_no", "good_company", "good_name", "good_price",
"good_location","good_quantity" },
```

```java
74              "good_no="+good_no, // String selection
75              null, // String[] selectionArgs
76              null, // String groupBy
77              null, // String having
78              null // String orderBy
79              );
80
81          if (gCursor != null) {
82              Good good = new Good();
83              if (gCursor.moveToFirst()) {
84                  int index = gCursor.getColumnIndex("good_company");
85                  good.setGood_company(gCursor.getString(index));
86
87                  index = gCursor.getColumnIndex("good_location");
88                  good.setGood_location(gCursor.getString(index));
89
90                  index = gCursor.getColumnIndex("good_name");
91                  good.setGood_name(gCursor.getString(index));
92
93                  index = gCursor.getColumnIndex("good_no");
94                  good.setGood_no(gCursor.getInt(index));
95
96                  index = gCursor.getColumnIndex("good_price");
97                  good.setGood_price(gCursor.getInt(index));
98
99                  index = gCursor.getColumnIndex("good_quantity");
100                 good.setGood_quantity(gCursor.getInt(index));
101             }
102             gCursor.close();
103             return good;
104         }
105         return null;
106     }
107     @Override
108     protected void onDestroy() {
109         // TODO Auto-generated method stub
110         super.onDestroy();
111         if (gDb != null) {
112             gDb.close();
113         }
114     }
115 }
```

25	액티비티에서 사용하는 레이아웃 파일을 goodcontent.xml 파일로 지정하였다.
41~42	메인 액티비티의 하단 ListView에서 특정 상품 항목을 선택했을 때 Extra 데이터로 전송된 good_no 값을 얻어오는 부분이다.
43	데이터베이스를 생성하거나 연결하는 부분이다.
44	해당 상품 번호를 가지고 있는 상품의 데이터를 DB로부터 요청하여 조회하는 데이터를 Good 클래스 형태로 리턴받는 부분이다.
46	제목이 출력되는 TextView 위젯에 제목을 출력하는 부분이다.
47~50	각 상품의 정보를 출력하는 TextView에 각 상품의 정보를 출력하는 부분이다.
54~58	상품의 자세한 정보를 살펴보고 삭제 버튼을 클릭한 경우, remove 메소드를 호출하여 해당 good_no 값을 가지고 있는 상품을 DB에서 삭제하고, 다시 메인 액티비티로 돌아가서 상품이 삭제된 것을 확인하게 처리하는 부분이다.
59~63	수정 버튼을 클릭했을 경우 good_no 값을 Extra 데이터로 전송하면서 GoodModify 액티비티를 호출하는 부분이다. GoodModify 액티비티에서는 등록된 상품의 정보를 EditText에 출력해 주면서 상품 정보를 수정해야 하므로, 액티비티를 호출할 때 good_no 값을 추가적인 정보로 전달하여야 한다.
71~79	파라미터로 전송된 good_no 값을 가지고 있는 상품의 정보를 조회하는 쿼리를 실행하는 부분이다.
81~103	DB에서 조회한 상품 하나의 데이터를 하나의 Good 객체에 속성 값으로 설정한 후 리턴하는 부분이다.
83	해당 good_no 값을 가지고 있는 하나의 상품에 대한 정보를 조회하였기 때문에 while을 사용하지 않고 if 문을 사용하였다.

• GoodModify.java 파일

Chapter14\DbTestOnContext\src\com\jung\GoodContent.java

```java
1   package com.jung;
2   import android.app.Activity;
3   import android.content.Intent;
4   import android.database.Cursor;
5   import android.database.sqlite.SQLiteDatabase;
6   import android.os.Bundle;
7   import android.widget.Button;
8   import android.widget.EditText;
9   import android.view.View;
10  public class GoodModify extends Activity implements View.OnClickListener{
11      private SQLiteDatabase gDb;
12      Cursor gCursor;
13      Button good_modify;
14      Good good;
15      EditText modify_good_company;
```

```java
16    EditText modify_good_name;
17    EditText modify_good_price;
18    EditText modify_good_location;
19    EditText modify_good_quantity;
20    int good_no;
21    /** Called when the activity is first created. */
22    @Override
23    public void onCreate(Bundle savedInstanceState) {
24        super.onCreate(savedInstanceState);
25        setContentView(R.layout.goodmodify);
26        good_modify = (Button)findViewById(R.id.good_modify);
27        modify_good_company = (EditText)findViewById(R.id.modify_good_company);
28        modify_good_location = (EditText)findViewById(R.id.modify_good_location);
29        modify_good_name=(EditText)findViewById(R.id.modify_good_name);
30        modify_good_price = (EditText)findViewById(R.id.modify_good_price);
31        modify_good_quantity = (EditText)findViewById(R.id.modify_good_quantity);
32        good_modify.setOnClickListener(this);
33        // TODO Auto-generated method stub
34    }
35    public void onClick(View v) {
36        // TODO Auto-generated method stub
37        Good good = new Good();
38        good.setGood_company(modify_good_company.getText().toString());
39        good.setGood_location(modify_good_location.getText().toString());
40        good.setGood_name(modify_good_name.getText().toString());
41        good.setGood_price(Integer.parseInt(modify_good_price.getText().toString())
42
43        good.setGood_quantity(Integer.parseInt(modify_good_quantity.getText().toString()));
44
45        modifyGood(good);
46        Intent intent = new Intent(this,DbTestOnContextActivity.class);
47        startActivity(intent);
48    }
49    private void modifyGood(Good good) {
50        // TODO Auto-generated method stub
51        gDb.execSQL("update  good set good_company='" + good.getGood_company() + "'"
52            +",good_location='" + good.getGood_location() + "'"
53            +",good_name='" + good.getGood_name() + "'"
54            +",good_price=" + good.getGood_price()
55            +",good_quantity=" + good.getGood_quantity() +
56            " where good_no= "+ good_no+";");
57    }
```

```java
58          @Override
59          protected void onResume() {
60              // TODO Auto-generated method stub
61              super.onResume();
62              Intent i = getIntent();
63              good_no = i.getExtras().getInt("good_no");
64              gDb = openOrCreateDatabase("GoodsDB", MODE_PRIVATE, null);
65              good = getGoodContent(good_no);
66              // TODO Auto-generated method stub
67              modify_good_company.setText(good.getGood_company());
68              modify_good_name.setText(good.getGood_name());
69              modify_good_price.setText(good.getGood_price()+"");
70              modify_good_location.setText(good.getGood_location());
71              modify_good_quantity.setText(good.getGood_quantity()+"");
72          }
73          private Good getGoodContent(int good_no) {
74              // TODO Auto-generated method stub
75              gCursor = gDb.query("good", // String table
76                  new String[] {"good_no", "good_company", "good_name", "good_price", "good_
77      location","good_quantity" }, // columns
78                  "good_no="+good_no, // String selection
79                  null, // String[] selectionArgs
80                  null, // String groupBy
81                  null, // String having
82                  null // String orderBy
83                  );
84              if (gCursor != null) {
85                  Good good = new Good();
86                  if (gCursor.moveToFirst()) {
87                      int index = gCursor.getColumnIndex("good_company");
88                      good.setGood_company(gCursor.getString(index));
89
90                      index = gCursor.getColumnIndex("good_location");
91                      good.setGood_location(gCursor.getString(index));
92
93                      index = gCursor.getColumnIndex("good_name");
94                      good.setGood_name(gCursor.getString(index));
95
96                      index = gCursor.getColumnIndex("good_no");
97                      good.setGood_no(gCursor.getInt(index));
98
99                      index = gCursor.getColumnIndex("good_price");
100                     good.setGood_price(gCursor.getInt(index));
```

```
101
102                        index = gCursor.getColumnIndex("good_quantity");
103                        good.setGood_quantity(gCursor.getInt(index));
104                    }
105                    gCursor.close();
106                    return good;
107                }
108            return null;
109        }
110        @Override
111        protected void onDestroy() {
112            // TODO Auto-generated method stub
113            super.onDestroy();
114            if (gDb != null) {
115                gDb.close();
116            }
117        }
118    }
```

코드 분석

25	액티비티에서 사용하는 레이아웃 파일을 goodmodify.xml 파일로 지정하였다.
26	수정 버튼 객체를 생성하는 부분이다.
27~31	상품 등록 시 등록한 데이터들을 출력하여 값을 수정할 수 있도록 처리할 EditText 객체들을 생성한 부분이다.
32	수정 버튼 객체에 리스너 객체를 연결하는 부분이다.
37~43	수정 버튼을 클릭했을 때 각 EditText에 입력된 값들을 Good 객체의 각 속성 값으로 설정한 부분이다.
45~47	modifyGood 메소드를 호출하여 상품 정보를 수정하고, 메인 액티비티를 다시 요청하여 수정된 내용을 확인할 수 있게 처리하는 부분이다.
51~56	상품 정보를 수정하는 SQL 문장을 실행하는 부분이다.
62~65	onResume 메소드가 호출될 때 Extra 데이터로 넘어온 good_no 값을 구해서 해당 값을 가지고 있는 상품의 정보를 Good 클래스 타입으로 리턴받는 부분이다.
67~71	DB에서 얻어온 상품의 각 정보를 액티비티의 각 EditText의 text 속성으로 출력하여 값을 수정하게 하는 부분이다.
73~109	특정 good_no 값을 가지고 있는 상품의 정보를 DB에서 조회하여 각 컬럼의 값을 Good 객체의 속성 값으로 할당하고 리턴하는 부분이다.

2. DbAdapter를 이용한 상품 관리 예제

DB에 반복적으로 작업을 수행해야 할 경우는 DB에 작업을 처리하는 클래스를 별도의 어댑터 클래스로 생성해 놓고 사용하는 것이 중복 코드의 문제도 해결할 수 있고 훨씬 효율적이다.

본 예제에서는 DbAdapter 클래스를 정의하기 위해서 SQLiteOpenHelper를 이용한다. 바로 이전 예제와 중복되는 코드는 생략하고 변경된 코드의 내용 위주로 설명한다.

❶ 레이아웃 파일 작성

레이아웃 파일은 이전 예제인 DbTestOnContext 프로젝트에 존재하는 레이아웃 파일을 그대로 사용하면 된다.

❷ 어댑터 파일 작성

어댑터 클래스 또한 이전 예제인 DbTestOnContext 프로젝트에 존재하는 GoodsAdapter 클래스를 그대로 사용하면 된다.

❸ DbAdapter.java 파일 작성

DB객체를 생성하고 테이블 객체를 생성하며, DB에 직접 CRUD 작업을 처리하는 역할을 담당하는 클래스이다. 이 어댑터 클래스를 생성하면 DB와 직접적인 작업과 관련된 코드는 어댑터 코드에만 작성하면 되므로 중복 코드를 피할 수 있다.

● Chapter14\DbTestOnDbAdapter\src\com\jung\DbAdapter.java

```
1    package com.jung;
2    import android.content.ContentValues;
3    import android.content.Context;
4    import android.database.Cursor;
5    import android.database.sqlite.SQLiteDatabase;
6    import android.database.sqlite.SQLiteOpenHelper;
7    public class DbAdapter extends SQLiteOpenHelper{
8        private SQLiteDatabase gDb;
9        private static final String TABLE_CREATE = "create table good ("
10               + "good_no integer primary key autoincrement, "
11               + "good_company text not null, "
12               + "good_name text not null,"
13               + "good_price integer not null,"
14               + "good_location text not null,"
15               + "good_quantity integer not null);";
16       private final Context context;
17       DbAdapter(Context context) {
18           super(context, "GoodsDB", null, 1);
```

```java
            this.context = context;
            gDb = getWritableDatabase();
        }

        @Override
        public void onCreate(SQLiteDatabase db) {
            db.execSQL(TABLE_CREATE); // DB 생성
        }

        @Override
        public void onUpgrade(SQLiteDatabase db, int oldVersion, int newVersion) {
            db.execSQL("DROP TABLE IF EXISTS good");
            onCreate(gDb);
        }

        public void close() {
            close();
        }
        public long insertGood(String good_company, String good_name, int good_price,String
good_location,int good_quantity) {
            ContentValues insertGood = new ContentValues();
            insertGood.put("good_company", good_company);
            insertGood.put("good_name", good_name);
            insertGood.put("good_price", good_price);
            insertGood.put("good_location", good_location);
            insertGood.put("good_quantity", good_quantity);
            return gDb.insert("good", null, insertGood);
        }
        public boolean deleteGood(long good_no) {
            return gDb.delete("good", "good_no=" + good_no, null) > 0;
        }

        public Cursor selectGoods() {
            return gDb.query("good", new String[] {"good_no",
            "good_company", "good_name", "good_price", "good_location","good_quantity" },
            null, null, null, null, null);
        }
        public Cursor selectGood(long good_no) {//특정 레코드 쿼리
        // cursor 값 리턴
            Cursor cursor = gDb.query("good",  new String[] {"good_no", "good_company",
        "good_name", "good_price", "good_location","good_quantity" },
                "good_no="+good_no, null,
```

```
61              null, null, null);
62          return cursor;
63      }
64
65      public int updateGood(Good good) {
66          ContentValues updateGoods = new ContentValues();
67          updateGoods.put("good_company", good.getGood_company());
68          updateGoods.put("good_name", good.getGood_name());
69          updateGoods.put("good_price", good.getGood_price());
70          updateGoods.put("good_location", good.getGood_location());
71          updateGoods.put("good_quantity", good.getGood_quantity());
72          return  gDb.update("good",  updateGoods,  "good_no=" + good.getGood_no(),
73  null);
74      }
75  }
```

코드 분석

7	DbAdapter 클래스를 생성하면서 SQLiteOpenHelper를 상속받는다. SQLiteOpenHelper를 사용하면 DB 생성, 업그레이드 등을 효율적으로 처리할 수 있다.
17~21	DbAdapter 클래스의 생성자에서 Context 객체를 초기화하고, public SQLiteOpenHelper(Context context, String name, SQLiteDatabase.CursorFactory factory, int version) 생성자를 호출하여 상위 객체를 초기화하기 위해 20라인에서 쓰기 가능한 데이터베이스를 얻어 온다.
24~26	데이터베이스 테이블을 생성하는 메소드이다. 처음 데이터베이스가 생성될 때 호출된다.
29~32	데이터베이스 버전이 변경되었을 때 필요한 객체를 다시 생성해 주는 부분이다. 생성자 부분의 super 생성자의 마지막 파라미터 값, 즉 버전 값이 변경되면 호출된다.
34~36	데이터베이스를 닫아주는 역할을 하는 메소드를 정의한 부분이다.
37~46	상품 하나의 정보를 DB에 삽입하는 역할을 하는 메소드 부분이다.
39~44	ContentValue 객체를 사용하여 인서트할 값을 컬럼 이름을 키로 하여 맵 형태로 저장하는 부분이다.
45	Good 테이블에 insertGood 객체에 저장되어 있는 값을 삽입하는 부분이다. 삽입이 성공되면 삽입된 레코드의 rowId 값이 반환된다.
47~49	good 테이블에서 파라미터로 전송되어 온 good_no 값을 가지고 있는 레코드를 삭제하는 부분을 정의한 부분이다. 삭제가 성공하면 삭제된 행의 개수가 반환된다.
51~55	good 테이블에 존재하는 모든 레코드를 조회하여 해당 레코드 셋을 가리키는 Curosr 객체를 리턴하는 메소드 부분이다.
56~63	파라미터로 전송되어 온 good_no 값을 가지고 있는 상품의 정보를 조회하여 해당 레코드셋을 가리키는 Cursor 객체를 리턴하는 역할을 하는 메소드 부분이다.
65~74	파라미터로 전송되어 온 Good 객체의 속성 값들로 해당 상품 정보를 수정하는 기능이 수행되는 메소드이다. 수정이 성공적으로 수행되면, 수정된 행 수가 리턴된다.

❹ 액티비티 파일 작성

• DbTestOnDbAdapterActivity.java 파일

◉ Chapter14\DbTestOnDbAdapter\src\com\jung\DbTestOnDbAdapterActivity.java

```java
package com.jung;
import java.util.ArrayList;
import android.app.Activity;
import android.content.Intent;
import android.database.Cursor;
import android.os.Bundle;
import android.widget.AdapterView;
import android.widget.Button;
import android.widget.EditText;
import android.widget.ListView;
import android.view.View;
public class DbTestOnDbAdapterActivity extends Activity implements View.
OnClickListener,AdapterView.OnItemClickListener{
    /** Called when the activity is first created. */
    DbAdapter dbAdapter;
    Cursor gCursor;
    ListView good_listView;
    EditText good_company;
    EditText good_name;
    EditText good_price;
    EditText good_location;
    EditText good_quantity;
    Button good_regist;
    GoodsAdapter ga;
    @Override
    public void onCreate(Bundle savedInstanceState) {
        super.onCreate(savedInstanceState);
        setContentView(R.layout.main);
        good_listView = (ListView)findViewById(R.id.good_listView);
        good_company = (EditText)findViewById(R.id.good_company);
        good_name = (EditText)findViewById(R.id.good_name);
        good_price = (EditText)findViewById(R.id.good_price);
        good_location = (EditText)findViewById(R.id.good_location);
        good_quantity = (EditText)findViewById(R.id.good_quantity);
        good_regist = (Button)findViewById(R.id.good_regist);
        good_regist.setOnClickListener(this);
    }
```

```java
@Override
protected void onResume() {
    // TODO Auto-generated method stub
    super.onResume();
    dbAdapter = new DbAdapter(this);
    listgood();
}
public void onClick(View v) {
    // TODO Auto-generated method stub
    String company_value = good_company.getText().toString();
    String name_value = good_name.getText().toString();
    int price_value = Integer.parseInt(good_price.getText().toString());
    String location_value = good_location.getText().toString();
    int quantity_value = Integer.parseInt(good_quantity.getText().toString());
    dbAdapter.insertGood(company_value, name_value, price_value, location_value,
quantity_value);
    listgood();
}
private void listgood(){
    gCursor = dbAdapter.selectGoods();
    ArrayList<Good> gList =
        new ArrayList<Good>();
if (gCursor != null) {
    Good good = null;
        if (gCursor.moveToFirst()) {
            do {
                good = new Good();
                int index = gCursor.getColumnIndex("good_company");
                good.setGood_company(gCursor.getString(index));

                index = gCursor.getColumnIndex("good_location");
                good.setGood_location(gCursor.getString(index));

                index = gCursor.getColumnIndex("good_name");
                good.setGood_name(gCursor.getString(index));

                index = gCursor.getColumnIndex("good_no");
                good.setGood_no(gCursor.getInt(index));

                index = gCursor.getColumnIndex("good_price");
                good.setGood_price(gCursor.getInt(index));
```

```
80              index = gCursor.getColumnIndex("good_quantity");
81              good.setGood_quantity(gCursor.getInt(index));
82              gList.add(good);
83          } while (gCursor.moveToNext());
84      gCursor.close();
85      }
86  }
97  ga = new GoodsAdapter(this, gList);
88  good_listView.setAdapter(ga);
89  good_listView.setOnItemClickListener(this);
90  }
91  public void onItemClick(AdapterView<?> parent, View view, int position, long id) {
92      // TODO Auto-generated method stub
93      long good_no = ga.getItemId(position);
94      Intent i = new Intent(this,GoodContent.class);
95      i.putExtra("good_no", good_no);
96      startActivity(i);
97  }
98  }
99  @Override
100     protected void onDestroy() {
101     // TODO Auto-generated method stub
102     super.onDestroy();
103     dbAdapter.close();
104     }
```

코드 분석

우선 상단의 액티비티를 보면 SQLiteDatabase를 생성하는 부분이 없다. 즉, DB 생성 관련 부분은 어댑터 클래스에서 별도로 관리해 준다.

42	Context 객체를 파라미터로 전송하면서 DbAdapter 객체를 생성하여 DB를 생성한다.
52~53	dbAdapter 객체의 insertGood 메소드를 호출하여 상품 하나에 대한 정보를 DB에 삽입하는 작업을 수행한다.
57	selectGoods 메소드를 호출하여 good 테이블에 존재하는 모든 상품의 정보를 가리키는 Cursor 객체를 리턴받는다. 58~83 라인까지의 작업을 어댑터 클래스에서 전부 처리한 후 gList 객체를 리턴받는 것도 가능하다. 전체 레코드를 얻어와서 늘 같은 형태의 비즈니스 로직이 수행된다면 로직을 어댑터에 넣어도 무리는 없다.

- **GoodContent.java 파일**

<table>
<tr><td colspan="2">● Chapter14\DbTestOnDbAdapter\src\com\jung\GoodContent.java</td></tr>
</table>

```java
1    package com.jung;
2    import android.app.Activity;
3    import android.content.Intent;
4    import android.database.Cursor;
5    import android.database.sqlite.SQLiteDatabase;
6    import android.os.Bundle;
7    import android.widget.Button;
8    import android.widget.TextView;
9    import android.view.View;
10   public class GoodContent extends Activity implements View.OnClickListener{
11       private SQLiteDatabase gDb;
12       Cursor gCursor;
13       TextView content_good_name;
14       TextView content_good_price;
15       TextView content_good_location;
16       TextView content_good_quantity;
17       TextView txtTitle;
18       Button delete;
19       Button modify;
20       DbAdapter dbAdapter;
21       Good good;
22       /** Called when the activity is first created. */
23       @Override
24       public void onCreate(Bundle savedInstanceState) {
25           super.onCreate(savedInstanceState);
26           setContentView(R.layout.goodcontent);
27           txtTitle = (TextView)findViewById(R.id.txtTitle);
28           content_good_name = (TextView)findViewById(R.id.content_good_name);
29           content_good_price = (TextView)findViewById(R.id.content_good_price);
30           content_good_location = (TextView)findViewById(R.id.content_good_location);
31           content_good_quantity = (TextView)findViewById(R.id.content_good_quantity);
32           delete = (Button)findViewById(R.id.delete);
33           modify = (Button)findViewById(R.id.modify);
34           delete.setOnClickListener(this);
35           modify.setOnClickListener(this);
36       }
37       @Override
38       protected void onResume() {
39           // TODO Auto-generated method stub
40           super.onResume();
41           dbAdapter = new DbAdapter(this);
```

```java
42              Intent i = getIntent();
43              long good_no = i.getExtras().getLong("good_no");
44              good = getGoodContent(good_no);
45              // TODO Auto-generated method stub
46              txtTitle.setText(good.getGood_name() + " 상품의 상세정보");
47              content_good_name.setText(good.getGood_name());
48              content_good_price.setText(good.getGood_price()+"");
49              content_good_location.setText(good.getGood_location());
50              content_good_quantity.setText(good.getGood_quantity()+"");
51          }
52      public void onClick(View v) {
53          // TODO Auto-generated method stub
54          if(v.getId()==R.id.delete){
55              remove(good.getGood_no());
56              Intent intent = new Intent(this,DbTestOnDbAdapterActivity.class);
57              startActivity(intent);
58          }
59          else{
60              Intent intent = new Intent(this,GoodModify.class);
61              intent.putExtra("good_no", good.getGood_no());
62              startActivity(intent);
63          }
64      }
65      private void remove(long good_no) {
66          // TODO Auto-generated method stub
67          dbAdapter.deleteGood(good_no);
68      }
69      private Good getGoodContent(long good_no) {
70          // TODO Auto-generated method stub
71          System.out.println("conent 이 good_no="+good_no);
72          gCursor = dbAdapter.selectGood(good_no);
73
74          if (gCursor != null) {
75              Good good = new Good();
76              if (gCursor.moveToFirst()) {
77                  int index = gCursor.getColumnIndex("good_company");
78                  good.setGood_company(gCursor.getString(index));
79
80                  index = gCursor.getColumnIndex("good_location");
81                  good.setGood_location(gCursor.getString(index));
82
```

```
83              index = gCursor.getColumnIndex("good_name");
84              good.setGood_name(gCursor.getString(index));
85
86              index = gCursor.getColumnIndex("good_no");
97              good.setGood_no(gCursor.getInt(index));
88
89              index = gCursor.getColumnIndex("good_price");
90              good.setGood_price(gCursor.getInt(index));
91
92              index = gCursor.getColumnIndex("good_quantity");
93              good.setGood_quantity(gCursor.getInt(index));
94
95          }
96          gCursor.close();
97          return good;
98      }
99      return null;
100     }
101     @Override
102     protected void onDestroy() {
103         // TODO Auto-generated method stub
104         super.onDestroy();
105         dbAdapter.close();
106     }
107 }
```

코드 분석

41	DbAdapter 객체를 생성하는 부분이다.
67	dbAdapter.deleteGood(good_no)를 호출하여 어댑터 클래스의 메소드를 호출하여 해당 good_no 값을 가지고 있는 상품 정보를 good 테이블에서 제거하는 부분이다. 현재 코드상에서는 55라인에서 직접 dbAdapter. deleteGood(good_no)를 호출하여도 된다. remove 메소드에서 전처리 작업을 수행해야 한다면 분리하는 것이 효율적이다.
72	dbAdapter.selectGood(good_no) 메소드를 호출하여 해당 good_no 값을 가지고 있는 상품 데이터를 가리키는 Cursor 객체를 리턴받는 부분이다.

• **GoodModify.java 파일**

◉ Chapter14\DbTestOnDbAdapter\src\com\jung\GoodModify.java

```
1   package com.jung;
2   import android.app.Activity;
3   import android.content.Intent;
4   import android.database.Cursor;
5   import android.database.sqlite.SQLiteDatabase;
6   import android.os.Bundle;
7   import android.widget.Button;
8   import android.widget.EditText;
9   import android.view.View;
10  public class GoodModify extends Activity implements View.OnClickListener{
11      private SQLiteDatabase gDb;
12      Cursor gCursor;
13      Button good_modify;
14      Good good;
15      EditText modify_good_company;
16      EditText modify_good_name;
17      EditText modify_good_price;
18      EditText modify_good_location;
19      EditText modify_good_quantity;
20      DbAdapter dbAdapter;
21      int good_no;
22      /** Called when the activity is first created. */
23      @Override
24      public void onCreate(Bundle savedInstanceState) {
25          super.onCreate(savedInstanceState);
26          setContentView(R.layout.goodmodify);
27          good_modify = (Button)findViewById(R.id.good_modify);
28          modify_good_company = (EditText)findViewById(R.id.modify_good_company);
29          modify_good_location = (EditText)findViewById(R.id.modify_good_location);
30          modify_good_name=(EditText)findViewById(R.id.modify_good_name);
31          modify_good_price = (EditText)findViewById(R.id.modify_good_price);
32          modify_good_quantity = (EditText)findViewById(R.id.modify_good_quantity);
33          good_modify.setOnClickListener(this);
34          // TODO Auto-generated method stub
35      }
36      public void onClick(View v) {
37          // TODO Auto-generated method stub
38          Good good = new Good();
39          good.setGood_company(modify_good_company.getText().toString());
40          good.setGood_location(modify_good_location.getText().toString());
```

41	good.setGood_name(modify_good_name.getText().toString());
42	good.setGood_price(Integer.parseInt(modify_good_price.getText().toString()));
43	good.setGood_quantity(Integer.parseInt(modify_good_quantity.getText().
44	toString()));
45	good.setGood_no(good_no);
46	dbAdapter.updateGood(good);
47	Intent intent = new Intent(this,DbTestOnDbAdapterActivity.class);
48	startActivity(intent);
49	}
50	@Override
51	protected void onResume() {
52	// TODO Auto-generated method stub
53	super.onResume();
54	dbAdapter = new DbAdapter(this);
55	Intent i = getIntent();
56	good_no = i.getExtras().getInt("good_no");
57	good = getGoodContent(good_no);
58	// TODO Auto-generated method stub
59	modify_good_company.setText(good.getGood_company());
60	modify_good_name.setText(good.getGood_name());
61	modify_good_price.setText(good.getGood_price()+"");
62	modify_good_location.setText(good.getGood_location());
63	modify_good_quantity.setText(good.getGood_quantity()+"");
64	}
65	private Good getGoodContent(long good_no) {
66	// TODO Auto-generated method stub
67	gCursor = dbAdapter.selectGood(good_no);
68	if (gCursor != null) {
69	Good good = new Good();
70	if (gCursor.moveToFirst()) {
71	int index = gCursor.getColumnIndex("good_company");
72	good.setGood_company(gCursor.getString(index));
73	
74	index = gCursor.getColumnIndex("good_location");
75	good.setGood_location(gCursor.getString(index));
76	
77	index = gCursor.getColumnIndex("good_name");
78	good.setGood_name(gCursor.getString(index));
79	
80	index = gCursor.getColumnIndex("good_no");
81	good.setGood_no(gCursor.getInt(index));
82	

```
 83                    index = gCursor.getColumnIndex("good_price");
 84                    good.setGood_price(gCursor.getInt(index));
 85                    index = gCursor.getColumnIndex("good_quantity");
 86                    good.setGood_quantity(gCursor.getInt(index));
 97                }
 88                gCursor.close();
 89                return good;
 90            }
 91            return null;
 92        }
 93        @Override
 94        protected void onDestroy() {
 95            // TODO Auto-generated method stub
 96            super.onDestroy();
 97            if (gDb != null) {
 98                gDb.close();
 99            }
100        }
101 }
```

코드 분석

53	DbAdapter 객체를 생성하는 부분이다.
45	dbAdapter.updateGood(good) 메소드를 호출하여 파라미터로 전송되는 good 객체의 속성 값으로 해당 상품의 컬럼 값들을 수정하는 부분이다.

4 SQLite 데이터베이스를 이용한 상품 관리 시스템 예제 실행

DbTestOnContext 프로젝트 실행하면 다음과 같은 화면이 나타난다.

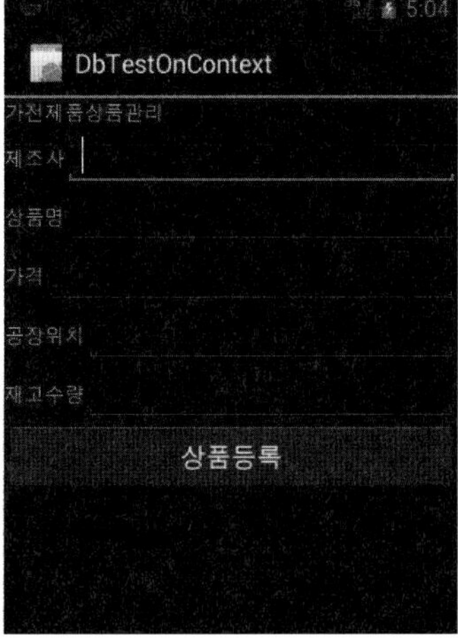

상품 정보를 입력하고 [상품등록] 버튼을 클릭하면 등록된 상품 리스트가 하단의 ListView 항목으로 출력된다. 리스트 뷰에서 특정 항목을 선택한다.

해당 상품의 자세한 정보가 출력된다. [수정] 버튼을 클릭하면 상품의 정보를 수정할 수 있는 화면이 출력된다.

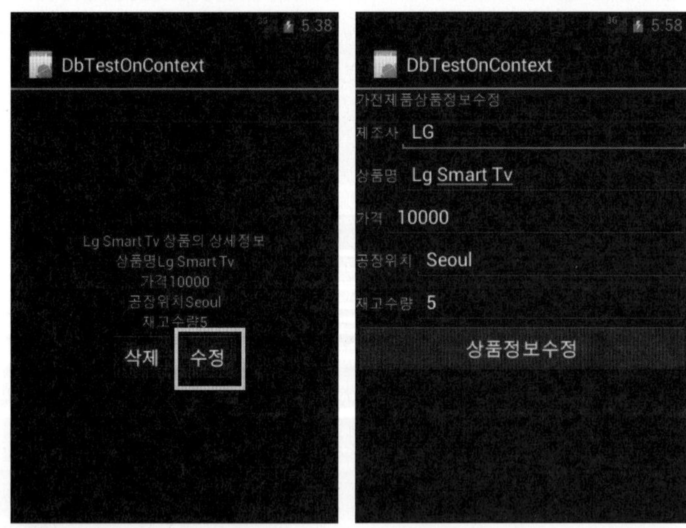

화면에서 제조사를 변경하고 [상품정보수정] 버튼을 클릭한다. 그러면 다시 메인 액티비티가 호출되면서 해당 상품의 정보가 수정된 것을 확인할 수 있다. 다시 ListView에서 특정 항목을 클릭한다.

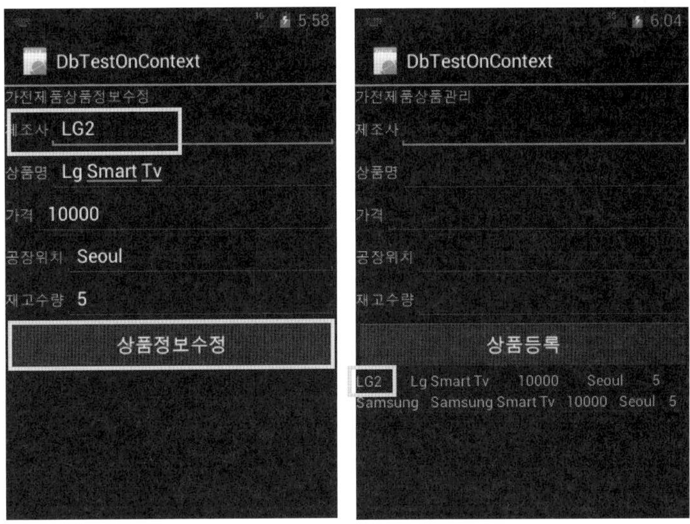

상세 화면에서 [삭제] 버튼을 클릭하면 다시 메인 액티비티가 실행되면서 해당 제품이 삭제된 것을 확인할 수 있다.

1. 안드로이드에는 SQLite라는 경량의 DBMS가 제공된다. SQLite는 경량이고 속도가 빨라 안드로이드에 탑재하기에 적합하다. http://www.sqlite.org 사이트를 통해서 소스 코드와 실행 파일이 무료로 제공된다.

   Java JDBC API에서는 SQLite를 위한 인터페이스를 제공하지 않으므로 SQLite를 사용하여 DB 관련 처리를 하려면 안드로이드에서 SQLite 작업을 위해 제공되는 별도의 API를 익혀야 한다.

   SQLite Browser 툴을 다운로드 받으려면 sourceforge.net/projects/sqlitebrowser에 방문하면 된다.

   SQLite 명령어 중 자주 사용되는 명령은 다음과 같은 것들이 있다.

   .tables : 데이터베이스에 존재하는 모든 테이블을 나열한다.

   .header on : 쿼리 결과를 표시할 때 맨 위에 열 이름을 같이 표시한다

```
C:\windows\system32\cmd.exe - adb shell

sqlite> .tables;
.tables;
Error: unknown command or invalid arguments:  "tabl
sqlite> .tables
.tables
testTable
sqlite> insert into testTable values('aaa','aaa');
insert into testTable values('aaa','aaa');
sqlite> .header on
.header on
sqlite> select * from testTable;
select * from testTable;
name|addr
aaa|aaa
sqlite>
```

   .mode column : 쿼리 결과를 적당히 띄어서 보여준다.

   .schema [table_name] : 해당 테이블의 create 문을 보여준다.

```
C:\windows\system32\cmd.exe - adb shell

sqlite> .mode column
.mode column
sqlite> select * from testTable;
select * from testTable;
aaa          aaa
sqlite> .schema testTable
.schema testTable
CREATE TABLE testTable (name TEXT, addr TEXT);
sqlite>
```

   .exit : sqlite3 툴을 종료한다.

2. 안드로이드에서 제공되는 SQLite 관련 인터페이스

　❶ SQLiteDatabase

public int delete (String table, String whereClause, String[] whereArgs) : 데이터베이스에 존재하는 레코드들을 삭제하는 메소드이다.

public void execSQL (String sql) : select 문장이나 리턴값이 존재하는 SQL 문장을 제외한 단일 SQL 문장을 실행하는 메소드이다. 이 메소드는 어떤 결과도 반환하지 않는다. 가능하면 insert(String, String, ContentValues), update(String, ContentValues, String, String[])를 사용할 것을 권장한다.

public long insert (String table, String nullColumnHack, ContentValues values)
: 데이터베이스에 레코드를 삽입할 때 사용되는 메소드이다. 새로 입력된 레코드의 rowId가 반환된다. 만약, insert에 실패되면 -1 값을 반환한다.

public static SQLiteDatabase openDatabase (String path, SQLiteDatabase.CursorFactory factory, int flags)
: 포맷 종류 OPEN_READWRITE,OPEN_READONLY,CREATE_IF_NECESSARY, NO_LOCALIZED_COL-LATORS를 지정하여 지정한 경로의 데이터베이스를 열거나 새로 생성할 수 있는 메소드이다.

public Cursor query (String table, String[] columns, String selection, String[] selectionArgs, String groupBy, String having, String orderBy, String limit) : 해당 테이블에서 리절트 셋을 커서 타입으로 반환하는 메소드이다.

public Cursor rawQuery (String sql, String[] selectionArgs) : 해당 SQL 문장을 실행하고 커서 객체를 반환하는 메소드이다.

public int update (String table, ContentValues values, String whereClause, String[] whereArgs)
: 데이터베이스의 특정 행을 수정하는 메소드이다.

　❷ ContentValues

ContentValues는 맵 형태로 데이터를 담을 수 있는 역할을 하는 클래스이다.

파라미터로 지정된 key와 value를 이용해서 한 쌍의 데이터를 ContentValues에 저장한다.

비슷한 기능을 수행하는 메소드들이 다음과 같이 제공된다.

public void put (String key, Integer value)

public void put (String key, Float value)

public void put (String key, Short value)

public void put (String key, byte[] value)

public void put (String key, String value)

public void put (String key, Double value)

public void put (String key, Long value)

public void put (String key, Boolean value)

❸ SQLiteOpenHelper

SQLiteOpenHelper 클래스는 데이터베이스를 생성하고 버전 관리를 편리하게 할 수 있는 기능을 제공하는 클래스이다.

SQLiteOpenHelper 클래스의 서브 클래스는 onCreate(SQLiteDatabase), onUpgrade(SQLiteDatabase, int, int)를 반드시 구현해야 하고, 필요하면 onOpen(SQLiteDatabase) 메소드를 구현해 주어야 한다.

정의한 서브 클래스는 기존에 존재하는 데이터베이스를 열거나 존재하지 않으면 생성할 수 있고, 필요한 경우에 업그레이드할 수 있다.

❹ Cursor

커서는 DB에서 리턴된 레코드를 참조하는 역할을 한다. 지원되는 메소드는 다음과 같은 것들이 있다.

public abstract int getColumnCount () : 총 컬럼 개수를 반환하는 메소드이다.

public abstract int getColumnIndex (String columnName)

: 해당 이름의 컬럼의 0 베이스 컬럼 인덱스 값을 반환해 준다. 해당 이름의 컬럼이 존재하지 않으면 -1 값을 반환한다.

public abstract int getColumnIndexOrThrow (String columnName)

: 해당 이름을 가지고 있는 컬럼의 0 베이스 인덱스 번호를 반환한다. 해당 이름의 컬럼이 존재하지 않으면 IllegalArgumentException을 발생시킨다.

public abstract String getColumnName (int columnIndex) : 파라미터로 지정된 0 베이스 인덱스의 컬럼의 이름을 반환해 주는 메소드이다.

public abstract String[] getColumnNames () : 컬럼의 이름들을 문자열 배열로 반환해 주는 메소드이다.

public abstract int getCount () : 총 레코드 개수를 반환하는 메소드이다.

public abstract double getDouble (int columnIndex) : 해당 인덱스의 컬럼 값을 double형으로 반환한다.

public abstract boolean moveToFirst () : 첫번째 행으로 이동한다. 커서가 비어 있으면 false를 반환한다.

public abstract boolean moveToLast () : 마지막 행으로 이동한다. 커서가 비어 있으면 false를 반환한다.

public abstract boolean moveToNext () : 다음 행으로 이동하는 메소드이다. 이미 마지막 레코드에 도달했으면 false를 반환한다.

public abstract boolean moveToPosition (int position) : 파라미터로 주워진 절대 행 위치로 이동한다. 성공적으로 이동하면 true를 반환한다.

public abstract boolean moveToPrevious () : 이전 행으로 이동한다. 이미 첫 번째 행에 도달했으면 false를 반환한다.

네트워크

본 장에서는 네트워크 프로그램을 작성할 수 있는 방법을 알아보겠다. 안드로이드 폰의 기본적인 기능은 음성 통화이므로 항상 음성 통신은 열려 있다. 또한 데이터 통신도 지원 가능하여 웹 사이트와의 통신도 가능하다. 즉 인터넷을 통하여 웹 사이트에서 제공하는 서비스들을 실시간으로 제공받을 수 있다. SNS를 통하여 실시간 대화도 가능하다. 안드로이드 폰은 모바일 네트워크,Wifi, 블루투스 등 다양한 방법의 네트워크 방법을 제공해 준다. 요즘 대세를 이루는 애플리케이션들이 통신을 이용하는 것들이므로 안드로이드 네트워크 프로그래밍을 익히는 것은 매우 중요하다.

1 소켓 통신

1. 소켓 통신의 개요

모바일상에서도 무선 네트워크가 제공되므로 당연히 네트워크를 통한 소켓 통신이 가능하다. 안드로이드에서 소켓 통신을 구현할 때는 자바 API에서 제공하는 소켓 통신 관련 API를 그대로 사용할 수 있다. 우선 자바 네트워크 프로그래밍에서 기본적으로 알고 있어야 하는 클래스들에 대해서 먼저 살펴보자.

❶ URL 클래스

```
java.net
Class URL

java.lang.Object
 └ java.net.URL

All Implemented Interfaces:
     Serializable
```

URL은 특정 URL 주소를 다루기 위해 자바에서 제공되는 클래스이다. URL 클래스의 대표적인 생성자에는 다음과 같은 것들이 있다. (하단에 제시된 생성자 이외에도 다른 생성자도 제공되고 있으니 필요할 시 자바 API를 참고하기 바란다.)

생성자	설명
public URL(String spec) throws MalformedURLException	파라미터로 지정된 URL 문자열을 이용해서 URL 객체를 생성한다.
public URL(String protocol,String host,String file) throws MalformedURLException	URL을 구성하는 각 부분의 값을 이용하여 URL 객체를 생성한다.
public URL(String protocol,String host,int port,String file) throws MalformedURLException	URL을 구성하는 각 부분의 값을 이용하여 URL 객체를 생성한다.

URL 객체가 생성되면, URL 클래스의 openStream() 메소드를 이용하여 해당 URL의 자원을 얻어 오는 InputStream을 리턴받을 수 있으며, getConnection() 메소드를 사용하여 URLConnection 객체 도 얻어올 수 있다.

참고로 URLConnection 클래스는 추상 클래스이므로 생성자를 이용해서 객체를 생성할 수 없다.

URL 클래스를 사용하여 안드로이드상에서 특정 사이트의 데이터를 읽어들여 보겠다.

• main.xml 파일 작성

```
● Chapter15\URLLoad\res\layout\main.xml
```

```xml
1    <?xml version="1.0" encoding="utf-8"?>
2    <LinearLayout xmlns:android="http://schemas.android.com/apk/res/android"
3        android:layout_width="fill_parent"
4        android:layout_height="fill_parent"
5        android:orientation="vertical" >
6
7        <Button
8            android:id="@+id/load"
9            android:layout_width="wrap_content"
10           android:layout_height="wrap_content"
11           android:text="Load" />
12
13       <TextView
14           android:id="@+id/result"
15           android:layout_width="fill_parent"
16           android:layout_height="wrap_content"
17           android:text="" />
18
19   </LinearLayout>
```

코드 분석

7~11	클릭하면 해당 URL의 데이터를 읽어들이는 동작을 처리하는 Button 위젯을 정의한 부분이다.
13~17	Load 버튼을 클릭했을 때 특정 URL에서 읽어들인 내용을 출력할 TextView 위젯을 정의한 부분이다.

본 예제는 네트워크 통신이 지원되어야 하는 예제이므로 하단과 같이 AndroidManifest.xml 파일에 <uses-permission android:name="android.permission.INTERNET"/> 권한을 추가해 주어야 한다.

```xml
<?xml version="1.0" encoding="utf-8"?>
<manifest xmlns:android="http://schemas.android.com/apk/res/android"
    package="com.jung"
    android:versionCode="1"
    android:versionName="1.0" >

    <uses-sdk android:minSdkVersion="15" />

    <uses-permission android:name="android.permission.INTERNET" />

    <application
        android:icon="@drawable/ic_launcher"
        android:label="@string/app_name" >
        <activity
            android:name=".URLLoadActivity"
            android:label="@string/app_name" >
            <intent-filter>
                <action android:name="android.intent.action.MAIN" />

                <category android:name="android.intent.category.LAUNCHER" />
            </intent-filter>
        </activity>
    </application>

</manifest>
```

• URLLoadActivity.java 파일 작성

● Chapter15\URLLoad\src\com\jung\URLLoadActivity.java
1   package com.jung;
2   import java.io.BufferedReader;
3   import java.io.InputStream;
4   import java.io.InputStreamReader;
5   import java.net.URL;
6   import android.app.Activity;
7   import android.os.Bundle;
8   import android.os.StrictMode;
9   import android.widget.Button;
10   import android.widget.TextView;
11   import android.view.View;

```java
12  public class URLLoadActivity extends Activity implements View.OnClickListener{
13      /** Called when the activity is first created. */
14      Button load;
15      TextView result;
16      @Override
17      public void onCreate(Bundle savedInstanceState) {
18          super.onCreate(savedInstanceState);
19          setContentView(R.layout.main);
20          StrictMode.ThreadPolicy policy =
21              new StrictMode.ThreadPolicy.Builder().permitAll().build();
22          StrictMode.setThreadPolicy(policy);
23          result = (TextView)findViewById(R.id.result);
24          load = (Button)findViewById(R.id.load);
25          load.setOnClickListener(this);
26      }
27      public void onClick(View v) {
28          // TODO Auto-generated method stub
29          InputStream is=null;
30          InputStreamReader isr=null;
31          BufferedReader br=null;
32          try{
33              URL url = new URL("http://www.hyejiwon.co.kr");
34              is = url.openStream();
35              isr = new InputStreamReader(is);
36              br = new BufferedReader(isr);
37              StringBuffer sb = new StringBuffer();
38              String str = "";
39              while((str = br.readLine()) != null) {
40                  sb.append(str+"\n");
41              }
42              result.setText(sb.toString());
43          }
44          catch(Exception e){
45              e.printStackTrace();
46          }
47          finally{
48              try{
49                  is.close();
50                  isr.close();
51                  br.close();
52              }
```

53	catch(Exception e){
54	e.printStackTrace();
55	}
56	}
57	}
58	}

코드 분석

20~22	기본적으로 안드로이드 3.0 이상 버전부터는 네트워크 작업을 기본 UI 스레드에서 처리하는 것을 금지하고 네트워크 관련 처리는 별도의 스레드를 생성해서 처리하도록 하고 있다. 테스트용으로 UI 스레드 자체에서 네트워크 작업을 수행하기 위해 추가된 코드이다. 이 코드를 삽입하지 않고 네트워크 작업을 UI 스레드상에서 처리하면 android.os.NetworkOnMainThreadException이 발생하면서 작업이 제대로 처리되지 않는다.
33~34	URL 객체를 생성하여 해당 URL로부터 데이터를 읽을 수 있는 입력 스트림을 얻어 오는 부분이다.
35	바이트 단위의 스트림을 문자 단위의 스트림으로 연결해 주는 역할을 하는 InputStreamReader 객체를 생성하는 부분이다.
36	문자 단위로 데이터를 읽어들이기 위해서 BufferedReader 객체를 생성하는 부분이다.
39~41	한 라인씩 데이터를 읽어들일 수 있는 BufferedReader 객체의 readLine() 메소드를 이용해서 해당 URL로부터 라인 단위로 데이터를 읽어서 StringBuffer 객체인 sb 레퍼런스 변수에 읽어들인 문자열을 추가하면서 개행 문자열인 '\n' 문자를 라인 단위에 추가하는 부분이다.
42	해당 URL에서 읽어들인 데이터를 TextView의 text 속성 값으로 설정하여 화면에 출력하는 부분이다.

URLLoad 프로젝트를 실행해 보겠다. 프로젝트를 실행한 후 [Load] 버튼을 클릭하면 지정한 사이트로부터 html 코드를 읽어들이는 것을 확인할 수 있다.

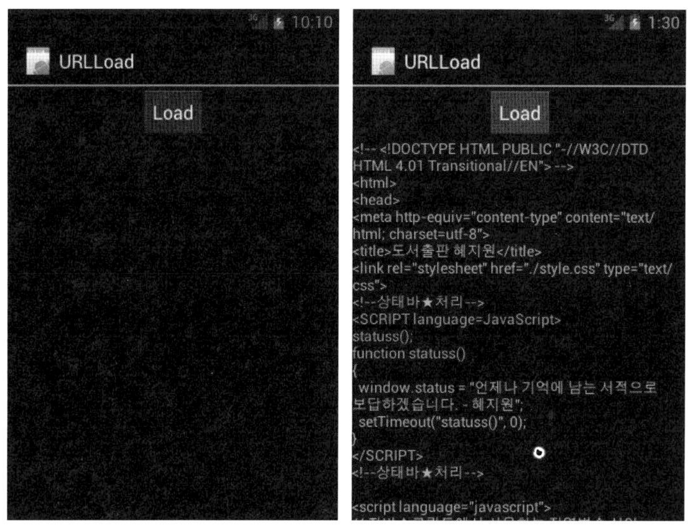

❷ URLConnection 클래스

```
java.net
Class URLConnection

java.lang.Object
  └ java.net.URLConnection

Direct Known Subclasses:
    HttpURLConnection, JarURLConnection
```

URLConnection 클래스는 추상 클래스이므로 생성자를 사용해서 객체를 생성할 수는 없으며 URL 객체의 openConnection() 메소드를 이용해서 생성할 수 있다. 또한 URLConnection 객체가 생성되면 connect 메소드를 호출하여 URL 객체에 설정되어 있는 URL에 연결할 수 있다.

```
URL url = new URL("http://www.hyejiwon.co.kr");
URLConnection con = url.getConnection();
con.connect();
```

URLConnection 객체를 이용하면 URL 객체처럼 해당 URL의 자원뿐 아니라 헤더 정보까지 얻어올 수 있다. URLConnection 객체는 getInputStream() 메소드를 사용하여 해당 URL로부터 자원을 읽을 수 있는 InputStream 객체를 리턴받을 수 있으며, getOutputStream() 메소드를 이용하여 해당 URL에 데이터를 출력할 수 있는 OutputStream 객체를 리턴받을 수 있다. 또한 getHeaderField(String name) 메소드를 사용하면 각 이름에 해당하는 헤더 정보를 얻어올 수 있다. 그리고 getContentLength() 메소드를 이용해서는 해당 URL의 총 자원의 길이를 얻어올 수 있다.

URLConnection 클래스를 이용하여 특정 사이트의 자원을 읽어들이는 예제를 작성해 보겠다. 본 예제의 AndroidManifest.xml 파일과 main.xml 파일은 URLLoad 프로젝트의 내용과 같으므로 생략하고, Activity 클래스의 내용만 살펴보도록 하겠다.

● Chapter15\URLConnectionLoad\src\com\jung\URLConnectionLoadActivity.java

```java
1   package com.jung;
2   import java.io.BufferedReader;
3   import java.io.InputStream;
4   import java.io.InputStreamReader;
5   import java.net.URL;
6   import java.net.URLConnection;
7   import android.view.View;
8   import android.app.Activity;
9   import android.os.Bundle;
10  import android.os.StrictMode;
11  import android.widget.Button;
12  import android.widget.TextView;
```

```
13  public class URLConnectionLoadActivity extends Activity implements View.
14  OnClickListener{
15      /** Called when the activity is first created. */
16      Button load;
17      TextView result;
18      @Override
19      public void onCreate(Bundle savedInstanceState) {
20          super.onCreate(savedInstanceState);
21          setContentView(R.layout.main);
22          StrictMode.ThreadPolicy policy =
23              new StrictMode.ThreadPolicy.Builder().permitAll().build();
24          StrictMode.setThreadPolicy(policy);
25          result = (TextView)findViewById(R.id.result);
26          load = (Button)findViewById(R.id.load);
27          load.setOnClickListener(this);
28      }
29      public void onClick(View v) {
30          // TODO Auto-generated method stub
31          InputStream is=null;
32          InputStreamReader isr=null;
33          BufferedReader br=null;
34          try{
35              URL url = new URL("http://www.hyejiwon.co.kr");
36              URLConnection con = url.openConnection();
37              is = con.getInputStream();
38              isr = new InputStreamReader(is);
39              br = new BufferedReader(isr);
40              StringBuffer sb = new StringBuffer();
41              String str = "";
42              String contentType = con.getContentType();
43              sb.append("contentType="+contentType+"\n");
44              while((str = br.readLine()) != null) {
45                  sb.append(str+"\n");
46              }
47              result.setText(sb.toString());
48          }
49          catch(Exception e){
50              e.printStackTrace();
51          }
```

52	finally{
53	try{
54	is.close();
55	isr.close();
56	br.close();
57	}
58	catch(Exception e){
59	e.printStackTrace();
60	}
61	}
62	}
63	}

코드 분석

36	URL 객체로부터 URLConnection 객체를 얻어 오는 부분이다.
37	URLConnection 객체를 통해서 해당 URL에서 데이터를 읽어들일 수 있는 InputStream을 얻어 오는 부분이다.
42~43	해당 URL 데이터의 컨텐트 타입을 얻어온 후 StringBuffer 객체에 추가하는 부분이다. URLConnection 객체를 사용하면 본 예제에서처럼 각종 헤더 정보도 얻어올 수 있다.

본 예제에서는 텍스트 데이터를 얻어와 출력했지만 기타 비문자열 데이터 또한 FileInputStream을 이용하면 다운로드 할 수 있다.

본 예제를 실행해 보자. URLConnectionLoad 프로젝트를 실행한 후 [Load] 버튼을 클릭하면 해당 사이트에서 데이터를 로드해서 TextView에 출력하는 것을 확인할 수 있다.

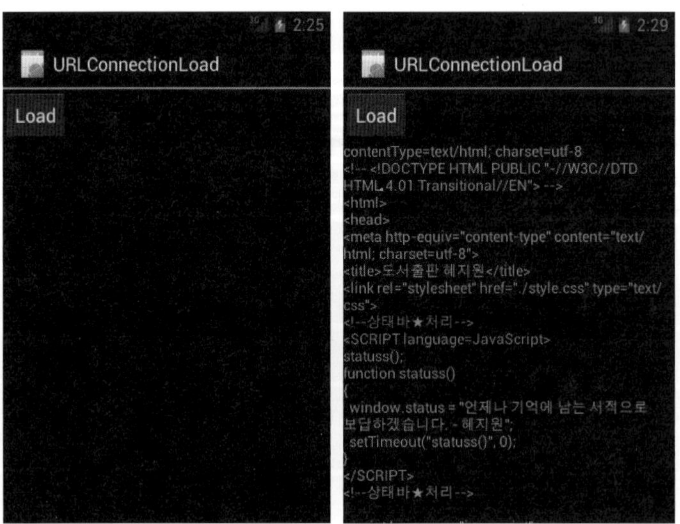

❸ InetAddress 클래스

```
java.net
Class InetAddress

java.lang.Object
  └ java.net.InetAddress

All Implemented Interfaces:
    Serializable

Direct Known Subclasses:
    Inet4Address, Inet6Address
```

InetAddress 클래스는 특정 IP 주소를 다루기 위한 클래스이다. InetAddress 클래스 객체는 생성자로 생성할 수 없으며 자바에서 제공되는 여러 개의 static 메소드에 의해서 생성한다.

static 메소드는 다음과 같은 것들이 존재한다.

메소드	설명
getAllByName(String host)	특정 도메인에 대한 IP 주소가 여러 개일 경우 각 IP에 대한 InetAddress 배열을 반환한다.

getByAddress(byte[] addr)	Byte 배열로 제공된 주소에 대한 InetAddress 객체 하나를 반환하는 메소드이다.
	192.16.7.8을 지정하려면
	byte[] address = new byte[4];
	address[0] = (byte)192
	address[1] = (byte)16
	address[2]=(byte)7;
	address[3] – (byte)8;
	InetAddress ia = InetAddress.getByAddress(address);
	라고 사용하면 된다.

getByAddress(String host,byte[] addr)	호스트명과 byte 배열을 이용해서 InetAddress 객체를 생성하는 메소드이다.
getByName(String host)	특정 호스트에 해당 하는 InetAddress 객체 하나를 리턴하는 메소드이다.
getLocalHost()	로컬 주소를 이용해서 InetAddress 객체를 생성한 후 반환한다.

InetAddress 클래스를 사용해서 로컬 IP 주소와 특정 호스트의 IP 주소를 얻어 오는 예제를 작성해 보도록 하겠다. 본 예제도 네트워크로 다른 사이트에 접속하는 예제이므로 같이 AndroidManifest.xml 파일에 <uses-permission android:name="android.permission.INTERNET"/> 권한을 추가해 주어야 한다.

- **main.xml 파일 작성**

> ● Chapter15\InetAddressInfo\res\layout\main.xml

```xml
1  <?xml version="1.0" encoding="utf-8"?>
2  <LinearLayout xmlns:android="http://schemas.android.com/apk/res/android"
3      android:layout_width="fill_parent"
4      android:layout_height="fill_parent"
5      android:gravity="center_horizontal"
6      android:orientation="vertical" >
7
8      <LinearLayout
9          android:layout_width="wrap_content"
10         android:layout_height="wrap_content" >
11
12         <Button
13             android:id="@+id/local"
14             android:layout_width="wrap_content"
15             android:layout_height="wrap_content"
16             android:text="Local" />
17
18         <Button
19             android:id="@+id/hyejiwon"
20             android:layout_width="wrap_content"
21             android:layout_height="wrap_content"
22             android:text="Hyejiwon" />
23
24         <Button
25             android:id="@+id/google"
26             android:layout_width="wrap_content"
27             android:layout_height="wrap_content"
28             android:text="Google" />
29     </LinearLayout>
30
31     <TextView
32         android:id="@+id/result"
33         android:layout_width="fill_parent"
34         android:layout_height="wrap_content"
35         android:text="" />
36
37 </LinearLayout>
```

12~28	각 버튼을 클릭했을 때 각 호스트에 대한 정보를 얻어 오는 동작을 실행할 Button 위젯들을 정의한 부분이다.
31~35	지정한 호스트의 정보가 출력될 TextView 위젯을 정의한 부분이다.

• InetAddressInfoActivity.java 파일 작성

⦿ Chapter15\InetAddressInfo\src\com\jung\InetAddressInfoActivity.java

```java
1   package com.jung;
2   import java.net.InetAddress;
3   import android.app.Activity;
4   import android.os.Bundle;
5   import android.os.StrictMode;
6   import android.widget.Button;
7   import android.widget.TextView;
8   import android.view.View;
9   public class InetAddressInfoActivity extends Activity implements View.OnClickListener{
10      /** Called when the activity is first created. */
11      TextView result;
12      Button local;
13      Button hyejiwon;
14      Button google;
15      @Override
16      public void onCreate(Bundle savedInstanceState) {
17      super.onCreate(savedInstanceState);
18          setContentView(R.layout.main);
19          result = (TextView)findViewById(R.id.result);
20          local = (Button)findViewById(R.id.local);
21          hyejiwon = (Button)findViewById(R.id.hyejiwon);
22          google = (Button)findViewById(R.id.google);
23          local.setOnClickListener(this);
24          hyejiwon.setOnClickListener(this);
25          google.setOnClickListener(this);
26          StrictMode.ThreadPolicy policy =
27              new StrictMode.ThreadPolicy.Builder().permitAll().build();
28          StrictMode.setThreadPolicy(policy);
29      }
30      public void onClick(View v) {
31          // TODO Auto-generated method stub
32          int command = v.getId();
33          InetAddress ia=null;
```

```
34          try{
35              if(command==R.id.local){
36                  ia = InetAddress.getLocalHost();
37                  result.setText(ia.toString());
38              }
39              else if(command == R.id.hyejiwon){
40                  ia = InetAddress.getByName("www.hyejiwon.co.kr");
41                  result.setText(ia.toString());
42              }
43              else{
44                  InetAddress[] ala = InetAddress.getAllByName("www.google.com");
45                  StringBuffer sb = new StringBuffer();
46                  for(int i=1;i<ala.length;i++){
47                      sb.append(ala[i].toString()+"\n");
48                  }
49                  result.setText(sb.toString());
50              }
51          }
52      catch(Exception e){
53          e.printStackTrace();
54      }
55      }
56  }
```

코드 분석

26~28	UI 스레드에서 네트워크 관련 처리를 하기 위한 코드 부분이다.
32	이벤트를 발생시킨 버튼의 ID를 얻어 오는 부분이다.
35~38	'Local' 버튼을 클릭했을 때 InetAddress.getLocalHost() 메소드를 사용해서 로컬 호스트의 InetAddress를 얻어 온 후 정보를 TextView에 출력하는 부분이다.
39~42	'Hyejiwon' 버튼을 클릭했을 때 InetAddress.getByName("www.hyejiwon.co.kr") 메소드를 이용해서 Hyejiwon 호스트에 대한 InetAddress를 얻어온 후 해당 호스트에 대한 정보를 TextView에 출력하는 부분이다.
43~50	'Google' 버튼을 클릭했을 때 구글 호스트에 대한 정보를 TextView에 출력하는 부분이다. 구글은 서버를 여러 대 사용하기 때문에 InetAddress.getAllByName("www.google.com") 메소드를 사용하여 InetAddress 배열로 결과를 리턴받은 후 각 InetAddress 정보를 한 라인씩 출력한다.

InetAddressInfo 프로젝트를 실행한 후 각 버튼을 클릭해 보면 해당 호스트의 정보가 TextView에 출력되는 것을 확인할 수 있다.

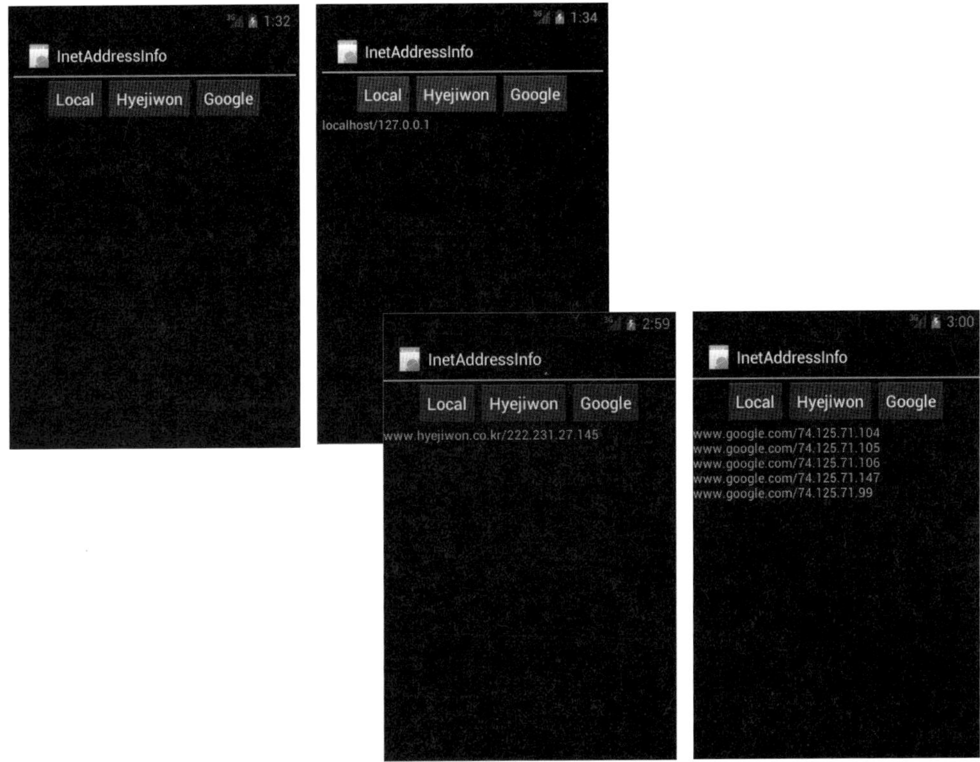

2. 소켓 통신 구현

소켓 통신은 TCP(Transfer Control Protocol)과 UDP(User DataGram Protocol) 방식으로 나뉘어진다. 두 가지 통신 방식을 간단하게 비교해 보겠다.

비교 항목	TCP	UDP
신뢰성	연결 지향적 통신이므로 신뢰성이 우수하다. 상대방과 연결이 되어야 통신이 시작된다.	신뢰성이 보장되지 못한다. 상대방의 수신 결과와 상관없이 송신한다.
재전송	재전송 요청이 가능하다.	재전송 요청이 불가능하다.
데이터손실	수신 확인 메시지를 주고 받으므로 데이터 손실의 우려가 없다.	데이터 손실이 있을 수 있다.
비유	상대방과 연결하고 통화가 이루어지는 전화 통신에 비유할 수 있다.	상대방과 비연결로 이루어지는 이메일 송신에 비교할 수 있다.
속도	비교적 느리다.	빠르다.

❶ TCP 통신

TCP 통신을 위해서 자바에서는 ServerSocket과 Socket 클래스를 제공한다. 이름에서 알 수 있듯이 ServerSocket이 서버 역할을 담당하고, Socket이 클라이언트로서 ServerSocket과 연결되면 통신이 이루어진다.

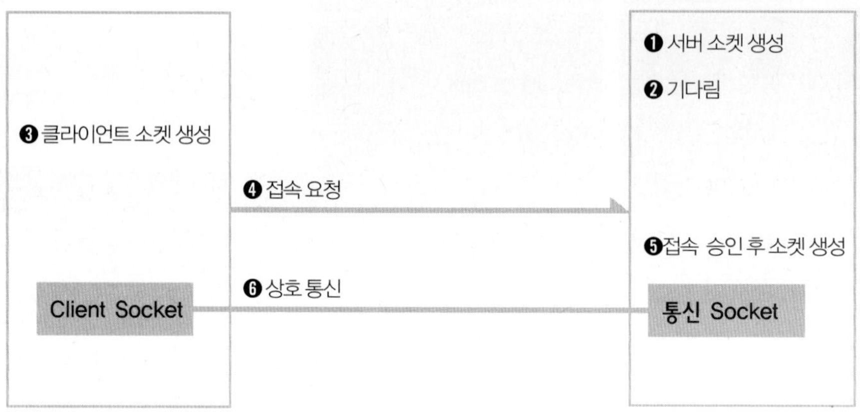

Socket은 클라이언트에서 서버 쪽 호스트를 연결하는 용도로 사용된다.

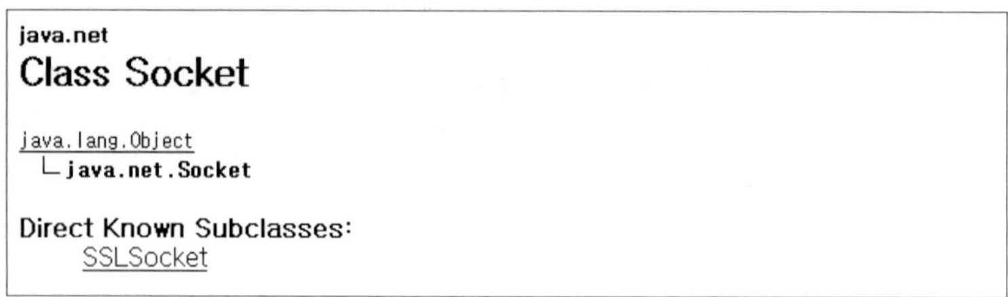

```
java.net
Class Socket

java.lang.Object
  └ java.net.Socket

Direct Known Subclasses:
    SSLSocket
```

소켓의 생성자 중 사용 빈도가 높은 생성자는 다음과 같은 것들이 있다.

• public Socket(InetAddress address, int port) throws IOException

 : address 로 지정된 호스트의 port 로 지정된 포트로 접속하는 소켓을 생성하는 생성자이다.

• public Socket(String host,int port) throws UnknownHostException, IOException

 : 지정한 호스트의 포트 번호로 접속하는 소켓 객체를 생성하는 생성자이다.

소켓 객체가 생성된후 getInputStream() 메소드를 호출하면 상대 호스트로부터 데이터를 읽어들일 수 있는 입력 스트림이 반환된다.

```
Socket socket = new Socket("localhost",3000)
InputStream is = socket.getInputStream();
```

소켓 객체가 생성된 후 getOutputStream() 메소드를 호출하면 상대 호스트로 데이터를 출력할 수 있는 출력 스트림을 얻어 온다.

```
Socket socket = new Socket("localhost",3000)
OutputStream os = socket.getOutputStream();
```

```
java.net
Class ServerSocket

java.lang.Object
  └ java.net.ServerSocket

Direct Known Subclasses:
    SSLServerSocket
```

해당 소켓을 다 이용했을 경우에는 close() 메소드로 연결을 해제한다.

```
public void close() throws IOException
```

ServerSocket은 서버 쪽에 생성 후 클라이언트 소켓의 요청을 accept() 메소드를 호출해서 기다린다. 그리고 클라이언트로부터 요청이 전송되어 오면 클라이언트와 통신할 수 있는 Socket 객체가 리턴된다.

ServerSocket 객체를 생성할 때는 리슨할 포트 번호를 지정해 준다. 또, 서버 소켓을 생성할 때는 IOException,SecurityException 예외를 발생시킬 수 있으므로 예외 처리를 해 주어야 한다.

```
try{
ServerSocket serverSocket = new ServerSocket(3000);
}
catch(Exception e){
e.printStrackTrace();
}
while(true){
Socket socket = serverSocket.accept();
}
```

간단하게 ServerSocket과 클라이언트 소켓을 사용해서 클라이언트와 서버가 통신하는 예제를 작성해 보자. 본 예제에서는 클라이언트에서 서버로 메시지를 전송하면 서버에서 메시를 수신한 후 클라이언트로 다시 메시지를 송신하는 기능을 구현해 보겠다. 서버 단은 일반 자바 프로젝트로 작성하고, 클라이언트 단은 안드로이드 프로젝트로 작성하도록 하겠다.

Chapter15\TCPServer\src\TCPServer.java

```java
import java.io.*;
import java.net.ServerSocket;
import java.net.Socket;
public class TCPServer extends Thread{
    private InputStream is;
    private OutputStream os;
    private ServerSocket serverSocket;
    private ObjectInputStream ois;
    ObjectOutputStream oos;
    Socket socket;
    public void run(){
        try{
            serverSocket = new ServerSocket(5000);
            while(true){
                // try{
                    System.out.println("요청 대기");
                    socket = serverSocket.accept();
                    System.out.println("접속한 클라이언트 : "+ socket.getInetAddress());
                    is = socket.getInputStream();
                    os = socket.getOutputStream();
                    ois = new ObjectInputStream(is);
                    oos = new ObjectOutputStream(os);
                    String msg = (String)ois.readObject();
                    System.out.println("클라이언트에서 보낸 메시지 : "+ msg);
                    String retMsg="서버로부터 되돌아온 메시지 : "+msg;
                    oos.writeObject(retMsg);
                    socket.close();
            }
        }
        catch(Exception e){
            e.printStackTrace();
        }
    }
    public static void main(String[] args){
        new TCPServer().start();
    }
}
```

13	서버상에서 5000번 포트로 들어오는 요청을 리슨하는 ServerSocket 객체를 생성한 부분이다.
14~26	클라이언트의 요청을 대기하다가 요청이 들어오면 클라이언트에서 전송되어 온 메시지를 읽어들이고, 다시 클라이언트 쪽으로 메시지를 송신하는 작업을 처리하는 부분이다.
14	while의 조건 값을 true로 지정하면서 클라이언트의 요청을 계속해서 기다리게 처리하였다.
17	accept() 메소드를 이용해서 클라이언트의 요청을 기다린다. 만약 클라이언트로부터 서버 소켓이 리슨하는 포트로 요청이 들어오면 해당 클라이언트와 통신할 수 있는 Socket 객체가 리턴된다.
18	접속된 클라이언트의 InetAddress를 소켓으로부터 얻어 와 toString() 메소드를 사용해서 클라이언트의 InetAddress의 정보를 출력하는 부분이다.
19	생성된 소켓 객체로부터 클라이언트에서 전송된 메시지를 읽어들일 수 있는 입력 스트림을 생성하는 부분이다.
20	클라이언트 쪽으로 데이터를 송신할 수 있는 출력 스트림을 얻어 오는 부분이다.
21~22	문자열 객체 단위로 송수신하기 위해서 ObjectInputStream과 ObjectOutputStream 객체를 생성하는 부분이다.
23	클라이언트에서 전송되어 온 메시지 문자열을 얻어 오는 부분이다. readObject() 메소드의 리턴 타입이 Object 이므로 String 타입으로 캐스팅하였다.
25	클라이언트로 송신할 메시지를 생성하는 부분이다. 클라이언트에서 전송된 메시지를 그대로 송신한다.
26	클라이언트 쪽으로 메시지를 출력하는 부분이다.
27	사용한 소켓을 닫아준다.

• 클라이언트 파일

클라이언트 쪽 애플리케이션은 안드로이드로 개발한다. 본 예제도 역시 네트워크 관련 처리를 하는 예제이므로 AndroidManifest.xml 파일에 <uses-permission android:name="android.permission.INTERNET"/> 권한을 추가해 주어야 한다.

- main.xml 파일 작성

● Chapter15\TCP\res\layout\main.xml

```
1  <?xml version="1.0" encoding="utf-8"?>
2  <LinearLayout xmlns:android="http://schemas.android.com/apk/res/android"
3      android:layout_width="fill_parent"
4      android:layout_height="fill_parent"
5      android:orientation="vertical" >
6
```

```xml
7       <LinearLayout
8           android:layout_width="wrap_content"
9           android:layout_height="wrap_content" >
10
11          <TextView
12              android:layout_width="wrap_content"
13              android:layout_height="wrap_content"
14              android:text="전송할 메시지" />
15
16          <EditText
17              android:id="@+id/sendMsg"
18              android:layout_width="fill_parent"
19              android:layout_height="wrap_content"
20              android:text="" />
21      </LinearLayout>
22
23      <Button
24          android:id="@+id/send"
25          android:layout_width="wrap_content"
26          android:layout_height="wrap_content"
27          android:text="Send Message" />
28
29      <TextView
30          android:id="@+id/retMsg"
31          android:layout_width="fill_parent"
32          android:layout_height="wrap_content"
33          android:text="" />
34
35  </LinearLayout>
```

코드 분석

16~20	서버로 전송할 메시지를 입력하는 EditText 위젯을 정의한 부분이다.
23~27	클릭하면 입력한 메시지를 서버로 전송하는 기능을 처리할 Button 위젯을 정의한 부분이다.
29~33	서버에서 전송되어 오는 메시지를 출력할 TextView 위젯을 정의한 부분이다.

⦿ Chapter15\TCP\src\com\jung\TCPActivity.java

```java
1    package com.jung;
2    import java.io.InputStream;
3    import java.io.ObjectInputStream;
4    import java.io.ObjectOutputStream;
5    import java.io.OutputStream;
6    import java.net.Socket;
7    import android.app.Activity;
8    import android.os.Bundle;
9    import android.os.StrictMode;
10   import android.widget.Button;
11   import android.widget.EditText;
12   import android.widget.TextView;
13   import android.view.View;
14   public class TCPActivity extends Activity implements View.OnClickListener{
15       /** Called when the activity is first created. */
16       InputStream is;
17       OutputStream os;
18       Socket socket;
19       ObjectInputStream ois;
20       ObjectOutputStream oos;
21       TextView retMsg;
22       EditText sendMsg;
23       Button send;
24       String rMsg;
25       @Override
26       public void onCreate(Bundle savedInstanceState) {
27           super.onCreate(savedInstanceState);
28           StrictMode.ThreadPolicy policy =
29               new StrictMode.ThreadPolicy.Builder().permitAll().build();
30           StrictMode.setThreadPolicy(policy);
31           setContentView(R.layout.main);
32           retMsg = (TextView)findViewById(R.id.retMsg);
33           sendMsg = (EditText)findViewById(R.id.sendMsg);
34           send = (Button)findViewById(R.id.send);
35           send.setOnClickListener(this);
36       }
37       public void onClick(View v) {
38           // TODO Auto-generated method stub
39           start();
40           retMsg.setText(rMsg);
41       }
```

```java
42      public void start(){
43          // TODO Auto-generated method stub
44          try{
45              socket = new Socket("192.168.123.135", 5000);
46              sendMessage(socket);
47              receiveMessage(socket);
48          }
49          catch(Exception e){
50              e.printStackTrace();
51          }
52          finally{
53              try{
54                  socket.close();
55              }
56              catch(Exception e){
57                  e.printStackTrace();
58              }
59          }
60      }
61      private void receiveMessage(Socket socket) {
62          // TODO Auto-generated method stub
63          try{
64              is = socket.getInputStream();
65              ois = new ObjectInputStream(is);
66              rMsg = (String)ois.readObject();
67          }
68          catch(Exception e){
69              e.printStackTrace();
70          }
71      }
72      private void sendMessage(Socket socket) {
73          // TODO Auto-generated method stub
74          try{
75              os = socket.getOutputStream();
76              oos = new ObjectOutputStream(os);
77              String sMsg = sendMsg.getText().toString();
78              oos.writeObject(sMsg);
79          }
80          catch(Exception e){
81              e.printStackTrace();
82          }
83      }
84  }
```

24	서버로부터 리턴되는 메시지를 클래스 전체에서 사용될 수 있도록 멤버 변수로 정의하는 부분이다. 이 메시지를 66라인에서 리턴받은 후, 40라인에서 텍스트뷰에 출력해야 하기 때문에 멤버 변수로 선언해야 한다. 로컬 변수로 선언되게 되면 해당 메소드에서만 인식이 된다.
28~30	UI 스레드에서 네트워크 관련 처리를 할 수 있도록 지정하는 부분이다.
39	버튼을 클릭했을 때 송수신을 시작하는 메소드를 호출하는 부분이다.
40	서버로부터 리턴받은 메시지를 텍스트뷰에 출력하는 부분이다.
45	서버의 5000번 포트로 접속하여 소켓 객체를 생성하는 부분이다. IP 주소는 각 독자들이 사용하고 있는 IP 주소를 지정해야 한다.
46	서버로 메시지를 송신하는 메소드를 호출하는 부분이다.
47	서버로부터 전송되어 오는 메시지를 수신하는 메소드를 호출하는 부분이다.
64~66	입력 스트림을 소켓으로부터 얻어와서 서버로부터 송신되는 메시지를 읽어들이는 부분이다.
75~78	텍스트뷰에 입력되어 있는 문자열을 서버로 출력하는 부분이다. 이 부분에서 주의할 점은 출력 후 출력 스트림을 닫으면 소켓도 자동으로 닫힌다는 점이다. 출력 스트림을 닫으면 소켓이 닫히면서 그대로 통신이 종료되므로 출력 스트림을 닫지 않도록 주의하자.

TCP 통신 예제를 실행해 보겠다. 우선 본 예제를 실행하려면 일반 자바 프로젝트에 생성되어 있는 TCPServer 클래스를 실행해서 클라이언트의 접속을 대기하게 해야 한다.

하단과 같이 서버 클래스를 실행하면 '요청 대기'라는 문자열이 출력되면서 무한적으로 클라이언트의 요청을 대기하게 된다.

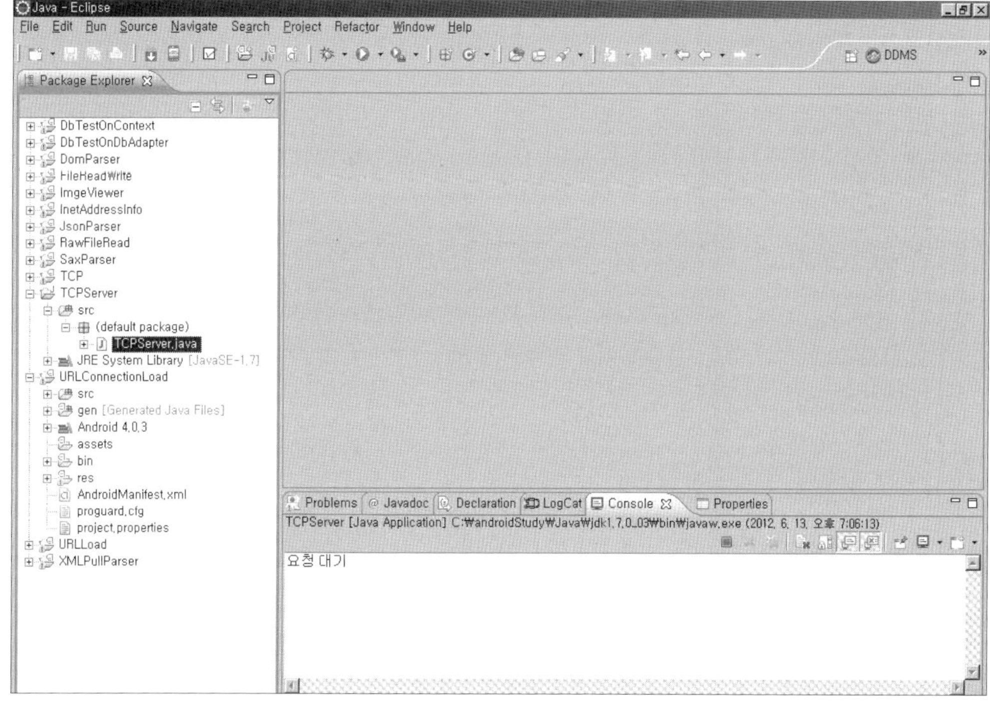

상단과 같이 서버를 실행시켰으면 안드로이드 프로젝트로 생성되어 있는 TCP 프로젝트를 실행한다.

프로젝트를 실행한 후 메인 화면에서 [Send Message] 버튼을 클릭하면 서버 쪽으로 TextView에 입력한 메시지가 송신되고, 서버에서는 해당 메시지를 다시 클라이언트로 송신하여 클라이언트 화면 하단에 리턴받은 메시지가 다시 출력되는 것을 확인할 수 있다.

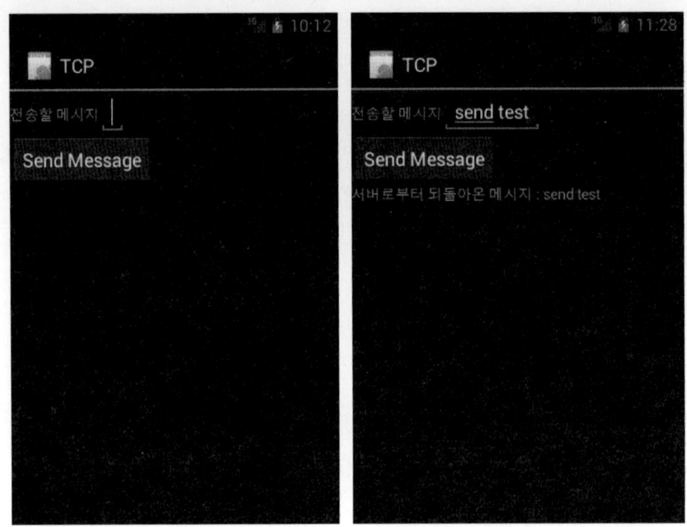

서버 콘솔상에는 클라이언트가 접속했을 때 간단한 클라이언트의 정보가 출력되며, 클라이언트에서 메시지가 수신되면 수신된 메시지를 출력한다.

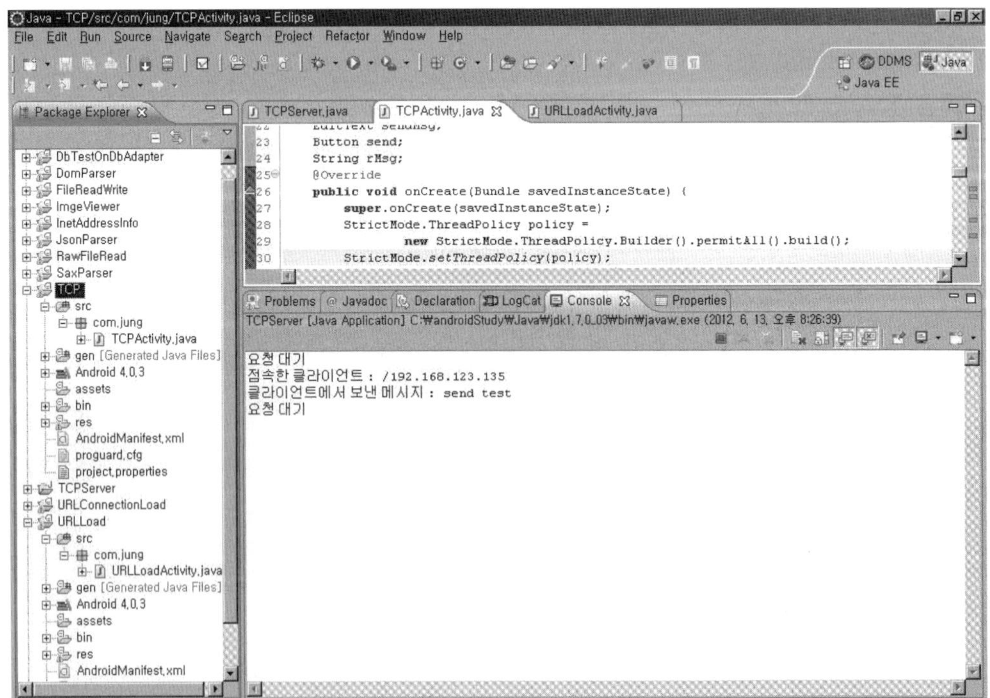

❷ UDP 통신

UDP 통신은 비연결적인 통신 방식이다. 즉 메시지를 보내는 쪽에서 받는 쪽의 수신을 확인하지 않는다. 이 방식은 TCP 방식에 비해 속도가 빠르지만 데이터 손실의 우려가 있다. 따라서 적은 양의 데이터를 송신할 때나 실시간 스트리밍 서비스에 주로 사용된다.

UDP 통신에 사용되는 주요 클래스들을 살펴보자.

• DatagramSocket 클래스

DataGramSocket은 송신용 소켓과 수신용 소켓이 구분되지 않는다. 생성자로는 다음과 같은 종류를 제공한다.

- public DatagramSocket() throws SocketException

  : 로컬상의 임의의 포트에 바인딩하는 DatagramSocket을 생성하는 생성자이다.

- public DatagramSocket(int port) throws SocketException

  : 로컬상의 특정 포트에 바인딩하는 DatagramSocket을 생성하는 생성자이다.

- public DatagramSocket(int port, InetAddress laddr)   throws SocketException

  : 특정 IP에 바인딩하는 DatagramSocket을 생성하는 생성자이다.

그 이외의 생성자는 API를 참조하기 바란다.

자주 사용되는 메소드들은 다음과 같다.

- public void bind(SocketAddress addr) throws SocketException

  : 특정 Address와 port에 DatagramSocket 를 바인딩시킨다.

- public void connect(InetAddress address, int port)

  : 특정 Address와 port에 소켓을 연결시킨다.

- public void connect(SocketAddress addr)   throws SocketException

  : 특정 SocketAddress에 소켓을 연결시킨다. SocketAddress는 Address와 port number로 이루어진다.

- public void disconnect() : 소켓의 연결을 해제한다.

- public InetAddress getInetAddress() : 소켓이 현재 연결되어 있는 InetAddress를 리턴한다. 소켓이 현재 연결되어 있지 않으면 "null"을 반환한다.

- public int getPort() : 소켓의 현재 port를 반환한다. "-1"을 반환하면 소켓이 현재 연결되어 있지 않음을 의미한다.

- public void send(DatagramPacket p) throws IOException : DatagramPacket을 전송한다.

- public void receive(DatagramPacket p) throws IOException : 소켓에서 DatagramPacket을 수신한다.

- public InetAddress getLocalAddress() : 소켓이 바인딩되어 있는 로컬 Address를 얻어 온다.

- public int getLocalPort() : 소켓이 바인딩되어 있는 로컬 port를 얻어 온다.

• **DatagramPacket 클래스**

DatagramPacket 클래스는 하나의 호스트에서 다른 호스트로 전달되는 데이터 꾸러미라고 표현할 수 있다. DatagramPacket 객체 안에는 주고받는 데이터뿐만 아니라 송수신하는 호스트의 정보도 포함된다. 자주 사용되는 생성자에는 다음과 같은 종류가 존재한다.

- DatagramPacket(byte[] buf,int length)

  : 데이터 수신용으로 사용되는 생성자이다. 첫 번째 파라미터로 지정한 배열에 두 번째 파라미터로 지정된 크기만큼 수신한다.

- DatagramPacket(byte[] buf,int length,InetAddress address,int port)

  : 데이터 송신용으로 사용된다. 지정한 주소와 포트로 데이터를 송신한다.

- DatagramPacket(byte[] buf,int offset,int length)

  : 데이터를 수신하기 위한 생성자이다. 첫 번째 파라미터의 배열에서 두 번째 파라미터 위치로부터 지정한 길이만큼 수신한다.

- DatagramPacket(byte[] buf,int offset,int length,InetAddress address,int port)

  : 데이터 송신용의 생성자이다. 지정한 배열의 지정한 위치부터 길이 만큼을 원하는 주소와 포트로 송신한다.

자주 사용되는 메소드에는 다음과 같은 종류가 있다.

- public InetAddress getAddress()

  : DatagramPacket을 전송한 호스트나 DatagramPacket을 수신할 호스트의 주소를 반환한다.

- public int getPort()

  : DatagramPacket을 전송한 호스트나 DatagramPacket을 수신할 호스트의 포트 번호를 반환한다.

- public byte[] getData() : DatagramPacket의 데이터를 반환한다.

- public int getLength() : 데이터의 길이를 반환한다.

- public int getOffset() : 데이터의 offset을 반환한다.

- public void setData(byte[] buf,int offset,int length) : DatagramPacket에 데이터를 지정한다.

- public void setAddress(InetAddress iaddr) : 데이터그램이 전송될 주소를 설정한다.

- public void setData(byte[] buf) : 데이터그램에 지정한 데이터를 설정한다.

- public void setLength(int length) : 패킷의 길이를 지정한다.

UDP 방식으로 통신하는 예제를 작성해 보겠다. TCP 예제와 유사하게 클라이언트에서 메시지를 전송하면 서버에서 해당 메시지를 수신한 후 다시 클라이언트로 메시지를 송신한 후 클라이언트에서는 서버에서 리턴된 데이터를 화면에 출력하는 예제를 만들어 본다.

서버는 역시 일반 자바 프로젝트로 생성할 것이며, 클라이언트는 안드로이드 프로젝트로 생성한다.

• **서버 파일**


```java
import java.net.DatagramPacket;
import java.net.DatagramSocket;
import java.net.InetAddress;
public class UDPServer {
    DatagramSocket dsocket;
    int portNumber;
    public void receive(){
        try{
            dsocket = new DatagramSocket(4000);
            while (true) {
                byte receiveSize[] = new byte[600];
                DatagramPacket dpacket = new DatagramPacket(receiveSize, receiveSize.length);
                dsocket.receive(dpacket);
                String msg = new String(dpacket.getData());
                System.out.println("클라이언트로 부터 메시지 : " + msg);
                InetAddress iadress = dpacket.getAddress();
                portNumber = dpacket.getPort();
                dpacket = new DatagramPacket(dpacket.getData(),
            dpacket.getData().length, iadress,portNumber);
                dsocket.send(dpacket);
            }
        } catch (Exception ioe) {
            ioe.printStackTrace();
        }
    }
    public static void main(String[] args) {
        // TODO Auto-generated method stub
        UDPServer udpServer = new UDPServer();
        udpServer.receive();
    }
}
```

코드 분석

9	4000번 포트에 바인딩되는 DatagramSocket 객체를 생성하는 부분이다.
11	DatagramPacket에서 사용될 byte 배열 객체를 생성하였다.
12~13	receiveSize 배열 객체만큼 데이터를 수신할 수 있는 DatagramPacket 객체를 생성한 부분이다.

14	송신지에서 전송되어 온 패킷을 파라미터로 지정한 DatagramPacket으로 수신하는 부분이다.
15	수신 DatagramPacket에서 getData() 메소드로 바이트 배열 형태의 데이터를 얻어온 후 문자열 객체로 변환하여 msg 변수에 저장하는 부분이다.
16	서버 콘솔상에 클라이언트에서 전송된 메시지를 출력한다.
17	메시지를 전송한 클라이언트의 주소를 얻어 오는 부분이다.
18	클라이언트의 포트 번호를 얻어 오는 부분이다.
19	클라이언트로 패킷을 전송할 수 있는 송신용 DatagramPacket 객체를 생성하는 부분이다.
21	클라이언트로 패킷을 송신하는 부분이다.
30	패킷을 송수신하는 receive() 메소드를 호출하는 부분이다.

• 클라이언트

본 예제도 역시 네트워크 관련 처리를 하는 예제이므로 AndroidManifest.xml 파일에 <uses-permission android:name="android.permission.INTERNET"/> 권한을 추가해 주어야 한다.

- main.xml 파일 작성

● Chapter15\UDP\res\layout\main.xml

```
1   <?xml version="1.0" encoding="utf-8"?>
2   <LinearLayout xmlns:android="http://schemas.android.com/apk/res/android"
3       android:layout_width="fill_parent"
4       android:layout_height="fill_parent"
5       android:orientation="vertical" >
6
7       <LinearLayout
8           android:layout_width="wrap_content"
9           android:layout_height="wrap_content" >
10
11          <TextView
12              android:layout_width="wrap_content"
13              android:layout_height="wrap_content"
14              android:text="전송할 메시지" />
15
16          <EditText
17              android:id="@+id/sendMsg"
18              android:layout_width="fill_parent"
19              android:layout_height="wrap_content"
20              android:text="" />
21      </LinearLayout>
```

```
22
23      <Button
24          android:id="@+id/send"
25          android:layout_width="wrap_content"
26          android:layout_height="wrap_content"
27          android:text="Send Message" />
28
29      <TextView
30          android:id="@+id/retMsg"
31          android:layout_width="fill_parent"
32          android:layout_height="wrap_content"
33          android:text="" />
34
35  </LinearLayout>
```

TCP 예제와 main.xml 파일 내용이 동일하므로 코드 설명은 생략한다.

− UDPActivity.java 파일 작성

● Chapter15\UDP\src\com\jung\UDPActivity.java

```
1   package com.jung;
2   import java.net.DatagramPacket;
3   import java.net.DatagramSocket;
4   import java.net.InetAddress;
5   import android.app.Activity;
6   import android.os.Bundle;
7   import android.os.StrictMode;
8   import android.widget.Button;
9   import android.widget.EditText;
10  import android.widget.TextView;
11  import android.view.View;
12  public class UDPActivity extends Activity implements View.OnClickListener{
13      TextView retMsg;
14      EditText sendMsg;
15      Button send;
16      String rMsg;
17      /** Called when the activity is first created. */
18      @Override
```

```java
19    public void onCreate(Bundle savedInstanceState) {
20        super.onCreate(savedInstanceState);
21        StrictMode.ThreadPolicy policy =
22            new StrictMode.ThreadPolicy.Builder().permitAll().build();
23        StrictMode.setThreadPolicy(policy);
24        setContentView(R.layout.main);
25        retMsg = (TextView)findViewById(R.id.retMsg);
26        sendMsg = (EditText)findViewById(R.id.sendMsg);
27        send = (Button)findViewById(R.id.send);
28        send.setOnClickListener(this);
29    }
30    public void onClick(View v) {
31        // TODO Auto-generated method stub
32        start();
33        retMsg.setText(rMsg);
34    }
35    private void start() {
36        // TODO Auto-generated method stub
37        try{
38            InetAddress iaddress = InetAddress.getByName("192.168.123.135");
39            DatagramSocket dsocket = new DatagramSocket(3000);
40            String sendData = sendMsg.getText().toString();
41            byte[] sendBuffer = sendData.getBytes();
42            DatagramPacket dpacket = new DatagramPacket(
43    sendBuffer,sendBuffer.length,iaddress,4000);
44            dsocket.send(dpacket);
45            byte[] rceiveBuffer = new byte[600];
46            dpacket = new DatagramPacket(rceiveBuffer,rceiveBuffer.length);
47            dsocket.receive(dpacket);
48            rMsg =new String( dpacket.getData());
49        }
50        catch(Exception e){
51            e.printStackTrace();
52        }
53    }
54 }
```

21~22	UI 스레드에서 네트워크 작업을 수행할 수 있도록 처리한 부분이다.
32	버튼 클릭 시 start() 메소드를 호출하여 송수신 작업을 실행한다.
33	서버에서 리턴된 문자열을 텍스트뷰에 출력하는 부분이다.
38	문자열을 송신할 주소로 사용될 InetAddress 객체를 생성하는 부분이다.
39	DatagramSocket이 사용할 포트 번호를 지정하는 부분이다.
40	EditText에 입력한 문자열을 송신할 문자열로 얻어 오는 부분이다.
41	송신용 DatagramPacket에서 사용될 byte 배열 객체를 생성하는 부분이다.
42~43	송신용 DatagramPacket 객체를 생성하는 부분이다.
44	패킷을 서버로 송신하는 부분이다.
45	수신용 DatagramPacket에서 사용될 byte 배열 객체를 생성하는 부분이다.
46	수신용 DatagramPacket 객체를 생성하는 부분이다.
47	패킷을 수신하는 부분이다.
48	수신한 데이터를 TextView에 출력하는 부분이다.

UDP 통신 예제를 실행해 보겠다. 우선 일반 자바 프로젝트로 작성되어 있는 UDPServer 클래스를 실행한다.

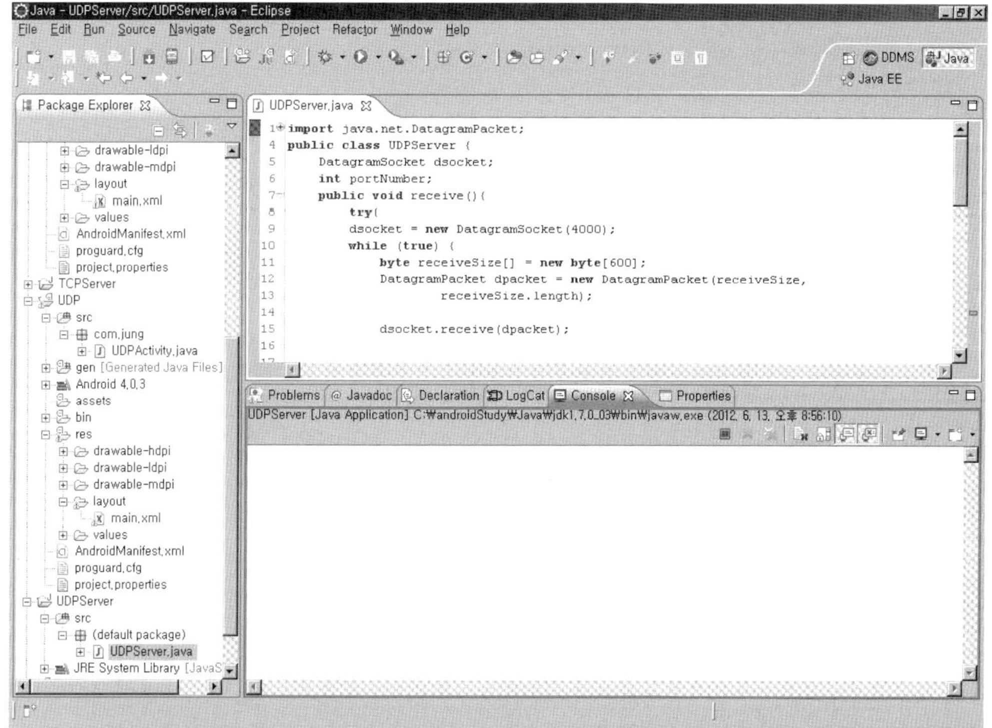

상단 화면처럼 서버를 대기시킨 상태에서 안드로이드 프로젝트로 작성되어 있는 클라이언트쪽 UDP 프로젝트를 실행한 후 전송 메시지를 입력하고 [Send Message] 버튼을 클릭하면 해당 메시지가 서버로 전송되었다가 다시 클라이언트로 리턴되어 화면에 출력되는 것을 확인할 수 있다.

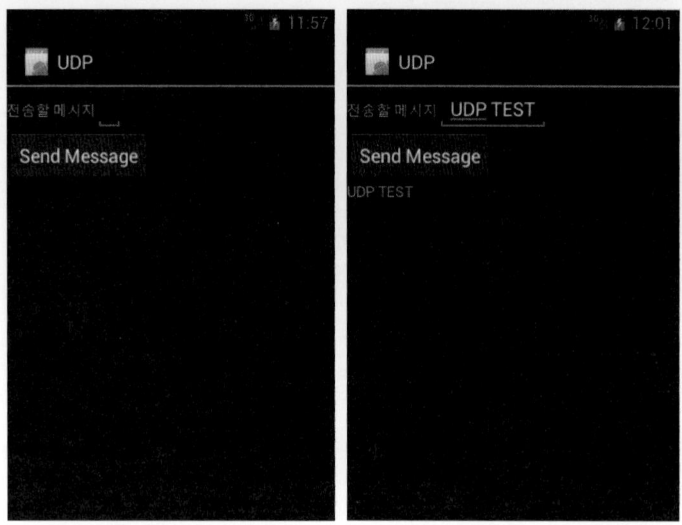

서버 쪽 콘솔을 보면 클라이언트에서 전송된 메시지가 콘솔에 출력이 되는 것을 확인할 수 있다.

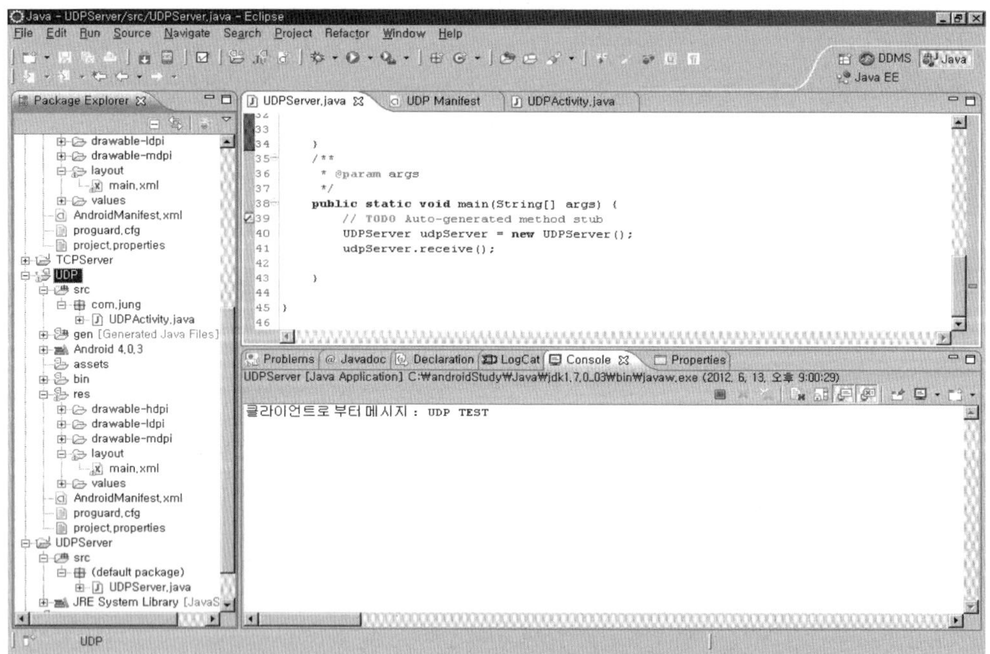

안드로이드에서는 자바 자체에서 제공되는 API를 이용해서 통신을 할 수도 있지만 안드로이 API에는
아파치에서 제공해 주는 라이브러리인 HttpComponents 라이브러리가 탑재되어 있다.

HttpComponents 라이브러리를 이용하면 좀 더 효율적으로 통신 관련 요청 처리를 할 수 있다. 기본
적인 요청은 HttpRequestBase 클래스를 상속받은 HttpGet이나 HttpPost 클래스 객체를 이용해서 처
리할 수 있다.

```
public abstract class

HttpRequestBase
extends AbstractHttpMessage
implements Cloneable AbortableHttpRequest HttpUriRequest

java.lang.Object
   ↳org.apache.http.message.AbstractHttpMessage
       ↳org.apache.http.client.methods.HttpRequestBase
```

HttpGet 클래스와 HttpPost 클래스 객체는 요청할 URL을 이용해서 생성한다. 생성자로는 다음과 같
은 것들이 제공된다.

```
public HttpGet ()
public HttpGet (URI uri)
public HttpGet (String uri)
```

HttpPost 클래스도 같은 종류의 생성자가 제공된다.

예 HttpGet get = new HttpGet("http://www.hyejiwon.co.kr");

해당 URL 로 요청을 전송하려면 DefaultHttpClient 객체를 생성해야 한다.

예 DefaultHttpClient defaultClient = new DefaultHttpClient();

DefaultHttpClient 클래스는 AbstractHttpClient를 상속받는데 AbstractHttpClient 클래스에서는 서
버로 요청을 할 수 있는 다음과 같은 메소드 종류들을 제공해 준다.

- public final HttpResponse execute (HttpUriRequest request) : 해당 요청을 실행하여 응답으로
  HttpResponse 객체를 리턴한다.
- public T execute (HttpUriRequest request, ResponseHandler<? extends T> responseHandler) : 해당
  요청을 실행하고 두 번째 파라미터로 지정된 ResponseHandler 객체를 사용해서 응답을 처리한다.

  예 defaultClient.execute(get,responseHandler)

ResponseHandler<T> 인터페이스에는 public abstract T handleResponse (HttpResponse response) 메소드가 정의되어 있어서, 이 메소드의 응답에 대한 처리를 하는 코드가 구현되어야 한다.

HttpResponse 클래스의 getEntity() 메소드를 호출하면 해당 응답에 대한 HttpEntity가 반환되고, HttpEntity의 getContent() 메소드를 호출하면 응답된 내용을 읽을 수 있는 InputStream이 반환된다.

예 InputStream is = response.getEntity().getContent()

결론적으로 아파치 라이브러리를 이용해서 요청할 경우의 핵심적인 부분은 DefaultHttpClient 객체를 생성한 후 요청할 URL을 이용해서 HttpGet 객체, HttpPost 객체를 생성한 후 execute 메소드를 사용해서 요청을 실행하는 것이다.

1. 특정 URL로부터 데이터 얻어 오기

아파치 라이브러리를 이용해서 간단하게 특정 URL 로 요청을 전송해서 응답으로 리턴되는 데이터를 안드로이드 TextView에 출력하는 예제를 작성해 보자. 본 예제도 역시 네트워크 관련 처리를 하는 예제이므로 AndroidManifest.xml 파일에 <uses-permission android:name="android.permission.INTERNET"/> 권한을 추가해 주어야 한다.

• main.xml 파일 작성

```
Chapter15\HttpClientLoad\res\layout\main.xml
```

```xml
1   <?xml version="1.0" encoding="utf-8"?>
2   <LinearLayout xmlns:android="http://schemas.android.com/apk/res/android"
3       android:layout_width="fill_parent"
4       android:layout_height="fill_parent"
5       android:orientation="vertical" >
6
7       <Button
8           android:id="@+id/load"
9           android:layout_width="wrap_content"
10          android:layout_height="wrap_content"
11          android:text="Load" />
12
13      <TextView
14          android:id="@+id/result"
15          android:layout_width="fill_parent"
16          android:layout_height="wrap_content"
17          android:text="" />
18
19  </LinearLayout>
```

 **코드 분석**

7~11	클릭했을 때 특정 사이트로 요청을 전송하는 처리를 하는 Button 위젯을 정의한 부분이다.
13~17	서버에서 응답된 데이터를 출력할 TextView 위젯을 정의한 부분이다.

• HttpClientLoadActivity.java 파일 작성

⊙ Chapter15\HttpClientLoad\src\com\jung\HttpClientLoadActivity.java

```java
1   package com.jung;
2   import java.io.BufferedReader;
3   import java.io.InputStreamReader;
4   import org.apache.http.HttpResponse;
5   import org.apache.http.client.ResponseHandler;
6   import org.apache.http.client.methods.HttpGet;
7   import org.apache.http.impl.client.DefaultHttpClient;
8   import android.view.View;
9   import android.app.Activity;
10  import android.os.Bundle;
11  import android.os.Handler;
12  import android.widget.Button;
13  import android.widget.TextView;
14  public class HttpClientLoadActivity extends Activity implements View.OnClickListener{
15      Button load;
16      TextView result;
17      /** Called when the activity is first created. */
18      @Override
19      public void onCreate(Bundle savedInstanceState) {
20          super.onCreate(savedInstanceState);
21          setContentView(R.layout.main);
22          result = (TextView)findViewById(R.id.result);
23          load = (Button)findViewById(R.id.load);
24          load.setOnClickListener(this);
25      }
26      public void onClick(View v) {
27          // TODO Auto-generated method stub
28          HttpLoadThread httpLoadThread = new HttpLoadThread();
29          httpLoadThread.start();
30      }
```

```java
class HttpLoadThread extends Thread{
    @Override
    public void run() {
        // TODO Auto-generated method stub
        HttpGet get = new HttpGet("http://www.hyejiwon.co.kr");
        DefaultHttpClient defaultClient = new DefaultHttpClient();
        try {
            defaultClient.execute(get,responseHandler);
        }
        catch (Exception e) {
            e.printStackTrace();
        }
    }
}
ResponseHandler<String> responseHandler = new ResponseHandler<String>() {
    public String handleResponse(HttpResponse res) {
        final StringBuilder sb = new StringBuilder();
        try {
            BufferedReader br = new BufferedReader(new
            InputStreamReader(res.getEntity().getContent()));
            String line = null;
            while ((line = br.readLine()) != null){
                sb.append(line + '\n');
            }
            br.close();
            loadHandler.post(new Runnable() {
                public void run() {
                    // TODO Auto-generated method stub
                    result.setText(sb.toString());
                }
            });
        } catch (Exception e) {;}
        return sb.toString();
    }
};
Handler loadHandler = new Handler();
}
```

28~29	해당 사이트의 자료를 다운로드 처리하는 부분을 스레드 객체로 생성하여 UI 스레드 작업과 별도로 처리하기 위해서 해당 작업을 하는 스레드 객체를 시작시키는 부분이다.
35	파라미터로 지정한 사이트에 Get 방식으로 요청을 할 수 있는 HttpGet 객체를 생성한 부분이다.
36	DefaultHttpClient 객체를 생성하는 부분이다.
38	DefaultHttpClient 클래스의 execute 메소드를 호출하여 해당 사이트로 요청을 전송하는 부분이며, responseHandler 객체에서 응답에 대한 처리를 하도록 핸들러로 지정한 부분이다. 요청에 대한 응답이 전송되게 되면, responseHandler 객체의 handleResponse(HttpResponse res) 메소드가 자동으로 호출된다.
49~50	서버에서 응답된 데이터를 읽을 수 있는 BufferedReader 객체를 생성하는 부분이다. res.getEntity().getContent() 이 부분에서 서버에서 응답된 데이터를 읽을 수 있는 InputStream 객체가 리턴된다.
52~54	서버에서 응답받은 내용을 라인 단위로 읽어서 StringBuffer 객체에 추가하는 부분이다.
56~61	UI 에 정의되어 있는 loadHandler로 Runnable 객체를 던져주는 부분이다.
59	응답에서 읽은 내용을 텍스트뷰에 출력하는 부분이다.
66	UI 스레드 부분에 Handler 객체를 생성하는 부분이다. 작업 스레드에서 실행해야 될 동작이 Runnable 객체 자체로 전달되므로 핸들러 handleMessage 메소드를 구현할 필요 없이 핸들러 객체만 생성해 주면 된다.

HttpClientLoad 프로젝트 예제를 실행해 보겠다.

HttpClientLoad 프로젝트를 실행한 후 메인 엑티비티 화면에서 [Load] 버튼을 클릭하면 서버상의 데이터가 클라이언트로 로드되어 텍스트뷰에 출력되는 것을 확인할 수 있다.

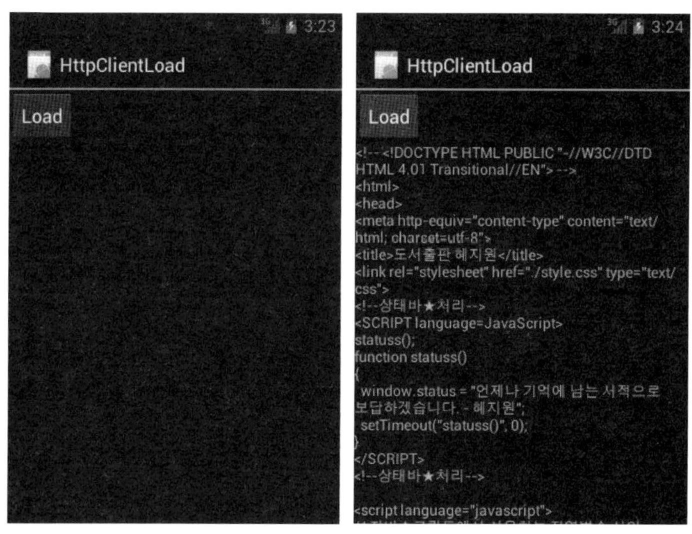

이번에는 웹서버로 로그인 요청을 전송하는 예제를 테스트해 보겠다. 본 예제를 테스트하기 위해서는 몇 가지 API를 추가적으로 살펴보아야 한다.

우선 파라미터 값을 이름과 값으로 저장할 수 있는 NameValuePair를 이해해야 한다. NameValuePair는 인터페이스이므로 객체를 생성할 때는 NameValuePair 인터페이스를 구현하고 있는 BasicNameValuePair를 이용해서 값을 저장해야 한다. BasicNameValuePair 클래스는 다음과 같은 생성자를 제공해 준다.

public BasicNameValuePair (String name, String value)
예 new BasicNameValuePair("id", "java");

파라미터를 서버로 전송할 때 원하는 인코딩 타입으로 인코딩 처리해서 전송할 때 사용할 수 있는 UrlEncodedFormEntity 클래스도 살펴보자. UrlEncodedFormEntity는 다음과 같은 생성자를 제공해 준다.

- public UrlEncodedFormEntity (List<? extends NameValuePair> parameters, String encoding)
: 파라미터로 지정한 인코딩 타입으로 인코딩하는 생성자이다.
- public UrlEncodedFormEntity (List<? extends NameValuePair> parameters)
: DEFAULT_CONTENT_CHARSET 즉, "ISO-8859-1"로 인코딩 타입을 지정하는 생성자이다.

또한 본 예제에서는 서버 쪽으로 로그인 요청을 할 것이므로, 톰캣을 이용해서 웹서버를 구축하고 로그인 요청을 처리하는 login.jsp 파일을 서버상에 생성해야 한다.

2. 톰캣 설치 및 이클립스 세팅

간단하게 톰캣 설치 이클립스 서버 세팅에 대해서 살펴보자.

01. http://tomcat.apache.org 사이트에 접속 후 좌측 하단의 Tomcat7.0 링크를 클릭한다.

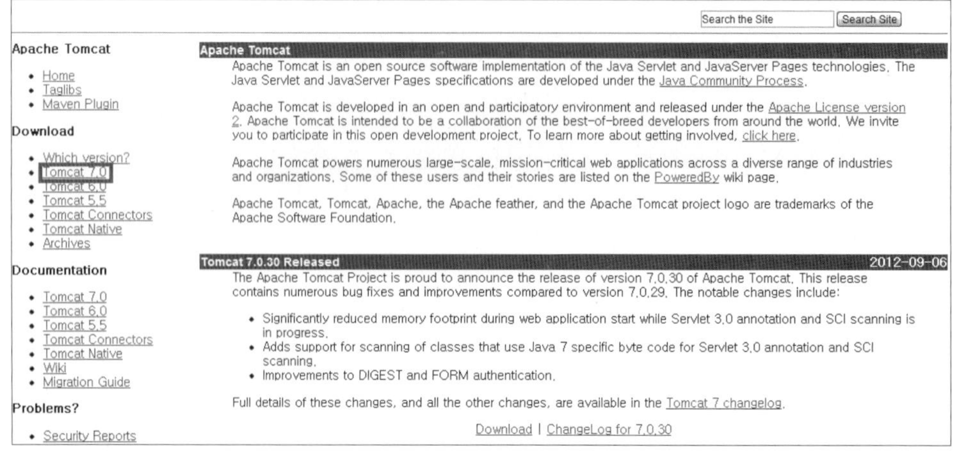

02. Binary Distribution → Core → 32-bit/64-bit Windows Service Installer(pgp,md5) 링크를 클릭하여 저장한다.

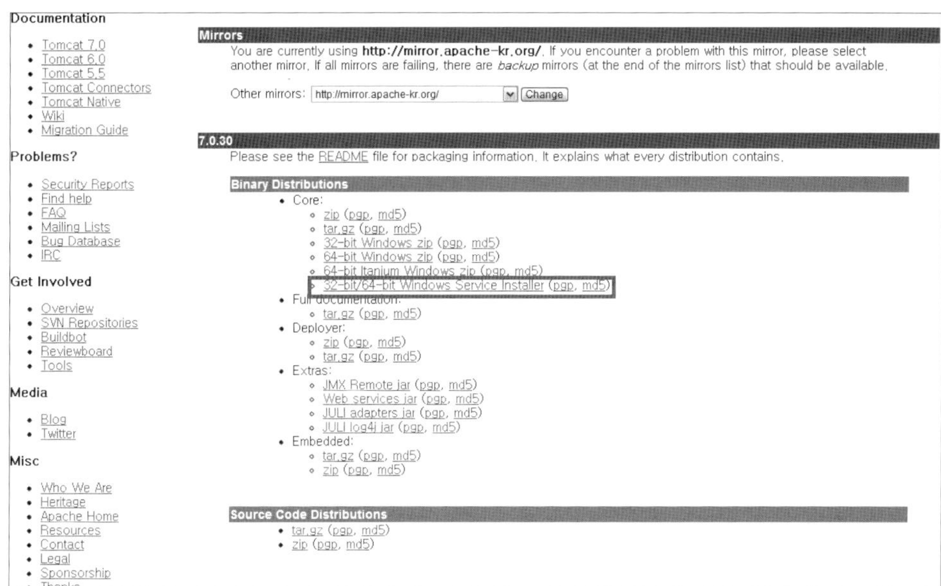

03. 다운로드 받은 파일을 실행하여 설치를 시작한다.

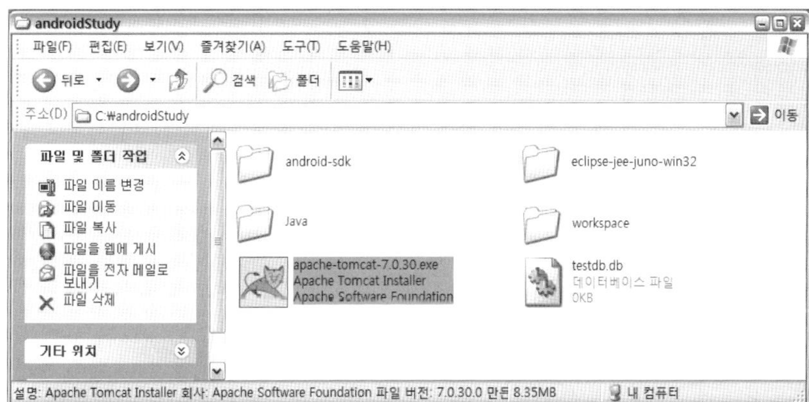

04. 그림과 같이 설치를 진행한다.

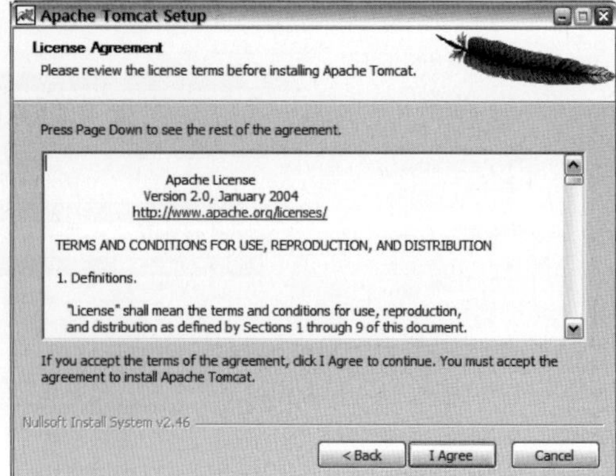

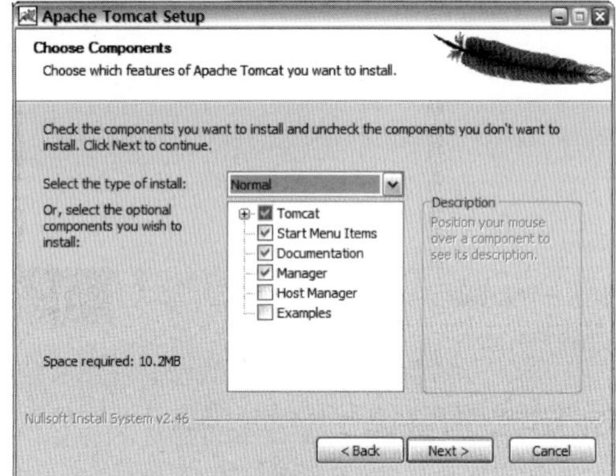

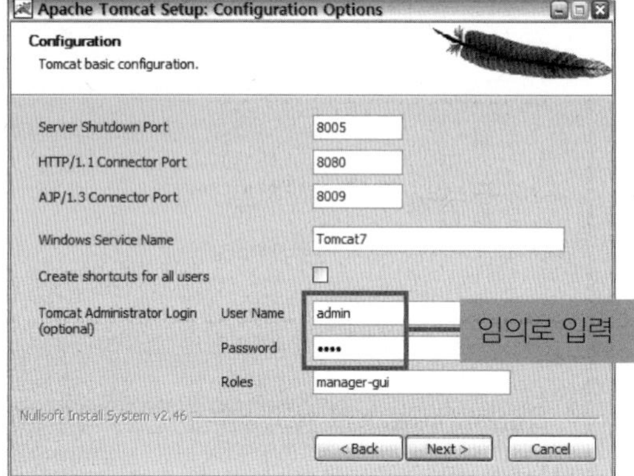

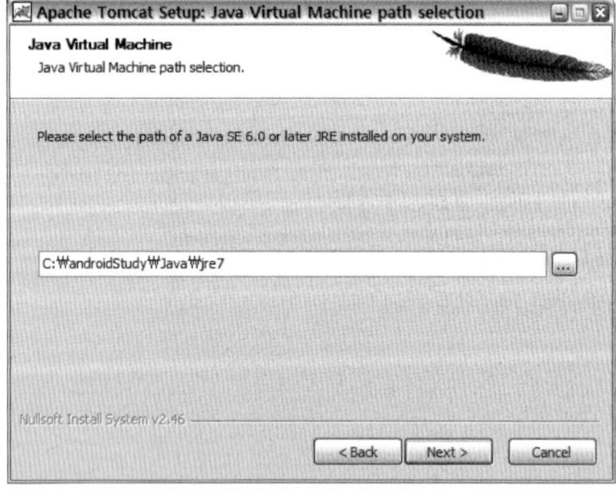

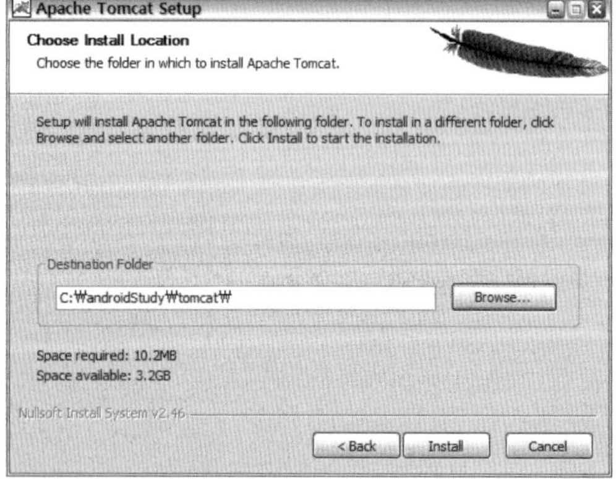

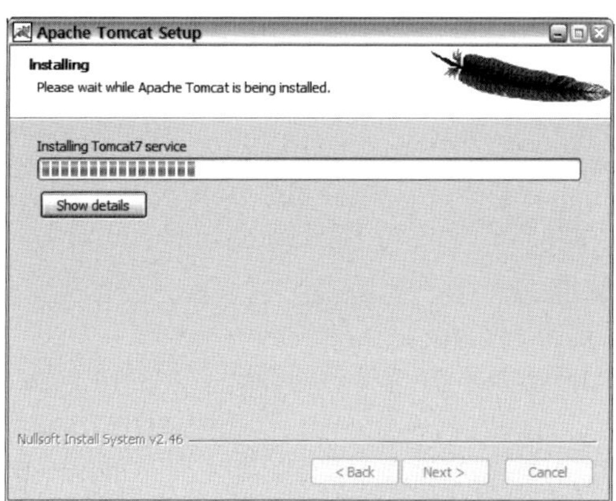 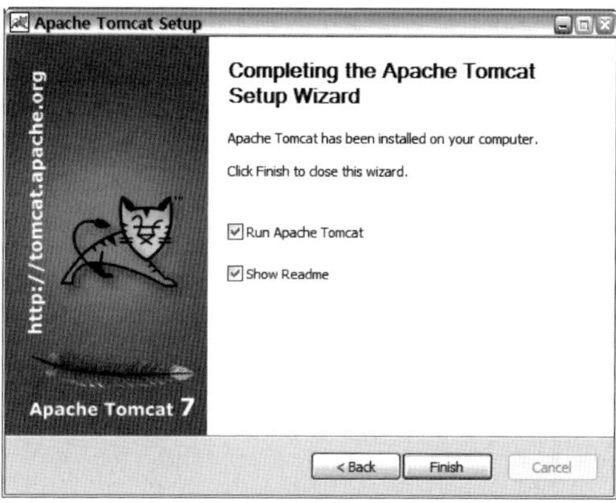

05. 여기까지 실행하면 웹서버가 준비되었다. 이제 톰캣을 이클립스에서 사용할 수 있도록 이클립스를 세팅하겠다. Windows → Preferences 메뉴를 선택한다.

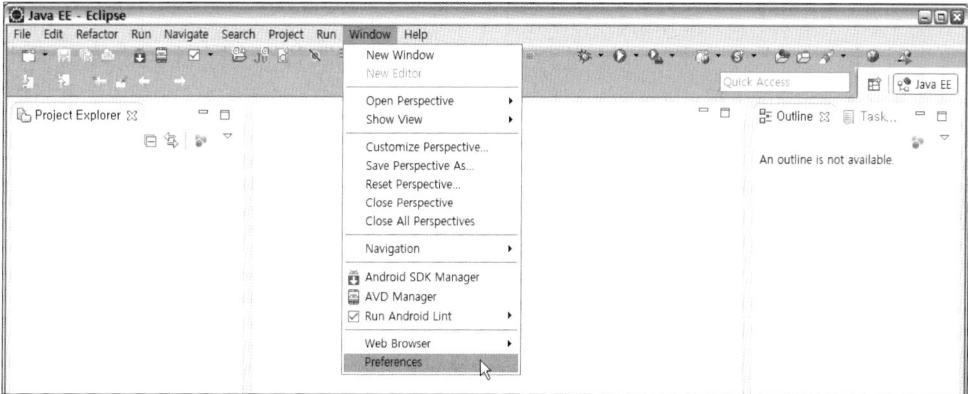

06. Server → Runtime Environment → Add 메뉴를 선택한다.

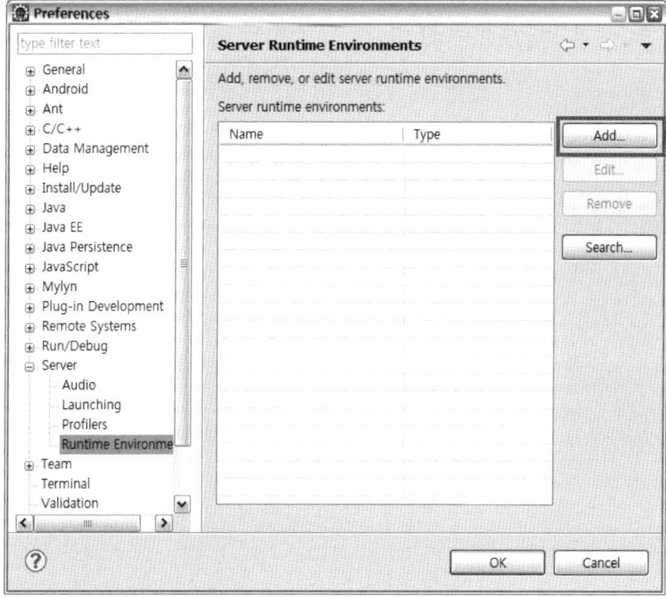

07. Apache Tomcat v 7.0을 선택하고 [Next] 버튼 클릭 → [Browse] 버튼 클릭 후 톰캣 설치한 경로 선택 → [Finish] 버튼을 클릭한다. 그리고 [Preferences]에서 [OK]를 클릭한다.

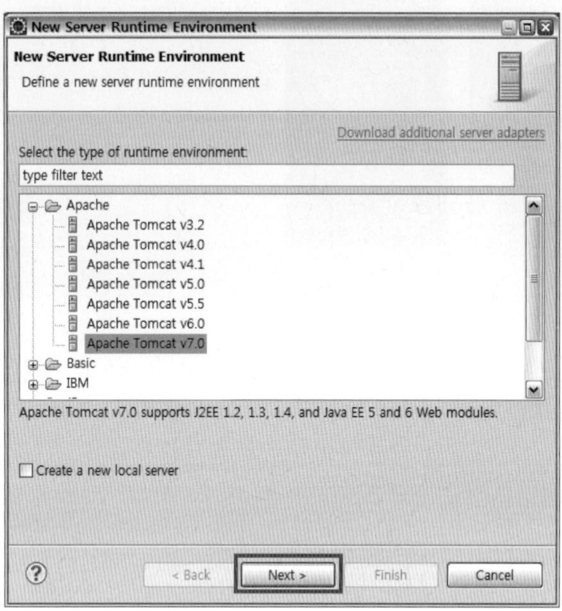

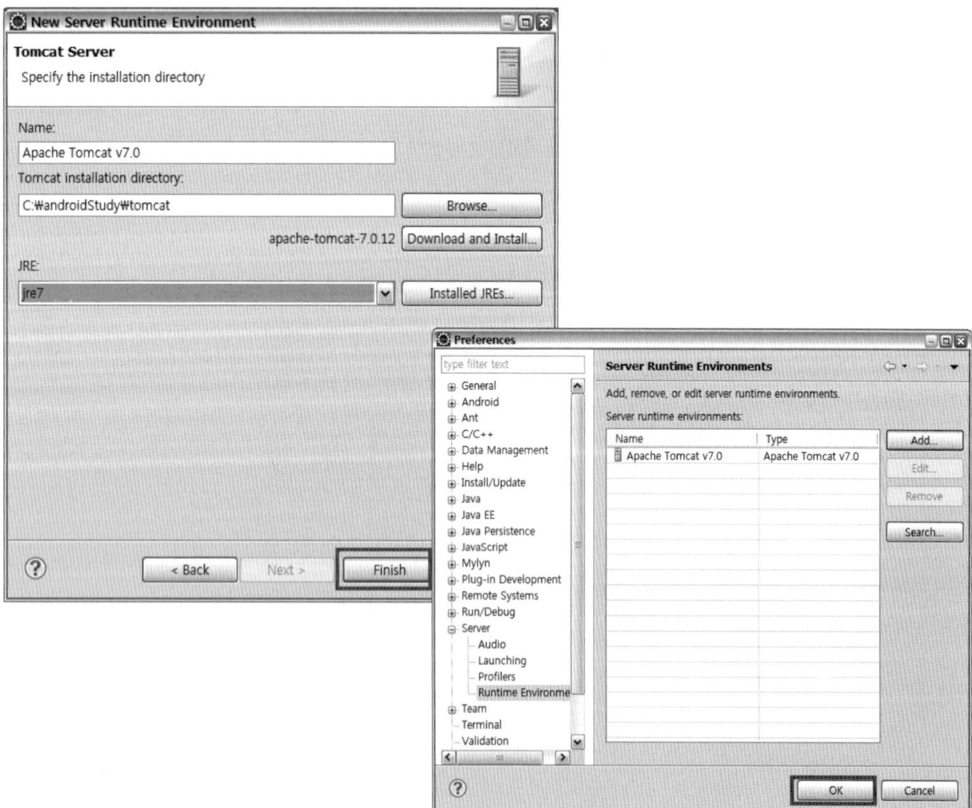

08. Servers 탭에서 마우스 오른쪽 버튼을 클릭하고 Add → Server 메뉴를 선택한다.

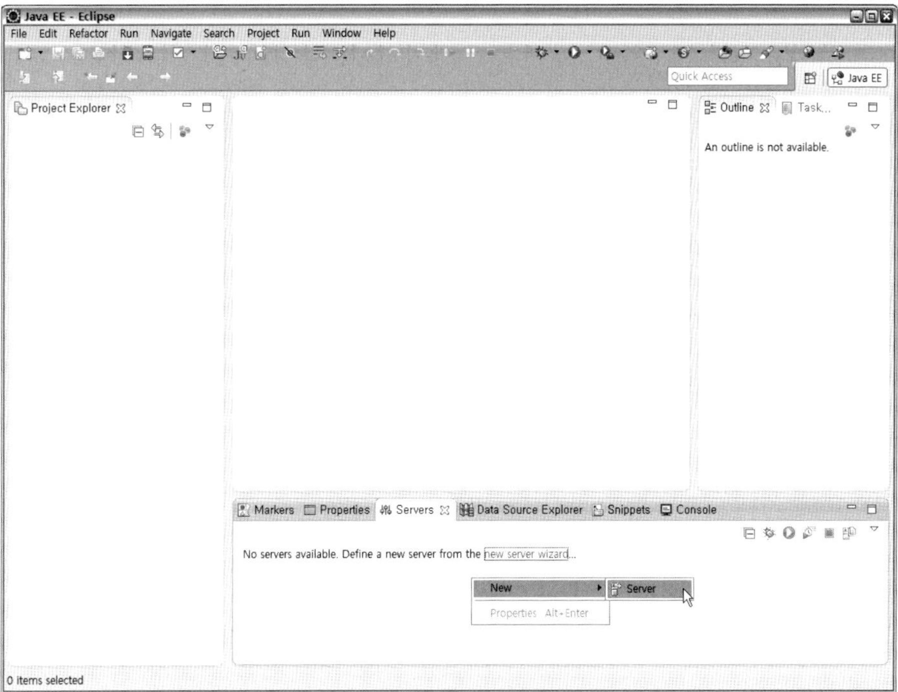

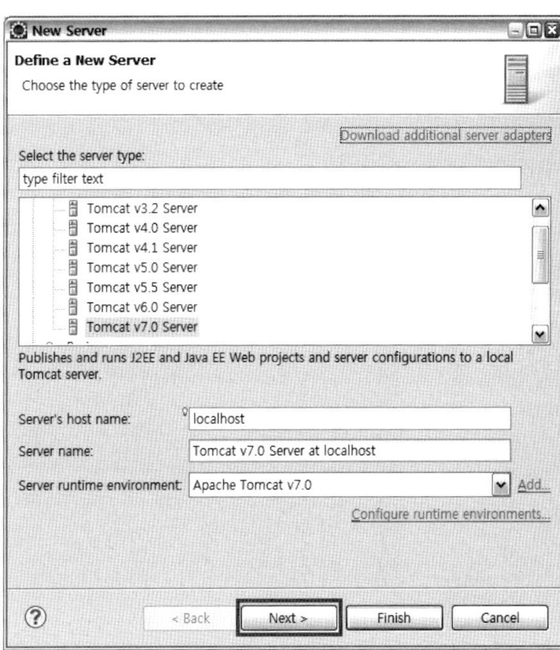

09. 이제 이클립스 세팅이 끝났다. 로그인 처리하는 웹 애플리케이션을 만들어보자. Project(Package) Explorer에서 마우스 오른쪽 버튼을 클릭한 후 New → Other 메뉴를 선택한다.

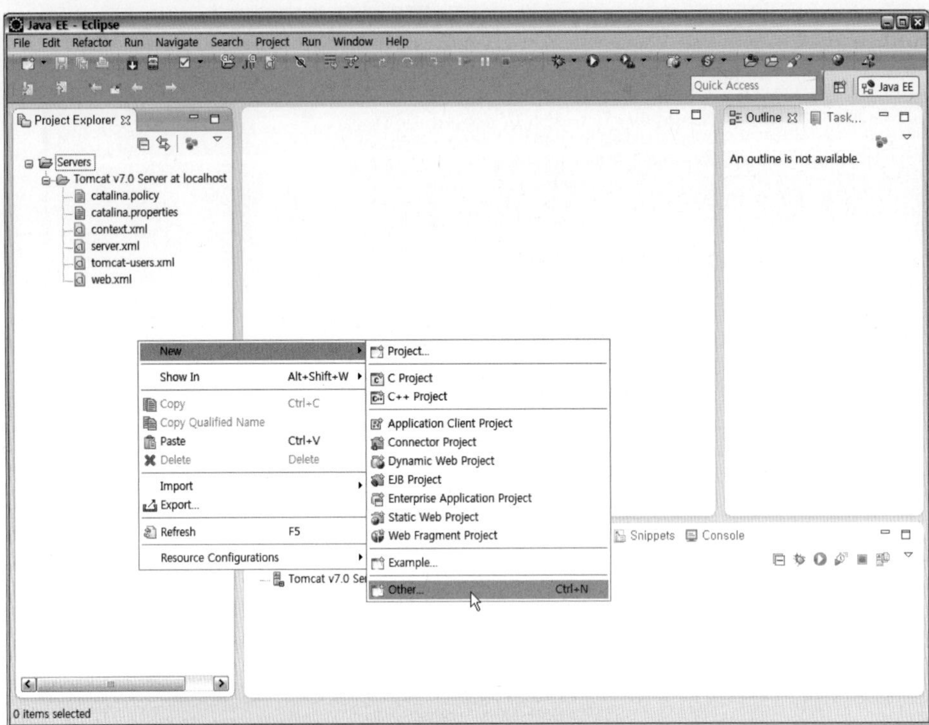

10. [New] 대화상자에서 Web → Dynamic Web Project 메뉴를 선택하고 [Next]를 클릭한다.

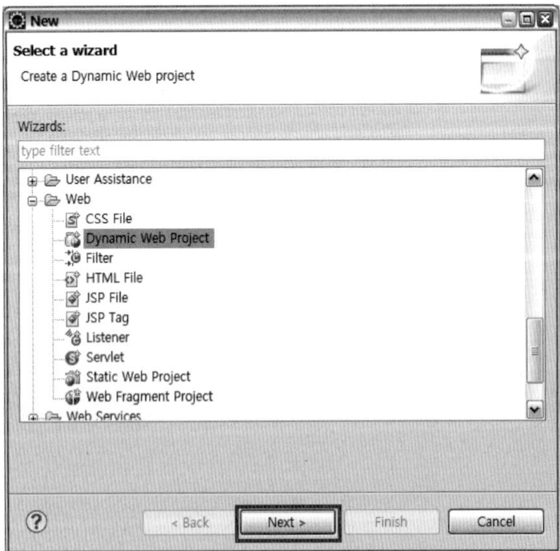

11. Project name을 WebServer로 입력하고 [Finish]를 클릭한다.

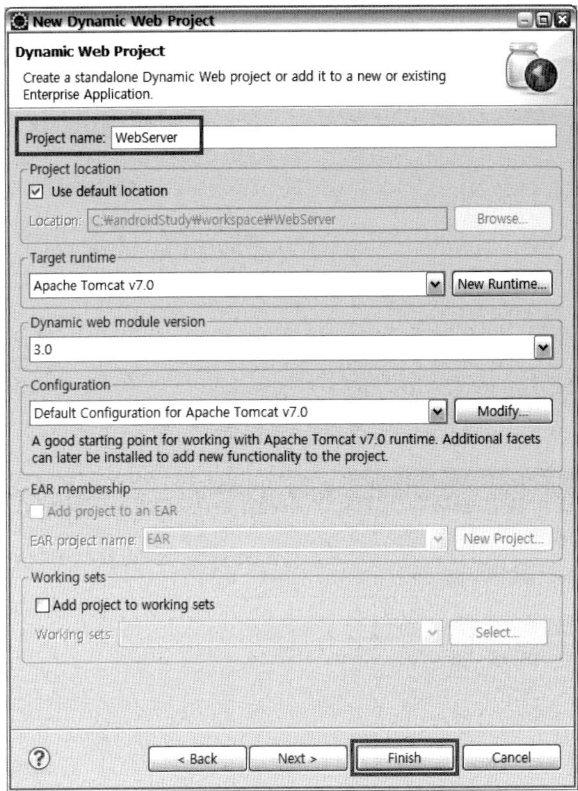

12. 이제 login.jsp 파일을 생성하자. WebServer → New → JSP File 메뉴를 차례로 클릭한다.

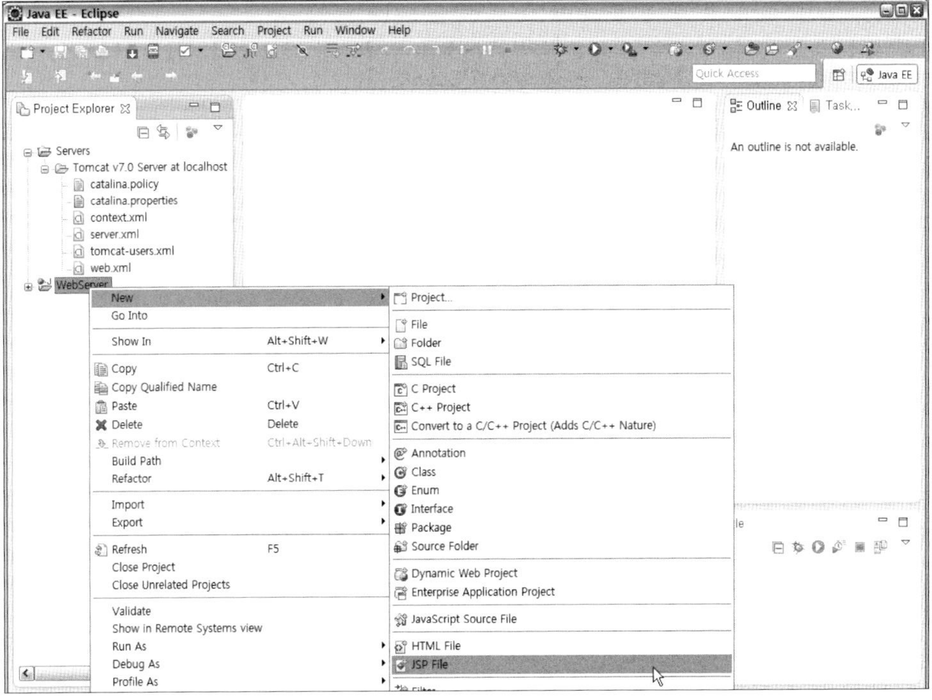

13. File name : 에 login을 입력하고 [Finish] 버튼을 클릭한다.

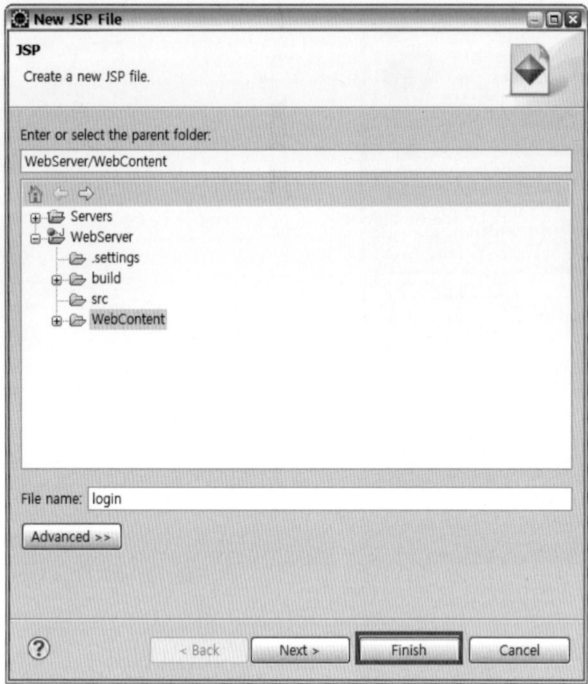

13. Jsp 코드에는 다음과 같이 입력한다.

● Chapter15\WebServer\WebContent\login.jsp

```jsp
1   <%@ page language="java" contentType="text/html; charset=EUC-KR"
2       pageEncoding="EUC-KR"%>
3   <!DOCTYPE html PUBLIC "-//W3C//DTD HTML 4.01 Transitional//EN" "http://www.w3.org/
4   TR/html4/loose.dtd">
5   <html>
6   <head>
7   <meta http-equiv="Content-Type" content="text/html; charset=EUC-KR">
8   <title>Insert title here</title>
9   </head>
10  <body>
11  <%
12   String id = request.getParameter("id");
13   String passwd = request.getParameter("passwd");
14
15   String result = "";
16   if(id == null || passwd == null){
17       result = "login fail";
18   }
```

```
19    else{
20    if(id.equals("java") && passwd.equals("java")){
21        result = "login success";
22    }
23    else {
24        result = "login fail";
25    }
26    }
27    out.println(result);
28    %>
29    </body>
30    </html>
```

코드 분석

로그인 요청이 전송되어 왔을 때 id와 passwd 파라미터값이 'null'이 아니고 즉 파라미터로 제대로 전송되어 왔고, 전송되어온 파라미터 값 id가 'java', passwd도 'java'일 때만 클라이언트로 'login success'라는 문자열을 응답하게 처리했고, 그 이외에는 모두 'login fail'을 리턴하게 처리하였다.

3. 안드로이드 프로젝트 작성

본 예제도 역시 네트워크 관련 처리를 하는 예제이므로 AndroidManifest.xml 파일에 <uses-permission android:name="android.permission.INTERNET"/> 권한을 추가해 주어야 한다.

• main.xml 파일 작성

```
   Chapter15\WebClient\res\layout\main.xml
1   <?xml version="1.0" encoding="utf-8"?>
2   <LinearLayout xmlns:android="http://schemas.android.com/apk/res/android"
3       android:layout_width="fill_parent"
4       android:layout_height="fill_parent"
5       android:orientation="vertical" >
6
7       <LinearLayout
8           android:layout_width="fill_parent"
9           android:layout_height="wrap_content" >
10
11          <TextView
12              android:layout_width="wrap_content"
13              android:layout_height="wrap_content"
14              android:text="아이디" />
15
```

```
16          <EditText
17              android:id="@+id/id"
18              android:layout_width="fill_parent"
19              android:layout_height="wrap_content" />
20      </LinearLayout>
21
22      <LinearLayout
23          android:layout_width="fill_parent"
24          android:layout_height="wrap_content" >
25
26          <TextView
27              android:layout_width="wrap_content"
28              android:layout_height="wrap_content"
29              android:text="비밀번호" />
30
31          <EditText
32              android:id="@+id/passwd"
33              android:layout_width="fill_parent"
34              android:layout_height="wrap_content"
35              android:password="true" />
36      </LinearLayout>
37
38      <Button
39          android:id="@+id/login"
40          android:layout_width="fill_parent"
41          android:layout_height="wrap_content"
42          android:text="Login" />
43
44      <WebView
45          android:id="@+id/webView"
46          android:layout_width="fill_parent"
47          android:layout_height="fill_parent" />
48
49  </LinearLayout>
```

코드 분석

16~19	로그인에 필요한 id 값을 입력하는 EditText 위젯을 정의한 부분이다.
31~35	로그인에 필요한 비밀번호를 입력하는 EditText 위젯을 정의한 부분이다. 비밀번호 입력 시에는 입력하는 문자가 표시되지 않도록 하기 위해서 android:password 속성을 'true'로 지정하였다.
38~42	클릭하면 로그인 요청을 처리하는 기능을 실행하는 Button 위젯을 정의한 부분이다.
44~47	로그인 요청에 대한 응답 결과가 html 데이터로 전송되어 오므로 결과를 Webview에서 html 데이터를 로드하여 처리하도록 WebView 위젯을 정의한 부분이다. 로그인에 대한 응답 결과가 WebView 영역에 출력되게 된다.

● Chapter15\WebClient\src\com\jung\WebClientActivity.java

```java
1   package com.jung;
2   import java.io.BufferedReader;
3   import java.io.IOException;
4   import java.io.InputStream;
5   import java.io.InputStreamReader;
6   import java.util.ArrayList;
7   import org.apache.http.HttpEntity;
8   import org.apache.http.HttpResponse;
9   import org.apache.http.NameValuePair;
10  import org.apache.http.client.HttpClient;
11  import org.apache.http.client.entity.UrlEncodedFormEntity;
12  import org.apache.http.client.methods.HttpPost;
13  import org.apache.http.impl.client.DefaultHttpClient;
14  import org.apache.http.message.BasicNameValuePair;
15  import android.app.Activity;
16  import android.os.Bundle;
17  import android.os.StrictMode;
18  import android.webkit.WebView;
19  import android.widget.Button;
20  import android.widget.EditText;
21  import android.view.View;
22  public class WebClientActivity extends Activity implements View.OnClickListener{
23      /** Called when the activity is first created. */
24      WebView webView;
25      EditText id;
26      EditText passwd;
27      Button login;
28  @Override
29          public void onCreate(Bundle savedInstanceState) {
30              super.onCreate(savedInstanceState);
31              setContentView(R.layout.main);
32              webView = (WebView)findViewById(R.id.webView);
33              id = (EditText)findViewById(R.id.id);
34              passwd = (EditText)findViewById(R.id.passwd);
35              login = (Button)findViewById(R.id.login);
36              login.setOnClickListener(this);
37              StrictMode.ThreadPolicy policy =
38                  new StrictMode.ThreadPolicy.Builder().permitAll().build();
39              StrictMode.setThreadPolicy(policy);
40          }
```

```java
41      public void onClick(View v) {
42          // TODO Auto-generated method stub
43          String loginId = id.getText().toString();
44          String loginPasswd = passwd.getText().toString();
45          loginProcess(loginId,loginPasswd);
46      }
47      private void loginProcess(String loginId, String loginPasswd) {
48          // TODO Auto-generated method stub
49          InputStream is = null;
50          String url = "http://192.168.123.135:8088/WebServer/login.jsp";
51          HttpClient client = new DefaultHttpClient();
52          try {
53              ArrayList<NameValuePair> nameValueArr = new
54  ArrayList<NameValuePair>();
55                  nameValueArr.add(new BasicNameValuePair("id", loginId));
56                  nameValueArr.add(new BasicNameValuePair("passwd", loginPasswd));
57                  String result = "";
58                  HttpPost post = new HttpPost(url);
59                  UrlEncodedFormEntity urlEncodedFormEntity =
60                  new UrlEncodedFormEntity(nameValueArr, "UTF-8");
61                  post.setEntity(urlEncodedFormEntity);
62                  HttpResponse response = client.execute(post);
63                  HttpEntity entityResponse = response.getEntity();
64                  is = entityResponse.getContent();
65                  BufferedReader  reader  =  new  BufferedReader(new  InputStreamReader(is,
66  "UTF-8"), 8);
67                  StringBuilder sb = new StringBuilder();
68                  String line = null;
69                  while ((line = reader.readLine()) != null) {
70                      sb.append(line).append("\n");
71                  }
72                  is.close();
73                  result = sb.toString();
74                  webView.loadData(result, "text/html", "UTF-8");
75          } catch (IOException e) {
76                  e.printStackTrace();
77          } catch (Exception e) {
78                  e.printStackTrace();
79      } finally {
80              client.getConnectionManager().shutdown();
81          }
82      }
83  }
```

라인	설명
37~39	UI 스레드상에서 네트워크 관련 처리를 할 수 있도록 설정하는 부분이다.
43~34	EditText에 입력되어 있는 id 값 과 passwd 값을 얻어 오는 부분이다.
45	로그인 요청을 처리하는 메소드를 호출하는 부분이다.
50	로그인 요청을 할 url을 지정하는 부분이다.
51	HttpClient 객체를 생성하는 부분이다.
53~54	파라미터로 전송할 이름과 값 쌍으로 파라미터값을 저장할 수 있는 NameValuePair 타입의 객체를 저장할 수 있는 ArrayList 객체를 생성하는 부분이다.
55~56	id 값, passwd 값을 NameValuePair 타입의 객체로 생성한 후 ArrayList에 요소로 추가하는 부분이다. NameValuePair는 인터페이스이므로 NameValuePair를 구현한 BasicNameValuePair 클래스를 이용해서 객체를 생성한다.
58	로그인 요청을 post 방식으로 전송할 것이므로 로그인 요청 url을 파라미터로 HttpPost 객체를 생성하는 부분이다.
59~60	전송되는 파라미터 값들의 인코딩 방식을 지정하기 위해서 UrlEncodedFormEntity 객체를 생성하는 부분이다.
61	HttpPost 객체에 전송할 HttpEntity를 지정하는 부분이다.
62	로그인 요청을 전송한 후 HttpResponse 타입으로 응답 데이터를 리턴받는 부분이다.
63~66	resonponse.getEntity.getContent() 메소드를 사용해서 서버에서 응답된 데이터를 읽을 수 있는 입력 스트림을 리턴받은 후, 편리하게 라인 단위로 데이터를 읽을 수 있도록 BufferedReader 객체를 생성하는 부분이다.
69~71	응답 데이터를 라인 단위로 읽어들이면서 StringBuffer 객체에 추가하는 부분이다.
74	읽어들인 html 타입의 데이터를 WebView로 읽어들이는 부분이다.

본 예제를 실행하기 위해서는 우선 login.jsp부터 실행해 놓아야 한다. 웹서버가 실행되고 있어야 안드로이드로 생성한 클라이언트 쪽에서 요청을 할 수가 있기 때문이다.

01. login.jsp에서 마우스 오른쪽 버튼을 클릭하고 Run As → Run on Server 메뉴를 선택한다.

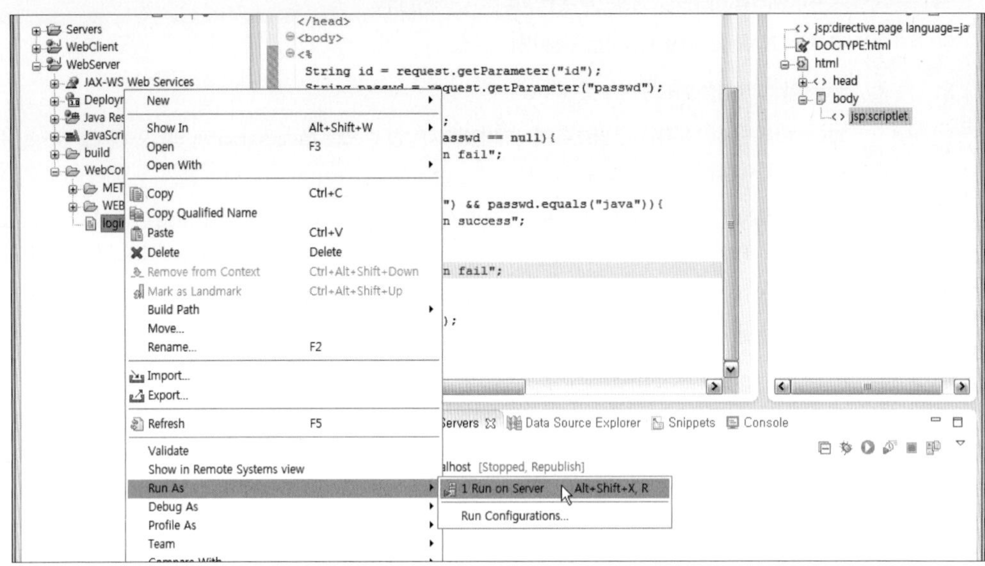

02. 이어지는 화면에서 [Finish] 버튼을 클릭한다.

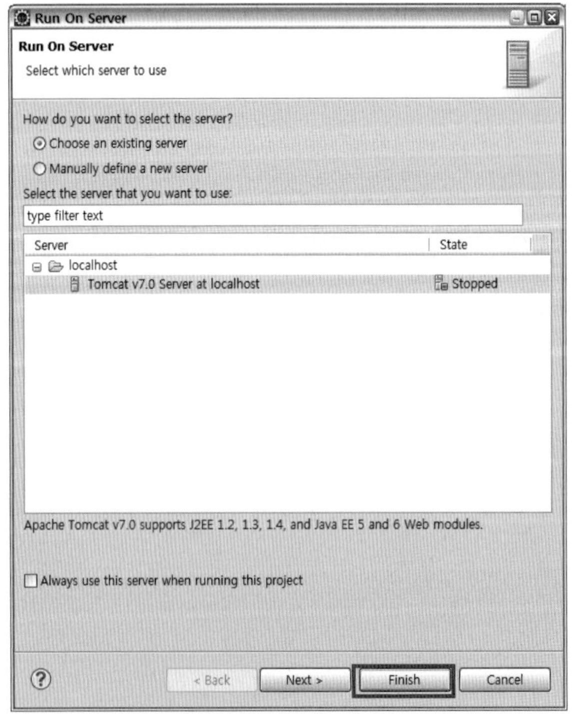

03. 하단 그림과 같은 상태로 서버를 종료하지 않고 유지하도록 한다.

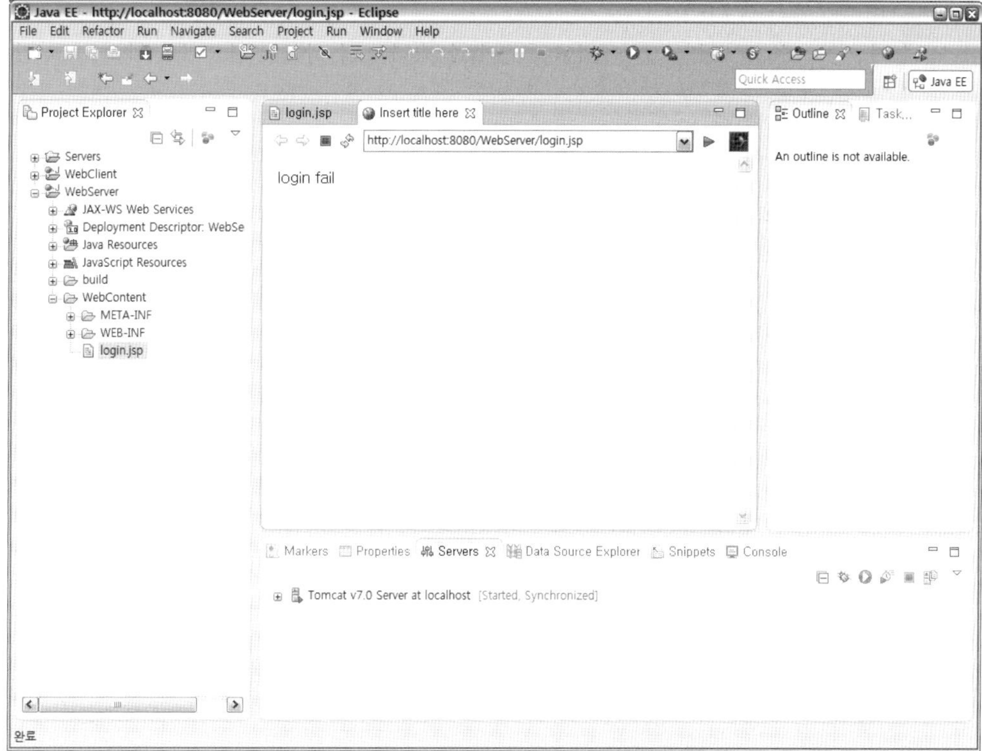

★ 포트 충돌이 일어나면 트레이 영역에 톰캣이 실행되고 있는지 확인하고 이를 종료한다.

04. WebClient 안드로이드 프로젝트를 실행하고 메인 액티비티에서 아이디와 비밀번호를 java로 입력하고 [Login] 버튼을 클릭하면 'login successs' 문자열이 출력되는 것을 확인할 수 있다.

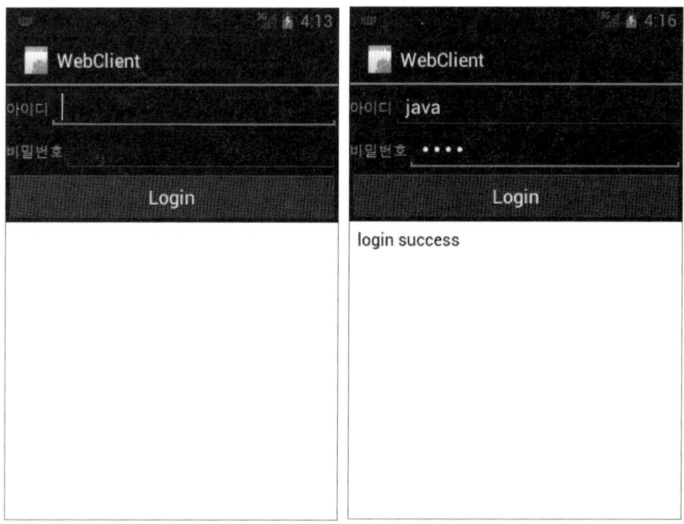

1. 안드로이드에서는 네트워크 방식이 다양한 방식으로 제공된다. 기존 자바 패키지를 사용하는 방식, 아파치 라이브러리를 이용하는 방식, 블루투스 방식 등이다.

최근 안드로이드 애플리케이션들은 대부분 상대방과의 통신을 지원해 주고 있다. SNS에서는 음성 통신과 데이터 통신을 같이 지원하는 경우도 있다. 또한 스마트폰은 피처폰에 비해서 사양이 우수하므로 네트워크 애플리케이션을 구동하기에는 적합하다고 할 수 있다.

우선 소켓 통신은 UDP 방식과 TCP 방식을 안드로이드에서도 모두 사용할 수 있다. UDP 방식과 TCP 방식을 비교하면 다음과 같다.

비교 항목	TCP	UDP
신뢰성	연결 지향적인 통신이므로 신뢰성이 우수하다. 상대방과 연결이 되어야 통신이 시작된다.	신뢰성이 보장되지 못한다. 상태방의 수신 결과와 상관없이 송신한다.
재전송	재전송 요청이 가능하다.	재전송 요청이 불가능하다.
데이터손실	수신 확인 메시지를 주고 받으므로 데이터 손실의 우려가 없다.	데이터 손실이 있을 수 있다.
비유	상대방과 연결하고 통화가 이루어지는 전화 통신에 비유할 수 있다.	상대방과 비연결로 이루어지는 이메일 송신에 비교할 수 있다.
속도	비교적 느리다.	빠르다.

TCP 소켓 통신 방식은 다음과 같이 이루어진다.

클라이언트 소켓은 다음과 같이 사용한다.

```
public Socket(String host,int port) throws UnknownHostException,IOException
```

→ 지정한 호스트의 포트 번호로 접속하는 소켓 객체를 생성하는 생성자이다.

소켓 객체가 생성된 후 getInputStream() 메소드를 호출하면 상대 호스트로부터 데이터를 읽어들일 수 있는 입력 스트림이 반환된다.

```
Socket socket = new Socket("localhost",3000)
InputStream is = socket.getInputStream();
```

소켓 객체가 생성된 후 getOutputStream() 메소드를 호출하면 상대 호스트로 데이터를 출력할 수 있는 출력스트림을 얻어온다.

```
Socket socket = new Socket("localhost",3000)
OutputStream os = socket.getOutputStream();
```

서버 소켓을 다음과 같이 사용한다. 서버 소켓을 생성한 후 클라이언트가 요청을 할 때 까지 대기하다가 요청이 들어오면 클라이언트와 통신할 수 있는 소켓 객체를 생성한다.

```
try{
ServerSocket serverSocket = new ServerSocket(3000);
}
catch(Exception e){
e.printStrackTrace();
}
while(true){
Socket socket = serverSocket.accept();
```

UDP 방식은 DatagramSocket 클래스와 DatagramPacket 클래스를 이용해서 통신한다.
 UDP 방식에서는 소켓이 송신과 수신을 겸한다. 즉, 송신용 소켓과 수신봉 소켓이 나누어시시 않는다. 송신과 수신은 파라미터로 사용하는 DatagramPacket에 따라서 결정된다.

• 데이터 수신

```
DatagramSocket dsocket = new DatagramSocket(4000);
byte receiveSize[] = new byte[600];
            DatagramPacket dpacket = new DatagramPacket(receiveSize,
                    receiveSize.length);
            dsocket.receive(dpacket);
```

• 데이터 송신 : 데이터 송신 시에는 송신할 대상 주소를 DatagramPacket에 지정해 주어야 하는 차이가 있다.

```
InetAddress iaddress = InetAddress.getByName("192.168.123.135");
        DatagramSocket dsocket = new DatagramSocket(3000);
        String sendData = "전송될 데이터"
        byte[] sendBuffer = sendData.getBytes();
        DatagramPacket dpacket = new DatagramPacket(
                sendBuffer,sendBuffer.length,iaddress,4000);
        dsocket.send(dpacket);
```

2. 안드로이드에서는 자바 자체에서 제공되는 API를 이용해서 통신을 할 수도 있지만 안드로이 API에는 아파치에서 제공해 주는 라이브러리인 HttpComponents 라이브러리가 탑재되어 있다. HttpComponents 라이브러리를 이용하면 좀 더 효율적으로 통신 관련 요청 처리를 할 수 있다.

기본적인 요청은 HttpRequestBase 클래스를 상속받은 HttpGet이나 HttpPost 클래스 객체를 이용해서 처리할 수 있다. 요청은 DefaultHttpClient 객체를 생성한 후 DefaultHttpClient에서 제공하는 execute 메소드로 실행하면 된다.

```
HttpGet get = new HttpGet("http://www.hyejiwon.co.kr");
        DefaultHttpClient defaultClient = new DefaultHttpClient();
        try {
            defaultClient.execute(get,responseHandler);
        }
        catch (Exception e) {
            e.printStackTrace();
        }
    }
```

execute 메소드는 다음과 같은 종류가 제공된다.

```
public final HttpResponse execute (HttpUriRequest request)
```

→ 해당 요청을 실행하여 응답으로 HttpResponse 객체를 리턴한다.

```
public T execute (HttpUriRequest request, ResponseHandler<? extends T> responseHandler)
```

→ 해당 요청을 실행하고 두 번째 파라미터로 지정된 ResponseHandler 객체를 사용해서 응답을 처리한다.
⑩ defaultClient.execute(get,responseHandler)

ResponseHandler〈T〉 인터페이스에는 public abstract T handleResponse (HttpResponse response) 메소드가 정의되어 있어서, 이메소드에 응답에 대한 처리를 하는 코드가 구현되어야 한다.

HttpResponse 클래스의 getEntity() 메소드를 호출하면 해당 응답에 대한 HttpEntity가 반환되고, HttpEntity의 getContent() 메소드를 호출하면 응답된 내용을 읽을 수 있는 InputStream이 반환된다.
⑩ InputStream is = response.getEntity().getContent()

아파치 라이브러리를 이용해서 서버 쪽으로 요청을 할 때 파라미터를 전송할 수도 있는데 우선 파라미터 값을 이름과 값으로 저장할 수 있는 NameValuePair를 이해해야 한다. NameValuePair는 인터페이스이므로 객체를 생성할 때는 NameValuePair 인터페이스를 구현하고 있는 BasicNameValuePair를 이용해서 값을 저장해야 한다.

BasicNameValuePair 클래스는 다음과 같은 생성자를 제공해 준다.

```
public BasicNameValuePair (String name, String value)
```

예 new BasicNameValuePair("id", "java");

또한, 파라미터를 서버로 전송할 때 원하는 인코딩 타입으로 인코딩 처리해서 전송할 때 사용할 수 있는 UrlEncodedFormEntity 클래스에서도 살펴보자. UrlEncodedFormEntity는 다음과 같은 생성자를 제공해 준다.

```
public UrlEncodedFormEntity (List<? extends NameValuePair> parameters, String encoding)
```

→ 파라미터로 지정한 인코딩 타입으로 인코딩 하는 생성자

```
public UrlEncodedFormEntity (List<? extends NameValuePair> parameters)
```

→ DEFAULT_CONTENT_CHARSET 즉, "ISO-8859-1" 로 인코딩 타입을 지정하는 생성자

Google Map과 LBS(Location Based Service)

본 장에서는 구글 맵 기능과 위치 기반 서비스(LBS : Location Based Service) 프로그래밍을 공부한다. 내비게이션의 길 안내, 현재 위치를 기준으로 주변의 약국이나 병원 등을 찾는 서비스, SNS로 통신을 하면서 자신의 위치를 알려주는 등 위치 기반 서비스를 사용하는 애플리케이션은 이미 많이 찾아볼 수 있다. 최근에 주목받고 있는 증강현실(Augmented Reality) 또한 위치 기반 서비스를 이용해서 현재 위치를 구한 후 해당 위치에 대한 부가 정보를 DB에서 얻어 와 보여주는 서비스이다. 물론 센서나 카메라 등 부가적인 기술이 추가되지만 핵심적인 기술의 배경은 LBS라고 할 수 있다.

1 안드로이드 내장 Google Map Application을 이용한 지도 보기

안드로이드 자체에는 Google Map Application이 탑재되어 있기 때문에 별도의 절차 없이 Intent를 사용하여 해당 애플리케이션에 원하는 정보를 제공하면 원하는 위치의 지도를 출력할 수 있다.

제공해야 할 정보는 위도, 경도, 확대 레벨이며 실행할 Intent에 사용할 Uri는 다음의 형식을 갖는다.

Geo:위도,경도?z=zoom_level

1. 구글 지도에서 위도, 경도 알아내기

우선 간단하게 팁으로 구글 지도에서 원하는 지명의 위도, 경도를 알아내는 방법을 살펴보자.

01. http://maps.google.co.kr에 접속한다.

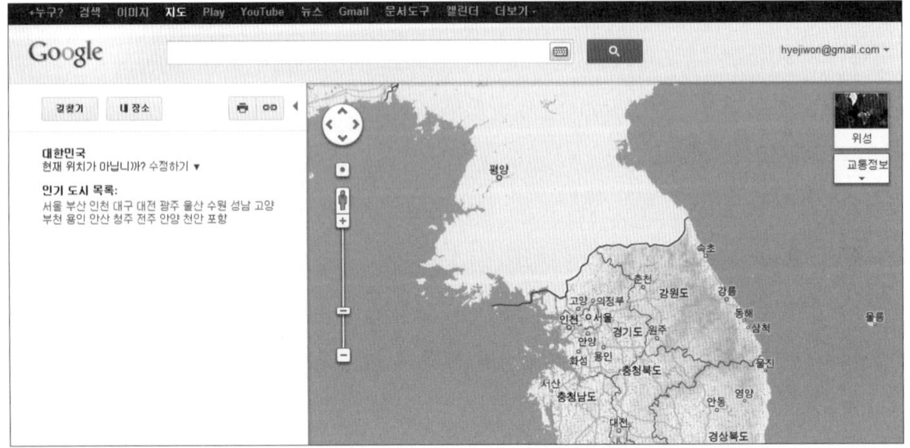

02. 검색 창에 좌표를 얻고 싶은 지명을 입력하고 검색한다.

03. 주소 표시줄에 javascript:void(prompt('',gApplication.getMap().getCenter()))를 입력하고 [Enter]를
누른다.

2. 안드로이드 Google Map Application 이용하기

상단에서 얻어온 위도, 경도를 이용해서 안드로이드에 내장되어 있는 Google Map Application을 이용해 보자. InternalMap이라는 애플리케이션을 만들어서 간단하게 Google Map Application을 실행해 보겠다. 본 예제에서 사용되는 Google Map Application는 Google APIs 디바이스에 탑재되어 있으므로 프로젝트를 생성하기 전에 Virual Device를 하나 더 추가해 주어야 한다.

01. 이클립스 화면 상단에 있는 'Opens the Android Virtual Device Manager' 아이콘을 클릭한다. 그리고 새로운 Virtual Device를 생성하기 위해 [New] 버튼을 클릭한다

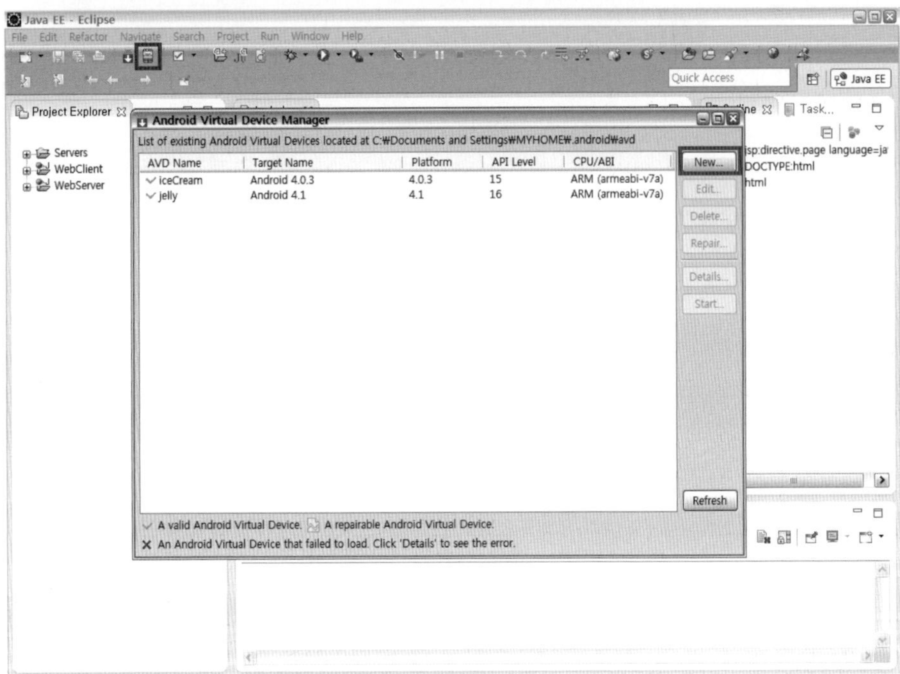

02. Target:을 Google APIs로 지정하고 [Create AVD] 버튼을 클릭하여 새로운 Virtual Device를 생성한다.

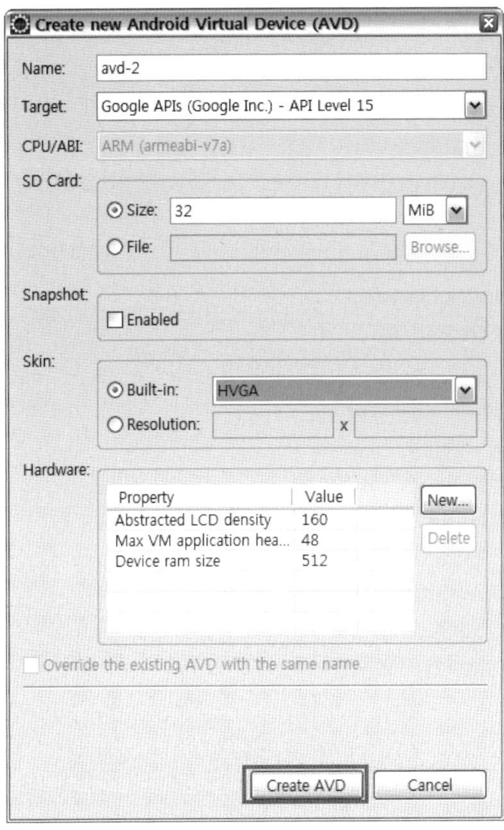

03. InternalMap 프로젝트 또한 프로젝트 생성 시 Build SDK를 Google APIs로 지정해야 한다.

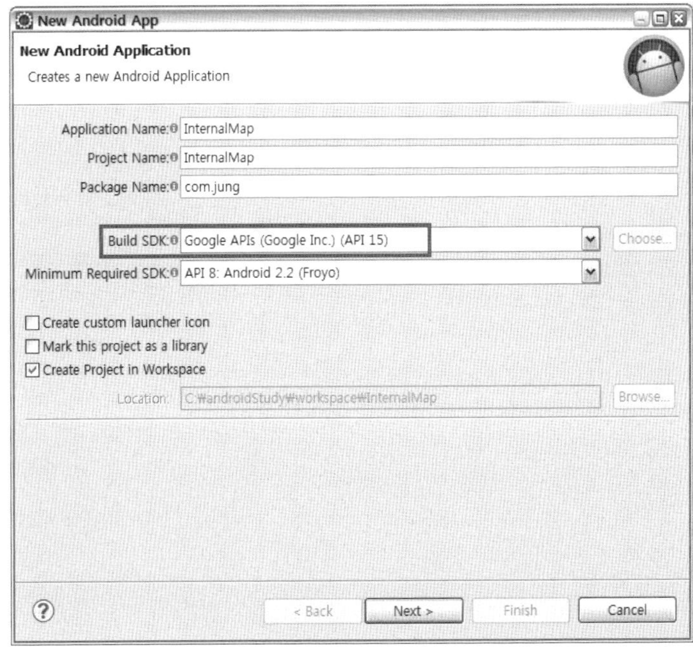

08. main.xml 파일은 기본 파일을 그대로 사용하면 되고 InternalMapActivity.java 파일을 다음과 같이 작성하면 된다.

● Chapter16\InternalMap\src\com\jung\InternalMapActivity.java

```
1    package com.jung;
2    import android.app.Activity;
3    import android.content.Intent;
4    import android.net.Uri;
5    import android.os.Bundle;
6    public class InternalMapActivity extends Activity {
7        /** Called when the activity is first created. */
8        @Override
9        public void onCreate(Bundle savedInstanceState) {
10           super.onCreate(savedInstanceState);
11           setContentView(R.layout.main);
12           double latitude = 37.597368044441666;
13           double longitude = 126.98959350585937;
14           String loc =new String("geo:"+latitude+","+longitude+"?z=16");
15           Uri uri = Uri.parse(loc);
16           Intent intent = new Intent(Intent.ACTION_VIEW,uri);
17           startActivity(intent);
18       }
19   }
```

코드 분석

12~13	광화문 지역의 위도와 경도를 각 변수에 저장하였다.
14	geo: 스키마로 위도, 경도 확대 레벨을 문자열로 생성하였다.
15	문자열을 이용해서 Uri 객체를 생성하는 부분이다.
16	해당 URI 정보의 지도를 보여주는 요청의 Intent 객체를 생성하였다.
17	Intent를 실행하여 지도 액티비티를 실행하는 부분이다.

본 예제를 실행하면 해당 안드로이드 버전에 탑재되어 있는 Google Map 액티비티가 실행되면서 지도가 출력된다.

기본적으로 안드로이드에 탑재되어 있는 Google Map Application을 사용하여도 기본적인 검색 기능이나 부가적인 기능을 사용하수 있지만, 통신사에서 사용하는 폰에서 Google Map Application을 지원하지 않을 수 있고, 개발자의 의도에 적합하게 지도 관련 애플리케이션을 제작하려면 Google Map Api를 사용해야 한다.

구글 지도 API의 사용자는 전 세계에 무수히 많다 구글에서는 구글 API를 무조건 제공하지 않고 사용자의 기본적인 정보를 조건으로 API를 제공한다. 최소한 어떤 사용자가 어떤 용도로 구글 지도 API를 사용하는지 정도는 파악하려는 의도이다.

1. 인증서 얻기

기본적으로 구글 API를 사용하려면 사용자는 구글에 디버그 인증서를 등록해야 한다. 물론 구글에 회원으로 등록되어 있어야 함은 당연하다.

01. 이클립스에서 Windows → Preferences → Android → Build → Default debug keystore 경로로 이동한다. 하단 그림을 보면 기본적으로 제공되는 debug keystore 경로를 알 수 있다.

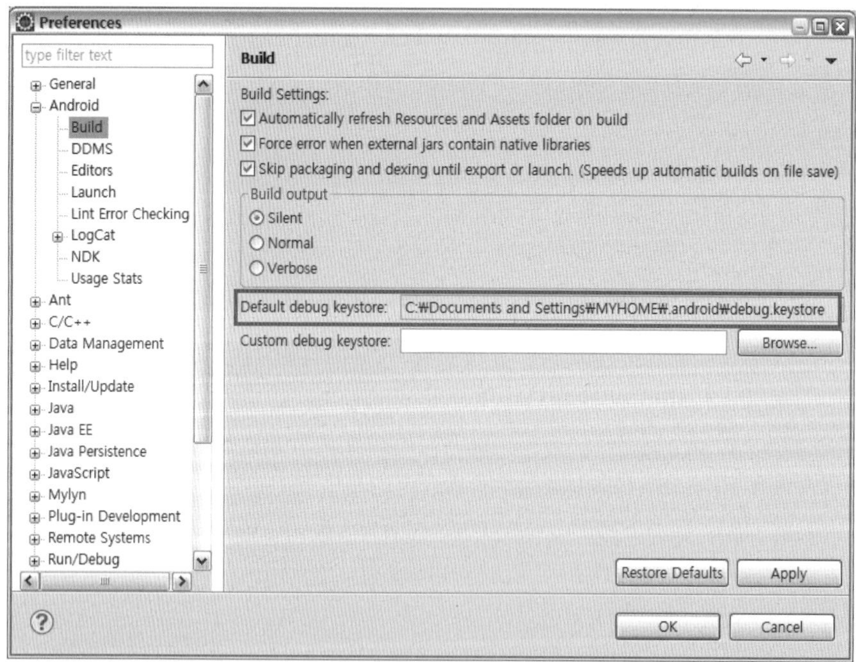

02. CMD 창을 열고 다음과 같은 명령을 실행한 후 cd 명령으로 .android 디렉토리로 이동한다.

03. CMD 창에 다음 명령을 입력한다.

> keytool -v -list -keystore ./debug.keystore -storepass android -keypass android

```
C:\windows\system32\cmd.exe

C:\Documents and Settings\USER\.android>keytool -v -list -keystore ./debug.keyst
ore -storepass android -keypass android

키 저장소 유형: JKS
키 저장소 제공자: SUN

키 저장소에 1개의 항목이 포함되어 있습니다.

별칭 이름: androiddebugkey
생성 날짜: 2012. 3. 25
항목 유형: PrivateKeyEntry
인증서 체인 길이: 1
인증서[1]:
소유자: CN=Android Debug, O=Android, C=US
발행자: CN=Android Debug, O=Android, C=US
일련 번호: 9960fcd
적합한 시작 날짜: Sun Mar 25 22:19:05 KST 2012, 종료 날짜: Tue Mar 18 22:19:05 K
ST 2042
인증서 지문:
         MD5:  29:D6:1F:BE:F7:76:88:D9:15:33:73:F9:FF:5A:B5:0A
         SHA1: 38:E4:21:92:D7:26:41:BB:3B:77:9F:B3:D4:30:D4:93:18:6F:92:91
         SHA256:  7F:C1:B2:99:0F:2A:C5:5D:4E:C4:D4:47:E5:B0:22:90:13:4B:DB:4F:91:
11:8F:C1:57:E7:49:B2:59:1E:5E:3E
         서명 알고리즘 이름: SHA256withRSA
         버전: 3
```

-v : 모든 지문을 다 보여주는 옵션이다.

-list : 인증서를 보여주는 옵션이다.

-keystore : 출력할 인증서에 대한 키 저장소를 지정한다.

-storepass : 키 저장소의 암호를 지정한다.

-keypass : 인증서의 암호를 지정한다.

안드로이드에서 디버그 키 저장소와 키의 암호는 'android'로 정해져 있다.

2. 구글 지도 키 얻어 오기

01. developer.android.com 사이트로 접속한 후 Develop 탭을 클릭한다.

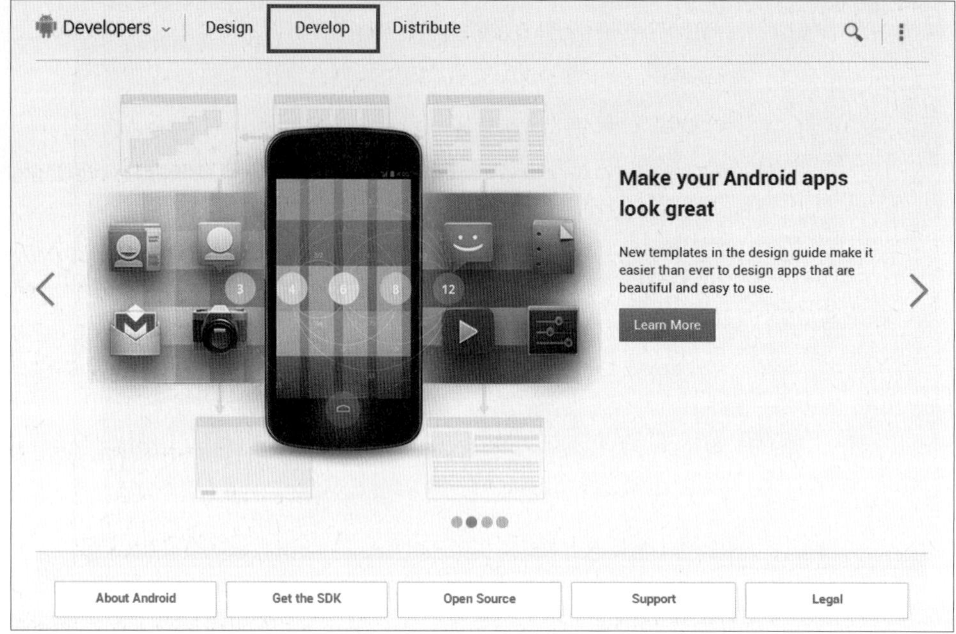

02. 이어서 API Guides 탭을 클릭한다.

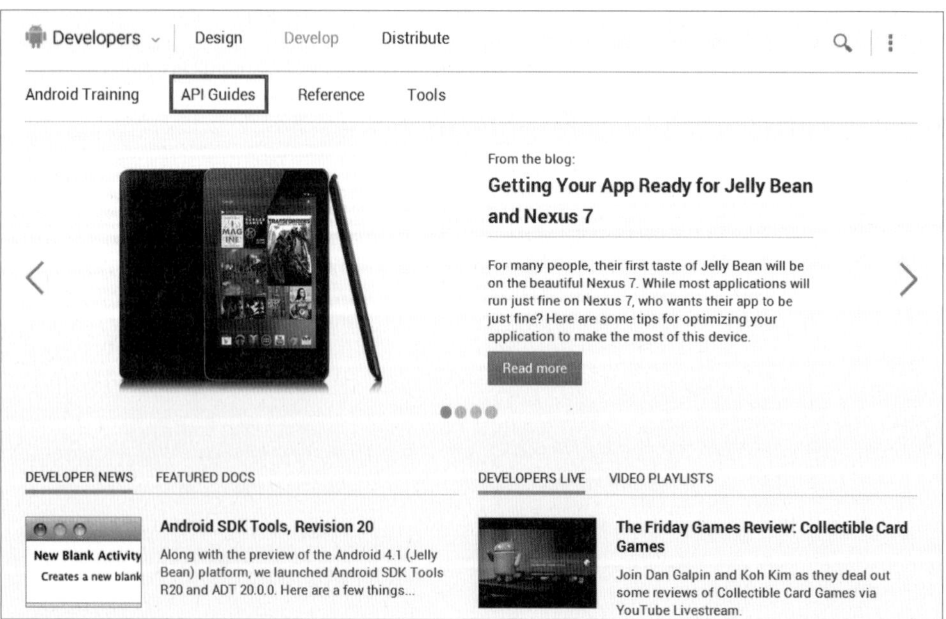

03. 좌측에서 Location and Sensors 하위 메뉴의 Location and Maps 메뉴를 클릭한다.

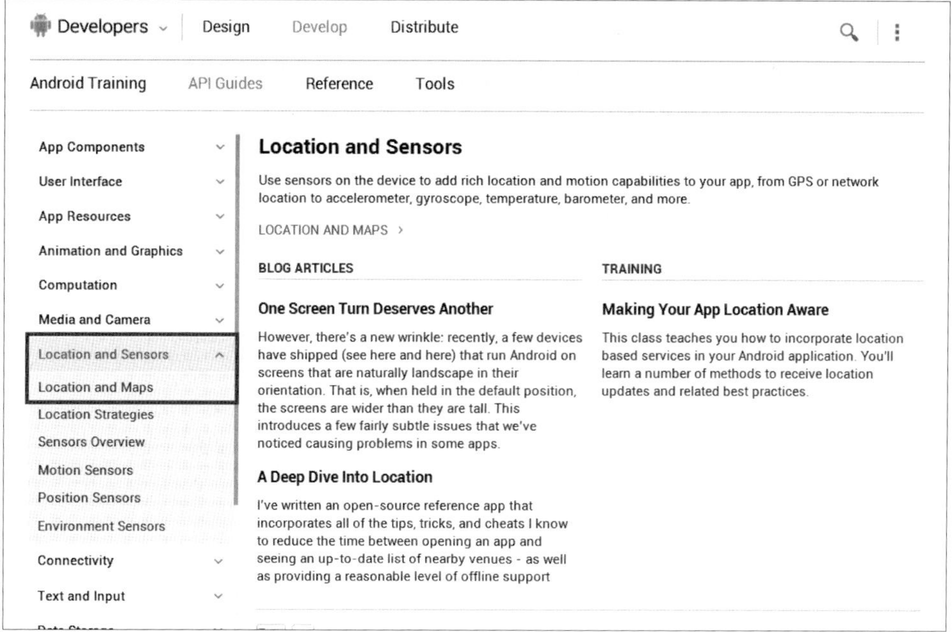

04. 아래 방향으로 스크롤한 후 Obtaining a Maps API Key 링크를 클릭한다.

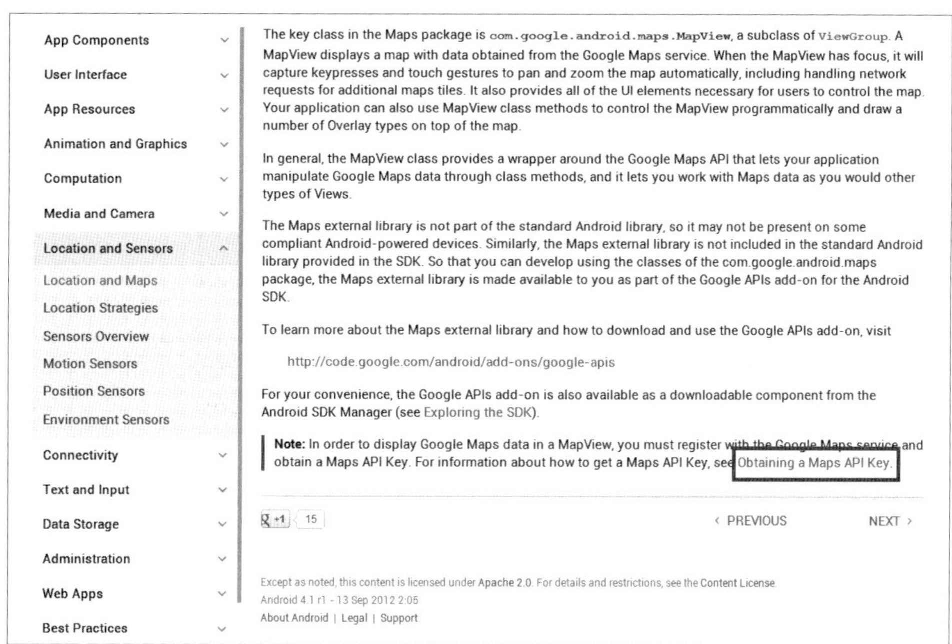

05. 다음에 나타나는 화면의 좌측 셀에서 API Key Signup 링크를 클릭한다.

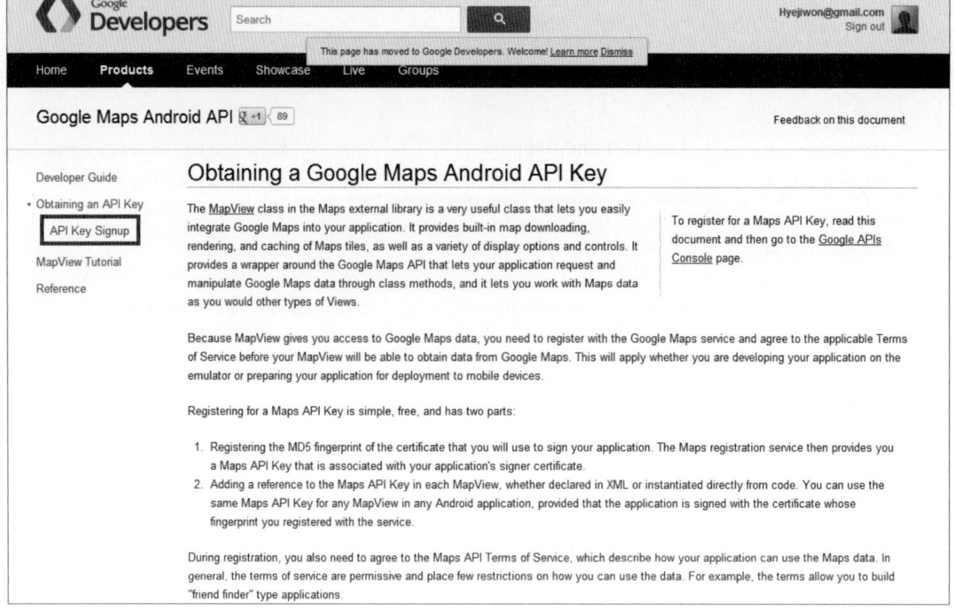

06. 다음 화면을 아래로 스크롤하고 'I haver read and agree with the terms and condition'의 체크 박스를 체크한 후 'My certificate's MD5 fingerprint :' 부분에 CMD 화면에서 얻은 MD5 지문을 붙여 넣는다. 그리고 [Generate API Key] 버튼을 클릭한다.

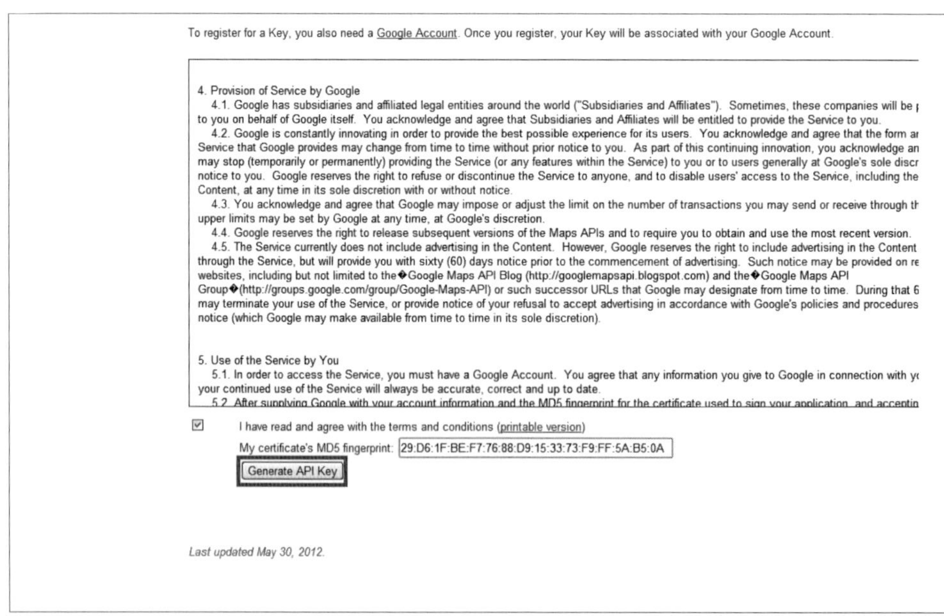

07. 로그인 화면으로 이동(현재 구글로 인증되어 있지 않으면)한다. 구글 계정으로 로그인을 하면 다음
과 같은 화면이 출력되면서 구글 지도 **API KEY**를 얻을 수 있다. 하단 그림에서 사용자 키가 구글 지도
API KEY이다.

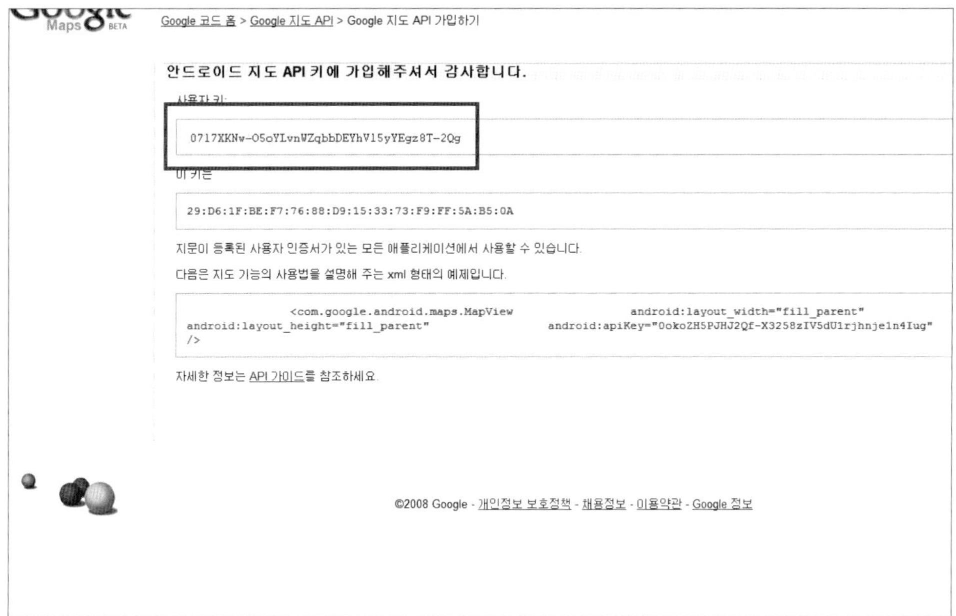

3. 구글 지도 API를 이용하여 액티비티에 지도 출력하기

MAP API KEY를 얻어 왔으므로 액티비티에서 구글 지도를 이용해서 프로그래밍을 구현할 수 있다.
지도를 액티비티에 출력하려면 구글 지도 API에서 제공해 주는 MapView 위젯을 사용하면 된다.

자주 사용되는 메소드는 다음과 같다.

- public void setSatellite(boolean on) : 위성지도를 출력할지 일반 지도를 출력할지를 설정하는 메소드이다.
- public GeoPoint getMapCenter() : 지도의 중앙 지점을 GeoPoint 타입으로 반환한다.
- public MapController getController() : 해당 지도를 컨트롤 할 수 있는 MapController 객체를 반환한다.
- public final java.util.List<Overlay> getOverlays() : 해당 지도 위에 출력되는 Overlay 목록을 반환한다.
- public void setBuiltInZoomControls(boolean on) : 해당 지도를 확대하거나 축소할 수 있는 ZoomControl을 반환한다.
- public Projection getProjection() : 지도가 화면에 출력되어 있고, 지도 위에 표식을 출력할 때 지도 그림의 픽셀은 실질적인 위도 경도와 다르므로 지도상에 표식을 표시할 때 지도 그림상의 픽셀 값을 위도, 경도로 변경할 수 있어야 한다. 이때 지도 그림상의 픽셀 값을 위도, 경도 값으로 변경해 주는 역할을 하는 클래스가 Projection이다. 이 Projection 객체를 반환해 주는 메소드이다.

MapView는 반드시 MapActivity와 같이 사용되어야 한다.

```
com.google.android.maps

Class MapActivity

java.lang.Object
  └ android.content.Context
      └ android.content.ContextWrapper
          └ android.view.ContextThemeWrapper
              └ android.app.Activity
                  └ com.google.android.maps.MapActivity

All Implemented Interfaces:
    android.content.ComponentCallbacks, android.view.KeyEvent.Callback, android.view.LayoutInflater.Factory,
    android.view.View.OnCreateContextMenuListener, android.view.Window.Callback
```

MapActivity는 추상 클래스이므로 반드시 다음 메소드를 구현해 주어야 한다.

```
protected abstract boolean isRouteDisplayed()
```

→ 주행 경로와 같이 이동 방향이 표시될지 여부를 설정하는 메소드이다. 구글 쪽에서 이용 내역을 알아보기 위한 용도로 사용되는 메소드이다.

우선 액티비티에 지도를 출력하려면 main.xml에 하단처럼 MaView를 추가해 주어야 한다. 이때 중요한 점은 반드시 apiKey 값을 정확히 지정해야 한다는 것이다. apiKey가 정확치 않으면 화면에 지도가 제대로 다운되지 않는다.

```
<com.google.android.maps.MapView
android:layout_width="fill_parent"
android:layout_height="fill_parent"
android:apiKey="07l7XKNw-O5oYLvnWZqbbDEYhVl5yYEgz8T-2Qg"
/>
```

AndroidManifest.xml 파일에도 구글 라이브러리를 사용하겠다고 지정해야 한다.

```
<uses-library android:name="com.google.android.maps"></uses-library>
```

또한 웹으로 라이브러리를 다운로드 받아 사용해야 하므로 INTERNET 퍼미션도 지정되어야 한다.

```
<uses-permission android:name="android.permission.INTERNET">
```

액티비티에서는 구글 맵 라이브러리가 com.google.android.maps 패키지에 제공되므로 패키지를 임포트하여 제공되는 인터페이스들을 사용해야 한다.

간단하게 구글 지도를 화면에 출력해 보겠다. SimpleMap 프로젝트 생성 시에도 Google APIs를 target으로 지정해야 한다.

• AndroidManifest.xml 파일 작성

```
● Chapter16\SimpleMap\AndroidManifest.xml
1    <?xml version="1.0" encoding="utf-8"?>
2    <manifest xmlns:android="http://schemas.android.com/apk/res/android"
3        package="com.jung"
4        android:versionCode="1"
5        android:versionName="1.0" >
6
7        <uses-sdk android:minSdkVersion="15" />
8
9        <uses-permission android:name="android.permission.INTERNET" >
10       </uses-permission>
11
12       <application
13           android:icon="@drawable/ic_launcher"
14           android:label="@string/app_name" >
15           <activity
16               android:name=".SimpleMapActivity"
17               android:label="@string/app_name" >
18               <intent-filter>
19                   <action android:name="android.intent.action.MAIN" />
20
21                   <category android:name="android.intent.category.LAUNCHER" />
22               </intent-filter>
23           </activity>
```

```
24
25            <uses-library android:name="com.google.android.maps" >
26            </uses-library>
27        </application>
28
29 </manifest>
```


코드 분석

9	구글 지도를 웹상으로 다운로드 해야 하기 때문에 INTERNET 퍼미션을 지정해 주어야 한다.
25~26	본 애플리케이션에서 com.google.android.maps 라이브러리를 이용한다는 것을 지정한 부분이다.

• main.xml 파일 작성

⦿ Chapter16\SimpleMap\res\layout\main.xml

```xml
1  <?xml version="1.0" encoding="utf-8"?>
2  <LinearLayout xmlns:android="http://schemas.android.com/apk/res/android"
3      android:layout_width="fill_parent"
4      android:layout_height="fill_parent" >
5
6      <com.google.android.maps.MapView
7          android:id="@+id/map"
8          android:layout_width="fill_parent"
9          android:layout_height="fill_parent"
10         android:apiKey="07l7XKNw-O5oYLvnWZqbbDEYhVl5yYEgz8T-2Qg" />
11
12 </LinearLayout>
```

코드 분석

6~10	MapView 위젯을 정의한 부분이다. 이 부분에서 10 라인에 정의되어 있는 apiKey 속성값으로 구글에서 얻어온 지도 API KEY를 지정하여야 한다.

- ## SimpleMapActivity.java 파일 작성

<table>
<tr><td colspan="2">● Chapter16\SimpleMap\src\com\jung\SimpleMapActivity.java</td></tr>
<tr><td>1</td><td>package com.jung;</td></tr>
<tr><td>2</td><td>import com.google.android.maps.MapActivity;</td></tr>
<tr><td>3</td><td>import com.google.android.maps.MapView;</td></tr>
<tr><td>4</td><td>import android.os.Bundle;</td></tr>
<tr><td>5</td><td>public class SimpleMapActivity extends MapActivity {</td></tr>
<tr><td>6</td><td>   MapView map;</td></tr>
<tr><td>7</td><td>   /** Called when the activity is first created. */</td></tr>
<tr><td>8</td><td>   @Override</td></tr>
<tr><td>9</td><td>   public void onCreate(Bundle savedInstanceState) {</td></tr>
<tr><td>10</td><td>   super.onCreate(savedInstanceState);</td></tr>
<tr><td>11</td><td>   setContentView(R.layout.main);</td></tr>
<tr><td>12</td><td>   }</td></tr>
<tr><td>13</td><td>   @Override</td></tr>
<tr><td>14</td><td>   protected boolean isRouteDisplayed() {</td></tr>
<tr><td>15</td><td>   // TODO Auto-generated method stub</td></tr>
<tr><td>16</td><td>   return false;</td></tr>
<tr><td>17</td><td>   }</td></tr>
<tr><td>18</td><td>}</td></tr>
</table>

코드 분석

5	MapView는 MapActivity와 함께 사용되어야 한다.
14~17	이 메소드는 구글에서 지도 사용 내역을 통계 내기 위해 사용되는 메소드이다. 구현상에서 큰 의미는 없으나, 반드시 구현하도록 추상 메소드로 정의되어 있기 때문에 반드시 재정의해야 한다.

SimpleMap 프로젝트를 실행하면 단순하게 구글 지도가 출력되는 것을 확인할 수 있다.

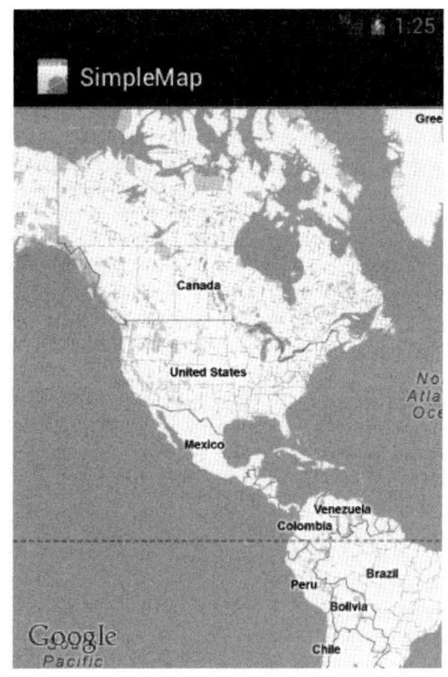

4. MapController 클래스의 기능을 이용해서 지도 위치 이동하기

```
com.google.android.maps
Class MapController

java.lang.Object
  └ com.google.android.maps.MapController

All Implemented Interfaces:
      android.view.View.OnKeyListener
```

MapController에서 제공하는 다음 메소드를 사용하면 지도를 해당하는 지점으로 이동시킬 수 있다.

* public void animateTo(GeoPoint point) : 지정한 지점으로 지도 위치를 이동시킨다.

* public void animateTo(GeoPoint point, android.os.Message message)

  : 지정한 지점으로 지도 위치를 이동시키고 해당 지점으로 이동하면 UI 스레드로 메시지를 던진다.

* public void animateTo(GeoPoint point, java.lang.Runnable runnable)

  : 지정한 지점으로 지도의 위치를 이동시키고 지정한 위치로 이동하면 Runnable 로 정의된 작업을 UI 스레드에서 실행한다.

GeoPoint 객체는 다음 생성자를 이용해서 생성한다.

```
GeoPoint(int latitudeE6, int longitudeE6)
```

MapController의 animateTo 메소드를 이용해서 지도의 위치를 이동시키는 예제를 작성해 본다.
AndroidManifest.xml 파일에 다음 부분을 추가한다.

```xml
<?xml version="1.0" encoding="utf-8"?>
<manifest xmlns:android="http://schemas.android.com/apk/res/android"
    package="com.jung"
    android:versionCode="1"
    android:versionName="1.0" >

    <uses-sdk android:minSdkVersion="15" />

    <uses-permission android:name="android.permission.INTERNET" >
    </uses-permission>

    <application
        android:icon="@drawable/ic_launcher"
        android:label="@string/app_name" >
        <activity
            android:name=".AnimateActivity"
            android:label="@string/app_name" >
            <intent-filter>
```

```xml
            <action android:name="android.intent.action.MAIN" />

            <category android:name="android.intent.category.LAUNCHER" />
        </intent-filter>
    </activity>

    <uses-library android:name="com.google.android.maps" />
</application>

</manifest>
```

• main.xml 파일 작성

```
● Chapter16\Animate\res\layout\main.xml
```

```xml
1   <?xml version="1.0" encoding="utf-8"?>
2   <LinearLayout xmlns:android="http://schemas.android.com/apk/res/android"
3       android:layout_width="fill_parent"
4       android:layout_height="fill_parent"
5       android:gravity="center_horizontal"
6       android:orientation="vertical" >
7
8       <TextView
9           android:layout_width="wrap_content"
10          android:layout_height="wrap_content"
11          android:text="이동할 지점을 클릭하세요" />
12
13      <LinearLayout
14          android:layout_width="wrap_content"
15          android:layout_height="wrap_content" >
16
17          <Button
18              android:id="@+id/seoul"
19              android:layout_width="wrap_content"
20              android:layout_height="wrap_content"
21              android:text="서울역" />
22
23          <Button
24              android:id="@+id/kangnam"
25              android:layout_width="wrap_content"
26              android:layout_height="wrap_content"
27              android:text="강남역" />
28
```

29	android:id="@+id/myeongdong"
30	android:layout_width="wrap_content"
31	android:layout_height="wrap_content"
32	android:text="명동역" />
33	</LinearLayout>
34	
35	<com.google.android.maps.MapView
36	android:id="@+id/map"
37	android:layout_width="fill_parent"
38	android:layout_height="fill_parent"
39	android:apiKey="07l7XKNw-O5oYLvnWZqbbDEYhVl5yYEgz8T-2Qg" />
40	
41	</LinearLayout>

코드 분석

| 17~33 | 클릭하면 text 속성으로 지정되어 있는 지점으로 지도를 이동시키는 기능을 수행할 Button 위젯들을 정의한 부분이다. |
| 36~40 | MapView 위젯을 정의한 영역이다. |

• AnimateActivity.java 파일 작성

● Chapter16\Animate\src\com\jung\AnimateActivity.java

```java
package com.jung;
import com.google.android.maps.GeoPoint;
import com.google.android.maps.MapActivity;
import com.google.android.maps.MapController;
import com.google.android.maps.MapView;
import android.view.View;
import android.os.Bundle;
import android.widget.Button;
public class AnimateActivity extends MapActivity implements View.OnClickListener{
    /** Called when the activity is first created. */
    MapView map;
    Button seoul;
    Button kangnam;
    Button myeongdong;
    MapController mController;
    GeoPoint gp;
    int lat;
    int lon;
    @Override
```

```java
20      public void onCreate(Bundle savedInstanceState) {
21          super.onCreate(savedInstanceState);
22          setContentView(R.layout.main);
23          map = (MapView)findViewById(R.id.map);
24          seoul = (Button)findViewById(R.id.seoul);
25          kangnam = (Button)findViewById(R.id.kangnam);
26          myeongdong = (Button)findViewById(R.id.myeongdong);
27          seoul.setOnClickListener(this);
28          kangnam.setOnClickListener(this);
29          myeongdong.setOnClickListener(this);
30          mController = map.getController();
31          map.setSatellite(true);
32          mController.setZoom(17);
33          lat = (int)(37.553016*1E6);
34          lon = (int)(126.972642*1E6);
35          gp = new GeoPoint(lat, lon);
36          mController.setCenter(gp);
37          map.setBuiltInZoomControls(true);
38      }
39      @Override
40      protected boolean isRouteDisplayed() {
41          // TODO Auto-generated method stub
42          return false;
43      }
44      public void onClick(View v) {
45          // TODO Auto-generated method stub
46          int id = v.getId();
47          switch(id){
48          case R.id.seoul:
49              lat = (int)(37.553016*1E6);
50              lon = (int)(126.972642*1E6);
51              break;
52          case R.id.kangnam:
53              lat = (int)(37.497978*1E6);
54              lon = (int)(127.027703*1E6);
55              break;
56          case R.id.myeongdong:
57              lat = (int)(37.560966*1E6);
58              lon = (int)(126.986466*1E6);
59              break;
60          }
61          gp = new GeoPoint(lat, lon);
62          mController.animateTo(gp);
63      }
64  }
```

15~18	mController,gp,lat,lon 변수를 클래스 전체 영역에서 공통적으로 사용하기 위해서 멤버 변수로 정의하였다.
31	출력되는 지도를 위성 지도 형태로 출력하는 속성을 설정하는 부분이다.
32	확대 레벨을 17로 설정하는 부분이다. 확대 레벨은 1부터 21까지 사용 가능하다.
33~34	기본 위도와 경도 값을 서울역 지점으로 지정하는 부분이다. GeoPoint 객체에서 사용하는 위도, 경도 값이 좌표에 1000,000을 곱한 정수 값을 사용하기 때문에 위도, 경도 값에 1000,000을 곱했다.
36	지도의 중앙 지점을 서울역 위치를 맞추는 부분이다.
37	지도를 확대하거나 축소할 수 있는 도구를 추가하는 부분이다.
48~51	'서울역' 버튼을 클릭했을 때 지도의 중앙 지점의 위도와 경도 값을 서울역의 값으로 변경하는 부분이다.
52~55	'강남역' 버튼을 클릭했을 때 지도의 중앙 지점의 위도와 경도 값을 강남역의 값으로 변경하는 부분이다.
56~59	'명동역' 버튼을 클릭했을 때 지도의 중앙 지점의 위도와 경도 값을 명동역의 값으로 변경하는 부분이다.
61~62	변경된 위도, 경도 값으로 GeoPoint 객체를 생성하여 해당 지점을 지도의 중앙 지점으로 설정하는 부분이다.

Animate 프로젝트를 실행한 후 각 버튼을 클릭하면 해당 지점으로 지도가 이동되는 것을 확인할 수 있다.' 애플리케이션을 실행하면 첫 화면에서는 지도의 중앙 지점이 서울역으로 지정된다.

[강남역], [명동역], [서울역] 버튼을 차례로 클릭해 본다. 클릭하는 각 지역이 지도의 중앙 지점이 되는 것을 알 수 있다.

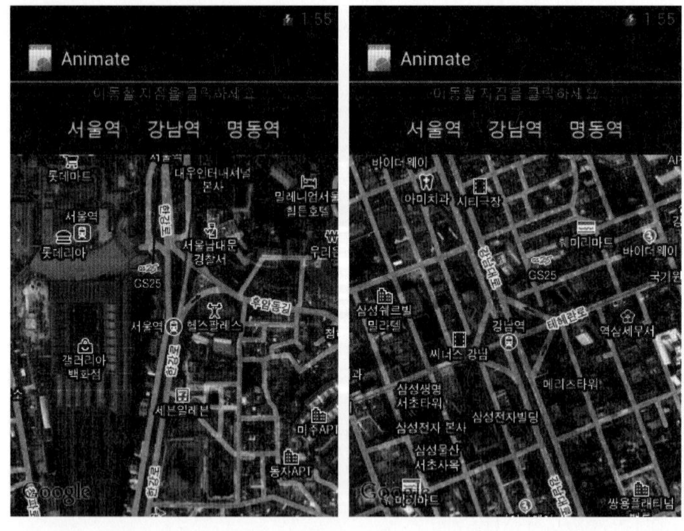

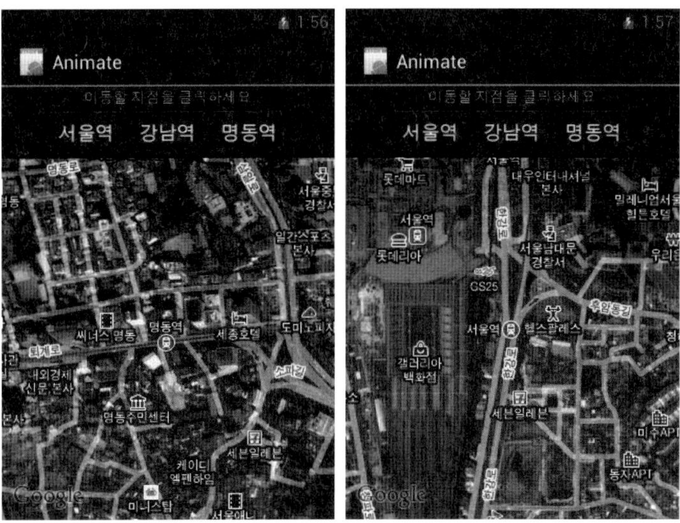

5. 지도 위에 표식 그리기

지도 위에 표식을 출력하는 방식은 두 가지 방식이 존재한다. 첫 번째 방식은 지도상에 특정 좌표를 지정해서 이미지나 글자 자체를 그리는 방식이고, 두 번째 방식은 지도 위에 OverLay를 하나 더 겹쳐서 Overlay상에 표식을 출력하는 방식이다. 또한 안드로이드에서는 다수의 표식을 효과적으로 처리할 수 있도록 ItemizedOverlay 클래스도 제공해 준다.

우선 지도 위에 직접 이미지나 문자열을 출력해 보겠다.

AndroidManifest.xml 파일에 라이브러리와 permission을 지정한다.

```
<uses-permission android:name="android.permission.INTERNET" >
    </uses-permission>


<uses-library android:name="com.google.android.maps" />
```

main.xml 파일은 Animate 파일에서 사용한 파일을 그대로 사용하면 된다.

• **DirectDrawActivity.java 파일 작성**


```java
1   package com.jung;
2   import com.google.android.maps.GeoPoint;
3   import com.google.android.maps.MapActivity;
4   import com.google.android.maps.MapController;
5   import com.google.android.maps.MapView;
6   import android.view.View;
7   import android.view.ViewGroup.LayoutParams;
8   import android.graphics.Color;
9   import android.os.Bundle;
10  import android.widget.Button;
11  import android.widget.ImageView;
12  import android.widget.TextView;
13  public class DirectDrawActivity extends MapActivity implements View.OnClickListener{
14      /** Called when the activity is first created. */
15      MapView map;
16      Button seoul;
17      Button kangnam;
18      Button myeongdong;
19      MapController mController;
20      GeoPoint gp;
21      int lat;
22      int lon;
23      TextView station;
24      ImageView marker;
25      MapView.LayoutParams lparam1;
26      MapView.LayoutParams lparam2;
27      @Override
28      public void onCreate(Bundle savedInstanceState) {
29          super.onCreate(savedInstanceState);
30          setContentView(R.layout.main);
31          map = (MapView)findViewById(R.id.map);
32          seoul = (Button)findViewById(R.id.seoul);
33          kangnam = (Button)findViewById(R.id.kangnam);
34          myeongdong = (Button)findViewById(R.id.myeongdong);
35          seoul.setOnClickListener(this);
36          kangnam.setOnClickListener(this);
37          myeongdong.setOnClickListener(this);
38          mController = map.getController();
39          map.setSatellite(true);
40          mController.setZoom(17);
```

```java
41        lat = (int)(37.553016*1E6);
42        lon = (int)(126.972642*1E6);
43        gp = new GeoPoint(lat, lon);
44        mController.setCenter(gp);
45        map.setBuiltInZoomControls(true);
46        station = new TextView(this);
47        station.setText("서울역");
48        station.setTextSize(50);
49        station.setTextColor(Color.GREEN);
50        lparam1 = new MapView.LayoutParams(
51                LayoutParams.WRAP_CONTENT, LayoutParams.WRAP_CONTENT,
52                80,70, MapView.LayoutParams.LEFT | MapView.LayoutParams.TOP);
53        map.addView(station, lparam1);
54        marker = new ImageView(this);
55        marker.setImageResource(R.drawable.ic_launcher);
56        lparam2 = new MapView.LayoutParams(
57                LayoutParams.WRAP_CONTENT, LayoutParams.WRAP_CONTENT,
58                gp, MapView.LayoutParams.CENTER);
59        map.addView(marker, lparam2);
60    }
61    @Override
62    protected boolean isRouteDisplayed() {
63        // TODO Auto-generated method stub
64        return false;
65    }
66    public void onClick(View v) {
67        // TODO Auto-generated method stub
68        int id = v.getId();
69        switch(id){
70        case R.id.seoul:
71            lat = (int)(37.553016*1E6);
72            lon = (int)(126.972642*1E6);
73            break;
74        case R.id.kangnam:
75            lat = (int)(37.497978*1E6);
76            lon = (int)(127.027703*1E6);
77            break;
78        case R.id.myeongdong:
79            lat = (int)(37.560966*1E6);
80            lon = (int)(126.986466*1E6);
81        break;
82        }
```

83	String title = ((Button)v).getText().toString();
84	gp = new GeoPoint(lat, lon);
85	mController.animateTo(gp);
86	map.removeView(station);
87	station = new TextView(this);
88	station.setText(title);
89	station.setTextSize(50);
90	station.setTextColor(Color.GREEN);
91	map.addView(station, lparam1);
92	marker = new ImageView(this);
93	marker.setImageResource(R.drawable.ic_launcher);
94	lparam2 = new MapView.LayoutParams(
95	LayoutParams.WRAP_CONTENT, LayoutParams.WRAP_CONTENT,
96	gp, MapView.LayoutParams.CENTER);
97	map.addView(marker, lparam2);
98	}
99	}

코드 분석

46	지도에 추가할 TextView 객체를 생성하는 부분이다.
47	메인 액티비티가 실행되면 서울역 지점을 지도의 중앙 위치로 지정할 것이므로 지도에 추가될 TextView의 text 속성 값으로 '서울역' 문자열을 지정하였다.
48	TextView에 출력될 문자열의 크기를 50pixel로 지정하였다.
49	TextView에 출력될 문자열의 색상을 GREEN 색상으로 지정하는 부분이다.
50~52	지도에서 80,70 좌표에 TextView의 좌측 상단이 맞춰지게 배치하는 LayoutParams 객체를 생성하는 부분이다.
53	지도 위에 TextView 위젯을 자식 뷰로 추가하는 부분이다.
54	지도 중앙에 표식으로 출력해 줄 ImageView 객체를 생성하는 부분이다.
55	ImgeView 객체에 출력되는 이미지를 기본적으로 안드로이드에서 제공하는 이미지로 지정하였다. 실제 표식을 출력할 때는 장소와 맞는 이미지를 출력하면 된다.
56~58	출력되는 이미지의 정 가운데 부분을 지도의 가운데 좌표 부분에 정렬해서 배치하는 LayoutParams 객체를 생성하는 부분이다.
59	지도 위에 표식으로 사용할 ImageView 객체를 MapView의 자식뷰로 출력하는 부분이다.
83	클릭한 버튼의 text 값을 TextView에 출력될 제목으로 사용하기 위해 얻어 오는 부분이다.
86	지도에 이미 추가되어 있는 TextView를 새로운 TextView를 추가하기 위해 제거하는 부분이다. 제거하지 않고 TextView를 추가하면 계속해서 같은 위치에 TextView가 중첩되서 출력되게 된다.
88	새로 지도에 추가되는 TextView의 텍스트 값으로 클릭된 버튼의 text 값으로 지정하는 부분이다.
91	새로 생성된 TextView 객체를 지도에 추가하는 부분이다.
92	새로 이동된 좌표에 추가할 ImageView 객체를 생성하는 부분이다.

93	추가될 ImageView 객체의 이미지를 지정하는 부분이다. 실질적으로 서비스할 때는 이동된 위치에 맞는 각각의 이미지를 지정할 수 있다. 본 에제에서는 같은 이미지를 사용하였다.
94~96	ImageView 객체를 맵에 추가할 때는 이동된 좌표를 지정하면서 LayoutParams 객체를 생성하기 때문에 이동된 좌표값을 이용해서 LayoutParams 객체를 새롭게 생성하는 부분이다.
97	새로 생성된 ImageView 객체를 지도에 추가하는 부분이다. ImageView 객체를 추가할 때는 지도 좌표 자체가 바뀌기 때문에 map.removeView 메소드를 사용해서 이전에 추가된 ImageView 객체를 지도상에서 제거하지 않아도 중첩되어 출력되는 상황은 발생되지 않는다.

DirectDraw 프로젝트를 실행한 후 각 버튼을 클릭해 보면 클릭된 지점으로 지도가 이동하면서 해당 지도 위치에 텍스트와 표식이 출력되는 것을 확인할 수 있다.

6. Overlay를 사용해서 지도 위에 표시하기

Overlay를 사용해서 지노 위에 표식을 표시하려면 사용되고 있는 지노의 Overlay를 얻어 와야 한다.

```
public final java.util.List<Overlay> getOverlays()
```

→ 현재 사용되고 있는 MapView의 Overlay 항목을 반환한다.

Overlay 항목을 얻어 왔으면 해당 MapView의 Overlay를 수정할 수 있다. Overlay 클래스에는 해당 Overlay를 그릴 수 있는 다음 메소드를 제공한다.

```
public void draw(android.graphics.Canvas canvas,MapView mapView,boolean shadow)
```

→ 해당 Overlay 를 그려주는 메소드이다.
canvas : 그림이 그려질 캔버스이다.
mapView : 해당 Overlay가 사용될 MapView가 파라미터로 전송된다.
shadow : 그림자 레이어를 사용할지 여부를 결정하는 파라미터 값이다.

마지막 파라미터 값으로 timestamp 값을 전송받을 수 있는 다음 메소드를 사용하는 것도 가능하다.

```
public    boolean    draw(android.graphics.Canvas    canvas,MapView    mapView,boolean
shadow,long when)
```

지도상에서의 Tap 이벤트를 처리할 수 있는 다음 메소드도 제공된다.

```
public boolean onTap(GeoPoint p, MapView mapView)
```

*p : Tap 이벤트가 발생된 위치의 GeoPoint 값이 반환된다.
*mapView : Tap 이벤트를 발생시킨 MapView 객체가 파라미터로 전송된다.

Overlay를 사용해서 표식을 출력해 주는 예제를 작성해 보자. AndroidManifest.xml 파일 설정이나 main.
xml 파일의 레이아웃 구성은 이전 예제의 내용과 동일하므로 생략하고, Activity 파일을 분석해 보도록
하겠다.

• OverlayDrawActivity.java 파일 작성

● Chapter16\OverlayDraw\src\com\jung\OverlayuDrawActivity.java

```
1    package com.jung;
2    import java.util.List;
3    import com.google.android.maps.GeoPoint;
4    import com.google.android.maps.MapActivity;
5    import com.google.android.maps.MapController;
6    import com.google.android.maps.MapView;
7    import com.google.android.maps.Overlay;
8    import com.google.android.maps.Projection;
9    import android.view.View;
10   import android.graphics.Bitmap;
11   import android.graphics.BitmapFactory;
12   import android.graphics.Canvas;
13   import android.graphics.Paint;
14   import android.graphics.Point;
15   import android.os.Bundle;
16   import android.widget.Button;
17   public class OverlayDrawActivity extends MapActivity implements View.OnClickListener{
18       /** Called when the activity is first created. */
19       MapView map;
20       Button seoul;
21       Button kangnam;
22       Button myeongdong;
23       MapController mController;
24       GeoPoint gp;
```

```java
25      int lat;
26      int lon;
27      static int imageRes;
28      @Override
29      public void onCreate(Bundle savedInstanceState){
30          super.onCreate(savedInstanceState);
31          setContentView(R.layout.main);
32          map = (MapView)findViewById(R.id.map);
33          seoul = (Button)findViewById(R.id.seoul);
34          kangnam = (Button)findViewById(R.id.kangnam);
35          myeongdong = (Button)findViewById(R.id.myeongdong);
36          seoul.setOnClickListener(this);
37          kangnam.setOnClickListener(this);
38          myeongdong.setOnClickListener(this);
39          mController = map.getController();
40          map.setSatellite(true);
41          mController.setZoom(17);
42          lat = (int)(37.553016*1E6);
43          lon = (int)(126.972642*1E6);
44          gp = new GeoPoint(lat, lon);
45          mController.setCenter(gp);
46          map.setBuiltInZoomControls(true);
47          imageRes = R.drawable.seoul;
48          StationOverlay station = new StationOverlay(gp,imageRes);
49          List<Overlay> overlays = map.getOverlays();
50          overlays.add(station);
51      }
52      @Override
53      protected boolean isRouteDisplayed() {
54          // TODO Auto-generated method stub
55          return false;
56      }
57      public void onClick(View v) {
58          // TODO Auto-generated method stub
59          int res = v.getId();
60          switch(res){
61          case R.id.seoul:
62              lat = (int)(37.553016*1E6);
63              lon = (int)(126.972642*1E6);
64              gp = new GeoPoint(lat, lon);
65              imageRes = R.drawable.seoul;
66              break;
```

```java
67      case R.id.kangnam:
68          lat = (int)(37.497978*1E6);
69          lon = (int)(127.027703*1E6);
70          gp = new GeoPoint(lat, lon);
71          imageRes = R.drawable.kangnam;
72          break;
73      case R.id.myeongdong:
74          lat = (int)(37.560966*1E6);
75          lon = (int)(126.986466*1E6);
76          gp = new GeoPoint(lat, lon);
77          imageRes = R.drawable.myeongdong;
78          break;
79      }
80      mController.setCenter(gp);
81      map.setBuiltInZoomControls(true);
82      StationOverlay station = new StationOverlay(gp,imageRes);
83      List<Overlay> overlays = map.getOverlays();
84      overlays.remove(0);
85      overlays.add(station);
86      }
87      public class StationOverlay extends Overlay {
88      Bitmap bitmap;
89      public StationOverlay(GeoPoint overlaygp,int overlayImageRes) {
90          // TODO Auto-generated constructor stub
91          gp = overlaygp;
92          imageRes = overlayImageRes;
93      }
94      @Override
95      public void draw(Canvas canvas, MapView map, boolean shadow) {
96          // TODO Auto-generated method stub
97          super.draw(canvas, map, shadow);
98          Projection p;
99          p = map.getProjection();
100          bitmap = BitmapFactory.decodeResource(getResources(), imageRes);
101          Point point = p.toPixels(gp, null);
102          //toPixels(GeoPoint in, android.graphics.Point out)
103          Paint  paint = new Paint();
104          paint.setAntiAlias(true);
105          canvas.drawBitmap(bitmap, point.x, point.y, paint);
106      }
107    }
108 }
```

47	서울역을 표시하는 표식 이미지 리소스를 얻어 오는 부분이다.
48	서울역 위치를 나타내는 GeoPoint 객체와 서울역 이미지 리소스 아이디를 파라미터로 전송하면서 StationOverlay 객체를 생성한다. 해당 StationOverlay 객체에서는 서울역 위치에 서울역 표식 이미지를 출력한다.
57~79	'서울역', '명동역', '강남역' 버튼이 클릭되었을 때 각 역에 해당하는 좌표값과 이미지를 사용해서 GeoPoint 객체와 이미지 리소스 아이디를 얻어 오는 부분이다.
80	해당 역 지점으로 지도의 가운데 부분을 이동시킨다.
81	지도를 확대 및 축소할 수 있는 컨트롤을 지도 기능으로 추가하는 부분이다.
82	해당 위치의 좌표와 표식 이미지 리소스 아이디를 파라미터로 전송해 주면서 StationOverlay 객체를 생성한다.
83	현재 지도의 Overlay 항목을 얻어온다.
84	이전에 클릭했던 역 표식을 나타내는 데 사용되었던 Overlay 값을 항목에서 제거한다.
85	새로 선택한 역의 표식을 출력하는 새로운 Overlay 항목을 추가한다.
87	StationOverlay 클래스를 Overlay 클래스로 정의하기 위해서 Overlay 클래스를 상속받는다.
89~93	StationOverlay 생성자에서 GeoPoint 객체와 이미지 리소스 아이디를 초기화시킨다.
95~107	Overlay에 표식을 그려주는 역할을 하는 부분이다.
98	Projection 클래스의 레퍼런스 변수를 정의한 부분이다. Projection 클래스는 위도, 경도 값을 Overlay상의 좌표 값으로 변경해 주는 역할을 한다.
100	이미지 리소스 아이디를 이용해서 Bitmap 객체를 생성하는 부분이다.
101	Projection 클래스의 toPixel 메소드를 사용하여 실제 위도, 경도 값을 이용해서 Overlay상의 좌표값으로 변경하는 부분이다. 변환된 값을 기존에 사용되고 있는 Point 객체의 좌표값으로 설정하려면 두 번째 파라미터 값을 Point 객체로 지정하면 된다.
104	setAntiAlias 메소드의 파라미터 값을 'true'로 설정하여 표식과 경계 사이를 부드럽게 처리하였다. setAntiAlias의 값이 true로 설정되면 표식 경계와 배경색 간의 중간색을 만들어내어 경계를 부드럽게 처리해 준다.
105	지정된 x 좌표와 y 좌표를 좌상단에 맞추어 표식을 출력해 준다.

예제를 실행해 보자. OverlayDraw 프로젝트를 실행한 후 각 버튼을 클릭해 보면 지도가 해당 위치로 이동하면서 각 역의 표식이 출력되는 것을 확인할 수 있다.

메인 화면에서 강남역을 클릭하면 강남역으로 이동하는 것을 확인할 수 있다. 이어서 명동역과 서울역 버튼을 각각 클릭해 보면 해당하는 위치로 지도가 이동되면서 각 역에 해당하는 표식이 출력되는 것을 확인할 수 있다.

7. ItemizedOverlay 클래스를 이용한 다수의 표식 그리기

ItemizedOverlay 클래스는 각 표식 항목 하나를 OverlayItem 형태로 다루면서 다량의 표식을 동시에 다루는 데 편리하다.

ItemizedOverlay 클래스는 추상 클래스이므로 생성자 protected OverlayItem createItem(int arg0), public int size() 메소드는 반드시 재정의해 주어야 한다.

ItemizedOverlay 클래스를 이용해서 다수의 표식을 출력하는 예제를 작성해 보자. 역시 AndroidManifest. xml 파일에 다음 사항은 추가가 되어야 한다.

```
<uses-permission android:name="android.permission.INTERNET" >
    </uses-permission>


<uses-library android:name="com.google.android.maps" />
```

• main.xml 파일 작성

```
Chapter16\ItemizedOverlayDraw\res\layout\main.xml
1    <?xml version="1.0" encoding="utf-8"?>
2    <LinearLayout xmlns:android="http://schemas.android.com/apk/res/android"
3        android:layout_width="fill_parent"
4        android:layout_height="fill_parent"
5        android:orientation="vertical" >
6
7        <com.google.android.maps.MapView
8            android:id="@+id/map"
9            android:layout_width="fill_parent"
10           android:layout_height="fill_parent"
11           android:apiKey="07l7XKNw-O5oYLvnWZqbbDEYhVl5yYEgz8T-2Qg" />
12
13   </LinearLayout>
```

• **StationItemizedOverlay.java 파일 작성**


```java
1   package com.jung;
2   import java.util.ArrayList;
3   import android.graphics.drawable.Drawable;
4   import com.google.android.maps.ItemizedOverlay;
5   import com.google.android.maps.OverlayItem;
6   public class StationItemizedOverlay extends ItemizedOverlay<OverlayItem> {
7       private ArrayList<OverlayItem> overlays =
8           new ArrayList<OverlayItem>();
9       public StationItemizedOverlay(Drawable marker) {
10          super(boundCenterBottom(marker));
11      }
12      @Override
13      protected OverlayItem createItem(int arg0) {
14          // TODO Auto-generated method stub
15          return overlays.get(arg0);
16      }
17      @Override
18      public int size() {
19          // TODO Auto-generated method stub
20      return overlays.size();
21      }
22      public void addItem(OverlayItem item){
23          overlays.add(item);
24          populate();
25      }
26      public void removeItem(int i){
27          overlays.remove(i);
28      }
29  }
```

코드 분석

6	StationItemizedOverlay 클래스를 정의하면서 ItemizedOverlay 클래스를 상속받으면서 여러 개의 표식 항목을 관리하는 메소드를 정의하도록 하였다.
7~8	여러 개의 표식 항목들을 OverlayItem 객체 형태로 저장할 ArrayList 객체를 생성한 부분이다.
9~11	생성자에서 표식 이미지로 사용될 Drawable 객체를 파라미터로 전송받으면 super 생성자를 사용해서 해당 표식의 아랫쪽 가운데 부분을 좌표 부분에 맞추어 출력하게 설정하였다.
13~16	해당 인덱스의 OverlayItem 객체를 생성해 주는 메소드를 정의한 부분이다.
18~21	전체 OverlayItem 객체의 개수를 리턴해 주는 메소드를 정의한 부분이다. 이 메소드까지는 ItemizedOverlay 클래스를 정의할 때 반드시 재정의해 주어야 하는 메소드이다.

<table>
<tr><td>22~25</td><td>새로운 OverlayItem 항목을 추가하는 메소드를 정의하였다. populate 메소드는 새로운 OverlayItem을 추가하기 위한 하위 프로세스를 처리해 주는 메소드이다.</td></tr>
<tr><td>26~28</td><td>ArrayList 객체에서 특정 OverlayItem 항목 하나를 제거하는 메소드를 정의한 부분이다.</td></tr>
</table>

• ItemizedOverlayDrawActivity.java 파일 작성

● Chapter16\ItemizedOverlayDraw\src\com\jung\ItemizedOverlayDrawActivity.java

```java
1   package com.jung;
2   import java.util.List;
3   import com.google.android.maps.GeoPoint;
4   import com.google.android.maps.MapActivity;
5   import com.google.android.maps.MapController;
6   import com.google.android.maps.MapView;
7   import com.google.android.maps.Overlay;
8   import com.google.android.maps.OverlayItem;
9   import android.graphics.drawable.Drawable;
10  import android.os.Bundle;
11  public class ItemizedOverlayDrawActivity extends MapActivity {
12      /** Called when the activity is first created. */
13      MapView map;
14      MapController controller;
15      @Override
16      public void onCreate(Bundle savedInstanceState) {
17          super.onCreate(savedInstanceState);
18          setContentView(R.layout.main);
19          map = (MapView)findViewById(R.id.map);
20          GeoPoint gp1 = new GeoPoint((int)(37.560966*1000000),
21  (int)(126.986466*1000000));
22          GeoPoint gp2 = new GeoPoint((int)(37.561466*1000000),
23  (int)(126.987842*1000000));
24          controller=map.getController();
25          controller.setCenter(gp1);
26          controller.setZoom(16);
27          map.setBuiltInZoomControls(true);
28          List<Overlay> overlays = map.getOverlays();
29          Drawable marker = this.getResources().getDrawable(R.drawable.ic_launcher);
30          StationItemizedOverlay stationOverlay = new StationItemizedOverlay(marker);
31          OverlayItem item1 = new OverlayItem(gp1, "명동역", "서울특별시 중구
32  충무로2가");
33          //point,title,snippet
34          OverlayItem item2 = new OverlayItem(gp2, "세종호텔", "서울특별시 중구 충무로2가
35  세종 호텔");
```

36	stationOverlay.addItem(item2);
37	stationOverlay.addItem(item1);
38	overlays.add(stationOverlay);
39	}
40	@Override
41	protected boolean isRouteDisplayed() {
42	// TODO Auto-generated method stub
43	return false;
44	}
45	}

코드 분석

20~21	명동역의 좌표 값을 이용해서 GeoPoint 객체를 생성하는 부분이다.
22~23	세종 호텔의 좌표 값을 이용해서 GeoPoint 객체를 생성하는 부분이다.
28	맵뷰의 Overlay 항목리스트를 얻어 오는 부분이다.
29	표식 이미지로 사용할 이미지 리소스를 얻어 오는 부분이다.
30	표식 이미지를 파라미터 값으로 전송하면서 StationItemizedOverlay 객체를 생성하는 부분이다.
31~35	명동역과 세종호텔에 관련된 표식 항목 두 개를 OvarlayItem 객체로 생성하는 부분이다.
36~37	명동역과 세종호텔에 관련된 각 OverlayItem 객체를 stationOverlay에 추가하는 부분이다.
38	최종적으로 ItemizedOverlay 객체를 맵뷰의 Overlay 항목 리스트에 추가하는 부분이다.

ItemizedOverlayDraw 프로젝트를 실행하면 명동역과 세종호텔 위치에 표식이 출력되는 것을 확인할 수 있다.

```
public final class
Geocoder
extends Object

java.lang.Object
    Landroid.location.Geocoder
```

GeoCoder 클래스는 지명을 이용해서 위도와 경도를 얻어 오는 기능이나 반대로 위도, 경도 값을 이용해서 지명을 얻어올 수 있는 기능을 제공한다.

지명을 사용하여 위도 경도를 포함하는 Address 객체 목록을 리턴받는 메소드는 다음 메소드를 제공해 준다.

> public List<Address> getFromLocationName (String locationName, int maxResults)

→ 첫 번째 파라리터로 지정된 주소의 정보를 제공하는 Address 객체 목록을 반환한다.
두 번 째 파라미터로는 반환되는 Address 객체의 최대 개수를 지정한다.

지명 파라미터 값이 "null"로 지정되면 "IllegalArgumentException" 에러를 발생하며 네트워크상의 문제가 있으면 "IOException"을 발생시킨다.

해당 지명의 주소를 일정 범위 안의 값들만 반환하게 하려면 다음 메소드를 사용해도 된다.

> public List<Address> getFromLocationName (String locationName, int maxResults, double lowerLeftLatitude, double lowerLeftLongitude, double upperRightLatitude, double upperRightLongitude)

→ 각 오른 쪽과 왼쪽 코너 부분의 위도 경도 값을 지정하여 해당 범위 안의 지명 Address 객체를 리턴한다.

위도와 경도 값을 이용하여 Address 객체를 얻어올 경우에는 다음 메소드를 사용하면 된다.

> public List<Address> getFromLocation (double latitude, double longitude, int maxResults)

→ 파라미터로 지정된 위도, 경도 값에 해당 되는 Address 객체를 리턴한다.
잘못된 위도, 경도 값이 파라미터값으로 지정되면 IllegalArgumentExce.ption을 반환하며, 네트워크상의 오류가 발생되면 IOException을 반환한다.

지오 코딩을 이용해서 특정 지명에 대한 Address 객체를 찾아서 위도, 경도 값을 얻어온 후 해당 위치로 지도를 이동시키는 예제를 작성해 보자.

역시 AndroidManifest.xml 파일에 다음 사항은 추가가 되어야 한다.

```
<uses-permission android:name="android.permission.INTERNET" >
  </uses-permission>


<uses-library android:name="com.google.android.maps" />
```

• main.xml 파일 작성

⊙ Chapter16\GeoCodingDraw\res\layout\main.xml

```
1   <?xml version="1.0" encoding="utf-8"?>
2   <LinearLayout xmlns:android="http://schemas.android.com/apk/res/android"
3       android:layout_width="fill_parent"
4       android:layout_height="fill_parent"
5       android:orientation="vertical" >
6
7       <LinearLayout
8           android:layout_width="fill_parent"
9           android:layout_height="wrap_content" >
10
11          <TextView
12              android:layout_width="wrap_content"
13              android:layout_height="wrap_content"
14              android:text="검색할 지명" />
15
16          <EditText
17              android:id="@+id/searchKey"
18              android:layout_width="wrap_content"
19              android:layout_height="wrap_content"
20              android:text="명동역" />
21
22          <Button
23              android:id="@+id/search"
24              android:layout_width="wrap_content"
25              android:layout_height="wrap_content"
26              android:text="위치찾기" />
27      </LinearLayout>
28
```

29	<com.google.android.maps.MapView
30	android:id="@+id/map"
31	android:layout_width="fill_parent"
32	android:layout_height="fill_parent"
33	android:apiKey="07l7XKNw-O5oYLvnWZqbbDEYhVl5yYEgz8T-2Qg" />
34	
35	</LinearLayout>

코드 분석

| 16~20 | 지명을 입력할 EditText 위젯을 정의한 부분이다. |
| 22~26 | 클릭했을 때 지명으로 주소를 검색하여 찾아진 위치로 지도를 이동시키는 기능을 수행하는 Button 위젯을 정의한 부분이다. |

• GeoCodingDrawActivity.java 파일 작성

⦿ Chapter16\GeoCodingDraw\src\com\jung\GeoCodingDrawActivity.java

```java
1    package com.jung;
2    import java.util.List;
3    import com.google.android.maps.GeoPoint;
4    import com.google.android.maps.MapActivity;
5    import com.google.android.maps.MapController;
6    import com.google.android.maps.MapView;
7    import android.view.View;
8    import android.location.Address;
9    import android.location.Geocoder;
10   import android.os.Bundle;
11   import android.widget.Button;
12   import android.widget.EditText;
13   import android.widget.ImageView;
14   import android.widget.Toast;
15   public class GeoCodingDrawActivity extends MapActivity implements View.OnClickListener {
16       /** Called when the activity is first created. */
17       EditText searchKey;
18       Button search;
19       Geocoder geoCoder;
20       ImageView marker;
21       MapView.LayoutParams lparam1;
22       MapView.LayoutParams lparam2;
23       MapView map;
24       MapController mController;
```

```
25        GeoPoint gp;
26        int lat;
27        int lon;
28        @Override
29        public void onCreate(Bundle savedInstanceState) {
30            super.onCreate(savedInstanceState);
31            setContentView(R.layout.main);
32            searchKey = (EditText)findViewById(R.id.searchKey);
33            search = (Button)findViewById(R.id.search);
34            search.setOnClickListener(this);
35            geoCoder = new Geocoder(this);
36            map = (MapView)findViewById(R.id.map);
37            mController = map.getController();
38            map.setSatellite(true);
39            mController.setZoom(17);
40            lat = (int)(37.553016*1E6);
41            lon = (int)(126.972642*1E6);
42            gp = new GeoPoint(lat, lon);
43            mController.setCenter(gp);
44            map.setBuiltInZoomControls(true);
45        }
46        public void onClick(View v) {
47            // TODO Auto-generated method stub
48            List<Address> addrs=null;
49            String addr = searchKey.getText().toString();
50            try {
51                addrs = geoCoder.getFromLocationName(addr, 1);
52                System.out.println(addrs);
53            } catch (Exception e) {
54                e.printStackTrace();
55                return;
56            }
57            if (addrs == null) {
58                Toast.makeText(GeoCodingDrawActivity.this, "검색지명 다시 입력", Toast.
59    LENGTH_SHORT).show();
60            return;
61            }
62            lat = (int)(addrs.get(0).getLatitude()*1E6);
63            lon = (int)(addrs.get(0).getLongitude()*1E6);
64            gp = new GeoPoint(lat, lon);
65            mController.setCenter(gp);
66        }
```

67	`@Override`
68	`protected boolean isRouteDisplayed() {`
69	`    // TODO Auto-generated method stub`
70	`    return false;`
71	`}`
72	`}`

코드 분석

35	GeoCoder 객체를 생성하는 부분이다. 그리고, 본 예제에서는 애플리케이션이 실행되면 기본적으로 서울역을 지도의 중심 지점으로 출력해 준다.
49	검색할 지명을 EditText에서 얻어 오는 부분이다.
51	getFromLocationName 메소드를 사용해서 파라미터로 지정된 지점에 대한 Address 객체 목록을 얻어 오는 부분이다. 두 번째 파라미터 값을 '1'로 지정하면서 Address 객체를 하나만 리턴받았다.
57~61	해당 지명에 대한 Address 객체가 반환되지 않았을 때 지명을 다시 입력하라는 메시지를 토스트 형태로 출력해 주는 부분이다.
62~63	검색하는 지명을 통해서 얻어온 Address 객체로부터 위도와 경도 값을 얻어 오는 부분이다.
64	해당 위도와 경도 값을 이용해서 GeoPoint 객체를 생성하는 부분이다.
65	해당 GeoPoint 부분을 지도의 중앙 위치로 지정하는 부분이다.

GeoCodingDraw 프로젝트를 실행한 후 [위치찾기] 버튼을 클릭하면 명동역 지점으로 지도가 이동되는 것을 확인할 수 있다.

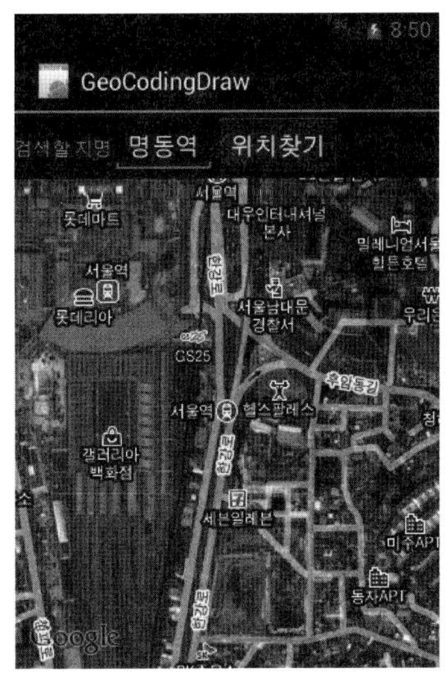

1. LocationManager의 상속 구조와 쓰임

```
public class

LocationManager
extends Object

java.lang.Object
  ↳ android.location.LocationManager
```

지금까지는 작업하는 위치(위도,경도) 값을 임의적으로 지정해서 사용하였다. 하지만 안드로이드에서는 현재 폰의 위치를 관리할 수 있는 클래스가 제공된다. 그것이 바로 LocationManager 클래스이다. LocationManager 클래스는 시스템에서 제공되는 서비스 클래스이므로 다음과 같이 생성한다.

```
LocationManager lManager = (LocationManager) getSystemService(Context.LOCATION_
SERVICE);
```

또한 위치 정보를 얻어 오기 위해서 AndroidManifest.xml 파일에 다음과 같은 권한을 추가해 주어야 한다.

```
<uses-permission
android:name="android.permission.ACCESS_FINE_LOCATION" >
</uses-permission>
<uses-permission
android:name="android.permission.ACCESS_COARSE_LOCATION">
</uses-permission>
```

ACCESS_FINE_LOCATION 권한은 GPS로부터 위치 정보를 얻어 오는 권한이다. GPS를 통해서 위치 정보를 얻어 오는 방식은 지하에 있는 경우나 건물 내에 있는 경우 등에서는 제한을 받을 수 있기 때문에 네트워크를 사용해서 위치 정보를 얻어올 수 있는 ACCESS_COARSE_LOCATION 권한도 같이 등록해 주어야 한다. 정밀도는 GPS 방식에 비해 떨어지지만, GPS를 이용할 수 없는 상황에서는 네트워크를 사용해서라도 위치 정보를 얻어와야 한다.

우선 LocationManager를 이용해서 위치 정보를 얻어 오려면 위치 정보를 제공하는 Provider를 얻어와야 한다. 임의의 Provider 객체를 얻어올 수도 있으나, 일반적으로 장비에서 사용이 가능하고 사용하고자 하는 Provider의 조건에 가장 적합한 Provider 객체를 얻어 오기 위해서 LocationManager 클래스에서 제공되는 getBestProvider 메소드를 사용해서 Provider 객체를 얻어온다.

```
String provider = lManager.getBestProvider(criteria, true);
```

→ 첫 번째 파라미터(criteria) 는 사용하고자 하는 Provider 객체의 조건을 지정한 객체이며, 두 번째 파라미터(true)는
조건에 맞는 모든 Provider를 얻어 오는 것이 아니고, 해당 장비에서 사용이 가능한 Provider만 리턴하게 지정하는
파라미터 값이다. true 로 지정하면 해당 장비에서 사용이 가능한 Provider만 검색 대상이 된다.

검색하는 Provider의 기준을 정하는 클래스로는 Criteria를 사용한다.

```
Criteria c = new Criteria();
c.setAccuracy(Criteria.NO_REQUIREMENT);
c.setPowerRequirement(Criteria.NO_REQUIREMENT);
```

상단에서 제시된 메소드 이외에도 비용을 요구할지 고도 값을 반환할지 방향 값을 반환할지 등을 조
건으로 지정할 수 있다.

Provider를 검색할 때는 정확도가 가장 높을 Provider를 검색해야 하므로 검색 순서는 accuracy → power
usage → ability to report altitude → speed, and bearing, and monetary cost이다.

Provider를 얻어왔으면 해당 Provider 객체로부터 현재 위치를 얻어올 수 있다. 위치 정보를 얻어올 경
우에는 위치 값을 즉시 반환하는 메소드는 제공되지 않는다. GPS를 이용해서 위치 값을 얻어와도 위성
까지 요청을 전송하고 얻어 오는 데 어느 정도 시간이 걸리기 때문이다. 따라서 위치 값을 즉시 반환하는
것이 아니고 가장 최근에 검색한 위치 정보를 반환하는 메소드가 제공된다.

```
Location loc = lManager.getLastKnownLocation(provider);
```


Location 객체를 얻어 오면 Location 객체에서 제공되는 메소드를 이용해서 위도, 경도 값을 얻어올
수 있다.

```
double lat = loc.getLatitude();
double lon= loc.getLongitude();
```


위치 정보가 계속 변경될 때마다 위치 정보 값을 반환받으려면 LocationManager 객체의
requestLocationUpdates 메소드를 사용하여 LocationListener 객체를 등록해 주어야 한다.

```
public void requestLocationUpdates (String provider, long minTime, float minDistance,
LocationListener listener)
```


파라미터로 지정되어 있는 provider는 위치 값을 제공하는 Provider 객체를 의미하며, minTime은 지정
한 시간이 지나면 새로운 Location 값을 리턴하겠다는 설정이다. 단위는 밀리 초(mili-second)이다.

minDistance 파라미터 값은 장비가 해당 거리 이상을 움직였을 때 새로운 Location 값을 반환하는 파라미터이다. 최대한 자주 Location 값을 리턴하게 하고 싶다면 minTime과 minDistance 값을 0으로 설정하면 된다.

위치 값이 변경되면 자동으로 LocationListener에 정의되어 있는 public void onLocationChanged(Location location) 메소드가 호출된다.

LocationManager를 이용해서 지도를 항상 현재의 위치 값으로 이동시키는 예제를 작성해 보자. 에뮬레이터에서는 GPS를 직접 사용할 수 없기 때문에 DDMS에서 제공되는 툴을 이용해서 가상으로 좌표 값을 전송하여 지도의 위치가 이동되는 것을 테스트해야 한다.

우선 LocationManger의 기능을 이용해서 위치 값을 얻어 오기 위해서는 AndrodManifest.xml 파일 하단에 음영 처리된 권한을 추가해야 한다.

```xml
<?xml version="1.0" encoding="utf-8"?>
<manifest xmlns:android="http://schemas.android.com/apk/res/android"
    package="com.jung"
    android:versionCode="1"
    android:versionName="1.0" >

    <uses-sdk android:minSdkVersion="15" />

    <uses-permission android:name="android.permission.INTERNET" >
    </uses-permission>
    <uses-permission android:name="android.permission.ACCESS_FINE_LOCATION" >
    </uses-permission>
    <uses-permission android:name="android.permission.ACCESS_COARSE_LOCATION" >
    </uses-permission>

    <application
        android:icon="@drawable/ic_launcher"
        android:label="@string/app_name" >
        <activity
            android:name=".LocManagerActivity"
            android:label="@string/app_name" >
            <intent-filter>
                <action android:name="android.intent.action.MAIN" />

                <category android:name="android.intent.category.LAUNCHER" />
            </intent-filter>
        </activity>

        <uses-library android:name="com.google.android.maps" >
        </uses-library>
```

```
    </application>

</manifest>
```

2. 예제 파일 작성하기

• main.xml 파일 작성

```
◉ Chapter16\LocManager\res\layout\main.xml
```

```xml
1   <?xml version="1.0" encoding="utf-8"?>
2   <LinearLayout xmlns:android="http://schemas.android.com/apk/res/android"
3       android:layout_width="fill_parent"
4       android:layout_height="fill_parent"
5       android:orientation="vertical" >
6
7        <com.google.android.maps.MapView
8           android:id="@+id/map"
9           android:layout_width="fill_parent"
10          android:layout_height="fill_parent"
11          android:apiKey="07l7XKNw-O5oYLvnWZqbbDEYhVl5yYEgz8T-2Qg" />
12
13  </LinearLayout>
```

• LocManagerActivity.java 파일 작성

```
◉ Chapter16\LocManager\src\com\jung\LocManagerActivity.java
```

```java
1   package com.jung;
2   import com.google.android.maps.GeoPoint;
3   import com.google.android.maps.MapActivity;
4   import com.google.android.maps.MapController;
5   import com.google.android.maps.MapView;
6   import android.content.Context;
7   import android.location.Criteria;
8   import android.location.Location;
9   import android.location.LocationListener;
10  import android.location.LocationManager;
11  import android.os.Bundle;
12  public class LocManagerActivity extends MapActivity {
13      /** Called when the activity is first created. */
```

```java
14        MapView map;
15        MapController controller;
16        GeoPoint gp1;
17        @Override
18        protected boolean isRouteDisplayed() {
19            // TODO Auto-generated method stub
20            return false;
21        }
22        @Override
23        public void onCreate(Bundle savedInstanceState) {
24            super.onCreate(savedInstanceState);
25            setContentView(R.layout.main);
26            map = (MapView)findViewById(R.id.map);
27            controller=map.getController();
28            controller.setZoom(16);
29            map.setBuiltInZoomControls(true);
30            LocationManager lManager =
31 (LocationManager)getSystemService(Context.LOCATION_SERVICE);
32            Criteria c= new Criteria();
33            c.setAccuracy(Criteria.ACCURACY_FINE);
34            c.setPowerRequirement(Criteria.POWER_LOW);
35            String provider = lManager.getBestProvider(c, true);
36            Location loc = lManager.getLastKnownLocation(provider);
37            if(loc != null){
38                gp1 = new GeoPoint((int)(loc.getLatitude()*1000000), (int)(loc.
39 getLongitude()*1000000));
40                controller.setCenter(gp1);
41            }
42            else{
43                gp1 = new GeoPoint((int)(37.560966*1000000), (int)
44 (126.986466*1000000));
45                controller.setCenter(gp1);
46            }
47            lManager.requestLocationUpdates(provider, 1000, 10, locListener);
48        }
49        private final LocationListener locListener = new LocationListener(){
50            public void onLocationChanged(Location loc){
51            gp1      =      new      GeoPoint((int)(loc.getLatitude()*1000000),      (int)(loc.
52 getLongitude()*1000000));
53                controller.setCenter(gp1);
54            }
```

55	`    public void onProviderDisabled(String provider){`
56	`        ;`
57	`    }`
58	`    public void onProviderEnabled(String provider){}`
59	`    public void onStatusChanged(String provider, int status, Bundle extras){}`
60	`    };`
61	`}`

코드 분석

30~31	LocationManager 객체를 생성하는 부분이다.
32~34	검색할 Provider의 기준을 지정하는 부분이다.
35	조건에 맞는 Provider 객체를 얻어온다.
36	Provider 객체를 이용해서 현재 위치 값을 받아온다. 실장비를 사용할 때는 현재 위치 값을 얻어올 수 있지만, 에뮬레이터를 사용해서 테스트할 때는 위치 값을 얻어올 수 없다.
37~46	실 장비를 사용해서 현재의 위치 값을 얻어 왔을 때는 얻어온 위치 값으로 지도를 이동시키고, 에뮬레이터를 사용해서 현재 위치 값을 얻어 오지 못했을 때는 임의적으로 명동역으로 위치를 이동시키는 부분이다.
47	위치 값이 변경될 때 계속해서 변경된 위치 값에 대해서 작업을 하기 위해서 LocationListener 객체를 등록하는 부분이다. 시간 값을 1000으로 지정하여 1초가 지난 후에 새로운 위치 값이 이동되게 하였으며, 거리 값을 10m로 지정하여 10m 이상 움직였을 때 새로운 위치 값이 반환되게 처리하였다.
49~60	LocationListener 클래스를 정의한 부분이다. 장치에 변화가 있을 때 호출되는 메소드들은 특정한 기능을 지정하지 않았고, 위치 값이 변경될 때 호출되는 onLocationChanged를 이용해서 변경된 위치 값이 해당 메소드의 파라미터로 넘어올 때마다 지도의 위치를 해당 위치로 이동시킨다.

LocManager 프로젝트를 실행하면 에뮬레이터로 실행한 경우에는 명동역 위치로 지도가 이동되고, 실 장비를 사용했을 경우에는 현재 위치로 지도가 이동된다.

DDMS perspective에서 하단 그림과 같이 경도와 위도를 입력하고 Send 버튼을 클릭하면 지정한 위치로 지도가 이동되는 것을 확인할 수 있다. 본 예제에서는 서울역 좌표를 입력하고 이동시켰다.

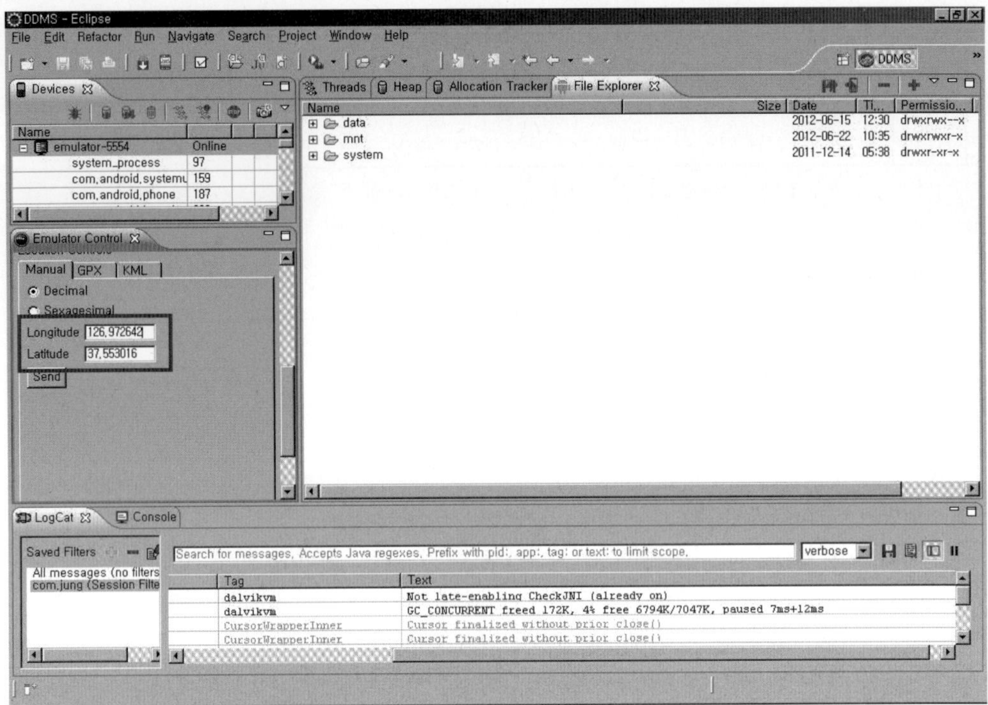

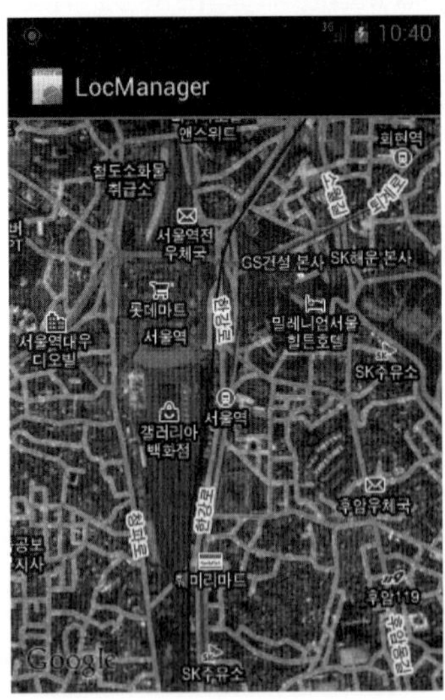

KEY-POINT

1. 안드로이드 자체에는 Google Map Application이 탑재되어 있기 때문에 별도의 절차 없이 Intent를 사용하여 해당 애플리케이션에 원하는 정보를 제공하면 원하는 위치의 지도를 출력할 수 있다.

   제공해야 할 정보는 위도, 경도, 확대 레벨이다. 실행할 Intent에 사용할 Uri는 다음과 같은 형식을 갖는다.

   Geo:위도,경도?z=zoom_level

2. 기본적으로 안드로이드에 탑재되어 있는 Google Map Application을 사용하여도 기본적인 검색 기능이나 부가적인 기능을 사용할 수 있지만, 통신사에서 사용하는 폰에서 Google Map Application을 지원하지 않을 수 있고, 개발자의 의도에 적합하게 지도 관련 애플리케이션을 제작하려면 Google Map Api를 사용해야 한다.

   〈인증서 얻기〉 기본적으로 구글 API를 사용하려면 사용자는 구글에 디버그 인증서를 등록해야 한다. 물론 구글에 회원으로 등록되어 있어야 함은 당연하다. 이클립스에서 window → preferences → android → build → default debug keystore 경로로 이동한다. 기본적으로 제공되는 debug keystore 경로를 알 수 있다. CMD 창에서 MD5 지문을 얻어온다.

MD5 지문을 얻어 오면 Mapkey 를 얻어올 수 있다.

구글맵을 이용하는 프로젝트는 Build Target을 Google APIs로 지정해야 한다. main.xml의 MapView 엘리먼트에 키 값을 지정해 주어야 한다.

```
<com.google.android.maps.MapView
        android:id="@+id/map"
        android:layout_width="fill_parent"
        android:layout_height="fill_parent"
        android:apiKey="07l7XKNw-O5oYLvnWZqbbDEYhVl5yYEgz8T-2Qg" />
```

AndroidManifest.xml 파일에는 다음 내용이 추가되어야 한다.

```
<uses-permission android:name="android.permission.INTERNET" >
  </uses-permission>


<uses-library android:name="com.google.android.maps" />
```

구글 지도를 사용하는 액티비티는 반드시 MapActivity를 상속받아 구현해야 한다.

3. 지도 위에 표식을 표시하는 방법은 지도 위에 자식뷰로 ImageView를 추가하는 방법, Overlay를 이용하는 방법, ItemizedOverlay를 이용하는 방법 등이 있다.

4. GeoCoder 클래스를 이용하면 지명을 이용해서 위도, 경도 값을 얻어 올 수도 있고 위도, 경도 값을 이용해서 지명을 얻어올 수도 있다. 지명을 사용하여 위도 경도를 포함하는 Address 객체 목록을 리턴받는 메소드는 다음 메소드를 제공해 준다.

public List<Address> getFromLocationName (String locationName, int maxResults)
→ 첫 번째 파라미터로 지정된 주소의 정보를 제공하는 Address 객체 목록을 반환하고, 두 번째 파라미터로는 반환되는 Address 객체의 최대 개수를 지정한다. 지명 파라미터 값이 null로 지정되면 IllegalArgumentException 에러를 발생하며, 네트워크상의 문제가 있으면 IOException을 발생시킨다.

해당 지명의 주소를 일정 범위 안의 값들만 반환하게 하려면 다음 메소드를 사용해도 된다.

public List<Address> getFromLocationName (String locationName, int maxResults, double lowerLeftLatitude, double lowerLeftLongitude, double upperRightLatitude, double upperRightLongitude)
→ 각 오른 쪽과 왼쪽 코너 부분의 위도, 경도 값을 지정하여 해당 범위 안의 지명 Address 객체를 리턴한다.

위도 와 경도 값을 이용하여 Address 객체를 얻어올 경우에는 다음 메소드를 사용하면 된다.

public List<Address> getFromLocation (double latitude, double longitude, int maxResults)
→ 파라미터로 지정된 위도, 경도 값에 해당 되는 Address 객체를 리턴한다. 잘못된 위도, 경도 값이 파라미터 값으로 지정되면 IllegalArgumentException을 반환하며, 네트워크상의 오류가 발생되면 IOException을 반환한다.

5. 안드로이드에서는 현재 폰의 위치를 관리할 수 있는 클래스가 제공된다. 바로 위치를 관리하는 클래스가 LocationManager 클래스이다.

LocationManager 클래스는 시스템에서 제공되는 서비스 클래스이므로 다음과 같이 생성한다.

```
LocationManager lManager =(LocationManager) getSystemService(Context.LOCATION_
SERVICE);
```

또한, 위치 정보를 얻어 오기 위해서 AndroidManifest.xml 파일에 다음과 같은 권한을 추가해 주어야 한다.

```
<uses-permission
android:name="android.permission.ACCESS_FINE_LOCATION" >
</uses-permission>
<uses-permission
android:name="android.permission.ACCESS_COARSE_LOCATION">
</uses-permission>
```

검색하는 Provider의 기준을 지정하는 클래스로는 Criteria를 사용한다.

```
Criteria c = new Criteria();
c.setAccuracy(Criteria.NO_REQUIREMENT);
c.setPowerRequirement(Criteria.NO_REQUIREMENT);

String provider = lManager.getBestProvider(criteria, true);
```

조건은 accuracy → power usage → ability to report altitude → speed, and bearing, and monetary cost 순서대로 검색한다.

Provider를 얻어왔으면 해당 Provider 객체로부터 현재 위치를 얻어 올 수 있다.

double lat = loc.getLatitude();

double lon= loc.getLongitude();

위치 정보가 계속 변경될 때마다 위치 정보 값을 반환받으려면 LocationManager 객체의 requestLocationUpdates 메소드를 사용하여 LocationListener 객체를 등록해 주어야 한다.

```
public void requestLocationUpdates (String provider, long minTime, float minDistance,
LocationListener listener)
```

Index